HARTMUT KRÜGER

Die Überwachung der Inhaltsdaten von E-Mails

Schriften zum Strafrecht

Band 405

Die Überwachung der Inhaltsdaten von E-Mails

Verfassungsrechtliche und strafprozessuale Aspekte einer Ermittlungsmaßnahme unter besonderer Berücksichtigung des Computergrundrechtes

Von

Hartmut Krüger

Duncker & Humblot · Berlin

Die Juristenfakultät der Universität Leipzig hat diese Arbeit
im Jahre 2021 als Dissertation angenommen.

Bibliografische Information der Deutschen Nationalbibliothek

Die Deutsche Nationalbibliothek verzeichnet diese Publikation in
der Deutschen Nationalbibliografie; detaillierte bibliografische Daten
sind im Internet über http://dnb.d-nb.de abrufbar.

Satz: L101 Mediengestaltung, Fürstenwalde
Druck: CPI books GmbH, Leck
Printed in Germany

ISSN 0558-9126
ISBN 978-3-428-18651-8 (Print)
ISBN 978-3-428-58651-6 (E-Book)

Gedruckt auf alterungsbeständigem (säurefreiem) Papier
entsprechend ISO 9706 ♾

Internet: http://www.duncker-humblot.de

Meinen Eltern

Vorwort

Diese Untersuchung ist das Ergebnis einer langjährigen Beschäftigung mit den verfassungsrechtlichen und strafprozessualen Fragen im Rahmen der Überwachung des E-Mail-Verkehrs, deren Anfänge bis ins Jahr 2005 zurückreichen. Während dieses Zeitraumes hatte ich Gelegenheit, die umfangreichen Entwicklungen zu diesen Fragen auf Ebene der Rechtsprechung und der Literatur nicht nur fast von ihrem Beginn an zu beobachten, sondern auch – zu einem kleinen Teil – aktiv durch eigene literarische Tätigkeit sowie im Rahmen meiner damaligen beruflichen Tätigkeit bei der Bundesanstalt für Finanzdienstleistungsaufsicht mitzugestalten.

Dabei stellte sich mir immer mehr die Frage, ob sich nicht andere, juristisch zwingendere Lösungsansätze für die festgefahrene Diskussion um die Anwendbarkeit des Fernmeldegeheimnisses und den hieraus gezogenen Rückschlüssen im strafprozessualen Bereich ergeben, wenn man den Blick auf andere Grundrechte, namentlich das in der Diskussion nur wenig beachtete allgemeine Persönlichkeitsrecht in seiner Ausprägung als Recht auf Gewährleistung der Vertraulichkeit und Integrität informationstechnischer Systeme nach Art. 2 Abs. 1 i.V.m. 1 Abs. 1 GG, das sogenannte Computergrundrecht, richtet. Diesem alternativen Ansatz geht diese Untersuchung nach.

Die Arbeit wurde im Wintersemester 2021/2022 von der Juristenfakultät der Universität Leipzig als Dissertation angenommen. Die mündliche Verteidigung fand am 4. März 2022 statt.

Danken möchte ich an dieser Stelle vor allem meinem Doktorvater Herrn Prof. Dr. Diethelm Klesczewski für seine Hinweise und seine Unterstützung bei der Erarbeitung dieser Untersuchung, aber auch für seine Geduld mit diesem Projekt. Mein Dank gilt weiter Herrn Richter am Bundesgerichtshof Prof. Dr. Andreas Moßbacher für die sehr zügige Erstellung des Zweitgutachtens.

Sehr herzlich danken möchte ich weiter Frau Lydia Krüger, M.Sc. und Herrn Dipl.-Ing (FH) Tobias Krüger für ihre sprachlichen und technischen Hinweise sowie Frau Christina Auerswald für unermüdliche und schnelle Korrekturen und Frau Anke Trapp für ihre Hinweise zu rechtsförmlichen Aspekten des Gesetzentwurfes. Ich danke allen, die mich während der langjährigen Erarbeitung dieser Untersuchung mit Rat und Tat unterstützt und mich ermutigt haben, das Vorhaben weiter voranzutreiben und abzuschließen.

Ein besonderer Dank gilt jedoch meinen Eltern Gisela Ruth Krüger und Andreas Jürgen Krüger, ohne deren Unterstützung weder mein Studium noch diese Arbeit möglich gewesen wären. Ihnen ist diese Dissertation gewidmet.

Leipzig, im September 2022 *Hartmut Krüger*

Inhaltsverzeichnis

Abkürzungsverzeichnis

a.A.	anderer Ansicht
a.a.O.	am angegebenen Ort
Abs.	Absatz
a.F.	alte Fassung
AG	Amtsgericht
Anm.	Anmerkung
AnwBl	Anwaltsblatt
AnwK	Anwaltkommentar StPO
AnwZert ITR	AnwaltZertifikatOnline IT-Recht
ARPA	Advanced Research Projects Agency
Art.	Artikel
ASCII	American Standard Code for Information Interchange
Az.	Aktenzeichen
BaFin	Bundesanstalt für Finanzdienstleistungsaufsicht
Beschl.	Beschluss
BGBl.	Bundesgesetzblatt
BGH	Bundesgerichtshof
BGHSt	Entscheidungen des Bundesgerichtshofs in Strafsachen
BR-Drs.	Bundesratsdrucksache
BRJ	Bonner Rechtsjournal
BT-Drs.	Bundestagsdrucksache
BVerfG	Bundesverfassungsgericht
BVerfGE	Entscheidungen des Bundesverfassungsgerichtes
CERN	Conseil européen pour la recherche nucléaire
CR	Computer und Recht
ders.	derselbe
d.h.	das heißt
dies.	dieselben
DNS	Domain Name System
DRiZ	Deutsche Richterzeitung
DuD	Datenschutz und Datensicherheit
DVBl	Deutsches Verwaltungsblatt
EDV	Elektronische Datenverarbeitung

f.	folgende
ff.	fortfolgende
Fn.	Fußnote
FS	Festschrift
FTP	File-Transfer-Protokoll
GA	Goltdammer's Archiv für Strafrecht
GG	Grundgesetz
ggf.	gegebenenfalls
GOBT	Geschäftsordnung des Deutschen Bundestages
GSZ	Zeitschrift für das Gesamte Sicherheitsrecht
h. M.	herrschende Meinung
HRRS	Höchstrichterliche Rechtsprechung im Strafrecht
Hrsg.	Herausgeber
hrsg.	herausgegeben
i. d. R.	in der Regel
i. E.	im Ergebnis
IMAP	Interactive Message Access Protocol
IMP	Interface Message Processor
IP	Internet Protokoll
ITRB	IT-Rechtsberater
i. V. m.	in Verbindung mit
JA	Juristische Arbeitsblätter
JR	Juristische Rundschau
JURA	Juristische Ausbildung
JuS	Juristische Schulung
JZ	JuristenZeitung
K&R	Kommunikation & Recht
KJ	Kritische Justiz
KK	Karlsruher Kommentar zu Strafprozessordnung
krit.	kritischer
LAN	Local-Area-Network
LG	Landgericht
MILNET	Military Network
MIME	Multipurpose Internet Mail Extensions
MMR	MultiMedia und Recht
MüKo	Münchener Kommentar
m. w. N.	mit weiteren Nachweisen
NASA	National Aeronautics and Space Administration

NCSA	National Center for Supercomputing Applications
n. F.	neue Fassung
NJW	Neue Juristische Wochenschrift
NJW-Spezial	Neue Juristische Wochenschrift Spezial
Nr.	Nummer
NSF	National Science Foundation
NStZ	Neue Zeitschrift für Strafrecht
NVwZ	Neue Zeitschrift für Verwaltungsrecht
PIN	Personal Identification Number
POP	Post Office Protocol
PUK	Personal Unblocking Key
RFC	Request for Comments
RIPE NCC	Réseaux IP Européens Network Coordination Centre
Rn.	Randnummer
RuP	Recht und Politik
S.	Seite
SEC	United States Securities and Exchange Commission
SEV	Sammlung europäischer Verträge
SK	Systematischer Kommentar zur Strafprozessordnung
SMTP	Simple Mail Transfer Protocol
sog.	sogenannte/sogenannter
StGB	Strafgesetzbuch
StPO	Strafprozessordnung
StraFo	Strafverteidiger Forum
StV	Strafverteidiger
TCP	Transmission Control Protocol
TK	Telekommunikation
TKG	Telekommunikationsgesetz
TKÜ	Telekommunikationsüberwachung
TKÜV	Telekommunikations-Überwachungsverordnung
TMG	Telemediengesetz
TTDSG	Telekommunikation-Telemedien-Datenschutz-Gesetz
u. a.	unter anderem
u. ä.	und ähnliche/ähnliches
VG	Verwaltungsgericht
VGH	Verwaltungsgerichtshof
vgl.	vergleiche
WiJ	Journal der Wirtschaftsstrafrechtlichen Vereinigung e. V.

wistra	Zeitschrift für Wirtschafts- und Steuerstrafrecht
WM	Wertpapier-Mitteilungen Zeitschrift für Wirtschafts- und Bankrecht
WpHG	Wertpapierhandelsgesetz
WuB	Entscheidungsanmerkungen zum Wirtschafts- und Bankrecht
WWW	Word Wide Web
z. B.	zum Beispiel
ZRP	Zeitschrift für Rechtspolitik
ZStW	Zeitschrift für die gesamte Strafrechtswissenschaft
zust.	zustimmender
z. T.	zum Teil

A. Einleitung[1]

I. Die Überwachung von Telekommunikationsinhalten

Die Kenntnisnahme der Strafverfolgungsbehörden von den Inhalten der Telekommunikation stellt den tiefgreifendsten Eingriff in die Rechte der Betroffenen im Rahmen von Telekommunikationsüberwachungsmaßnahmen dar. Während beim Zugriff auf Telekommunikationsdaten lediglich technische Daten eines Telekommunikationsvorganges bzw. Adress- oder Standortdaten erhoben werden, ermöglicht es die Inhaltsüberwachung, daneben auch alle Nachrichten und sonstigen Informationen, welche durch Telekommunikationsmittel übertragen werden, zu überwachen und aufzuzeichnen.

Während die Überwachung bei herkömmlichen Telefongesprächen vor diesem Hintergrund auf die Gesprächsinhalte beschränkt ist, können die Strafverfolgungsbehörden im Rahmen einer E-Mail-Überwachung weitaus mehr Informationen erlangen. Sie erfasst neben der eigentlichen Nachricht auch alle Anhänge der E-Mail (z.B. Bild-, Text-, Ton- oder Videodateien), so dass eine E-Mail-Überwachung in den meisten Fällen einen besonders weitreichenden Eingriff in die Rechte des Betroffenen darstellt.

Eine erhebliche Verstärkung erfährt ein solcher Eingriff dann, wenn nicht nur auf flüchtige, laufende Kommunikationsprozesse zugegriffen wird, wie im Fall der klassischen Telekommunikationsüberwachung, sondern gespeicherte Nachrichten im Mittelpunkt des Interesses der Ermittlungsbehörden stehen. Häufig werden diese Daten über viele Jahre hinweg vom Betroffenen in seinem E-Mail-Postfach, regelmäßig auch bewusst, gespeichert, um zu einem späteren Zeitpunkt genutzt zu werden.

Solche Datensammlungen erstrecken sich sehr häufig auf alle Bereiche des privaten und beruflichen Lebens des Nutzers. Wer Zugriff auf ein jahrelang betriebenes E-Mail-Postfach erlangt, erlangt damit zugleich tiefgreifende Einblicke in das Leben, Fühlen und Handeln des Inhabers. Daher kann anhand der gespeicherten Daten ohne größeren Aufwand ein sehr konkretes Persönlichkeits-, Kommunikations- und Bewegungsprofil des Betroffenen über Jahre hinweg erstellt und in seiner Entwicklung nachverfolgt werden. Von einem Zugriff auf ein E-Mail-Postfach geht damit, verglichen mit dem

---

[1] Die folgenden Erörterungen berücksichtigen den Stand von Gesetzgebung und Literatur bis Anfang Mai 2022.

zeitweiligen „Mitschneiden“ des Mailverkehrs, eine ungleich größere Gefährdung der verfassungsrechtlich geschützten Rechtsgüter des Betroffenen aus.

Eine über den Einzelfall hinausgehende Dimension gewinnt die Frage des Zugriffes auf Inhaltsdaten über seine Streubreite. Regelmäßig sind neben der Zielperson auch eine Vielzahl von Kommunikationspartnern von der Überwachungsmaßnahme betroffen, in deren verfassungsmäßige Rechte ebenfalls eingegriffen wird. Auch diesbezüglich steigert sich die Bedeutung des Eingriffes, wenn dieser auf langfristig gespeicherte Inhaltsdaten abzielt. Denn auch das persönliche und berufliche Leben der Kommunikationspartner des Betroffenen ist aufgrund der gespeicherten Inhalte zumindest in Ausschnitten nachvollziehbar.

Daneben wohnt staatlichen Überwachungsmaßnahmen in Bezug auf die Telekommunikation immer auch die Gefahr eines Vertrauensverlustes in die im Wege der Telekommunikation mit dem jeweiligen Kommunikationspartner ausgetauschten Nachrichten sowie in die Nutzung der jeweiligen Telekommunikationsmittel im Allgemeinen inne. Diese wird bei einem heimlichen Vorgehen noch verstärkt, da dem Betroffenen in solchen Fällen mangels Kenntnis im Zeitpunkt der Durchführung der Maßnahme regelmäßig keine rechtlichen oder auch tatsächlichen[2] Abwehrmöglichkeiten zur Verfügung stehen. Daher können Eingriffsmaßnahmen im Kommunikationsbereich immer auch Auswirkungen auf das Kommunikationsverhalten der gesamten Bevölkerung haben,[3] wenn diese aus Besorgnis über das Vorliegen einer Überwachungsmaßnahme das Kommunikationsmittel E-Mail nicht mehr oder zumindest nicht mehr in der vorherigen unbelasteten Weise nutzt.

Zugleich stellen die Inhaltsdaten von E-Mails jedoch insbesondere in den Fällen, in welchen sie über einen langen Zeitraum gespeichert werden, für die Ermittlungsbehörden eine Erkenntnisquelle von unschätzbarem Wert dar. Die durch Eingriffe in die verfassungsrechtlich geschützten Rechtsgüter des Nutzers für die Ermittlungen zu gewinnenden, weitreichenden Erkenntnisse in Bezug auf die zu ermittelnde Tat, die Entwicklung des Täters und gegebenenfalls bestehende kriminelle Strukturen sind mannigfaltig.

Gerade während der Phasen der E-Mail-Kommunikation, in welchen eine Speicherung erfolgt, ist der Zugriff auf die Kommunikationsinhalte auf technischer Ebene besonders leicht möglich und der mögliche Erkenntnisgewinn

---

[2] Auch wenn diese im Rahmen der hier maßgeblichen Überwachung des E-Mail-Verkehrs aufgrund bestehender Verschlüsselungsmöglichkeiten deutlich größer sind als bei der herkömmlichen Telekommunikation per Telefon.

[3] BVerfGE 100, 313, 359; BVerfGE 107, 299, 313; so auch schon *Dürig*, ZRP 1968, 11.

besonders hoch. Das erhebliche Interesse seitens der Strafverfolger, Polizeibehörden und Geheimdienste an der Erlangung und Nutzung von Inhaltsdaten der E-Mail-Kommunikation, insbesondere während der Speicherungsphasen, ist vor diesem Hintergrund nur allzu verständlich.

Aus diesem Spannungsfeld zwischen dem Schutz der verfassungsmäßigen Rechte des Betroffenen und den Ermittlungsinteressen der Strafverfolgungsbehörden folgen die Fragen, welche im Rahmen dieser Untersuchung einer Klärung zugeführt werden sollen:

- Wie weit reicht der verfassungsrechtlich garantierte Schutz des Grundgesetzes in Bezug auf die Inhaltsdaten von E-Mails?
- Anhand von welchen strafprozessualen Rechtsgrundlagen kann ein Eingriff in den erarbeiteten Schutzbereich erfolgen?
- Und, sofern die bestehenden Rechtsgrundlagen nicht ausreichen, wie wären strafprozessuale Zugriffsregelungen auszugestalten, welche den verfassungsrechtlichen Anforderungen genügen?

II. Gegenstand und Gang der Untersuchung

Die folgende Untersuchung widmet sich ausschließlich den verfassungsrechtlichen und strafprozessualen Aspekten des Zugriffes auf Inhaltsdaten von E-Mails im Rahmen strafprozessualer Ermittlungen. Andere Telekommunikationsdaten werden lediglich im Rahmen der Abgrenzung zu den hier maßgeblichen Inhaltsdaten angesprochen. Hierbei werden alle im Verlauf der Übertragung einer E-Mail auftretenden Fragen verfassungsrechtlicher und strafprozessualer Art, beginnend mit dem Vorfeld der Übertragung, über den eigentlichen Übertragungsvorgang vom Sender zum Empfänger, bis zur endgültigen Speicherung der Nachricht, erörtert.

Ebenfalls nicht Gegenstand dieser Untersuchung sind polizeirechtliche oder geheimdienstliche Überwachungsmaßnahmen. Die umfangreichen verfassungsrechtlichen Fragen, welche sich in diesem Zusammenhang stellen, würden den hier zur Verfügung stehenden Rahmen überschreiten. Sie werden daher nur im Zusammenhang mit solchen Themen angesprochen, in welchen Parallelen zu den hier zu behandelnden Fragestellungen bestehen. Zudem beschränken sich die folgenden Ausführungen allein auf das Kommunikationsmittel E-Mail. Viele der hier angesprochenen verfassungsrechtlichen und strafprozessualen Fragen, vor allem in Bezug auf die Speicherungsphasen, dürften sich allerdings bei anderen speicherbasierten Diensten und Kommunikationsformen, wie z. B. Cloud-Diensten, ebenfalls stellen.

Die Erörterung gliedert sich in vier Teile. Im ersten Teil (B.) werden die technischen und historischen Grundlagen der E-Mail-Kommunikation dargestellt. Ein zumindest überblicksartiges Verständnis dieser Fragen ist erforderlich, da diese regelmäßig nicht nur den Ausgangspunkt vieler Diskussionen im Hinblick auf die verfassungsrechtlichen und strafprozessualen Fragen der E-Mail-Kommunikation bilden, sondern zumindest auch in Teilen Lösungsansätze bereithalten. Zudem wird dieser Teil genutzt, um den Begriff der Inhaltsdaten als maßgebliches Element der Untersuchung zu definieren und die vier Phasen der E-Mail-Kommunikation vorzustellen, welche das Grundgerüst der folgenden Erwägungen bilden.

Der folgende zweite Teil (C.) widmet sich der verfassungsrechtlichen Einordnung der Kommunikation per E-Mail während ihrer verschiedenen Phasen. Hierbei wird die Erörterung der Phasen 1 und 3 auch dazu genutzt, um allgemeine Fragen des Fernmeldegeheimnisses und dessen Anwendbarkeit auf E-Mails darzustellen. Nachdem zu Beginn der Darlegungen zu Phase 2 eine Definition der Zwischenspeicherung vorgenommen wurde, wird die Entwicklung der verfassungsrechtlichen Diskussion zur Anwendbarkeit des Fernmeldegeheimnisses in Rechtsprechung und Literatur bis zum Beschluss des Bundesverfassungsgerichtes von Juni 2009 dargestellt und erörtert, bevor auf andere Grundrechte eingegangen wird. Schließlich wird die Phase der Endspeicherung näher betrachtet. Hierzu wird nach deren Abgrenzung von anderen Teilen der E-Mail-Kommunikation die Entwicklung der rechtswissenschaftlichen Diskussion im Hinblick auf das Fernmeldegeheimnis und weitere Grundrechte erörtert, wobei neben dem Fernmeldegeheimnis vor allem der Schutz durch das allgemeine Persönlichkeitsrecht in seiner Ausprägung als Recht auf Gewährleistung der Vertraulichkeit und Integrität informationstechnischer Systeme, das sogenannte Computergrundrecht, einen breiten Raum einnimmt.

Im Rahmen des dritten Teiles (D.) werden die Ergebnisse der verfassungsrechtlichen Prüfung auf die strafprozessuale Ebene übertragen und der Frage nachgegangen, ob und gegebenenfalls inwieweit die bestehenden Vorgaben der Strafprozessordnung den erarbeiteten verfassungsrechtlichen Mindestvorgaben entsprechen. Im Hinblick auf die dynamischen Phasen wird daher die Telekommunikationsüberwachung nach § 100a StPO anhand der erarbeiteten verfassungsrechtlichen Anforderungen überprüft. Ausgangspunkt der Prüfung bezüglich der Speicherungsphasen der E-Mail-Kommunikation ist die Entscheidung des Bundesverfassungsgerichtes vom Juni 2009 und dessen strafprozessualer Lösungsansatz. Dementsprechend werden zunächst die Vorgaben zur Sicherstellung und Beschlagnahme nach §§ 94 ff. StPO auf ihre verfassungsrechtliche Tragfähigkeit als Eingriffsgrundlage geprüft, bevor weitere Rechtsgrundlagen, insbesondere die Postbeschlagnahme nach § 99 Abs. 1 StPO, die Telekommunikationsüberwachung nach § 100a StPO, aber auch die neu geschaffene Regelung zur Online-Durchsuchung des § 100b StPO erörtert werden.

Zum Abschluss der Untersuchung (E.) wird, nach Vorüberlegungen, wie eine verfassungskonforme Neuregelung des Zugriffes auf dauerhaft gespeicherte Inhaltsdaten von E-Mails ausgestaltet werden könnte, ein Entwurf einer entsprechenden strafprozessualen Vorschrift erstellt.

B. Grundlagen

Ein großer Teil der verfassungsrechtlichen und strafprozessualen Fragestellungen, welche im Folgenden Gegenstand dieser Untersuchung sein werden, finden ihre Grundlage in technischen Fragen der E-Mail-Kommunikation und des Internets, welche vielfach historisch bedingt sind. Es ist daher erforderlich, diese zu Beginn der Erörterungen in der gebotenen Kürze darzustellen, um eine hinreichende historisch technische Ausgangsbasis zu schaffen.

Im Anschluss wird der Frage der Bedeutung der Überwachung von Inhaltsdaten von E-Mails für die Strafverfolgung nachgegangen, bevor der Begriff der Inhaltsdaten als wesentlicher Gegenstand der folgenden Erörterungen in Abgrenzung zu anderen Telekommunikationsdaten dargestellt wird. Abschließend wird auf die vier Phasen der E-Mail-Kommunikation eingegangen, welche die Diskussion um die Frage der zutreffenden verfassungsrechtlichen und strafprozessualen Einordnung und Behandlung der verschiedenen Abschnitte des Kommunikationsvorgangs seit ihrem Beginn prägen und auch den Ausgangspunkt der folgenden verfassungsrechtlichen und strafprozessualen Erörterungen bilden.

I. Die historische Entwicklung und Technik des Internets und der E-Mail-Kommunikation

1. Die historische Entwicklung von Internet und E-Mail

Eine Vielzahl der noch heute bestehenden technischen Grundlagen des Internets und der E-Mail-Kommunikation, wie auch viele der hieraus folgenden heutigen juristischen Probleme, basieren auf der historischen Entwicklung des Internets und gehen dabei insbesondere auf dessen Anfangsphase zurück. Aus diesem Grund soll hier zunächst ein kurzer Überblick über die Entwicklung des Internets und der E-Mail-Kommunikation von den Anfängen in den 1960er Jahren bis in die heutige Zeit gegeben werden.

Vorgeschichte

Obwohl die Nutzung von Internet und E-Mail als Masseninformations- und -kommunikationsmittel ein noch relativ junges Phänomen ist, reichen die Anfänge des heutigen Netzwerkes und dessen Verwendung zu wissenschaftlichen und militärischen Zwecken bis in die 60er Jahre des 20. Jahrhunderts zurück.

Der Start des ersten Satelliten Sputnik I durch die UdSSR am 4. Oktober 1957 löste in den USA eine schwere Krise, den so genannten Sputnik-Schock, aus. Zeigte dieses Ereignis doch nicht nur einen Rückstand in der Weltraumforschung, sondern auch die Möglichkeit des Gegners im Kalten Krieg auf, das Territorium der USA mittels Interkontinentalraketen erreichen zu können.

Dieses Bedrohungsszenario führte zu der Erkenntnis, dass eine Bündelung und Koordination der wissenschaftlichen Forschung auf dem Militärsektor durch eine unabhängige Behörde notwendig war.[1] Diese wurde Anfang 1958 unter dem Namen Advanced Research Projects Agency (ARPA) gegründet und mit einem beachtlichen Budget ausgestattet.[2] Ihr oblag zunächst die Oberaufsicht über alle Raumfahrtprogramme und die strategischen Raketenprogramme.[3] Diese Aufgabe verlor sie aber bereits im selben Jahr wieder, da diese Programme der neu gegründeten National Aeronautics and Space Administration (NASA) unterstellt wurden. In der Folge erhielt die ARPA die Zuständigkeit für die wissenschaftliche Grundlagenforschung und wurde zu einer Fördereinrichtung für Forschungsprojekte mit experimentellem Charakter.[4]

Die Entstehung des ARPANET

Bereits 1961 begann sich die ARPA verstärkt mit den Nutzungsmöglichkeiten von Computern und der Erforschung künstlicher Intelligenz zu beschäftigen. Mitte der 60er Jahre konzentrierte sich die von ihr geförderte Computerforschung auf mehrere z. T. räumlich weit auseinanderliegende Universitäten und Forschungseinrichtungen. Diese arbeiteten mit nicht miteinander vernetzten Großrechnern, welche unterschiedliche Betriebssysteme nutzten. Ein Zugriff von einem Rechner auf den anderen und eine gemeinschaftliche Nutzung der bestehenden, knappen Rechnerressourcen waren nicht möglich.[5]

Um diese Probleme zu lösen, startete die ARPA ein Projekt zur Errichtung eines erweiterbaren Computernetzwerkes.[6] In der Folge gelang 1965 erstmals

[1] Bis zu diesem Zeitpunkt wurde die militärische Forschung durch Army, Navy und Air Force getrennt voneinander betrieben.

[2] *Siegert*, Das Internet-Grundlagenwissen für die Polizei, S. 20.

[3] *Hafner/Lyon*, Arpa Kadabra oder die Geschichte des Internet, S. 22.

[4] *Siegert*, a. a. O., S. 21.

[5] *Siegert*, Das Internet-Grundlagenwissen für die Polizei, S. 22 f.

[6] *Hafner/Lyon*, a. a. O., S. 48 f.

die Verbindung zweier Großrechner mit Standort im Lincoln Laboratory des MIT[7] in Cambridge und bei der System Development Corporation (Santa Monica, Kalifornien) mittels einer 1200 bps Telefonleitung, mit welchen später ein weiterer Computer der ARPA verbunden wurde, um das erste „Experimental Network" zu gründen.[8]

Trotz dieses ersten Erfolges waren viele praktische Probleme bei der Errichtung eines Netzwerkes zunächst noch ungelöst. So war zum Beispiel unklar, wie die verschiedenen Betriebssysteme der Computer miteinander kommunizieren sollten. Daneben waren die beteiligten Universitäten nicht bereit, Teile ihrer wertvollen Rechenleistung für eine Vernetzung freizugeben, da sie keinen Sinn in dem geplanten Netzwerk sahen.[9]

In dieser Situation griff der Leiter des ARPA Projektes Lawrence G. Roberts auf die Vorarbeiten von Leonard Kleinrock, Paul Baran und Donald Watts Davies zurück. Diese hatten bereits in den frühen 1960er Jahren unabhängig voneinander Konzeptionen zu Paketvermittlungstechniken und für ein dezentrales Netzwerk erstellt.[10] Nach diesen Konzeptionen existiert kein zentraler Rechner im Netzwerk, welcher alle Funktionen kontrolliert und mit dem alle anderen Rechner direkt vernetzt sind, ohne dass weitere Verbindungen zwischen ihnen bestehen. Vielmehr sollten alle Computer untereinander verbunden werden, so dass eine Nachricht auf verschiedenen Wegen zu ihrem Ziel gelangen kann. Dabei bilden nicht die Großrechner selbst, sondern mit diesen verbundene unabhängige Spezialcomputer die Knoten des Netzwerkes.[11]

Eine weitere Neuerung war, dass die Datenübertragung nach den Konzeptionen von Baran und Davies nunmehr digital und nicht analog erfolgen sollte. Eine Nachricht sollte demnach nicht mehr als Ganzes, sondern in mehrere Datenpakete zerlegt übertragen und an ihrem Ziel wieder zusammengesetzt werden. Die Pakete zu ihren jeweiligen Zieladressen zu leiten, war Aufgabe der Rechner, welche die Knoten des Netzwerkes bilden sollten, der so genannten Router. Ein solches Vorgehen im Rahmen der Übertragung würde es, ebenso wie der Verzicht auf einen Zentralrechner, ermöglichen, den Erfolg einer Übertragung auch bei Ausfällen von Teilen des Netzwerkes zu gewährleisten.

Auf dieser Grundlage begannen im Jahr 1968 die konkreten Planungen und Vorarbeiten zur Erstellung des ersten Netzwerkes mit zunächst vier

[7] Massachusetts Institute of Technology.

[8] http://www.michaelkaul.de/Geschichte/zakon/zakon.html (07.05.2022).

[9] *Siegert*, Das Internet-Grundlagenwissen für die Polizei, S. 27.

[10] Vgl. *Kurose/Ross*, S. 82.

[11] *Siegert*, Das Internet-Grundlagenwissen für die Polizei, S. 24 f.

Standorten, der University of Los Angeles (UCLA), dem Stanford Research Institute (SRI), der University of Utah und der University of California. Die technische Basis bildeten hierbei von Bolt Beranek and Newman (BBN) entwickelte „Honeywell DDP-516 mini computer" mit 12 KB Speicher, sowie von AT&T bereitgestellte 50-Kilobit-Leitungen.[12] Als erste Anwendungsbereiche des Netzwerkes waren interaktive Grafik, verteilte Prozesse, automatische Datenbankabfragen sowie bereits elektronische Post angedacht.[13]

Durch die weitgehende Umsetzung der Konzeption von Baran und Davies gelang es Roberts und seinen Mitarbeitern, viele der bestehenden Probleme zu lösen. Das Problem der Kommunikation zwischen den am Netzwerk beteiligten Rechnern entfiel, da die Computer, welche die Knoten des Netzwerkes bildeten, die so genannten Interface Message Processors (IMPs), baugleich waren und somit die Rechenleistung der Großrechner nicht mehr für das Netzwerk benötigt wurde.[14]

Im Jahr 1969 begann die praktische Umsetzung des Netzwerkprojektes. Am 30. August 1969 wurde an der UCLA der erste IMP installiert. Am 1. Oktober 1969 wurde der zweite am SRI in Betrieb genommen und der erste Kontakt zwischen den beteiligten Rechnern hergestellt. Diese erste Netzwerkverbindung markiert den eigentlichen Beginn der Entwicklung des Internets. Bis zum Dezember 1969 folgten die weiteren Standorte,[15] so dass zum Ende des Jahres 1969 das geplante Netzwerk vollständig umgesetzt war.

Die weitere Entwicklung des Netzes

In den folgenden Jahren entwickelte sich das ARPANET mit hoher Geschwindigkeit weiter. Bereits im März 1970 wurde der erste Netzwerkknoten an der Ostküste der USA angeschlossen. Dieser befand sich bei BBN und ermöglichte es dem Unternehmen, das Netzwerk von seinem Sitz aus zu warten und gegebenenfalls zu entstören.[16] Eine solche Pflege war dringend notwendig, da in der Anfangszeit vollständige Zusammenbrüche des Netzes keine Seltenheit waren.[17] Im Jahr 1972 bestand das Netz bereits aus 15 Knoten.[18]

---

[12] http://www.michaelkaul.de/Geschichte/zakon/zakon.html (07.05.2022).

[13] *Siegert*, Das Internet-Grundlagenwissen für die Polizei, S. 31.

[14] Zur Entwicklung der IMPs vgl. *Siegert*, Das Internet-Grundlagenwissen für die Polizei, S. 29 f.

[15] *Siegert*, Das Internet-Grundlagenwissen für die Polizei, S. 31.

[16] *Siegert*, Das Internet-Grundlagenwissen für die Polizei, S. 33.

[17] Vgl. das Beispiel bei *Siegert*, a. a. O.

[18] *Kurose/Ross*, S. 83.

Nachdem das ARPANET 1972 auf der Internationalen Konferenz für Computerkommunikation (ICCC) in Washington D.C. durch Roberts der Fachöffentlichkeit mit großem Erfolg vorgestellt worden war, verstärkte sich die Verbreitungsgeschwindigkeit nochmals, so dass in den Jahren 1973 bis 1975 durchschnittlich ein Knoten pro Monat zusätzlich angeschlossen wurde.[19] Die ersten Anschlüsse außerhalb der USA wurden 1973 am University College of London und beim Royal Radar Establishment in Norwegen eingerichtet.[20] Da die damaligen Transatlantikleitungen sehr störanfällig waren, wurde die Verbindung über ein satellitengestütztes Netzwerk namens SATNet hergestellt.[21]

Zu Beginn der 1970er Jahre entwickelten sich parallel zum ARPANET in Europa, aber auch in den USA, weitere Netzwerke, so z.B. die französische ARPANET-Version namens „Cyclades" und ein von Davis am National Physical Laboratory in Großbritannien entwickeltes Netzwerk. Um diese mit dem ARPANET verbinden zu können, wurde 1974 das Transmission Control Protocol (TCP) vorgestellt, welches die Verbindung verschiedenartiger Netzwerke über ein Gateway[22] realisierte. Auf dieser Grundlage gelang es 1977, drei Netzwerke (ARPANET, SATNet und Packet Radio Network) miteinander zum ARPA-Internet zu verknüpfen.[23]

1978 teilte man TCP in zwei Teile, indem der für das Routing, d.h., die Weiterleitung der Daten zwischen den Rechnern, verwendete Teil des Protokolls ausgegliedert und als eigenständiges Protokoll (Internet Protokoll (IP)) ausgestaltet wurde. Das bis heute den allgemein gültigen Standard darstellende Protokollpaar TCP/IP entstand.[24] Zum 01. Januar 1983 fand die komplette Umstellung des gesamten ARPANETs auf diese Protokolle statt.[25] Als Internet wurde in der Folge eine Gruppe von Netzwerken definiert, welche auf der Basis des TCP/IP-Standards operierte. Im selben Jahr wurde das ARPANET in MILNET und ARPANET aufgeteilt.[26] Von den damals 113 Knoten gingen 68 an den militärischen Teil des Netzwerkes, die übrigen standen weiter der Öffentlichkeit zur Verfügung.[27]

---

[19] *Siegert*, Das Internet-Grundlagenwissen für die Polizei, S. 35.

[20] http://www.michaelkaul.de/Geschichte/zakon/zakon.html (07.05.2022).

[21] *Siegert*, Das Internet-Grundlagenwissen für die Polizei, S. 40.

[22] Bei einem Gateway handelt es sich um einen Rechner, welcher eine Verbindung zwischen Netzwerken mit verschiedenartigen Protokollen ermöglicht, indem er die Daten in das jeweils andere Protokoll übersetzt, vgl. *Alpar*, Kommerzielle Nutzung des Internet, S. 27.

[23] *Siegert*, Das Internet-Grundlagenwissen für die Polizei, S. 40.

[24] Zu Aufgaben und Funktionen von TCP/IP vgl. S. 38ff.

[25] http://www.michaelkaul.de/Geschichte/zakon/zakon.html (07.05.2022).

[26] *Siegert*, Das Internet-Grundlagenwissen für die Polizei, S. 45.

[27] http://www.michaelkaul.de/Geschichte/zakon/zakon.html (07.05.2022).

1984 wurde das bis heute gültige Domain Name System (DNS) eingeführt, was zu einer deutlichen Vereinfachung der Adressierung im Netz führte, da nun statt der wenig eingängigen IP-Adressen einfacher zu verwendende Domainnamen genutzt werden konnten.[28]

Zu Beginn der 1980er Jahre setzte eine Entwicklung ein, welche bis zum Ende des Jahres 1989 zu einem vollständigen Verschwinden des ARPANETs führte. Die National Science Foundation (NSF) baute ab 1980 ein offenes Netzwerk, das CSNet, für Einrichtungen auf dem Gebiet der Informatik auf, welchem sich bis Juni 1983 mehr als 70 Standorte anschlossen[29]. Auf der Grundlage dieses Netzwerkes entstanden eine Reihe weiterer Netze, welche immer enger zusammenwuchsen. 1986 wurde das von der NSF finanzierte NSFNET gegründet. Dieses bestand aus einer Verbindung von fünf Supercomputerzentren[30] und sollte als Hochgeschwindigkeits-Backbone[31] für weitere Netzwerke dienen. Der Hauptvorteil des NSFNET bestand darin, dass es weit moderner und 25-mal schneller war als das bestehende ARPANET. Aus diesem Grund schloss sich schnell eine immer größere Zahl von Netzwerken an, so dass die Zahl der beteiligten Rechner innerhalb kurzer Zeit die des ARPANETs übertraf.

Vor diesem Hintergrund beschloss die DARPA[32], ihr Netzwerk nicht zu modernisieren, sondern einzustellen. Bis 1989 wurden nach und nach alle Knotenrechner vom Netz getrennt. An die Stelle des ARPANETs trat nun das NSFNET.[33] Es bildete bis 2005 als NSFNet-Internet-Backbone die Hauptverbindung für das Internet in den USA, über den es mit anderen, z. B. dem seit 1992 bestehenden Europäischen Backbone (Ebone), verbunden war. Inzwischen sind die Backbones kommerzieller Anbieter an seine Stelle getreten.

In den Jahren von 1989 bis 1999 wurden nahezu alle Staaten der Erde an das Internet angeschlossen,[34] so dass man ab der Jahrtausendwende von einem weltumspannenden Netzwerk ausgehen kann.

---

[28] *Siegert*, Das Internet-Grundlagenwissen für die Polizei, S. 45; vgl. zu IP-Adressierung und DNS die Ausführungen auf S. 41 f.

[29] *Siegert*, Das Internet-Grundlagenwissen für die Polizei, S. 44.

[30] Zu den Standorten vgl. http://www.michaelkaul.de/Geschichte/zakon/zakon.html (07.05.2022).

[31] Deutsch: Rückgrat. Vgl. hierzu S. 36.

[32] Die ARPA war zwischenzeitlich in Defence Advanced Research Agency umbenannt worden.

[33] *Siegert*, Das Internet-Grundlagenwissen für die Polizei, S. 46.

[34] Vgl. zu den jeweiligen Daten http://www.michaelkaul.de/Geschichte/zakon/zakon.html (07.05.2022).

Abriss der Entwicklung in Deutschland

Die Entwicklung des Internets begann in Deutschland deutlich später als in den USA und anderen europäischen Staaten. Erst 1983 wurde Deutschland an das ARPANET angeschlossen. Zu diesem Zeitpunkt bestanden in anderen europäischen Ländern bereits leistungsfähige nationale Netzwerke. In Deutschland begann der Aufbau eines solchen Netzwerkes 1984 mit der Gründung des Vereins zur Förderung eines Deutschen Forschungsnetzes (DFN). In der Folgezeit wurde durch diesen Verein gemeinsam mit der Deutschen Bundespost das Wissenschaftsnetz (WIN) aufgebaut. Im Jahr 1989 erfolgte der Anschluss des WIN-Netzwerkes an das NSFNET und somit an das Internet. Der Zugang zu diesem Netz stand bis 1992 nur Universitäten und Forschungseinrichtungen offen.[35] Erst nach dem Entstehen kommerzieller Anbieter konnten auch Privatpersonen und Unternehmen das Netz nutzen.

Das Internet entwickelt sich zum Massenkommunikationsmittel

Der Weg des Internets von einem kaum in der Öffentlichkeit bekannten Netzwerk für Computerwissenschaftler zu einem Massenkommunikations- und -informationsmittel ist untrennbar mit der Entwicklung des Dienstes World Wide Web (WWW) verbunden. Auch der kommerzielle Erfolg des Internets, wie der vieler Unternehmen, welche im Umfeld des Netzes entstanden sind, wäre ohne diesen nicht denkbar. Die Popularität von World Wide Web geht heute so weit, dass das Internet in der Öffentlichkeit vielfach mit diesem Dienst gleichgesetzt wird, obwohl es sich letztlich um nichts anderes als eine weitere Nutzungsmöglichkeit des Netzes handelt.[36]

Im Jahre 1989 entwickelte der britische Informatiker Tim Berners-Lee am CERN, der Europäischen Organisation für Kernforschung,[37] die ersten Vorschläge für das WWW, basierend auf deutlich früheren Arbeiten über Hypertexte aus der 1940er und 1960er Jahren.[38] Sein Ziel war es, ein Programm zu schaffen, welches es den Mitarbeitern des CERN ermöglichte, innerhalb der vorhandenen Datenbestände der Einrichtung schnell und komfortabel zu navigieren.[39] Im folgenden Jahr verfeinerten er und Robert Cailliau diese Vor-

---

35 *Alpar*, Kommerzielle Nutzung des Internet, S. 18.

36 Vgl. *Scheller/Boden/Geenen/Kampermann*, Internet: Werkzeuge und Dienste, S. 260.

37 Die Abkürzung leitet sich von dem früheren Namen des Zentrums „Conseil Europen pour la Recherche Nuclaire" ab. Die heutige Bezeichnung lautet: „European Organization for Nuclear Research".

38 *Kurose/Ross*, S. 85.

39 *Scheller/Boden/Geenen/Kampermann*, Internet: Werkzeuge und Dienste, S. 259 f.

schläge und veröffentlichten am Ende des Jahres den ersten Prototyp der Software.[40] 1991 existierten bereits ein graphischer Browser für modernere Rechner und eine simple Textversion für einfachere Systeme. Im selben Jahr wurde über die „CERN program library" ein frühes WWW-System der wissenschaftlichen Öffentlichkeit zugänglich gemacht. Es enthielt neben einem einfachen Browser und der Software für Webserver auch eine Programmbibliothek, welche alle notwendigen Funktionen beinhaltete, um eigene Web-Software zu entwickeln.[41] In der Folge begann eine Vielzahl von wissenschaftlichen Einrichtungen in der ganzen Welt das WWW zu nutzen.

Der größte Vorteil des neuen Dienstes bestand darin, dass er die Nutzung des Internets wesentlich vereinfachte. An die Stelle der Eingabe schwieriger Befehle trat nun eine einfache Navigation per Mausklick. Daneben bot sich aufgrund des verwendeten Hypertextsystems die Möglichkeit, Informationen übersichtlich und nutzerfreundlich darzustellen und durch die Verwendung von Hyperlinks auf weitere, hiermit in Zusammenhang stehende Bilder, Texte, Videos usw. zuzugreifen. Schließlich war es über WWW möglich, auch andere Dienste (z. B. E-Mail) aufzurufen.[42]

1993 entschied sich CERN, die Technik des WWW lizenzfrei zur Verfügung zu stellen, was die weitere Entwicklung nochmals beschleunigte. Im gleichen Jahr entwickelte Marc Andreessen vom National Center for Supercomputing Applications (NCSA) an der University of Illinois die erste Version des vor allem in Wissenschaftskreisen sehr beliebten Browsers „Mosaic". Dieser basierte auf dem bereits damals sehr populären Microsoft Windows und war durch seine graphische Benutzeroberfläche sehr einfach zu bedienen.[43] 1994 fanden zwei internationale Konferenzen zum WWW statt, welche unerwartet großes Interesse bei Entwicklern und Nutzern fanden. 1995 zog sich das CERN aus der Weiterentwicklung zurück und gab diese an das neu gegründete World Wide Web Consortium (W3C) ab.[44]

Mitte der 1990er Jahre begannen auch die Medien immer mehr Notiz von Internet und WWW zu nehmen. Dies löste in Verbindung mit einer weiteren Neuentwicklung einen wahren Internetboom aus. Marc Andreessen, der zwischenzeitlich das NCSA verlassen hatte, gründete 1995 gemeinsam mit einer Reihe namhafter Netzfirmen das Unternehmen Netscape und entwickelte den Netscape Navigator.[45] Dieser neue Browser war sehr einfach zu steuern und

---

[40] *Steinke*, Navigation im World Wide Web als Hypertextsystem, S. 18.

[41] https://home.cern/science/computing/birth-web/short-history-web (07.05.2022).

[42] *Alpar*, Kommerzielle Nutzung des Internet, S. 98 f.

[43] *Steinke*, Navigation im World Wide Web als Hypertextsystem, S. 18.

[44] https://home.cern/science/computing/birth-web/short-history-web (07.05.2022).

[45] Zur Entwicklung vgl. *Meinel/Sack*, WWW Kommunikation, Internetworking, Web-Technologien, S. 16.

machte es somit auch unerfahrenen Nutzern möglich, mit dem Internet zu arbeiten. Das Gleiche galt für den im selben Jahr entwickelten Internet Explorer von Microsoft. Dies verhalf dem WWW und somit auch dem Internet zum endgültigen Durchbruch. In der Folge stieg sowohl die Anzahl der Web-Server als auch die Anzahl der Nutzer und der erreichbaren Seiten sprunghaft an.[46] Das Internet wurde endgültig zu einem Massenkommunikationsmittel.

Die historische Entwicklung der E-Mail-Kommunikation

Bereits ca. zehn Jahre vor der Schaffung des ARPANET gab es Möglichkeiten, auf elektronischem Wege Nachrichten zu versenden. Allerdings beschränkten sich diese auf die Kommunikation zwischen den Nutzern eines Großrechners, welche über verschiedene Terminals auf diesen Zugriff hatten. Mit dem Programm MAILBOX, welches zu Beginn der 60er Jahre am MIT genutzt wurde, war es bereits möglich, neben Einzeilern auch längere Nachrichten und wissenschaftliche Artikel auszutauschen.[47]

Die Möglichkeit, Nachrichten schnell, sicher und komfortabel zu übertragen, war einer der Hauptgründe für die Schaffung des ARPANET. Insbesondere sollte für die militärische Anwendung sichergestellt werden, dass eine Kommunikation auch im Falle einer Zerstörung bzw. eines Ausfalls einzelner Knoten eines Netzwerkes gewährleistet ist.[48] Aus diesem Grund war die elektronische Post bereits vor der Inbetriebnahme des Netzes als eine der wesentlichen Nutzungsmöglichkeiten angedacht.[49] So verwundert es nicht, dass bereits im Jahre 1972 das erste E-Mail-Programm durch Ray Tomlinson, einen Ingenieur von BBN, geschaffen wurde.[50] Es ermöglichte das Versenden von kurzen Nachrichten über das Netz und nutzte zur Trennung zwischen dem Namen des Nutzers und dem Rechnernamen (Domain) bereits das Zeichen @, welches später zu einem Symbol des Internets und des gesamten Computerzeitalters schlechthin wurde.[51] Im folgenden Jahr passte er das

---

[46] Vgl. hierzu http://www.michaelkaul.de/Geschichte/zakon/zakon.html (07.05.2022) mit beispielhaften Zahlen bis ins Jahr 2000.

[47] *Hafner/Lyon*, Arpa Kadabra oder die Geschichte des Internet, S. 225.

[48] Inwieweit der Hintergrund dieser Zielsetzung war, eine militärische Kommunikation auch im Falle eines atomaren Angriffes zu gewährleisten, ist zumindest unsicher. *Hafner/Lyon*, a. a. O., S. 10 bezeichnen dies unter Berufung auf die Väter des Netzes als eine Legende, welche sich verselbstständigt habe. Anders z. B. *Meinel/Sack*, WWW Kommunikation, Internetworking, Web-Technologien, S. 26.

[49] Vgl. *Meinel/Sack*, WWW Kommunikation, Internetworking, Web-Technologien, S. 25 f.; anders *Hafner/Lyon*, a. a. O., S. 224, nach denen eine Nutzung des Netzes als Nachrichtensystem zunächst nicht angedacht war.

[50] *Hafner/Lyon*, a. a. O., S. 226.

[51] *Hafner/Lyon*, a. a. O., S. 228.

Programm an die Erfordernisse des ARPANET an. Dabei wurde für den Mailverkehr zunächst auf das zur selben Zeit zur Datenübertragung entwickelte File-Transfer-Protokoll (FTP) zurückgegriffen. Erst später wurde ein eigenes Protokoll entwickelt.[52] Die neue Nutzungsmöglichkeit des Netzes wurde von den Nutzern sehr schnell angenommen und fand große Verbreitung. Bereits 1973 machte der Mailverkehr nach einer Studie 75 % der Gesamtnutzung des ARPANET aus.[53] 1975 entstand mit MSG das erste Mailprogramm, welches neben dem einfachen Nachrichtenversand bereits alle heute üblichen Nutzungsmöglichkeiten (Dateianhänge, Antwortservice u. ä.) beinhaltete.

Im August 1982 wurde das Simple Mail Transfer Protocol (SMTP) in RFC 821, 822 veröffentlicht. In der Folgezeit setzte sich dieser nichtkommerzielle Vorschlag einiger graduierter Informatikstudenten (u. a. Jonathan B. Postel) gegen nahezu alle anderen Lösungen durch und ist in modifizierter Form das bis heute gültige Standard-E-Mail-Protokoll.[54]

Bereits 1975 wurde die erste offizielle Mailing-Liste, die MsgGroup, eingerichtet, welche sich vor allem mit Fragen der Standardisierung von E-Mails beschäftigte. Ihr folgten weitere Newsgroups zu unterschiedlichsten Themen.[55] Dabei führten Diskussionen zu politisch und wirtschaftlich brisanten Themen[56] bereits in der Frühzeit zu Kontroversen über Einschränkungsmöglichkeiten der Freiheit und Anonymität innerhalb des Netzes.

2. Technische Grundlagen der Datenübertragung im Internet

Zur Erfassung der rechtlichen Problematik der E-Mail-Überwachung, wie auch der einer Vielzahl anderer Rechtsfragen des Computer-, Internet- und Multimediarechtes, ist es unabdingbar, die hierfür erforderlichen technischen Grundlagen zu kennen. Viele der in der Folge zu erörternden, rechtlichen Streitfragen und Probleme finden ihre Grundlage, aber häufig auch ihre Lösung in diesen technischen Fragen und werden erst vor diesem Hintergrund verständlich. Daher soll hier zunächst ein Überblick über die Struktur des Internets, den Ablauf einer Datenübertragung im Internet und den Ablauf einer E-Mail-Kommunikation gegeben werden.

---

[52] *Siegert*, Das Internet-Grundlagenwissen für die Polizei, S. 37; anschaulich zu den hiermit verbundenen Debatten und Streitigkeiten (sog. „Headerkriege“) *Hafner/Lyon*, a. a. O., S. 234 ff.

[53] http://www.michaelkaul.de/Geschichte/zakon/zakon.html (07.05.2022).

[54] *Meinel/Sack*, WWW Kommunikation, Internetworking, Web-Technologien, S. 588.

[55] Sehr beliebt war z. B. die Mailgroup SF-Lovers für Science-Fiction-Fans.

[56] Vgl. die Beispiele bei *Siegert*, Das Internet-Grundlagenwissen für die Polizei, S. 38.

Struktur des Internets

Das Internet ist, im Gegensatz zu einer verbreiteten Ansicht, alles andere als ein einheitliches Netzwerk. Nicht zuletzt durch seine Geschichte bedingt, handelt es sich um eine *„dezentrale, internationale, offene und sich ständig ausweitende Struktur“*[57]. Diese besteht es aus einer Vielzahl verschiedenster wissenschaftlicher, militärischer und privater Netze, welche miteinander verbunden sind und trotz unterschiedlicher genutzter Techniken über einen einheitlichen Grundstandard in Form von gleichartigen Protokollen miteinander kommunizieren können.[58]

Trotz dieser Verschiedenartigkeit weist das Internet letztlich eine hierarchische Struktur auf. Die Hauptverbindungen des gigantischen Netzwerkes autonomer Subnetze bilden die Backbones. Sie sind Hochgeschwindigkeitsnetze, die über eine sehr hohe Transferkapazität verfügen und an so genannten Peering-Points durch schnelle Router miteinander verbunden sind. Über die Peering-Points sind auch die regionalen Netze (Midlevel Networks) mit den Backbones verbunden. An diese schließen sich die Local-Area-Networks (LANs) von Universtäten, Unternehmen oder auch Internet-Providern an.[59] Die Zugangsvermittlung der Privatnutzer sowie eines großen Teils der Unternehmen erfolgt über ihren jeweiligen Provider. Hierbei handelt es sich um Access-Provider, deren wesentliche Aufgabe die physikalisch-technische Realisierung des Netzzugangs ist, welchen er über die ihm zur Verfügung stehenden Einwahlknoten ermöglicht.[60]

Die einzelnen Netze werden durch Router verbunden. Dabei handelt es sich um Rechner, welche in der Lage sind, die ankommenden Datenpakete auf kürzestem Weg durch das Netz zu ihrer Zieladresse zu leiten. Für die Ermittlung des jeweils kürzesten Weges werden Routingtabellen genutzt, welche die jeweiligen Informationen zur schnellsten Weiterleitung des Datenpaktes zu seinem Ziel enthalten.[61] Insoweit ähnelt die Funktionsweise der Router der eines traditionellen Postamtes.[62] Allerdings beschränkt sich die Vermittlungsfunktion des Routers auf die Weiterleitung der Daten zur nächsten Etappe des jeweiligen Weges zum endgültigen Ziel (d.h. in der Regel zum nächsten Router). Hierzu wird in der Routingtabelle für jede Zieladresse

---

57 *Horgos*, S. 21.

58 Moritz/Dreier-*Federrath/Pfitzmann*, S. 1.

59 *Meinel/Sack*, WWW Kommunikation, Internetworking, Web-Technologien, S. 492; *Horgos*, S. 21.

60 *Kloepfer*, Informationsrecht § 13 Rn. 28.

61 *Meinel/Sack*, a.a.O., S. 472; zu den Einzelheiten vgl. u.a. die Ausführungen zum Domain Name System (DNS) in diesem Abschnitt.

62 Abel Praxishandbuch-*Abel*, Teil 7/2.2, S. 1.

ein bestimmter Port (Ausgang) festgelegt, über den der nächste Teil des Weges der Daten zu ihrem Ziel (Hop) verläuft.[63] Den Endpunkt einer solchen Übertragung bildet der Zielrechner der jeweiligen Übertragung, der so genannte Host.[64]

Neben den Routern werden zur Verbindung von Netzwerken auch Gateways eingesetzt. Diese Rechner gleichen in ihrer Funktionsweise Routern, sind aber im Gegensatz zu diesen in der Lage, Netzwerke zu verbinden, die auf der Basis verschiedenartiger Protokolle arbeiten. Hierzu konvertieren sie die zu übertragenden Daten in das Format des jeweils anderen Netzes.[65] Heute nehmen die meisten Routingrechner je nach installierter Software zugleich auch die Aufgaben eines Gateways wahr, so dass die Verbindung der Netzwerke regelmäßig durch einen einheitlichen Rechner erfolgt.

Client-Server-Prinzip

Das Internet basiert wie alle modernen Computernetzwerke auf dem so genannten Client-Server-Prinzip.[66] Die Begriffe bezeichnen dabei Rechnersysteme, die aus einem Computer und der dazugehörigen Client- bzw. Serversoftware bestehen.[67] Unter einem Client[68] ist dabei das System zu verstehen, welches die jeweiligen Daten anfordert. Als Server[69] wird hingegen das System bezeichnet, welches diese Daten anbietet.[70] Abhängig von der installierten Software und der Rolle des Rechners im Netzwerk kann dieser auch gleichzeitig die Aufgaben eines Clients und eines Servers wahrnehmen.

Der Austausch von Daten zwischen zwei miteinander vernetzten Rechnern wird auf der Grundlage der Protokolle TCP und IP durchgeführt[71]. Dabei stellt der Client den Kontakt zwischen den Rechnern her und startet eine Anfrage bezüglich der gewünschten Daten beim Server. Sobald die Verbindung hergestellt ist, übermittelt der Server diese Daten an den Client. Dazu müssen Client und Server allerdings nicht permanent direkt miteinander verbunden sein, vielmehr reicht es aus, wenn durch die Software eine virtu-

---

63 *Meinel/Sack*, a. a. O., S. 470, 472.

64 Deutsch: Wirt.

65 Hoeren/Sieber/Holznagel-*Sieber*, Teil 1 Rn. 26.

66 *Kurose/Ross*, S. 110.

67 Zum Teil werden die Begriffe auch zur Bezeichnung der Soft- oder Hardware verwendet.

68 Deutsch: Klient, Mandant.

69 Deutsch: Diener.

70 Hoeren/Sieber/Holznagel-*Sieber*, Teil 1 Rn. 20.

71 Vgl. hierzu die anschließenden Ausführungen.

elle Verbindung hergestellt wird.[72] Ein Server muss bei dieser Vorgehensweise, um seine Aufgaben erfüllen zu können, permanent an das Netz angeschlossen und betriebsbereit sein. Er ist regelmäßig in der Lage, mehrere Clients gleichzeitig zu bedienen. Der Client agiert hingegen nur bei Bedarf und benötigt keine dauerhafte Netzverbindung.[73]

Die Übertragung von Daten im Internet

Die Datenübertragung im Internet beruht im Wesentlichen auf den beiden Protokollen Transmission Control Protocol (TCP) und Internet Protocol (IP). Sie stellen den Mindeststandard für eine erfolgreiche Kommunikation zwischen mit dem Internet verbundenen Rechnern dar und bilden die Grundlage für alle anderen Dienste des Netzes, deren spezielle Protokolle auf ihnen aufbauen.[74] Im Folgenden sollen die beiden Protokolle mit ihren jeweiligen Funktionen vorgestellt und ihr Zusammenwirken bei der Übertragung von Daten im Internet erläutert werden.

Internet Protocol

Das Internet Protocol (IP)[75] ist der „Leim“, der das Internet zusammenhält. Es bildet die Grundlage jeder Datenkommunikation in TCP/IP-Netzen, zu denen auch das Internet gehört, und stellt die hierfür notwendigen Basisdienste zur Verfügung.[76] Seine wesentlichen Aufgaben sind die verbindungslose und unzuverlässige Übermittlung der zu versendenden Daten an den nächsten Host oder Router sowie die Fragmentierung dieser Daten zu Datenpaketen (so genannten IP-Datagrammen).[77] Es ist in der Lage, die versendeten Daten über die Grenzen verschiedenartigster Netzwerke hinweg, unabhängig von der in diesen verwendeten Soft- und Hardware zu transportieren, solange diese Netze in der Lage sind, IP anzuwenden. So entsteht für den Nutzer der Eindruck eines einheitlichen Netzwerkes.[78]

Derzeit wird weitgehend das Internet Protokoll Version 4 (IPv4) genutzt. Das Internet Protokoll Version 6 (IPv6)[79] hat sich u.a. aus Kostengründen noch nicht flächendeckend durchgesetzt, so dass die Vorversion noch immer

---

72 *Meinel/Sack*, WWW Kommunikation, Internetworking, Web-Technologien, S. 545.

73 Abel Praxishandbuch-*Abel*, Teil 7/2.2, S. 5; *Kurose/Ross*, S. 110, 113.

74 *Siegert*, Das Internet-Grundlagenwissen für die Polizei, S. 49.

75 RFC 791.

76 *Holtkamp*, Einführung in TCP/IP, S. 17.

77 *Kurose/Ross*, S. 364.

78 *Meinel/Sack*, WWW Kommunikation, Internetworking, Web-Technologien, S. 511.

79 RFC 2460.

den allgemein gültigen Standard darstellt.[80] Die folgenden Ausführungen orientieren sich daher an IPv4.

Datenübertragung mit IP

IP ermöglicht einen verbindungslosen und unzuverlässigen Datentransport. Unzuverlässig heißt in diesem Zusammenhang, dass IP nicht garantiert, ob und gegebenenfalls wann ein versendetes Datenpaket seinen Empfänger erreicht.[81] Vielmehr arbeitet das Protokoll nach dem Best-Effort-Prinzip[82], d. h., es wird davon ausgegangen, dass die Daten in der Regel so schnell wie möglich zugestellt werden. Es ist allerdings nicht ausgeschlossen, dass die Daten auf ihrem Weg aufgrund von Fehlern in den beteiligten Netzen verloren gehen, verfälscht oder dupliziert werden bzw. sehr lange Zeit unterwegs sind.[83]

Des Weiteren arbeitet das Protokoll verbindungslos. Das bedeutet, es ist nicht in der Lage, vor einer Datenübertragung eine Verbindung zu dem jeweiligen Kommunikationspartner herzustellen. Eine solche Verbindung ist aufgrund der Struktur des Internets nicht möglich. Die Aufgabe von IP ist es, die jeweiligen Daten über verschiedene Router zu ihrem Ziel zu transportieren, wobei deren genauer Weg durch das Netz letztlich von Faktoren wie z. B. der Netzlast bestimmt wird.[84] Insoweit ist es teilweise notwendig, die Daten mehrmals zu bearbeiten und an die Vorgaben der beteiligten Netzwerke anzupassen.[85] Eine permanente Verbindung ist unter diesen Umständen kaum herstellbar und würde die Datenübertragung unzumutbar erschweren.

Aufbau, Kapselung und Fragmentierung von IP-Datagrammen

Die Datenübertragung im Internet erfolgt paketvermittelt, d. h., die Daten müssen vor dem Versand in Datenpakete (Datagramme) zerlegt werden.

Jedes der Datagramme wird aus dem so genannten Header und den zu versendenden Nutzdaten gebildet. Der Header besteht aus einem 20 Byte langen, festen Teil und einem optionalen Teil, dessen Länge variabel ist, und enthält alle Informationen, die zur Versendung der Daten benötigt werden. So enthält er u. a. die IP-Adressen von Sender und Empfänger des Data-

---

80 *Kurose/Ross*, S. 359.

81 *Meinel/Sack*, a. a. O., S. 511; *Kurose/Ross*, S. 364.

82 Deutsch: Bestes Bemühen.

83 *Meinel/Sack*, WWW Kommunikation, Internetworking, Web-Technologien, S. 511; *Kurose/Ross*, S. 339.

84 *Kurose/Ross*, S. 344.

85 *Kurose/Ross*, S. 363 f.

gramms und gibt an, an welches Protokoll es nach seiner Ankunft weitergegeben werden soll. Weiter sind neben der Versionsnummer des IP (i. d. R. IPv4), die Gesamtlänge des Headers und des Datagramms, Angaben zur Fragmentierung sowie solche, die der Überprüfung der Vollständigkeit des Headers dienen, enthalten. Daneben wird durch die Einfügung eines Timers in das „Time to Live“ Feld verhindert, dass Datagramme unbegrenzte Zeit im Netz zirkulieren und es so auf Dauer überlasten. Im optionalen Teil können weitere Funktionen ergänzt werden.[86]

Damit ein IP-Datagramm über die Grenzen verschiedener Netzwerke hinweg übertragen werden kann, muss es an deren Hardware angepasst werden. Diese Anpassung wird durch IP-Kapselung und IP-Fragmentierung erreicht. Bei der Kapselung muss die jeweilige Netzwerk-Software das gesamte IP-Datagramm in ein seinem Netzwerkformat entsprechendes Datenpaket umwandeln. Dazu werden die Daten in das im nächsten Netzwerk gültige Hardware-Datenformat verpackt.[87] Dabei wird das komplette IP-Datagramm in den Nutzdatenbereich des jeweiligen Datenformates integriert und so ein neues Datagramm gebildet. Dieses wird von der Hardware des folgenden Netzwerkes wie ein eigenes Datenpaket behandelt und in Richtung der Zieladresse weitergeleitet. Bei dem gesamten Kapselungsvorgang werden die Daten des IP-Datagramms weder verändert noch geprüft. Erreicht das Datagramm das nächste Netzwerk, wiederholt sich nach Auswertung der IP-Adresse der beschriebene Vorgang. Wird das jeweilige Zielnetzwerk erreicht, so wird das Datagramm an das im Header definierte Zielprotokoll weitergeleitet.[88]

Bei der Fragmentierung wird die Größe der IP-Datagramme an die jeweils im nächsten Netzwerk, in welches das Paket übertragen werden soll, zulässige Maximalgröße[89] angepasst. Theoretisch sind bei IP-Datagramme mit einer Größe von maximal 64 Kilobyte möglich. Allerdings werden in der Praxis im Regelfall 1.500 Byte verwendet.[90] Erweist sich ein bei einem Router eingehendes Datagramm als zu groß, um über das folgende Netzwerk weitergeleitet zu werden, so zerlegt es dieser in mehrere Fragmente.[91] Dabei übernimmt er den kompletten Originalheader, erweitert diesen um Angaben zur Fragmentierung (Anzahl und Lage der Fragmente) und fügt ihm jeweils einen Teil der Nutzdaten des Originaldatagramms bei.[92] Danach werden die

---

[86] Vgl. zu den Einzelheiten *Meinel/Sack*, a. a. O., S. 512 ff; *Kurose/Ross*, S. 361 ff.

[87] *Meinel/Sack*, WWW Kommunikation, Internetworking, Web-Technologien, S. 515; *Kurose/Ross*, S. 364.

[88] *Meinel/Sack*, a. a. O., S. 516.

[89] Sog. Maximum Transmission Unit (MTU).

[90] *Holtkamp*, a. a. O., S. 17.

[91] *Kurose/Ross*, S. 364.

[92] *Holtkamp*, a. a. O., S. 30; *Meinel/Sack*, a. a. O., S. 516.

Fragmente versendet. In der Folge müssen die Fragmente nicht den gleichen Weg durch das Netz nehmen. Die Zusammensetzung wird erst am Ziel der Übertragung vorgenommen. Dieses Vorgehen flexibilisiert und beschleunigt die Datenübertragung erheblich, erhöht aber auch die Gefahr von Datenverlusten.

Adressierung und Adressvergabe

Damit IP Datenpakete korrekt vom Sender zum jeweiligen Empfänger transferieren kann, müssen diese eindeutig adressiert werden. Diese Adressierung wird mittels einer 32-bit (4 Byte) langen so genannten IP-Adresse vorgenommen.[93] Eine solche Adresse besteht aus einer maximal 12-stelligen Dezimalzahl, welche ihrerseits aus vier durch einen Punkt voneinander getrennten Zahlen bestehen.[94]

Beispiel: 123.156.189.09

Die vier Dezimalzahlen stehen jeweils für ein Byte der Adresse, so dass jeder der einzelnen Adressteile einen Wert von 0 bis 255 annehmen kann.[95] Hieraus folgt, dass der gesamte Adressbereich von 0.0.0.0. bis 255.255.255.255 reicht. Insgesamt ist bei IPv4 somit theoretisch eine Anzahl von 2^{32} (4.294.967.296) IP-Adressen denkbar. Allerdings sind nicht alle dieser Adressen auch für die allgemeine Nutzung freigegeben, da einige Adressen für spezielle Zwecke reserviert sind.[96]

Die begrenzte Anzahl von Adressen wird aufgrund der sprunghaften Entwicklung des Internets nicht dauerhaft ausreichen. Aus diesem Grund wurden verschiedene Lösungsansätze entwickelt, um die Zahl der möglichen Adressen zu erhöhen bzw. die Ausnutzung der vorhandenen Adressen zu optimieren.[97] Spätestens sobald sich die Internet-Protokoll-Version 6 (IPv6) flächendeckend durchgesetzt hat, werden für die zukünftige Entwicklung genügend IP-Adressen zur Verfügung stehen.[98]

---

93 *Kurose/Ross*, S. 367.

94 Sog. Quadrupel.

95 *Meinel/Sack*, a. a. O., S. 494 f.

96 Vgl. zu den einzelnen Adressen RFC 3330, abrufbar unter: http://www.ietf.org/rfc/rfc3330.txt (07.05.2022).

97 So wurde z. B. 1993 das Classless Inter-Domain Routing (CIDR) eingeführt, welches eine flexiblere Vergabe von Adressen im Vergleich zur vorherigen Vergabe der Adressen über Netzklassen ermöglicht. Vgl. zu Netzklassen und CIDR z. B. *Meinel/Sack*, a. a. O., S. 495 ff.

98 Für jeden Quadratmeter der Erde etwa 1600 IP-Adressen; so *Alpar*, Kommerzielle Nutzung des Internet, S. 32.

Für die Vergabe der IP-Adressen an Provider sowie Hochschulen und Großunternehmen, über welche sich der einzelne Nutzer ins Internet einwählt, ist in Europa, dem Mittleren Osten und Zentralasien die RIPE NCC (Réseaux IP Européens Network Coordination Centre)[99] mit Sitz in Amsterdam zentral zuständig. Für andere Regionen der Erde existieren vier weitere parallele Organisationen. Es ist allerdings dennoch nicht möglich, allein anhand der Ziffern der IP-Adresse auf den jeweiligen Aufenthaltsort der an der Internetkommunikation Beteiligten zu schließen. Zwar wurden bestimmte Adressbereiche besonderes häufig z. B. in Europa vergeben, allerdings bietet dies allenfalls einen Anhaltspunkt. Eine genaue Recherchemöglichkeit bietet RIPE NCC auf seiner Homepage an. Dort kann jeder Interessierte, also auch Ermittlungsbehörden, ermitteln, welchem der Mitglieder von RIPE NCC eine bestimmte Adresse zugeteilt wurde. Eine weitere Möglichkeit, den Standort der an einer Kommunikation Beteiligten zu ermitteln, bieten so genannte Tracing-Programme, welche es ermöglichen, den Weg eines Datenpaketes durch das Internet nachzuvollziehen.[100]

Statische und dynamische IP-Adressen

Jedem Provider wird durch RIPE NCC nur eine begrenzte Anzahl von IP-Adressen zur Verfügung gestellt. Regelmäßig steht einem Provider daher eine zu geringe Anzahl von Adressen zur Verfügung, um all seinen Nutzern eine dauerhafte (statische) IP-Adresse, welche ihnen bei jeder Einwahl zur Verfügung steht, zuweisen zu können. Zur Lösung dieser Problematik werden neben den statischen IP-Adressen, welche regelmäßig vor allem von Institutionen und Unternehmen genutzt werden, durch die Provider dynamische IP-Adressen vergeben, um den ihnen zur Verfügung stehenden Adressraum optimal ausnutzen zu können. Dabei machen sich die Provider die Tatsache zu Nutze, dass sich niemals alle Nutzer, die über sie auf das Internet zugreifen, gleichzeitig einwählen und weisen deshalb dem jeweiligen Nutzer bzw. dessen Rechner regelmäßig bei jeder Einwahl ins Netz eine neue IP-Adresse aus ihrem Adresspool zu.[101]

Domain Name System (DNS)

Die Nutzung von Dezimalzahlen zur Adressierung in Netzwerken erwies sich schnell als benutzerunfreundlich, da die Zahlenkombinationen regelmä-

[99] http://www.ripe.net (07.05.2022).

[100] Hoeren/Sieber/Holznagel-*Sieber*, Teil 1 Rn. 69 ff.

[101] Hoeren/Sieber/Holznagel-*Sieber*, Teil 1 Rn. 55.

ßig nur schwer zu merken und zu handhaben sind.[102] Daneben bietet die Adressierung mittels Ziffern auch keine Möglichkeit, anhand der Adresse Rückschlüsse auf den jeweiligen Standort des Rechners zu ziehen. Aus diesem Grund wurde das Domain Name System eingeführt, dessen erste Entwürfe auf das Jahr 1983 zurückgehen.[103]

Das System ordnet den jeweiligen IP-Adressen einen weltweit einzigartigen und eindeutigen Domainnamen zu. Die Verknüpfung der Domainnamen mit den dazugehörigen IP-Adressen erfolgt mit Hilfe von Zuordnungstabellen (Routingtabellen), welche auf so genannten DNS-Servern gespeichert sind. Bei einem Zugriff auf einen Server unter Verwendung des Domainnamens wird zunächst bei einem Name-Server abgefragt, welche IP-Adresse diesem zugeordnet ist, da eine Verbindung zwischen den an der Übertragung beteiligten Rechnern nur anhand der IP-Adresse erfolgen kann.[104] Die Abfrage beim Name-Server wird hierbei mittels einer speziellen Software, des so genannten Name-Resolvers durchgeführt.[105]

Domainnamen sind hierarchisch aufgebaut und bestehen aus verschiedenen Einzeldomains, welche jeweils durch einen Punkt getrennt werden. Als Beispiel soll hier der WWW-Server der Universitätsbibliothek der Universität Leipzig dienen. Seine Adresse lautet: www.ub.uni-leipzig.de. Ganz rechts steht die Top Level Domain, in diesem Fall .de für Deutschland. An diese schließt sich die Second Level Domain, hier .uni-leipzig an. Die Bezeichnung .ub ist die Bezeichnung der Subdomain, während www den Host Server[106] bezeichnet. Ein vollständiger Domainname besteht aus der Top Level Domain und der Second Level Domain, die Vergabe einer Subdomain ist hingegen nicht notwendig. Sie kann durch den Inhaber der Second Level Domain für eine bessere Gliederung eingefügt werden.[107]

Im internationalen Rahmen werden die Top Level Domains zentral durch die Internet Corporation for Assigned Names and Numbers (ICANN)[108] vergeben, welche der Internet Assigned Numbers Authority (IANA)[109] übergeordnet ist.[110] Die Second Level Domains werden, abhängig davon, welche

---

[102] *Kurose/Ross*, S. 154.

[103] RFC 882, 883; inzwischen regelt RFC 1034 diesen Themenbereich.

[104] *Kurose/Ross*, S. 155,

[105] Vgl. Abel Praxishandbuch-*Abel*, Teil 7/2.2, S. 5.

[106] Z. T. wird auch die Bezeichnung Third Level Domain verwendet.

[107] Hoeren/Sieber/Holznagel-*Sieber*, Teil 1 Rn. 58.

[108] www.icann.org (07.05.2022).

[109] www.iana.org (07.05.2022).

[110] Eine Liste der Top Level Domains, einschließlich der Country Code Top Level Domains (ccTLDs) und der Generic Top-Level Domains (gTLDs), ist unter: https://www.iana.org/domains/root/db (07.05.2022) abrufbar.

Top Level Domain verwendet werden soll, durch verschiedene Organisationen vergeben.[111] Für die Top Level Domain .de erfolgt die Vergabe durch das Deutsche Network Information Center e. G. (DENIC e. G.) mit Sitz in Frankfurt am Main.[112] Über die Seite von DENIC kann anhand einer Datenbank nachvollzogen werden, wer Inhaber eines bestimmten Domainnamens ist.

Transmission Control Protocol

TCP[113] ermöglicht die zuverlässige Übertragung von Daten über das Internet. Das Protokoll dient dem zuverlässigen und verbindungsorientierten Datentransport und der Segmentierung der zu übermittelnden Nutzdaten.[114] Daneben hat es die Aufgabe, die Fehler, welche durch die Vermittlung mit IP entstanden sind, zu beheben.[115] TCP baut bei seiner Datenübertragung auf dem soeben beschriebenen IP auf, indem es zur Versendung der Daten auf IP-Datagramme zurückgreift.

Datenübertragung mit TCP

Vor der Datenübertragung unterteilt TCP die zu versendeten Daten der Dienste in Segmente und versieht diese mit einer Nummer. Die Größe der Segmente kann max. 64 KByte betragen, üblicherweise wird derzeit mit einer Segmentierung von 1500 Byte gearbeitet.[116] Wie auch beim IP wird den eigentlichen Nutzdaten ein 20 Byte großer Header vorangestellt. Dieser enthält alle zur zuverlässigen Übermittlung der Daten notwendigen Informationen.[117] Die so entstandenen Datagramme werden einzeln versendet und nach der Übertragung über das Internet durch TCP anhand der Nummerierung wieder in der richtigen Reihenfolge zusammengesetzt.[118]

TCP stellt im Gegensatz zum IP einen verbindungsorientierten Dienst dar. Das heißt, bevor es zur eigentlichen Datenübertragung kommen kann, muss zunächst eine Verbindung zum späteren Empfänger aufgebaut werden, bei

---

111 Vgl. Hoeren/Sieber/Holznagel-*Sieber*, Teil 1 Rn. 60 ff.

112 https://www.denic.de (07.05.2022).

113 Die erste Spezifizierung wurde durch RFC 793 vorgenommen, seither wurde es mehrfach durch andere RFC ergänzt und überarbeitet.

114 *Kurose/Ross*, S. 255.

115 *Meinel/Sack*, WWW Kommunikation, Internetworking, Web-Technologien, S. 544.

116 *Holtkamp*, Einführung in TCP/IP, S. 34.

117 Zu den Einzelheiten des Aufbaus des Headers vgl. *Holtkamp*, a. a. O., S. 37 ff.

118 *Alpar*, Kommerzielle Nutzung des Internet, S. 26.

der die notwendigen Parameter des nachfolgenden Datentransfers ausgetauscht werden.[119]

Weiter garantiert TCP, im Gegensatz zum IP, eine fehlerfreie und zuverlässige Datenübertragung, indem es den eingehenden Datenstrom auf eventuelle Lücken oder Duplikate prüft und gegebenenfalls eine Neuübertragung fehlerhafter Teile vorsieht.[120]

Um dies zu erreichen, wurden in das Protokoll eine Reihe von Lösungen eingefügt. Grundsätzlich wird der Empfang eines jeden Datenpaketes durch den Empfänger bestätigt. Erfolgt dies innerhalb eines vom Sender vorgegebenen Zeitraumes nicht, so werden die Daten erneut übertragen. Zur Bestimmung des Zeitrahmens wird regelmäßig kein fester Wert verwendet, sondern anhand der Netzauslastung ein gleitender Mittelwert, für jedes einzelne Datenpaket ermittelt (sog. adaptive Neuübertragung).[121] Eine Neuübertragung wird im Übrigen auch dann durchgeführt, wenn der Empfänger aufgrund von Abweichungen der im Header eingetragenen Prüfsumme erkennt, dass die Übertragung fehlerhaft war.[122] Daneben verfügt TCP über Lösungen zur Steuerung des Datenflusses und zur Überlastkontrolle. Schließlich sorgt TCP vor der Beendigung der Verbindung dafür, dass alle abgesendeten Daten den Empfänger erreichen, bevor die Verbindung endgültig getrennt wird.[123]

Ports

Das TCP hat des Weiteren die Aufgabe, die empfangenen Daten an die korrekten Dienste weiterzuleiten. Hierzu werden 16 Bit große sogenannte Portnummern verwendet. Den einzelnen Diensten sind bestimmte Portnummern fest zugewiesen, über welche die Verbindungen herzustellen sind. Diese „well-known-ports“ umfassen heute die Nummern 0 bis 1023 und werden durch die IANA[124] verwaltet. Dem Mailverkehr ist z. B. die Portnummer 25 zugewiesen, WWW verwendet die Nummer 80.[125]

---

[119] *Kurose/Ross*, S. 255.

[120] *Kurose/Ross*, S. 266.

[121] *Meinel/Sack*, a. a. O., S. 546 f.

[122] *Holtkamp*, Einführung in TCP/IP, S. 33.

[123] Hierbei kommt ein ähnliches Verfahren wie beim Verbindungsaufbau zum Einsatz. Vgl. zu den Einzelheiten: *Meinel/Sack*, a. a. O., S. 554.

[124] www.iana.org (07.05.2022).

[125] *Kurose/Ross*, S. 115; vgl. im Einzelnen die Liste unter: https://www.iana.org/assignments/service-names-port-numbers/service-names-port-numbers.xhtml (07.05.2022).

Zusammenspiel von IP und TCP bei der Datenübertragung

Bei einer Übertragung von Daten, welche von einer Anwendung stammen und über das Internet übertragen werden sollen, arbeiten die beiden Protokolle wie folgt zusammen:

Zunächst werden die Daten von der jeweiligen Anwendung an TCP übergeben und durch dieses in Segmente unterteilt. Danach werden sie durch IP in ein IP-Datagramm gekapselt. Dieses enthält die Nutzdaten und den Header der TCP-Segmente, welchen ein weiterer Header, der IP-Header, vorangestellt wird. Das ursprüngliche Datenpaket wird im Laufe dieses Vorganges durch das Hinzufügen weiterer Header immer größer. Hintergrund dieser Vorgehensweise ist, dass die beiden Protokolle unterschiedlichen Netzwerkschichten angehören[126] und aus diesem Grund nicht direkt miteinander kommunizieren können. Somit muss sich jedes der Protokolle die Daten zunächst in ein Format umwandeln, welches es verarbeiten kann. Dies erfolgt durch die Kapselung der Daten in das eigene Format.

Man kann sich dieses System vereinfacht als eine Folge verschiedener Kuverts vorstellen, in die die jeweiligen Daten immer wieder verpackt werden. Der Header bildet hierbei das Kuvert und die zu übertragenden Daten den Inhalt.[127] TCP segmentiert die Daten, welche es von einer Anwendung erhält, und verpackt diese in einen Umschlag – den TCP-Header – und gibt sie zur Versendung an IP weiter. IP verpackt die erhaltenen Daten, also Inhalt und TCP-Header, ohne diese nochmals zu bearbeiten, in einen weiteren Umschlag, diesmal mit dem IP-Header, und versendet sie.

Wird ein Datagramm auf seinem Weg durch das Netz durch einen Router weitergeleitet, so entpackt dieser nur die IP-Daten und stellt anhand von diesen fest, wohin er die jeweiligen Daten senden soll. Gegebenenfalls nimmt der Router eine Neufragmentierung der erhaltenen Daten vor, um diese an die durch das folgende Netzwerk vorgegebene maximal mögliche Paketgröße anzupassen. Die TCP-Daten werden für die Weiterleitung durch den Router nicht benötigt und demzufolge nicht ausgewertet.

Beim Empfang von Daten laufen diese Vorgänge in umgekehrter Reihenfolge ab. Erreicht ein Datenpaket den Empfänger, so entpackt IP den Inhalt. Stellt es fest, dass sich darin ein TCP-Datagramm befindet, wird der Header entfernt und das Datagramm an TCP weitergereicht. TCP entpackt die Daten und setzt sie gegebenenfalls mit weiteren Daten zum ursprünglichen Datensatz zusammen.

---

[126] TCP gehört im TCP/IP-Modell der Transportschicht, IP der Internetschicht an, vgl. Hoeren/Sieber/Holznagel-*Sieber*, Teil 1 Rn. 43.

[127] Abel Praxishandbuch-*Abel*, Teil 7/2.2, S. 2.

Vereinfacht dargestellt erhält IP ein Kuvert, öffnet dieses und prüft, ob darin ein Inhalt enthalten ist, den es nutzen bzw. lesen kann. Stellt es aber fest, dass ein weiterer Umschlag enthalten ist, welcher an TCP adressiert ist, leitet es das Kuvert weiter. TCP öffnet das Kuvert, entnimmt den Inhalt und verarbeitet diesen.[128]

3. Technische Grundlagen des E-Mail-Verkehrs

E-Mail ist einer der ältesten und populärsten Dienste des Internet. Er ermöglicht den schnellen und in der Regel auch zuverlässigen Austausch von Nachrichten und Dateien verschiedenster Art (z. B. Bilder, Filme, Musik) mit anderen Internetnutzern in aller Welt.

In seiner äußeren Funktionsweise ähnelt er weitgehend der herkömmlichen Briefpost, nutzt aber eine modernere und schnellere, digitale Grundlage.[129] Die notwendigen Voraussetzungen für die Nutzung sowie der Aufbau und die Übertragung von E-Mails beruhen heute im Wesentlichen auf dem Simple Mail Transfer Protocol (SMTP)[130], welches das derzeitige Standardprotokoll für die Mailübertragung darstellt. Die folgenden Ausführungen beziehen sich daher ausschließlich auf diesen Standard.

Voraussetzungen der Nutzung

Voraussetzungen für die Nutzung der E-Mail-Kommunikation sind, neben einem Internetzugang, das Bestehen einer gültigen E-Mail-Adresse sowie der Zugang zu einem E-Mail-Client und einem Mailserver.

Jeder Internetnutzer, der an der E-Mail-Kommunikation teilnehmen will, benötigt hierfür zunächst eine eindeutige E-Mail-Adresse. Diese kann er sich bei einer Vielzahl von kommerziellen und nichtkommerziellen Anbietern bzw. seinem Arbeitgeber einrichten lassen oder selbst in Verbindung mit einer eigenen Internetpräsenz einrichten. Jede E-Mail-Adresse setzt sich aus drei Teilen zusammen: dem Benutzernamen bzw. einem an seiner Stelle gewählten Pseudonym, dem Domainnamen des jeweiligen Mailservers (z. B. uni-leipzig.de, web.de, yahoo.de oder gmx.de) sowie dem Zeichen @ (at), welches die beiden Teile der Adresse voneinander trennt.

---

[128] Vgl. zum Ganzen auch die Abbildung 7.38 bei *Meinel/Sack*, WWW Kommunikation, Internetworking, Web-Technologien, S. 545.

[129] *Meinel/Sack*, WWW Kommunikation, Internetworking, Web-Technologien, S. 588; *Kurose/Ross*, S. 142.

[130] RFC 5321.

Unter einem E-Mail-Client[131] ist ein Programm zu verstehen, welches es dem Nutzer ermöglicht, Nachrichten zu erzeugen, zu bearbeiten und zu lesen sowie diese zu senden und zu empfangen. Unerheblich ist, ob der Client auf dem eigenen PC (so z. B. im Falle von Microsoft Outlook) installiert ist oder aber über einen so genannten Webmailer, d. h., die Internetseite eines kommerziellen oder nichtkommerziellen Anbieters (z. B. Yahoo, GMX) zu bedienen ist.[132] Der einzige Unterschied dieser Systeme besteht darin, dass bei der Nutzung eines Webmailers die Verwaltung der Mails über einen Webbrowser (z. B. Google Chrome, Microsoft Edge) erfolgt. Die Systeme müssen lediglich dazu in der Lage sein, Nachrichten an einen Mailserver weiterzuleiten und von diesem zu empfangen.

Die Aufgabe eines Mailservers[133] ist der Transport der mit Hilfe des Clients erstellten Nachricht zum Empfänger. Um eine Nachricht durch das Internet übertragen zu können, muss diese über mehrere Mailserver (mindestens zwei) weitergeleitet werden. Die Gesamtheit aller an einer Kommunikation beteiligten Mailserver bildet das so genannte Message Transfer System.[134]

Aufbau und Übertragung von E-Mails

Aufbau einer E-Mail

Nach dem Simple Mail Transfer Protocol besteht jede E-Mail aus insgesamt drei Teilen: dem Umschlag (Envelope), dem Nachrichtenheader sowie der eigentlichen Nachricht (Message, Body), welche von den Zeilen des Headers durch eine Leerzeile getrennt ist. Optional können daneben eine Signatur und ein Anhang (Attachment) angefügt werden.

Umschlag (Envelope)

Der Umschlag enthält alle für die Weiterleitung und Zustellung der Nachricht notwendigen Adressangaben, d. h., die E-Mail-Adressen von Sender und Empfänger der jeweiligen Mail.[135] Analog einem Briefumschlag beim

131 Häufig wird auch die Bezeichnung User Agent oder einfach E-Mail-Programm verwendet. Vgl. z. B. *Kurose/Ross*, S. 143.

132 *Kurose/Ross*, a. a. O.

133 Üblich ist auch die Bezeichnung Message Transfer Agent (MTA) bzw. Message Transport Agent. Vgl. z. B. *Meinel/Sack*, a. a. O.

134 *Meinel/Sack*, a. a. O., S. 589.

135 RFC 2821/2.3.1.

Postversand umschließt er die eigentliche Nachricht und den Nachrichtenheader.

Nachrichtenheader

Der Nachrichtenheader wird, ebenso wie die Nachricht, durch den Client erstellt und später durch den Mailserver erweitert. In ihn werden alle Informationen eingetragen, die für den Versand, aber auch für die Identifikation und Verwaltung einer E-Mail notwendig sind.[136] Regelmäßig enthalten die Headerfelder einer Mail u. a. die folgenden Angaben:

Die Mailadressen von Empfänger („To“) und Sender („From“) sowie die der Empfänger von Kopien („Cc“ – Carbon Copy) und Blindkopien („Bcc“ – Blind Carbon Copy) der Nachricht. In die Zeile „Subject“ wird der Betreff der Nachricht eingetragen, während die Angabe des Sendedatums unter „Date“ vorgenommen wird. Anhand der Angabe „Received“ können die an der Kommunikation beteiligten Mailserver sowie Datum und Zeitpunkt des jeweiligen Empfangs festgestellt werden. Daneben werden der Antwortpfad („Reply-to“), eine Identifikationsnummer der Mail („Message-ID“) und, soweit notwendig, die verwendete „Multipurpose Internet Mail Extensions (MIME)-Version“,[137] der enthaltene Content-Type und die MIME-Kodierung angegeben. Jedem Nutzer steht es daneben frei, den Header um weitere optionale Angaben zu erweitern, so z. B. die Angabe der verwendeten Software und Angaben zur Virenprüfung. Diese optionalen Angaben werden mit dem Präfix „X-“ gekennzeichnet.[138]

Nachricht (Body)

Die eigentliche Nachricht unterliegt grundsätzlich keinen Formvorschriften durch SMTP. Der Nutzer kann den Inhalt weitgehend frei gestalten.

Allerdings bestand lange Zeit eine wesentliche Beschränkung, welche in Einzelfällen noch heute gegeben ist: In seiner ursprünglichen Form (RFC 822) war SMTP nur für reine Textnachrichten ausgelegt, welche dem 7-Bit-ASCII-Code entsprechen. Daher war es weder möglich, nationale Sonderzeichen oder Umlaute, noch gänzlich andersartige Zeichensätze (z. B. kyrillische Buchstaben) zu verwenden. Auch ein Versand von binären Dateien, wie etwa Audio- oder Videofiles, konnte nicht erfolgen.[139] E-Mails, die solche Zeichen

---

136 Abel Praxishandbuch-*Höhn*, Teil 7/3.1, S. 5.

137 Vgl. hierzu die folgenden Ausführungen zur Nachricht (Body).

138 *Meinel/Sack*, a. a. O., S. 592.

139 *Meinel/Sack*, a. a. O.; *Kurose/Ross*, S. 145.

oder Dateien enthielten, konnten zwar problemlos versendet werden, allerdings gaben die Clients die eingehenden Nachrichten regelmäßig nicht oder nur verstümmelt wieder.

Gelöst wird diese Problematik heute weitgehend durch die Verwendung des MIME-Standards, welcher 1993 in RFC 1521 spezifiziert wurde. Der Standard erweitert den Nachrichtenheader um einige Zeilen. Dadurch wird die Nachricht zunächst als MIME-Nachricht gekennzeichnet und die jeweilige MIME-Version angegeben. In einer weiteren Zeile (Content-Type) wird dem Client angezeigt, welche Inhaltsarten in der Nachricht enthalten sind (z. B. Text, Video, Image usw.). Eine weitere Zeile enthält die verwendete Codierung (Content-Transfer-Encoding). Anhand dieser Angaben ist es dem Client möglich, die erhaltene Nachricht zu dekodieren und so z. B. auch Sonderzeichen sowie andere Zeichensätze richtig darzustellen.[140] Sofern eine Nachricht verschiedene Arten von Inhalten enthält, zerlegt MIME den Body der Mail in mehrere Teile und gibt deren jeweilige Kodierung an.[141]

Weitere optionale Bestandteile der E-Mail

Am Ende des Textes enthalten viele Nachrichten eine Signatur. Hierbei handelt es sich um eine Form einer elektronischen Unterschrift, welche allerdings nicht einer qualifizierten elektronischen Signatur nach der Verordnung (EU) Nr. 910/2014 entspricht. Vielmehr handelt es sich um die bloße Angabe von z. B. Name und Firmenname, Adresse usw., die jeder Mail automatisch angefügt wird.

Ein Attachment ist der Dateianhang einer Mail, z. B. in Form einer Text-, Audio- oder Videodatei, welcher gemeinsam mit dieser versendet wird.[142] Hinsichtlich der Art der zu übermittelnden Dateien bestehen keinerlei Einschränkungen, allerdings sind viele Mailserver nicht in der Lage, Anhänge, welche eine bestimmte Größe überschreiten, zu verarbeiten.

Übertragung einer E-Mail mittels SMTP

Die Übertragung einer mittels eines Clients erstellten Mail vollzieht sich in drei Schritten.[143] Zunächst wird die Mail vom Client zum Mailserver übertragen, welcher sie in einem weiteren Schritt zum Mailserver des Empfängers (Empfangsserver) weiterleitet. Dieser speichert sie im Postfach des

---

[140] Zu den Einzelheiten vgl. *Meinel/Sack*, a. a. O., S. 593 f.

[141] *Alpar*, Kommerzielle Nutzung des Internet, S. 61.

[142] Abel Praxishandbuch-*Höhn*, Teil 7/3.1, S. 5.

[143] Zu den rechtlichen Auswirkungen dieses Ablaufs vgl. unter C. und D.

Empfängers. Abschließend erfolgt die Übertragung der E-Mail vom Empfangsserver zum Client des Empfängers.

Übertragung der E-Mail vom Sender zum Mailserver

Im Anschluss an die Erstellung der Nachricht wird diese mit Hilfe des Clients an den Mailserver des Senders übertragen. Hierzu baut der Client zunächst über den TCP-Port 25 eine TCP-Verbindung zum Mailserver auf.[144] Danach tauschen Client und Mailserver eine Reihe von einfachen ASCII-Textkommandos aus.[145] Die Kommandos sind aufgrund ihrer Gestaltung einfach zu verstehen und werden, wie auch die Nachricht, im Klartext und unverschlüsselt zwischen Client und Server übermittelt.

Zu Beginn identifiziert sich der Server zunächst gegenüber dem Client und zeigt diesem seine Bereitschaft zum Empfang der Nachricht an. Ist der Server nicht bereit, so wird die Verbindung wieder abgebaut und zu einem späteren Zeitpunkt ein neuer Versuch durch den Client eingeleitet.[146] Ist der Server dagegen bereit, antwortet der Client mit einer HELO-Meldung[147] und identifiziert sich ebenfalls. Danach wird die Verbindung durch den Server bestätigt und der Client kann mit der Übertragung einer oder mehrerer Nachrichten beginnen. Hierbei werden zunächst die Absenderadresse und danach die Empfängeradresse versendet. Der Server bestätigt im Anschluss an die jeweilige Übertragung den Empfang. Erst danach wird die eigentliche Mail übermittelt und ihr Empfang ebenfalls bestätigt. Der Bestätigungsnachricht fügt der Server die durch ihn erstellte Identifikationsnummer der Mail hinzu. Daraufhin wird die Verbindung beendet.[148]

Übertragung zwischen den Mailservern

In einem nächsten Schritt erfolgt die Übermittlung der E-Mail vom Mailserver des Senders an den Mailserver des Empfängers. Vor der eigentlichen Weiterleitung der Mail erweitert der Server zunächst den Header der empfangenen Mail um die Identifikationsnummer und die Received-Zeile. Anschließend ist es die Aufgabe des Servers, den Weg der Mail zum Zielrechner zu bestimmen. Hierzu wird beim Name-Server anhand des Mail Exchange Rec-

144 *Hein*, TCP/IP, S. 472.

145 Zu ausführlichen Beispielen und graphischen Darstellungen dieser Kommunikation zwischen Client und Server vgl. *Meinel/Sack*, a. a. O., S. 596 ff. sowie *Kurose/Ross*, S. 145 f.

146 *Kurose/Ross*, S 146.

147 Abgekürzt für Engl. Hello.

148 *Kurose/Ross*, S. 146.

ords (MX Record) eine Liste der Server ermittelt, welche Nachrichten für die Zieldomain in Empfang nehmen. Im Anschluss wird der eigentliche Transport der E-Mail zum Zielserver über das Internet unter Nutzung von TCP/IP[149] in der oben beschriebenen Weise durchgeführt, ohne dass hierbei Unterschiede zur Übertragung von Daten anderer Anwendungen bestehen. Sobald die Mail den Zielserver erreicht hat, ergänzt der Server den Header der Mail um eine weitere Received-Angabe und speichert sie im Postfach des Empfängers.

Übertragung der E-Mail zum Client des Empfängers

Den letzten Schritt der Übertragung bildet der Abruf der E-Mail vom Postfach des Nutzers auf dem Mailserver auf dessen Rechner. Für diese Übertragung wird in der Regel das Post Office Protocol (POP3) bzw. das Interactive Message Access Protocol (IMAP4) verwendet. Beide Protokolle ermöglichen den ortsunabhängigen Abruf der im Postfach gespeicherten E-Mails. D.h., die Mails müssen nicht auf einen bestimmten Rechner heruntergeladen werden, vielmehr kann nach Einrichtung der jeweiligen Zugangsdaten von jedem beliebigen Rechner bzw. Client zugegriffen werden.

POP3

Das ältere hierfür verwendete Protokoll ist POP3. Es wurde im Jahr 1988 durch RFC 1081 erstmals spezifiziert und hat seither nur geringe Änderungen erfahren.[150]

In seiner Funktionsweise weist es Ähnlichkeiten mit SMTP auf. Wie dieses basiert es auf dem Austausch einfacher Textkommandos, welcher im Klartext zwischen dem Server und dem Client des Nutzers erfolgt.[151]

Nach der gegenseitigen Begrüßung von Mailserver und Client wird durch den Client zunächst seine Benutzerkennung übermittelt. Daraufhin wird durch den Server das jeweilige Passwort abgefragt, welches in der Folge unverschlüsselt übermittelt wird. Nur bei der Verwendung spezieller Verschlüsselungsmethoden durch die Beteiligten besteht ein Passwortschutz. Sofern das eingegebene Passwort richtig ist, erhält der Client nun die Zahl und Größe der vorhandenen Mails angezeigt und kann deren Identifikationsnummern mit denen der bereits abgerufenen abgleichen. Sofern noch nicht

---

[149] *Hein*, TCP/IP, S. 470.

[150] Die heute gültige Spezifikation wird durch RFC 1939 bestimmt.

[151] Vgl. hierzu *Kurose/Ross*, S. 151 mit einer Darstellung der jeweiligen Kommandos.

abgerufene Nachrichten vorhanden sind, werden diese daraufhin zum Client übertragen. Danach werden die übertragenen Mails in der Regel aus dem Postfach gelöscht. Es ist allerdings auch möglich, diese dort zu belassen und zu speichern bzw. für den Abruf weiterer Clients bereitzuhalten. Nachdem alle E-Mails übertragen wurden, wird die Verbindung zwischen Client und Mailserver mittels des Kommandos „QUIT“ beendet.[152]

IMAP4 und Webmail

IMAP4, welches erstmals im Jahre 1994 in RFC 1730 beschrieben wurde,[153] erweitert die Möglichkeiten für den Nutzer erheblich. Es ermöglicht den Zugriff auf die im Postfach gespeicherten Mails durch verschiedene Personen bzw. Rechner, da bei der Verwendung dieses Protokolls die Mails regelmäßig auf dem Server verbleiben. In der Regel werden nur die Header der Mails abgerufen und es so dem Nutzer gestattet, selbst zu bestimmen, welche Nachrichten er abrufen und bearbeiten will.[154] Daneben ermöglicht IMAP4, Nachrichten bereits auf dem Server zu organisieren und zu bestimmen, welche Teile von Mails auf den jeweiligen Rechner übertragen werden (z. B. bloße Übertragung der Anhänge).[155] Weitere Nutzungsmöglichkeiten sind die Kennzeichnung von E-Mails durch so genannte „Flags“, welche z. B. eine Unterscheidung gelesener und ungelesener Nachrichten ermöglichen, und die Nutzung einer Mailbox durch mehrere Nutzer.[156]

IMAP4 bildet auch die Basis der weit verbreiteten Webmail-Dienste, wie z. B. Yahoo-Mail, GMX usw. Diese ermöglichen es den Nutzern, Mails auf dem Server zu belassen und mit der vom jeweiligen Anbieter zur Verfügung gestellten Software zu bearbeiten. Regelmäßig wird hierfür ein vollständiger E-Mail-Client zur Verfügung gestellt, der alle üblichen Bearbeitungsmöglichkeiten enthält. IMAP4 ermöglicht insoweit die vollumfängliche Nutzung aller Mailfunktionen, ohne dass auf dem Rechner des Nutzers ein eigener E-Mail-Client installiert ist. Insbesondere ist es diesem so möglich seinen gesamten Mailverkehr dauerhaft zu verwalten und zu speichern, ohne dass hierfür zu irgendeinem Zeitpunkt ein Abruf auf den eigenen Rechner erfolgen müsste.[157] Dies führt in Bezug auf den grundrechtlichen Schutz und die

---

152 Abel Praxishandbuch-*Abel*, Teil 5/2.6.1, S. 5 f.; *Kurose/Ross*, a. a. O.

153 Inzwischen ist RFC 3501 maßgeblich.

154 *Meinel/Sack*, WWW Kommunikation, Internetworking, Web-Technologien, S. 599 f.

155 Abel Praxishandbuch, a. a. O., S. 7.

156 Vgl. *Störing*, S. 21.

157 *Störing*, a. a. O.

Überwachung des E-Mail-Verkehres zu einer Reihe von Abgrenzungsproblemen, welche insbesondere unter C. IV. und D. IV. erörtert werden.

4. Sicherheit des Mailverkehrs und Zugriffsmöglichkeiten der Ermittlungsbehörden

Die Nutzung von E-Mail zur Kommunikation bedeutet ein nicht unerhebliches Risiko für die Privatsphäre, da SMTP in seiner ursprünglichen Form über keinerlei Vorkehrungen zum Schutz der Vertraulichkeit des Inhalts von Mails während der Übertragung verfügt.[158] Eine E-Mail-Nachricht ist nicht sicherer als *„die berühmte mit Bleistift geschriebene Postkarte"*.[159] Alle Nachrichten werden unverschlüsselt übertragen und auf den beteiligten Routern und Servern ebenso zwischengespeichert. Es ist somit jedem, der Zugriff auf einen dieser Knotenpunkte hat, problemlos möglich, die Nachricht zu kopieren, an weitere Empfänger weiterzuleiten oder auch zu verändern. Eine Feststellung solcher Manipulationen ist, ohne dass hiergegen besondere Vorkehrungen getroffen wurden, nicht möglich. Mit SMTP können auch die Adressangaben des Absenders nicht verifiziert werden, so dass eine diesbezügliche Manipulation (E-Mail Spoofing) nicht entdeckt werden kann.

Auch die auf dem Mailserver des Providers gespeicherten Mails sind trotz des regelmäßig bestehenden Passwortschutzes nicht gegen einen einfachen Zugriff durch Dritte und die Ermittlungsbehörden geschützt, da es den Administratoren der Provider möglich ist, Einblick in die Postfächer zu nehmen und diesen auch Dritten zu ermöglichen.[160]

Diese Sicherheitslücken erleichtern die Überwachung der E-Mail-Kommunikation erheblich. Solange die jeweilige Nachricht ohne besondere Verschlüsselung versendet wird, ist es den Ermittlungsbehörden nicht nur ohne großen technischen Aufwand möglich, eine Kopie der Nachricht vom jeweiligen E-Mail-Provider zu erhalten, sondern auch von deren Inhalt Kenntnis zu nehmen.

Ein solches Vorgehen ist inzwischen auch in der auf Grundlage von § 170 Abs. 5 TKG erlassenen Telekommunikationsüberwachungsverordnung (TKÜV) für Fälle der Telekommunikationsüberwachung nach § 100a StPO gesetzlich geregelt. Nach § 170 Abs. 1 Satz 1 TKG ist jeder, der eine Telekommunikationsanlage betreibt, mit der öffentlich zugängliche Telekommunikationsdienste erbracht werden, verpflichtet, auf seine Kosten technische Einrichtungen zur Umsetzung gesetzlich vorgesehener Maßnahmen zur

---

[158] *Eckert*, IT-Sicherheit S. 135; *Zocholl*, Internet Sicherheit, S. 165.

[159] *Zocholl*, a. a. O.

[160] Abel Praxishandbuch-*Höhn*, Teil 7/3.3.1, S. 1.

Überwachung der Telekommunikation vorzuhalten und organisatorische Vorkehrungen für deren unverzügliche Umsetzung zu treffen. Die Einzelheiten hierzu werden in der TKÜV geregelt, während die technischen Voraussetzungen in der gemäß § 170 Abs. 6 TKG i.V.m. § 36 TKÜV erlassenen Technischen Richtlinie zur Umsetzung gesetzlicher Maßnahmen zur Überwachung der Telekommunikation, Erteilung von Auskünften (TR TKÜV) bestimmt werden.

Nach § 5 Abs. 1 und 2 TKÜV erfolgt die Überwachung durch die Bereitstellung einer vollständigen Kopie der im zu überwachenden Postfach ein- und ausgehenden sowie der weitergeleiteten E-Mails, durch den Provider am Übergabepunkt im Sinne von § 2 Nr. 11 TKÜV. D.h., die Strafverfolgungsbehörden erhalten von jeder aus- und eingehenden E-Mail, ebenso wie von allen weitergeleiteten E-Mails eine Kopie, ohne dass dies durch den Betroffenen feststellbar wäre.

Schwieriger gestalten sich dagegen andere Formen des Zugriffs auf laufende Kommunikationsvorgänge,[161] wie etwa das Abfangen der Nachrichten auf ihrem Weg vom Sender zum Empfänger durch die Ermittlungsbehörden selbst. Dieses ist zwar technisch aufwendig, aber möglich, etwa indem ein eigener Knotenpunkt zu Überwachungszwecken vorgetäuscht wird.[162] In der strafprozessualen Praxis dürften solche Vorgehensweisen allerdings vor dem Hintergrund der weit einfacheren Zugriffsmöglichkeiten nach TKÜV keine Bedeutung haben.

Ebenfalls möglich ist schließlich der physische Zugriff auf die Server des Providers oder die Computer des Betroffenen im Wege der Sicherstellung und Beschlagnahme der Geräte. Hierbei ist allerdings zu beachten, dass ein Zugriff beim Betroffenen in vielen Fällen kriminalistisch nur dann erfolgversprechend sein wird, wenn nicht mehr zu erwarten ist, dass sich künftige Kommunikationen auf das zu ermittelnde Geschehen beziehen, da dieser durch die Maßnahme gewarnt wird. Bei der Beschlagnahme des Servers des Providers stellen sich dagegen Fragen des Eigentumsschutzes und der Verhältnismäßigkeit solcher Zugriffe.

II. Entwicklung und Bedeutung der Regelungen zur Telekommunikationsüberwachung

Die Regelungen der StPO zur Überwachung und Aufzeichnung der Telekommunikation haben sich in ihrer nur rund 50-jährigen Geschichte von einem bloßen, in Literatur und Praxis kaum beachteten, Anhängsel des Geset-

---

161 Vgl. den Überblick bei *Störing*, S. 56 ff.

162 *Störing*, S. 59.

zes zur Beschränkung des Brief-, Post- und Fernmeldegeheimnisses (Gesetz zu Artikel 10 Grundgesetz (G 10))[163] zu einer der in der Praxis bedeutsamsten Ermittlungsmaßnahmen und zum Gegenstand lebhafter rechtswissenschaftlicher und -politischer Diskussionen entwickelt.

Seit ihrer Einführung haben die Vorschriften, welche am 1. November 1968 in Kraft traten, eine Vielzahl von Änderungen erfahren, die ihre Grundlage häufig in kriminalpolitischen, aber auch gesellschaftlichen und technischen Entwicklungen hatten. Hierbei zeigt sich eine kontinuierliche Tendenz zur Ausweitung des Anwendungsbereiches der Vorschriften, welche vor allem an der Erweiterung Straftatenkataloges zu erkennen ist.[164]

Die aufgrund der Regelungen bestehenden Gefahren für das grundrechtlich geschützte Fernmeldegeheimnis und andere Rechtsgüter wurden zwar schon früh erkannt[165] und auch in der Gesetzesbegründung angesprochen[166]. Dennoch fristete die Maßnahme sowohl in der Praxis als auch in Rechtsprechung und Literatur zunächst ein Schattendasein.

Nach Erlass des Gesetzes zu Artikel 10 GG wurde die hierdurch ermöglichte „*Überwachung und Aufnahme des Fernmeldeverkehres auf Tonträger*“ zunächst als kriminalpolitisch und praktisch kaum bedeutsam eingestuft[167] und damit deutlich unterschätzt. So führte Karlheinz Meyer noch 1976 zur kriminalpolitischen Bedeutung des § 100a StPO damaliger Fassung aus:

> „Dabei hat der Gesetzgeber die kriminalpolitische Notwendigkeit von Eingriffen in das Grundrecht des Art. 10 GG aber wohl etwas überschätzt. So besteht z.B. wenig Aussicht und daher kaum ein Bedürfnis, Mord und Totschlag durch Überwachung des Fernmeldeverkehrs aufzuklären. Eine zurückhaltende Anwendung des § 100a ist angebracht.“[168]

---

[163] Gesetz vom 13.08.1968 (BGBl. I 1968, S. 949).

[164] Vgl. zur Entwicklung des § 100a StPO als Kernregelung der Telekommunikationsüberwachung u.a. Graf-*Graf*, StPO, § 100a Rn. 9 ff.; SK-*Wolter/Greco*, StPO, § 100a Rn. 1 ff.; Löwe/Rosenberg-*Hauck*, StPO, § 100a Rn. 2; *Staechelin*, KJ 1995, 466 (469 ff.); *Störing*, S. 121 ff.; sowie *Brodowski*, S. 161 ff.

[165] Vgl. hierzu insb. *Rudolphi*, Grenzen der Überwachung des Fernmeldeverkehrs nach den §§ 100a, b StPO, FS Schaffstein S. 433 ff., welcher bereits 1975 viele der bis heute bestehenden Streit- und Kritikpunkte aufzeigt, sowie *Zuck*, NJW 1969, 911 ff., welcher sich insb. der Problematik des Schutzes von Berufsgeheimnisträgern widmet und die umfassende Darstellung der wesentlichen, bereits während des Gesetzgebungsverfahrens, erörterten Probleme von *Hall*, JZ 1968, 159 ff.

[166] BT-Drs.: V/1880 S. 11.

[167] Vgl. z.B. *Kaiser*, NJW 1969, 18, 19; *Hall*, JZ 1968, 159, 162.

[168] Löwe/Rosenberg-*Meyer*, StPO 23. Auflage, § 100a Rn. 1; vgl. aber Löwe/Rosenberg-*Hauck*, StPO, § 100a Rn. 28, welcher die Telekommunikationsüberwachung in Abkehr von der zitierten Ansicht als „unverzichtbares Mittel der Verbrechensaufklärung“ bezeichnet.

Nur langsam erkannten Polizei und Staatsanwaltschaften, nicht zuletzt vor dem Hintergrund der fortschreitenden technischen Entwicklungen bis in die heutige Zeit und der damit einhergehenden Veränderungen des Kommunikationsverhaltens, die umfassenden Ermittlungsmöglichkeiten, welche sich aus der neuen Maßnahme ergaben. In der Folge stieg die Zahl der angeordneten Überwachungsmaßnahmen nach § 100a StPO schnell signifikant an, was auch zu einer verstärkten Auseinandersetzung in Rechtsprechung und Literatur mit der rechtlichen Zulässigkeit der Maßnahme führte.

Die wachsende Bedeutung der Maßnahme wird anhand der stetig steigenden Zahl der angeordneten Überwachungsmaßnahmen deutlich.[169] So stieg die Zahl der Verfahren, in denen Telekommunikationsüberwachungen nach §§ 100a, 100b StPO, in der damaligen Fassung, angeordnet wurden von 3.353 im Jahr 2000[170] auf 5.234 im Jahr 2019[171]. Seit Beginn der Erfassung der entsprechenden Daten im Jahr 2008 stieg die Zahl der Erstanordnungen von Telekommunikationsüberwachungen von 13.949[172] auf 18.223 im Jahr 2019[173]. Besonders auffällig ist dabei der Anstieg der überwachten Internetkommunikationen, welche auch Überwachungen des E-Mail-Verkehres einschließen. Hier stieg die Zahl von 661 Fällen in den 10 Jahren bis 2018 fast um das 15fache auf 9.746 Fälle.[174] Erstmals wurde für das Jahr 2019 auch die Anzahl der Verfahren, in welchen Online-Durchsuchungen nach dem aktuellen § 100b StPO angeordnet wurden, mit insgesamt 21 angegeben.[175]

---

169 Vgl. hierzu die Statistiken des Bundesamtes für Justiz unter: https://www.bundesjustizamt.de/DE/Themen/Buergerdienste/Justizstatistik/Telekommunikation/Telekommunikationsueberwachung.html (07.05.2022).

170 Vgl. unter: https://www.bundesjustizamt.de/DE/SharedDocs/Publikationen/Justizstatistik/Uebersicht_TKUE_2000.pdf?__blob=publicationFile&v=5 (07.05.2022).

171 Vgl. unter: https://www.bundesjustizamt.de/DE/SharedDocs/Publikationen/Justizstatistik/Uebersicht_TKUE_2019.pdf;jsessionid=D4C806204C0F37A1C7B8B6CEE02B3B4A.2_cid394?__blob=publicationFile&v=7 (07.05.2022).

172 Vgl. unter: https://www.bundesjustizamt.de/DE/SharedDocs/Publikationen/Justizstatistik/Uebersicht_TKUE_2008.pdf;jsessjsess=9A04DFB95C82CED963A6054612CA4756.1_cid386?__blob=publicationFile&v=2 (07.05.2022).

173 Vgl. unter: https://www.bundesjustizamt.de/DE/SharedDocs/Publikationen/Justizstatistik/Uebersicht_TKUE_2019.pdf;jsessionid=D4C806204C0F37A1C7B8B6CEE02B3B4A.2_cid394?__blob=publicationFile&v=7 (07.05.2022).

174 Vgl. die Zahlen für 2018 unter: https://www.bundesjustizamt.de/DE/SharedDocs/Publikationen/Justizstatistik/Uebersicht_TKUE_2018.pdf;jsessionid=D4C806204C0F37A1C7B8B6CEE02B3B4A.2_cid394?__blob=publicationFile&v=2 (07.05.2022). Ab dem Jahr 2019 sind keine Angaben mehr verfügbar.

175 Vgl. https://www.bundesjustizamt.de/DE/SharedDocs/Publikationen/Justizstatistik/Uebersicht_Online_Durchsuchung_2019.pdf;jsessionid=D4C806204C0F37A1C7B8B6CEE02B3B4A.2_cid394?__blob=publicationFile&v=14 (07.05.2022). Lediglich 12 Online-Durchsuchungen wurden im Ergebnis tatsächlich durchgeführt.

Einen kriminalpolitischen Hintergrund der gesteigerten Überwachungszahlen bilden nicht zuletzt die hohen Zahlen inländischer Computer- und Internetdelikte[176] bzw. der Taten, bei welchen das Internet als Tatmittel genutzt wurde (zuletzt 383.469 Taten in 2021).[177] Die vorliegenden Daten zur Nutzung des Internets als Tatmittel zeigen dabei eine erstaunliche Varianz im Hinblick auf die erfassten Straftaten. Neben den zu erwartenden Taten aus dem Bereich der Computerkriminalität, der Betrugsdelikte, des Stalkings, des sexuellen Missbrauchs oder der Verbreitung pornographischer Schriften sind auch eine Reihe von Straftaten gegen das Leben oder die körperliche Unversehrtheit erfasst.[178]

Andererseits ist festzuhalten, dass auch die E-Mail-Nutzung seit Beginn der 2000er Jahre stetig gestiegen ist. So erhöhte sich der Anteil der Bevölkerung, der die E-Mail-Kommunikation nutzt, seit 2002 von 38 % auf 80 % im Jahr 2021.[179] Während im Jahr 2002 in Deutschland noch lediglich 65,4 Mrd. E-Mails versendet wurden, waren es 2017 bereits 732,2 Mrd., ohne dass Spam-Nachrichten in der Statistik erfasst wurden. Im Jahr 1994 waren es zum Vergleich sogar nur 1 Mrd. E-Mails.[180] Verglichen hiermit erscheint der Anstieg der Taten, bei welchen das Internet als Tatmittel genutzt wurde, von 206.909 im Jahr 2009[181] auf 383.469 Taten in 2021[182] vergleichsweise moderat.

Vor diesem Hintergrund ist es nachvollziehbar, dass die Ermittlungsbehörden ein großes Interesse an der Nutzung dieses Datenreservoirs haben. Zudem wird eine erfolgversprechende Ermittlung bei Taten mit Bezug zum Internet häufig nur über Zugriffe auf Inhalts-, aber auch Verkehrs- oder Be-

---

176 Vgl. hierzu Graf-*Graf*, StPO, § 100a Rn. 8 mit Daten für die Jahre 2009–2019.

177 Vgl. hierzu die aktuellen Zahlen der Polizeilichen Kriminalstatistik für 2021 unter: https://www.bka.de/SharedDocs/Downloads/DE/Publikationen/PolizeilicheKriminalstatistik/2021/Bund/Faelle/BU-F-12-T05-TM-Internet_xls.xlsx?__blob=publicationFile&v=2 (07.05.2022).

178 Vgl. die Angaben der Polizeilichen Kriminalstatistik für 2021 unter: https://www.bka.de/SharedDocs/Downloads/DE/Publikationen/PolizeilicheKriminalstatistik/2021/Bund/Faelle/BU-F-12-T05-TM-Internet_xls.xlsx?__blob=publicationFile&v=2 (07.05.2022).

179 Vgl. https://de.statista.com/statistik/daten/studie/204272/umfrage/nutzung-des-internets-fuer-versenden-empfangen-von-e-mails-in-deutschland/ (07.05.2022). Der festzustellende Rückgang zwischen 2020 und 2021 folgt nach den dortigen Darstellungen aus einem Zeitreihenbruch.

180 Vgl. https://newsroom.web.de/wp-content/uploads/sites/19/2017/02/Mailaufkommen_ohneSpam2017-e1486975825187.png (07.05.2022).

181 Graf-*Graf*, StPO, § 100a Rn. 8.

182 Vgl. https://www.bka.de/SharedDocs/Downloads/DE/Publikationen/PolizeilicheKriminalstatistik/2021/Bund/Faelle/BU-F-12-T05-TM-Internet_xls.xlsx?__blob=publicationFile&v=2 (07.05.2022).

standsdaten durchführbar sein.[183] Andererseits wachsen damit die Gefährdungen der betroffenen Kommunikationsteilnehmer, einem Eingriff in ihre verfassungsmäßigen Rechte ausgesetzt zu sein, weiter an. Umso mehr bedarf es daher der Klärung, innerhalb welcher verfassungsrechtlichen und strafprozessualen Grenzen ein Zugriff auf die Inhalte einer E-Mail zur Strafverfolgung zulässig ist.

III. Inhaltsdaten als Gegenstand der Überwachung

Die Übermittlung von Inhaltsdaten und damit der eigentlichen Information der Nachricht vom Absender zum Empfänger ist das Ziel eines jeden Kommunikationsvorgangs. Die Erlangung dieser Daten bildet, unabhängig vom überwachten Mittel der Telekommunikation, das primäre Ziel jeder Telekommunikationsüberwachung. Hieraus folgt eine besondere verfassungsrechtliche Schutzwürdigkeit dieser Daten, welche im Zentrum der folgenden Erwägungen steht. Daher ist es von besonderer Bedeutung, den Begriff der Inhaltsdaten vor allem in Abgrenzung zu anderen Telekommunikationsdaten konkret zu bestimmen.

1. Abgrenzung zu weiteren Telekommunikationsdaten

Inhaltsdaten sind insbesondere von den Bestandsdaten nach § 3 Nr. 6 TKG, den Verkehrsdaten nach § 3 Nr. 70 und § 176 Abs. 2 und 3 TKG und Standortdaten gemäß § 3 Nr. 56 und § 176 Abs. 4 TKG abzugrenzen. Daneben ist auch eine Unterscheidung von den Zugriffsdaten nach § 174 Abs. 1 Satz 2 TKG zu treffen.

Der Begriff der Bestandsdaten ist in § 3 Nr. 6 TKG legaldefiniert als „*Daten eines Endnutzers, die erforderlich sind für die Begründung, inhaltliche Ausgestaltung, Änderung oder Beendigung eines Vertragsverhältnisses über Telekommunikationsdienste*“. Erfasst sind insoweit in Bezug auf die E-Mail-Kommunikation neben Name, Anschrift, Geburtsdatum und gegebenenfalls der Bankverbindung des Vertragspartners des Providers insbesondere auch die jeweilige E-Mailadresse sowie eine eventuell bestehende statische IP-Adresse.[184]

Als Verkehrsdaten werden nach der Legaldefinition des § 3 Nr. 70 TKG die Daten bezeichnet, „*deren Erhebung, Verarbeitung oder Nutzung bei der Erbringung eines Telekommunikationsdienstes erforderlich sind*“. § 176 Abs. 2 TKG bestimmt, welche Daten als Verkehrsdaten erhoben werden dür-

183 Graf-*Graf*, StPO, § 100a Rn. 8.

184 Vgl. *Bär*, Handbuch zur EDV-Beweissicherung, Rn. 14, 16; *Liebig*, S. 30.

fen. Hierzu zählen im Rahmen der E-Mail-Kommunikation insbesondere der Absender und der Empfänger sowie Sende- und Empfangszeitpunkt der Nachricht.[185] Ebenfalls erfasst ist eine gegebenenfalls vorliegende dynamische IP-Adresse.[186]

Eine besondere Form der Verkehrsdaten stellen die Standortdaten nach § 3 Nr. 56 und § 176 Abs. 4 TKG dar.[187] Dabei handelt es sich um Daten, die es ermöglichen, den geographischen Standort (Länge, Breite, Höhe), die Übertragungsrichtung, die Genauigkeit der Standortinformationen, den verwendeten Netzpunkt und den Erfassungszeitpunkt eines Endgerätes innerhalb eines öffentlich zugänglichen Telekommunikationsdienstes zu ermitteln.[188] Erfasst sind hiervon u.a. auch GPS-Daten und WLAN-Kennungen, die von Endgeräten gespeichert und zur Standortbestimmung genutzt werden.[189] Insbesondere letztere können bei mobiler Nutzung von E-Mail-Postfächern von Bedeutung sein. Anhand von Verkehrsdaten lässt sich somit der Zeitpunkt einer Kommunikation ebenso bestimmen, wie die jeweiligen Teilnehmer und deren geographischer Standort. Sie haben damit vor allem Bedeutung für die Ermittlung von Kontakten von überwachten Personen und für die Erstellung realer und virtueller Bewegungsbilder.[190]

Durch die Einfügung der Legaldefinition der Verkehrsdaten in § 3 Nr. 70 TKG ist der Begriff der Verbindungsdaten bzw. Telekommunikationsverbindungsdaten, der zuvor in § 100g Abs. 3 StPO a.F. definiert war, weitestgehend bedeutungslos geworden. Die Begrifflichkeit war in den Kontroversen vor dem Inkrafttreten des Gesetzes zur Neuregelung der Telekommunikationsüberwachung und anderer verdeckter Ermittlungsmaßnahmen sowie zur Umsetzung der Richtlinie 2006/24/EG vom 21.12.2007 (BGBl. I 2007, S. 3198) am 1. Januar 2008 von wesentlicher Bedeutung. An seine Stelle ist nunmehr der einheitliche Begriff der Verkehrsdaten nach dem TKG getreten. Der Gesetzgeber hat die Streichung der Definition des § 100g Abs. 3 StPO a.F. im Wesentlichen damit begründet, dass sowohl der im modernen Telekommunikationsrecht übliche Sprachgebrauch als auch die Vorgaben des Übereinkommens des Europarates über Computerkriminalität vom 23.11.2001[191] für eine Vereinheitlichung der Begrifflichkeiten des TKG und

[185] *Liebig*, a.a.O.

[186] *Bär*, Handbuch zur EDV-Beweissicherung, Rn. 16.

[187] Fetzer/Scherer/Graulich-*Lutz*, TKG § 98 Rn. 7.

[188] Vgl. Erwägungsgrund 14 Richtlinie 2002/58/EG sowie Fetzer/Scherer/Graulich-*Fetzer*, TKG § 3 Rn. 96a.

[189] Fetzer/Scherer/Graulich-*Lutz*, TKG § 98 Rn. 8.

[190] Festschrift Fezer-*Klesczewski*, S. 20.

[191] SEV Nr. 185.

der StPO sprechen.[192] Teilweise findet der Begriff der Verbindungsdaten im TKG allerdings weiterhin Verwendung (vgl. §§ 63 Abs. 1 Nr. 4, 67 Abs. 2 Satz 2 TKG). Insoweit dürfte es sich vor dem Hintergrund der angestrebten Harmonisierung um ein redaktionelles Versehen handeln. Im Folgenden wird daher einheitlich auf den gesetzlich definierten, moderneren Begriff der Verkehrsdaten abgestellt. Soweit vereinzelt dennoch der Begriff der „Verbindungsdaten“ anstelle von „Verkehrsdaten“ verwendet wird, folgt dies aus dem jeweiligen historischen Kontext.

Zugriffsdaten sind nach § 174 Abs. 1 Satz 2 TKG Daten, welche den Zugang zu Endgeräten und Speichermedien verhindern und deren Nutzer so vor unberechtigten Zugriffen auf deren Inhalte schützen. Dies umfasst neben den für den Zugang zu Mobiltelefonen bedeutsamen PIN- und PUK-Daten auch Passwörter, mittels derer der Zugang zu einem E-Mail-Postfach vor Zugriffen geschützt wird.[193]

2. Inhaltsdatenbegriff

Der Begriff der Inhaltsdaten wird, anders als in einzelnen Rechtsordnungen anderer Staaten,[194] weder in der StPO noch im TKG oder dem TTDSG legaldefiniert.[195] Der Begriff als solcher wird in keinem der beiden Gesetze konkret verwendet, im Rahmen des § 100a StPO sowie des § 3 TTDSG, welcher seit 01.12.2021 an die Stelle des früheren § 88 TKG getreten ist, jedoch vorausgesetzt. Auch weiteren Vorschriften des nationalen Rechtes wie z. B. dem TMG lässt sich diesbezüglich nichts entnehmen. Dennoch wird der Begriff in der Literatur weitgehend einheitlich verstanden. Differenzen bestehen allenfalls in Randbereichen.

Danach sind als Inhaltsdaten die Daten einzuordnen, deren Übermittlung das Ziel der Telekommunikation darstellt. Erfasst sind somit all die Informationen, die durch die Kommunikation zwischen den jeweiligen Kommunikationspartnern ausgetauscht werden sollen.[196] Bezogen auf einzelne Formen

---

[192] Vgl. Regierungsentwurf zum Gesetz zur Neuregelung der Telekommunikationsüberwachung (BT-Drs.: 16/5846, S. 51).

[193] Vgl. insoweit BVerfGE 130, 151, 208, welche die Vorgängerregelung für aus Gründen der Verhältnismäßigkeit für verfassungswidrig erklärte, ohne jedoch das zugrundeliegende Verständnis der „Zugangssicherungscodes“ zu beanstanden; Säcker-*Klesczewski*, TKG § 113 Rn. 13.

[194] Vgl. z. B. den § 160 Abs. 3 Nr. 8 TKG 2021 (Österreich), welcher Inhaltsdaten als „die Inhalte übertragener Nachrichten“ definiert.

[195] Vgl. *Bär*, Handbuch zur EDV-Beweissicherung, Rn. 41; *Röwer*, Erscheinungsformen und Zulässigkeit heimlicher Ermittlungen, S. 101.

[196] *Röwer*, a. a. O.; Wolter/Schenke/Rieß/Zöller-*Zöller*, Datenübermittlungen und Vorermittlungen S. 291, 296; *Störing*, S. 50; *Meininghaus*, S. 2; *Neuhöfer*, S. 30; *Lie-*

der Telekommunikation fallen insbesondere Gesprächsinhalte bei Telefongesprächen, unabhängig vom jeweils genutzten Übertragungsmedium, aber auch die Inhalte von E-Mails, SMS, Messenger-Diensten, Telefaxen usw. unter diese Definition. In Bezug auf E-Mails sind, neben den in Text und Nachrichtenheader enthaltenen Informationen,[197] insbesondere auch eventuelle Anhänge der Nachricht unabhängig vom jeweiligen Inhalt oder Dateiformat (Bild-, Text-, Ton-, Videodateien usw.) als Inhaltsdaten einzuordnen.[198] Dies entspricht auch dem allgemeinen Verständnis in der Literatur zum TKG.[199] Nicht erfasst sind dagegen Daten, welche lediglich der Ermöglichung der Telekommunikation dienen oder deren äußere Umstände betreffen, wie z. B. Nutzungszeitpunkt, gewählte Nummer, Standort, Uhrzeit und Nutzungsdauer.[200]

IV. Die vier Phasen der E-Mail-Kommunikation und die mit ihnen verbundenen, rechtlichen Folgen

Stark vereinfachend wird die Kommunikation per E-Mail in der neueren Literatur weitgehend in vier Phasen untergliedert.[201] Bei dieser Untergliederung handelt es sich nicht nur um einen Versuch, die technischen Vorgänge im Rahmen des Kommunikationsvorganges verkürzt zu umschreiben, vielmehr sind hiermit auch eine Reihe schwieriger Abgrenzungsfragen verbunden. Diese beziehen sich im Wesentlichen auf die Grenzen des Schutzbereiches des Fernmeldegeheimnisses nach Art. 10 Abs. 1 GG. Sie haben insoweit, trotz aller in der Literatur zu Recht geäußerten Bedenken gegen einen vor-

---

big, S. 4; so i. E. auch *Bär*, Handbuch zur EDV-Beweissicherung, Rn. 42; *ders.* in TK-Überwachung Vorb. §§ 100a-100i Rn. 33, der den Inhaltsdatenbegriff allerdings deutlich weiter fasst und neben dem übermittelten Inhalt auch sämtliche den Telekommunikationsprozess begleitenden Informationen, namentlich Verkehrsdaten (§ 3 Nr. 70 und § 176 Abs. 2 und 3 TKG), als Inhaltsdaten bezeichnet. Dies erscheint zu weitgehend. Es trifft zwar zu, dass solche Daten im Rahmen einer Telekommunikationsüberwachungsmaßnahme z. B. nach § 100a StPO ebenfalls von der Überwachung erfasst und an die Strafverfolgungsbehörden übermittelt werden (vgl. § 7 TKÜV). Allerdings hat diese gleichzeitige Übermittlung keinerlei Auswirkungen auf die Charakterisierung der Daten nach den jeweiligen gesetzlichen Regelungen. Diese bleiben, auch bei einer Übermittlung im Zusammenhang mit einer Inhaltsüberwachung, Nutzungs- bzw. Verkehrsdaten.

[197] Zu den darin enthaltenen Daten vgl. S. 49.

[198] Vgl. *Neuhöfer*, S. 30.

[199] Vgl. etwa Scheurle/Mayen-*Mayen*, TKG § 88 Rn. 7 f.

[200] *Röwer*, Erscheinungsformen und Zulässigkeit heimlicher Ermittlungen, S. 102.

[201] Vgl. z. B. *Bär*, Handbuch der EDV-Beweissicherung, Rn. 102; *Jahn*, JuS 2006, 491, 493; *Schlegel*, HRRS, 2007, 44, 47; *Klesczewski*, ZStW 123, (2011), 737, 744; *Liebig*, S. 83.

schnellen Rückschluss vom Schutzbereich des Grundrechtes auf die entsprechende strafprozessuale Eingriffsnorm,[202] auch entscheidende Auswirkungen auf die Bestimmung der jeweiligen Eingriffsgrundlagen im Rahmen der Strafverfolgung. Die maßgebliche Frage ist hierbei, wie weit der Schutzbereich des Fernmeldegeheimnisses bei einer E-Mail-Kommunikation vor allem in zeitlicher Hinsicht reicht.

Diesbezüglich soll zunächst die Untergliederung der E-Mail-Kommunikation in Phasen vorgestellt werden. Im Anschluss hieran ist es notwendig, in einem ersten Schritt den während der jeweiligen Phasen maßgeblichen, verfassungsrechtlichen Schutz zu bestimmen, um hiervon ausgehend in der Folge die für die Praxis entscheidende Frage nach der in der jeweiligen Phase anzuwendenden strafprozessualen Eingriffsnorm zu beantworten. Meininghaus bezeichnet diese als das *„prominenteste strafprozessuale Problem im Zusammenhang mit E-Mails“*[203]. In jedem Falle handelt es sich, auch nach dem Beschluss des Bundesverfassungsgerichtes vom 16. Juni 2009,[204] um eine der umstrittensten Fragen auf dem Gebiet der Überwachung des E-Mail-Verkehrs, welche durch die Entscheidung keinesfalls an Bedeutung verloren hat.[205] Der Beschluss scheint auf den ersten Blick die in der Praxis der Strafverfolgung bestehenden Fragen einer aus deren Sicht vorteilhaften, pragmatischen Lösung zugeführt zu haben. Dennoch wird sich im Verlauf der Untersuchung zeigen, dass die bereits im Vorfeld diskutierten Probleme, selbst wenn man sich den Ausführungen des Bundesverfassungsgerichtes vollumfänglich anschließt, weitgehend fortbestehen und auch weiterhin einer rechtlich sauberen Lösung harren.[206]

---

[202] Vgl. etwa *Valerius*, S. 95; *Kudlich*, JuS 1998, 209, 213; *ders.*, JA 2000, 227, 232; *Gaede*, StV 2009, 96, 99.

[203] *Meininghaus*, S. 249.

[204] BVerfGE 124, 43 ff.

[205] So aber KK-*Bruns*, StPO, § 100a, Rn. 21; a.A. demgegenüber *Liebig*, S. 80, sowie SK-*Wolter/Greco*, StPO, § 100a Rn. 32 ff.

[206] Vgl. etwa SK-*Wolter/Greco*, StPO, § 100a Rn. 35, die für einen Zugriff auf Inhalte von E-Mails während der Zwischen- und Endspeicherung von Mails davon ausgehen, dass es an einer verfassungskonformen Rechtsgrundlage mangelt, und hierin eine gesetzgeberische Untätigkeit sehen, welche *„rechtsstaatlich nicht mehr tolerierbar“* sei; auf eine weiterhin mangelnde strafprozessuale Rechtsgrundlage, gerade auch mit Blick auf den Beschluss des BVerfG, verweist auch *Klesczewski*, ZStW 123, (2011), 737, 746 ff.

1. Das klassische Drei-Phasen-Modell

Das Drei-Phasen-Modell wurde 1996 von Palm und Roy[207] zur Abgrenzung der strafprozessualen Eingriffsnormen beim Zugriff auf Mail- bzw. Voiceboxen entwickelt. Die E-Mail, auf welche sich die heutige Diskussion weitestgehend konzentriert, wird dagegen nur am Rande als Oberbegriff („electronic mail“) erwähnt. Dennoch ist die vorgenommene Abgrenzung insbesondere für diese damals noch eher ungebräuchliche Form der elektronischen Nachrichtenübermittlung bedeutsam. Bei der Diskussion des Drei-Phasen-Modells wird dieser historische Aspekt allerdings weitgehend ignoriert, obwohl sich einige der Thesen, insbesondere die abweichende Behandlung der Phase 2, vor diesem Hintergrund deutlich besser einordnen lassen.

Der Veröffentlichung von Palm und Roy vorausgegangen war der umstrittene Beschluss des Ermittlungsrichters des BGH vom 31. Juli 1995[208], die sogenannte Mailbox-Entscheidung, wonach für den Zugriff auf in einer Mailbox gespeicherte Inhalte allein § 100a StPO als maßgebliche Rechtsgrundlage in Betracht komme.[209] Dieser hatte die Aufmerksamkeit von Rechtsprechung und Wissenschaft erstmals auf die mit der elektronischen Datenübermittlung in modernen Kommunikationsnetzen zusammenhängenden Rechtsfragen gelenkt.

Nach Palm und Roy[210] lässt sich die E-Mail-Kommunikation in drei Phasen unterteilen, welche den Weg der E-Mail vom Rechner des Absenders bis zum Rechner des Empfängers beschreiben. Diese Phasen umschreiben stark vereinfacht den technischen Ablauf der Übertragung einer E-Mail mittels SMTP mit abschließendem Abruf auf den Rechner des Empfängers unter Nutzung des POP3-Protokolls.[211] Die erste Phase umfasst dabei den Zeitraum vom Absenden der E-Mail vom Rechner des Absenders bis zu deren Ankunft auf dem Mailserver des Empfängers. In der folgenden zweiten Phase wird die Nachricht im Postfach des Empfängers gespeichert, wobei die Dauer der Speicherung unerheblich ist. Abgeschlossen wird der Übertragungsvorgang in der dritten Phase mit dem Abruf der Nachricht durch den Empfänger auf dessen Rechner.

---

207 *Palm/Roy*, NJW 1996, 1791ff.

208 BGH, NJW 1997, 1934ff. = NStZ 1997, 247ff.

209 Zu den Einzelheiten vgl. S. 110ff.

210 Vgl. *Palm/Roy*, a. a. O., 1792f.

211 Vgl. zu den technischen Fragen und Abläufen S. 50ff.

Insgesamt wird somit zwischen zwei dynamischen Phasen der Kommunikation (Phase 1 und 3), in welchen sich die Nachricht durch das Internet bewegt und einer statischen Phase (Phase 2), in der die E-Mail gespeichert ist, unterschieden. Diese Phasen ziehen, je nach insoweit vertretener Ansicht unterschiedliche rechtliche Konsequenzen insbesondere in Bezug auf die anwendbaren strafprozessualen Eingriffsnormen nach sich.[212]

2. Erweiterung um eine vierte Phase

Keine Erwähnung im Drei-Phasen-Modell findet die an die dritte Phase anschließende Phase der Speicherung der Nachricht auf dem persönlichen Rechner des Empfängers z.B. in dessen Wohnung bzw. in einem Online-Postfach bei seinem Provider oder auf Rechnern sonstiger Dritter, wie des Arbeitgebers. Insbesondere die Fallgestaltung der Speicherung beim Provider hat aufgrund der Verbreitung des IMAP4-Protokolls und hierauf basierender Webmail-Dienste[213] in den letzten Jahren erhebliche praktische Bedeutung erlangt. Diese technischen Möglichkeiten werfen eine Vielzahl rechtlicher Probleme auf, welche bereits vor dem Beschluss des Bundesverfassungsgerichtes vom 17. Juni 2009[214] zur Sicherstellung und Beschlagnahme von E-Mails auf dem Mailserver des Providers Anlass erheblicher Meinungsverschiedenheiten waren. Diese bedürfen auch weiterhin, gerade vor dem Hintergrund der genannten Rechtsprechung und der durch diese aufgeworfenen Fragestellungen, einer Klärung. Aufgrund der aus der Speicherung bei Dritten folgenden rechtlichen Fragestellungen wird in der neueren Literatur daher nunmehr überwiegend eine vierte Phase unterschieden.[215]

Im Ergebnis ist einer Erweiterung auf vier Phasen zuzustimmen. Das Drei-Phasen-Modell befasst sich nicht mit den im Zusammenhang mit der finalen Speicherung beim Empfänger bzw. beim Provider oder sonstigem Dritten auftretenden Rechtsfragen. Dies führt in der Literatur, aber auch in der Rechtsprechung, z.T. zu erheblichen Abgrenzungsschwierigkeiten bzw. zu unzulässigen Vermischungen und Gleichbehandlungen von ungleichen Sach-

---

[212] Vgl. dazu unter D.

[213] Vgl. zu den technischen Fragen S. 53 f.

[214] BVerfGE 124, 43 ff. = MMR 2009, 673ff.

[215] Vgl. z.B. *Bär*, Handbuch der EDV-Beweissicherung, Rn. 102; *Jahn*, JuS 2006, 491, 493; *Schlegel*, HRRS 2007, 44, 47; *Liebig*, S. 84 f.; *Marberth-Kubicki*, Rn. 492; ebenfalls 4 Phasen unterscheidet auch Gercke/Julius/Temming/Zöller-*Gercke*, StPO, § 100a Rn. 14, der aber die drei Phasen nach Palm/Roy nicht um die Speicherung als 4. Phase erweitert, sondern die Erstellung der E-Mail vor ihrer Absendung als Phase 1 betrachtet. Eine Unterscheidung von Zwischen- und Endspeicherung erfolgt insoweit nicht, was zumindest im Hinblick auf die Vollständigkeit der Darstellung und die Abgrenzung der Rechtsfrage problematisch erscheint.

verhalten. Dies betrifft vor allem die Phasen 2 und 4 der Übertragung.[216] Zudem hat das Bundesverfassungsgericht in seinen Entscheidungen zu E-Mail-bezogenen Sachverhalten regelmäßig auf die Speicherung von Nachrichten und Daten im Herrschaftsbereich eines Kommunikationsteilnehmers abgestellt.[217] Daher erscheint es zur Klärung der hiermit verbundenen Fragen zwingend geboten, das Drei-Phasen-Modell zu erweitern, um Abgrenzungsprobleme zu vermeiden.

Dabei bildet das Vier-Phasen-Modell eine praktikable Möglichkeit zur Umschreibung der wesentlichen Vorgänge während der Übertragung. Es stellt ein gutes Hilfsmittel zur Erörterung der maßgeblichen Rechtsfragen dar. Insoweit hat die Abgrenzung auch weiterhin ihre Berechtigung,[218] auch wenn die mit dem Modell einhergehenden rechtlichen Lösungsansätze z. T. sehr kritisch zu betrachten sind.

Letztlich bleibt allerdings festzuhalten, dass jede Einteilung des Kommunikationsvorganges anhand der o. g. Modelle willkürlich bleibt und die technischen Abläufe allenfalls stark vereinfachend wiedergibt. Auf der Grundlage einer technisch geprägten Betrachtungsweise wäre es durchaus möglich, weitaus mehr Phasen zu unterscheiden.[219] So könnte man beispielsweise auch die Übertragung zwischen den jeweiligen Mailservern von Sender und Empfänger sowie die vorherige Zwischenspeicherung und Bearbeitung beim Mailserver des Absenders als eigene Phasen darstellen. Eine solche Einteilung mag aus technischer Sicht durchaus nachvollziehbar und sinnvoll erscheinen, allerdings würden sich diesbezüglich für die rechtliche Beurteilung keine neuen Fragen stellen, so dass eine Erweiterung des Modells um weitere Phasen nicht erforderlich ist.[220]

---

216 So z. B. in der Entscheidung BGH, NStZ 2009, 397, in der keinerlei Unterscheidung zwischen zwischen- und endgespeicherten E-Mails vorgenommen wird. Gleiches gilt für den Beschluss BVerfGE 124, 43, 55, welcher eine solche Unterscheidung für aufgrund gleichgelagerter faktischer Herrschaftsverhältnisse bzgl. der E-Mail für unerheblich hält. Zur Kritik an diesen Entscheidungen vgl. S. 169 ff.

217 BVerfGE, 115, 166, 183 ff.; 120, 274, 307 f.; sowie insbesondere BVerfG 124, 43, 55.

218 Zumindest insoweit ist der generellen Ablehnung des Drei-Phasen-Modells durch *Störing*, S. 202 zu widersprechen, welcher dieses im Übrigen ebenfalls zur Erörterung der maßgeblichen Rechtsfragen heranzieht.

219 So z. B. *Brodowski*, JR 2009, 402 ff., welcher eine deutlich detailliertere Einteilung in insgesamt 7 Phasen vornimmt, oder *Zimmermann*, JA 2014, 321, der den Entwurf der E-Mail sowie verschiedene Speichermodalitäten als eigene Phasen beschreibt und so von einem Sechs-Phasen-Modell ausgeht.

220 Erwägenswert erscheint der Ansatz von *Liebig*, S. 84 f., die die 4. Phase zur Vereinfachung der Darstellung der rechtlichen Fragen in eine Phase 4a (Endspeicherung der Mail beim Provider) und 4b (Endspeicherung auf den Rechnern des Empfängers) unterteilt. Allerdings handelt es sich insoweit, ebenso wie im von *Zimmermann*

Für die weitere Untersuchung wird daher von einem Vier-Phasen-Modell mit zwei dynamischen Phasen (1 und 3), in welchen sich die E-Mail durch das Internet fortbewegt und zwei statischen Phasen (2 und 4), in welchen die E-Mail gespeichert wird, ausgegangen.

a. a. O. beschriebenen Modell, streng genommen nicht um technisch bedingte Phasen der eigentlichen E-Mail-Kommunikation, sondern um Modalitäten der Aufbewahrung der durch E-Mail übertragenen Inhalte, sodass eine solche Erweiterung des Vier-Phasen-Modells aus kommunikationstechnischer Sicht entbehrlich erscheint.

C. Der verfassungsrechtliche Schutz der Inhaltsdaten während der verschiedenen Phasen der E-Mail-Kommunikation

Der durch das Grundgesetz gewährleistete Schutz der Inhalte einer E-Mail ist während der verschiedenen Phasen der Kommunikation, in Abhängigkeit von der insoweit vertretenen Ansicht, sehr unterschiedlich ausgestaltet. Zu erörtern sind diesbezüglich vor allem die durch Art. 10 Abs. 1 GG gewährleisteten Grundrechte des Brief-, Post- und insbesondere des Fernmeldegeheimnisses. Daneben sind aber auch das Grundrecht auf Unverletzlichkeit der Wohnung aus Art. 13 Abs. 1 GG sowie das allgemeine Persönlichkeitsrecht in seinen Ausprägungen als Recht auf informationelle Selbstbestimmung und als Recht auf Gewährleistung der Vertraulichkeit und Integrität informationstechnischer Systeme nach Art. 2 Abs. 1 i.V.m. 1 Abs. 1 GG, als Schutzgewährleistungen von besonderer Bedeutung.

I. Schutz im Vorfeld der Übertragung?

Teilweise wird in der Literatur die Ansicht vertreten, dass auch noch nicht abgesendete E-Mails in den Schutzbereich des Fernmeldegeheimnisses fallen.[1] Auch wenn dies auf den ersten Blick nur schwer nachvollziehbar erscheint, bedarf diese Frage vor dem Hintergrund der neueren Rechtsprechung des Bundesverfassungsgerichtes zum Ende des Kommunikationsvorganges bei der Übertragung von E-Mails[2] und einzelner Entscheidungen von Instanzgerichten[3] weiterer Erörterung. Gerade die Rechtsprechung des Bundesverfassungsgerichtes könnte der in der Literatur weitgehend unbeachteten Frage der verfassungsrechtlichen Beurteilung von Eingriffen im Vorfeld der eigentlichen E-Mail-Kommunikation und damit auch der genannten Ansicht zu einer unverhofften Renaissance verhelfen.

[1] Vgl. *Kleine-Voßbeck*, S. 36 ff.; *Neuhöfer*, S. 63 ff.; *Zimmermann*, JA 2014, 321, 326. Es handelt sich insoweit wohl kaum um die herrschende Lehre, wie *Zimmermann* a.a.O. annimmt.

[2] BVerfGE 124, 43 ff.

[3] Vgl. den Beschluss des LG Landshut, NStZ 2011, 479 = JR 2011, 532; mit krit. Anmerkung *Brodowski*, JR 2011, 533.

Kleine-Voßbeck geht davon aus, dass bereits die noch nicht versendete E-Mail dem Schutz des Fernmeldegeheimnisses des Art. 10 Abs. 1 GG unterfällt. Begründet wird dies primär über eine technische Argumentation. Bereits bei der Erstellung einer E-Mail sei es notwendig, eine Internetverbindung zwischen dem Terminal des Nutzers und dessen Mailbox herzustellen und die Daten der Nachricht dorthin zu übertragen. Bis zur anschließenden Versendung der endgültigen Version der E-Mail aus der Mailbox heraus sei der Übermittlungsvorgang nur unterbrochen.[4] Ähnlich argumentieren Neuhöfer und Zimmermann im Hinblick auf die E-Mail-Kommunikation mittels eines Webmail-Dienstes.[5] Nach deren Ansicht kommt es bereits bei der Übermittlung des Entwurfes zum Provider während des Schreibens der Nachricht zu einer als Telekommunikation anzusehenden Übertragung von Signalen.[6] Die E-Mail sei bereits jetzt den erleichterten Zugriffsmöglichkeiten ausgesetzt, welche aus der Einschaltung Dritter zur Übermittlung von Nachrichten resultieren, da sich diese in der Mailbox beim Provider befinde. Vor diesem Hintergrund bestehe aufgrund von Sinn und Zweck des Fernmeldegeheimnisses bereits ein Schutz durch Art. 10 Abs. 1 GG.[7]

Dieser Ansicht ist zu Recht entgegengehalten worden, dass sie bereits aus technischer Sicht zweifelhaft sei.[8] Eine Übertragung in eine Sendermailbox und von dieser weiter zum Empfänger in der von Kleine-Voßbeck beschriebenen Weise findet bei der Übertragung einer E-Mail nicht statt.[9] Denkbar ist, dass ein Missverständnis bezüglich der Abläufe der E-Mail-Kommunikation vor dem Hintergrund der früher nicht unüblichen zentralen Nutzung von E-Mail-Diensten über einen Zentralrechner vorliegt. Dabei war es notwendig, die Daten erst zu diesem und in der Folge über dessen Mailserver zum Empfänger zu übertragen. Eine Übertragung zu einer wie auch immer gearteten Mailbox des Senders findet dabei allerdings nicht statt. Insoweit ist zunächst festzuhalten, dass die Literaturansicht wohl im Wesentlichen auf einem technischen Missverständnis vor dem Hintergrund einer früher verbreiteten Versendungspraxis von E-Mails beruht und daher schon aus technischer Sicht abzulehnen ist.

---

4 *Kleine-Voßbeck*, S. 36.

5 *Zimmermann*, JA 2014, 321, 322 schließt insoweit ausdrücklich die Fälle aus, in welchen die Nachricht auf dem heimischen Computer erstellt wird. Auch die Argumentation von *Neuhöfer*, S. 63 ff. deutet darauf hin, dass auch er derartige Fälle für nicht vom Fernmeldegeheimnis erfasst hält.

6 *Neuhöfer*, S. 63; *Zimmermann*, JA 2014, 321, 326.

7 *Neuhöfer*, S. 64 f.; *Zimmermann*, JA 2014, 321, 326.

8 Vgl. *Störing*, S. 177.

9 Vgl. die technischen Ausführungen oben auf S. 50 ff. sowie bei *Störing*, S. 10 f. und S. 177.

Hinsichtlich der von Neuhöfer und Zimmermann angesprochenen Erstellung von E-Mails mittels des vom Provider zur Verfügung gestellten E-Mail-Clients könnte man jedoch, bei einem entsprechenden Verständnis der Entscheidung des Bundesverfassungsgerichtes zum Schutz von auf Mailservern des Providers gespeicherten E-Mails,[10] dennoch einen Schutz durch das Fernmeldegeheimnis annehmen. Das Gericht unterstellt insbesondere auch Inhalte von E-Mails, welche im Anschluss an die eigentliche Übertragung auf den Servern des Providers gespeichert werden, dem Schutz des Art. 10 Abs. 1 GG.[11] Begründet wird dies vor allem damit, dass diese Daten im Herrschaftsbereich des Providers verbleiben und sich somit nicht in dem des Empfängers befinden. Der Nutzer könne nur über eine Internetverbindung auf diese Daten zugreifen. Die Inhalte der E-Mails seien somit erleichterten Zugriffsmöglichkeiten von Seiten Dritter, insbesondere der Strafverfolgungsbehörden ausgesetzt, woraus eine besondere Schutzbedürftigkeit folge.[12]

Folgt man der Ansicht des Bundesverfassungsgerichtes insoweit, dass eine E-Mail, die sich auf dem Server des Providers befindet und auf die nur mittels einer bestehenden Internetverbindung zugegriffen werden kann, erleichterten Zugriffsmöglichkeiten ausgesetzt ist, so liegt ein Schutz von E-Mails während ihrer Erstellung unter Nutzung des vom Provider zur Verfügung gestellten E-Mail-Clients nicht gänzlich fern. Auch diese E-Mail-Entwürfe befinden sich während ihrer Erstellung nicht auf dem persönlichen Rechner des späteren Absenders und sind damit erleichterten Zugriffsmöglichkeiten ausgesetzt.

Allerdings unterfallen diese Inhalte noch nicht dem Schutz des Fernmeldegeheimnisses. Insoweit ist es unerheblich, ob die Erstellung einer E-Mail im Web-Client aus technischer Sicht eine Übertragung der einzelnen Textbestandteile bei bestehender Internetverbindung voraussetzt und diese somit mit Mitteln der Telekommunikation übertragen werden.[13] Der verfassungsrechtliche Schutz des Fernmeldegeheimnisses[14] setzt zumindest eine Übertragung der Inhalte bzw. den Versuch einer solchen Übertragung in Richtung eines individuellen Empfängers voraus.[15] Diese findet hier aber noch nicht statt. Die durch Art. 10 Abs. 1 GG geschützte Kommunikation hat in dieser Situation noch nicht begonnen, sondern wird lediglich vorbereitet.[16] Die

[10] BVerfGE 124, 43 ff.

[11] BVerfGE 124, 43, 54.

[12] BVerfGE 124, 43, 55.

[13] Ablehnend insoweit LG Landshut, NStZ 2011, 479, 480; i. E. dürfte dies von der jeweiligen technischen Ausgestaltung des genutzten Programmes abhängig sein.

[14] Zu den Einzelheiten siehe sogleich auf S. 51 ff.

[15] Vgl. BVerfGE 124, 43, 54; 125, 260, 308.

[16] Vgl. *Buermeyer*, StV 2013, 470, 474.

E-Mail befindet sich noch im Entwurfsstadium und kann jederzeit geändert oder gelöscht werden.[17] Ob und gegebenenfalls wann eine verfassungsrechtlich geschützte Kommunikation eingeleitet wird, ist zu diesem Zeitpunkt offen. Es fehlt insoweit an einer hinreichend engen Verknüpfung zur geschützten Übertragung, welche eine Einbeziehung in den Schutzbereich rechtfertigen könnte.[18]

Daher scheidet ein Schutz von E-Mails durch das Fernmeldegeheimnis vor ihrer Versendung aus.[19] Je nach Fallgestaltung kann aber ein hier noch nicht näher zu erörternder Schutz durch das allgemeine Persönlichkeitsrecht in seinen Ausprägungen als Recht auf informationelle Selbstbestimmung und als Recht auf Gewährleistung der Vertraulichkeit und Integrität informationstechnischer Systeme nach Art. 2 Abs. 1 i.V.m. 1 Abs. 1 GG in Betracht kommen.[20]

II. Der verfassungsrechtliche Schutz der Inhaltsdaten der E-Mail während der Übertragung in den Phasen 1 und 3

Der verfassungsrechtliche Schutz während der beiden dynamischen Phasen der E-Mail-Kommunikation gehört zu den weniger strittigen Fragen in diesem im Übrigen hoch umstrittenen Themengebiet. Maßgeblich ist vor allem das Fernmeldegeheimnis des Art. 10 Abs. 1 GG. Daneben ist für bestimmte Fallgestaltungen das Konkurrenzverhältnis dieses Grundrechtes zu Art. 13 Abs. 1 GG und Art. 2 Abs. 1 i.V.m. 1 Abs. 1 GG zu erörtern.

1. Der verfassungsrechtliche Schutz durch Art. 10 Abs. 1 GG

Während der Phasen 1 und 3 kommt insbesondere ein Schutz durch die in Art. 10 Abs. 1 GG gewährleisteten Grundrechte des Brief-, Post- und vor allem des Fernmeldegeheimnisses in Betracht.

a) Gemeinsamer Schutzzweck der Grundrechte des Art. 10 Abs. 1 GG

Der verfassungsrechtliche Schutz der vertraulichen Kommunikation zwischen Abwesenden wird im Grundgesetz gemäß Art. 10 Abs. 1 GG durch

[17] Vgl. LG Landshut NStZ 2011, 479, 480.

[18] So auch LG Landshut, a.a.O.

[19] Vgl. LG Landshut, a.a.O.; *Störing*, S. 177f.; Gercke/Julius/Temming/Zöller-*Gercke*, StPO, § 100a Rn. 14; i.E. wohl auch *Brodowski*, JR 2009, 402, 405.

[20] Vgl. hierzu S. 180ff.

eine Trias von Grundrechten gewährleistet, welche alle bei Erlass des Grundgesetzes bekannten Formen dieser Art der Verständigung[21] sowie entsprechende technische Weiterentwicklungen umfassen.[22] Art. 10 Abs. 1 GG erklärt das Briefgeheimnis sowie das Post- und Fernmeldegeheimnis für unverletzlich. Die drei Grundrechte gewährleisten die freie Entfaltung der Persönlichkeit, indem sie einen individuellen, privaten Nachrichtenaustausch im Verborgenen ermöglichen.[23]

b) Besondere Nähe zum allgemeinen Persönlichkeitsrecht und zur Meinungsfreiheit

Insoweit besteht eine besondere Nähe zum allgemeinen Persönlichkeitsrecht des Art. 2 Abs. 1 i.V.m. Art. 1 und damit dem verfassungsrechtlich verbürgten Schutz der Privatsphäre, aber auch zur Meinungsfreiheit des Art. 5 Abs. 1 Satz 1 GG.[24]

In Bezug auf die Privatsphäre folgt diese Nähe aus der Tatsache, dass die Privatheit der Kommunikation ein zentraler Bestandteil der Menschenwürdegarantie des Grundgesetzes ist. Ohne die Möglichkeit eines Menschen, mit anderen Menschen unbefangen und unbeobachtet in Kontakt treten zu können und so zu interagieren, wäre eine freie Entfaltung der Persönlichkeit schlicht undenkbar. Nur so können sich persönliche, geschäftliche, aber auch politische Verbindungen zwischen Personen oder Personengruppen entwickeln, welche Voraussetzung für das Bestehen und die Entwicklung einer demokratischen Gesellschaft sind.[25]

Entsprechendes gilt auch für den besonderen Bezug der Grundrechte aus Art. 10 Abs. 1 GG zur Meinungsfreiheit. Die Garantie der Meinungsfreiheit setzt voraus, dass Menschen ihre Meinungen frei austauschen können, ohne dass Dritte, vor allem aber nicht der Staat, hiervon ungewollt, etwa durch Abhörmaßnahmen, Kenntnis erlangen. Art. 5 Abs. 1 Satz 1 GG verbürgt zwar einen eigenständigen Schutz der Verbreitung einer Meinung, eine solche Verbreitung muss aber auch effektiv und sicher möglich sein. Eine Meinungsfreiheit, welche sich darauf beschränken würde, die eigene Meinung äußern zu können, ohne die Möglichkeit, diese Dritten sicher im Wege der

[21] Dürig/Herzog/Scholz-*Durner*, GG, Art. 10 Rn. 62.

[22] BVerfGE 115, 166, 182.

[23] BVerfGE 115, 166, 182; vgl. auch Dürig/Herzog/Scholz-*Durner*, GG, Art. 10 Rn. 68; Dreier-*Hermes*, GG, Art. 10 Rn. 15.

[24] BVerfGE 115, 166, 182; Sachs-*Pagenkopf*, GG, Art. 10 Rn. 7 und 10.

[25] Vgl. hierzu auch von Mangoldt/Klein/Starck-*Gusy*, GG, Art. 10 Rn. 16, 19.

Fernkommunikation übermitteln zu können, wäre wirkungslos.[26] Insoweit kann man von einer dienenden Funktion der Grundrechte des Art. 10 Abs. 1 GG im Hinblick auf die Meinungsfreiheit sprechen.

c) Gewährleistung einer Privatheit auf Distanz

Art. 10 Abs. 1 GG gewährleistet eine „*Privatheit auf Distanz*“[27] und trägt damit der besonderen Gefährdungssituation Rechnung, welche dadurch entsteht, dass Kommunikationsteilnehmer aufgrund räumlicher Entfernungen auf die Hilfe Dritter angewiesen sind, um Nachrichten austauschen zu können.[28]

Im Gegensatz zur direkten Kommunikation bei gleichzeitiger Anwesenheit der Kommunizierenden an einem Ort können diese nicht abschließend darüber verfügen, wer von den Inhalten oder den Umständen dieses Informationsaustausches Kenntnis erhält. Es besteht durch die notwendige Einbeziehung eines Dritten, des sog. Informationsmittlers, vielmehr die Gefahr, dass neben diesem regelmäßig nicht persönlich bekannten Dienstleister und dessen Angestellten auch weitere Dritte, insbesondere der Staat und seine Institutionen, vom Inhalt und den Umständen der Kommunikation Kenntnis erlangen könnten.[29] Die Kommunikationsteilnehmer haben nur wenige Möglichkeiten, die aus dieser Situation folgenden, vereinfachten Eingriffsmöglichkeiten während der Übertragung der Informationen wirksam zu verhindern.[30] Die Grundrechte des Art. 10 Abs. 1 GG sollen diesen Verlust an Privatheit, welcher aus der Nutzung der von dieser Norm erfassten Kommunikationsformen folgt, ausgleichen.[31] Die Kommunikationsteilnehmer sollen im Ergebnis so gestellt werden, als wenn ihre Nachricht ohne die Inanspruchnahme der Dienste des Informationsmittlers direkt vom jeweiligen Empfänger zur Kenntnis genommen werden könnten.[32]

---

26 Sachs-*Pagenkopf*, GG, Art. 10 Rn. 10.

27 BVerfGE 115, 166, 182; von Mangoldt/Klein/Starck-*Gusy*, GG, Art. 10 Rn. 19.

28 BVerfGE 115, 166, 182.

29 von Mangoldt/Klein/Starck-*Gusy*, GG, Art. 10 Rn. 17f.

30 von Mangoldt/Klein/Starck-*Gusy*, GG, Art. 10 Rn. 18; im Bereich der E-Mail-Kommunikation ist in Bezug auf wirksame Schutzmöglichkeiten insbesondere an die Kryptographie zu denken, mit der je nach genutzter Technologie ein sinnvoller Zugriff auf die Inhalte einer Nachricht nahezu ausgeschlossen werden kann.

31 BVerfGE 85, 386, 396; 106, 28, 36; 115, 166, 184; von Mangoldt/Klein/Starck-*Gusy*, GG, Art. 10 Rn. 19; Dürig/Herzog/Scholz-*Durner*, GG, Art. 10 Rn. 69; Isensee/Kirchhof-*Horn*, § 149 Rn. 98.

32 *Welp*, NStZ 1994, 294, 295.

Ohne diesen Schutz des Art. 10 Abs. 1 GG bliebe den Kommunikationsteilnehmern regelmäßig nur die Wahl zwischen der Inkaufnahme eines möglichen Verlustes an Privatheit oder dem Verzicht auf die Nutzung der Möglichkeiten der Fernkommunikation. Insoweit hat das Bundesverfassungsgericht klargestellt, dass ein solcher Kommunikationsverzicht keine aus verfassungsrechtlicher Sicht akzeptable Option sein kann. Die Grundrechte bezwecken insbesondere auch den Schutz der Unbefangenheit der Fernkommunikation. Der Meinungs- und Informationsaustausch soll nicht deshalb unterbleiben oder auch nur in veränderter Form erfolgen, weil die Kommunikationsteilnehmer sich der Gefahr ausgesetzt sehen, dass staatliche Stellen Einzelheiten über die Inhalte oder die Beteiligten einer Kommunikation erfahren könnten.[33] Die Nutzer der jeweiligen Kommunikationsmittel sollen aufgrund des gewährleisteten Schutzes völlig unbefangen von Zwängen, welche aus einer möglichen Überwachung folgen, Nachrichten austauschen können. Sie dürfen insbesondere nicht gezwungen sein, aus Furcht vor möglichen Eingriffen auf bestimmte Mittel der Kommunikation zu verzichten oder diese anders als gewohnt zu nutzen, etwa indem sie auf andere Anschlüsse ausweichen oder auf Verschlüsselungsmechanismen zurückgreifen.[34]

d) Verbot von Kommunikationsformen

Der Schutzzweck des Art. 10 Abs. 1 GG setzt das Bestehen vertraulicher Kommunikationsmöglichkeiten voraus und verbietet somit nicht nur die Überwachung der geschützten Kommunikationswege, sondern auch die Verhinderung des Nachrichtenaustausches.[35] D. h., auch ein Verbot oder eine Beschränkung bestimmter Formen vertraulicher Kommunikation, wie etwa ein Verbot verschlüsselter Kommunikationsformen,[36] wäre an Art. 10 Abs. 1 GG zu messen. Andernfalls bestünde die Gefahr, dass der Schutz der Regelung durch ein Verbot bestimmter Kommunikationsformen umgangen werden könnte und letztlich leerliefe. Würde Art. 10 Abs. 1 GG dagegen formalisiert so interpretiert, dass nur die Kommunikation als solche, aber nicht zugleich auch das Kommunikationsmittel vom Schutz des Grundrechtes erfasst wäre, so würde dies einen erheblichen Wertungswiderspruch nach sich ziehen, da einerseits vordergründig ein Verbot der Überwachung vertraulicher Kommunikation statuiert würde, andererseits jedoch eine solche Kommunikation unmöglich und somit faktisch verboten wäre.

---

[33] BVerfGE 100, 313, 359; 107, 299, 313; LG Mannheim StV 2002, 242.

[34] BVerfGE 107, 299, 313; *Gaede*, StV 2009, 96, 97.

[35] Hierzu ausführlich Dürig/Herzog/Scholz-*Durner*, GG, Art. 10 Rn. 72.

[36] Vgl. hierzu auch Dürig/Herzog/Scholz-*Durner*, GG, Art. 10 Rn. 117.

Ein Verbot bestimmter Formen der vertraulichen Kommunikation stellt daher immer auch einen Eingriff in den Schutzbereich des Brief-, Post- oder Fernmeldegeheimnisses dar, soweit die betroffene Form den Voraussetzungen dieser Schutzgewährleistungen entspricht. Ein solcher Eingriff wöge gegenüber der Überwachung des Nachrichtenaustausches sogar deutlich schwerer, da er letztlich die Kommunikation in dieser Form generell verhindert und so eine unbestimmte Zahl von Personen in ihren Rechten betrifft. Eine Überwachung greift demgegenüber regelmäßig nur punktuell in die Rechte einzelner Personen ein. Das Verbot bestimmter Kommunikationsformen in besonderen Situationen (z.B. bei Strafgefangenen) ist somit regelmäßig als Eingriff in Art. 10 Abs. 1 GG zu werten, kann aber anhand der Schrankenbestimmungen gerechtfertigt sein.[37]

2. Zuordnung der E-Mail-Kommunikation zu den Schutzgewährleistungen des Art. 10 Abs. 1 GG

Die Kommunikation mittels E-Mail weist Merkmale verschiedener traditioneller Kommunikationsformen auf. Daher ist hier zunächst zu erörtern, welche der Schutzgewährleistungen des Art. 10 Abs. 1 GG einschlägig ist.

a) Verhältnis der Grundrechte des Art. 10 Abs. 1 GG

Die Schutzbereiche aller drei Grundrechte des Art. 10 Abs. 1 GG verfügen in ihren Grundstrukturen über eine Vielzahl paralleler Elemente, welche sich vor allem in Bezug auf den Schutzzweck, den Umfang und die zeitlichen Grenzen des grundrechtlichen Schutzes der Kommunikation zeigen. Dennoch handelt es sich bei Art. 10 Abs. 1 GG nicht um ein einheitliches Grundrecht,[38] sondern um drei voneinander zu unterscheidende Schutzgewährleistungen.

Gegen die Zusammenfassung zu einem einzigen Grundrecht spricht schon der Wortlaut der Vorschrift. Dieser differenziert, wie auch sein direkter historischer Vorläufer Art. 117 WRV,[39] zwischen verschiedenen Grundrechten. Der noch ältere § 142 der Paulskirchenverfassung schützte zwar nur das Briefgeheimnis, was aufgrund der damaligen technischen Entwicklung nicht verwunderlich ist, stellte aber ebenfalls nur auf eine Einzelgewährleistung ab und schützte nicht etwa die Kommunikation zwischen Abwesenden an sich.

---

[37] So i.E. auch Dürig/Herzog/Scholz-*Durner*, GG, Art. 10 Rn. 72.

[38] So aber: *Jarass*, GG, Art. 10 Rn. 1; *Sievers*, S. 120ff. m.w.N.

[39] Hierbei enthielt die Regelung der WRV zusätzlich zum Brief- und Postgeheimnis das Fernsprech- sowie das Telegraphengeheimnis, letztere wurden im Grundgesetz zum Fernmeldegeheimnis zusammengefasst.

Ein einheitliches Kommunikationsgrundrecht lässt sich aus dem Wortlaut keiner der Vorschriften ableiten.[40]

In der Literatur sind die Stimmen, welche von einem einheitlichen Grundrecht ausgehen, vereinzelt geblieben.[41] Die wohl h.M.[42] in der Literatur geht, allerdings häufig ohne die Frage explizit zu erörtern, weiterhin von drei Einzelgrundrechten aus.

Auch das Bundesverfassungsgericht hat bis hin zu seinen jüngeren Entscheidungen zu Fragen der Telekommunikation[43] ausschließlich auf einzelne Schutzgewährleistungen des Art. 10 Abs. 1 GG abgestellt, ohne insoweit ein einheitliches Grundrecht anzunehmen. Die drei Grundrechte haben sich durch die Rechtsprechung des Bundesverfassungsgerichtes zwar angenähert, ihren eigenständigen Charakter aber dennoch beibehalten. Es besteht allerdings eine Vermutung dergestalt, dass sich bestimmte Grundaussagen und Maßstäbe, die anhand eines Grundrechtes entwickelt wurden, auf die jeweils anderen übertragen lassen.[44] Über diese Grundaussagen hinaus hat die Rechtsprechung die Grundrechte, vor allem im Bereich des Fernmeldegeheimnisses, in ihren Grenzbereichen jedoch z.T. sehr spezifisch ausdifferenziert. Die diesbezüglich durch das Bundesverfassungsgericht getroffenen Unterscheidungen lassen sich nicht mehr vollumfänglich auf die jeweils anderen Gewährleistungen übertragen. Dies gilt z.B. insbesondere für die später näher zu erörternden, zeitlichen Grenzen der jeweiligen Schutzbereiche.[45] Gerade diese z.T. sehr in technische Einzelheiten gehende Rechtsprechung macht eine genaue Abgrenzung zwischen den verschiedenen Grundrechten des Art. 10 GG auch weiterhin erforderlich, auch wenn zuzugestehen ist, dass die Abgrenzung der Schutzbereiche gerade bei modernen Kommunikationsformen in Einzelfällen problematisch erscheint, da es vielfach zu Überschneidungen kommt.[46]

---

[40] Vgl. zur Historie des Art. 10 GG *Sievers*, S. 103 ff.

[41] *Jarass*, GG, Art. 10 Rn. 1; Umbach/Clemens-*Schmidt*, GG, Art. 10 Rn. 49 (Fn. 59).

[42] Dreier-*Hermes*, GG, Art. 10 Rn. 25; Dürig/Herzog/Scholz-*Durner*, GG, Art. 10 Rn. 63; von Mangoldt/Klein/Starck-*Gusy*, GG, Art. 10 Rn. 44; *Meininghaus*, S. 60 m.w.N.; Isensee/Kirchhof-*Horn*, § 149 Rn. 103; sowie i.E. trotz unklarer Formulierungen auch von Münch/Kunig-*M. Martini*, GG, Art. 10 Rn. 25.

[43] BVerfGE 115, 166, 182; 120, 274, 306 f.; 124, 43, 54; 129, 208, 240.

[44] Dürig/Herzog/Scholz-*Durner*, GG, Art. 10 Rn. 67; Isensee/Kirchhof-*Horn*, § 149 Rn. 103.

[45] Vgl. hierzu S. 108 ff.

[46] Ein prominentes Beispiel hierfür ist der seit Juli 2010 durch die Deutsche Post AG angebotene Dienst E-Postbrief (auch E-Brief oder E-Post), welcher Elemente aller drei Schutzgewährleistungen des Art. 10 GG in sich vereint. Angeboten wird neben einem E-Maildienst, der nach der hier vertretenen Ansicht im Rahmen der Übermittlung dem Schutzbereich des Fernmeldegeheimnisses zuzuordnen ist, auch

b) Anwendbarkeit des Briefgeheimnisses

Eine Einordnung der E-Mail-Kommunikation in den Schutzbereich des Briefgeheimnisses erscheint auf den ersten Blick nicht fernzuliegen, nimmt doch die E-Mail inzwischen im privaten und geschäftlichen Verkehr weitgehend die Funktionen des klassischen Briefes ein. Dennoch ist die Kommunikation per E-Mail trotz aller Ähnlichkeiten in Bezug auf Funktion und Formatierung weder dem Brief- noch dem Postgeheimnis, sondern allein dem Schutzbereich des Fernmeldegeheimnisses zuzuordnen.

Das Briefgeheimnis schützt die individuelle Kommunikation mittels des klassischen Mediums des Briefes gegen jede Kenntnisnahme der öffentlichen Gewalt, unabhängig von der Art und Weise, in der diese erfolgt.[47] Ein Brief ist in diesem Zusammenhang jede körperliche, schriftliche Nachricht, welche an die Stelle einer mündlichen Kommunikation tritt, unabhängig von der gewählten Schrift- oder Vervielfältigungsart.[48] Unerheblich ist dabei, ob die jeweilige Sendung offen oder verschlossen verschickt wird.[49] Auch Postkarten sind somit erfasst.[50] Der Schutzbereich umfasst neben dem Inhalt der Nachricht auch die äußeren Umstände des Briefverkehres, d. h., ob und wann bestimmte Personen miteinander per Brief Nachrichten ausgetauscht haben.[51] Ebenfalls geschützt sind auch eventuell mitgesendete Gegenstände aller Art. Da das Briefgeheimnis die individuelle Kommunikation schützt, sind allerdings solche Sendungen nicht erfasst, welche offensichtlich keinerlei individuelle Nachrichten enthalten. Dies ist z. B. bei Massenwerbesendun-

---

die Versendung einer Papierversion der Nachricht auf dem klassischen Postweg, so dass insoweit das Briefgeheimnis einschlägig ist. Beide Formen der Kommunikation werden hierbei durch einen Postdienstleister vermittelt, so dass für die Übermittlung der Papierversion, nicht aber für die Versendung der E-Mail zusätzlich auch das Postgeheimnis Anwendung findet. Vgl. zum Grundrechtsschutz sog. hybrider Briefe auch *Hoffmann/Luch/Schulz/Borchers*, S. 178 ff., welche jedoch auf die Frage des Postgeheimnisses nicht eingehen.

[47] BVerfGE 33, 1, 11; 67, 137, 171; Dürig/Herzog/Scholz-*Durner*, GG, Art. 10 Rn. 91; Sachs-*Pagenkopf*, GG, Art. 10 Rn. 12.

[48] Dürig/Herzog/Scholz-*Durner*, GG, Art. 10 Rn. 92; Sachs-*Pagenkopf*, a. a. O.

[49] von Mangoldt/Klein/Starck-*Gusy*, GG, Art. 10 Rn. 47.

[50] Vgl. Dürig/Herzog/Scholz-*Durner*, GG, Art. 10 Rn. 93; von Mangoldt/Klein/Starck-*Gusy*, a. a. O.; von Münch/Kunig-*M. Martini*, GG, Art. 10, Rn. 50; a. A. Sachs-*Pagenkopf*, GG, Art. 10 Rn. 12; sowie Berliner Kommentar-*Groß*, GG, Art. 10 Rn. 23, der Postkarten u. ä. offene Sendungen nur vom Postgeheimnis erfasst sieht.

[51] Sachs-*Pagenkopf*, a. a. O.; Dürig/Herzog/Scholz-*Durner*, GG, Art. 10 Rn. 94 m. w. N.; nunmehr auch, unter ausdrücklicher Aufgabe der vorherigen Ansicht, wonach die Umstände der brieflichen Kommunikation nicht erfasst seien, Berliner Kommentar-*Groß*, GG, Art. 10 Rn. 30.

gen der Fall, welche auf den ersten Blick ohne Eingriff in die geschützte Sphäre als solche erkennbar sind.[52]

Unerheblich für die Eröffnung des Schutzbereiches des Briefgeheimnisses ist es weiter, wer die Beförderung der jeweiligen Sendung übernimmt. Dies kann neben Postdienstleistern im Sinne des § 4 Nr. 4 PostG auch jeder sonstige staatliche oder private Dritte sein, dem der Absender die Nachricht zur Übermittlung übergibt.[53]

Eine E-Mail dient zwar regelmäßig der individuellen Kommunikation zwischen Abwesenden, im Unterschied zum Brief liegt sie aber während des Übertragungsvorganges und vielfach auch danach nicht in verkörperter Form vor. Selbst wenn man mit den Vertretern der engen Ansicht in der Phase 2 der E-Mail-Kommunikation eine (kurzzeitige) Verkörperung während der Zwischenspeicherung annimmt,[54] so macht diese die E-Mail nicht zu einem Brief im Sinne des Art. 10 Abs. 1 GG.

Das Grundrecht ist, wie oben ausgeführt, geprägt vom Bild des durch die staatliche Post in Papierform übermittelten Briefes. Der E-Mail fehlt es an der für diese Art der Kommunikation typischen, klassischen Schriftform, welche sich gerade durch die Übermittlung einer verkörperten, originalen Nachricht an dem Empfänger auszeichnet.[55] Der E-Mail-Verkehr wird demgegenüber durch ein Verfahren gekennzeichnet, welches sich am ehesten als Übermittlung einer Kopie umschreiben lässt. Es bestehen insoweit einige Ähnlichkeiten zum Versand eines Telefaxes, welcher ebenfalls dem Fernmeldegeheimnis zuzuordnen ist, ohne dass wie bei diesem regelmäßig am Ende der Übermittlung ein Ausdruck der Nachricht erfolgt. Der Versender einer E-Mail bringt gerade nicht das Original der Nachricht auf den Weg zum Empfänger. Dieses verbleibt bei ihm, während der Empfänger aus technischer Sicht eine Kopie erhält, welche nur auf den ersten Blick dem Original gleicht. Vielmehr wird der Originaltext z.B. um die Headerdaten[56] und eventuell hinzugefügte Werbeinhalte und Signaturen ergänzt. Zumindest bzgl. der Headerdaten lässt sich wiederum eine gewisse Ähnlichkeit zum Brief, dessen Umschlag ebenfalls um zum Transport notwendige Informationen, wie z.B. einen Poststempel, ergänzt wird, nicht leugnen. Dennoch ver-

---

[52] Vgl. Dürig/Herzog/Scholz-*Durner*, GG, Art. 10 Rn. 91; vgl. aber zu SPAM-Mails S. 67 ff.

[53] von Mangoldt/Klein/Starck-*Gusy*, GG, Art. 10 Rn. 49; Dreier-*Hermes*, GG, Art. 10 Rn. 34.

[54] Zur Frage, ob im Rahmen des Kommunikationsverlaufes nicht doch teilweise eine Verkörperung eintritt, und den hiermit verbundenen Fragen vgl. S. 91 ff.

[55] So auch *Meininghaus*, S. 61; *Sievers*, S. 116.; vgl. auch *Hsieh*, S. 87.

[56] Vgl. dazu S. 49.

mag dies den wesentlichen Unterschied der E-Mail zum Brief, die fehlende Übermittlung einer verkörperten Originalnachricht, nicht zu beseitigen.

Auch das Bundesverfassungsgericht hat in seinen jüngeren Entscheidungen in Bezug auf die E-Mail-Kommunikation niemals auf das Briefgeheimnis, sondern allein auf das Fernmeldegeheimnis abgestellt, ohne dass ein Rückgriff auf das Briefgeheimnis auch nur erörtert wurde.[57] Interessanterweise wird diese eindeutige Abgrenzung bei den Rechtsfolgen der Zuordnung zum Fernmeldegeheimnis nicht mehr mit dieser begrüßenswerten Klarheit durchgehalten. So könnte man aufgrund der vom Bundesverfassungsgericht vertretenen Möglichkeit, bei der Beschlagnahme von E-Mails auf die Postbeschlagnahme des § 99 Abs. 1 StPO zurückzugreifen,[58] diese Zuordnung durchaus in Zweifel ziehen. Aufgrund der Eindeutigkeit der übrigen Aussagen des Gerichtes ist jedoch davon auszugehen, dass dessen Rechtsprechung zum Briefgeheimnis nicht direkt zur Bestimmung des Umfanges des verfassungsrechtlichen Schutzes der Kommunikation per E-Mail herangezogen werden kann. Ein teilweiser Rückgriff zum Zwecke der Auslegung der anderen Grundrechte des Art. 10 Abs. 1 GG ist aber aufgrund der weitgehenden Parallelität der Schutzgewährleistungen in jedem Falle möglich.

3. Anwendbarkeit des Fernmeldegeheimnisses

Während der Phasen 1 und 3 ist die E-Mail-Kommunikation durch das Fernmeldegeheimnis des Art. 10 Abs. 1 GG geschützt. Insoweit besteht, im Unterschied zu den anderen Phasen, in Rechtsprechung und Literatur weitgehende Einigkeit.[59]

a) Terminologie

Das Fernmeldegeheimnis entwickelte sich aus dem Telegraphen- und Fernsprechgeheimnis des Art. 117 WRV, welches bei Schaffung des Grundgesetzes terminologisch zum Fernmeldegeheimnis zusammengefasst wurde, ohne dass hierdurch der Schutzbereich Änderungen erfahren hätte.[60]

---

57 BVerfGE 124, 43, 54; 125, 260, 309.

58 Vgl. hierzu BVerfGE 124, 43, 60 sowie die Ausführungen auf S. 261 ff.

59 Vgl. u.a. BVerfGE 124, 43, 54; *Meininghaus*, S. 63; *Kleine-Voßbeck*, S. 39; Dürig/Herzog/Scholz-*Durner*, GG, Art. 10 Rn. 107; Schmidt-Bleibtreu/Hofmann/Henneke-*Guckelberger*, GG, Art. 10 Rn. 27; *Gercke*, StV 2009, 62, 624; *Gaede*, StV 2009, 96, 97; von Münch/Kunig-*M. Martini*, GG, Art. 10 Rn. 41; a.A. aufgrund mangelnder technischer Schutzfähigkeit Sachs-*Pagenkopf*, GG, Art. 10 Rn. 14b dazu sogleich.

60 von Mangoldt/Klein/Starck-*Gusy*, GG, Art. 10 Rn. 59.

Inzwischen wird das Grundrecht, auch durch das Bundesverfassungsgericht in seiner neueren Rechtsprechung, vielfach auch als Telekommunikationsgeheimnis bezeichnet,[61] ohne dass sich allerdings eine einheitliche Terminologie etabliert hätte.[62] Diese sprachlich modernere Bezeichnung folgt den seit den 90er Jahren vorgenommenen Änderungen in Teilen des GG (vgl. Art. 73 Abs. 1 Nr. 7 und Art. 87f). Inhaltliche Änderungen waren mit der neuen Bezeichnung jedoch nicht bezweckt,[63] sodass sie auch keine Veränderungen des Schutzbereiches des Fernmeldegeheimnisses nach sich zieht. Vielmehr setzt der Begriff der Telekommunikation in den genannten Bestimmungen den verfassungsrechtlichen Begriff des Fernmeldewesens fort und wird in Anlehnung an diesen ausgelegt.[64]

Da der Wortlaut des Art. 10 Abs. 1 GG seit Inkrafttreten der Norm durch den Gesetzgeber nicht verändert wurde, erscheint es, auch vor dem Hintergrund der Uneinheitlichkeit der diesbezüglichen Rechtsprechung des Bundesverfassungsgerichtes, vorzugswürdig, im Folgenden auf die weiterhin im Grundgesetz verwendete Terminologie abzustellen und die Bezeichnung Fernmeldegeheimnis zu verwenden.

b) Schutzbereich des Fernmeldegeheimnisses

Das Grundrecht schützt die Vertraulichkeit der Übermittlung von nicht verkörperten Nachrichten an individuelle Empfänger mit Hilfe des Telekommunikationsverkehrs.[65]

Anknüpfungspunkt des Schutzbereiches ist das genutzte Übertragungsmedium,[66] d. h., die Übertragung der Nachrichten mit Mitteln der Telekommunikation. Hierbei ist der Begriff der Telekommunikation sehr weit zu verstehen und insbesondere nicht an einfachgesetzliche technische Definitionen, wie die des § 3 Nr. 59 TKG, gebunden.[67] Maßgeblich ist, dass in Abgrenzung zu den anderen Schutzbereichen des Art. 10 Abs. 1 GG die Über-

---

[61] Vgl. etwa BVerfGE 125, 260, 309 ff.; 141, 220, 316; BVerfG, NJW 2020, 2699, 2704; sowie *Jarass*, GG, Art. 10 Rn. 5; Schmidt-Bleibtreu/Hofmann/Henneke-*Guckelberger*, GG, Art. 10 Rn. 20; Dreier-*Hermes*, GG, Art. 10 Rn. 36.

[62] Vgl. aber den nur wenig vor dem Urteil zur Vorratsdatenspeicherung ergangenen Beschluss zum Schutz von auf Mailservern des Providers gespeicherten E-Mails BVerfGE 124, 43, 54 oder BVerfG, NJW 2016, 3508, 3509, in welchen das BVerfG wiederum auf das Fernmeldegeheimnis abstellt.

[63] Vgl. BT-Drs.: 12/7269 S. 4; Sachs-*Windthorst* Art. 87f Rn. 6 m. w. N.

[64] BVerfG, NJW 2016, 3508, 3509.

[65] BVerfGE 67, 157, 172; 106, 28, 35 f.; 115, 166, 182; 120, 274, 306 f.; 124, 43, 54.

[66] von Mangoldt/Klein/Starck-*Gusy*, GG, Art. 10 Rn. 60.

[67] BVerfGE 124, 43, 55 f.

tragung nicht in verkörperter Form erfolgt.[68] Ist dies der Fall, so kommt es auf die jeweils gewählte Übertragungsart nicht an.[69] Erfasst sind sowohl leitungsgebundene Formen der Übertragung, wie z.B. die Versendung über Kabel, unabhängig von deren stofflicher Beschaffenheit (Kupfer, Glasfaser usw.), wie auch eine Versendung unter Nutzung von Funkwellen. Hierbei kann die jeweilige Kommunikation sowohl analog als auch digital erfolgen.[70] In den Schutzbereich fallen somit die Kommunikation per Telefon, Telefax, Telegramm, Funk sowie insbesondere auch per E-Mail.[71]

Der Schutz des Fernmeldegeheimnisses beschränkt sich nicht auf bestimmte Ausdrucksformen, sodass neben Sprach- und Textnachrichten auch Übertragungen von Bild- und Tondateien oder sonstiger Zeichen und Daten erfasst sind.[72] Selbst eine reine Datenkommunikation zwischen Computern, welche keinerlei für Menschen lesbare Inhalte enthält, ist geschützt.[73] Dies kann allerdings nur gelten, solange zumindest Berührungspunkte zu einer konkreten, zwischenmenschlichen Kommunikation bestehen, z.B. indem diese durch die Daten-Kommunikation ermöglicht oder vorbereitet wird. Anderenfalls fehlt es an einer Individualkommunikation zwischen Grundrechtsträgern, welche Voraussetzung für die Eröffnung des Schutzbereiches ist.[74] Im Zweifel ist allerdings aufgrund der intendierten Weite des Schutzbereiches regelmäßig vom Vorliegen einer geschützten Kommunikation auszugehen. Eine solche ist insbesondere bei der vorbereitenden Übertragung von Daten im Vorfeld der eigentlichen Versendung der E-Mail gegeben.

Hinreichende Berührungspunkte zu einer menschlichen Kommunikation sind regelmäßig auch dann zu bejahen, wenn der Kommunikationsvorgang allein in der Versendung von Daten des Absenders an sich selbst besteht, z.B. wenn Daten von einem E-Mail-Postfach des Absenders zu einem anderen Postfach derselben Person übertragen werden.[75] Es ist zwar zutreffend, dass sich ein solcher Kommunikationsvorgang bereits deutlich vom Aus-

---

68 BVerfGE 120, 274, 307; 124, 43, 54.

69 BVerfGE 106, 28, 36; 115, 166, 182; 120, 274, 307; 124, 43, 54.

70 BVerfGE 120, 274, 307; 124, 43, 54.

71 Dürig/Herzog/Scholz-*Durner*, GG, Art. 10 Rn. 107.

72 BVerfGE 120, 274, 307; 124, 43, 54.

73 Vgl. von Mangoldt/Klein/Starck-*Gusy*, GG, Art. 10 Rn. 60; *Jarass*, GG, Art. 10 Rn. 8.

74 Vgl. etwa *Günther*, NStZ 2005, 485, 491, der vor diesem Hintergrund die Übermittlung von Stand-by-Daten aus dem Schutzbereich des Fernmeldegeheimnisses ausscheidet.

75 Schmidt-Bleibtreu/Hofmann/Henneke-*Guckelberger*, GG, Art. 10 Rn. 27; so auch *Vassilaki*, JR 2000, 446, 447, die auch Kommunikationen zwischen Mensch und Computer erfassen will, da anderenfalls eine Gesetzeslücke entstünde. Kritsch insoweit *Roxin/Schünemann*, § 36 Rn. 5; *Grözinger*, StV 2019, 406, 409.

gangspunkt einer Kommunikation zwischen zwei Personen entfernt hat.[76] Dennoch erfolgt, wie bei jeder anderen Telekommunikation, eine Übermittlung einer Nachricht unter Zuhilfenahme eines Dritten, ohne den diese Kommunikation nicht möglich wäre. Auch in solchen Fällen bestehen die aus dieser Situation folgenden Gefahren für die Vertraulichkeit des Kommunikationsinhaltes, die aufgrund der sich hieraus ergebenden Zugriffsmöglichkeiten der Strafverfolgungsbehörden, einen besonderen verfassungsrechtlichen Schutz erforderlich machen. Zudem dürfte es regelmäßig nicht ohne Eingriff in das Fernmeldegeheimnis möglich sein festzustellen, ob eine Kommunikation zwischen zwei Postfächern derselben Person stattgefunden hat. Ein solcher Eingriff ist in jedem Falle zu vermeiden.[77]

Das Fernmeldegeheimnis schützt primär die durch Fernmeldetechnik übermittelten Inhalte vor einer Kenntnisnahme durch die gemäß Art. 1 Abs. 3 GG grundrechtsgebundene öffentliche Gewalt.[78] Aufgrund des formalen Anknüpfungspunktes des Schutzbereiches an die Übertragungsform kommt es hierbei nicht auf den konkreten Inhalt der versendeten Nachricht an.[79] Diese muss weder einen politischen oder gar einen den Kernbereich der privaten Lebensgestaltung betreffenden Inhalt haben. Jede private oder geschäftliche Nachricht fällt damit grundsätzlich in den Schutzbereich des Fernmeldegeheimnisses.[80] Dies gilt auch für völlig belanglose Informationen. Selbst die Verbreitung strafbarer Inhalte sowie die Nutzung der geschützten Kommunikationsformen zur Begehung oder Vorbereitung von Straftaten sind grundsätzlich durch das Fernmeldegeheimnis geschützt.[81] Allerdings liegen in solchen Fällen im Rahmen der verfassungsrechtlichen Interessenabwägung die Schwellen für die Zulässigkeit eines Eingriffes regelmäßig niedriger.

Der Schutz des Fernmeldegeheimnisses erfasst darüber hinaus nicht nur die mit Mitteln der Telekommunikation versendeten Inhalte der Nachrichten, sondern erstreckt sich auch auf die Vertraulichkeit der Umstände einer solchen Kommunikation. Hierunter versteht das Bundesverfassungsgericht „*ob, wann und wie oft zwischen welchen Personen oder Telekommunikationseinrichtungen Telekommunikationsverkehr stattgefunden hat oder versucht worden ist*".[82]

---

76 Vgl. *Roxin/Schünemann*, § 36 Rn. 5, die unter Rückgriff auf die lateinischen Ursprünge des Kommunikationsbegriffes auf den mangelnden Informationsaustausch bzw. die fehlende gemeinschaftliche Interaktion mit anderen Personen verweisen.

77 Dürig/Herzog/Scholz-*Durner*, GG, Art. 10 Rn. 123; von Mangoldt/Klein/Starck-*Gusy*, GG, Art. 10 Rn. 64.

78 BVerfGE 100, 313, 358; 106, 28, 37; 125, 260, 309.

79 BVerfGE 67, 157, 172.

80 BVerfGE 67, 157, 172; 100, 313, 358; 124, 43, 54.

81 *Meininghaus*, S. 64 m. w. N.

82 So BVerfGE 120, 274, 307; 125, 260, 309; vgl. auch BVerfGE 67, 157, 172; 100, 313, 358; 115, 166, 183; 120, 274, 307; 124, 43, 54.

Demzufolge fallen alle Umstände, die Ort, Zeit, Dauer, Häufigkeit sowie die Art und Weise der Kommunikation mittels Telekommunikation betreffen, nebst den Informationen über die Beteiligten, in den Schutzbereich.[83] Besondere Bedeutung gewinnen diese Verkehrsdaten[84] im Rahmen der Überwachung von Telekommunikationsdaten.

Wer Betreiber der zur Übermittlung der Informationen genutzten Anlagen ist, ist im Rahmen des Fernmeldegeheimnisses, im Gegensatz zum früheren Verständnis im Rahmen des Postgeheimnisses,[85] ohne Bedeutung. Dies folgt ebenfalls aus der formalen Anknüpfung an das Übertragungsmedium. Daher sind auch Nachrichten geschützt, die über private, nicht öffentlich zugängliche Netze übertragen werden, wie z. B. interne Netzwerke von Unternehmen oder private Netzwerke im häuslichen Bereich.[86] So sind z. B. auch Chatmitteilungen im Rahmen einer LAN-Party vom Schutzbereich des Fernmeldegeheimnisses erfasst.

Das Fernmeldegeheimnis schützt weiter nur die nichtöffentliche Individualkommunikation.[87] Erfasst sind somit nur solche Formen der elektronischen Kommunikation, welche bestimmungsgemäß an konkrete individualisierte Empfänger oder einen abgrenzbaren Kreis individualisierter Empfänger gerichtet sind.[88] Nicht erfasst sind dagegen Formen der Nachrichtenübermittlung, welche an die Allgemeinheit gerichtet sind, unabhängig davon, ob die jeweilige Kommunikation mittels geschützter Kommunikationswege (Leitungen, Funkwellen usw.) abgewickelt wird. Somit erstreckt sich der Schutz nicht auf Rundfunk- und Fernsehsendungen sowie frei zugängliche Inhalte auf Internetseiten.[89]

---

[83] Vgl. z. B. Dürig/Herzog/Scholz-*Durner*, GG, Art. 10 Rn. 112; Isensee/Kirchhof-*Horn*, § 149 Rn. 101.

[84] Vgl. zu den Begrifflichkeiten S. 59 ff.

[85] Vgl. dazu S. 99 ff.

[86] *Meininghaus*, S. 64; *Jarass*, GG, Art. 10 Rn. 7; von Mangoldt/Klein/Starck-*Gusy*, GG, Art. 10 Rn. 61.

[87] BVerfGE 67, 157, 172; 106, 28, 35 f.; 120, 274, 307; 124, 43, 54; 125, 260, 309.

[88] von Mangoldt/Klein/Starck-*Gusy*, GG, Art. 10 Rn. 62; *Jarass*, GG, Art. 10 Rn. 6; Dürig/Herzog/Scholz-*Durner*, GG, Art. 10 Rn. 70 und 118; *Meininghaus*, S. 64 jeweils m. w. N.

[89] *Jarass*, GG, Art. 10 Rn. 6. Für eine Erfassung von Fällen der Internetrecherche, d. h. des bloßen Surfens im Internet zur Informationsbeschaffung, dagegen BVerfG, NJW 2016, 3508, 3510; mit krit. Anmerkung *Eidam*, NJW 2016, 3511 f. sowie Schmidt-Bleibtreu/Hofmann/Henneke-*Guckelberger*, GG, Art. 10 Rn. 22. Es fehlt in solchen Fällen jedoch an einer geschützten Individualkommunikation, da der Nutzer regelmäßig lediglich öffentlich verfügbare, an die Allgemeinheit gerichtete Informationen zur Kenntnis nimmt. Vgl. *Eidam*, NJW 2016, 3511, 3512; *Hiéramente*, StraFo 2013, 96, 98 f.

Die Abgrenzung zwischen Individualkommunikation und öffentlicher Kommunikation ist aufgrund der fortschreitenden technischen Entwicklung deutlich schwieriger geworden als in der Vergangenheit.[90] Anders als bisher reicht es nicht mehr aus, auf ein bestimmtes Übermittlungsmedium abzustellen, da über die Kabel und Funknetze sowohl Individual- als auch Massenkommunikation abgewickelt werden können.[91] Insbesondere die durch das Internet in den letzten Jahren ermöglichten, neuartigen Formen der Kommunikation werfen eine Reihe von Abgrenzungsfragen auf, welche hier nicht umfassend erörtert werden können.[92]

In Rechtsprechung und Literatur haben sich insoweit Abgrenzungskriterien herausgebildet, welche in den meisten Fällen eine Entscheidung über die Einbeziehung in den Schutzbereich ermöglichen. Vom Fernmeldegeheimnis des Art. 10 Abs. 1 GG erfasst sind danach, neben den traditionellen Formen der Kommunikation, alle Inhalte, zu deren Kenntnisnahme Dritte, welche nicht an der Kommunikation beteiligt sind, technische Hindernisse, insbesondere Zugangssicherungen überwinden müssen.[93] Eine besondere Effektivität dieser Sicherungen ist hierfür nicht erforderlich.[94] Nicht dem Schutzbereich des Fernmeldegeheimnisses sind dagegen solche Kommunikationen zuzuordnen, welche den Grundrechtsverpflichteten ohne die Überwindung von Zugangsschranken unter den gleichen Voraussetzungen wie jedem anderen Dritten zugänglich sind.[95] Lässt sich anhand dieser Kriterien keine Abgrenzung vornehmen, ohne in die mögliche Vertraulichkeit der übermittelten Inhalte einzugreifen, so ist im Zweifel von einer geschützten Individualkommunikation auszugehen. Ein Eingriff in den Schutzbereich, lediglich um zu ermitteln, ob dessen Voraussetzungen gegeben sind, ist in jedem Falle zu vermeiden.[96]

---

90 Vgl. Dürig/Herzog/Scholz-*Durner*, GG, Art. 10 Rn. 120; von Mangoldt/Klein/Starck-*Gusy*, GG, Art. 10 Rn. 63.

91 Dreier-*Hermes*, GG, Art. 10 Rn. 39.

92 Zu den im Rahmen der E-Mail-Kommunikation insoweit auftretenden Fragen sogleich auf S. 90 ff.

93 BVerfGE 120, 274, 341; Dürig/Herzog/Scholz-*Durner*, GG, Art. 10 Rn. 122; von Mangoldt/Klein/Starck-*Gusy*, GG, Art. 10 Rn. 63.

94 So auch *Meininghaus*, S. 66; a.A. wohl Sachs-*Pagenkopf*, GG, Art. 10 Rn. 14b.

95 BVerfGE 120, 274, 341; von Mangoldt/Klein/Starck-*Gusy*, GG, Art. 10 Rn. 63.

96 Dürig/Herzog/Scholz-*Durner*, GG, Art. 10 Rn. 123; von Mangoldt/Klein/Starck-*Gusy*, GG, Art. 10 Rn. 64.

c) Zeitliche Reichweite des Schutzes des Fernmeldegeheimnisses bei der E-Mail-Kommunikation in den Phasen 1 und 3

Dreh- und Angelpunkt der wesentlichen Streitigkeiten zur Reichweite des Schutzes des Fernmeldegeheimnisses im Rahmen der E-Mail-Kommunikation ist die Frage der zeitlichen Dauer des durch das Fernmeldegeheimnis gewährleisteten Schutzes.

Im Grundsatz gilt diesbezüglich nichts anderes, als für die anderen Grundrechte des Art. 10 Abs. 1 GG. Der Schutz erstreckt sich auf den gesamten Kommunikationsvorgang von der Versendung bis zum Eingang beim Empfänger. Alle Zugriffe grundrechtsverpflichteter öffentlicher Behörden auf Inhalte oder Umstände einer Kommunikation, welche während dieses Zeitraums erfolgen, sind somit am jeweiligen Grundrecht des Art. 10 Abs. 1 GG zu messen.[97] Darüber hinaus erstreckt sich der Schutz auch auf zeitlich nachfolgende Erhebungen in Bezug auf diesen Zeitraum, etwa indem Daten in Bezug auf frühere Kommunikationen beim jeweiligen Kommunikationsdienstleister angefordert werden.[98]

Inhalte und Daten, die im Vorfeld der Kommunikation oder im Anschluss an diese erhoben werden oder sich auf solche Zeiträume beziehen, unterfallen dagegen nicht dem Schutz des Art. 10 Abs. 1 GG. Dies folgt aus dem gemeinsamen Schutzzweck der drei Grundrechte, dem Schutz der kommunikativen Privatheit auf Distanz. Derartige Informationen sind allerdings regelmäßig von anderen Schutzgewährleistungen des Grundgesetzes erfasst,[99] insbesondere dem allgemeinen Persönlichkeitsrecht in seinen Ausprägungen als Recht auf informationelle Selbstbestimmung und als Recht auf Gewährleistung der Vertraulichkeit und Integrität informationstechnischer Systeme nach Art. 2 Abs. 1 i.V.m. 1 Abs. 1 GG.

Zusammenfassend lässt sich somit festhalten, dass sich der Schutz des Fernmeldegeheimnisses auf das, aber auch nur auf das, erstreckt, was Welp treffend als „*Beförderungsphase*“ bezeichnet.[100] Solange der jeweilige Kommunikationsvorgang andauert, die Nachricht sich also auf ihrem Weg vom Absender zum Empfänger befindet, ist das Fernmeldegeheimnis einschlägig.[101]

---

97 Dürig/Herzog/Scholz-*Durner*, GG, Art. 10 Rn. 124.

98 BVerfGE 107, 299 (Leitsatz 2).

99 von Mangoldt/Klein/Starck-*Gusy*, GG, Art. 10 Rn. 44.

100 *Welp*, Überwachung, S. 46.

101 Vgl. etwa BVerfGE 115, 166, 184; 120, 274, 340; 124, 43, 54; Dreier-*Hermes*, GG, Art. 10 Rn. 38; von Mangoldt/Klein/Starck-*Gusy*, GG, Art. 10 Rn. 44; Dürig/Herzog/Scholz-*Durner*, GG, Art. 10 Rn. 124; *Bär*, TK-Überwachung, § 100a Rn. 28;

Die soeben dargestellten Grundsätze gelten auch für die Kommunikation mittels E-Mail. Der Schutz erstreckt sich demzufolge auch hier auf die Dauer des Kommunikationsvorganges. Wie lange dieser allerdings andauert, ist heftig umstritten. Die Streitigkeiten zur Frage zeitlichen Umfanges des durch das Fernmeldegeheimnis gewährleisteten Schutzes der E-Mail-Kommunikation betreffen allerdings, mit Ausnahme der oben geschilderten Frage der Erstreckung des Schutzbereiches auf E-Mail-Entwürfe im Vorfeld der Übertragung,[102] das Ende eines solchen Kommunikationsvorganges. Dieses wird, wenn überhaupt, je nach vertretener Ansicht, allenfalls in den Phasen 2 und bzw. oder 4 angenommen. Aus diesem Grunde wird die Frage des zeitlichen Endes des Schutzbereiches erst in diesem Zusammenhang konkreter erörtert.[103]

Die Einordnung der E-Mail-Kommunikation in den Schutzbereich des Fernmeldegeheimnisses während der beiden dynamischen Phasen der Kommunikation, in welchen sich die E-Mail durch das Internet vom Absender zur Mailbox des Empfängers und von dieser auf den Rechner des Empfängers bewegt, ist dagegen unstrittig.[104] In diesen Phasen befindet sich die Nachricht auf ihrem Weg zwischen den Kommunikationsteilnehmern und ist gerade noch nicht beim Empfänger angekommen. Eingriffe in diesen Phasen sind demzufolge immer als Eingriffe in die durch Art. 10 Abs. 1 GG geschützte Kommunikation zu bewerten.[105]

Dass Zugriffe auf die Inhalte von E-Mails während dieser Phasen technisch kaum oder zumindest nur sehr schwierig möglich sind, da der Weg der Nachricht durch das Internet während dieser Übertragungen nur schwer vorhersehbar ist,[106] ist für diesen Schutz unerheblich. Dies dürfte allerdings ein Grund für die Tatsache sein, dass sich die wesentlichen Streitigkeiten auf die Phasen konzentrieren, in welchen ein Zugriff unter deutlich erleichterten Bedingungen erfolgen kann.

Für die Übertragung von E-Mails lässt sich somit zusammenfassend festhalten, dass die E-Mail während ihrer Übertragung mitsamt ihren Anhängen

Welp, NStZ 1994, 294, 295; *Brodowski*, JR 2009, 402, 405; *Geis/Geis*, MMR 2006, X; *Gaede*, StV 2009, 96, 97.

[102] Vgl. insoweit die Ausführungen auf S. 68 ff.

[103] Vgl. insoweit die Ausführungen auf S. 108 ff.

[104] Vgl. etwa BVerfGE 120, 274, 307 f.; 124, 43, 54; *Meininghaus*, S. 75; *Gaede*, StV 2009, 96, 97; *Bär*, Handbuch zur EDV-Beweissicherung, Rn. 10; *Gercke*, StV 2009, 624; *Klein*, NJW 2009, 2996; *Liebig*, S. 87.

[105] Zum aus technischer Sicht zutreffenden Einwand von *Meininghaus*, S. 62, dass auch während dieser Phasen mehrere kurzzeitige Zwischenspeicherungen stattfinden, welche manchen schon zur Annahme einer Unterbrechung bzw. eines Endes des Kommunikationsvorganges ausreichend erscheinen müssten, vgl. S. 127 f.

[106] Vgl. *Störing*, S. 178.

in den Phasen 1 und 3 unabhängig vom gewählten Übertragungsmedium (Kabel, Funk, Satellit) und dem genutzten Anbieter dem Schutzbereich des Fernmeldegeheimnisses unterfällt.

4. Sonderprobleme des verfassungsrechtlichen Schutzes der E-Mail-Kommunikation durch das Fernmeldegeheimnis

Gegen eine Einordnung in den Schutzbereich des Fernmeldegeheimnisses spricht des Weiteren nicht, dass sich im Rahmen der Kommunikation per E-Mail einige Sonderprobleme ergeben, welche im Folgenden erörtert werden sollen. Diese Fragestellungen betreffen nicht ausschließlich die Phasen 1 und 3, sondern haben darüber hinaus auch für die übrigen Phasen maßgebliche Bedeutung.

a) Mangelnde Schutzfähigkeit aufgrund technischer Anfälligkeit?

Vereinzelt wird in der Literatur die Zuordnung der E-Mail-Kommunikation zum Schutzbereich des Fernmeldegeheimnisses mit der Begründung angezweifelt, dass sich E-Mails technisch leicht abfangen lassen und es daher an einem „*verbergenden Übertragungsweg*" fehle.[107] Schutzgeeignet und -fähig seien nur solche Übertragungsformen, welche im Verborgenen stattfinden, da nur etwas „Geheimes" oder „Verborgenes" geschützt werden könne. Aus dem Schutzzweck der Sicherung der Vertraulichkeit folge, dass all jene Kommunikationen nicht schutzfähig sein können, die „*von vornherein in technisch objektiver Hinsicht gar nicht oder nur unvollkommen vertraulich*"[108] seien.[109] Formen der Nachrichtenübermittlung, welche in technischer Hinsicht so anfällig seien, dass sie einer öffentlichen Kommunikation gleichzusetzen sind, scheiden nach dieser Ansicht aus dem Schutzbereich aus.

Dies gilt nach der Ansicht von Pagenkopf insbesondere für die E-Mail-Kommunikation, welche während der Übermittlung über verschiedene Server an jeder der Zwischenstationen einsehbar und manipulierbar und daher außerordentlich unsicher sei. Die E-Mail sei insoweit mit einer „*lesbaren Postkarte*" zu vergleichen. Ein solcher Mangel an Schutzfähigkeit sei nicht durch die Rechtsordnung ausgleichbar. Mit dieser Argumentation schließt Pagen-

---

107 Sachs-*Pagenkopf*, GG, Art. 10 Rn. 14b.

108 Sachs-*Pagenkopf*, a. a. O.

109 Ähnlich wohl auch von Mangoldt/Klein/Starck-*Gusy*, GG, Art. 10 Rn. 62 und 64a, welcher Kommunikationen, welche „ohnehin öffentlich" erfolgen, aus dem Schutzbereich ausschießen will, ohne hierfür Beispiele zu nennen. Wer vertrauliche Kommunikation wolle, soll seiner Ansicht nach generell auf die Nutzung des Internets verzichten.

kopf nicht nur die E-Mail-Übertragung aus dem Schutzbereich des Fernmeldegeheimnisses aus, sondern auch jegliche andere Kommunikation unter Nutzung des Internets.[110]

Diese Ausführungen sind aus technischer Sicht durchaus richtig.[111] Zutreffend ist daneben, wie oben ausgeführt auch, dass Art. 10 Abs. 1 GG nur den Schutz der Vertraulichkeit der nichtöffentlichen Kommunikation bezweckt. In die Vertraulichkeit einer öffentlichen Kommunikation kann schon deshalb nicht eingegriffen werden, weil es dieser gerade an einer schützenswerten Vertraulichkeit mangelt. Zuzustimmen ist Pagenkopf auch insoweit, dass es Fälle geben mag, in welchen eine Kommunikation so unsicher ist, dass deren Vertraulichkeit allenfalls in der Vorstellung der Teilnehmer gegeben ist und sie daher letztlich einer Öffentlichen gleichzusetzen ist. Derartige Sachverhalte dürften jedoch die absolute Ausnahme darstellen. Solange ein Nachrichtenaustausch jedoch so ausgestaltet ist, dass niemand, der nicht in irgendeiner Weise mit dessen Abwicklung betraut oder dessen Teilnehmer ist, von den übertragenen Inhalten während der Kommunikation ohne den geringsten Einsatz technischer Mittel Kenntnis nehmen kann, ist von einer geschützten, vertraulichen Kommunikation auszugehen.[112]

Diese Voraussetzungen werden durch die E-Mail-Kommunikation erfüllt. Sie ist bereits nach den oben angeführten Abgrenzungskriterien eindeutig als eine Form der Individualkommunikation einzuordnen. Dies folgt aus der Tatsache, dass es für einen Zugriff Dritter auf die Inhalte einer E-Mail während ihrer Übermittlung zumindest eines gewissen technischen Aufwandes bedarf. Ein sinnvoller Zugriff ist nur an den Servern möglich, über die die Nachricht versendet wird. Dabei dürfte der Zugriff am jeweiligen Mailserver von Sender und Empfänger am erfolgversprechendsten sein, da die E-Mail regelmäßig nur dort unsegmentiert vorliegt und der konkrete Übertragungsweg im Internet meist nicht vorhersehbar ist. Um einen Zugriff an diesen Knotenpunkten zu erlangen, bedarf es regelmäßig der Zusammenarbeit mit dem jeweiligen Provider sowie der Bereitstellung und Nutzung bestimmter technischer Überwachungseinrichtungen i. S. v. § 2 Nr. 13 TKÜV. Diese stehen der Allgemeinheit nicht zur Verfügung, so dass bereits aus diesen Gründen eine schützenswerte Individualkommunikation vorliegt.

Die Wahl einer Kommunikationsform, welche einen Eingriff durch Dritte nicht gänzlich auszuschließen vermag, kann nicht zu einem Ausschluss des grundrechtlichen Schutzes führen. Würde man einen vollständigen Aus-

---

[110] Sachs-*Pagenkopf*, a. a. O.

[111] Vgl. insoweit die Ausführungen auf S. 54; sowie auch von Mangoldt/Klein/Starck-*Gusy*, GG, Art. 10 Rn. 64a.

[112] So im Ergebnis auch *Hsieh*, S. 89.

schluss der Eingriffsmöglichkeit durch Dritte verlangen, so würde letztlich kaum eine schützenswerte Form der Nachrichtenübermittlung verbleiben, da ein solcher Ausschluss praktisch kaum möglich ist.

Stellt man allein darauf ab, wie leicht gegebenenfalls auf Inhalte zugegriffen werden kann, verkehrt man den Schutzzweck des Art. 10 Abs. 1 GG in sein Gegenteil. Die vereinfachte technische Möglichkeit des Zugriffs begründet vielmehr ein besonderes Schutzbedürfnis. Gerade weil in die Vertraulichkeit der Kommunikation besonders einfach eingegriffen werden kann, bedarf es besonderer Sorgfalt bei der Prüfung der Zulässigkeit eines Eingriffes im Einzelfall. Anderenfalls bestünde die Gefahr, dass auf Inhalte, welche mittels solcher Formen der Kommunikation übermittelt werden, gerade aufgrund der technisch bedingten Unkompliziertheit des Eingriffes besonders häufig zugegriffen wird. Unter Berufung auf eine vereinfachte Zugriffsmöglichkeit ließen sich dann z.B. auch wesentliche Teile der Funkkommunikation[113] sowie der weit überwiegend[114] dem Schutzbereich des Art. 10 Abs. 1 GG zugeordnete Nachrichtenaustausch mittels Postkarten aus dem Kreis der geschützten Kommunikationsformen ausklammern.

Ebenso ist es verfassungsrechtlich nicht zulässig, von den Nutzern einer unsicheren Kommunikationsform zu verlangen, dass diese besondere Schutzmaßnahmen ergreifen, etwa indem sie ihre Nachrichten verschlüsseln. Zwar ließe sich bei der E-Mail-Kommunikation mit Mitteln der Kryptographie durchaus eine Verbesserung im Hinblick auf die Vertraulichkeit der übermittelten Inhalte erreichen, allerdings würde eine Verpflichtung zum Ergreifen solcher Maßnahmen eine Vielzahl von technisch nicht versierten Nutzern vom Schutz des Fernmeldegeheimnisses ausschließen. Dies ist mit dem Charakter des Fernmeldegeheimnisses als jedermann schützendem Grundrecht unvereinbar.[115]

Auch das Bundesverfassungsgericht hat in seiner Entscheidung zur Vorratsdatenspeicherung einem Ausschluss von E-Mails aus dem Schutzbereich des Fernmeldegeheimnisses, aufgrund der technisch bedingten Unkompliziertheit eines Eingriffs in die Vertraulichkeit der Kommunikation, eine Absage erteilt. Es stellt insoweit zutreffend fest, dass es auch bei der E-Mail-Kommunikation allein auf den vertraulichen Charakter der Kommunikation ankommt. Daher ist es für die Schutzwürdigkeit ohne Belang, dass

---

[113] Für eine Einbeziehung jeglichen individuellen Funkverkehres ausdrücklich z.B. Dürig/Herzog/Scholz-*Durner*, GG, Art. 10 Rn. 122.

[114] Vgl. Dürig/Herzog/Scholz-*Durner*, GG, Art. 10 Rn. 93; von Mangoldt/Klein/Starck-*Gusy*, GG, Art. 10 Rn. 47; von Münch/Kunig-*M. Martini*, GG, Art. 10, Rn. 50; a.A. aber konsequenterweise z.B. Sachs-*Pagenkopf*, GG, Art. 10 Rn. 12; sowie Berliner Kommentar-*Groß*, GG, Art. 10 Rn. 23.

[115] So auch *Meininghaus*, S. 66.

ein Eingriff in die Vertraulichkeit der Nachrichtenübermittlung bei E-Mails leichter als bei anderen Kommunikationsformen erfolgen kann.[116]

Die Schwäche der E-Mail-Kommunikation im Hinblick auf den Schutz der übermittelten Inhalte während der Übertragung hat somit keine Auswirkungen auf die Eröffnung des Schutzbereiches des Fernmeldegeheimnisses.

b) Versendung an eine Vielzahl von Empfängern

Ein weiteres Abgrenzungsproblem in Hinblick auf die E-Mail-Kommunikation folgt aus der Möglichkeit, einer nahezu unbegrenzten Anzahl von Empfängern gleichzeitig dieselbe Nachricht zu übermitteln.

Diese Funktionalität wird zum einen genutzt, um sogenannte Spam-Nachrichten zu versenden. Hierbei handelt es sich um in der Regel unerwünschte E-Mails, welche an eine Vielzahl von Empfängern versandt werden und Werbebotschaften sowie andere Angebote oft zweifelhafter Legalität enthalten. Zum anderen ist diese Möglichkeit des E-Mail-Versands aber auch unabdingbar für die Übermittlung anderer, regelmäßig erwünschter Nachrichten an eine große Gruppe von Personen, wie z. B. Rundbriefe von Vereinen und anderen Organisationen. Zwar erhält in diesen Fällen aus technischer Sicht jeder der Empfänger eine individuelle Nachricht, dennoch könnte aufgrund der Übermittlung gleichartiger Nachrichten an eine unbegrenzte Zahl von Empfängern das Vorliegen einer geschützten Individualkommunikation, zumindest für solche Massenmails, durchaus in Zweifel gezogen werden.[117] Dementsprechend gibt es einige Stimmen in der Literatur, welche zumindest massenhaft versendete Werbesendungen aus dem Schutzbereich des Art. 10 Abs. 1 GG ausschließen wollen.[118] Hierbei wird zum Teil danach unterschieden, ob die Nachricht an individuelle Empfänger verschickt wird oder ob es sich eine Sendung handelt, die ähnlich einer Postwurfsendung an beliebige Empfänger verteilt wird.[119]

Zwar mag ein Ausschluss insbesondere von Spam-Nachrichten aus dem Schutzbereich des Fernmeldegeheimnisses durchaus erstrebenswert erscheinen, dennoch ist ein solcher in mehrfacher Hinsicht verfassungsrechtlich bedenklich. Es ist zuzugestehen, dass diese Form der Kommunikation wohl

---

[116] BVerfGE 125, 260, 311; BGH, NStZ 2009, 397, 398.

[117] Vgl. hierzu auch *Meininghaus*, S. 65.

[118] So z. B. Dürig/Herzog/Scholz-*Durner*, GG, Art. 10 Rn. 70 sowie Dreier-*Hermes*, GG, Art. 10 Rn. 32, welcher seine entsprechenden Ausführungen allerdings auf den Schutzbereich des Briefgeheimnisses beschränkt und seinen Ausführungen zum Fernmeldegeheimnis ein eher weites Verständnis zugrunde legt (vgl. Dreier-*Hermes*, a. a. O. Rn. 40).

[119] So Dürig/Herzog/Scholz-*Durner*, a. a. O.

kaum dem Leitbild der Individualkommunikation entspricht, wie es beispielsweise einem Telefonat zwischen gegebenenfalls auch mehr als zwei Personen zugrunde liegt. Dennoch handelt es sich nach den oben dargestellten Kriterien um eine Form der geschützten Individualkommunikation. Die Nachrichten sind, auch wenn eine Vielzahl von Personen gleichartige E-Mails erhält, nur den jeweiligen, individuellen Empfängern zugänglich. Dritte, welche nicht an der Kommunikation beteiligt sind, müssten erhebliche technische Hindernisse überwinden, um vom Inhalt der Sendung Kenntnis zu nehmen.

Keinesfalls kann zudem lediglich aus der Einordnung einer E-Mail in den Spam-Ordner eines E-Mail-Postfaches geschlossen werden, dass eine solche Nachricht nicht mehr dem Schutz des Fernmeldegeheimnisses unterfällt. Eine solche Zuordnung erfolgt anhand vom Provider oder einem Virenschutzprogramm voreingestellter technischer Kriterien, welche auch vom Nutzer selbst bearbeitet werden können. Allerdings zeigen die nicht wenigen Fehlzuordnungen durch Spam-Filter in der Praxis, dass eine solche Zuordnung nicht immer zuverlässig ist. Zumindest teilweise werden auch gewünschte E-Mails herausgefiltert und im Spam-Ordner abgelegt. Insoweit ist ein solches Verfahren schon auf technischer Ebene zweifelhaft und kann daher keine Grundlage für eine verfassungsrechtliche Bewertung darstellen[120]. Zudem ändert die Einordung einer Nachricht in einen Unterordner eines E-Mail-Postfachs nichts an deren Bewertung nach den o.g. Kriterien. Maßgeblich ist allein, dass es sich auch in solchen Fällen um eine verfassungsrechtlich geschützte Individualkommunikation unter Abwesenden handelt.[121] Dass die Empfänger der Nachrichten auf deren Zugang regelmäßig keinen Wert legen, ist nicht auf der Ebene der Eröffnung des Schutzbereiches, sondern allenfalls bei der Frage der Rechtfertigung eines Eingriffes zu erörtern.

Selbst wenn man eine Ausgrenzung von bestimmten Formen massenhaft versandter E-Mails aus dem Schutzbereich des Fernmeldegeheimnisses zustimmen würde, wäre die Bestimmung objektiver Kriterien, anhand derer eine Abgrenzung zur geschützten Individualkommunikation möglich wäre, problematisch. Eine Bestimmung über die Anzahl der Empfänger wäre ebenso wenig zielführend, wie ein Abstellen auf bestehende individuelle Kontakte im Vorfeld der E-Mail-Kommunikation. Viele Vereine oder andere Organisationen haben eine Vielzahl von Mitgliedern, die sich regelmäßig untereinander nicht kennen. Daneben ließen sich solche Beziehungen nicht ohne Eingriffe in die Persönlichkeitsrechte der Betroffenen ermitteln. Weiter ist zu beachten, dass eine Unterscheidung, ob es sich bei der jeweiligen E-Mail um eine unerwünschte Werbemail oder vielleicht doch um eine an

---

120 *Neuhöfer*, S. 67.

121 So auch *Neuhöfer*, S. 67 f.

den jeweiligen Empfänger gerichtete, erwünschte Mitteilung handelt, regelmäßig nicht ohne eine Kenntnisnahme des Inhaltes erfolgen kann, da rein technische Wege nicht immer zum gewünschten Ergebnis führen. Ein solcher Eingriff in die geschützte Kommunikation, um deren Vorliegen zu ermitteln, würde letztlich dem von Fernmeldegeheimnis erstrebten effektiven Schutz der individuellen Kommunikation widersprechen.[122]

c) Entwicklungsoffenes Auffanggrundrecht

Unerheblich für den durch Art. 10 Abs. 1 GG gewährleisteten Schutz der Telekommunikation ist auch, dass die Väter und Mütter des Grundgesetzes bei Schaffung des Grundrechtekatalogs paketvermittelte Formen der Kommunikation, wie die per E-Mail, mit Sicherheit nicht in ihre Überlegungen zum Schutzbereich des Art. 10 Abs. 1 GG einbezogen hatten. Derartige Möglichkeiten der Nachrichtenübermittlung waren zum damaligen Zeitpunkt schlicht nicht vorstellbar.

Dennoch sind auch derartige Kommunikationsformen ebenfalls vom Fernmeldegeheimnis erfasst. Der Schutzbereich des Grundrechtes beschränkt sich nicht auf die zum damaligen Zeitpunkt bekannten Arten der Kommunikation, vielmehr ist Art. 10 Abs. 1 GG als ein „*entwicklungsoffenes Auffanggrundrecht*“[123] zu verstehen.[124] Es erfasst damit neben den traditionellen Übermittlungstechniken auch alle später entstandenen und zukünftig noch entstehenden Formen der vertraulichen Übermittlung individueller Nachrichten über größere Distanzen, unabhängig von der jeweiligen technischen Ausgestaltung.[125]

5. Grundrechtträger und -adressaten

Träger des Fernmeldegeheimnisses, wie auch der beiden anderen Grundrechte des Art. 10 Abs. 1 GG, sind zunächst alle natürlichen Personen unabhängig von deren Staatsangehörigkeit oder Grundrechtsmündigkeit. Auch ein Sonderstatusverhältnis kann allenfalls Einschränkungen des gewährleisteten Schutzes bewirken, nicht aber den Verlust der Eigenschaft als Grundrechtsträger. Neben den natürlichen Personen sind gemäß Art. 19 Abs. 3 GG auch inländische juristische Personen des Privatrechtes geschützt. Ausländische

[122] So auch *Meininghaus*, S. 65.

[123] So Dürig/Herzog/Scholz-*Durner*, GG, Art. 10 Rn. 108.

[124] BVerfGE 115, 166, 182; von Mangoldt/Klein/Starck-*Gusy*, GG, Art. 10 Rn. 23; *Meininghaus*, S. 63; Dürig/Herzog/Scholz-*Durner*, GG, Art. 10 Rn. 64; jeweils m. w. N.

[125] BVerfGE 106, 28, 36; 115, 166, 182 f.

juristische Personen genießen den Schutz des Grundrechtes dagegen nicht.[126] Eine Grundrechtsträgerschaft von juristischen Personen des öffentlichen Rechtes kommt dagegen nur in Ausnahmefällen in Betracht.[127]

Grundrechtsadressaten sind allein die gemäß Art. 1 Abs. 3 GG grundrechtsgebundenen öffentlichen Institutionen.[128] Art. 10 Abs. 1 stellt insoweit ein klassisches Abwehrrecht gegenüber Eingriffen der öffentlichen Gewalt in die Vertraulichkeit der geschützten Kommunikation dar.[129] Private Institutionen sind dagegen, auch wenn sie Telekommunikationsdienste erbringen, nicht direkt an das Fernmeldegeheimnis des Grundgesetzes gebunden. Allerdings folgt aus dem Fernmeldegeheimnis nach zutreffender h. M. auch eine Schutzpflicht des Staates gegenüber den Nutzern geschützter Kommunikationseinrichtungen gegen Eingriffe Dritter, insbesondere durch deren Betreiber selbst.[130] Insoweit besteht ein Auftrag an den Gesetzgeber, Regelungen gegen den Zugriff der Betreiber solcher Anlagen auf die Kommunikationsinhalte und -umstände zu treffen, welche ein vergleichbares Schutzniveau auf einfachgesetzlicher Ebene gewährleisten.[131] Diesem Auftrag ist er u. a. durch Schaffung des § 3 TTDSG (früherer § 88 TKG) nachgekommen. Eine über eine solche Schutzregelung hinausgehende Bindung Privater besteht dagegen nicht. Allerdings kann je nach Ausgestaltung des Einzelfalls eine mittelbare Drittwirkung des Fernmeldegeheimnisses in Betracht kommen.

Keinen Schutz gewährleistet das Grundrecht dagegen gegenüber Eingriffen, die durch andere Teilnehmer der jeweiligen Kommunikation erfolgen. Art. 10 Abs. 1 GG schützt nur die Vertraulichkeit gegenüber den staatlichen Institutionen, nicht aber das Vertrauen in den jeweiligen Kommunikationspartner.[132] Wird dieses Vertrauen enttäuscht, etwa indem der Empfänger einer E-Mail von einem bestimmten Versender kommende Nachrichten freiwillig automatisch an die Strafverfolgungsorgane weiterleitet, so wäre dies nicht als Eingriff in den Schutzbereich des Fernmeldegeheimnisses zu bewerten.[133]

---

[126] Statt vieler von Mangoldt/Klein/Starck-*Gusy*, GG, Art. 10 Rn. 24; *Jarass*, GG, Art. 10 Rn. 10.

[127] Vgl. insoweit die Ausführungen von Dürig/Herzog/Scholz-*Durner*, GG, Art. 10 Rn. 133 m. w. N.

[128] BVerfGE 67, 157, 171 f.

[129] Dürig/Herzog/Scholz-*Durner*, GG, Art. 10 Rn. 137; *Jarass*, GG, Art. 10 Rn. 1.

[130] BVerfGE 106, 28, 37; Dürig/Herzog/Scholz-*Durner*, GG, Art. 10 Rn. 143; von Münch/Kunig-*M. Martini*, GG, Art. 10 Rn. 88; a. A. Sachs-*Pagenkopf*, GG, Art. 10 Rn. 21 f.

[131] von Münch/Kunig-*M. Martini*, a. a. O.

[132] BVerfGE 120, 274, 341; vgl. auch BVerfGE 106, 28, 38; kritisch Dürig/Herzog/Scholz-*Durner*, GG, Art. 10 Rn. 166.

[133] Dazu sogleich.

6. Eingriffe in den Schutzbereich

Ein Eingriff in das Fernmeldegeheimnis ist in Bezug auf die Inhalte der E-Mail-Kommunikation insbesondere dann gegeben, wenn die grundrechtsverpflichteten Behörden von diesen Kenntnis erlangen, diese aufzeichnen, auswerten oder verwerten, ohne dass insoweit eine Einwilligung der jeweils betroffenen Kommunikationsteilnehmer besteht.[134] Aber auch jede sonstige Verwendung der so erlangten Inhalte stellt einen Eingriff in den Schutzbereich dar.[135] Entsprechendes gilt auch hinsichtlich der Umstände einer solchen Kommunikation.[136] Jede weitere anschließende Nutzung der durch einen Eingriff erlangten Inhalte und Daten, welche über die ursprüngliche, gerechtfertigte Maßnahme hinausgeht, ist als neuer Eingriff zu bewerten und daher an Art. 10 Abs. 1 GG zu messen.[137] Dies gilt insbesondere auch für die Weitergabe der erlangten Daten an Dritte.[138] Auch Maßnahmen, welche im Vorfeld späterer eventueller Kenntniserlangungen liegen und diese erleichtern oder vorbereiten, sind als Eingriffe in Art. 10 Abs. 1 GG anzusehen.[139] Dies gilt für Speicherungsmaßnahmen, welche eine spätere Strafverfolgung erleichtern sollen[140] ebenso wie für ein Verbot bestimmter Formen vertraulicher Kommunikation, welche sich aufgrund ihrer Ausgestaltung besonders schwierig oder gar nicht überwachen lassen.[141]

Unerheblich ist es, ob die eigentliche Eingriffsmaßnahme durch die Grundrechtsverpflichteten selbst oder durch Dritte erfolgt.[142] Sowohl eigene Überwachungsmaßnahmen der Behörden als auch die Anforderung entsprechender Daten, etwa beim jeweiligen Provider, sind damit als Eingriffe in das Fernmeldegeheimnis zu werten und an dessen Voraussetzungen zu messen.

---

134 BVerfGE 100, 313, 366; 125, 260, 310; Dreier-*Hermes*, GG, Art. 10 Rn. 56.

135 So BVerfGE 125, 260, 309; vgl. auch BVerfGE 85, 386, 398; 100, 313, 366; 110, 33, 52 f.; 124, 43, 58.

136 BVerfGE 125, 260, 309 f.; Dreier-*Hermes*, GG, Art. 10 Rn. 56; *Meininghaus*, S. 68.

137 BVerfGE 100, 313, 366; Dürig/Herzog/Scholz-*Durner*, GG, Art. 10 Rn. 159; Dreier-*Hermes*, GG, Art. 10 Rn. 54; *Jarass*, GG, Art. 10 Rn. 11.

138 BVerfGE 100, 313, 366; 110, 33, 70.

139 von Mangoldt/Klein/Starck-*Gusy*, GG, Art. 10 Rn. 35 m. w. N.

140 So ausdrücklich für die sogenannte Vorratsdatenspeicherung BVerfGE 125, 260, 310.

141 Vgl. hierzu oben S. 74 f.

142 Dürig/Herzog/Scholz-*Durner*, GG, Art. 10 Rn. 154; Dreier-*Hermes*, GG, Art. 10 Rn. 53; *Meininghaus*, S. 68 jeweils m. w. N.

Ausgeschlossen ist ein Eingriff hingegen, wenn die jeweiligen Kommunikationsteilnehmer in eine Überwachung wirksam einwilligen.[143] Dies gilt nach nunmehr wohl h. M.[144] allerdings nur, soweit tatsächlich alle betroffenen Teilnehmer einwilligen bzw. der Überwachungsmaßnahme zustimmen. Dennoch gilt auch weiterhin, dass das Fernmeldegeheimnis, wie oben ausgeführt, nicht zwischen den eigentlichen Telekommunikationsteilnehmern gilt und somit eine Weitergabe der Inhalte durch diese an Dritte nicht von Art. 10 Abs. 1 GG erfasst ist.

Somit ist jede staatliche Maßnahme, mit der sich die eine grundrechtsverpflichtete Stelle Zugriff auf Inhalte oder Umstände einer E-Mail-Kommunikation verschafft oder mittels derer sie diese Daten in sonstiger Weise nutzt, als Eingriff in die geschützte Kommunikation zu werten. Dies ist allein dann anders zu bewerten, wenn eine Einwilligung in die Überwachungsmaßnahme oder ein Verzicht aller an der Kommunikation beteiligten Personen auf den grundrechtlichen Schutz gegeben ist.

7. Rechtfertigung von Eingriffen in den Schutzbereich

Ein Eingriff in das Fernmeldegeheimnis ist gemäß Art. 10 Abs. 2 Satz 1 GG nur auf Grundlage eines allgemeinen Gesetzes zulässig, welches in verfassungskonformer Weise zustande gekommen ist. Soweit Eingriffe auf Basis untergesetzlicher Regelungen erfolgen, bedürfen diese Vorgaben einer formal-gesetzlichen Ermächtigung.[145]

Es sind somit zunächst die allgemeinen Anforderungen an die formale Verfassungsmäßigkeit, wie Gesetzgebungskompetenz und die Einhaltung des Gesetzgebungsverfahrens, zu beachten.

Eine zu Eingriffen in Art. 10 Abs. 1 GG ermächtigende Rechtsgrundlage muss zudem das Zitiergebot des Art. 19 Abs. 1 Satz 2 GG wahren.

In materieller Hinsicht sind zunächst auch bei Eingriffen in Art. 10 GG die aus dem Rechtsstaatsgebot (Art. 20 Abs. 3 GG) abgeleiteten allgemeinen Anforderungen an die Normenbestimmtheit und die Normenklarheit zu beachten,[146] welche das Bundesverfassungsgericht im Volkszählungsurteil aus Art. 2 Abs. 1 in Verbindung mit Art. 1 Abs. 1 GG entwickelt hatte und

---

143 BVerfGE 85, 386, 398; Dreier-*Hermes*, GG, Art. 10 Rn. 57; Dürig/Herzog/Scholz-*Durner*, GG, Art. 10 Rn. 162.

144 BVerfGE, a. a. O.; Dreier-*Hermes*, GG, Art. 10 Rn. 58; Dürig/Herzog/Scholz-*Durner*, GG, Art. 10 Rn. 164; *Jarass*, GG, Art. 10 Rn. 13; nunmehr auch von Münch/Kunig-*M. Martini*, GG, Art. 10 Rn. 111.

145 *Jarass*, GG, Art. 10 Rn. 16.

146 Vgl. zum Begriff BVerfGE 114, 1, 53.

die nach dessen Rechtsprechung auch auf Art. 10 Abs. 1 GG übertragbar sind.[147] Demnach muss der demokratisch legitimierte, parlamentarische Gesetzgeber die wesentlichen Entscheidungen über Inhalt und Ausmaß der Eingriffe in das Grundrecht selbst treffen. Anlass, Zweck und Grenzen des Eingriffes müssen in der Ermächtigungsnorm bereichsspezifisch, präzise und normenklar geregelt werden.[148] Die Regelungen müssen so ausgestaltet sein, dass der Betroffene die Rechtslage erkennen und sich auf diese einstellen kann.[149] Unbestimmte Rechtsbegriffe dürfen daher nur insoweit verwendet werden, dass die Vorhersehbarkeit und Justitiabilität staatlichen Handelns nicht gefährdet sind.[150] Die Anforderungen an die Bestimmtheit einer in das Fernmeldegeheimnis eingreifenden Norm bestimmen sich dabei auch nach der Schwere des vorgesehenen Eingriffes. D.h., je schwerer die geplante Regelung in die Rechte des Betroffenen eingreift, umso höher sind die Anforderungen an die Bestimmtheit der jeweiligen Eingriffsermächtigung.[151]

Die Einschränkung des Fernmeldegeheimnisses muss zudem verhältnismäßig sein. Insoweit gelten die allgemeinen Anforderungen. Demnach muss die das Grundrecht einschränkende gesetzliche Regelung zur Erreichung des vom Gesetzgeber angestrebten Zieles geeignet, erforderlich und angemessen sein. Demzufolge muss die Grundrechtseinschränkung durch das Gesetz zumindest geeignet sein, die Erreichung des vorgesehenen Zweckes zu befördern und es darf kein gleichermaßen wirksames milderes Mittel geben, um diesen zu erreichen.[152]

Zudem dürfen die durch das Gesetz bedingten Einschränkungen der durch das Fernmeldegeheimnis geschützten, grundrechtlichen Freiheit nicht außer Verhältnis zum angestrebten Gemeinwohlzweck stehen, welchem die Grundrechtsbeschränkung dienen soll.[153]

Im Rahmen der Abwägung ist dabei der generell hohe Rang des Fernmeldegeheimnisses zu beachten. Insoweit kommt eine Rechtfertigung des Eingriffes nur dann in Betracht, wenn dieser dem Schutz zumindest gleichrangiger Rechtsgüter dient.[154] Dient der Eingriff der Strafverfolgung, so ist das Gewicht des Strafverfolgungsinteresses von der Schwere und Bedeutung der aufzuklärenden Straftat abhängig. Ein Eingriff in das Fernmeldegeheimnis ist

[147] BVerfGE 110, 33, 53.

[148] BVerfGE 113, 348, 375.

[149] BVerfGE 110, 33, 53; 113, 348, 375f.

[150] BVerfGE 120, 274, 315 m.w.N. zur diesbezüglichen ständigen Rechtsprechung des Bundesverfassungsgerichtes.

[151] von Mangoldt/Klein/Starck-*Gusy*, GG, Art. 10 Rn. 74 m.w.N.

[152] *Jarass*, GG, Art. 10 Rn. 22.

[153] BVerfGE 100, 313, 375f.

[154] BVerfGE 107, 299, 321; von Mangoldt/Klein/Starck-*Gusy*, GG, Art. 10 Rn. 75.

vor diesem Hintergrund nur zur Verfolgung von Straftaten mit erheblicher Bedeutung zulässig.[155]

Daneben ist auch die Reichweite des Eingriffes von Bedeutung, d.h., wie viele Personen in ihren Grundrechten beeinträchtigt werden.[156] Diese sog. Streubreite gewinnt gerade bei Eingriffen in die Telekommunikation besondere Bedeutung, da hier regelmäßig eine Vielzahl von Personen betroffen sind, welche mit dem Betroffenen der Maßnahme z.B. per E-Mail in Kontakt stehen. Wird auf die Nachrichten eines Kommunikationspartners zugegriffen, ist regelmäßig auch eine unbestimmte Zahl von Personen betroffen, welche mit diesem Nachrichten ausgetauscht haben.

Ebenfalls in die Abwägung einzustellen ist der Grad des Verdachtes, der gegen den von der Maßnahme Betroffenen besteht. Insoweit ist es nicht ausreichend, dass lediglich vage Anhaltspunkte dafür bestehen, dass dieser eine Straftat von erheblicher Bedeutung begangen hat. Notwendig ist vielmehr ein konkreter Tatverdacht.[157] Entsprechendes gilt, wenn sich die Maßnahme gegen einen Nichtbeschuldigten richtet, welcher lediglich als Nachrichtenmittler des Beschuldigten tätig wird. Insoweit muss eine gesicherte Tatsachenbasis dafür bestehen, dass diese Person tatsächlich Nachrichten für den Beschuldigten entgegennimmt oder weiterleitet, bzw. dass der Beschuldigte das überwachte E-Mail-Postfach nutzt.[158]

Zudem muss jede Regelung den in ständiger Rechtsprechung des Bundesverfassungsgerichtes[159] aus der Menschenwürdegarantie des Art. 1 Abs. 1 GG abgeleiteten unantastbaren Kernbereich privater Lebensgestaltung beachten. Dieser bedarf absoluten Schutzes, der auch bei Vorliegen überwiegender Interessen der Allgemeinheit nicht beeinträchtigt werden darf.[160] Eine Überwachung des E-Mail-Verkehres im Kernbereich privater Lebensgestaltung wäre daher unzulässig.[161]

Jedes Gesetz zur Regelung von Eingriffen in den Schutzbereich des Fernmeldegeheimnisses muss zudem eine Reihe von Verfahrensanforderungen einhalten. Auch wenn das Grundgesetz für Eingriffe in das Fernmeldegeheimnis keinen generellen Richtervorbehalt vorsieht, bedarf zumindest die Durchführung von schwerwiegenden Eingriffsmaßnahmen regelmäßig eines

---

155 BVerfGE 107, 299, 321.

156 BVerfGE 107, 299, 320; *Jarass*, GG, Art. 10 Rn. 22.

157 BVerfGE 107, 299, 321. Vgl. zu den Verdachtsarten: *Klesczewski*, StPO, Rn. 136f.

158 BVerfGE 107, 299, 321.

159 BVerfGE 6, 32, 41; 27, 1, 6; 32, 373, 378f.; 34, 238, 245; 80, 367, 373; 109, 279, 313; 113, 348, 390; 120, 274, 335; 129, 208, 245f.; 141, 220, 306.

160 BVerfGE 120, 274, 335.

161 *Jarass*, GG, Art. 10 Rn. 23.

richterlichen Beschlusses.[162] Ein schwerwiegender Eingriff in das Fernmeldegeheimnis ist meist dann gegeben, wenn er heimlich erfolgt und dadurch die Möglichkeit des Betroffenen beschnitten wird, sich frühzeitig gegen diesen gerichtlich zur Wehr zu setzen oder zumindest anwaltliche Beratung in Anspruch zu nehmen.

Zudem folgt im Umkehrschluss aus Art. 10 Abs. 2 Satz 2 GG ein Anspruch auf Kenntnis eventuell durchgeführter Überwachungsmaßnahmen, so dass die Betroffenen zumindest im Nachgang einer solchen Maßnahme eine gerichtliche Überprüfung herbeiführen können.[163] Weiter sind die erhobenen Daten zu kennzeichnen, um sie einem Eingriff in das Grundrecht zuordnen zu können. Nicht mehr benötigte Daten sind zu löschen. Eine Weiterverwendung für andere Zwecke ist an den ursprünglichen Anforderungen einer Erhebung der Daten zu messen. Hinsichtlich solcher Informationen, die unter Verstoß gegen das Fernmeldegeheimnis erlangt wurden, besteht ein Verwertungsverbot.[164]

Zwischenergebnis

Zusammenfassend ist somit festzuhalten, dass die Kommunikation per E-Mail während der Phasen 1 und 3 in ihrer Gesamtheit durch das Fernmeldegeheimnis des Art. 10 Abs. 1 GG geschützt ist. Jede staatliche Überwachungsmaßnahme mit dem Ziel der Erlangung der Inhalte einer solchen Kommunikation, welche die soeben erörterten Voraussetzungen eines Eingriffes erfüllt, ist somit an Art. 10 Abs. 1 GG zu messen.

8. Paralleler Schutz der E-Mail-Kommunikation in den Phasen 1 und 3 durch weitere Grundrechte?

Neben einem Schutz der Inhaltsdaten durch das Fernmeldegeheimnis ist in den beiden dynamischen Phasen einer E-Mail-Kommunikation ein paralleler Schutz durch weitere Grundrechte in Betracht zu ziehen. Neben dem Postgeheimnis des Art. 10 Abs. 1 GG sind insbesondere eine Anwendbarkeit des Rechtes auf Unverletzlichkeit der Wohnung des Art. 13 Abs. 1 GG sowie des allgemeinen Persönlichkeitsrechtes in seinen Ausprägungen als Recht auf informationelle Selbstbestimmung und als Recht auf Gewährleistung der

[162] Schmidt-Bleibtreu/Hofmann/Henneke-*Guckelberger*, GG, Art. 10 Rn. 48; von Mangoldt/Klein/Starck-*Gusy*, GG, Art. 10 Rn. 77.

[163] BVerfGE 100, 313, 361; Schmidt-Bleibtreu/Hofmann/Henneke-*Guckelberger*, GG, Art. 10 Rn. 47.

[164] *Jarass*, GG, Art. 10 Rn. 26.

Vertraulichkeit und Integrität informationstechnischer Systeme nach Art. 2 Abs. 1 i.V.m. 1 Abs. 1 GG zu erörtern.

a) Anwendbarkeit des Postgeheimnisses

Das Postgeheimnis schützt die Vertraulichkeit der durch einen Postdienstleister vermittelten Kommunikation.[165] Der Schutz beschränkt sich hierbei, wie bei den anderen Grundrechten des Art. 10 Abs. 1 GG, nicht allein auf den Inhalt der jeweiligen Sendung, sondern erstreckt sich zudem auch auf die Umstände der Kommunikation. Geheimhaltungsbedürftig sind insoweit nicht nur Sender und Empfänger sowie sonstige Sendungsdaten (Ort, Zeit, Versendungsart usw.), sondern bereits die Tatsache, dass eine Kommunikation überhaupt stattgefunden hat.[166]

Das Postgeheimnis schützt vor Eingriffen in die Vertraulichkeit der postalischen Kommunikation durch die postfremde Exekutive, d.h., insbesondere die Strafverfolgungsbehörden. Es ist diesen somit untersagt, den Inhalt oder die Umstände einer solchen Kommunikation zur Kenntnis zu nehmen oder sich durch Ermittlungsmethoden Kenntnis zu verschaffen.[167] Seit der Privatisierung der Post ist dagegen ein direkter Schutz vor internen Eingriffen durch den Postdienstleister bzw. seine Mitarbeiter mangels Grundrechtsgebundenheit im Sinne des Art. 1 Abs. 3 GG nicht mehr durch Art. 10 Abs. 1 GG gewährleistet.[168]

Strittig ist, ob sich der Schutzbereich allein auf körperliche Gegenstände beschränkt. Ist dies der Fall, so scheidet die Übermittlung von E-Mails nach dem oben Angeführten aus dem Schutzbereich aus.[169]

Vor der Privatisierung der Post gewährleistete das Postgeheimnis einen umfassenden Schutz bezüglich des gesamten Aufgabenbereichs der staatlichen Post. Dieser Schutz erstreckte sich auf alle brieflich, fernmeldetechnisch oder anderweitig durch die staatliche Post erbrachten Kommunikations- und Transportdienstleistungen.[170] Geschützt waren nicht nur die übermittelten Inhalte, sondern auch die Umstände der Postbenutzung.[171]

---

[165] Dürig/Herzog/Scholz-*Durner*, GG, Art. 10 Rn. 97; von Münch/Kunig-*M. Martini*, GG, Art. 10, Rn. 27.

[166] Dürig/Herzog/Scholz-*Durner*, GG, Art. 10 Rn. 102.

[167] von Mangoldt/Klein/Starck-*Gusy*, GG, Art. 10 Rn. 54 m.w.N.

[168] Vgl. insoweit von Mangoldt/Klein/Starck-*Gusy*, GG, Art. 10 Rn. 56; von Münch/Kunig-*M. Martini*, GG, Art. 10 Rn. 87; Sachs-*Pagenkopf*, GG, Art. 10 Rn. 13 jeweils m.w.N.

[169] Vgl. S. 78.

[170] Sachs-*Pagenkopf*, GG, Art. 10 Rn. 13.

[171] Vgl. BVerfGE 67, 157, 172.

Durner hält unter Verweis auf das frühere Dienstleistungsangebot der staatlichen Post an diesem traditionellen Verständnis vom Umfang des Schutzbereiches fest. Zum Dienstleistungsspektrum der früheren staatlichen Post gehörten insbesondere auch die Vermittlung der Telefon- und Telefaxkommunikation. Es seien keine Gründe ersichtlich, warum sich der Schutzbereich durch die Postreform verringert haben sollte. Demzufolge sei der *„postalisch vermittelte Fernmeldeverkehr"* vom Postgeheimnis weiterhin erfasst,[172] worunter die Erbringung von Telekommunikationsdienstleistungen durch einen Postdienstleister zu verstehen ist. Nach diesem Verständnis würde die durch Telekommunikationsmittel erfolgende Übermittlung von E-Mails zumindest in solchen Fällen auch dem Schutzbereich des Postgeheimnisses unterfallen.

Soweit nicht angenommen wird, dass das Grundrecht aufgrund der Postreform seinen Schutzgegenstand gänzlich verloren hat und somit hinfällig geworden sei,[173] geht die weit überwiegende Meinung in der Literatur[174] meist ohne nähere Begründung davon aus, dass sich der Schutz des Postgeheimnisses seit der Privatisierung der Post allenfalls noch auf die Übermittlung körperlicher Sendungen (Briefe, Päckchen, Pakete usw.) beschränkt. Für eine auch nur flankierende Anwendbarkeit neben dem Fernmeldegeheimnis würde daher bei E-Mail-Kommunikation kein Raum verbleiben.[175]

Dabei wird durch die Vertreter dieser Ansicht angeführt, dass durch die nun bestehende Verlagerung der Erbringung von Telekommunikationsdiensten von der staatlichen Post auf andere Dienstleister ein Bedeutungswandel des Grundrechtes eingetreten sei. Korrespondierend mit dem Art. 73 Nr. 7 GG[176] und Art. 87f Abs. 1 GG[177] zugrunde liegenden Verständnis des Postwesens im Sinne des Grundgesetzes[178] beschränke sich der Schutzbereich

---

[172] Dürig/Herzog/Scholz-*Durner*, GG, Art. 10 Rn. 98.

[173] Vgl. zu den Einzelheiten dieser hier nicht näher zu erörternden Diskussion von Mangoldt/Klein/Starck-*Gusy*, GG, Art. 10 Rn. 55 ff.; Dürig/Herzog/Scholz-*Durner*, GG, Art. 10 Rn. 101 jeweils m. w. N. Im Ergebnis ist insoweit davon auszugehen, dass das Postgeheimnis seinen Schutzbereich nicht gänzlich verloren hat, sondern vielmehr zumindest ein Schutzbedürfnis gegenüber Eingriffen des Staates z. B. zum Zwecke der Strafverfolgung fortbesteht.

[174] Vgl. u. a. *Jarass*, GG, Art. 10 Rn. 4; Sachs-*Pagenkopf*, a. a. O.; von Münch/Kunig-*M. Martini*, GG, Art. 10, Rn. 57; von Mangoldt/Klein/Starck-*Gusy*, GG, Art. 10 Rn. 53.

[175] Vgl. zur Frage der körperlichen Übermittlung S. 91 ff.

[176] Vgl. Sachs-*Degenhart*, GG, Art. 73 Rn. 31; von Mangoldt/Klein/Starck-*Heintzen*, GG, Art. 73 Rn. 69.

[177] Vgl. Sachs-*Windthorst*, GG, Art. 87f Rn. 5; von Mangoldt/Klein/Starck-*Gersdorf*, GG, Art. 87f Rn. 8.

[178] Vgl. hierzu die Regierungsbegründung zum Gesetz zur Änderung des Grundgesetzes (BGBl. I 1994, S. 2245), welches u. a. den Art. 87f GG einfügte: BT-Drs.: 12/6717 S. 3.

des Grundrechtes nunmehr auf den postalischen Verkehr. Postdienstleistungen könnten daher unabhängig davon, ob diese Nachfolgeunternehmen der ehemals staatlichen Deutschen Post sind, nur in der Übermittlung körperlicher Sendungen bestehen. Werden dagegen Telekommunikationsdienstleistungen erbracht, so sei das Fernmeldegeheimnis einschlägig.[179]

Auch wenn eine eindeutige Aussage des Bundesverfassungsgerichtes zum Umfang des Schutzbereiches des Postgeheimnisses nach den Postreformen bisher fehlt, spricht letztlich alles für eine Aufteilung der Schutzbereiche in der soeben beschriebenen Weise.

Der Gesetzgeber definiert den Begriff des Postwesens im Grundgesetz unter Rückgriff auf das traditionelle Erscheinungsbild postalischer Dienstleistungen im Sinne der Beförderung von Nachrichten und Kleingütern mittels eines standardisierten und auf massenhaften Verkehr angelegten Transportnetzes.[180] Insoweit geht er auch im Verfassungsrecht davon aus, dass sich das Postwesen auf die Übermittlung körperlicher Sendungen beschränkt. Hierfür spricht auch, dass in allen diesbezüglichen Verfassungsnormen Postwesen und Telekommunikation eigenständig nebeneinanderstehen. Hierauf könnte verzichtet werden, wenn der Begriff des Postwesens beide Kommunikationsformen umfassen würde.[181] Gestützt wird dieses Ergebnis ferner auch durch die einfachgesetzliche Regelung des § 4 PostG, welcher die Begriffe der Postdienstleistung (§ 4 Nr. 1 PostG), des geschäftsmäßigen Erbringens von Postdiensten (§ 4 Nr. 4 PostG) sowie der Postsendung (§ 4 Nr. 5 PostG) allein unter Bezugnahme auf körperliche Sendungen definiert.

Demzufolge wird man davon ausgehen können, dass das Postgeheimnis mangels Versendung von körperlichen Gegenständen keine Anwendung auf die E-Mail-Kommunikation findet. Eine Verkürzung des grundrechtlichen Schutzes, welche dieses Ergebnis in Frage stellen könnte, ist hiermit nicht verbunden, da die verbliebenen Schutzgewährleistungen des Postgeheimnisses vollumfänglich durch das Fernmeldegeheimnis abgedeckt werden.

Im Übrigen verbliebe, selbst wenn man der Ansicht Durners folgt, für das Postgeheimnis neben den anderen Schutzgewährleistungen wohl nur in Einzelfällen ein eigenständiger Anwendungsbereich. Es existieren nur wenige Fälle, in welchen ein Postdienstleister auch Telekommunikationsdienstleistungen anbietet,[182] und auch insoweit liegt der Schwerpunkt der jeweiligen

---

[179] von Münch/Kunig-*M. Martini*, GG, Art. 10 Rn. 57.

[180] BT-Drs.: 12/6717 S. 3; Sachs-*Degenhart*, GG, Art. 73 Rn. 32; von Mangoldt/Klein/Starck-*Heintzen*, GG, Art. 73 Rn. 69.

[181] Sachs-*Degenhart*, GG, Art. 73 Rn. 31.

[182] Eine bedeutende Ausnahme ist insoweit der oben angeführte Dienst E-Postbrief der Deutschen Post AG.

Kommunikation regelmäßig bei den Schutzbereichen anderer Grundrechte des Art. 10 Abs. 1 GG. Bei der Übermittlung körperlicher Nachrichten wird das Postgeheimnis in vielen Fällen weitgehend vom Briefgeheimnis überlagert, während, soweit unkörperliche Sendungen wie E-Mails übermittelt werden, das Fernmeldegeheimnis im Vordergrund steht.

b) Schutz durch das Recht auf Unverletzlichkeit der Wohnung des Art. 13 Abs. 1 GG

Neben dem Schutz durch das Fernmeldegeheimnis ist in bestimmten Fällen auch ein Schutz der Inhaltsdaten einer E-Mail durch das Grundrecht auf Unverletzlichkeit der Wohnung in Betracht zu ziehen.

Insoweit sind im Rahmen der Überwachung von Inhaltsdaten einer E-Mail-Kommunikation zwei Fallgestaltungen zu erörtern, welche einen Eingriff in das Grundrecht darstellen könnten. Zum einen kann es im Rahmen der Vorbereitung einer Telekommunikationsüberwachung notwendig werden, dass die Ermittlungsbehörden technische Einrichtungen in den Räumlichkeiten des Betroffenen installieren. Zum anderen erfolgt, auch wenn die Räume nicht betreten werden, während der eigentlichen Durchführung der Überwachung der Inhalte ein Zugriff auf Informationen, welche in der durch Art. 13 Abs. 1 GG geschützten Sphäre entstanden sind und aus dieser heraus versendet wurden.

Das Grundrecht auf Unverletzlichkeit der Wohnung schützt, wie das Fernmeldegeheimnis, einen besonderen Aspekt der freien Entfaltung der Persönlichkeit und damit der Menschenwürde,[183] indem es die besondere, persönliche Sphäre der Wohnung für unverletzlich erklärt. Es erstreckt sich nach der Rechtsprechung des Bundesverfassungsgerichtes auf „*die gesamte räumliche Sphäre, in der sich das Privatleben entfaltet*“[184] und erfasst daher nicht nur Privatwohnungen, sondern auch Betriebs- und Geschäftsräume, soweit diese nicht allgemein öffentlich zugänglich sind.[185] Innerhalb dieser Räumlichkeiten steht dem Grundrechtsberechtigten das Recht zu, grundsätzlich nicht von den grundrechtsverpflichteten Behörden behelligt zu werden.[186] Er soll nicht nur selbst bestimmen können, wer diese Räume betreten darf, sondern auch,

---

183 BVerfGE 120, 274, 309.

184 BVerfGE, a. a. O.; vgl. auch BVerfGE 89, 1, 12; 103, 142, 150.

185 BVerfGE 32, 54, 69 ff.; 44, 353, 371; 76, 83, 88; 96, 44, 51; 120, 274, 309; von Mangoldt/Klein/Starck-*Gornig*, GG, Art. 13 Rn. 22; *Jarass*, GG, Art. 13 Rn. 5; a. A. aber z. B. Dreier-*Hermes*, GG, Art. 13 Rn. 26.

186 BVerfGE 32, 54, 75 umschreibt dies unter Bezugnahme auf BVerfGE 27, 1, 6 anschaulich als das Recht des Einzelnen, in diesen Räumlichkeiten „*in Ruhe gelassen zu werden*“. Vgl. auch BVerfGE 42, 212, 219; 51, 97, 110; 109, 279, 309.

welche Informationen aus dieser Sphäre Dritten zugänglich sein sollen.[187] Ein Eingriff kann daher nicht nur aus dem körperlichen Eindringen in die geschützten Räume folgen. Ein solcher ist vielmehr auch dann gegeben, wenn sich die Grundrechtsverpflichteten von außerhalb der Wohnung durch technische Mittel Kenntnisse über dortige Geschehnisse oder Umstände verschaffen.[188] Hierbei kommen neben der klassischen Form der Installation von Abhöranlagen auch weitere, technische Maßnahmen, wie die Messung elektromagnetischer Abstrahlungen etwa von Computern o. ä. in Betracht.[189]

Eingriffe in den durch Art. 13 Abs. 1 GG geschützten Raum sind nur gemäß Art. 13 Abs. 2 bis 7 GG zulässig.

Vor diesem Hintergrund könnte auf den ersten Blick einiges für einen Schutz von aus dem geschützten Bereich heraus versendeten E-Mail-Inhalten sprechen, ermöglicht es doch die Überwachungsmaßnahme den staatlichen Behörden, von einer dort erfolgenden Tätigkeit Kenntnis zu erlangen. Maßgeblich für die Abgrenzung der Grundrechte aus Art. 10 Abs. 1 GG und des Rechtes auf Unverletzlichkeit der Wohnung ist allerdings, ob der Eingriff in der Überwindung der räumlichen Barrieren der Wohnung liegt oder ob für die Überwachungsmaßnahme nur bereits aus der Übermittlungssituation folgende Lockerungen der Schutzmöglichkeiten des Versenders ausgenutzt werden.[190] Im letzteren Fall genießt Art. 10 Abs. 1 GG Vorrang vor Art. 13 Abs. 1 GG.[191]

Ein spezieller Raumbezug, welcher für einen Eingriff in Art. 13 Abs. 1 GG sprechen würde, ist im Fall der Überwachung der Inhalte einer E-Mail-Kommunikation nicht gegeben. Die Strafverfolgungsbehörden greifen bei einer Überwachung der E-Mail-Kommunikation gerade nicht gezielt in den geschützten Bereich der Wohnung ein, um dortige Geschehnisse in Erfahrung zu bringen. Vielmehr erschöpft sich die Wahrnehmung der Geschehnisse in einer Wohnung bereits darin, dass den Behörden die Tatsache der Versendung oder der Empfang einer E-Mail und damit allenfalls ein eher unwesentlicher Teil der dortigen Ereignisse bekannt wird. Insoweit ließe sich unter Verweis auf den Ursprung der Kommunikation im geschützten Raum jede Überwachung, unabhängig vom gewählten Medium, zugleich als Eingriff in Art. 13 Abs. 1 GG auffassen. Dies entspricht kaum dem Leitbild der umfänglichen

---

187 BVerfGE 120, 274, 309 f.; *Meininghaus*, S. 71; Dreier-*Hermes*, GG, Art. 13 Rn. 12.

188 *Jarass*, GG, Art. 13 Rn. 8; von Mangoldt/Klein/Starck-*Gornig*, GG, Art. 13 Rn. 43.

189 BVerfGE 120, 274, 310.

190 Dreier-*Hermes*, GG, Art. 13 Rn. 124.

191 Dreier-*Hermes*, GG, a. a. O.; von Mangoldt/Klein/Starck-*Gornig*, GG, Art. 13 Rn. 49.

Überwachung der Ereignisse in einer Wohnung während eines bestimmten Zeitraumes, vor der Art. 13 Abs. 1 GG schützen soll. Daneben ist der Standort, von dem die E-Mail versendet wurde, für die Strafverfolgungsbehörden regelmäßig unerheblich und darüber hinaus auch nur selten erkennbar. Dies gilt gerade vor dem Hintergrund der mobilen Nutzung der E-Mail-Dienste über z. B. W-LAN und Mobiltelefone.

Ein gezielter Eingriff in die geschützte, räumliche Sphäre liegt daher regelmäßig nicht vor, sondern ist vielmehr eine eher zufällige Nebenfolge der primär bezweckten Überwachungsmaßnahme. Im Vordergrund der Maßnahmen steht der Eingriff in die Telekommunikation unter Ausnutzung der aus der Kommunikation auf Distanz folgenden, besonderen Gefährdungen für deren Privatheit. Es handelt sich nicht um eine unbeabsichtigte Folge der Handlungen in der Wohnung, welche von außen mit technischen Mitteln wahrgenommen wird. Vielmehr entscheidet sich der Versender bewusst mit der Versendung der E-Mail, diese aus dem geschützten Bereich zu entlassen und hierdurch auf den Schutz der speziellen Gewährleistung des Art. 13 Abs. 1 GG und damit auf dessen raumbezogenen Schutz zu verzichten und die E-Mail dem Schutz des insoweit spezielleren Art. 10 Abs. 1 GG anzuvertrauen.[192] Ein Eingriff in die Vertraulichkeit der Inhalte der E-Mail stellt damit in solchen Fällen ein bloßes Ausnutzen der versendungsbedingten Lockerungen der Schutzmöglichkeiten des Versenders dar, so dass insoweit Art. 10 Abs. 1 GG vorrangig ist.

Ein Betreten der durch Art. 13 Abs. 1 GG geschützten, räumlichen Sphäre, um eine Telekommunikationsüberwachung vorzubereiten oder gar durchzuführen, dürfte in Bezug auf die Kommunikation per E-Mail in den Phasen 1 und 3 der absolute Ausnahmefall sein. Ein solches Vorgehen wäre in jedem Falle als ein Eingriff in den Schutzbereich des Rechtes auf Unverletzlichkeit der Wohnung zu werten. Allerdings ist der übliche, durch die TKÜV vorgesehene Weg die Bereitstellung einer Überwachungskopie durch den Verpflichteten an einem zu seinem technischen System gehörigen Übergabe-

---

[192] So im Ergebnis auch *Meininghaus*, S. 73, der allerdings in Fällen der Eröffnung der räumlichen Sphäre nach außen einen Schutz durch Art. 13 Abs. 1 GG generell ausschließen will. Dies erscheint zu weitgehend, da das Bundesverfassungsgericht Art. 13 Abs. 1 GG allenfalls dann nicht anwendet, wenn eine Kommunikation oder andere Lebensäußerungen aus der geschützten Sphäre heraus nach außen dringen und ohne technische Mittel wahrgenommen werden können (vgl. BVerfGE 109, 279, 327). Eine erweiternde Anwendung dieser Rechtsprechung auf Sachverhalte, in welchen mit technischen Mitteln aus der Entfernung Kommunikation wahrgenommen wird, erscheint im Hinblick auf den Schutzzweck der Vorschrift und die ausdrückliche Stellungnahme des Bundesverfassungsgerichtes zweifelhaft. Insoweit erscheint es vorzugswürdig, derartige Fälle über das Konkurrenzverhältnis der beiden Verfassungsnormen zu lösen.

punkt. Insoweit ist bei dieser Weiterleitung der E-Mail kein Eindringen in die Wohnung des Betroffenen notwendig. Vielmehr wird die eigentliche Überwachungsmaßnahme regelmäßig viele Kilometer entfernt beim Provider durchgeführt,[193] so dass ein Eingriff in Art. 13 Abs. 1 GG durch Betreten der geschützten Sphäre regelmäßig nicht gegeben ist. Allerdings erfolgt durch die Überwachungsmaßnahme beim Provider noch kein Zugriff auf die Inhaltsdaten selbst, vielmehr dient der Eingriff in das Grundrecht der Vorbereitung der Überwachung der Inhaltsdaten. Insoweit liegt ein eigenständiger Grundrechtseingriff vor, welcher unabhängig von der zeitlich nachfolgenden Überwachung der Inhalte der E-Mail zu bewerten ist. Die beiden Eingriffe stehen somit in diesen Fällen nebeneinander, ohne dass ein Spezialitätsverhältnis besteht.[194] Für die hier maßgebliche Frage des verfassungsrechtlichen Schutzes der E-Mail-Kommunikation in den Phasen 1 und 3 ist jedoch festzuhalten, dass ein solcher Eingriff in jedem Falle zeitlich vor der Überwachung während dieser Phasen erfolgt und daneben auch keine Maßnahme darstellt, welche die Ermittlungsbehörden direkt in den Besitz der Inhalte der E-Mail bringt.

In den Phasen 1 und 3 besteht somit kein zusätzlicher Schutz der Inhalte der E-Mail durch Art. 13 Abs. 1 GG.

c) Schutz durch das allgemeine Persönlichkeitsrecht in seinen Ausprägungen als Recht auf informationelle Selbstbestimmung und als Recht auf Gewährleistung der Vertraulichkeit und Integrität informationstechnischer Systeme nach Art. 2 Abs. 1 i. V. m. 1 Abs. 1 GG

Ein Schutz durch das allgemeine Persönlichkeitsrecht in seinen Ausprägungen als Recht auf informationelle Selbstbestimmung und als Recht auf Gewährleistung der Vertraulichkeit und Integrität informationstechnischer Systeme nach Art. 2 Abs. 1 i. V. m. 1 Abs. 1 GG scheidet in den Phasen 1 und 3 aufgrund des Vorrangs des Fernmeldegeheimnisses des Art. 10 Abs. 1 GG aus.

Das Fernmeldegeheimnis weist, wie oben ausgeführt, eine besondere Nähe zum allgemeinen Persönlichkeitsrecht des Art. 2 Abs. 1 i. V. m. Art. 1 und damit dem verfassungsrechtlich verbürgten Schutz der Privatsphäre auf. Der durch die Grundrechte des Art. 10 Abs. 1 GG gewährleistete Schutz ist allerdings, soweit dessen Tatbestandsvoraussetzungen vorliegen, spezieller und reicht zudem weiter. Daher werden die allgemeineren Garantien aus Art. 2

193 Vgl. auch *Meininghaus*, S. 72.

194 Dürig/Herzog/Scholz-*Durner*, GG, Art. 10 Rn. 288.

i. V. m. 1 Abs. 1 GG durch die spezielleren Gewährleistungen des Art. 10 Abs. 1 GG verdrängt.[195]

Dies gilt vor allem auch für das durch das Bundesverfassungsgericht im Urteil zur sog. Online-Durchsuchung entwickelte Grundrecht auf Gewährleistung der Vertraulichkeit und Integrität informationstechnischer Systeme. Dieses kommt nur dann zur Anwendung, sofern speziellere Grundrechte, insbesondere Art. 10 und Art. 13 GG, aber auch das Recht auf informationelle Selbstbestimmung nicht einschlägig sind.[196] Dies ist jedoch dann, wenn, wie bei der Überwachung des E-Mailverkehrs in den Phasen 1 und 3, Inhalte aus einem laufenden Telekommunikationsvorgang Überwachungsgegenstand sind, der Fall. Daher ist diesbezüglich nach der Rechtsprechung des Bundesverfassungsgerichtes eine Schutzbereichsausnahme vom sog. IT- oder Computergrundrecht gegeben.[197]

Ein zusätzlicher Schutz der Inhalte einer E-Mail-Kommunikation durch das allgemeine Persönlichkeitsrecht in seinen durch das Bundesverfassungsgericht entwickelten Ausprägungen ist somit in den Phasen 1 und 3 nicht gegeben.

Ergebnis

Die Inhalte einer E-Mail sind während der Phasen 1 und 3 in ihrer Gesamtheit allein durch das Fernmeldegeheimnis des Art. 10 Abs. 1 GG geschützt.

III. Der verfassungsrechtliche Schutz der Inhaltsdaten der E-Mail während der Zwischenspeicherung (Phase 2)

Die Frage des durch das Grundgesetz gewährleisteten Schutzes der Inhalte einer E-Mail-Kommunikation während der Phase 2 der Übertragung ist deutlich umstrittener als in den Phasen 1 und 3. Hintergrund war und ist hierbei,

---

[195] So ausdrücklich BVerfGE 67, 157, 171; 100, 313, 358; 110, 33, 53; 113, 348, 364; 125, 260, 310; BVerfG, NJW 2020, 2699, 2705; vgl. auch Dreier-*Hermes*, GG, Art. 10 Rn. 103; von Münch/Kunig-*M. Martini*, GG, Art. 10 Rn. 232; von Mangoldt/Klein/Starck-*Gusy*, GG, Art. 10 Rn. 43; a.A. noch *Bär*, CR 1993, 634, 642.

[196] BVerfGE 120, 274, 302; 124, 43, 57.

[197] BVerfGE 120, 274, 307; vgl. auch *Hoffmann-Riem*, JZ 2008, 1009, 1022; Uerpmann-Wittzack-*Bäcker*, S. 21; *Buermeyer*, StV 2013, 470, 472; a.A. allerdings *Freiling/Safferling/Rückert*, JR 2018, 9, 20, deren Kritik an der Nachrangigkeit des Grundrechtes gegenüber Art. 10 und 13 GG sich allerdings primär auf die generelle Bedeutung dieses neuen Grundrechtes im Gefüge der verfassungsrechtlichen Schutzgewährleistungen zu beziehen scheint.

auch nach dem Beschluss des Bundesverfassungsgerichtes zur Frage des Endes des Kommunikationsvorganges bei der Übertragung von E-Mails[198], vor allem die Frage der anwendbaren strafprozessualen Eingriffsnorm, welche unter D. erörtert werden soll.

Aus verfassungsrechtlicher Sicht sind insoweit das Fernmeldegeheimnis des Art. 10 Abs. 1 GG sowie die Grundrechte aus Art. 13 Abs. 1 GG und Art. 2 Abs. 1 i.V.m. 1 Abs. 1 GG von Bedeutung.

1. Definition der Zwischenspeicherung

Der Begriff der Zwischenspeicherung wird in der Literatur nicht einheitlich verwendet. Zur Abgrenzung der hier maßgeblichen Frage nach der verfassungsrechtlichen Behandlung der Zwischenspeicherung in Phase 2 ist daher zunächst zu bestimmen, wann diese, insbesondere in Abgrenzung zur in der Folge zu erörternden dauerhaften Speicherung in Phase 4, vorliegt.

Als Zwischenspeicherung wird im Folgenden nur der Zeitraum der Speicherung in der Mailbox des Empfängers verstanden, der sich unmittelbar an die Übertragung der E-Mail von der Mailbox des Senders zu der des Empfängers in Phase 1 anschließt und in der weder ein Abruf auf den Rechner des Empfängers noch eine Kenntnisnahme oder ein sonstiger Zugriff[199] durch diesen stattgefunden hat.[200] Die so umschriebene Zwischenspeicherungsphase kann je nach Abrufverhalten des Empfängers zwischen Sekundenbruchteilen und einem nahezu unbegrenzten Zeitraum andauern.[201]

Während dieser Zeit liegt die E-Mail nach Abschluss der Übertragung in Phase 1 vollständig im Postfach des Empfängers bei dessen Provider zur Kenntnisnahme oder zum Abruf bereit. Im Verlauf dieser statischen Phase im Übertragungsablauf kann durch die Strafverfolgungsbehörden auf die Inhalte und Daten dieser Nachricht deutlich einfacher zugegriffen werden als in den zuvor beschriebenen Phasen 1 und 3. Insoweit vermag es nicht zu verwundern, dass das Ob und Wie eines Zugriffs auf die Inhalte einer E-Mail-

---

198 BVerfGE 124, 43 ff.

199 Zur Fragestellung, nach welchen Kriterien zu bestimmen ist, wann eine Kenntnisnahme bzw. ein sonstiger Zugriff und somit ein Eintritt in Phase 4 gegeben ist, siehe S. 133 ff.

200 Demgegenüber geht z.B. *Bär*, NStZ 2009, 398 f. davon aus, dass nicht nur ungelesene E-Mails, sondern auch gelesene E-Mails, solange sie sich im Postfach des Empfängers beim Provider befinden, zwischengespeichert sind. Demnach würde ein Zugriff auf die E-Mail im Postfach beim Provider die Zwischenspeicherung noch nicht beenden.

201 BGH, NStZ 2009, 397, 398; *Bär*, NStZ 2009, 398; *ders.*, Handbuch zur EDV-Beweissicherung Rn. 102.

Kommunikation während dieser Zeit ein deutlich größeres Interesse in Rechtsprechung und Literatur gefunden hat als während der Phasen 1 und 3.

2. Der verfassungsrechtliche Schutz gemäß Art. 10 Abs. 1 GG

Auch im Zusammenhang mit der Zwischenspeicherung von E-Mails ist vor allem ein grundrechtlicher Schutz gemäß Art. 10 Abs. 1 GG zu diskutieren. Von den durch diese Norm gewährleisteten Grundrechten kommt insoweit vor allem das Fernmeldegeheimnis sowie zumindest bei konsequenter Betrachtung nach einer Ansicht auch das Briefgeheimnis in Betracht.

a) Anwendbarkeit des Fernmeldegeheimnisses

Zunächst ist hier zu erörtern, inwieweit ein Schutz der Inhaltsdaten in dieser Phase durch das Fernmeldegeheimnis gewährleistet wird. Maßgeblich ist dabei insbesondere die Frage, wann der Schutz durch dieses Grundrecht endet.

aa) Beendigung des Schutzes durch das Fernmeldegeheimnis während der Zwischenspeicherung?

Ausgangspunkt der Diskussionen um die Reichweite des verfassungsrechtlichen Schutzes von E-Mails ist während beider Speicherungsphasen im Verlauf der Übertragung die Frage nach der zeitlichen Dauer des Kommunikationsvorganges im verfassungsrechtlichen Sinne. Während nahezu einhellig der Beginn des Schutzes mit dem Absenden der E-Mail vom Rechner des Absenders angenommen wird,[202] herrscht hinsichtlich des Endzeitpunktes einer solchen Kommunikation allenfalls in den absoluten Grundzügen eine gewisse Einigkeit.

Diese Grundzüge lassen sich mit der folgenden, durch das Bundesverfassungsgericht im Zusammenhang mit der Sicherstellung von im Herrschaftsbereich eines Kommunikationsteilnehmers befindlichen Verbindungsdaten geprägten Formel zusammenfassen: „*Der Schutz des Fernmeldegeheimnisses endet[...] in dem Moment, in dem die Nachricht bei dem Empfänger angekommen und der Übertragungsvorgang beendet ist.*“[203] Wann aber dieser

---

[202] A.A. allerdings *Kleine-Voßbeck*, S. 36 ff.; *Neuhöfer*, S. 63 ff.; *Zimmermann*, JA 2014, 321, 326.Vgl. zu den Einzelheiten oben S. 68 ff.

[203] BVerfGE 115, 166, 184; vgl. auch BVerfGE 124, 43, 54; kritisch zu dieser Rechtsprechung jedoch z.B. *Kutscha* in *Kutscha/Thomé*, S. 62 ff., der i.E. jede Differenzierung anhand technischer Gegebenheiten des jeweiligen Kommunikationsmittels sowie von Herrschaftssphären ablehnt und sich für die Schaffung eines umfassenden

Moment im Rahmen der E-Mail-Kommunikation erreicht wird, ist vor allem vor dem Hintergrund der hiermit eng verknüpften Frage nach der anzuwendenden strafprozessualen Eingriffsnorm heftig umstritten. Je nach vertretener Ansicht kann dieser Zeitpunkt während eines Übertragungsvorganges durchaus mehrfach oder aber in bestimmten Fallgestaltungen auch niemals erreicht werden.

Zur Klärung der Frage, ob und ggf. wann eine Beendigung bzw. Unterbrechung des verfassungsrechtlichen Schutzes der Inhaltsdaten einer E-Mail während der Zwischenspeicherung in Betracht kommt, wird im Folgenden zunächst die Entwicklung des Meinungsstandes in Rechtsprechung und Literatur dargestellt, um im Anschluss eine eigene verfassungsrechtliche Einordnung vorzunehmen.

bb) Die Entwicklung in Rechtsprechung und Literatur

Die Frage nach der verfassungsrechtlichen Einordnung von zwischengespeicherten E-Mails ist in Rechtsprechung und Literatur zumindest seit Mitte der 90er Jahre umfänglich mit den unterschiedlichsten Ergebnissen erörtert worden, ohne dass sich insoweit eine endgültige Lösung abgezeichnet hätte. Erst zwei kurz aufeinander folgende höchstrichterliche Entscheidungen des Bundesverfassungsgerichtes[204] und des BGH[205] aus dem Jahr 2009 haben zumindest für die Praxis der Strafverfolgungsbehörden zeitweilige Klarheit geschaffen.

Davon, dass der Streit durch den Beschluss des Bundesverfassungsgerichtes als ausgeräumt zu betrachten sei,[206] kann allerdings nicht die Rede sein, erscheint doch die insoweit gefundene Lösung bezüglich der Zwischenspeicherung zumindest in strafprozessualer Hinsicht sehr zweifelhaft und überzeugt insbesondere in Bezug auf die Endspeicherung beim Provider in Phase 4 auch aus verfassungsrechtlicher Perspektive nicht.[207]

„Mediennutzungsgeheimnisses" ausspricht, welches alle Telekommunikationsdaten (Inhaltsdaten wie auch Bestands- oder Verkehrsdaten) einheitlich schützen soll. Vgl. dazu die Ausführungen auf S. 145 f. sowie S. 149.

[204] BVerfGE 124, 43 ff.

[205] BGH, NStZ 2009, 397 f.

[206] So KK-*Bruns*, StPO, § 100a Rn. 21; vgl. demgegenüber *Liebig*, S. 80 sowie SK-*Wolter/Greco*, StPO, § 100a Rn. 32 ff. und *Klesczewski*, ZStW 123, (2011), 737, 746 ff., welche auch vor dem Hintergrund des BVerfG-Beschlusses keine Rechtsgrundlage für Zugriffe auf beim Provider zwischen- oder endgespeicherte E-Mails sehen.

[207] Vgl. dazu S. 169 ff.

Insgesamt ist hinsichtlich der Diskussion in der Rechtsprechung und Literatur zudem zu beachten, dass die verfassungsrechtliche Behandlung der E-Mail-Kommunikation in der Literatur weitgehend von der Folgefrage der anzuwendenden strafprozessualen Eingriffsnorm abhängig gemacht wird. Insoweit überwiegt bei Stellungnahmen aus dem Umfeld von Strafverfolgungsorganen vor dem Hintergrund der nach § 100a StPO erforderlichen Eingriffsvoraussetzungen regelmäßig ein Hang zu einer weitgehenden Ablehnung eines Schutzes durch das Fernmeldegeheimnis.[208] Eine tiefgreifende Auseinandersetzung mit den verfassungsrechtlichen Fragen erfolgt dabei regelmäßig nicht, vielmehr wird vielfach aus dem Blickwinkel des gewünschten Ergebnisses argumentiert, um eine Beschränkung der Möglichkeiten der Strafverfolgungsbehörden im Bereich der E-Mail-Überwachung *„auf ein nicht akzeptables Minimum“*[209] zu verhindern.

(1) Die Mailboxentscheidung des BGH vom 31. Juli 1995

Ausgangspunkt der verfassungsrechtlichen Diskussionen war die sog. Mailboxentscheidung des BGH[210]. Hintergrund waren Ermittlungen gegen die linksextremistische „Antiimperialistische Zelle“ aufgrund eines Bombenattentats. In diesem Zusammenhang waren im Rahmen einer Durchsuchung Zugangsdaten zu mehreren Mailboxen sichergestellt worden, in welche sich die Strafverfolgungsbehörden mittels dieser Daten einwählen wollten. In diesen Mailboxen wurden verschiedene Inhalte vermutet, welche dort zur Erstellung von Bekennerschreiben gespeichert wurden und auf die die Inhaber der Passwörter zu diesem Zwecke Zugriff nehmen konnten.[211]

Insgesamt lag eine Fallgestaltung vor, welche heute wohl eher unter den Begriff der sog. Online-Durchsuchung gefasst würde,[212] auch wenn eine Infiltration mittels eines speziellen Computerprogramms (Trojaner) fehlt. Dennoch war die Entscheidung prägend für die weitere Entwicklung in der Frage der verfassungsrechtlichen Einordnung und des strafprozessualen Zugriffs auf E-Mails während ihrer Speicherung.

Dies überrascht umso mehr, als sich bei genauem Lesen des Sachverhaltes und Kenntnis der technischen Gegebenheiten herausstellt, dass der entschie-

---

[208] Deutlich insoweit z. B. *Bär*, MMR 2003, 680, 681, der bei einer Anwendung von § 100a StPO eine Beschränkung der Möglichkeiten der Strafverfolgungsbehörden auf ein *„nicht akzeptables Minimum“* befürchtet; vgl. auch *Klein*, NJW 2009, 2996, 2997.

[209] *Bär*, MMR 2000, 472, 475; *ders.*, MMR 2003, 680, 681.

[210] BGH, NJW 1997, 1934 ff.

[211] Vgl. zum Sachverhalt im Einzelnen BGH, NJW 1997, 1934.

[212] *Störing*, CR 2009, 475, 476.

dene Sachverhalt weder in tatsächlicher noch in technischer Hinsicht der Zwischenspeicherung von E-Mails während ihrer Übertragung entspricht.[213]

Zum einen sind die in diesem Fall betroffenen Mailboxen aus technischer Sicht nicht mit den heutigen E-Mail-Postfächern bei einem Provider vergleichbar. Es handelte sich vielmehr um eine heute veraltete Form des Nachrichtenaustausches, der im Wesentlichen einem öffentlichen oder halböffentlichen Forum ähnelte. Diese wurde teilweise vor diesem Hintergrund sogar dem verfassungsrechtlichen Schutzbereich des Rundfunks zugeordnet.[214] Zugriff auf die in den nichtöffentlichen Bereichen abgelegten Inhalte erhielt man durch Passwörter, welche im Fall des BGH in die Hände der Ermittlungsbehörden gelangt waren.

Daneben bestand aber auch die Möglichkeit, private Postfächer für einzelne Nutzer vorzuhalten. Nur soweit ein Zugriff auf diese erfolgt, liegt ein dem Zugriff auf Inhalte zwischengespeicherter E-Mails vergleichbarer Sachverhalt vor.[215] Zum anderen betrifft der Sachverhalt Inhalte, welche in den betroffenen Mailboxen in einem Bereich abgelegt waren, auf den jeder mittels Passwort Zugriff nehmen konnte. Insoweit ist nach den oben ausgeführten Kriterien wohl noch eine Individualkommunikation gegeben. Einer Zwischenspeicherung im Rahmen der Übermittlung von Nachrichten im Wege der E-Mail entspricht dies indes nicht.

Der BGH erörterte in seinem Beschluss in verfassungsrechtlicher Hinsicht zwei Grundrechte, ohne sich allerdings vertieft mit deren Voraussetzungen zu befassen,[216] zum einen das Grundrecht auf Unverletzlichkeit der Wohnung aus Art. 13 Abs. 1 GG und zum anderen das Fernmeldegeheimnis des Art. 10 Abs. 1 GG.

Ein Eingriff in das Recht auf Unverletzlichkeit der Wohnung folgt nach Ansicht des BGH aus dem Eindringen in die geschützte Sphäre von außen unter Nutzung einer Fernmeldeanlage. Die Maßnahme stelle allerdings keine Durchsuchung oder Beschlagnahme im üblichen Sinne dar, bei der ein Eindringen in die geschützte Sphäre erfolge oder körperliche Gegenstände beschlagnahmt würden. Allerdings bestehe dennoch eine Ähnlichkeit mit einer Durchsuchung, da ein Zugriff auf ein in den nach Art. 13 Abs. 1 GG geschützten Räumlichkeiten befindliches Gerät erfolge.

Einen Eingriff in das Fernmeldegeheimnis erblickt das Gericht dagegen darin, dass der Zugriff auf die der öffentlichen und individuellen Kommunikation dienende Mailbox ausschließlich über die Fernmeldeanlage erfolge.

213 Vgl. hierzu *Störing*, S. 188 f.; *ders.*, CR 2009, 475 f.

214 So *Stenger*, CR 1990, 786, 791.

215 *Störing*, CR 2009, 475, 476.

216 Vgl. zum Folgenden BGH, NJW 1997, 1934, 1935.

Nicht nur die Übermittlung von Nachrichten in die Mailbox und aus der Mailbox heraus stellten Fernmeldeverkehr dar, sondern auch der heimliche Zugriff auf die dort gespeicherten Nachrichten selbst. In den strafprozessualen Erörterungen folgt dann der für die zukünftige Entwicklung entscheidende Satz: Eine Überwachung des Fernmeldeverkehrs sei in Bezug auf die in der Mailbox gespeicherten Inhalte nach Ansicht des Gerichtes auch dann gegeben, wenn „... *der technische Bereich der Fernmeldeanlage nicht verlassen wird und der Vorgang der Nachrichtenübermittlung noch nicht abgeschlossen ist*".[217]

Der BGH geht somit in seiner Entscheidung davon aus, dass die Übermittlung von in einer Mailbox zwischengespeicherten Inhalten noch nicht abgeschlossen sei. Hieraus kann man im Rückschluss auf die verfassungsrechtlichen Ausführungen entnehmen, dass diese Inhalte zu diesem Zeitpunkt noch dem Fernmeldegeheimnis unterfallen sollen.

Im Ergebnis geht der BGH von einer partiellen Betroffenheit beider Grundrechte aus, wobei das Fernmeldegeheimnis insoweit vorrangig sei. Dieser Vorrang folge aus der Tatsache, dass im Rahmen der Vorbereitung und Durchführung des Zugriffs auf die abgelegten Daten ein Betreten der Wohnung des Betroffenen nicht erforderlich sei. Durch den Zugriff über die Fernmeldeanlage werde ein Eingriff in den Kernbereich des Art. 13 Abs. 1 GG vermieden.

Hieraus schließt das Gericht direkt auf die Anwendbarkeit der Regelungen der Telekommunikationsüberwachung der §§ 100a, 100b StPO in der damaligen Fassung. Allerdings ergänzt es diese unter Hinweis auf die sachliche Nähe zur Durchsuchung um Vorgaben, welche diesem Bereich entstammen, wie die Anforderungen des § 103 Abs. 1 Satz 1 StPO und beschränkt den Eingriff auf eine einmalige Durchführung.[218]

Sieht man von den o. g. technischen Problemen ab, so ist die Entscheidung vor allem als erstes Statement eines obersten Bundesgerichtes zur verfassungsrechtlichen Einordnung von bei Dritten lagernden und noch nicht abgerufenen elektronischen Inhalten von großer Bedeutung. Bereits im Vorfeld hatte es zwar vereinzelte Versuche zur Lösung der verfassungsrechtlichen und strafprozessualen Probleme des Zugriffs auf in solchen Mailboxen gespeicherte Inhalte gegeben,[219] die bis heute andauernde Diskussion in Rechtsprechung und Literatur entwickelte sich aber erst in der Folge dieser Entscheidung.

---

[217] BGH, a. a. O.

[218] BGH, NJW 1997, 1934, 1935.

[219] Vgl. insoweit *Stenger*, CR 1990, 786 ff. sowie *Lührs*, wistra 1995, 19 f.

Eine darüber hinausgehende Bedeutung hat die Entscheidung allerdings für die hier zu beurteilende verfassungsrechtliche Einordnung der Überwachung von Inhalten einer E-Mail-Kommunikation in der Phase der Zwischenspeicherung heute nicht mehr. Dies folgt zum einen aus der Tatsache, dass sich die technischen Voraussetzungen der Systeme unterscheiden und zum anderen daraus, dass die verfassungsrechtlichen Ausführungen der Entscheidung nur wenige konkrete Aussagen enthalten. Insoweit ist vor allem zu kritisieren, dass sich das Gericht in dieser Entscheidung sehr schwankend zeigt und insbesondere die Zuordnung der gespeicherten Inhalte zum Schutzbereich des Art. 10 Abs. 1 GG im Ergebnis durch die Bezugnahme auf Elemente des Rechts der Sicherstellung und Beschlagnahme wieder relativiert.

(2) Ablehnung eines Schutzes durch das Fernmeldegeheimnis in Rechtsprechung und Literatur

In der Folgezeit nach der Mailbox-Entscheidung lehnten einige Stimmen in der Literatur sowie einzelne Gerichte, einen Schutz von E-Mails in der Phase der Zwischenspeicherung durch das Fernmeldegeheimnis des Art. 10 Abs. 1 GG ab.

(a) Die Drei-Phasen-Theorie aus verfassungsrechtlichem Blickwinkel

Den wesentlichen Ansatz hierzu bildete die bereits erwähnte von Palm und Roy begründete, Drei-Phasen-Theorie.[220] Diese ist vor allem hinsichtlich der Diskussion in Bezug auf die Bestimmung der zulässigen strafprozessualen Eingriffsnorm in den verschiedenen Phasen der E-Mail-Kommunikation von Bedeutung. Allerdings ist sie auch für die Streitigkeiten in Bezug auf die verfassungsrechtliche Einordnung der E-Mail-Kommunikation insbesondere in den Phasen 2 und 4 prägend. Während durch die Autoren für die Phasen 1 und 3 ausdrücklich das Vorliegen einer verfassungsrechtlich geschützten Telekommunikation anerkannt wird, wird diese in Bezug auf die Phase 2 verneint.[221] Die Autoren gehen in der Phase 2 von einer zumindest zeitweisen Beendigung der geschützten Telekommunikation aus, da die Nachricht während dieses Zeitraumes in der Mailbox ruhe. Diese Phase sei somit im Gegensatz zu den Phasen 1 und 3 durch ein statisches Moment gekennzeichnet. Die Nachricht habe insoweit aufgrund der Speicherung einen anderen Aggregatzustand als während der dynamischen Übermittlung in den Phasen 1 und 3. Eine Übermittlung, die die Autoren als aktive Weiterbeförderung der

---

[220] Grundlegend insoweit *Palm/Roy*, NJW 1996, 1791 ff.; vgl. auch dies. in NJW 1997, 1904 f.

[221] *Palm/Roy*, NJW 1996, 1791, 1793.

Nachricht verstehen, finde gerade nicht statt, vielmehr sei der geschützte Übermittlungsvorgang während Phase 2 unterbrochen. Dies habe zur Folge, dass während dieser Zeit keine verfassungsrechtlich geschützte Kommunikation stattfindet und daher auf die Inhalte unter den deutlich einfacheren Voraussetzungen der §§ 94 ff. StPO zugegriffen werden könne.[222]

Auch wenn Palm und Roy ihre Theorie vorrangig zur Abgrenzung der strafprozessualen Eingriffsnormen beim Zugriff auf Mail- bzw. Voiceboxen entwickelt hatten und auf E-Mail nur am Rande als Oberbegriff für elektronische Kommunikation („electronic mail") verweisen, haben sich in der Folge einige Stimmen in der Literatur[223] diesem Ansatz angeschlossen und einen Schutz durch das Fernmeldegeheimnis in Bezug auf zwischengespeicherte E-Mails verneint. Hierbei ist allerdings auffällig, dass sich weder den grundlegenden Ausführungen von Palm/Roy noch den späteren Stellungnahmen von Vertretern dieser Ansicht in der Literatur[224] eindeutige Aussagen zur verfassungsrechtlichen Einordnung der Nachricht in Phase 2 entnehmen lassen. Die Stellungnahmen erschöpfen sich regelmäßig darin, das Vorliegen einer verfassungsrechtlich geschützten Telekommunikation zu verneinen, um so das angestrebte Ergebnis eines vereinfachten Zugriffs ohne einen Zwang zur Beachtung der verschärften Eingriffsvoraussetzungen des § 100a StPO zu begründen. Eine weitere Auseinandersetzung mit den verfassungsrechtlichen Fragen eines Zugriffs auf Inhalte einer E-Mail-Kommunikation während dieser Phase erfolgt nicht. Daher lassen sich die verfassungsrechtlichen Folgen der hier vorgenommenen Aufteilung der E-Mail-Kommunikation in Phasen überwiegend nur aus Rückschlüssen anhand der strafprozessualen Ausführungen entnehmen. Demzufolge ist vor dem Hintergrund der in Bezug genommenen §§ 94 ff. StPO und der sonstigen Argumentation davon auszugehen, dass die Vertreter dieser Ansicht einen Eingriff in das Recht auf informationelle Selbstbestimmung aus Art. 2 Abs. 1 i. V. m. Art. 1 Abs. 1 GG sowie je nach Fallgestaltung auch das Rechtes auf Unverletzlichkeit der Wohnung annehmen.[225]

Weitaus umfänglicher wird dagegen begründet, warum das Fernmeldegeheimnis während der Zwischenspeicherung in Phase 2 nicht anwendbar sein soll, da ein anderes Verständnis den Schutzbereich des Fernmeldegeheimnisses zu weit in Richtung der Speicherung der Daten ausdehnen und die Möglichkeiten der Strafverfolgungsbehörden im Bereich der E-Mail-Überwachung

---

[222] *Palm/Roy*, a. a. O.

[223] Insbesondere *Bär*, MMR 2000, 472, 474 f.; *ders.*, MMR 2003, 680, 681; *ders.*, NStZ 2009, 398, 399; sowie KK-*Nack*, StPO (6. Aufl.), § 100a Rn. 22; *Zöller*, GA 2000, 563, 573 f.

[224] Vgl. etwa *Bär*, a. a. O.

[225] So auch *Gercke*, StV 2009, 624, 625; *Schlegel*, HRRS 2007, 44, 48.

„auf ein nicht akzeptables Minimum“ reduzieren würde.[226] Wie Palm/Roy in Bezug auf die Mailbox, gehen die Vertreter dieser Ansicht auch für die E-Mail-Kommunikation vor diesem Hintergrund davon aus, dass der eigentliche Telekommunikationsvorgang während der Zwischenspeicherung in Phase 2 zumindest unterbrochen sei. Eine Telekommunikation finde während dieser Zeit nicht statt, da der Übermittlungsvorgang ruhe.[227] Als geschützte Telekommunikation wird insoweit, in Anlehnung an § 3 Nr. 59 TKG, der als Telekommunikation den technischen *„Vorgang des Aussendens, Übermittelns und Empfangens von Signalen mittels Telekommunikationsanlagen“* ansieht, nur die dynamische Übermittlung der Daten in den Phasen 1 und 3 verstanden. Werde die Nachricht dagegen durch Speicherung verkörpert, so sei keine Telekommunikation mehr gegeben. Verkörperte Daten unterlägen keinem besonderen grundrechtlichen Schutz mehr und könnten daher ohne Beachtung der Anforderungen zum Schutz der Inhalte einer Telekommunikation, welche vor allem aus § 100a StPO folgen, auf Basis der §§ 94ff. sichergestellt werden.[228] Weiter wird zur Begründung angeführt, dass diese Situation mit der Fixierung einer telefonischen Nachricht auf einem Anrufbeantworter vergleichbar sei, bei der ebenfalls kein durch das Fernmeldegeheimnis geschützter Telekommunikationsvorgang mehr vorliege.[229]

Für die (zeitweilige) Beendigung des Kommunikationsvorgangs ist nach dieser Ansicht zudem weder eine Kenntnisnahme noch eine sonstige Einwirkungsmöglichkeit des Empfängers auf die Nachricht erforderlich.[230] Es sei vielmehr für ein Ende des verfassungsrechtlichen Schutzes durch das Fernmeldegeheimnis und die hieraus folgenden, erleichterten Zugriffsmöglichkeiten ausreichend, dass die Nachricht im Postfach des Empfängers ankommt und dort gespeichert wird.[231] Ob und inwiefern Einwirkungsmöglichkeiten des Empfängers auf die Nachricht bestehen, ist nach dieser Ansicht damit ebenso unerheblich wie die zum diesem Zeitpunkt vorliegenden, erleichterten Zugriffsmöglichkeiten seitens des Providers.

---

[226] *Bär*, MMR 2000, 472, 475; *ders.*, MMR 2003, 680, 681.

[227] Vgl. *Bär*, Handbuch zur EDV-Beweissicherung, Rn. 109; *Bär*, NStZ 2009, 398, 399.

[228] *Bär*, Handbuch zur EDV-Beweissicherung Rn. 109. Eine Sonderstellung nimmt insoweit die Ansicht von *Janssen*, S. 132ff. ein, der zwar einen Schutz durch das Fernmeldegeheimnis während des gesamten Übertragungsvorganges der Phasen 1 bis 3 bejaht, aufgrund des Ruhens der Nachricht in Phase 2 eine Anwendbarkeit des § 100a StPO mangels Telekommunikationsvorganges jedoch verneint. Vgl. hierzu die Ausführungen auf S. 313f.

[229] *Bär*, Handbuch zur EDV-Beweissicherung, Rn. 109; *ders.*, MMR 2000, 176, 177.

[230] So aber BVerfGE 115, 166, 185f.

[231] KK-*Nack*, StPO (6. Aufl.), § 100a Rn. 22.

(b) Anwendbarkeit des Briefgeheimnisses?

Eine Sonderstellung nimmt die Argumentation des LG Ravensburg[232] ein. Dieses lehnt zwar ebenfalls einen Eingriff in das Fernmeldegeheimnis ab, stellt hierzu aber nicht direkt auf die Argumentation der Vertreter der Drei-Phasen-Theorie ab. Vielmehr geht es davon aus, dass eine Telekommunikation im Sinne von Art. 10 Abs. 1 GG bei E-Mails generell schon deshalb nicht vorliege, weil es letztlich nicht um ein Abhören des nichtöffentlich gesprochenen Wortes gehe. Insoweit argumentiert das Gericht, dass das Fernmeldegeheimnis nur auf Kommunikationsformen beschränkt sei, welche der klassischen Sprachkommunikation per Fernsprecher entsprechen. E-Mails seien demgegenüber als schriftliche Nachrichten zu qualifizieren, welche weitgehend an die Stelle des traditionellen Briefes getreten seien und dessen Übermittlung vereinfachten. Solche Nachrichten seien vom Fernmeldegeheimnis nicht erfasst, da dieses nur das nichtöffentlich gesprochene Wort schütze. Diese Form der Kommunikation sei schon deshalb besonders geschützt, weil die Kommunikationsteilnehmer in einem solchen Fall bewusst auf schriftliche Aufzeichnungen verzichteten, um Dritten eine Kenntnisnahme zu verwehren. Schriftliche Nachrichten seien demgegenüber weniger schutzwürdig.[233]

Die Vergleichbarkeit der E-Mail zum klassischen Brief versucht das Gericht in der Folge mit einer eher zweifelhaften Argumentation weiter zu untermauern. So führt es etwa die sprachliche Übereinstimmung von E-Mail mit „elektronischer Post" an, verweist darauf, dass wie bei der Übermittlung eines Briefes mit dem Provider stets ein Dritter zwischengeschaltet sei und die Nachrichten ausgedruckt werden könnten, so dass sie auch insoweit als schriftliche Nachricht eher einem Brief entsprächen.[234]

Trotz dieser Argumentation findet sich auch in der Begründung des Beschlusses des LG Ravensburg kein ausdrücklicher Hinweis darauf, welches Grundrecht anstelle des Fernmeldegeheimnisses anwendbar sein soll. Da das Gericht vor dem Hintergrund der letztlich gewählten Eingriffsgrundlage des § 99 Abs. 1 StPO[235] mit einer vermeintlichen Vergleichbarkeit von Brief und E-Mail argumentiert, wäre an sich zu erwarten, dass es auf eine Betroffenheit des Briefgeheimnisses abstellt. Diesen nach der Argumentation folgerichtigen Schluss zieht das Gericht jedenfalls nicht ausdrücklich, sondern belässt es bei einer Verneinung des Fernmeldegeheimnisses, ohne weiter auf die verfassungsrechtlichen Fragen einzugehen. Dennoch kann aufgrund der Ar-

232 Vgl. zum folgenden LG Ravensburg, NStZ 2003, 325 f. = MMR 2003, 679 f.

233 LG Ravensburg NStZ 2003, 325, 326.

234 LG Ravensburg, a. a. O.

235 Vgl. hierzu unten die Ausführungen zur Anwendbarkeit des § 99 Abs. 1 StPO S. 298 ff.

gumentation unterstellt werden, dass das Gericht von einem Eingriff in den Schutzbereich des Briefgeheimnisses ausgeht.

Offen ist dagegen die verfassungsrechtliche Positionierung des BGH im Vorfeld der Bundesverfassungsgerichtsentscheidung vom Juni 2009,[236] der sich jeglicher verfassungsrechtlichen Argumentation enthält und im Ergebnis aber ebenfalls auf § 99 Abs. 1 StPO abstellt. Es ist allerdings mit Sankol aufgrund der Argumentation davon auszugehen, dass auch dieser zumindest eine Beendigung des Telekommunikationsvorganges im verfassungsrechtlichen Sinne in der Phase der Zwischenspeicherung annimmt.[237] Anders als das Landgericht verzichtet der BGH allerdings auf vergleichende Betrachtungen mit der Kommunikation per Brief und verweist vielmehr auf eine Vergleichbarkeit mit dem im Wege der Telekommunikation übermitteltem Telegramm, so dass nicht davon auszugehen ist, dass ein Schutz durch das Briefgeheimnis angenommen wird.[238]

(3) Einheitlichkeit des Übermittlungsvorgangs (Einheitlichkeits- bzw. Homogenitätstheorie)

Die ganz h. M.[239] in der Literatur sowie die Rechtsprechung der meisten Instanzgerichte[240] ging dagegen schon vor der Entscheidung des Bundesver-

---

236 BGH, NStZ 2009, 397 f. Zur Entwicklung der Rechtsprechung des BGH im Nachgang zum Beschluss des Bundesverfassungsgerichtes vom 16. Juni 2009 vgl. S. 309 ff.

237 *Sankol*, K&R 2009, 396, 397.

238 Aufgrund der strafprozessualen Argumentation des BGH wird dieser Beschluss im Rahmen der strafprozessualen Ausführungen ausführlicher behandelt (vgl. S. 299).

239 *Jahn*, JuS 2006, 491, 493; *Kleine-Voßbeck*, S. 39; *Meininghaus*, S. 250; *Störing*, S. 209; *ders.*, MMR 2008, 187, 188; *ders.*, CR 2009, 475, 478; *Valerius*, S. 106; Dürig/Herzog/Scholz-*Durner*, GG, Art. 10 Rn. 128; Dreier-*Hermes*, GG, Art. 10 Rn. 38; *Jarass*, GG, Art. 10 GG Rn. 9; Schmidt-Bleibtreu/Hofmann/Henneke-*Guckelberger*, GG, Art. 10 Rn. 27; Berliner Kommentar-*Groß*, GG, Art. 10 Rn. 21; *Gaede*, StV 2009, 96, 97; *Brodowski*, JR 2009, 402, 405; *Dübbers*, StV 2000, 355; *Hsieh*, S. 91; *Jäger*, StV 2002, 243, 244; *Kudlich*, JuS 1998, 209, 212; *ders.*, JA 2000, 227, 233; Säcker-*Klesczewski*, TKG § 88 Rn. 13, *ders.*, ZStW 123, (2011), 737, 748; AnwK-*Löffelmann*, StPO, § 100a Rn. 13; *Geis/Geis*, MMR 2006, X, XI; *Gercke*, StV 2006, 454; *Preuß*, S. 146; *Sankol*, K&R 2009, 396, 397; *Schlegel*, HRRS 2007, 44, 48; *Liebig*, S. 93; *Neuhöfer*, S. 59 f.; SK-*Wolter/Greco*, StPO, § 100a Rn. 14; *Vassilaki*, JR 2000, 446, 447; wohl auch *Germann*, S. 499, welcher allerdings nach den möglichen Bearbeitungsfunktionen der Mailbox differenziert und somit bei einer Zwischenspeicherung in einem Webmail-Account bereits von einem Ende des Kommunikationsvorganges ausgeht. In die gleiche Richtung auch *Pötters/Werkmeister*, JURA 2013, 5, 7.

240 LG Hanau, StV 2000, 354, 355; LG Mannheim, StV 2002, 242; LG Hamburg, MMR 2008, 186, 187.

fassungsgerichtes vom Juni 2009 von einem einheitlichen durch das Fernmeldegeheimnis geschützten Kommunikationsvorgang in den Phasen 1 bis 3 aus und lehnt die verfassungsrechtlichen wie auch die später zu erörternden strafprozessualen Folgerungen aus der Drei-Phasen-Theorie ab.[241]

Sie stellt insoweit nicht auf den technischen Ablauf der E-Mail-Kommunikation ab, sondern argumentiert primär aus dem Blickwinkel des Schutzzwecks des Fernmeldegeheimnisses. Der geschützte Telekommunikationsvorgang werde durch die Zwischenspeicherung der Nachricht nicht unterbrochen, sondern dauere von der Absendung der E-Mail bis zu deren Ankunft beim Empfänger.[242] Er könne nicht, in Abhängigkeit von technischen Besonderheiten einer Kommunikationsform, willkürlich in Phasen aufgespalten werden, in welchen ein Schutz durch das Fernmeldegeheimnis bestehe oder entfalle.[243] Ob sich die Nachricht im Moment des Zugriffes auf diese aktiv durch das Netz bewege oder auf dem Rechner des Providers zwischengespeichert werde, sei letztlich unerheblich.[244]

Insoweit wird insbesondere ein Abstellen auf die einfachgesetzliche Definition des Telekommunikationsbegriffes des § 3 Nr. 59 TKG abgelehnt.[245] Maßgeblich sei allein, dass sich die E-Mail zu diesem Zeitpunkt noch immer einzig in den Händen eines mit der Übermittlung betrauten Dritten befinde und die Kommunikationsteilnehmer in Phase 2 weiterhin auf dessen Mithilfe angewiesen seien. Auch während der Zwischenspeicherung seien die übermittelten Nachrichten vor diesem Hintergrund der Gefahr eines erleichterten Zugriffs seitens der grundrechtsverpflichteten Behörden ausgesetzt. Dem Empfänger sei es nicht möglich, diese besondere Gefährdungssituation, vor welcher ihn das Grundrecht nach seinem Sinn und Zweck schützen soll, zu verhindern. Die Zwischenspeicherung und die hieraus folgende Bindung an ein Medium außerhalb des Einflussbereiches des Empfängers ermöglichten einen deutlich vereinfachten Zugriff auf die Inhalte der Nachricht. Demzufolge bedürfe eine E-Mail während der Zwischenspeicherung nicht etwa eines verminderten, sondern vielmehr eines besonders intensiven Schutzes. Der vom Fernmeldegeheimnis bezweckte Schutz der Privatheit auf Distanz gebiete es daher, zumindest in den Phasen 1 bis 3, eine einheitliche Betrach-

---

241 Teilweise wird darüber hinaus die Aufteilung in Phasen gänzlich und nicht nur beschränkt auf ihre Folgerungen abgelehnt. So etwa *Störing*, S. 202.

242 *Valerius*, S. 102; *Geis/Geis*, MMR 2006, X.

243 LG Hanau, StV 2000, 354, 355; *Störing*, S. 209; *Dübbers*, StV 2000, 355.

244 LG Hamburg, MMR 2008, 186; *Gaede*, StV 2009, 96, 97.

245 *Meininghaus*, S. 250; *Valerius*, S. 103.

tung des gesamten Kommunikationsvorganges per E-Mail und damit einen Schutz durch das Fernmeldegeheimnis anzunehmen.[246]

Im Übrigen sei, sofern man wie etwa das LG Ravensburg einen Vergleich mit der traditionellen Kommunikation per Brief ziehen will, die Situation mit der eines im Verteilzentrum lagernden Briefes vergleichbar, welcher zweifelsfrei bis zu seiner Auslieferung oder Abholung dem Briefgeheimnis unterfalle.[247]

(4) Die Entwicklung der Rechtsprechung des Bundesverfassungsgerichtes

Das Bundesverfassungsgericht hatte sich, mangels entsprechender Vorlagen, über einen längeren Zeitraum nicht mit der konkreten Frage des verfassungsrechtlichen Schutzes von zwischengespeicherten E-Mails zu befassen. Dennoch ließen einzelne Entscheidungen seit 2002 bereits auf eine Einbeziehung der Nachrichten während dieses Stadiums der Übertragung in den Schutzbereich schließen.

Erste Aussagen in Richtung einer Einheitlichkeit des Kommunikationsvorganges und einer daraus folgenden Einbeziehung zwischengespeicherter E-Mails in den Schutzbereich des Fernmeldegeheimnisses lassen sich schon der Hörfallen-Entscheidung[248] aus dem Jahr 2002 entnehmen. In dieser erteilte das Gericht einer rein technischen Definition des Schutzbereiches des Fernmeldegeheimnisses eine Absage. Eine derartige Abgrenzung werde dem Ziel der Wahrung der Vertraulichkeit der Telekommunikation nicht gerecht.[249] Daher seien auch Überwachungsmaßnahmen, die erst am Endgerät der Telekommunikationsanlage, also bereits außerhalb des Bereiches, in dem die übermittelten Informationen allein dem Zugriff des Dienstleisters unterliegen, ansetzten, noch als Eingriffe in den Schutzbereich zu betrachten.[250] Aus dieser Erstreckung des Schutzes, zumindest bis in das Endgerät hinein, kann bereits darauf geschlossen werden, dass der Telekommunikationsvorgang aus der Perspektive des Bundesverfassungsgerichtes nicht aufgrund technischer Bedingungen in Phasen unterteilt werden kann, welche eine unterschiedliche

---

246 Vgl. hierzu *Kleine-Voßbeck*, S. 37; *Meininghaus*, S. 251; *Valerius*, S. 102; *Gaede*, StV 2009, 96, 97; LG Mannheim, StV 2002, 242; Dreier-*Hermes*, GG, Art. 10 Rn. 38.

247 In diesem Sinne zuerst *Kudlich*, JuS 1998, 209, 213; vgl. auch *Dübbers*, StV 2000, 355; *Valerius*, S. 101 sowie *Meininghaus*, S. 251 m.w.N.

248 BVerfGE 106, 28 ff.

249 BVerfGE 106, 28, 37 f.

250 BVerfGE 106, 28, 38.

verfassungsrechtliche Einordnung nach sich ziehen, sondern als Einheit zu betrachten ist.[251]

In einer Kammerentscheidung aus dem Jahr 2005[252] erstreckte die 3. Kammer des Zweiten Senates den Schutz von Verbindungsdaten der Telekommunikation auch auf solche Daten, die zeitlich nach dem Telekommunikationsvorgang bei einem der Teilnehmer verbleiben. So sollten nach diesem in der Literatur heftig kritisierten Beschluss[253] in einem Mobiltelefon beim Beschuldigten gespeicherte Verkehrsdaten ebenso vom Schutz des Art. 10 GG erfasst sein wie bei diesem befindliche Aufzeichnungen über Verbindungen, z.B. Einzelverbindungsnachweise.[254] Derartige Daten seien als Umstände der Telekommunikation von Art. 10 Abs. 1 GG geschützt. Dieser Schutz besteht nach Ansicht der Kammer auch dann fort, wenn sich die Daten nicht bei einem Telekommunikationsdienstleister, sondern beim Beschuldigten selbst befinden.[255] Eine zeitliche Begrenzung oder andere Kriterien, welche zu einer Beendigung des grundrechtlichen Schutzes führen, lässt die Kammer dagegen nicht erkennen.

Überträgt man die wesentlichen Aussagen dieses Beschlusses auf zwischengespeicherte Inhaltsdaten von E-Mails, so wären diese in jedem Falle vom Schutz des Fernmeldegeheimnisses erfasst.

Entsprechendes müsste auch für beim Nutzer oder einem Dritten endgespeicherte E-Mails in Phase 4 gelten, so dass der Schutzbereich zeitlich unbegrenzt auf alle jemals durch Telekommunikation übertragenen Daten zu erstrecken wäre.[256] Die sich aus einer derart weiten Auslegung der zeitlichen Grenzen des Schutzbereiches ergebenden Fragen sollen allerdings erst in diesem Zusammenhang näher erörtert werden.[257]

Diese sehr weite Interpretation des Schutzbereiches des Fernmeldegeheimnisses wurde allerdings wenig später vom Zweiten Senat, mit der Entscheidung zur Sicherstellung von auf einem Mobiltelefon nach Abschluss der Übertragung im Herrschaftsbereich eines Kommunikationsteilnehmers gespeicherten Verbindungsdaten aus dem Jahr 2006,[258] wieder zurückgenommen.

---

[251] In diesem Sinne auch BVerfGE 115, 166, 187.

[252] BVerfG, NStZ 2005, 337 ff. = MMR 2005, 520 ff.

[253] Vgl. insoweit *Bär*, MMR 2005, 523 ff.; *Hauschild*, NStZ 2005, 339 ff.; *Günther*, NStZ 2005, 485 ff.

[254] BVerfG, NStZ 2005, 337, 339.

[255] BVerfG, a.a.O.

[256] So auch *Hauschild*, NStZ 2005, 339, 340; *Bär*, MMR 2005, 523, 524.

[257] Vgl. hierzu S. 133 ff.

[258] BVerfGE 115, 166 ff.

In dieser Entscheidung – dem sogenannten „Bargatzky-Fall“, wie die Entscheidung nach der damaligen Klägerin zum Teil benannt wird – konkretisierte das Gericht seine bisherige Rechtsprechung und bestimmte mittels der eingangs zitierten Definition die zeitlichen Grenzen des Schutzbereiches und erteilte einem rein technischen Verständnis eine eindeutige Absage. Voraussetzung des Endes des verfassungsrechtlichen Schutzes sei danach neben dem Ankommen der Nachricht im Herrschaftsbereich des Empfängers die Beendigung des geschützten Kommunikationsvorgangs.[259] Maßgeblich seien nicht die technischen Voraussetzungen der betroffenen Kommunikationsform. Vielmehr sei das zeitliche Ende des Schutzbereiches anhand des Herrschaftsbereiches des Empfängers und der aus dessen Erreichen folgenden Schutzmöglichkeiten zu bestimmen.

Von besonderer Bedeutung für die hier zu erörternde Frage der Eröffnung des Schutzbereiches des Fernmeldegeheimnisses während der Zwischenspeicherung ist dabei die Aussage, dass die Einheitlichkeit des Übermittlungsvorganges einer rein technischen Abgrenzung des Schutzbereiches entgegenstehe.[260] Demnach kommt eine Aufteilung des laufenden Telekommunikationsvorganges in verschiedene Phasen und eine hierauf aufbauende, abweichende rechtliche Behandlung während dieser Zeiträume nicht in Betracht. Der Schutzbereich ist nach Ansicht des Gerichtes vielmehr danach zu bestimmen, ab wann die aus dem Übermittlungsvorgang folgenden Gefahren für die Vertraulichkeit der Kommunikation nicht mehr bestehen. Eine derartige Gefahr sei, nachdem die Nachricht im Herrschaftsbereich des Empfängers angekommen ist, nicht mehr gegeben. Nach dem Zugang fehle es an den erleichterten Zugriffmöglichkeiten Dritter, welche der durch das Fernmeldegeheimnis gewährleistete Schutz ausschließen soll. In dieser Situation könne der Empfänger im Gegensatz zur vorherigen Übermittlung selbst für einen Schutz der Daten sorgen, indem er diese löscht, verarbeitet, mit Passwörtern versieht oder anderweitig schützt.[261]

Die letzten Aussagen zur Frage des Endes des geschützten Kommunikationsvorganges, sofern Schutzmöglichkeiten des Empfängers bestehen, sind vor allem im Zusammenhang mit der Speicherung von E-Mails in Phase 4 von Bedeutung und sollen daher erst später vertieft erörtert werden.[262] In Bezug auf die Zwischenspeicherung waren die Aussagen des Gerichtes in jedem Falle so deutlich, dass selbst Vertreter der Drei-Phasen-Theorie anerkannten, dass die Entscheidung der Gegenansicht weiteren Auftrieb verleihen

---

[259] BVerfGE 115, 166, 184.
[260] BVerfGE 115, 166, 187.
[261] BVerfGE 115, 166, 186 f.
[262] Vgl. hierzu S. 133 ff.

würde.[263] Allerdings äußerte sich das Gericht aufgrund des Sachverhaltes nicht zur Frage des verfassungsrechtlichen Schutzes von E-Mails und hielt diese Frage auch im Nachgang ausdrücklich für noch nicht abschließend geklärt.[264]

(5) Die Entscheidung des Bundesverfassungsgerichtes vom 16. Juni 2009

Erst in seiner Entscheidung vom Juni 2009[265] hat sich das Bundesverfassungsgericht in Bezug auf die verfassungsrechtliche Einordnung der E-Mail-Kommunikation in der Phase der Zwischenspeicherung eindeutig positioniert und sich insoweit der zu diesem Zeitpunkt h. M. in Rechtsprechung und Literatur angeschlossen.

(a) Sachverhalt

Gegenstand des in Literatur und Praxis mit Spannung erwarteten Beschlusses des Zweiten Senates war eine Verfassungsbeschwerde gegen eine Entscheidung des LG Braunschweig,[266] welche den vorangegangenen Beschluss des AG Braunschweig bestätigte.

Im zugrunde liegenden Fall hatte das Amtsgericht die Beschlagnahme des E-Mail-Bestandes eines Nichtbeschuldigten angeordnet. Es wurde davon ausgegangen, dass sich in diesem Beweismittel gegen Geschäftspartner des Betroffenen finden könnten, gegen die wegen Betruges und Untreue ermittelt wurde. Zuvor war im Rahmen einer Durchsuchung festgestellt worden, dass der Betroffene seine E-Mails nicht auf dem eigenen Rechner, sondern unter Nutzung des Internet Message Access Protokolls (IMAP)[267] bei seinem Provider gespeichert hatte. Darauf wies er die Ermittler hin und stellte auch eine Internetverbindung zum Provider her, lehnte aber einen Zugriff auf die Nachrichten ab. Hieraufhin wurde durch die Staatsanwaltschaft die Beschlagnahme des E-Mail-Bestandes beim Provider gemäß §§ 94, 98 StPO[268] bean-

---

263 *Bär*, Handbuch zur EDV-Beweissicherung, Rn. 108.

264 Vgl. BVerfGE, MMR 2007, 169, 170.

265 BVerfGE 124, 43 ff.

266 LG Braunschweig, Beschluss vom 12.04.2006 (Az.: 6 Qs 88/06), abrufbar über Juris.

267 Vgl. zu den technischen Fragen und zur Ausgestaltung S. 53 f.

268 Die vorhergehende Durchsuchung war in Bezug auf den E-Mail-Verkehr noch auf §§ 100g und 100h StPO in der damaligen Fassung gestützt worden. Ziel war insoweit die Auswertung von Datenträgern beim Betroffenen selbst. Vgl. LG Braunschweig, Beschluss vom 12.04.2006 (Az.: 6 Qs 88/06), abrufbar über Juris, Rn. 2, sowie BVerfGE 124, 43, 47.

tragt, vom Amtsgericht Braunschweig angeordnet und der Beschluss in die Räumlichkeiten des Betroffenen übermittelt, welcher damit Kenntnis von diesem Vorgehen hatte.[269] In der Folge wurden ca. 2.500 E-Mails, welche über einen Zeitraum von mehr als zwei Jahren gespeichert worden waren, beim Provider kopiert und an die Ermittlungsbehörden übergeben.[270] Hierbei muss, schon aufgrund der Anzahl der betroffenen Nachrichten sowie der Einlassung des Betroffenen im Rahmen der Beschwerde gegen die amtsgerichtliche Entscheidung, davon ausgegangen werden, dass es sich bei den beschlagnahmten Nachrichten sowohl um zwischen- als auch um endgespeicherte E-Mails handelte.[271]

Gegen den Beschluss des Amtsgerichtes erhob der Betroffene Beschwerde beim LG Braunschweig, in welcher er vor allem darauf verwies, dass ein solcher Beschluss nur auf § 100a StPO gestützt werden könnte. Dies wäre in diesem Falle aber mangels Katalogtat im Sinne des § 100a Abs. 1 StPO nicht möglich. Die beschlagnahmten E-Mails unterfielen dem Schutz des Fernmeldegeheimnisses, da der Übermittlungsvorgang noch nicht abgeschlossen sei, weil der Provider auch weiterhin auf die Nachrichten zugreifen könne. Im Übrigen verwies er darauf, dass die Beschlagnahme unverhältnismäßig sei, da sie den gesamten E-Mail-Bestand beträfe und somit auch nicht verfahrensrelevante Nachrichten erfasst seien.[272]

Die Beschwerde blieb ohne Erfolg. Das Landgericht führt insoweit unter Verweis auf die Drei-Phasen-Theorie[273] aus, dass ein Rückgriff auf die Beschlagnahmevorschriften vorliegend erfolgen könne, da der Übermittlungsvorgang bereits abgeschlossen sei. Daher sei der Schutzbereich des Art. 10 Abs. 1 GG nicht mehr eröffnet und § 100a StPO in der Folge nicht anwend-

---

269 BVerfGE 124, 43, 48.

270 BVerfGE, a. a. O.

271 So wohl auch das Verständnis von *Sankol*, MMR 2007, 170. Das das LG Braunschweig in seinem Beschluss nur auf endgespeicherte Nachrichten eingeht, folgt aus dessen abweichendem Verständnis einer Zwischenspeicherung. Nach Ansicht des Gerichtes führt bereits die Zurverfügungstellung in der Mailbox des Empfängers beim Provider bei Nutzung des IMAP-Protokolls zu einem Ende des Übertragungsvorganges, ohne dass hierzu weitere Schritte, wie etwa ein Einloggen oder eine Kenntnisnahme erforderlich wären. Vgl. insoweit LG Braunschweig, a. a. O. Rn. 12. Selbst, wenn in diesem Fall tatsächlich nur endgespeicherte E-Mails vorgelegen haben sollten, so hat das Bundesverfassungsgericht den Sachverhalt doch zum Anlass genommen, die Frage der rechtlichen Behandlung der Zwischenspeicherung ebenfalls einer Klärung zuzuführen.

272 LG Braunschweig, Beschluss vom 12.04.2006 (Az.: 6 Qs 88/06), abrufbar über Juris, Rn. 5 f.

273 Insbesondere *Palm/Roy*, NJW 1996, 1791 ff.; KK-*Bruns*, StPO, § 100a Rn. 18.; LG Hanau, NJW 1999, 3647.

bar.[274] Die Nachrichten würden dem Empfänger in dessen Postfach „*endgültig zur Verfügung gestellt*".[275] Die Speicherung beim Provider sei daher mit der auf einem beim Telekommunikationsteilnehmer selbst befindlichen Endgerät vergleichbar. Das Gericht geht insoweit davon aus, dass die (Zwischen-) Speicherung beim Provider, bei Nutzung von IMAP, bereits für die Beendigung des Kommunikationsvorganges ausreiche, da ein weiterer Abruf in solchen Fällen weder erforderlich noch vorgesehen sei. Daher ist es nach Ansicht des Gerichts auch unerheblich, ob der Empfänger von der E-Mail Kenntnis genommen hat. Maßgeblich sei allein, ob ein weiterer Übertragungsvorgang notwendig sei, um die Nachricht an den Empfänger zu übermitteln oder ob eine endgültige Zurverfügungstellung vorliege. Ist dies der Fall, könne der Empfänger ab dem Eingang in seinem Postfach mit der Nachricht nach seinem Gutdünken verfahren, sie also insbesondere lesen, bearbeiten und löschen sowie gegebenenfalls mit einem Passwortschutz versehen.[276] Bedarf es dagegen einer weiteren Übertragung, so fehle dem Empfänger die Möglichkeit, derartige Schutzmaßnahmen vorzunehmen, so dass die E-Mail weiterhin des Schutzes durch Art. 10 Abs. 1 GG bedürfe, da dann die „*typischen Gefahren einer räumlich distanzierten Kommunikation*"[277] fortbestünden. Im Übrigen sei auch die Verhältnismäßigkeit der Beschlagnahme gegeben.[278]

Gegen die Entscheidung des Landgerichtes erhob der Betroffene Verfassungsbeschwerde und rügte eine Verletzung des Fernmeldegeheimnisses sowie des Rechtes auf informationelle Selbstbestimmung. Insoweit erging zunächst am 29. Juni 2006 eine einstweilige Anordnung der 3. Kammer des Zweiten Senates des Bundesverfassungsgerichtes,[279] welche im Verlauf von fast drei Jahren insgesamt sechs Mal verlängert wurde. In der Anordnung verwies das Gericht darauf, dass die Frage, ob ein Eingriff in das Fernmeldegeheimnis auch beim Zugriff von Ermittlungsbehörden auf bei einem Provider gespeicherte E-Mails vorliegt, verfassungsrechtlich nicht vollständig geklärt sei. Vor diesem Hintergrund kündigte das Gericht eine Prüfung der Frage im Lichte der Entscheidung zum Zugriff auf Verbindungsdaten[280] an.[281]

---

[274] LG Braunschweig, a. a. O. Rn. 10.
[275] LG Braunschweig, a. a. O. Rn. 12.
[276] LG Braunschweig, a. a. O.
[277] LG Braunschweig, a. a. O.
[278] LG Braunschweig, a. a. O. Rn. 13 f.
[279] BVerfG, MMR 2007, 169 f.
[280] BVerfGE 115, 166 ff.
[281] BVerfG, MMR 2007, 169, 170.

(b) Entscheidungsinhalt

Das Bundesverfassungsgericht wies die Verfassungsbeschwerde in seinem Beschluss vom 16. Juni 2009 zurück. Hierbei beruhte die Zurückweisung im Ergebnis im Wesentlichen auf einer sehr zweifelhaften verfassungsrechtlichen Argumentation in Bezug auf die anwendbare strafprozessuale Eingriffsnorm.[282] Zuvor unterzog das Gericht die Frage der Reichweite des Schutzbereiches des Fernmeldegeheimnisses in Bezug auf beim Provider zwischen- und endgespeicherte E-Mails allerdings einer umfassenden Prüfung, welche für die weitere verfassungsrechtliche und strafprozessuale Diskussion Maßstäbe gesetzt hat. Hier soll zunächst die verfassungsrechtliche Argumentation in Bezug auf zwischengespeicherte E-Mails dargestellt werden, während die aus der Entscheidung folgenden Fragen in Bezug auf die 4. Phase unter C. IV. und die strafprozessualen Fragen unter D. III. und D. IV. erörtert werden.

Das Gericht bezieht im Ergebnis E-Mails in allen Phasen der Kommunikation in den Schutzbereich des Fernmeldegeheimnisses ein, sofern sie beim Provider gespeichert sind, also noch kein Abruf auf einen Rechner des Empfängers und somit in dessen alleinigen Herrschaftsbereich stattgefunden hat. Dies begründet es im Wesentlichen mit dem in diesem Zeitraum bestehenden, technisch bedingten Mangel hinsichtlich der Beherrschbarkeit der Nachrichten und der hieraus folgenden besonderen Schutzbedürftigkeit.[283]

Zunächst hält das Gericht auch in dieser Entscheidung an den in der „Bargatzky-Entscheidung" aufgestellten Kriterien zu den Grenzen des Schutzbereiches des Fernmeldegeheimnisses fest.[284] Der Schutz erstrecke sich nicht auf die außerhalb des laufenden Kommunikationsvorgangs im Herrschaftsbereich eines Teilnehmers gespeicherten Inhalte und Umstände der Kommunikation. Er ende daher in dem Moment, in welchem die E-Mail bei ihrem Empfänger ankomme und der Übertragungsvorgang beendet sei.[285]

Die Erfüllung dieser Voraussetzungen verneint das Gericht jedoch in Bezug auf beim Provider zwischengespeicherte E-Mails. Insoweit fehlte es bereits an einer Speicherung im Herrschaftsbereich des Kommunikationsteilnehmers, welche nach Ansicht des Gerichtes erst bei einer Speicherung auf in seinen Räumlichkeiten „*verwahrten oder in seinen Endgeräten installierten Datenträgern*" gegeben ist.[286] Die Nachrichten würden vielmehr allein im Herrschaftsbereich des Providers gespeichert, während der Kommunika-

282 Vgl. hierzu S. 251 ff.

283 BVerfGE 124, 43, 55.

284 Vgl. BVerfGE 115, 166, 183 ff.

285 BVerfGE 124, 43, 54.

286 BVerfGE 124, 43, 55.

tionsteilnehmer nur über das Internet auf diese zugreifen und sie auf seinem Bildschirm lesbar machen könne.[287] Das Grundrecht solle die aus der Nutzung des Kommunikationsmediums folgenden Gefahren für die Vertraulichkeit der Kommunikation ausschließen, insoweit dauere der durch Art. 10 Abs. 1 GG gewährleistete Schutz unabhängig davon, ob die E-Mail zwischen- oder endgespeichert sei, an, solange der Provider *„in die weitere E-Mail-Verwaltung auf seinem Mailserver eingeschaltet"*[288] sei.

Das Bundesverfassungsgericht stellt somit zur Bestimmung des Schutzbereiches auf den tatsächlichen Ort der Speicherung, die Sachherrschaft über die jeweiligen Speichermedien und das hieraus folgende Schutzbedürfnis der Kommunikationsteilnehmer ab.[289] Eine Beendigung des geschützten Kommunikationsvorganges ist damit im Fall der Speicherung der E-Mail beim Provider weder durch technische Besonderheiten des Übertragungsvorganges bedingt noch durch Handlungen des Empfängers herbeizuführen. Die verfassungsrechtlich geschützte Kommunikation dauert im Ergebnis vielmehr an, bis die Inhaltsdaten auf ein Speichermedium im Herrschaftsbereich des Empfängers übertragen oder aber gelöscht werden.

In Bezug auf zwischengespeicherte E-Mails folgt das Gericht damit der Argumentationslinie, welche sich bereits in den oben dargestellten vorherigen Entscheidungen angedeutet hatte. Danach könne der Begriff der Telekommunikation im verfassungsrechtlichen Sinne nicht anhand rein technischer Kriterien definiert werden. Auch eine auf dem Mailserver des Providers zwischengespeicherte E-Mail sei daher durch das Fernmeldegeheimnis geschützt. Dem stehe nicht entgegen, dass die Nachricht während der Zwischenspeicherung auf dem Mailserver des Providers ruhe und damit während dieser Zeit keine dynamische Übertragung der E-Mail im Sinne eines Telekommunikationsvorganges nach § 3 Nr. 59 TKG stattfinde.[290] Der Umfang des grundrechtlichen Schutzes werde nicht durch die einfachgesetzlichen technischen Bestimmungen des TKG bestimmt. Maßgeblicher Anknüpfungspunkt sei vielmehr die besondere Schutzbedürftigkeit des Grundrechtsträgers aufgrund der Einschaltung eines Dritten in den Kommunikationsvorgang.[291] Diese sei während der Zwischenspeicherung in Phase 2 noch gegeben, da sich die Nachricht noch nicht im alleinigen Herrschaftsbereich des Empfängers befinde.

---

287 BVerfGE, a. a. O.

288 BVerfGE 124, 43, 56.

289 *Krüger*, MMR 2009, 680, 681.

290 BVerfGE 124, 43, 55.

291 BVerfGE 124, 43, 55 f.

b) Stellungnahme

Der im Jahr 2009 auch durch das Bundesverfassungsgericht bestätigten h.M. ist im Hinblick auf die verfassungsrechtliche Einordnung der E-Mail-Kommunikation in der Phase der Zwischenspeicherung zuzustimmen. Weder die Drei-Phasen-Theorie noch andere Ansätze, welche auf einen Ausschluss des durch das Fernmeldegeheimnis gewährleisteten Schutzes in der Phase der Zwischenspeicherung abzielen, vermögen zu überzeugen. Der Empfänger einer E-Mail bedarf gerade in der Phase der Zwischenspeicherung eines besonderen verfassungsrechtlichen Schutzes, da während dieser Zeit besonders leicht auf die Nachricht zugegriffen werden kann, ohne dass ihm eigene Schutzmöglichkeiten zur Verfügung stehen.

Die Drei-Phasen-Theorie ist seit ihrem Entstehen vor allem von dem Ziel geprägt gewesen, eine Zugriffsmöglichkeit auf die Inhalte von E-Mails herzuleiten. Die hierzu vorgenommene Aufspaltung der E-Mail-Kommunikation in verschiedene Phasen ist zwar zur Vereinfachung der Darstellung der technischen Abläufe durchaus sinnvoll, überzeugt aber in den hieraus abgeleiteten verfassungsrechtlichen Folgerungen nicht. Letztlich erweist sich die durch die Vertreter dieser Theorie vorgenommene technische Abgrenzung als vorgeschoben. Hintergrund der Konzentration auf die Phase 2 ist vielmehr die Tatsache, dass die Mail hier über einen längeren Zeitraum vollständig an einem Ort gespeichert wird und so unter erleichterten Voraussetzungen von den Ermittlungsbehörden erlangt werden kann.

Der Ansatz der Vertreter der Drei-Phasen-Theorie ist bereits auf technischer Ebene nicht überzeugend. Schon der Grundgedanke, dass die Nachricht während eines Übertragungsvorganges letztlich mehrere quasi-physikalische Zustände annehme und dabei von einer verfassungsrechtlich geschützten dynamischen Form in eine ungeschützte verkörperte Form und zurück wechsle, ist nicht nachvollziehbar. Unabhängig von der in die Irre führenden physikalischen Terminologie ist festzuhalten, dass es während des gesamten Übertragungsvorganges einer E-Mail niemals zu einem Wechsel des Aggregatzustandes in der angeführten Form kommt. Bei konsequenter Betrachtung des technischen Übertragungsvorganges existieren die übermittelten Daten vielmehr während des gesamten Übertragungsvorganges niemals in einer unkörperlichen Form, sondern sind immer auf mindestens zwei Servern gespeichert.[292] Ein Wechsel des Aggregatzustandes findet somit nicht statt, vielmehr ist eine Fixierung auf einem körperlichen Trägermedium, was nach Bär[293] Voraussetzung für eine Beendigung des Schutzes durch Art. 10 Abs. 1 GG sein soll, während des gesamten Übertragungsvorganges gegeben. Dem-

292 *Störing*, CR 2009, 475, 476.

293 *Bär*, Handbuch zur EDV-Beweissicherung, S. 79.

zufolge müsste bei konsequenter Anwendung dieses Ansatzes der Drei-Phasen-Theorie während des gesamten Kommunikationsvorganges in den Phasen 1 bis 3 keinerlei Schutz durch das Fernmeldegeheimnis gegeben sein.[294] Dies wird allerdings, soweit ersichtlich, zu Recht nicht vertreten. Insoweit bleibt unklar, warum gerade die Speicherungsphase in Phase 2 eine Unterbrechung des durch Art. 10 Abs. 1 GG gewährleisteten Schutzes nach sich ziehen soll.

Darüber hinaus ist festzuhalten, dass die Abgrenzung der Phasen auf einer erweiterten Interpretation der Abläufe bei der technisch andersartigen Kommunikation per Mailbox beruht,[295] die für die Frage des verfassungsrechtlich gewährten Schutzes der Inhaltsdaten von E-Mails keine Relevanz besitzt.

Selbst wenn man dem technischen Verständnis der Vertreter der Drei-Phasen-Theorie folgen würde, so kommt es, wie das Bundesverfassungsgericht zutreffend ausführt, für die Reichweite des durch das Fernmeldegeheimnis gewährleisteten Schutzes gerade nicht auf die technischen Besonderheiten einer Kommunikationsform oder einfachgesetzliche Definitionen des Telekommunikationsbegriffes an. Maßgeblich ist vielmehr die besondere Schutzbedürftigkeit des Grundrechtsträgers aufgrund der Einschaltung eines Dritten in den Kommunikationsvorgang.[296]

Der Ansatz, die Reichweite einer Verfassungsnorm durch eine einfachgesetzliche Regelung zu definieren, erweist sich letztlich als zirkulär und ist aus dem Blickwinkel der Normenhierarchie nicht haltbar. Eine einfachgesetzliche Norm kann nicht herangezogen werden, um eine Bestimmung der Verfassung einschränkend auszulegen. Vielmehr muss diese nach den verfassungsrechtlichen Vorgaben ausgelegt werden und nicht umgekehrt. Der verfassungsrechtliche Schutz der Telekommunikation kann daher nicht anhand der Definition des § 3 Nr. 59 TKG oder rein technischer Kriterien bestimmt werden. Er muss vielmehr an die besondere Schutzbedürftigkeit der Fernkommunikation anknüpfen, welche aus der besonderen Gefährdungslage aufgrund der Einschaltung eines Dritten in den Kommunikationsvorgang folgt.[297] Nur so lassen sich die Nachteile in Bezug auf die Vertraulichkeit der Kommunikation im Vergleich zu einer direkten Kommunikation zwischen Anwesenden ausgleichen.

Daher kann es, anders als die Vertreter der Drei-Phasen-Theorie annehmen, nicht darauf ankommen, ob zum Zeitpunkt des Zugriffes auf einen Nachrichteninhalt eine dynamische Übertragung der E-Mail im Sinne eines

---

294 Vgl. auch *Liebig*, S. 94.

295 Vgl. zu den Unterschieden oben S. 110 f.

296 BVerfGE 124, 43, 55 f.

297 BVerfGE 115, 166, 182.

Telekommunikationsvorganges nach § 3 Nr. 59 TKG erfolgt. Es ist somit völlig unerheblich, ob die E-Mail sich im Verlauf des Übertragungsvorganges zeitweise aktiv durch das Netz bewegt oder für einen gewissen Zeitraum gespeichert wird. Der verfassungsrechtliche Telekommunikationsbegriff ist entwicklungsoffen und beschränkt sich nicht auf die bei Schaffung des Grundrechtes bekannten Kommunikationsformen.[298] Hieraus folgt, dass jeglicher Ansatz, der zu einer Differenzierung des verfassungsrechtlichen Schutzes allein anhand technischer Gegebenheiten einer bestimmten Kommunikationsform führt, nicht mit dem Schutzzweck des Art. 10 Abs. 1 GG vereinbar ist.

Das Gericht hat sich allerdings entgegen mancher Stellungnahmen in der Literatur gerade nicht der Ansicht angeschlossen, dass während der Zwischenspeicherung keinerlei Kommunikationsvorgang im verfassungsrechtlichen Sinne mehr stattfinde.[299] Eine solche Aussage lässt sich den Ausführungen nicht entnehmen, vielmehr wird nur dargelegt, dass ein Telekommunikationsvorgang im „*dynamischen Sinne*“ zum Zeitpunkt der Speicherung nicht stattfindet.[300] Insoweit hat das Gericht lediglich auf das letztlich kaum zu bestreitende technische Faktum, dass eine dynamische Bewegung der Nachricht durch das Internet in diesen Speicherungsphasen nicht erfolgt, verwiesen. Hieraus lässt sich jedoch keine generelle Ablehnung eines Kommunikationsvorganges im verfassungsrechtlichen Sinne herleiten.[301]

Stellt man auf den Blickwinkel der Kommunikationsteilnehmer ab, so erscheint eine Unterteilung des Kommunikationsvorganges in den Phasen 1 bis 3 willkürlich. Aus deren Sicht handelt es sich um ein einheitliches Geschehen, dessen technischer Ablauf ihnen in der Regel unbekannt ist und den sie nach der Versendung in keiner Weise beeinflussen können. Allenfalls die Dauer der Zwischenspeicherung liegt in den Händen des Empfängers, der selbst entscheidet, wann er die Nachricht abruft, bzw. auf sie zugreift. Dies beeinflusst jedoch weder den technischen Ablauf der Kommunikation noch die in dieser Phase bestehende besondere Schutzbedürftigkeit. Es wäre daher für die Grundrechtsträger nicht nachvollziehbar, warum eine Nachricht zu verschiedenen Zeitpunkten des Übertragungsvorganges unterschiedlichen grundrechtlichen Vorgaben unterfallen soll.

Der verfassungsrechtliche Schutz des Fernmeldegeheimnisses ist somit gänzlich unabhängig von der technischen Ausgestaltung der Übermittlung

---

[298] BVerfGE 115, 166, 182; von Mangoldt/Klein/Starck-*Gusy*, GG, Art. 10 Rn. 23; *Meininghaus*, S. 63; Dürig/Herzog/Scholz-*Durner*, GG, Art. 10 Rn. 64; jeweils m.w.N. sowie oben S. 69f.

[299] So aber Graf-*Graf*, StPO, § 100a Rn. 56; *Härting*, CR 2009, 581, 582.

[300] BVerfGE 124, 43, 55.

[301] Vgl. auch *Krüger*, MMR 2009, 680, 681.

der jeweiligen Nachrichten. Solange der laufende Kommunikationsvorgang andauert, sind die Inhalte und Umstände der E-Mail-Kommunikation vollumfänglich geschützt.

Aus dem Blickwinkel des Schutzzweckes des Grundrechtes ist ein solcher Schutz während der Phase der Zwischenspeicherung auch zwingend erforderlich. Das Grundrecht trägt der besonderen Gefährdungssituation Rechnung, welche dadurch entsteht, dass Kommunikationsteilnehmer aufgrund räumlicher Entfernungen Nachrichten nur unter Zuhilfenahme Dritter, hier des Providers, austauschen können.[302] Aus dieser Notwendigkeit resultiert eine technisch bedingte, mangelnde Beherrschbarkeit des Kommunikationsvorganges, insbesondere im Vergleich zur direkten Kommunikation unter Anwesenden, die durch den grundrechtlich gewährleisteten Schutz auszugleichen ist. Anders als während der Phasen 1 und 3 ist die gesamte Nachricht beim Provider gespeichert und erwartet den Zugriff bzw. den Abruf durch den Empfänger. Während dieses Zeitraumes besteht daher in besonderem Maße die Gefahr, dass die Inhaltsdaten einer E-Mail dem Zugriff des Providers oder sonstiger Dritter, insbesondere aber dem der Strafverfolgungsbehörden, ausgesetzt sind.[303] Demgegenüber besteht auf Seiten des Empfängers in dieser Phase keine Möglichkeit, einen solchen Zugriff zu verhindern. Dieser hat vor dem Abruf oder einem sonstigen Zugriff auf die E-Mail in der Phase der Zwischenspeicherung regelmäßig keine Kenntnis von der Existenz der E-Mail und kann auf diese in keiner Weise zugreifen. Er kann daher auch keine Maßnahmen zum Schutz der Nachrichten vor Zugriffen Dritter ergreifen, etwa indem er die Nachricht an einem für Dritte unzugänglichen Ort speichert, sie verschlüsselt oder löscht. Auch ein Passwortschutz des Postfaches ist gegenüber den Administratorenrechten des Providers wirkungslos. Dies bedingt eine besondere Schutzbedürftigkeit, welche nicht geringer ist als während der Phasen 1 und 3. Vielmehr folgt aus der vereinfachten Zugriffsmöglichkeit des Staates während der Zwischenspeicherung ein im Vergleich zu diesen Phasen verstärktes verfassungsrechtliches Schutzbedürfnis.

Es ist daher zwingend erforderlich, den Kommunikationsvorgang in den Phasen 1 bis 3 als einen einheitlichen, geschützten Telekommunikationsvorgang zu betrachten und dem Schutz des Fernmeldegeheimnisses zu unterstellen. Jede andere Interpretation würde den Schutz des Art. 10 Abs. 1 GG gerade in der Phase, in der vom Inhalt der Nachricht besonders einfach durch Dritte Kenntnis genommen werden kann, im Ergebnis leerlaufen lassen.[304]

---

302 BVerfGE 115, 166, 182.

303 *Störing*, S. 200.

304 So im Ergebnis auch *Störing*, S. 200.

c) *Anwendbarkeit des Briefgeheimnisses*

Der Vollständigkeit halber ist zudem abschließend festzuhalten, dass ein Schutz durch das Briefgeheimnis, wie ihn ausdrücklich wohl nur das LG Ravensburg vertreten hat,[305] nicht in Betracht kommt. Auch wenn die E-Mail heute funktionell weitgehend an die Stelle des Briefes getreten ist, stellt sie nach dem oben Ausgeführten keinen Brief im verfassungsrechtlichen Sinne dar, da es hierfür an der Übermittlung einer verkörperten Originalnachricht fehlt.[306]

Daneben geht die Argumentation des LG auch in Bezug auf die Reichweite des Fernmeldegeheimnisses fehl. Das Grundrecht knüpft an die Übermittlung der Nachrichten mit Mitteln der Telekommunikation an. In welcher Form diese übertragen werden, ist für die Eröffnung des Schutzbereiches ohne Belang, so dass insbesondere auch Textnachrichten erfasst sind.[307] Dass zur Übertragung der Nachrichten ein Provider zu Hilfe genommen werden muss, spricht dabei nicht gegen, sondern gerade für einen Schutz. Im Übrigen bleibt unklar, warum diese Angewiesenheit auf Dritte gegen einen Schutz durch das Fernmeldegeheimnis sprechen soll, ist sie doch allen nach Art. 10 Abs. 1 GG geschützten Kommunikationsformen wesensimmanent und für den verfassungsrechtlichen Schutz grundlegend.[308]

Schließlich verkennt das Gericht auch die Entwicklungsoffenheit des Fernmeldegeheimnisses. Es erfasst nach der ständigen Rechtsprechung des Bundesverfassungsgerichtes neben den traditionellen Übermittlungstechniken auch alle später entstandenen und zukünftig noch entstehenden Formen der vertraulichen Nachrichtenübermittlung über größere Distanzen, unabhängig von der jeweiligen technischen Ausgestaltung.[309] Eine Beschränkung auf Kommunikationstechniken, welche dem klassischen Fernsprechverkehr entsprechen, ist somit nicht gegeben.

3. Verfassungsrechtlicher Schutz der zwischengespeicherten Nachricht durch weitere Grundrechte?

Auch in Bezug auf eine Überwachung der Inhaltsdaten einer E-Mail in der Phase der Zwischenspeicherung stellt sich die Frage, inwieweit neben dem nach der hier vertretenen Meinung einschlägigen Fernmeldegeheimnis ein

---

305 LG Ravensburg, NStZ 2003, 325, 326.

306 Vgl. oben S. 78 f.

307 BVerfGE 120, 274, 307; 124, 43, 54.

308 Vgl. insoweit die Ausführungen zum gemeinsamen Schutzzweck der Grundrechte des Art. 10 Abs. 1 GG auf S. 71 f.

309 BVerfGE 106, 28, 36; 115, 166, 182 f.

verfassungsrechtlicher Schutz durch weitere Grundrechte in Betracht kommt. Insoweit ist, wie in den Phasen 1 und 3, an einen Schutz durch das Recht auf Unverletzlichkeit der Wohnung aus Art. 13 Abs. 1 GG oder das allgemeine Persönlichkeitsrecht in seinen Ausprägungen als Recht auf informationelle Selbstbestimmung und als Recht auf Gewährleistung der Vertraulichkeit und Integrität informationstechnischer Systeme nach Art. 2 Abs. 1 i. V. m. 1 Abs. 1 GG zu denken.

Allerdings gilt auch hier das oben in Bezug auf die Phasen 1 und 3 Ausgeführte.[310] Ein Eingriff in Art. 13 Abs. 1 GG scheidet in Phase 2 mangels speziellem Raumbezug der Überwachungsmaßnahme aus. Die Geschäftsräume eines Telekommunikationsdienstleisters, in welchen sich die Server befinden, auf denen die Nachricht während dieser Phase gespeichert ist, genießen nach ganz h. M. zwar den Schutz des Rechtes auf Unverletzlichkeit der Wohnung,[311] ein eventuell erforderlicher Eingriff in die geschützte räumliche Sphäre ist aber allenfalls eine Nebenfolge der Überwachungsmaßnahme. Im Vordergrund steht die Überwachung des Telekommunikationsvorganges zwischen Sender und Empfänger, so dass auch hier das Fernmeldegeheimnis Vorrang genießt. Allenfalls der Provider könnte sich, im Falle einer unberechtigten Inanspruchnahme durch die Strafverfolgungsbehörden, je nach Fallgestaltung auf einen Eingriff in das Grundrecht auf Unverletzlichkeit der Wohnung berufen.

Auch im Hinblick auf die aus Art. 2 Abs. 1 i. V. m. 1 Abs. 1 GG abgeleiteten Grundrechte ist in Phase 2 ein Vorrang des Fernmeldegeheimnisses gegeben. Die allgemeinen Garantien aus Art. 2 i. V. m. 1 Abs. 1 GG werden insoweit durch das speziellere Fernmeldegeheimnis verdrängt. Dies gilt insbesondere auch in Bezug auf das Recht auf Gewährleistung der Vertraulichkeit und Integrität informationstechnischer Systeme, vor allem dann, wenn, wie nach der hier vertretenen Ansicht, Inhalte aus einem laufenden Telekommunikationsvorgang Überwachungsgegenstand sind.[312]

Ergebnis

Die Inhalte einer E-Mail sind somit während der Zwischenspeicherung in Phase 2 in ihrer Gesamtheit allein durch das Fernmeldegeheimnis des Art. 10 Abs. 1 GG geschützt.

---

310 Vgl. S. 98 ff.

311 BVerfGE 32, 54, 69 ff.; 44, 353, 371; 76, 83, 88; 96, 44, 51; 120, 274, 309; von Mangoldt/Klein/Starck-*Gornig*, GG, Art. 13 Rn. 22; *Jarass*, GG, Art. 13 Rn. 5; a. A. aber z. B. Dreier-*Hermes*, GG, Art. 13 Rn. 26.

312 BVerfGE 120, 274, 307; vgl. auch *Hoffmann-Riem*, JZ 2008, 1009, 1022; Uerpmann-Wittzack-*Bäcker*, S. 21; *Buermeyer*, StV 2013, 470, 472.

IV. Der verfassungsrechtliche Schutz der Inhaltsdaten der E-Mail während der Endspeicherung (Phase 4)

An die Übertragung der Inhaltsdaten der E-Mail in den Phasen 1 bis 3 schließt sich die abschließende Phase der dauerhaften Speicherung der E-Mail in Phase 4, die sog. Endspeicherung, an. Anders als während der regelmäßig zeitlich begrenzten Zwischenspeicherung der E-Mail in Phase 2 handelt es sich insoweit nicht um einen flüchtigen Zwischenschritt der Übertragung, sondern um den regelmäßig dauerhaften Endpunkt des Übertragungsvorganges.

Aus der meist lang andauernden, teilweise jahrzehntelangen Speicherung von Nachrichten folgen besondere Gefährdungen für die grundrechtlich geschützten Rechtspositionen der Kommunikationsteilnehmer, die besondere Anforderungen an einen Zugriff auf Inhaltsdaten während der Endspeicherung erforderlich machen. Insoweit wird im Folgenden zunächst eine Abgrenzung der Endspeicherung zur Zwischenspeicherung in Phase 2 vorgenommen und die besondere Gefährdungslage dargestellt, welche sich aus einem Zugriff auf die in einem E-Mail-Postfach endgespeicherten Nachrichten für die Kommunikationspartner ergibt. Im Anschluss werden die verfassungsrechtlichen Anforderungen an einen Zugriff auf Inhaltsdaten einer E-Mail während dieser Phase erörtert.

Aus verfassungsrechtlicher Sicht sind hierbei wiederum die Grundrechte aus Art. 10 Abs. 1 GG, insbesondere das Fernmeldegeheimnis sowie das allgemeine Persönlichkeitsrecht vor allem in seiner Ausprägung als Recht auf Gewährleistung der Vertraulichkeit und Integrität informationstechnischer Systeme nach Art. 2 Abs. 1 i.V.m. 1 Abs. 1 GG, von Bedeutung. Daneben ist auch ein Eingriff in das Recht auf Unverletzlichkeit der Wohnung nach Art. 13 Abs. 1 GG zu erörtern.

1. Definition der Endspeicherung

Eine genaue Abgrenzung der Speicherungsphasen der E-Mail-Kommunikation ist für die Erörterung der verfassungsrechtlichen und strafprozessualen Fragestellungen in diesem Zusammenhang von maßgeblicher Bedeutung. Auch wenn das Bundesverfassungsgericht in seiner Entscheidung zur Sicherstellung und Beschlagnahme von E-Mails auf dem Mailserver des Providers eine Unterscheidung zwischen- und endgespeicherten E-Mails für unerheblich hält,[313] so weisen die Phasen 2 und 4 in ihrer verfassungsrechtlichen und strafprozessualen Bewertung, wie diese Untersuchung zeigen wird, erheb-

[313] Vgl. BVerfGE 124, 43, 55.

liche Unterschiede auf, die es erforderlich machen, konkrete Abgrenzungskriterien zu entwickeln.

Die Endspeicherung in der Phase 4 der E-Mail-Kommunikation ist vor allem von der anderen statischen Phase des Kommunikationsverlaufs, der Zwischenspeicherung in Phase 2, abzugrenzen, da beide Phasen durch das statische Element der Speicherung Parallelen aufweisen. Zudem findet der Übergang von der Zwischenspeicherung zur Endspeicherung einer E-Mail in vielen Fällen aufgrund des heute überwiegend verwendeten IMAP4-Protokolls[314] fließend statt, ohne dass ein weiterer Übertragungsvorgang erforderlich ist, was eine eindeutige Unterscheidung erschwert.

Im Rahmen der Abgrenzung sind daher insbesondere die verschiedenen technischen Ausgestaltungen der abschließenden Phase der E-Mail-Kommunikation von Bedeutung. Derzeit werden zwei Übertragungsformen genutzt, welche sich sowohl auf tatbestandlicher Ebene als auch, in Abhängigkeit von der insoweit vertretenen Ansicht, in ihrer verfassungs- und strafprozessrechtlichen Beurteilung unterscheiden.[315]

Der bis zur weiteren Verbreitung des IMAP4-Protokolls und hierauf basierender Webmail-Dienste übliche Fall war der Abruf der E-Mail auf den Rechner des Empfängers unter Verwendung des POP3-Protokolls. Wird eine E-Mail auf diese Weise übertragen und gespeichert, so erfolgt im Anschluss an die Zwischenspeicherung in Phase 2 der Abruf der Nachricht durch den Empfänger auf dessen Rechner (Phase 3). Hieran schließt sich die weitere Speicherung auf diesem, regelmäßig in den Wohn- oder Geschäftsräumen des Nutzers befindlichen Computer an. Auf diesem wird die Nachricht in der Folge archiviert und kann gegebenenfalls weiterbearbeitet werden. Der Empfänger kann frei über die Nachricht und gegebenenfalls als Anhang mitgesendete Dateien verfügen, indem er sie an einem für Dritte unzugänglichen Ort speichert, sie verschlüsselt, ausdruckt oder löscht. In diesen Fällen hat in der Regel niemand, auch kein bei einem Dienstleister beschäftigter Administrator, die Möglichkeit, sich ohne Wissen des Nachrichtenempfängers Kenntnis vom Inhalt der E-Mail zu verschaffen. In Fällen der Verwendung dieses Protokolls lassen sich bei einem Abruf auf den Computer des Empfängers die Phasen der Kommunikation klar abgrenzen. Die Endspeicherung in Phase 4 beginnt hier mit dem Abschluss des Abrufs auf den Rechner des Empfängers in der Phase 3.

Durch das IMAP4-Protokoll trat eine weitere Nutzungsmöglichkeit hinzu, bei der die Abgrenzung zwischen den Phasen der E-Mail-Kommunikation

---

314 Zu den technischen Einzelheiten vgl. oben S. 53 f.

315 *Liebig*, S. 84 f., bezeichnet diese Fallgestaltungen als Phase 4a und Phase 4b; vgl. hierzu oben auf S. 66 f.

deutlich schwieriger vorzunehmen ist. Im Rahmen der Nutzung eines IMAP4-basierenden Webmail-Dienstes steht es dem Nutzer frei, auf den Abruf der E-Mail auf seinen Computer gänzlich zu verzichten. Diese Dienste beinhalten sämtliche Bearbeitungs- und Verwaltungsmöglichkeiten eines E-Mail-Clients, so dass kein Bedarf für einen Abruf auf den Computer des Empfängers mehr besteht. Die E-Mail verbleibt üblicherweise dauerhaft im Online-Postfach beim jeweiligen Mailprovider, auch wenn ein Abruf weiterhin möglich ist, und kann dort weiterbearbeitet werden. Der Empfänger kann auch in diesen Fällen Maßnahmen ergreifen, um Dritte vom Zugriff auf die Nachrichteninhalte auszuschließen, etwa durch Einrichtung von Passwörtern. Allerdings lässt sich nicht generell ausschließen, dass zumindest der Provider durch einen Administrator auf das Postfach und seine Inhalte zugreifen kann.[316] Auf diese Weise können auch die Strafverfolgungsbehörden unter Heranziehung des Providers auf das Postfach des Empfängers Zugriff nehmen.[317] Entsprechendes gilt auch für von anderen Dritten, wie etwa dem Arbeitgeber, zur Verfügung gestellte Postfächer auf deren Rechnern.

Inwieweit diese vereinfachten Zugriffsmöglichkeiten Einfluss auf die verfassungsrechtliche und strafprozessuale Beurteilung der Endspeicherung der Inhaltsdaten in Phase 4 haben, insbesondere welche Anforderungen an eine Beendigung des durch das Fernmeldegeheimnis geschützten Kommunikationsvorganges in Phase 4 zu stellen sind, wird sogleich erörtert.[318]

Zur Abgrenzung von Zwischenspeicherung und Endspeicherung für die Zwecke dieser Untersuchung stellt sich allerdings zunächst die Frage, ab wann von einem Übergang von der Zwischenspeicherung zu einer endgültigen Speicherung ausgegangen werden kann.

Der maßgebliche Ansatzpunkt für eine Unterscheidung zwischen den beiden Speicherungsphasen ist dabei in der Einwirkungsmöglichkeit des Empfängers auf die Nachricht zu sehen. Während der Zwischenspeicherung in Phase 2 ist es dem Empfänger der E-Mail noch nicht möglich, die Nachricht auch nur zur Kenntnis zu nehmen und noch weniger auf diese einzuwirken. Er kann in Unkenntnis von der Existenz der E-Mail weder eine Entscheidung über eine Speicherung oder Löschung der Mail, noch über eventuelle Abruf- oder Schutzmaßnahmen treffen. Diese Dispositionsmöglichkeiten sind entscheidend für die Frage, ab wann eine Endspeicherung vorliegt.

Stellt man auf diesen Ansatzpunkt ab, so dauert die Zwischenspeicherung so lange an, bis der Empfänger die Möglichkeit erlangt, auf die E-Mail einzuwirken. Hierfür ist jedoch mehr zu verlangen als das bloße Ankommen der

[316] Vgl. *Meininghaus*, S. 254 m.w.N.

[317] Vgl. hierzu S. 54f.

[318] Vgl. die diesbezüglichen Ausführungen auf S. 140ff. und 324ff.

E-Mail im Postfach des Empfängers.[319] Er muss zumindest in der Lage gewesen sein, über das weitere Schicksal der Nachricht zu entscheiden. Dies bedeutet allerdings nicht, dass er die E-Mail tatsächlich gelesen oder aktive Schritte zu ihrer Speicherung, Löschung oder zu ihrem sonstigen Schutz unternommen haben muss. Ausreichend ist, dass er zumindest eine Möglichkeit hierzu hatte.

Zur Frage, ab wann dies, bestenfalls auch eindeutig nachweisbar, gegeben ist, lassen sich verschiedene Ansätze diskutieren. In jedem Falle ist ein Übergang in die Phase der Endspeicherung gegeben, wenn der Empfänger die E-Mail tatsächlich gelesen hat. Somit könnte es ein denkbarer Ansatz sein, auf die technische Möglichkeit von E-Mail-Clients abzustellen, eine gelesene E-Mail automatisch als „gelesen" zu kennzeichnen.[320] Dies erfolgt regelmäßig, indem die Nachricht nach dem Lesen nicht mehr als fett gedruckt in der Übersicht der im Postfach enthaltenen E-Mails erscheint. Allerdings ist eine solche Kennzeichnung nicht eindeutig, da regelmäßig ein bloßes Anklicken der Nachricht ausreichend ist, um den Status zu ändern, ohne dass die Nachricht im eigentlichen Sinne gelesen wurde.[321] Zudem ist es unproblematisch möglich, den Status einer gelesenen Nachricht im E-Mail-Client in „ungelesen" zu ändern. Somit scheidet ein solches Vorgehen als belastbares Abgrenzungskriterium aus.[322]

Eine weitere Möglichkeit wäre, eine Unterscheidung anhand zeitlicher Kriterien zu erwägen. So könnte z. B. nach einem bestimmten Zeitraum des Verbleibens auch ungelesener Nachrichten im E-Mail-Postfach davon ausgegangen werden, dass diese nach dem Willen des Empfängers auch dauerhaft dort verbleiben sollen. Problematisch hieran ist vor allem, dass der Empfänger in solchen Fällen mangels Kenntnis von der Existenz der E-Mail regelmäßig keinen Entschluss fassen konnte, wie er mit der E-Mail weiter verfahren will. Es fehlt somit zu diesem Zeitpunkt an jeglicher Dispositionsmöglichkeit, so dass auch ein solches zeitliches Abgrenzungskriterium nicht in Betracht gezogen werden kann.

Vor diesem Hintergrund erscheint es eindeutiger, zur Abgrenzung auf den Zeitpunkt abzustellen, zu dem sich der Empfänger in den jeweiligen Webmail-Account einloggt. Ab diesem Zeitpunkt hat er die Möglichkeit, die

---

319 So aber das Verständnis von *Bär*, Handbuch zur EDV-Beweissicherung, Rn. 105.

320 Zustimmend zu einer solchen Abgrenzung, wenn auch im Zusammenhang mit der hier noch nicht zu erörternden Frage der Beendigung des durch das Fernmeldegeheimnis geschützten Kommunikationsvorgangs, *Meininghaus*, S. 255.

321 Anders ist dies nur, sofern aufgrund entsprechender Einstellungen des Nutzers im E-Mail-Client der „Gelesen-Status" aktiv hergestellt werden muss.

322 Kritisch zur Abgrenzung anhand des Lesestatus auch *Störing*, S. 218 f. sowie *Gaede*, StV 2009, 96, 98.

E-Mail zur Kenntnis zu nehmen und zu entscheiden, ob er diese im Postfach belässt, an einem anderen, sichereren Ort speichert, löscht, ausdruckt oder Schutzmaßnahmen vor unbefugtem Zugriff ergreift. Er kann somit ab diesem Moment vollumfänglich auf die E-Mail einwirken. Inwieweit er dies in der Folge auch tut, ist für die Abgrenzung der Phasen der E-Mail-Kommunikation ohne Belang. Zudem lässt sich bei Bedarf anhand der jeweiligen Login-Daten feststellen, wann der Empfänger zuletzt auf sein Postfach zugegriffen hat. Damit besteht auch eine einfache, nachvollziehbare und nicht durch den Nutzer zu beeinflussende Möglichkeit, den Zeitpunkt des Übergangs von der Zwischen- zur Endspeicherung zu bestimmen. Es ist somit für den Übergang von der Zwischenspeicherung zur Endspeicherung ausreichend, dass sich der Empfänger nach Zugang der E-Mail in sein Postfach beim Provider einloggt.[323] Der Lesestatus ist insoweit ohne Belang.

Im Ergebnis werden im Rahmen dieser Untersuchung somit alle E-Mails, die nach dem letzten Login des Nutzers im jeweiligen E-Mail-Postfach eingegangen sind, als zwischengespeichert betrachtet, während alle zuvor eingegangenen Nachrichten als endgültig gespeichert behandelt werden.

2. Besondere Gefahren der dauerhaften Speicherung von E-Mails in E-Mail-Postfächern

Beim Zugriff auf dauerhaft gespeicherte E-Mails, die sich in einem Postfach beim Provider oder in einem auf dem Rechner des Empfängers angelegten Postfach befinden, besteht eine im Vergleich zum zeitweiligen „Mitschneiden“ des Mailverkehres ungleich größere Gefährdung für die verfassungsrechtlich geschützten Rechtsgüter des Betroffenen.

Im Rahmen der Aufzeichnung der laufenden E-Mail-Kommunikation lassen sich regelmäßig nur Ausschnitte des aktuellen Kommunikationsverhaltens und des derzeitigen persönlichen Umfeldes des Betroffenen über einen gewissen Zeitraum ermitteln. Werden in diesem Zeitraum keine relevanten Nachrichten über die jeweilige Mailadresse ausgetauscht, so bleibt die Überwachung ohne Ergebnis. Demgegenüber ermöglicht der Zugriff auf die dauerhaft in einem E-Mail-Postfach bei einem Provider oder sonstigem Dritten gespeicherten Inhalte erheblich weitergehende Erkenntnisse für die Strafverfolgung. In Abhängigkeit vom Speicherverhalten des Nutzers kann anhand der dort gespeicherten Daten ein sehr konkretes Persönlichkeits-, Kommunikations- und Bewegungsprofil über Jahre hinweg erstellt und in seiner Entwicklung nachverfolgt werden. Daher sind derartige Postfächer für die Strafverfolgungsbehörden von erheblicher Bedeutung.

---

323 So schon *Krüger*, MMR 2009, 680, 682.

Diese besondere Gefährdungslage resultiert aus dem Nutzungsverhalten der Kommunikationsteilnehmer. Viele Nutzer löschen niemals, oder allenfalls sehr selten, E-Mails aus ihren Postfächern. Zumindest Nachrichten, deren Bedeutung über bloße SPAM und Werbemitteilungen hinausgeht, bleiben häufig auf unbestimmte Zeit im Postfach gespeichert. Grund hierfür ist vor allem die Archivierungsfunktion sowie die einfache Organisierbarkeit und Durchsuchbarkeit von in Postfächern gespeicherten E-Mailbeständen. Im Falle von Webmail-Accounts tritt auch die einfache dezentrale Zugriffsmöglichkeit mittels verschiedener Endgeräte (Smartphone, Laptop, verschiedene Desktopcomputer zu Hause oder am Arbeitsplatz usw.) auf so gespeicherte E-Mails hinzu. Auf diese Weise entstehen im Laufe der Jahre Datensammlungen, welche häufig mehrere tausend Nachrichten umfassen. Dass ein Zugriff auf solch große E-Mailbestände, in diesem Fall per Beschlagnahme, keine Ausnahme ist, zeigt u. a. der Beschluss des Bundesverfassungsgerichts vom März 2009, der die Beschlagnahme des gesamten Mailbestandes (insgesamt 2.500 E-Mails) im Postfach des nicht beschuldigten Beschwerdeführers zum Gegenstand hatte.[324]

Ein Blick in ein über Jahre betriebenes Postfach fördert daher in der Regel Erkenntnisse aus allen Bereichen des privaten und häufig auch des beruflichen Lebens zutage. Hierbei sind nicht nur die reinen Inhalte der E-Mails von Bedeutung. Durch eine Analyse der E-Mails z. B. im Hinblick auf Kommunikationspartner, -häufigkeit und -themen lassen sich zudem noch deutlich weitergehende Erkenntnisse erlangen.

So lässt sich anhand des jahrlangen Mailverkehres nicht nur der Bekanntenkreis einer Person bestimmen, sondern auch sehr genau die Entwicklung der Beziehungen zwischen den Kommunikationspartnern nachvollziehen. Handelt es sich lediglich um flüchtige Kontakte, da beide auf dem E-Mail-Verteiler eines Dritten stehen, oder kommunizieren die Partner direkt miteinander? Dauert der Kontakt noch an oder ist er vor Jahren eingeschlafen? Wie hat sich der Kontakt entwickelt, d. h., kommunizieren Sender und Empfänger jetzt intensiver, haben sich vielleicht aus flüchtigen Kontakten Freundschaften oder gar Beziehungen entwickelt? Aus solchen gegebenenfalls sehr intimen Kommunikationen werden sich in vielen Fällen auch sehr konkrete Hinweise auf sexuelle Vorlieben und Orientierungen ableiten lassen, welche regelmäßig den absolut geschützten Kernbereich privater Lebensgestaltung betreffen werden.

Aber auch außerhalb dieser sehr persönlichen Ebene lassen sich durch eine Analyse der gespeicherten E-Mails weitreichende Erkenntnisse gewinnen. Wie ist das Konsumverhalten des Inhabers des Postfaches? Welche Güter hat

---

[324] BVerfGE 124, 43, 48.

er in den letzten Jahren wann und bei wem erworben? Kauft er zum Beispiel plötzlich sehr viele oder sehr luxuriöse Waren ein, welche nicht seiner finanziellen Lage entsprechen? Hieraus lassen sich beispielsweise Motive für Vermögensdelikte aufgrund von Geldsorgen, aber auch Hinweise auf eine Verwendung von aus einer strafbaren Handlung erlangten Geldern gewinnen.

Welche Internetdienste verwendet der Inhaber des E-Mail-Postfachs? Finden sich in den Nachrichten unter Umständen Passwörter zu Foren, in welchen strafrechtlich bedeutsame Inhalte ausgetauscht werden? Sind vielleicht gar die Passwörter oder Wiederherstellungsoptionen zu weiteren E-Mail-Postfächern gespeichert, welche hierdurch den Ermittlungsbehörden bekannt werden und gegebenenfalls ebenfalls überwacht oder ausgewertet werden könnten? Gibt es vielleicht E-Mails von Banken, die auf Geschäftsverbindungen hindeuten, aufgrund derer weitere Ermittlungsmaßnahmen, wie etwa das Kontoabrufverfahren nach § 24c KWG, eingeleitet werden können?

Mindestens genauso interessant, gerade mit Blick auf Ermittlungen in Fällen des Verdachts auf eine Begehung von Staatsschutzdelikten, können für die Strafverfolgungsbehörden beispielweise auch Hinweise auf die Teilnahme an Veranstaltungen und Konzerten sein, die sich z. B. aus der Buchung von Konzerttickets ergeben. Hieraus lassen sich häufig Aufenthalte an bestimmten Orten zu konkreten Zeitpunkten, aber teilweise auch politische Präferenzen folgern. Für die Bestimmung des räumlichen Aufenthaltes einer Person noch bedeutsamer sind die häufig in E-Mail-Postfächern auffindbaren Hotel-, Bahn-, Flug- und sonstigen Reisebuchungen. Anhand solcher Nachrichten lassen sich das Reiseverhalten und der Aufenthalt von Personen teilweise über sehr lange Zeiträume nachvollziehen und ein Bewegungsprofil erstellen. Zudem ist es möglich, Anhaltspunkte für den Aufenthaltsort eines flüchtigen Beschuldigten zu ermitteln.

Entsprechendes gilt für religiöse Zusammenhänge. Interessiert sich der Nutzer des Postfachs für bestimmte religiöse Strömungen? Erhält er E-Mails von bestimmten religiösen Gruppierungen und Einrichtungen, vielleicht gar solchen, die in Verdacht stehen, den internationalen Terrorismus zu fördern?

Die genannten Beispiele verdeutlichen sicherlich nur einen Teil der Ermittlungsansätze, die sich aus der Analyse eines über Jahre genutzten E-Mail-Postfaches ergeben können. Für Polizei und Staatsanwaltschaften sind solche Datensammlungen in jedem Falle eine wertvolle Fundgrube. Dies gilt nicht nur in Bezug auf die Ermittlungen gegen den Beschuldigten im laufenden Verfahren, sondern, aufgrund von Zufallsfunden, auch hinsichtlich eventueller weiterer Straftaten des Beschuldigten, aber auch seiner bisher unbehelligten Kommunikationspartner.

Andererseits zeigt die Aufstellung auch das Gefährdungspotential, das sich für den von der Ermittlungsmaßnahme Betroffenen und seine Kommunikationspartner aufgrund des Zugriffs auf ein E-Mail-Postfach ergibt. Nahezu jeder Bereich des persönlichen und geschäftlichen Lebens des Empfängers einer E-Mail kann in den Fokus der Ermittlungsbehörden gelangen, wenn diese, z. B. durch Beschlagnahme der Daten, auf die endgespeicherten E-Mails in dessen Postfach zugreifen. Entsprechendes gilt, wenn auch in geringerem Ausmaß, für die Kommunikationspartner des Empfängers, welche vielfach keinen Bezug zur untersuchten Straftat haben, aber dennoch allein aufgrund der E-Mail-Kommunikation mit dem Empfänger ebenfalls von den Ermittlungsmaßnahmen betroffen sind. Für den Betroffenen und seine Kommunikationspartner ergeben sich somit erhebliche Gefährdungen ihrer Grundrechte.

Dieses Spannungsverhältnis zwischen wertvollen Ermittlungsansätzen zur Tataufklärung und Strafverfolgung auf der einen und erheblichen Gefährdungen verfassungsmäßig geschützter Rechtsgüter des Empfängers und seiner Kommunikationspartner auf der anderen Seite stellt das Kernproblem der Phase 4 der E-Mail-Kommunikation dar und steht daher im Zentrum der grundrechtlichen und strafprozessualen Erörterungen im Rahmen dieser Phase.

3. Verfassungsrechtlicher Schutz endgespeicherter E-Mails durch das Fernmeldegeheimnis des Art. 10 Abs. 1 GG?

Auch für die Frage des verfassungsrechtlichen Schutzes der Inhaltsdaten einer endgespeicherten E-Mail in Phase 4 der E-Mail-Kommunikation ist auf den ersten Blick eine Einbeziehung in den Schutzbereich der Grundrechte des Art. 10 Abs. 1 GG zu erwägen. Dabei sind, wie in den Phasen 1 bis 3, wiederum das Fernmeldegeheimnis, aber auch das Briefgeheimnis als mögliche Schutzgewährleistungen in Betracht zu ziehen.

Maßgeblich ist auch hier die Frage nach der zeitlichen Dauer des Kommunikationsvorganges im verfassungsrechtlichen Sinne, d. h., wie lange der durch das Fernmeldegeheimnis des Art. 10 Abs. 1 GG gewährleistete Schutz bei der Speicherung einer E-Mail im Anschluss an den technischen Übertragungsvorgang in den Phasen 1 bis 3 auf dem heimischen Computer oder beim Provider andauert.

Dabei setzt sich der oben bereits zur Zwischenspeicherung dargestellte Streit um den genauen Zeitpunkt der Beendigung des verfassungsrechtlichen Schutzes der Kommunikation fort. Ausgangspunkt ist wiederum die durch den Zweiten Senat des Bundesverfassungsgerichtes im Jahr 2006 geprägte Formel, nach der der Schutz des Fernmeldegeheimnisses in dem Moment endet, *„in dem die Nachricht bei dem Empfänger angekommen und der Übertragungsvorgang beendet ist“.*[325] Dieser Zeitpunkt kann dabei je nach Fallgestaltung und insoweit vertretener Ansicht auch in Phase 4 durchaus niemals erreicht werden.

Zur Klärung der Frage, ob und ggf. wann eine Beendigung des Übertragungsvorganges und damit auch des verfassungsrechtlichen Schutzes der Inhaltsdaten einer E-Mail während der Endspeicherung in Betracht kommt, wird im Folgenden zunächst die Entwicklung des Meinungsstandes in Rechtsprechung und Literatur dargestellt, um im Anschluss eine eigene verfassungsrechtliche Bewertung vorzunehmen.

a) Speicherung auf dem heimischen Computer

Den Ausgangspunkt der Prüfung soll der Fall der Speicherung der Inhaltsdaten der E-Mail auf dem in der Wohnung des Empfängers befindlichen Computer bilden. Auch diesbezüglich kommt ein verfassungsrechtlicher Schutz durch das Fernmeldegeheimnis des Art. 10 Abs. 1 GG in Betracht. Auf den ersten Blick scheint es nicht fernliegend zu sein, Inhalte, welche sich Bruchteile von Sekunden vorher in Phase 3 noch durch das Telekommunikationsnetz bewegten und dabei dem Fernmeldegeheimnis unterfallen, einem entsprechenden Schutz zu unterstellen. Dennoch gehen heute Rechtsprechung und Literatur weitgehend einheitlich von einer Beendigung des Kommunikationsvorgangs ab dem Zeitpunkt der Speicherung auf dem heimischen Computer aus.

aa) Die Kammerentscheidung des Bundesverfassungsgerichtes aus dem Jahr 2005

Die Rechtsprechung des Bundesverfassungsgerichtes deutete jedoch zunächst in eine andere Richtung. In der bereits oben angesprochenen Entscheidung aus dem Jahr 2005 hatte die 3. Kammer des Zweiten Senats des Bundesverfassungsgerichtes für den Fall der Beschlagnahme eines Mobiltelefons einen Eingriff in das Fernmeldegeheimnis bejaht, da die in einem Mobiltelefon oder auf der SIM-Karte nach Abschluss der jeweiligen Telefongespräche gespeicherten Verkehrsdaten Auskunft über die verfassungsrechtlich geschützten Umstände der Telekommunikation geben würden.[326] Die gespeicherten Daten ermöglichten es, Informationen sowohl über erfolgte Anrufe als auch über fehlgeschlagene Kommunikationsversuche zu erlangen,

---

[325] BVerfGE 115, 166, 184; vgl. auch BVerfGE 124, 43, 54.

[326] BVerfG, NStZ 2005, 337 ff. = MMR 2005, 520 ff.

bzgl. derer der Staat generell keine Kenntnis beanspruchen könne, um die vertrauliche Nutzung des jeweiligen Kommunikationsmediums nicht zu beeinträchtigen.[327] Damit erstreckt sich der Schutz des Fernmeldegeheimnisses nach dieser Entscheidung auch auf alle nach dem Abschluss der Kommunikation im alleinigen Herrschaftsbereich des Empfängers verbleibenden Verkehrsdaten, einschließlich der in den Rechnungen des Telekommunikationsdienstleisters enthaltenen Einzelverbindungsnachweise.[328]

Auch wenn sich die Kammerentscheidung nicht mit den Inhaltsdaten einer Telekommunikation und noch weniger mit der E-Mail-Kommunikation als solcher befasst, so ließe sich aus ihr durchaus folgern, dass sich der Schutz des Fernmeldegeheimnisses auch auf Inhalte der Telekommunikation, insbesondere auch auf die Inhaltsdaten von E-Mails erstreckt. Wenn bereits die bloßen Umstände des jeweiligen Kommunikationsvorganges geschützt sein sollen, dann muss dies im Umkehrschluss erst recht für die deutlich sensibleren Inhalte der Telekommunikation gelten. Zudem ist nicht ersichtlich, inwieweit sich die Speicherung auf einem Mobiltelefon oder dessen SIM-Karte von der Speicherung auf einem Computer unterscheiden sollte. Die Geräte sind in ihrer Funktionalität und ihren Speichermöglichkeiten heute weitgehend austauschbar. Es ist im Ergebnis unerheblich, in welchem Verzeichnis die jeweiligen Kommunikationsdaten abgelegt werden, so dass es auf die Art des Endgerätes der Telekommunikation nicht ankommen würde.

In konsequenter Anwendung dieser Rechtsprechung auf Inhaltsdaten der E-Mail-Kommunikation wäre damit auch die auf dem heimischen Rechner oder einem sonstigen Endgerät endgespeicherte E-Mail vom Schutz des Fernmeldegeheimnisses erfasst.[329] Unerheblich wäre es auch, ob die E-Mail zwischen- oder endgespeichert wurde, da im Falle der Zwischenspeicherung lediglich die Elemente der Speicherung beim Provider und die hieraus folgenden, geringeren Schutzmöglichkeiten durch den Empfänger hinzutreten, welche im Ergebnis die Schutzbedürftigkeit der Inhaltsdaten noch erhöhen.

Die Kammerentscheidung wurde in der Literatur überwiegend sehr kritisch aufgenommen.[330] Insbesondere Stimmen aus Ermittlerkreisen befürchteten eine Ausweitung des Schutzbereiches des Fernmeldegeheimnisses auf alle

---

[327] BVerfG, MMR 2005, 520, 522.

[328] BVerfG, MMR 2005, 520, 523.

[329] So ausdrücklich auch *Bär*, MMR 2005, 523, 524. Kritisch zu einem solchen Rückschluss *Störing*, S. 216, der dies für eine unzulässige Vermischung der Abgrenzungskriterien bzgl. des Endes des verfassungsrechtlichen Schutzes von Inhaltsdaten mit dem aus seiner Sicht unstrittig fortbestehenden Schutz von Verkehrsdaten hält.

[330] Vgl. *Bär*, MMR 2005, 523ff.; *Günther*, NStZ 2005, 485ff.; *Hauschild*, NStZ 2005, 339ff.; *Jahn*, JuS 2006, 491, 492; i.E. zustimmend dagegen *Störing*, CR 2006, 392ff.

jemals durch Telekommunikation übertragenen Daten, welche „private Geheimnisse“ enthalten, und eine hieraus folgende Verschärfung der strafprozessualen Zugriffsanforderungen.[331] Der Wortlaut des Art. 10 Abs. 1 GG stehe einer solchen Auslegung entgegen.[332] Das Grundrecht schütze gegen die Gefahren, welche daraus entstehen, dass Sender und Empfänger einer Nachricht zu deren Übermittlung auf die Hilfe Dritter angewiesen sind. Diese spezifische Gefahrenlage dauere jedoch nur solange an, wie die Nachricht bzw. die Verkehrsdaten den Zugriffsmöglichkeiten der mit der Übermittlung betrauten Dritten und damit auch dem der Ermittlungsbehörden ausgesetzt seien.[333] Sobald die Daten jedoch den Empfänger erreicht haben, sei eine solche Gefahrenlage nicht mehr gegeben. Dies sei spätestens dann der Fall, wenn die übermittelten Daten den alleinigen Herrschaftsbereich des Empfängers erreicht haben.[334] Ab diesem Zeitpunkt liege es allein in dessen Hand, ob die Daten durch Löschung dem Zugriff Dritter, insbesondere dem der Strafverfolgungsbehörden, entzogen oder weiter gespeichert werden.[335] Zudem wurde darauf hingewiesen, dass diese Rechtsprechung bei konsequenter Anwendung dazu führen müsste, dass alle jemals durch E-Mail übertragenen Daten allein aufgrund ihrer Übermittlung durch Telekommunikationsmittel dauerhaft durch das Fernmeldegeheimnis geschützt seien. D.h., eine per E-Mail übertragene Bilddatei würde auch bei Speicherung in einen anderen Ordner des Rechners weiter von Art. 10 Abs. 1 geschützt sein.[336]

bb) Die „Bargatzky-Entscheidung“ des Zweiten Senats aus dem Jahr 2006

Der Zweite Senat des Bundesverfassungsgerichtes hat sich bereits wenig später in der „Bargatzky-Entscheidung“ von dieser Rechtsprechung distanziert und die zeitlichen Grenzen des Schutzbereiches des Fernmeldegeheimnisses verengt.[337] Im Kern verfolgt das Gericht dabei einen ähnlichen Ansatz wie die Kritiker der Kammerentscheidung aus dem Jahr 2005. Maßgeblich ist danach, dass die jeweilige Nachricht im Herrschaftsbereich des Empfängers angekommen und der Übertragungsvorgang beendet ist. Ab diesem

[331] *Hauschild*, NStZ 2005, 339, 340; *Bär*, MMR 2005, 523, 524.

[332] *Bär*, a.a.O.

[333] *Hauschild*, NStZ 2005, 339; *Günther*, NStZ 2005, 485, 488 zieht insoweit einen Vergleich zum, nach hier vertretener Ansicht auf E-Mails nicht anwendbaren, Postgeheimnis, welches er als Grundfall des Fernmeldegeheimnisses ansieht. Diesbezüglich bestehe ein Schutz des übermittelten Briefs ebenfalls nur solange, wie sich dieser in den Händen der Post befindet.

[334] *Günther*, NStZ 2005, 485, 489.

[335] *Bär*, a.a.O.

[336] *Meininghaus*, S. 140.

[337] BVerfGE 115, 166, 183f.; vgl. zu den Einzelheiten oben auf S. 121f.

Zeitpunkt seien die aus dem Übermittlungsvorgang folgenden Gefahren für die Vertraulichkeit der Kommunikation nicht mehr gegeben. Nach Ansicht des Gerichtes werden die im Anschluss an den Übermittlungsvorgang beim Empfänger gespeicherten Daten nicht mehr durch das Fernmeldegeheimnis, sondern durch das Recht auf informationelle Selbstbestimmung nach Art. 2 Abs. 1 i.V.m. Art. 1 Abs. 1 GG geschützt.

Während des Übermittlungsvorganges bedürften die Kommunikationsteilnehmer eines verstärkten Schutzes durch das Fernmeldegeheimnis, da sie weder die Entstehung von Daten noch einen Zugriff Dritter auf diese während dieses Zeitraums verhindern könnten. Sobald der Kommunikationsvorgang jedoch beendet sei und sich die Daten in der „*vom Bürger selbst beherrschten Privatsphäre*"[338] befinden, sei eine besondere Schutzwürdigkeit nicht mehr gegeben.[339] Der Betroffene könne nunmehr selbst für den Schutz der Daten sorgen, etwa indem er diese löscht oder z.B. durch Passwörter oder den Einsatz von Verschlüsselungssoftware schützt.[340] Unerheblich sei, ob eine Löschung oder andere Schutzmaßnahmen durch den Nutzer hinreichend sicher erfolgen könnten,[341] etwa weil es diesem an den notwendigen technischen Mitteln oder entsprechendem Wissen mangelt. Maßgeblich ist nach Ansicht des Gerichtes vielmehr, dass sich solche Daten nach Speicherung im Herrschaftsbereich des Empfängers nicht mehr von anderen dort gespeicherten Daten unterscheiden. Es bestehe daher kein Bedarf für einen spezielleren Schutz durch das Fernmeldegeheimnis, vielmehr seien insoweit das Recht auf informationelle Selbstbestimmung nach Art. 2 Abs. 1 i.V.m. Art. 1 Abs. 1 GG und das Recht auf Unverletzlichkeit der Wohnung aus Art. 13 Abs. 1 GG maßgeblich.[342]

Die in der Entscheidung aus dem Jahr 2006 entwickelte Linie hat das Bundesverfassungsgericht im Ergebnis auch in den Folgejahren bis heute beibehalten und insbesondere in der Entscheidung zur Sicherstellung und Beschlagnahme von E-Mails beim Provider nochmals wiederholt.[343] Auch wenn die in dieser Entscheidung vorgenommenen Ausdifferenzierungen des zeitlichen Schutzbereiches bei der Speicherung auf dem Mailserver des Providers im Vergleich zur vorherigen Rechtsprechung widersprüchlich erscheinen,[344] so hält das Gericht doch zumindest für die hier zu erörternde Frage der End-

338 BVerfGE 115, 166, 186.
339 BVerfGE 115, 166, 185.
340 BVerfGE 115, 166, 185 f.
341 BVerfGE 115, 166, 186.
342 BVerfGE, a.a.O.
343 Vgl. BVerfGE 124, 43, 54.
344 Dazu sogleich auf S. 169 ff.

speicherung von Daten im alleinigen Herrschaftsbereich des Empfängers an seiner Rechtsprechung fest.

Die vom Bundesverfassungsgericht entwickelte Abgrenzung anhand der jeweils beherrschten Sphären wurde in der Literatur für den Fall der Speicherung auf dem heimischen Computer weitgehend anerkannt.[345]

Lediglich einzelne Stimmen in der Literatur äußern sich hierzu, mit durchaus nachvollziehbaren Argumenten, kritisch. So zweifelt Störing die Praktikabilität der auf Selbstschutz basierenden Abgrenzung des Gerichtes an, da der Empfänger mangels technischen Wissens nicht immer in der Lage sei, entsprechende Schutzmaßnahmen zu ergreifen. Hieraus folge gegebenenfalls eine Zurückhaltung gegenüber der Nutzung moderner Medien, was den Zielen des Fernmeldegeheimnisses widerspreche.[346] Zudem unterschieden sich die beim Empfänger gespeicherten Daten nicht von denen, welche bei einem Zugriff beim jeweiligen Provider erlangt werden könnten, so dass kein sachlicher Grund für einen geringeren Schutz ersichtlich sei.[347] Aus ähnlichen Erwägungen äußert auch Durner hinsichtlich der gespeicherten Verkehrsdaten Zweifel an der tatsächlichen Beendigung der Gefährdungslage bei Speicherung auf dem heimischen Computer. Der Empfänger wisse häufig nichts von der Existenz der Telekommunikationsdaten, so dass ein eigenverantwortlicher Schutz durch diesen zweifelhaft sei. Letztlich stimmt er der Rechtsprechung des Bundesverfassungsgerichtes aus systematischen Erwägungen jedoch zu.[348]

Auch Kutscha kritisiert die technische Argumentation des Bundesverfassungsgerichtes.[349] Es könne nicht auf den technischen Sachverstand des jeweiligen Nutzers ankommen. Das insoweit notwendige Fachwissen sei in der Bevölkerung und auch unter Juristen nur in geringem Maße vorhanden. Gleiches gelte auch für das Abstellen des Gerichtes auf Herrschaftssphären, welche aus technischen Gründen ebenfalls nur schwer durch die Kommuni-

---

345 Vgl. u. a.: Dreier-*Hermes*, GG, Art. 10 Rn. 38; Dürig/Herzog/Scholz-*Durner*, GG, Art. 10 Rn. 126; Schmidt-Bleibtreu/Hofmann/Henneke-*Guckelberger*, GG, Art. 10 Rn. 27; *Bär*, TK-Überwachung, § 100a Rn. 28, *ders.*, NStZ 2009, 398; *Brodowski*, JR 2009, 402, 405; *Jahn*, JuS 2006, 491, 493, der in Bezug auf die vorherige Kammerentscheidung ausdrücklich von einem Rechtsprechungs-„Fehltritt" spricht; *Liebig*, S. 88; *Meininghaus*, S. 141 f.; *Neuhöfer*, S. 18; *Schlegel*, HRRS 2007, 44, 48; *Störing*, S. 227, *Zimmermann*, JA 2014, 321, 322.

346 *Störing*, CR 2006, 392, 393.

347 *Störing*, S. 215.

348 Dürig/Herzog/Scholz-*Durner*, GG, Art. 10 Rn. 126.

349 *Kutscha* in *Kutscha/Thomé*, S. 64 f.; Kutscha bezieht sich zwar primär auf die Unterscheidung zwischen Verkehrs- und Bestandsdaten. Die insoweit geäußerte Kritik lässt sich jedoch auch auf die hier maßgebliche Frage des verfassungsrechtlichen Schutzes der Inhaltsdaten einer E-Mail verallgemeinern.

kationsteilnehmer im tatsächlichen Sinne beherrscht werden könnten.[350] Vor diesem Hintergrund befürchtet Kutscha eine abnehmende Akzeptanz der verfassungsrechtlichen Schutzgewährleistungen und plädiert für eine umfassende Überarbeitung des Art. 10 GG hin zu einem umfassenden „Mediennutzungsgeheimnis", welches die gesamte Telekommunikation und deren Umstände einem einheitlichen Schutz unterstellen soll.[351] Somit wären nach diesem Verständnis alle durch Telekommunikation übermittelten Inhalte, einschließlich Bestands- und Verkehrsdaten auch bei Speicherung in der Herrschaftssphäre des Empfängers durch Art. 10 GG geschützt.

In eine ähnliche Richtung geht auch die Kritik von Frenz[352], der darauf hinweist, dass beim Empfänger gespeicherte Telekommunikationsdaten auch ohne das Zutun der Kommunikationsteilnehmer zustande kommen. Darin liegt nach seiner Ansicht ein wesentlicher Unterschied zu anderen Daten, welche der Empfänger selbst anlege. Zudem verlören diese Daten ihre Eigenschaft als Telekommunikationsdaten nicht durch die Speicherung beim Empfänger. Vor diesem Hintergrund spricht auch er sich für einen *„einheitlichen Schutz des gesamten Telekommunikationsvorganges einschließlich der gespeicherten Daten"*[353], allerdings im Rahmen des bestehenden Fernmeldegeheimnisses aus.

cc) Stellungnahme

Im Ergebnis ist der Rechtsprechung des Bundesverfassungsgerichtes und der h. M. in der Literatur zumindest im Hinblick auf die Inhaltsdaten einer E-Mail zuzustimmen. Spätestens sobald eine E-Mail den alleinigen Herrschaftsbereich des Empfängers erreicht hat und damit die Zugriffsmöglichkeiten des zur Übermittlung herangezogenen Dritten nicht mehr bestehen, ist keine Schutzbedürftigkeit durch das Fernmeldegeheimnis mehr gegeben. Vielmehr ist der geschützte Kommunikationsvorgang mit der Speicherung der Nachricht auf dem heimischen Computer beendet. Der Empfänger hat nunmehr die alleinige Herrschaft über die Daten und kann daher selbst entscheiden, wie er mit den Inhaltsdaten der eingegangenen E-Mail weiter verfährt, insbesondere ob er sie unverändert im Postfach belässt oder sie durch Löschung, Bearbeitung, Speicherung an einem anderen Ort oder Verschlüsselungstechniken möglichen späteren Zugriffsversuchen Dritter entzieht. Für einen nachwirkenden Schutz des Fernmeldegeheimnisses besteht in dieser Situation kein Bedarf mehr.

---

350 *Kutscha* in *Kutscha/Thomé*, S. 65; *Gurlitt*, NJW 2010, 1035, 1037.

351 *Kutscha*, a. a. O.

352 *Frenz*, NVwZ 2007, 631, 632.

353 *Frenz*, a. a. O.

Es ist zwar zumindest in Bezug auf die Bestands- oder Verkehrsdaten durchaus nachvollziehbar, auf den technischen Sachverstand der Nutzer abzustellen und zu fragen, ob und inwieweit diese überhaupt in der Lage sind zu erkennen, dass sich entsprechende Daten in ihrem Herrschaftsbereich befinden. Erst mit dieser Kenntnis ist es überhaupt möglich, Schutzmaßnahmen in Betracht zu ziehen und gegebenenfalls auszuführen. Allerdings verfängt dieses Argument in Bezug auf die Inhaltsdaten einer E-Mail nicht. Deren Eingang im Postfach des Empfängers in Folge des Abrufes kann durch diesen ohne eine besondere technische Vorbildung wahrgenommen werden. Die übermittelte E-Mail, deren Erhalt das konkrete Ziel des Abrufes war, erscheint im genutzten E-Mail-Client und wird dort automatisch dargestellt, ohne dass hierfür komplexe technische Schritte notwendig wären. Insoweit sollten für Nutzer, die ihre E-Mails auf diese Weise erhalten, keine technischen oder sonstigen Barrieren bestehen, die sie an der Wahrnehmung der jeweiligen Nachricht hindern.

Infolge dessen stehen dem Nutzer aber auch alle Möglichkeiten zur Verfügung, die E-Mail vor dem Zugriff Dritter, insbesondere auch dem des Staates zu schützen. Dies kann durch Löschen, Ausdrucken, Bearbeiten, Speicherung an einem anderen besser geschützten Ort, aber auch durch Verschlüsselung mittels einer starken Verschlüsselungssoftware erfolgen. Steht eine dieser Maßnahmen etwa mangels technischer Kenntnisse oder auch aufgrund fehlender Software nicht zur Verfügung, so kann der Nutzer auf andere dieser Maßnahmen zurückgreifen. Es besteht somit aus dem Blickwinkel des technischen Sachverstandes kein Grund, den Schutz durch das Fernmeldegeheimnis fortbestehen zu lassen.

Gleiches gilt für die Ablehnung der Abgrenzung anhand der jeweiligen Herrschaftssphären.[354] Auch diese kann allenfalls für Bestands- oder Verkehrsdaten zum Tragen kommen, wenn beim Provider ebenfalls entsprechende Daten gespeichert werden. Erreicht eine E-Mail dagegen im Anschluss an die Übertragung den Rechner des Empfängers, ohne dass eine Kopie auf dem Server des Providers verbleibt, so befindet sich die Nachricht allein im von diesem beherrschten Bereich. Die besondere Gefährdungslage, welche Grundlage des Schutzes der durch das Fernmeldegeheimnis gewährleisteten Privatheit auf Distanz ist, besteht in dieser Situation nicht mehr.[355] Vielmehr ist die notwendige Heranziehung eines Dritten zur Übermittlung der Nachricht vollumfänglich beendet. Die jeweilige Nachricht befindet sich nunmehr weder auf den Servern des Providers, noch hat dieser zu diesem Zeitpunkt eine andere Möglichkeit, auf die E-Mail zuzugreifen und sie gegebenenfalls unbemerkt an die Strafverfolgungsbehörden weiterzuleiten. Zu-

[354] *Kutscha* in *Kutscha/Thomé*, S. 64 f. m. w. N.

[355] Vgl. dazu oben S. 73 f.

dem unterscheiden sich die Inhaltsdaten, wenn sie im Herrschaftsbereich des Empfängers gespeichert wurden, nicht von anderen Daten des Empfängers, die dieser auf seinem Computer für spätere Zugriffe bereithält. Spätestens wenn Daten (z. B. Videos, Bilder usw.) außerhalb des E-Mail-Clients aufbewahrt werden, ist eine Unterscheidung der zuvor per E-Mail übertragenen Daten von anderen gleichartigen Dateien nur schwerlich möglich. Entsprechendes gilt auch bei einer Umwandlung der eigentlichen Nachrichteninhalte in andere Textformate. Insoweit erweist sich die vom Bundesverfassungsgericht herangezogene Abgrenzung anhand der jeweiligen Herrschaftssphären hier als tauglich. Sie erlaubt eine konkrete Abgrenzung der Teile des Übermittlungsvorganges, in welchen eine Gefährdung der Privatheit, vor der das Fernmeldegeheimnis schützen soll, besteht, sowie eine konkrete Unterscheidung der geschützten Daten.

Schließlich ist die Rechtsprechung des Bundesverfassungsgerichtes im Vergleich zur Auslegung der anderen Schutzgewährleistungen des Art. 10 GG auch systematisch konsequent.[356] So wird ein Brief nur so lange durch das Briefgeheimnis geschützt, bis der Übermittlungsvorgang und die hieraus folgenden Vertraulichkeitsgefährdungen beendet sind.[357] Auch insoweit wird darauf abgestellt, ob sich die jeweilige Sendung noch im Gewahrsamsbereich des Übermittlers oder schon in dem des Empfängers befindet. Ist der Brief im Bereich des Empfängers angelangt, so endet der grundrechtliche Schutz.[358] Entsprechendes gilt für das Postgeheimnis.[359] Offen ist jedoch, ob für die Beendigung des grundrechtlichen Schutzes neben dem Zugang beim Empfänger auch dessen Kenntnisnahme erforderlich ist.[360] Im Ergebnis erscheint es insoweit für die Abgrenzung wenig hilfreich, auf das subjektive, kaum nachweisbare Element der Kenntnisnahme abzustellen und hieran verfassungsrechtliche Konsequenzen zu knüpfen. Aufgrund der besseren Nachweisbarkeit sollte auch insoweit der bloße Zugang beim Empfänger ausreichen. Mit dem Einwerfen des Briefes im Briefkasten des Empfängers endet auch die Zugriffsmöglichkeit des Übermittlers auf die Sendung. Ein besonderer Schutz ist ab diesem Zeitpunkt nicht mehr erforderlich. Ob und wann der

[356] Vgl. auch Dürig/Herzog/Scholz-*Durner*, GG, Art. 10 Rn. 126.

[357] von Mangoldt/Klein/Starck-*Gusy*, GG, Art. 10 Rn. 48.

[358] Dreier-*Hermes*, GG, Art. 10 Rn. 35; von Mangoldt/Klein/Starck-*Gusy*, a. a. O.; *Jarass*, GG, Art. 10 GG Rn. 3; von Münch/Kunig-*M. Martini*, GG, Art. 10 Rn. 41.

[359] von Münch/Kunig-*M. Martini*, GG, Art. 10 Rn. 40; *Jarass*, GG, Art. 10 GG Rn. 4.

[360] Für bloßen Zugang Dreier-*Hermes*, GG, Art. 10 Rn. 35 sowie *Jarass*, GG, Art. 10 GG Rn. 9, während Dürig/Herzog/Scholz-*Durner*, GG, Art. 10 Rn. 96 und von Münch/Kunig-*M. Martini*, GG, Art. 10 Rn. 41 auf die Kenntnisnahme abstellen. Offengelassen bei von Mangoldt/Klein/Starck-*Gusy*, GG, Art. 10 Rn. 48.

Empfänger den Brief in der Folge zur Kenntnis nimmt, ist daher aus verfassungsrechtlicher Sicht unerheblich.[361]

Für die Schaffung eines allgemeinen Mediennutzungsgeheimnisses, wie es Kutscha vorschlägt, besteht nach der hier vertretenen Ansicht kein aktueller Bedarf. Voraussetzung hierfür wäre das Bestehen gravierender Schutzlücken, welche ein Handeln des Verfassungsgesetzgebers erforderlich machen würden. Allerdings bildet das Fernmeldegeheimnis des Art. 10 Abs. 1 GG gemeinsam mit dem allgemeinen Persönlichkeitsrecht in seinen Ausprägungen als Recht auf informationelle Selbstbestimmung und als Recht auf Gewährleistung der Vertraulichkeit und Integrität informationstechnischer Systeme nach Art. 2 Abs. 1 i. V. m. 1 Abs. 1 GG nach der Rechtsprechung des Bundesverfassungsgerichtes ein in sich geschlossenes Schutzsystem, welches für den hier untersuchten Bereich bei entsprechender Auslegung keine Schutzlücken belässt.

Vor diesem Hintergrund bedarf es bezüglich der Inhaltsdaten von E-Mails, die im alleinigen Herrschaftsbereich des Empfängers gespeichert wurden, weder einer Überarbeitung des Art. 10 GG noch einer Ausweitung des Fernmeldegeheimnisses auf Fälle, welche dem eigentlichen Kommunikationsvorgang nachgelagert sind. Die bloße, oft nur schwer nachweisbare, vorherige Übertragung von Inhaltsdaten mittels Telekommunikation liefert keine hinreichende Begründung für eine andauernde Schutzbedürftigkeit im Rahmen des Fernmeldegeheimnisses. Dies gilt umso mehr, als sich die übertragenen Daten nicht von sonstigen beim Empfänger gespeicherten Daten unterscheiden lassen.

Zwischenergebnis

In Fällen der alleinigen Speicherung der Inhaltsdaten einer E-Mail auf dem in der Wohnung des Empfängers befindlichen Computer in Phase 4 besteht somit kein verfassungsrechtlicher Schutz durch das Fernmeldegeheimnis gemäß Art. 10 Abs. 1 GG.

b) Speicherung in einem Online-Postfach beim Provider oder bei einem sonstigen Dritten

Wesentlich schwieriger zu beurteilen und auch umstrittener als der Fall der Speicherung auf dem heimischen Computer ist die Anwendbarkeit des Fern-

[361] Anders mag dies allenfalls bei einer Lagerung in einem Postfach sein, auf welches auch der Übermittler zugreifen könnte (vgl. BVerwGE 79, 110, 115); dazu sogleich.

meldegeheimnisses auf solche Fälle, in welchen die Nachricht in einem Online-Postfach beim Provider oder bei einem sonstigen Dritten endgespeichert wird. Maßgeblich ist auch insoweit die Frage, ob mit der endgültigen Speicherung der Nachricht in der 4. Phase der verfassungsrechtlich geschützte Kommunikationsvorgang beendet ist oder ob dieser dennoch weiter andauern muss, um bestehende Gefährdungen der durch das Fernmeldegeheimnis geschützten Rechtspositionen zu verhindern.

aa) Die Entwicklung in Rechtsprechung und Literatur

Die Frage der zeitlichen Dauer des durch das Fernmeldegeheimnis gewährleisteten Schutzes ist auch in Bezug auf bei einem Provider endgespeicherte E-Mails etwa seit der Jahrtausendwende Gegenstand andauernder Diskussionen in Rechtsprechung und Literatur. Hintergrund ist wiederum die Frage der anwendbaren strafprozessualen Eingriffsgrundlage, welche unter D. erörtert werden wird. Im Folgenden wird zunächst der aktuelle Meinungsstand in Rechtsprechung und Literatur dargestellt, bevor eine eigene Bewertung vorgenommen wird.

bb) Entwicklung in der Literatur

Im Hinblick auf die zeitliche Dauer des Kommunikationsvorganges im verfassungsrechtlichen Sinne und die hieraus folgende Anwendbarkeit des Fernmeldegeheimnisses auf die in einem Online-Postfach beim Provider oder bei einem sonstigen Dritten gespeicherten Inhaltsdaten einer E-Mail lassen sich in Rechtsprechung und Literatur im Wesentlichen eine enge und eine weite Ansicht unterscheiden. Hierbei verläuft die Diskussion zumindest teilweise entlang der bereits von der Zwischenspeicherung in Phase 2 bekannten Linien.

(1) Enger, technisch orientierter Ansatz

Nach Ansicht der Vertreter einer sehr engen, technisch orientierten Auslegung[362] endet der Übertragungsvorgang und damit auch der verfassungsrechtliche Schutz der Inhaltsdaten einer E-Mail mit der Endspeicherung der Nachricht im Postfach des Empfängers beim Provider.

---

[362] *Bär*, Handbuch zur EDV-Beweissicherung, Rn. 109; *ders.*, NStZ 2009, 398, 399; KK-*Nack*, StPO (6. Aufl.), § 100a Rn. 22; *Neuhöfer*, S. 33 bezeichnet diesen Begründungsansatz als „Technisch orientierte Theorie“. Vgl. auch oben S. 113 ff. bzgl. Phase 2.

Zur Begründung wird die bereits oben im Rahmen der Zwischenspeicherung erörterte technische Sichtweise herangezogen.[363] Mit Blick auf die einfachgesetzliche Regelung des § 3 Nr. 59 TKG wird der Begriff der Telekommunikation unter Rückgriff auf das Drei-Phasen-Modell[364] auch in verfassungsrechtlichen Zusammenhängen allein in einem dynamischen Sinne verstanden. Demzufolge werden nur die Phasen 1 und 3 als geschützte Telekommunikation eingeordnet. Wird eine Nachricht dagegen durch Speicherung, insbesondere die dauerhafte Speicherung in Phase 4, auf einem Datenträger verkörpert, so sei keine Telekommunikation mehr gegeben.[365] Sofern Nachrichten dauerhaft beim Provider gespeichert werden, so bestehe kein Unterschied mehr zwischen dem E-Mail-Postfach und jedem sonstigen Speichermedium. Zweck des Postfaches sei in solchen Fällen die Speicherung der Nachricht, nicht mehr deren Übertragung.[366] Daher seien auch die besonderen verfassungsrechtlichen Anforderungen aufgrund des Fernmeldegeheimnisses unbeachtlich, so dass die Nachrichten keinem besonderen grundrechtlichen Schutz mehr unterlägen.[367]

(2) Differenzierende Ansätze

Eine Reihe von Autoren, die ebenfalls einem engeren Verständnis des zeitlichen Anwendungsbereiches des Fernmeldegeheimnisses zuneigen, versuchen ausdifferenziertere Lösungen[368] für die Problematik zu entwickeln. Diese zeichnen sich dadurch aus, dass sie weder eine rein technische Abgrenzung des Schutzbereiches noch dessen Ausdehnung auf nach dem eigentlichen technischen Übertragungsvorgang angesiedelte, dauerhafte Speicherungen befürworten. Vielmehr wird versucht, anhand der tatsächlichen technischen Gegebenheiten der E-Mail-Kommunikation in Verbindung mit bestehenden, eigenen Schutzmöglichkeiten des Empfängers eine tragfähige Lösung zu entwickeln, wobei sie teilweise zusätzlich auf die Kenntnisnahme-

---

[363] *Bär*, Handbuch zur EDV-Beweissicherung, Rn. 109; KK-*Nack*, StPO (6. Aufl.), § 100a Rn. 22; *Zöller*, GA 2000, 563, 573 f.

[364] Grundlegend insoweit *Palm/Roy*, NJW 1996, 1791 ff.; vgl. auch dies. in NJW 1997, 1904 f.

[365] *Bär*, Handbuch zur EDV-Beweissicherung Rn. 109.

[366] *Bär*, a. a. O.

[367] So ausdrücklich *Bär*, a. a. O.; im Ergebnis ist aufgrund der übrigen Argumentation davon auszugehen, dass Bär damit nicht auf einen gänzlichen Verlust des grundrechtlichen Schutzes abstellt, sondern zumindest einen Eingriff in das Recht auf informationelle Selbstbestimmung aus Art. 2 Abs. 1 i. V. m. Art. 1 Abs. 1 GG für möglich hält.

[368] Vgl. *Buermeyer*, StV 2013, 470, 474; *Geis/Geis*, MMR 2006, X, XI; *Germann*, S. 499 und 556; *Kudlich*, JA 2000, 227, 232; *Liebig*, S. 92; *Pötters/Werkmeister*, JURA 2013, 5, 8; *Schantz*, WM 2009, 2112, 2114; *Sievers*, S. 133; *Valerius*, S. 111.

bzw. Einwirkungsmöglichkeit des Empfängers abstellen.[369] Diese Ansätze stehen damit der engen Ansicht näher als einer rein schutzzweckorientierten, weiten Auslegung. Sie werden deshalb im Folgenden, um wenig hilfreiche weitere Differenzierungen zu vermeiden, vereinfachend der engen Ansicht zugeordnet.

In Übereinstimmung mit der Bargatzky-Entscheidung des Bundesverfassungsgerichtes[370] wird durch die Vertreter dieser Ansicht der Anwendungsbereich des Fernmeldegeheimnisses, auch bei der Speicherung beim Provider oder sonstigen Dritten, auf die laufende Telekommunikation begrenzt. Das Gericht hatte ausgeführt, dass es nach dem Zugang an den erleichterten Zugriffmöglichkeiten Dritter fehle, welche der durch das Fernmeldegeheimnis gewährleistete Schutz ausschließen soll. In dieser Situation könne der Empfänger im Gegensatz zur vorherigen Übermittlung selbst für einen Schutz der Daten sorgen, indem er diese löscht, verarbeitet, mit Passwörtern versieht oder anderweitig schützt.[371]

Der Begriff der laufenden Telekommunikation wird auf dieser Basis nicht nach rein technischen Gesichtspunkten interpretiert, sodass die bloße Zwischenspeicherung der Phase 2 keine Auswirkungen auf die Anwendbarkeit des Fernmeldegeheimnisses hat.[372] D. h., der grundrechtliche Schutz endet erst dann, wenn der dynamische Übertragungsprozess der Phasen 1 bis 3 beendet ist. Hat eine E-Mail jedoch das Ziel des Übertragungsvorganges erreicht, ist das Fernmeldegeheimnis auch bei einer Speicherung im Online-Postfach beim Provider nicht mehr anwendbar. Mit der Endspeicherung trete ein Wandel ein. Der Zweck der Übermittlung sei damit erfüllt und das Postfach diene lediglich als externer Speicher.[373] Die im Postfach gespeicherten E-Mails seien in diesem Fall bloße Reminiszenzen früherer Kommunikationen.[374] Sie könnten zwar jederzeit Ausgangspunkt weiterer Kommunikationsvorgänge werden, dies ändere jedoch nichts daran, dass eine verfassungsrechtlich geschützte laufende Kommunikation zum Zeitpunkt der Endspeicherung nicht mehr stattfinde.[375]

---

369 *Neuhöfer*, S. 36 und 38 bezeichnet diese Ansichten als Funktions- bzw. Kenntnisnahmetheorie.

370 BVerfGE 115, 166ff. Zu den Einzelheiten vgl. S. 98 f

371 BVerfGE 115, 166, 186f.

372 *Geis/Geis*, MMR 2006, X, XI; *Hsieh*, S. 92.

373 *Jäger*, StV 2002, 243, 244; *Löffelmann*, AnwBl 2006, 598, 600; *ders.*, AnwK-*Löffelmann*, StPO, § 100a Rn. 14; *Sievers*, S. 133; *Valerius*, S. 111.

374 *Kudlich*, JA 2000, 227, 233; *Bär*, Handbuch zur EDV-Beweissicherung Rn. 109; *Valerius*, S. 111, der anschaulich ausführt, dass Art. 10 Abs. 1 GG lediglich die Nachrichtenübermittlung, nicht aber die -konservierung schütze.

375 *Kudlich*, a. a. O.

Zur Abgrenzung des konkreten Zeitpunktes, an welchem der Schutz des Fernmeldegeheimnisses bei der Speicherung im Online-Postfach bei einem Provider enden soll und der Wandel zur nicht mehr vom Fernmeldegeheimnis geschützten Endspeicherung eintritt, werden verschiedene Ansätze vertreten. Diese Kriterien, die zugleich für die Frage der Bestimmung des Übergangs von der Zwischenspeicherung zur Endspeicherung Anwendung finden sollen,[376] haben alle gemeinsam, dass sie einen Zugriff des Empfängers auf die im Postfach vorhandenen E-Mails verlangen. Hinsichtlich der Einzelheiten besteht allerdings keine Einigkeit. In der Regel wird jedoch eine Form der Kenntnisnahme verlangt.[377]

Gänzlich auf die Aufstellung konkreter Abgrenzungskriterien verzichten Bär[378] und Löffelmann[379], welche den bloßen Eingang der Nachricht im E-Mail-Postfach des Empfängers als Übergangszeitpunkt genügen lassen. Auch Kudlich[380] und Jäger[381] lassen die Frage weitgehend offen. Sie stellen lediglich auf einen Abruf der E-Mail ab, ohne weiter zu konkretisieren, worin dieser im Falle der Nutzung eines Webmail-Accounts konkret bestehen soll. Auch wenn Kudlich[382] den Fall der Speicherung im Internet ausdrücklich erwähnt, spricht viel dafür, dass beide Autoren weniger den Fall der dauerhaften Speicherung in Phase 4 im Blick hatten, als vielmehr Fallgestaltungen, bei welchen die E-Mail nach dem Abruf in Phase 3 in Kopie auch im Postfach beim Provider verbleibt. Ebenfalls wenig konkret bleiben Pötters/Werkmeister[383], die darauf abstellen, ob der Empfänger die E-Mail wahrgenommen habe, ohne weiter zu erörtern, welche Kriterien diesbezüglich gelten sollen.

Wesentlich greifbarer sind dagegen die Vorschläge von Sievers[384] und Valerius[385]. Diese schlagen eine Abgrenzung anhand des Lesestatus der E-Mail vor. Ein Schutz durch das Fernmeldegeheimnis sei nur so lange erforderlich, bis die Nachricht durch den Empfänger gelesen werde.[386] Sobald dies erfolgt, sei das Fernmeldegeheimnis durch die weitere Speicherung beim Provider

376 So ausdrücklich *Meininghaus*, S. 255.

377 Aus diesem Grund bezeichnet *Neuhöfer*, S. 38 ff. diesen Ansatz als Kenntnisnahmetheorie.

378 *Bär*, Handbuch zur EDV-Beweissicherung Rn. 109.

379 *Löffelmann*, AnwBl 2006, 598, 600.

380 *Kudlich*, a. a. O.

381 *Jäger*, StV 2002, 243, 244.

382 Vgl. *Kudlich*, JA 2000, 227, 233.

383 *Pötters/Werkmeister*, JURA 2013, 5, 8.

384 *Sievers*, S. 133.

385 *Valerius*, S. 111.

386 *Sievers*, S. 133; *Valerius*, S. 111.

nicht mehr berührt, denn mit dem Öffnen der E-Mail verliere die Mittlertätigkeit des Providers ihre Bedeutung für die Übertragung der Nachricht.[387] Ebenfalls auf den Lesestatus stellt Meininghaus ab. Mit dem Aufruf der E-Mail wandle sich die vorherige übertragungsbedingte Zwischenspeicherung zu einer freiwilligen Sicherung, die nicht mehr durch das Fernmeldegeheimnis geschützt sei.[388] Er gibt allerdings zu bedenken, dass sich dieses Abgrenzungskriterium aufgrund der Möglichkeit von E-Mail-Clients, den Lesestatus einer E-Mail mühelos zu ändern, in der Praxis als schwierig erweisen könne. Im Zweifelsfall sei daher Art. 10 Abs. 1 GG maßgeblich.[389]

Nach der Ansicht von Hsieh[390] kommt es dagegen auf das Login des Empfängers in seinem Webmail-Account an. Bis zu diesem Zeitpunkt wisse der Empfänger nichts von der Existenz der Nachricht. Solange dies der Fall sei, befinde sich die E-Mail noch nicht im Herrschaftsbereich des Empfängers. Erst wenn er sich in den Account einlogge und damit die E-Mail abrufe, sei der Telekommunikationsvorgang beendet und damit der Schutzbereich des Fernmeldegeheimnisses nicht mehr eröffnet.[391]

Ausdrücklich auf die durch die Rechtsprechung des Bundesverfassungsgerichtes aufgestellten Schutz- bzw. Einwirkungsmöglichkeiten auf die E-Mail nehmen dagegen Geis/Geis[392] Bezug. Allerdings ist nach ihrer Ansicht eine theoretische Möglichkeit hinreichend. D.h., unabhängig von einer im Einzelfall tatsächlich gegebenen Schutz- oder Bearbeitungsmöglichkeit muss lediglich die generelle Möglichkeit bestehen, die gespeicherten Inhaltsdaten einer E-Mail zu bearbeiten oder zu löschen bzw. mit einem Passwortschutz zu versehen. Dies wird mit dem bloßen Eingang der Nachricht im E-Mail-Postfach angenommen, ohne dass hierauf weitere Schritte, wie ein Login in den Account oder ein Lesen der Nachricht, folgen müssten.[393] In eine ähnliche Richtung gehen die Ausführungen von Germann, der nach den möglichen Bearbeitungsfunktionen des Mailservers differenziert. Leiste dieser mehr als die bloße Zwischenspeicherung für einen späteren Abruf, indem er etwa die Nachricht für weitere Abrufe bereithält oder erlaubt, die E-Mail auf dem Server zu bearbeiten oder zu löschen, so sei bereits mit dem Eingang auf diesem Server der Kommunikationsvorgang beendet.[394] Aufgrund der Bearbeitungsmöglichkeiten habe der Empfänger in solchen Fällen bereits

387 *Valerius*, a.a.O.; *Meininghaus*, S. 255.

388 *Meininghaus*, a.a.O.

389 *Meininghaus*, a.a.O.

390 *Hsieh*, S. 92f.

391 *Hsieh*, S. 93.

392 *Geis/Geis*, MMR 2006, X, XI.

393 *Geis/Geis*, a.a.O.

394 *Germann*, S. 499; vgl. auch S. 556.

Verfügungsmacht über die E-Mail erlangt, während diese im Falle der bloßen Speicherung für einen späteren Abruf noch fehle.[395] Nach dieser Ansicht wäre somit schon bei einer Zwischenspeicherung in einem Webmail-Account mit den für heutige E-Mail-Clients üblichen Bearbeitungsfunktionen von einem Ende des Kommunikationsvorganges auszugehen.

(3) Weite Auslegung des Schutzbereichs

Die Vertreter der weiten Auslegung[396] nehmen dagegen an, dass der verfassungsrechtlich geschützte Kommunikationsvorgang und damit der durch das Fernmeldegeheimnis gewährleistete Schutz andauere, bis die Nachricht in den alleinigen Herrschaftsbereich des Empfängers übertragen wurde oder gelöscht wird. Sie stellen insoweit primär auf den Schutzzweck des Fernmeldegeheimnisses ab.[397]

Das Grundrecht trägt der besonderen Gefährdungssituation Rechnung, welche dadurch entsteht, dass Kommunikationsteilnehmer aufgrund räumlicher Entfernungen Nachrichten nur unter Zuhilfenahme Dritter, hier des Providers, austauschen können.[398] Hieraus folgt die Gefahr, dass neben dem Provider auch staatliche Behörden auf die Inhalte der E-Mail zugreifen können.

Diese Gefährdung gelte es nach dieser Ansicht konsequent auszuschließen, indem der Schutz des Fernmeldegeheimnisses auch auf die Endspeicherung beim Provider erstreckt wird. Solange die Nachricht im Herrschaftsbereich des Providers gespeichert sei, bestehe das Risiko eines solchen Zugriffes. Demzufolge sei es aufgrund der bestehenden, technisch bedingten mangelnden Beherrschbarkeit notwendig, die Nachricht so lange dem Schutz des Fernmeldegeheimnisses zu unterstellen, bis sie im alleinigen Herrschaftsbereich des Empfängers angekommen sei.[399]

Maßgeblich sei danach weder die technische Ausgestaltung des Übertragungsvorganges einer E-Mail noch die Frage, ob und gegebenenfalls wann

[395] *Germann*, S. 499.

[396] *Brodowski*, JR 2009, 402, 405; *Gaede*, StV 2009, 96, 97; *Gercke*, StV 2009, 625 f.; *Jahn*, JuS 2009, 1048; *Jarass*, GG, Art. 10 GG Rn. 9; Säcker-*Klesczewski*, TKG § 88 Rn. 13; *ders.*, ZStW 123, (2011), 737, 751 f.; *Liebig*, S. 91 f.; *Neuhöfer*, S. 60; *Preuß*, S. 146 f.; *Sankol*, MMR 2006, XXIX; *Schlegel*, HRRS 2007, 44, 49; Schmidt-Bleibtreu/Hofmann/Henneke-*Guckelberger*, GG, Art. 10 Rn. 27; *Störing*, S. 224; *ders.*, CR 2006, 392, 393; *ders.*, CR 2009, 475, 477 f.; *Szebrowski*, K&R 2009, 563; *Zimmermann*, JA 2014, 321, 325; wohl auch *Klein*, NJW 2009, 2996, 2997.

[397] *Neuhöfer*, S. 40 bezeichnet diesen Ansatz daher als Schutzzwecktheorie.

[398] BVerfGE 115, 166, 182.

[399] *Neuhöfer*, S. 41.

eine Kenntnisnahme des Empfängers erfolgt.[400] Auch das Bestehen von Einwirkungsmöglichkeiten auf die Nachricht oder von Schutzmöglichkeiten des Empfängers ist nach dieser Ansicht für das Ende des verfassungsrechtlichen Schutzes ohne Belang, solange die E-Mail beim Provider gespeichert und der Zugriff nur über eine Internetverbindung möglich ist.[401] Der Empfänger erlange in solchen Fällen niemals die alleinige Verfügungsgewalt über die Nachricht, da der Provider und damit auch die Ermittlungsbehörden unter Rückgriff auf diesen jederzeit Zugang erlangen könnten.[402] Solange dies der Fall sei, befände sich die Nachricht – zumindest auch – im Herrschaftsbereich eines Dritten[403] und bedarf damit des Schutzes durch das Fernmeldegeheimnis. Dieser könne erst dann entfallen, wenn der zur Übermittlung der Nachricht herangezogene Dritte endgültig nicht mehr involviert sei.[404] Im Ergebnis besteht somit bei einer Speicherung im Einflussbereich des Providers oder eines sonstigen Dritten keinerlei zeitliche oder tatsächliche Begrenzung des durch das Fernmeldegeheimnis gewährleisteten Schutzes.

Das vom Bundesverfassungsgericht als Abgrenzungskriterium genutzte Selbstschutzargument[405] wird von den Vertretern dieser Ansicht zurückgewiesen.[406] Aus der Sicht des Gerichtes bestehen die spezifischen Gefahren der räumlich distanzierten Kommunikation nicht mehr, wenn sich die Daten in der *„vom Bürger selbst beherrschten Privatsphäre"*[407] befinden, so dass der Betroffene selbst für den Schutz der Daten sorgen könne, etwa indem er diese löscht oder z.B. durch Passwörter oder den Einsatz von Verschlüsselungssoftware schützt.[408]

Die Vertreter der Gegenansicht halten einen Passwortschutz jedoch gegenüber dem Provider und damit auch staatlichen Behörden für nicht effektiv, da in einem solchen Fall immer Zugriffsmöglichkeiten über Administratorenrechte des Providers bestünden, von welchen auch Ermittlungsbehörden profitieren könnten.[409] Auch eine Löschung oder Speicherung auf Datenträgern, die allein der vom Empfänger beherrschten Sphäre zuzuordnen sind, seien kein tragfähiger Ansatz, da dies zu einer anderen Form der Nutzung

---

400 *Neuhöfer*, S. 40.

401 *Gercke*, StV 2006, 454.

402 *Neuhöfer*, S. 52; *Sankol*, MMR 2006, XXIX.

403 *Zimmermann*, JA 2014, 321, 325.

404 *Schlegel*, HRRS 2007, 44, 48.

405 BVerfGE 115, 166, 185f.

406 *Neuhöfer*, S. 52; *Störing*, CR 2006, 392, 393; kritisch aber auch *Meininghaus*, S. 254, der i.Ü. kein Anhänger der weiten Ansicht ist.

407 BVerfGE 115, 166, 186.

408 BVerfGE 115, 166, 185f.

409 *Schlegel*, HRRS 2007, 44, 48; *Neuhöfer*, S. 52.

des Kommunikationsmittels aus Angst vor Überwachung führe, welche das Fernmeldegeheimnis gerade verhindern solle.[410] Dies gelte im Übrigen auch für andere Formen des Schutzes, wie die Verschlüsselung.[411] Zudem wird darauf verwiesen, dass ein Selbstschutz vielfach mangels hinreichender technischer Kenntnisse der Nutzer nicht in Betracht komme[412] und eine Löschung von Daten regelmäßig mit speziellen Programmen rückgängig zu machen sei.[413]

Auch die übrigen oben genannten Kriterien, welche zur Abgrenzung zwischen durch das Fernmeldegeheimnis geschützter Telekommunikation und durch andere Grundrechte gewährleisteter Endspeicherung herangezogen werden, werden durch die Vertreter der weiten Ansicht abgelehnt. Im Ergebnis sei es nicht relevant, ab wann der Empfänger frei über eine Nachricht verfügen könne oder Kenntnis von ihrer Existenz oder ihrem Inhalt erlange, solange sich diese in einem beim Provider gespeicherten Postfach befinde. Die spezifische Gefahr, welche sich aus der Notwendigkeit der Einschaltung eines Dritten in den Kommunikationsvorgang ergebe, bestehe in dieser Situation unabhängig von den insoweit vorgeschlagenen Abgrenzungskriterien weiter, da die Vertraulichkeit der Nachricht weiter gefährdet sei.[414]

Zudem weisen die Vertreter dieser Ansicht darauf hin, dass eine klare Abgrenzung der Schutzbereiche anhand der Kenntnisnahme oder des Lesestatus praktisch äußerst problematisch sei.[415] Die Verwendung der im Client vorgesehenen Kennzeichnung des Lesestatus einer E-Mail sei aufgrund der oben angesprochenen Änderungsmöglichkeiten des Status zur Abgrenzung untauglich.[416] Eine Auswertung anhand der Login-Files der einzelnen E-Mails sei dagegen nicht nur aufwändig,[417] sondern stelle auch einen eigenständigen, rechtfertigungsbedürftigen Eingriff in das Fernmeldegeheimnis dar, da durch das Grundrecht geschützte Verkehrsdaten im Sinne des heutigen § 176 Abs. 2 und 3 TKG erhoben würden. Daher sei eine solche Auswertung allenfalls unter den Voraussetzungen des § 100g StPO möglich.[418]

---

410 *Gaede*, StV 2009, 96, 97; *Störing*, S. 217.

411 *Störing*, S. 217, der im Übrigen darauf hinweist, dass derartige Selbstschutzmaßnahmen einen eigenständigen Schutz durch das Fernmeldegeheimnis genießen. Vgl. dazu auf S. 74 f.

412 *Brodowski*, JR 2009, 402, 404; *Kutscha* in *Kutscha/Thomé*, S. 64 f.

413 *Gercke*, StV 2006, 454, 455.

414 *Liebig*, S. 92; *Neuhöfer*, S. 56; Scheurle/Mayen-*Mayen*, TKG § 88 Rn. 10.

415 *Gaede*, StV 2009, 96, 98; *Jahn*, JuS 2006, 1048; *Neuhöfer*, S. 54; *Sankol*, MMR 2006, XXIX; *Schlegel*, HRRS 2007, 44, 48 f.; *Störing*, S. 218 f.

416 *Neuhöfer*, S. 57; *Störing*, S. 218 f.; vgl. auch *Meininghaus*, S. 255.

417 *Störing*, S. 219; *Gaede*, StV 2009, 96, 98.

418 *Neuhöfer*, S. 57.

cc) Entwicklung in der Rechtsprechung

Auch in der Rechtsprechung lassen sich in der Frage der Dauer des verfassungsrechtlichen Schutzes von beim Provider endgespeicherten E-Mails eine enge und eine weite Auslegung unterscheiden.

(1) Entwicklung der Rechtsprechung des BGH und der Instanzgerichte bis 2009

Eine Reihe von Instanzgerichten entschied in verfassungsrechtlicher Hinsicht bereits früh zugunsten einer weiten Auslegung des Fernmeldegeheimnisses bei beim Provider endgespeicherten E-Mails. Insoweit bestehen Parallelen zur Rechtsprechung im Falle einer Zwischenspeicherung, nicht zuletzt, da zwischen den Phasen 2 und 4 regelmäßig keine Abgrenzung vorgenommen wird. Im Hinblick auf die Endspeicherung beim Provider klingen dabei bereits viele Argumente der späteren Rechtsprechung des Bundesverfassungsgerichtes an. Wenig überraschend weichen die strafprozessualen Schlussfolgerungen der Gerichte[419], welche der weiten Ansicht folgen und §§ 100a, 100b StPO in ihrer damaligen Fassung als verfassungsgemäße Rechtsgrundlage eines Eingriffes betrachten, allerdings von der späteren Einordung des Bundesverfassungsgerichtes ab.[420]

Als eines der ersten Gerichte war das LG Hanau im Jahr 1999[421] mit der Frage der verfassungsrechtlichen Beurteilung des Zugriffs auf bei einem Provider gespeicherte E-Mails befasst.[422] Das Gericht ging davon aus, dass alle E-Mails während des gesamten Übermittlungsvorgangs den Schutz des Art. 10 Abs. 1 GG genießen und lehnte eine Unterteilung in Phasen mit unterschiedlichem verfassungsrechtlichem Schutz ab. Der durch das Grundgesetz gewährleistete Schutz könne nicht von den Zufälligkeiten des Übermittlungsvorgangs abhängen und dauere damit an, bis die E-Mail beim Empfänger angekommen sei. Dies sei erst dann der Fall, wenn die E-Mail *„am PC des Empfängers zur Entgegennahme zur Verfügung“*[423] stehe. Wendet man

[419] Vgl. LG Hanau, StV 2000, 354; LG Mannheim, StV 2002, 242, welches allerdings ein Verwertungsverbot trotz fehlendem ausdrücklichem richterlichem Beschluss ablehnte; LG Hamburg, MMR 2008, 186, 187.

[420] Vgl. BVerfGE 124, 43, 58 ff. sowie S. 252 ff.

[421] LG Hanau, StV 2000, 354 f.; mit zust. Anmerkung *Dübbers*, StV 2000, 355.

[422] Der Beschluss des Landgerichtes bezieht sich zwar vorrangig auf Fragen der Zwischenspeicherung in Phase 2, wobei nach der Sachverhaltsschilderung unklar bliebt, ob sich unter den beschlagnahmten Nachrichten nicht teilweise auch endgespeicherte E-Mails befanden. In jedem Fall enthält der Beschluss einige auch auf die Endspeicherung erweiterbare Aussagen.

[423] LG Hanau, StV 2000, 354, 355.

diese Rechtsprechung konsequent auf die Endspeicherung beim Provider an, so genießt eine dort gespeicherte E-Mail bis zu einem eventuellen Abruf auf den heimischen Computer des Empfängers den Schutz des Fernmeldegeheimnisses. Eventuelle Schutz- oder Einwirkungsmöglichkeiten oder eine eventuelle Kenntnisnahme wären danach ohne Belang. Entscheidet sich der Empfänger dauerhaft gegen einen Abruf, so dauert demnach der Schutz nach Art. 10 Abs. 1 GG unbegrenzt über den Zeitpunkt des Abschlusses des eigentlichen Übertragungsvorganges der E-Mail hinaus an.

Ähnlich wie das LG Hanau entschied wenig später auch das LG Mannheim.[424] Es betont, dass der geschützte Kommunikationsvorgang andauere, bis *„die Nachricht beim Empfänger angekommen“*[425] sei. Dafür reiche der Eingang der Nachricht in der Mailbox des Empfängers jedoch nicht aus. Vielmehr müsse diese *„in einem Datenspeicher des Empfängers zur Entgegennahme zur Verfügung“*[426] stehen. Hieraus ließe sich durchaus schließen, dass bereits eine Zwischenspeicherung im Postfach des Empfängers für eine Beendigung des Kommunikationsvorgangs ausreichend sein müsste, denn ein Postfach ist allein dem jeweiligen Nutzer zugeordnet. Allerdings stellt das Gericht nicht auf die Nutzungsberechtigung, sondern auf die tatsächlichen Zugriffsmöglichkeiten ab. Der Zweck des Fernmeldegeheimnisses gebiete es Gefährdungen der vertraulichen Kommunikation auszuschließen, soweit und solange ein heimlicher Zugriff des Providers oder der Strafverfolgungsbehörden möglich sei. Unter ausdrücklichem Rückgriff auf die Rechtsprechung des Bundesverwaltungsgerichtes zum Briefgeheimnis[427] verweist das Landgericht darauf, dass auch in einem E-Mail-Postfach gespeicherte Nachrichten weiter dem Zugriff Dritter ausgesetzt seien.[428] Somit wären in konsequenter Anwendung dieser Rechtsprechung auch beim Provider endgespeicherte E-Mails dauerhaft durch das Fernmeldegeheimnis geschützt, ohne dass die Schutz- oder Einwirkungsmöglichkeiten des Empfängers von Bedeutung wären.

Ausdrücklich mit dem Fall der Endspeicherung beim Provider beschäftigte sich das LG Hamburg[429] im Jahr 2008. Es vertrat nachdrücklich die Ansicht, dass auch auf im Online-Postfach bei einem Provider endgespeicherte E-Mails das Fernmeldegeheimnis anwendbar sei. Begründet wird dies primär mit der mangelnden alleinigen Beherrschbarkeit der Daten durch den Emp-

---

424 LG Mannheim, StV 2002, 242f. mit krit. Anmerkung *Jäger*, StV 2002, 243ff.

425 LG Mannheim, StV 2002, 242.

426 LG Mannheim, a.a.O.

427 Vgl. BVerwGE 79, 110, 115.

428 LG Mannheim, StV 2002, 242.

429 LG Hamburg, MMR 2008, 186f.; mit zust. Anmerkung *Störing*, MMR 2008, 187ff.

fänger. Anders als bei auf dem heimischen Computer gespeicherten E-Mails sei es aufgrund der Speicherung außerhalb des Herrschaftsbereiches des Empfängers sowohl dem Provider als auch den Strafverfolgungsbehörden möglich, „*beliebig und jederzeit*“[430] auf die Inhaltsdaten einer E-Mail zuzugreifen. Das Gericht räumt allerdings ein, dass bei einer Endspeicherung der E-Mail kein eigentlicher Telekommunikationsvorgang mehr bestehe, hält dies aber im Hinblick auf die Gewährleistung der Vertraulichkeit der Nutzung der E-Mail als Kommunikationsmittel für nachrangig. Wesentlich sei, dass ein Verzicht auf die Nutzung der E-Mail als Kommunikationsmittel oder ein Rückgriff auf eine andere Form der Nutzung aufgrund der Gefahr der Überwachung vermieden wird.[431] Insoweit sei es vor dem Hintergrund der fehlenden Beherrschbarkeit auch unerheblich, ob die jeweilige E-Mail zum Zeitpunkt des Zugriffs zwischen- oder endgespeichert ist. Eine Abgrenzung der beiden Fallgruppen sei nur schwer möglich und letztlich von Zufälligkeiten der jeweiligen Fallgestaltung abhängig. Auch im Falle der Endspeicherung sei die Beherrschbarkeit der Daten durch den Empfänger aufgrund der Speicherung beim Provider allenfalls unvollkommen.[432]

Im Ergebnis vertritt das LG Hamburg damit einen umfassenden, zeitlich unbegrenzten Schutz endgespeicherter E-Mails durch das Fernmeldegeheimnis. Dabei nimmt es in seinem Beschluss bereits einen Großteil der späteren verfassungsrechtlichen Argumentation des Bundesverfassungsgerichtes aus dem Folgejahr vorweg,[433] ohne jedoch auf die Frage der Schutzmöglichkeiten des Empfängers einzugehen, welche spätestens seit der „Bargatzky-Entscheidung“[434] einer Erörterung bedurft hätte.

Andere Instanzgerichte sowie kurz vor der Entscheidung des Bundesverfassungsgerichtes vom Juni 2009[435] auch der BGH vertraten in ihren Entscheidungen dagegen ein enges Verständnis des Fernmeldegeheimnisses und lehnten einen Schutz von beim Provider endgespeicherten E-Mails ab.

Das LG Braunschweig[436] vertrat im oben ausführlicher dargestellten Ausgangsfall[437] zur späteren Entscheidung des Bundesverfassungsgerichtes die Ansicht, dass eine Speicherung in einem Postfach beim Provider nicht vom

---

430 LG Hamburg, MMR 2008, 186.

431 LG Hamburg, a. a. O.

432 LG Hamburg, MMR 2008, 186, 187.

433 Vgl. BVerfGE 124, 43, 54 ff.

434 BVerfGE 115, 166, 183 f.

435 BVerfGE 124, 43 ff.

436 LG Braunschweig, Beschluss vom 12.04.2006 (Az.: 6 Qs 88/06), abrufbar über Juris.

437 Vgl. S. 122 ff.

Schutzbereich des Fernmeldegeheimnisses umfasst sei. Der Übermittlungsvorgang sei mit Bereitstellung der E-Mail im Postfach beim Provider bereits beendet, da ein weiterer Abruf der Nachricht weder erforderlich noch vorgesehen sei. Ab diesem Zeitpunkt sei er in der Lage, die Nachricht selbst vor unberechtigten Zugriffen zu schützen. Eine Kenntnisnahme des Empfängers sei dagegen nicht erforderlich.[438]

Damit benennt das Landgericht in enger inhaltlicher Anlehnung an die der „Bargatzky-Entscheidung“[439] zwei Anforderungen an ein Ende des durch das Fernmeldegeheimnis geschützten Übertragungsvorganges. Zum einen das Ende des Übertragungsvorganges im Sinne einer endgültigen Bereitstellung der E-Mail an einem dem Empfänger zugänglichen Ort und zum anderen die Möglichkeit, die Nachricht an diesem Ort zu lesen, zu bearbeiten und zu löschen sowie gegebenenfalls mit einem Passwortschutz zu versehen.[440]

Ebenfalls kritisch zu einer Anwendung des Fernmeldegeheimnisses auf beim Provider endgespeicherte E-Mails positionierte sich wenige Wochen vor dem Beschluss des Bundesverfassungsgerichtes der BGH[441]. Der Beschluss, der eine Beschlagnahme sämtlicher E-Mails in einem Postfach bei einem Provider befindlicher, d. h., sowohl gelesener (endgespeicherter) als auch ungelesener (zwischengespeicherter) Nachrichten zum Gegenstand hatte,[442] enthält sich allerdings jeglicher verfassungsrechtlicher Argumentation. Der BGH stellt lediglich fest, dass ein Telekommunikationsvorgang bereits bei einer nur Bruchteile von Sekunden andauernden Speicherung beim Provider nicht mehr gegeben sei. Hieraus lässt sich zumindest schließen, dass das Gericht ebenfalls von einer Beendigung des verfassungsrechtlich geschützten Übertragungsvorganges im Falle einer endgültigen Speicherung ausgeht.[443]

---

[438] LG Braunschweig, a. a. O. Rn. 12.

[439] BVerfGE 115, 166, 183 f.

[440] LG Braunschweig, a. a. O.

[441] BGH, NStZ 2009, 397 f. = BGH, MMR 2009, 391. Vgl. hierzu *Mosbacher*, JuS 2009, 696, 698 f.

[442] Vgl. BGH, NStZ 2009, 397.

[443] So auch *Sankol*, K&R 2009, 396, 397; auf eine vertiefte Auseinandersetzung mit diesem Beschluss wird aufgrund der fehlenden verfassungsrechtlichen Argumentation hier verzichtet. Vgl. zu den strafprozessualen Ausführungen des Beschlusses S. 299.

(2) Der Beschluss des Hessischen Verwaltungsgerichtshofs vom 15. Mai 2009

Eine Sonderstellung nimmt der Beschluss des Hessischen Verwaltungsgerichtshofes vom 15. Mai 2009 ein, der im Ergebnis zwar eine enge Auslegung des zeitlichen Anwendungsbereiches des Fernmeldegeheimnisses vertritt, dabei jedoch eine vermittelnde Position einnimmt, und Lösungsansätze jenseits der bisherigen festgefahrenen Positionen aufzeigte.

Nur rund einen Monat vor der Entscheidung des Bundesverfassungsgerichtes zur Sicherstellung und Beschlagnahme von E-Mails beim Provider[444] traf der Hessische Verwaltungsgerichtshof (VGH Kassel) vor dem Hintergrund der zu diesem Zeitpunkt vorliegenden verfassungsrechtlichen Rechtsprechung in einem vergleichbaren Sachverhalt eine gänzlich andere Entscheidung.[445] Der Gerichtshof verneinte in seinem Beschluss einen nachwirkenden Schutz des Fernmeldegeheimnisses für beim Arbeitgeber endgespeicherte E-Mails und stellte demgegenüber auf einen Schutz der Inhaltsdaten durch das Recht auf informationelle Selbstbestimmung oder das Recht auf Gewährleistung der Vertraulichkeit und Integrität informationstechnischer Systeme ab.[446]

Hintergrund des Beschlusses war ein Auskunfts- und Vorlageersuchen der Bundesanstalt für Finanzdienstleistungsaufsicht (BaFin) gegenüber einem börsennotierten Unternehmen, welches auf ein Amtshilfeersuchen der US-Wertpapieraufsicht (United States Securities and Exchange Commission – SEC) zurückging, aufgrund von Ermittlungen wegen des Verdachtes auf Insiderhandel. Das Unternehmen wurde aufgefordert, u.a. E-Mails, die von bestimmten Personen in einem konkreten Zeitraum gesendet und empfangen worden waren und die bestimmte Namen, Stichworte oder E-Mail-Adressen enthielten, an die BaFin zu übermitteln.[447]

Im Unternehmen wurden E-Mails nur für einen Zeitraum von sechs Wochen zentral gespeichert. Es stand den Arbeitnehmern jedoch frei, die Nachrichten auf ihren jeweiligen Arbeitsplatzrechnern im Eingangs- oder Ausgangspostfach des E-Mail-Clients zu belassen oder auch aktiv in anderen Verzeichnissen des internen Netzes oder an einem sonstigen Speicherort abzulegen.[448] Insbesondere auf die Erlangung solcher über einen längeren

---

444 BVerfGE 124, 43 ff.

445 VGH Kassel, MMR 2009, 714 ff.

446 VGH Kassel, MMR 2009, 714, 716.

447 Vgl. zum Sachverhalt die Vorinstanz: VG Frankfurt a.M., ITRB 2009, 74 sowie *Schantz*, WM 2009, 2112, 2113.

448 Vgl. VGH Kassel, MMR 2009, 714, 716; missverständlich insoweit die Ausführungen zur Vorinstanz in CR 2009, 125f. sowie bei *Nolte/Becker*, CR 2009, 126,

Zeitraum gespeicherter E-Mails war das Ersuchen der BaFin gerichtet, da die Dauer der zentralen Sicherung durch das Unternehmen zum Zeitpunkt des Bescheides der BaFin bereits abgelaufen war.[449]

Es handelte sich insoweit um einen der Endspeicherung im Postfach beim Provider durchaus vergleichbaren Sachverhalt. Auch im vorliegenden Fall sind die Inhaltsdaten der E-Mails nicht im alleinigen Herrschaftsbereich des Empfängers gespeichert. Vielmehr besteht, unabhängig von der rechtlichen Zulässigkeit, zunächst die Möglichkeit, dass der Arbeitgeber auf diese Nachrichten etwa über einen Administrator zugreift.[450] Zudem kann der Arbeitgeber wie ein Provider aufgrund rechtlicher Vorgaben zur Herausgabe von Inhaltsdaten von E-Mails an die Strafverfolgungsbehörden oder wie in diesem Fall die Finanzaufsichtsbehörde verpflichtet sein. Im vorliegenden Fall verlangte die BaFin die Herausgabe der E-Mails auf Grundlage des § 4 Abs. 3 Satz 1 WpHG[451] (in der damaligen Fassung)[452].

Der VGH Kassel entschied unter ausdrücklicher Bezugnahme auf das Verfassungsgerichtsurteil im Fall „Bargatzky"[453], dass sich der Schutz des Fernmeldegeheimnisses nicht auf die nach Abschluss des Kommunikationsvorganges im Herrschaftsbereich eines Kommunikationsteilnehmers gespeicherten Inhalte und Verkehrsdaten erstrecke. Maßgeblich sei, dass die Empfänger oder Versender eigene Schutzvorkehrungen gegen einen heimlichen Zugriff auf die gespeicherten Nachrichten treffen könnten. In einem solchen Fall seien „*die spezifischen Gefahren einer räumlich distanzierten Kommunikation*" nicht mehr gegeben.[454]

Das Gericht betrachtet die von der BaFin angeforderten E-Mails vor diesem Hintergrund nicht mehr als vom Fernmeldegeheimnis geschützte Kommunikationsinhalte, da der diesbezügliche Kommunikationsvorgang bereits abgeschlossen sei.[455] Es obliege nach dem Eingang der E-Mail allein den jeweiligen Arbeitnehmern, darüber zu entscheiden, ob und gegebenenfalls wo, die Nachrichten nach Erhalt oder Versendung innerhalb des Systems des Unternehmens gespeichert würden. Es stehe den Mitarbeitern auch frei, die

---

welche von der Erforderlichkeit einer aktiven Speicherung durch den jeweiligen Arbeitnehmer im System des Unternehmens auszugehen scheinen. Ähnlich auch *Schantz*, WM 2009, 2112, 2113.

449 Vgl. VG Frankfurt a. M., ITRB 2009, 74, 75.

450 Vgl. dazu auch *Schantz*, WM 2009, 2112, 2114.

451 Kritisch zur Anwendbarkeit der Regelung auf den vorliegenden Fall: *Schantz*, WM 2009, 2112, 2114 f.

452 Nunmehr § 7 Abs. 2 WpHG.

453 BVerfGE 115, 166 ff.

454 VGH Kassel, MMR 2009, 714, 716.

455 VGH Kassel, a. a. O.

E-Mails an anderen Orten zu speichern (genannt werden ausdrücklich sowohl interne als auch externe Speicherorte) oder auch durch Passwörter oder Verschlüsselungen vor Zugriffen zu schützen. Aufgrund dieser Selbstschutzmöglichkeiten geht der VGH Kassel davon aus, dass die E-Mails erst nach Abschluss der eigentlichen Übertragung in die internen Speichermedien gelangt sind und daher

> „ein nachwirkender Schutz des Fernmeldegeheimnisses in Bezug auf solche E-Mails, die durch Belassung in den Mailordnern Eingang in die zentralen Speichermedien finden oder durch Abspeicherung durch den Mitarbeiter in den Verzeichnissen des innerbetrieblichen Netzes abgelegt werden, nicht“

bestehe.[456] Insoweit sei es zudem unerheblich, dass sich die von den Mitarbeitern zur Speicherung genutzten Computersysteme – zumindest auch – im Herrschaftsbereich des Unternehmens befänden. Diesbezüglich stellt der VGH Kassel, wie zuvor auch das Bundesverfassungsgericht,[457] im Ergebnis darauf ab, dass sich die angeforderten Daten nicht mehr von anderen Kommunikationsdaten unterschieden, die auf häuslichen Systemen des Mitarbeiters gespeichert seien, und verneint daher auch aus diesem Blickwinkel einen Schutz durch das Fernmeldegeheimnis.[458]

Dem folgt die aus verfassungsrechtlicher Sicht entscheidende Feststellung des Beschlusses. Die Mitarbeiter seien trotz der mangelnden Anwendbarkeit des Fernmeldegeheimnisses keineswegs schutzlos gestellt. Vielmehr werde Eingriffen in deren Rechte durch Datenverlust oder unberechtigte Zugriffe auf die beim Arbeitgeber gespeicherten Daten

> „durch andere Grundrechte, wie das Recht auf informationelle Selbstbestimmung oder das aus dem allgemeinen Persönlichkeitsrecht abgeleitete Recht auf Gewährleistung der Vertraulichkeit und Integrität informationstechnischer Systeme begegnet“.[459]

Anders als das Bundesverfassungsgericht in seiner nur wenig später ergangenen Entscheidung zur Sicherstellung und Beschlagnahme von E-Mails beim Provider[460] versucht der VGH Kassel damit nicht, die zeitlichen Grenzen des Fernmeldegeheimnisses auf derartige Sachverhalte auszudehnen. Das Gericht ordnet vielmehr den Schutz von bei Dritten endgespeicherten E-Mails in konsequenter Anwendung der damals vorliegenden verfassungsgerichtlichen Rechtsprechung – zumindest auch – dem damals noch neuen Recht auf Gewährleistung der Vertraulichkeit und Integrität informationstechnischer Systeme zu.

---

[456] VGH Kassel, a. a. O.

[457] Vgl. BVerfGE 115, 166, 185

[458] VGH Kassel, a. a. O.

[459] VGH Kassel, a. a. O.

[460] BVerfGE 124, 43 ff.

Überraschenderweise schließt sich diesen Ausführungen keine weitergehende Auseinandersetzung mit den genannten Grundrechten an. Insbesondere schenkt das Gericht der durchaus diskussionswürdigen Frage, ob und inwieweit im konkreten Fall der Schutzbereich des Grundrechtes auf Gewährleistung der Vertraulichkeit und Integrität informationstechnischer Systeme eröffnet ist und ob die diesbezüglichen Anforderungen nach der Rechtsprechung des Bundesverfassungsgerichtes[461], vor allem auch in Bezug auf die herangezogene Rechtsgrundlage aus dem WpHG erfüllt sind,[462] keine weitere Beachtung. Im Ergebnis scheint der VGH Kassel unproblematisch sowohl von einer Eröffnung des Schutzbereichs des Rechtes auf informationelle Selbstbestimmung oder aber des Rechtes auf Gewährleistung der Vertraulichkeit und Integrität informationstechnischer Systeme als auch einer Rechtfertigung eines Eingriffes nach den Vorschriften des WpHG auszugehen. Anders ließe sich die Abweisung des Antrags der Kläger nicht begründen.

Trotz der mangelnden Auseinandersetzung des Gerichtes mit den im Ergebnis wohl angenommenen, einschlägigen verfassungsrechtlichen Schutzgewährleistungen ist der Beschluss des VGH Kassel aus zwei Gründen für die Frage der Auslegung des zeitlichen Umfangs des durch das Fernmeldegeheimnis gewährleisteten Schutzes von maßgeblicher Bedeutung. Denn er zeigt, welche weiteren verfassungsrechtlichen Lösungsansätze bei konsequenter Anwendung und Weiterentwicklung der Vorgaben des Bundesverfassungsgerichtes aus der „Bargatzky-Entscheidung" für die Frage des Schutzes von Inhaltsdaten von E-Mails nach Abschluss des eigentlichen Übertragungsvorganges bestehen.

Dies gilt zum einen für die Frage, welche Anforderungen an eine Beendigung des durch das Fernmeldegeheimnis geschützten Kommunikationsvorganges gestellt werden müssen. Hier nimmt der VGH Kassel eine vermittelnde Position zwischen den Vertretern einer engen und einer weiten Interpretation der zeitlichen Grenzen des Schutzbereiches des Fernmeldegeheimnisses ein. Danach ist es für den Endzeitpunkt des Schutzbereiches des Fernmeldegeheimnisses einerseits nicht ausreichend, dass die E-Mail im Postfach des Empfängers gespeichert wird, ohne dass dieser auf die Nachricht zugegriffen hat und im Anschluss entsprechende Schutzmaßnahmen ergreifen kann. Andererseits erstreckt sich der Schutzbereich bei der E-Mail-Kommunikation auch nicht allein aufgrund des gewählten Speicherplatzes auf einen unbegrenzten Zeitraum nach Abschluss der eigentlichen Übermittlung. Vielmehr vertritt das Gericht in Anlehnung an die damalige

---

461 Vgl. BVerfGE 120, 274, 313 ff.

462 Vgl. dazu *Schantz*, WM 2009, 2112, 2114 ff.

verfassungsgerichtliche Rechtsprechung[463] die Ansicht, dass neben der Speicherung im Herrschaftsbereich des Empfängers auch die Möglichkeit des Treffens eigener Schutzvorkehrungen in Bezug auf die übermittelten Inhalte und Daten erforderlich ist. Erst sobald diese beiden Voraussetzungen kumulativ erfüllt sind, ist von einem Ende des geschützten Kommunikationsvorgangs auszugehen.[464] Das Gericht stellt dabei auch auf das Element der Kenntnisnahme bzgl. des Eingangs einer E-Mail ab.[465] Erst wenn die Nachricht im Herrschaftsbereich des Empfängers angekommen ist und von diesem zur Kenntnis genommen wurde, ist es möglich, die vom Gericht angeführten Maßnahmen zur Verhinderung des Zugriffs Dritter vorzunehmen. Hierin liegt auch die wesentliche Unterscheidung zum Zugriff auf E-Mails während der Zwischenspeicherung in Phase 2.

Zum anderen wies der Beschluss des VGH Kassel, als wohl einzige obergerichtliche Entscheidung zu dieser Frage, auch im Hinblick auf die Interpretation der maßgeblichen Grundrechte in eine neue Richtung. Anders als die spätere Entscheidung des Bundesverfassungsgerichtes oder die Vertreter der weiten Ansicht in der Literatur sucht der Hessische Verwaltungsgerichtshof die Lösung der Problematik des verfassungsrechtlichen Schutzes endgespeicherter E-Mails nicht in der Ausweitung der Grenzen des Fernmeldegeheimnisses, sondern nimmt parallele Schutzgewährleistungen in den Blick. Insbesondere das Abstellen auf das Recht auf Gewährleistung der Vertraulichkeit und Integrität informationstechnischer Systeme als Ausprägung des allgemeinen Persönlichkeitsrechtes des Art. 2 Abs. 1 i.V.m. Art. 1 Abs. 1 GG stellt eine wesentliche Neuerung dar. Dies ist vor allem deshalb von Bedeutung, weil sich Rechtsprechung und Literatur im Vorfeld der Entscheidung kaum mit den Auswirkungen dieser neuen Ausprägung des allgemeinen Persönlichkeitsrechtes auf die hier maßgebliche Problematik auseinandergesetzt hatten,[466] obwohl eine solche Lösung nicht fernliegend erscheint und auch nicht zwingend eine Einschränkung des verfassungsrechtlichen Schutzes des von einer staatlichen Maßnahme Betroffenen bedeutet.[467]

Hier liegt jedoch auch die wesentliche Schwäche des Beschlusses, der es versäumt, die Voraussetzungen des damals neuen sogenannten Computergrundrechtes auch nur ansatzweise zu prüfen und so weitere Klarheit über dessen Anwendbarkeit auf E-Mail-Postfächer und die Anforderungen an einen Zugriff auf die dort gespeicherten Nachrichten zu schaffen. Dabei ver-

---

463 BVerfGE 120, 274, 307 f.

464 VGH Kassel, MMR 2009, 714, 716.

465 Konkreter die Vorinstanz, vgl. VG Frankfurt am Main CR 2009, 125, 126.

466 Eine Ausnahme bilden insoweit die Ausführungen von *Gaede*, StV 2009, 96, 98.

467 Vgl. *Gaede*, StV 2009, 96, 98.

kennt das Gericht, indem es unproblematisch von einer Rechtfertigung des Eingriffes der BaFin aufgrund der damaligen Vorgaben des WpHG ausgeht, die erheblichen Anforderungen, die das Bundesverfassungsgericht an eine Rechtfertigung von Eingriffen in dieses Grundrecht gerade im Hinblick auf die Rechtsgrundlage stellt.[468] Es erscheint durchaus zweifelhaft, ob die damalige Rechtsgrundlage im WpHG diese Anforderungen erfüllte,[469] zumindest wäre auch insoweit eine vertiefte Auseinandersetzung erforderlich gewesen. Indem es diese Prüfung unterließ, versäumte es das Gericht, der Diskussion in der Frage der bei Dritten gespeicherten Inhaltsdaten von E-Mails einen möglicherweise entscheidenden neuen Anstoß zu geben. Ob dies jedoch noch Einfluss auf die spätere Entscheidung des Bundesverfassungsgerichtes gehabt hätte, erscheint angesichts des kurzen zeitlichen Abstandes zwischen den beiden Entscheidungen zweifelhaft.

(3) Die Entscheidung des Bundesverfassungsgerichtes vom 16. Juni 2009

Letztlich entschied sich das Bundesverfassungsgericht jedoch, in dem oben ausführlich dargestellten Beschluss[470] anders als der VGH Kassel und schloss sich in verfassungsrechtlicher Hinsicht vollumfänglich der weiten Ansicht in Literatur und Rechtsprechung an.

Es erweitert den verfassungsrechtlichen Schutz des Fernmeldegeheimnisses im Falle von beim Provider gespeicherten E-Mails auf den gesamten Übertragungsvorgang in den Phasen 1 bis 3 sowie die Endspeicherung in Phase 4. Solange die E-Mail nicht im alleinigen Herrschaftsbereich des Empfängers angekommen sei, sei es aufgrund der in diesen Phasen bestehenden technisch bedingten mangelnden Beherrschbarkeit der gespeicherten Nachrichten notwendig, den Schutz des Art. 10 Abs. 1 GG aufrechtzuerhalten.[471] Das Bundesverfassungsgericht setzt dabei weder zeitliche noch tatsächliche Grenzen. Solange die Speicherung beim Provider und damit die im Beschluss identifizierte Gefährdungslage besteht, dauert auch der Schutz des Fernmeldegeheimnisses an. Dies kann je nach Fallgestaltung durchaus einen zeitlich unbegrenzten Schutz der Nachricht im Anschluss an die Übertragung bedeuten.

---

[468] Vgl. z.B. BVerfGE 120, 274, 315 ff.; Merten/Papier-*Rudolf*, HB der Grundrechte, § 90, Rn. 82; *Hoffmann-Riem*, JZ 2008, 1009, 1020 f.; *Brenneisen/Rogosch/Martins*, Die Polizei 2008, 245, 248 f.; *Sachs/Krings*, JuS 2008, 481, 485 f.; Uerpmann-Wittzack-*Bäcker*, S. 14; ff.

[469] Vgl. dazu *Schantz*, WM 2009, 2112, 2116 f.

[470] BVerfGE 124, 43 ff.; vgl. zu den Einzelheiten S. 122 ff.

[471] BVerfGE 124, 43, 55.

Obwohl das Gericht, wie oben ausgeführt, ausdrücklich an den zuvor aufgestellten Anforderungen zu den zeitlichen Grenzen des geschützten Kommunikationsvorgangs festhält und einen Schutz von außerhalb des laufenden Kommunikationsvorgangs bei den Kommunikationsteilnehmern gespeicherten Inhalten und Daten verneint, sieht es diesen Fall auch bei der Endspeicherung der Nachricht beim Provider als nicht gegeben an.[472] Die E-Mails werden nach Ansicht des Gerichtes nicht im Herrschaftsbereich des Empfängers gespeichert, sondern in dem des Providers. Ein Zugriff sei allein über das Internet möglich. Damit bestünden die Gefahren für die Vertraulichkeit der Kommunikation fort.[473] Das Gericht hält es daher für erforderlich, dass der Schutz des Fernmeldegeheimnisses andauert, bis die E-Mails in den alleinigen Herrschaftsbereich des Empfängers übertragen oder gelöscht werden.

In Bezug auf die dauerhafte Speicherung auf dem Server des Providers in Phase 4 geht der Beschluss damit davon aus, dass die Nachrichten aufgrund des Speicherortes auch nach Abschluss der eigentlichen Übertragung noch immer dem Zugriff des Providers und damit dem der Ermittlungsbehörden ausgesetzt seien. Die Tätigkeit des Providers sei mit der endgültigen Speicherung der E-Mail im Postfach des Empfängers nicht beendet und die daraus folgenden Gefährdungen weiterhin gegeben, da der Provider in die weitere Verwaltung der Nachrichten involviert bleibe.[474]

Die Kommunikationsteilnehmer hätten keine hinreichend wirksame Möglichkeit, diese Gefährdungen zu verhindern.[475] Auch die Verwendung von Zugangssicherungen, wie etwa die Nutzung von Passwörtern, biete keinen ausreichenden technischen Schutz, der zu einer Verneinung der verfassungsrechtlichen Schutzbedürftigkeit führen könne.[476] Zudem beendeten weder die Kenntnisnahme des Empfängers vom Eingang noch von den Inhalten der E-Mail nach Ansicht des Bundesverfassungsgerichtes den verfassungsrechtlich gewährleisteten Schutz.[477] Der Schutz des Fernmeldegeheimnisses ende nicht immer mit der Kenntnisnahme vom Inhalt der Nachricht. Vielmehr sei der Schutzbereich anhand des Schutzzweckes des Grundrechtes unter Berücksichtigung der spezifischen Gefährdungslage zu bestimmen.[478] Im Falle einer E-Mail-Kommunikation beständen die verfassungsrechtlich zu verhindernde Gefährdungslage und damit auch der Schutzzweck bei einer Endspei-

472 BVerfGE 124, 43, 54.
473 BVerfGE, a. a. O.
474 BVerfGE 124, 43, 56.
475 BVerfGE 124, 43, 55.
476 BVerfGE 124, 43, 55; vgl. auch *Krüger*, MMR 2009, 680, 681.
477 BVerfGE 124, 43, 56.
478 BVerfGE 106, 28, 38; 115, 166, 186; 124, 43, 56.

cherung beim Provider auch nach einer Kenntnisnahme fort. Grund hierfür sei auch insoweit, dass der geschützte Inhalt beim Provider und somit in einer nicht durch den jeweiligen Kommunikationsteilnehmer beherrschbaren Sphäre verbleibe.[479]

Auch hinsichtlich der endgültigen Speicherung stehe dem Schutz durch das Fernmeldegeheimnis nicht entgegen, dass zu diesem Zeitpunkt keine Telekommunikation im dynamischen Sinne stattfinde. Maßgeblich sei allein die Schutzbedürftigkeit der Telekommunikationsteilnehmer aufgrund der Tatsache, dass in den Kommunikationsvorgang zwingend ein Dritter involviert werden müsse.[480] Insoweit distanziert sich das Gericht nicht nur von einer einfachgesetzlichen technischen Definition des verfassungsrechtlichen Schutzes[481], sondern löst sich im Falle der Endspeicherung auch vom allgemeinen Verständnis einer Kommunikation im Wortsinne.[482]

Im Ergebnis wurde mit dieser Entscheidung die durch die Bargatzky-Entscheidung unterbrochene Linie der Rechtsprechung wieder aufgenommen. Denn während die Entscheidung aus dem Jahr 2006 ein festes Ende des Kommunikationsvorganges mit Beherrschbarkeit annahm, wurde dies für den Fall der Speicherung einer Nachricht beim Provider im Jahr 2009 weitgehend kassiert. Das Gericht kehrt damit im Ergebnis mit dem Beschluss zum zeitlich unbegrenzten Schutz von durch Telekommunikation übertragenen Daten der Kammerentscheidung aus dem Jahr 2005[483] zurück.

Nach der weiten Ansicht in Rechtsprechung und Literatur und der dieser folgenden Entscheidung des Bundesverfassungsgerichtes besteht somit auch im Falle der Endspeicherung beim Provider ein Schutz der Inhaltsdaten einer E-Mail durch das Fernmeldegeheimnis. Dieser dauert an, soweit und solange die E-Mail in dem beim Provider befindlichen Postfach gespeichert bleibt, ohne dass es auf eine Kenntnisnahme oder eine sonstige Einwirkungsmöglichkeit des Empfängers ankommt.

c) Stellungnahme

Die vom Bundesverfassungsgericht und den Vertretern der weiten Ansicht in Rechtsprechung und Literatur dargelegte besondere Gefährdungslage in Bezug auf beim Provider gespeicherten Inhaltsdaten von E-Mails in Phase 4 ist nicht in Abrede zu stellen. In dieser Situation besteht in jedem Falle die

---

[479] BVerfGE 124, 43, 56.

[480] BVerfGE 124, 43, 55f.

[481] Vgl. dazu oben S. 103.

[482] So schon in *Krüger*, MMR 2009, 680, 681.

[483] BVerfG, MMR 2005, 520ff.

Gefahr eines erleichterten Zugriffs durch den Provider oder die Strafverfolgungsbehörden. Die Nachricht ist vollständig und über einen langen Zeitraum an einem Ort gespeichert, so dass ein Zugriff durch den Provider, aber auch durch die Strafverfolgungsbehörden, ohne technische Schwierigkeiten mit oder ohne Wissen des Empfängers durchgeführt werden kann. Dabei lassen sich durch den Zugriff während dieser Phase besonders weitreichende Erkenntnisse gewinnen, da regelmäßig eine Vielzahl von Nachrichten aus den verschiedensten Bereichen des privaten und beruflichen Lebens des Betroffenen im E-Mail-Postfach gespeichert ist. Hieraus folgen nicht nur besonders wertvolle Ermittlungsansätze zur Tataufklärung und Strafverfolgung, sondern auch erhebliche Gefährdungen der verfassungsmäßig geschützten Rechtsgüter des Empfängers und seiner Kommunikationspartner.[484] Daher bedarf es vor dem Hintergrund der dargelegten Gefährdungslage eines besonders strengen und effektiven verfassungsrechtlichen, aber auch strafprozessualen Schutzes dieser Daten, nicht zuletzt deshalb, weil es auf ihrer Basis möglich ist, Persönlichkeitsprofile zu erstellen, die inhaltlich weit in den Kernbereich privater Lebensgestaltung hineinreichen.[485]

Natürlich ist es auch in Bezug auf die Endspeicherung nicht möglich, den Schutz des Fernmeldegeheimnisses unter Verweis auf die einfachgesetzlichen Vorgaben des § 3 Nr. 59 TKG zu verneinen. Insoweit gilt das oben zur Zwischenspeicherung ausgeführte entsprechend: Die einfachgesetzliche Norm kann nicht herangezogen werden, um eine Bestimmung der Verfassung einzuschränkend auszulegen. Der verfassungsrechtliche Schutz der Telekommunikation kann nicht anhand einfachgesetzlicher Definitionen bestimmt werden, sondern muss vielmehr deren Voraussetzungen bzw. deren Auslegung vorgeben. Entsprechendes gilt für rein technische Kriterien. Diese geben zwar die äußeren Umstände des verfassungsrechtlich zu bewertenden Geschehens vor, können jedoch nicht festlegen, wie weit der durch die Verfassung gewährleistete Schutz im Einzelfall reichen muss. Daher ist es auch für die Bewertung der Phase 4 unerheblich, dass ein Telekommunikationsvorgang im „*dynamischen Sinne*" zum Zeitpunkt der Endspeicherung nicht stattfindet.[486]

Zutreffend ist allerdings auch, dass eine E-Mail im Falle der Endspeicherung bereits das Ziel des Übertragungsvorganges erreicht hat und damit der

---

484 Vgl. hierzu die Darstellung auf S. 137 ff.

485 Zur Frage, ob Zugriff auf E-Mails auf Basis der einfachen Sicherstellungs- und Beschlagnahmeregelungen und somit der niederschwelligsten verfügbaren Eingriffsgrundlagen der StPO diesen Anforderungen genügen kann, vgl. S. 259 ff. Zum Wunsch der Strafverfolgungsbehörden nach solchen Eingriffsgrundlagen vgl. *Klein*, NJW 2009, 2996, 2997 sowie *Kutscha/Thomé*, S. 71.

486 BVerfGE 124, 43, 55.

Zweck der Übermittlung erreicht ist. Dementsprechend ist auch der Schutzzweck des Fernmeldegeheimnisses erfüllt. Das Geschehen wandelt sich auf tatsächlicher Ebene von einem Kommunikationsvorgang zu einem Speichervorgang.[487]

Es ist somit nicht die Frage, ob eine Gefährdungslage hinsichtlich eines Zugriffes auf Inhalte der gespeicherten E-Mails besteht, sondern ob diese Gefährdungslage noch einen hinreichenden Kommunikationsbezug aufweist oder vielmehr ihre Grundlage im Speicherverhalten des Empfängers hat. Im ersteren Fall wäre das Fernmeldegeheimnis als Kommunikationsschutzrecht anzuwenden, anderenfalls wären unter Umständen andere Schutzgewährleistungen, insbesondere das sogleich zu erörternde Computergrundrecht maßgeblich.

Insoweit stellt sich die Frage, ob die durch das Bundesverfassungsgericht vorgenommene Zuordnung des Schutzes der Inhaltsdaten von E-Mails während der Endspeicherung zum Schutzbereich des Fernmeldegeheimnisses aus dogmatischen Erwägungen zutreffend ist und aus dem Blickwinkel des vom Grundgesetz intendierten Schutzes der Distanzkommunikation hinreichend erscheint.

aa) Das Fernmeldegeheimnis als Speicherschutzrecht?

Die durch die Rechtsprechung des Bundesverfassungsgerichtes vorgenommene Zuordnung der Endspeicherung der E-Mail im Postfach bei einem Provider überspannt den Schutzbereich des Fernmeldegeheimnisses als Kommunikationsgrundrecht. Indem das Gericht die Speicherung von Nachrichten über eine zeitlich unbegrenzte Dauer diesem Grundrecht zuordnet, führt es zugleich einen Bedeutungswandel herbei. Das Fernmeldegeheimnis wandelt sich „*insoweit allein aufgrund des durch die Kommunikationsteilnehmer gewählten Speicherortes zu einem Dauerschutzrecht für alle jemals durch E-Mail-Kommunikation übertragenen Daten und Inhalte*".[488] D.h., das ursprüngliche Kommunikationsschutzrecht wird zu einem Speicherungsschutzrecht oder Datenschutzrecht.

Nach Beginn der Endspeicherung bestehen die spezifischen Gefahren einer räumlich distanzierten Kommunikation nicht mehr. Ab diesem Zeitpunkt obliegt es der Entscheidung des Empfängers, ob er die Nachrichten im Postfach belässt, an einem anderen, sichereren Ort speichert, löscht, ausdruckt

[487] Vgl. *Jäger*, StV 2002, 243, 244; *Löffelmann*, AnwBl 2006, 598, 600; *Valerius*, S. 111.

[488] So schon *Krüger*, MMR 2009, 680, 682; zustimmend Dürig/Herzog/Scholz-*Durner*, GG, Art. 10 Rn. 128; Münch/Kunig-*M. Martini*, GG, Art. 10 GG Rn. 76.

oder gegebenenfalls durch Verschlüsselung vor Zugriffen schützt. Es handelt sich nicht mehr um einen durch die Kommunikationspartner nicht zu beeinflussenden Kommunikationsvorgang, der in den Händen des Übermittlers liegt, sondern um einen durch den Empfänger willentlich ausgelösten, eigenständigen Speichervorgang in Bezug auf die zuvor durch Telekommunikation übertragenen Inhaltsdaten.[489] Belässt der Empfänger die E-Mails ohne geeignete Schutzmaßnahmen zu treffen im Postfach beim Provider, so nimmt er damit in Kauf, dass es zumindest möglich ist, dass Dritte auf diese Inhalte zugreifen und die E-Mails Gegenstand strafprozessualer Maßnahmen werden.[490] Die Nachrichten unterscheiden sich dann nicht mehr von bei sonstigen Dritten gespeicherten Daten.[491] Die im Postfach gespeicherten Nachrichten können zwar jederzeit Ausgangspunkt von weiteren durch das Fernmeldegeheimnis geschützten Kommunikationsvorgängen sein, etwa durch Weiterleitung oder Beantwortung,[492] der geschützte Kommunikationsvorgang, an dessen Ende sie im Postfach des Empfängers gespeichert wurden, ist jedoch abgeschlossen.

Die durch das Bundesverfassungsgericht vorgenommene Ausweitung des Schutzbereiches auf die dauerhafte Aufbewahrung von Daten entspricht zudem weder dem allgemeinen Verständnis einer Kommunikation im Wortsinne noch der historischen Auffassung der Mütter und Väter des Grundgesetzes bei dessen Schaffung. Daneben besteht auch keine Notwendigkeit, eine solche weitreichende, kaum begrenzbare Ausweitung vorzunehmen, da andere Grundrechte, insbesondere das Recht auf Gewährleistung der Vertraulichkeit und Integrität informationstechnischer Systeme, weitaus besser in der Lage sind, die durch das Bundesverfassungsgericht aufgezeigte Schutzlücke ohne dogmatische Brüche zu schließen.

Eine Kommunikation im Wortsinne findet zum Zeitpunkt der Speicherung der Nachricht beim Provider nicht mehr statt. Der Duden definiert Kommunikation als „*Verständigung untereinander; zwischenmenschlichen Verkehr bes. mithilfe von Sprache, Zeichen*“[493], während das Brockhaus-Wahrig Wörterbuch auf eine „*Beziehung zw. Menschen, Lebewesen, maschinellen Systemen od. technischen Geräten, bei der über Symbole u. Zeichen (Sprache,*

---

[489] *Krüger*, MMR 2009, 680, 682.

[490] So im Ergebnis auch *Meininghaus*, a. a. O. S. 253ff.

[491] *Krüger*, a. a. O.

[492] So auch *Kudlich*, JA 2000, 227, 233; Anders im Ergebnis *Neuhöfer*, S. 63, der im E-Mail-Client gespeicherte gesendete E-Mails dem Fernmeldegeheimnis zuordnen will, da diese jederzeit weitergeleitet oder bei Beantwortung der Nachricht dieser neuen Nachricht beigefügt werden.

[493] Duden, Das große Wörterbuch der deutschen Sprache, Band 5, S. 2196.

Bilder, Schrift, Signale, körperliche Reize u. ä.) Informationen vermittelt werden“[494] abstellt.[495]

Allgemein haftet dem Begriff der Kommunikation damit ein Element der Dynamik, aber auch der Flüchtigkeit, an, welches zudem von einem Sender-Empfänger-Prinzip geprägt ist. Versteht man den Begriff in dieser Weise, so ist die Kommunikation zum Zeitpunkt der Endspeicherung bereits abgeschlossen. Die Verständigung der Kommunikationsteilnehmer untereinander, welche durch den Austausch der in der E-Mail enthaltenen Informationen gekennzeichnet ist, ist spätestens mit der Kenntnisnahme durch den Empfänger erfolgt. Die vom Sender an den Empfänger gesendete Information hat ihr vorgesehenes Ziel erreicht. Eine weitere Vermittlung von Informationen durch Symbole, Zeichen oder Sprache findet nicht mehr statt. Allenfalls kommt eine erneute Versendung in Betracht. Hierbei handelt es sich allerdings um einen neuen, eigenständig geschützten Kommunikationsvorgang.

Aus sprachlicher Sicht fehlt dem Kommunikationsbegriff damit das statische Moment, das für eine Einbeziehung einer Aufbewahrungs- oder Speicherungsfunktion sprechen würde. Allenfalls kann sich ein solches Element dem eigentlichen Kommunikationsvorgang anschließen, etwa in Form der traditionellen Aufbewahrung von Briefen. Es handelt sich dabei aber nach allgemeinem Verständnis um einen, dem eigentlichen Kommunikationsvorgang nachgelagerten, eigenständigen Akt.

Zu einem weiteren Verständnis gelangt man auch nicht, indem man auf den Begriff des „Fernmeldegeheimnisses“ statt auf den Kommunikationsbegriff abstellt. Es ist zutreffend, dass der Übermittler der Nachricht bereits nach historischem Verständnis zur Geheimhaltung verpflichtet war und diese Verpflichtung in heutiger Zeit z. B. in § 3 Abs. 2 TTDSG (früherer § 88 Abs. 2 TKG) fortbesteht.[496] Wenn § 3 Abs. 2 TTDSG jedoch einfachgesetzlich einen Fortbestand der Verschwiegenheitspflicht des Diensteanbieters auch nach Ende seiner Tätigkeit anordnet, so hat dies allenfalls eine begrenzte Aussagekraft im Hinblick auf die Interpretation der verfassungsrechtlichen Vorgaben zum Schutz der Inhaltsdaten einzelner E-Mails. Die Gesetzgebungsmaterialien enthalten keine Aussage zur Frage der generellen Fortwirkung des Fernmeldegeheimnisses des Art. 10 Abs. 1 GG nach dem jeweiligen Übertragungsvorgang[497], vielmehr handelt es sich im Kern um eine dienst-

494 Brockhaus Wahrig, Deutsches Wörterbuch, Vierter Band, S. 219.

495 Dieses Verständnis deckt sich auch mit dem in anderen Sprachen, so führt The Oxford English Dictionary, S. 578 aus, dass „communication“ als „The imparting, conveying, or exchange of ideas, knowledge, information, etc. (whether by speech, writing, or signs)“ zu verstehen ist.

496 Vgl. *Klesczewski*, ZStW 123, (2011), 737, 751; *Störing*, S. 223.

497 Vgl. den Gesetzentwurf zum TKG von 1996: BT-Drs.: 13/3609, S. 53.

rechtliche Vorschrift. Zudem führt ein Rückgriff auf die einfachgesetzlichen Regelungen hier, wie Störing[498] selbst zutreffend ausführt, im Ergebnis nicht weiter. Zum einen ist eine Interpretation verfassungsrechtlicher Vorgaben anhand einfachgesetzlicher Regelungen, wie oben ausgeführt, problematisch, zum anderen würde eine konsequente Anwendung der Vorgaben des TKG hier gerade nicht zu einer Anwendbarkeit des Fernmeldegeheimnisses führen, da nach § 3 Nr. 59 TKG gerade keine Telekommunikation gegeben wäre.[499]

Auch aus dem Blickwinkel der Historie des Fernmeldegeheimnisses spricht wenig für einen dauerhaften Schutz von beim Provider endgespeicherten Nachrichten. Auch wenn Durner darauf verweist, dass die Schutzgewährleistungen des Art. 10 GG aufgrund der richterrechtlichen Fortbildungen in keiner ungebrochenen verfassungsrechtlichen Kontinuität mit ihren Vorgängerbestimmungen stehen,[500] so lassen sich aus ihnen dennoch Hinweise auf das allgemeine Verständnis des Grundrechtes ableiten.

Erste Vorläuferregelungen gab es bereits seit dem Mittelalter. Seit dem 18. Jahrhundert existierten einfachgesetzliche Vorgaben zum Schutz von Postsendungen, welche diese zunächst nur vor Eingriffen durch Postbedienstete schützten, nicht aber vor staatlichen Stellen.[501] Erst mit dem Allgemeinen Landrecht für die Preußischen Staaten erweiterte sich dieser Schutz am Ende des 18. Jahrhunderts auch auf staatliche Zugriffe. Geschützt waren nach Teil II, Titel 15, § 204 ALR nicht nur die ankommende und ausgehende Korrespondenz, sondern auch deren Umstände.[502] Die Gewährleistungen in der Folgezeit[503] einschließlich der WRV von 1919 behielten diesen Schutzbereich im Kern unverändert bei, wobei der Schutz auch auf damals neue Medien erweitert wurde, indem das Briefgeheimnis inhaltsgleich auf die Telegrafie als Telegrafengeheimnis übertragen wurde.[504] Aus dem Telegrafen- und Fernsprechgeheimnis des Art. 117 WRV wurde bei Schaffung des Grundgesetzes durch terminologische Zusammenfassung das heutige Fernmeldegeheimnis entwickelt, ohne dass insoweit weitere inhaltliche Änderungen vorgenommen wurden.

498 *Störing*, S. 223.

499 *Störing*, a. a. O.

500 Dürig/Herzog/Scholz-*Durner*, GG, Art. 10 Rn. 10.

501 Vgl. zu den Einzelheiten Dürig/Herzog/Scholz-*Durner*, GG, Art. 10 Rn. 11.

502 Dürig/Herzog/Scholz-*Durner*, GG, Art. 10 Rn. 12.

503 Vgl. dazu die Darstellung von Dürig/Herzog/Scholz-*Durner*, GG, Art. 10 Rn. 13 ff.

504 *Meininghaus*, S. 141; Dürig/Herzog/Scholz-*Durner*, GG, Art. 10 Rn. 17.

Alle historischen Regelungen hatten gemeinsam, dass sich ihre Schutzgewährleistungen lediglich auf den Beförderungsvorgang erstreckten.[505] Sie sollten und sollen vor den Gefahren schützen, die sich aus der Tatsache ergeben, dass die Kommunikationsteilnehmer aufgrund räumlicher Entfernungen auf die Hilfe Dritter angewiesen sind, um Nachrichten austauschen zu können[506] und so eine „*Privatheit auf Distanz*"[507] gewährleisten. War dieser Nachrichtenaustausch jedoch erfolgt, so endete auch der Schutz der jeweiligen Regelungen. Der durch die historischen Vorbilder gewährleistete Schutz war somit punktuell, d. h., auf den einzelnen Kommunikationsvorgang bezogen. War der Brief dem Empfänger zugestellt, so endete auch der gewährleistete Schutz. Entsprechendes galt für alle anderen geschützten Kommunikationsformen. Es finden sich keine historischen Vorbilder für eine Erstreckung des einfachgesetzlichen oder verfassungsrechtlichen Schutzes über den Übermittlungsvorgang hinaus auf eine nachfolgende Aufbewahrung der Nachricht. Demnach ist auch nach dem historischen Verständnis der durch das Grundgesetz gewährleistete Schutz des Kommunikationsvorganges mit dem Ende der laufenden Kommunikation beendet.

Auch aus der Sicht des Empfängers einer E-Mail dürfte sich die Endspeicherung in Phase 4 regelmäßig nicht als Teil des Kommunikationsvorganges darstellen. Vielmehr wird er hierunter allein die Übertragung der E-Mail verstehen, welche spätestens dann abgeschlossen ist, wenn er vom Eingang der Nachricht Kenntnis erlangt, sie bearbeitet oder auf andere Weise auf diese zugreift. Die folgende Endspeicherung in Phase 4 wird durch juristische Laien dagegen regelmäßig als Aufbewahrung der erhaltenen Nachrichten aufgefasst werden, welche nicht Teil des ursprünglichen Kommunikationsvorganges, sondern ein diesem nachgelagerter eigenständiger Speicherungsakt ist.

Entsprechendes gilt für die Beurteilung eines Eingriffes durch die Strafverfolgungsbehörden. Dieser wird sich für den Betroffenen im Falle eines beschlagnahmeähnlichen Zugriffes regelmäßig nach seinem äußeren Bild nicht als ein dem Abhören einer Telekommunikationsverbindung ähnlicher Akt der Überwachung eines laufenden Kommunikationsvorgangs, sondern vielmehr als Beschlagnahme eines Datenträgers oder Kopie eines Datenbestandes darstellen.[508]

---

505 *Meininghaus*, S. 141.

506 BVerfGE 115, 166, 182.

507 BVerfGE 115, 166, 182; von Mangoldt/Klein/Starck-*Gusy*, GG, Art. 10 Rn. 19.

508 Vgl. zur Durchführung der Beschlagnahme von Inhaltsdaten auch *Liebig*, S. 26 sowie *Klesczewski*, ZStW 123, (2011), 737, 747. Zur strafprozessualen Einordnung vgl. S. 324 ff.

bb) Notwendigkeit eines Schutzes durch das Fernmeldegeheimnis?

Unabhängig von den o.g. sprachlichen und historischen Argumenten besteht auch aus dem Blickwinkel eines effektiven grundrechtlichen Schutzes endgespeicherter Inhaltsdaten von E-Mails kein Bedarf für eine Anwendung des Fernmeldegeheimnisses.

Die gesamte Diskussion in Rechtsprechung und Literatur ist von einer gewissen Alternativlosigkeit geprägt. Nahezu alle Beteiligten argumentieren, sowohl auf verfassungsrechtlicher Seite wie auch im strafprozessualen Bereich, im Ergebnis allein aus dem Blickwinkel der Telekommunikation bzw. des Fernmeldegeheimnisses. Im Zentrum steht dabei immer die Frage der Ermöglichung oder Verhinderung einer Anwendung der strafprozessualen Vorgaben zur Telekommunikationsüberwachung. Entweder es liegt Telekommunikation vor und damit ein Anwendungsfall des § 100a StPO, oder das Vorliegen von Telekommunikation wird bestritten, mit dem Ergebnis, dass eine Anwendung der §§ 94 ff. StPO bzw. § 99 Abs. 1 StPO als gegeben angesehen wird. Alternativen werden, mit wenigen Ausnahmen,[509] kaum erörtert.

Es ist aus dem Blickwinkel des Art. 10 Abs. 1 GG allerdings weder geboten, den Strafverfolgungsbehörden ein möglichst weitreichendes Repertoire an Eingriffsmöglichkeiten zur Verfügung zu stellen,[510] noch ist es erforderlich, den Schutzzweck des Fernmeldegeheimnisses derart auszuweiten, dass alle nur denkbaren Sachverhalte mit Bezug zur Fernkommunikation in den Anwendungsbereich des Grundrechtes einzubeziehen sind. Im ersten Fall droht eine kaum begrenzbare Überwachung aller Kommunikationssachverhalte, im zweiten eine Verwässerung des verfassungsrechtlichen Schutzes, der die Zulässigkeitsgrenzen für Eingriffe verschwimmen lässt. Für die Praxis wäre nicht mehr klar, welche Eingriffsgrundlagen anzuwenden sind, mit der Folge, dass mit entsprechender Begründung nahezu jede erdenkliche Rechtsgrundlage zur Rechtfertigung des Eingriffes herangezogen werden kann, wie sich im Beschluss des Bundesverfassungsgerichtes deutlich zeigt.[511] Was im Ergebnis wiederum zu einer Gefährdung des Rechtschutzes der Kommunikationsteilnehmer führen wird, da im Zweifel immer die zuläs-

---

[509] Vgl. etwa VHG Kassel, MMR 2009, 714 ff.; *Gaede*, StV 2009, 96, 98; *Schantz*, WM 2009, 2112, 2114 ff.

[510] In diese Richtung aber *Bär*, MMR 2003, 680, 681, der bei einer Anwendung von § 100a StPO eine Beschränkung der Möglichkeiten der Strafverfolgungsbehörden auf ein „nicht akzeptables Minimum" befürchtet; vgl. auch *Klein*, NJW 2009, 2996, 2997. A.A. dagegen zurecht *Janssen*, S. 133, der daran erinnert, dass Lücken im Reservoir strafprozessualer Ermittlungsmaßnahmen durchaus hinzunehmen seien, da im Strafprozess keine Wahrheitsfindung um jeden Preis erfolgen darf (BGHSt 14, 358, 365).

[511] BVerfGE 124, 43, 59.

sige Ermächtigungsgrundlage zur Anwendung kommen dürfte, welche die jeweils geringsten Anforderungen an den Eingriff stellt.

Das Fernmeldegeheimnis ist geprägt von dem Gedanken, eine Nachricht während der Phase ihrer Übermittlung, in welcher sie besonderen Gefahren für ihre Privatheit ausgesetzt ist, zu schützen. Dieser punktuelle Schutz ist mit dem durch das Bundesverfassungsgericht und die Vertreter der weiten Ansicht vertretenen Verständnis des Fernmeldegeheimnisses als dauerhaftem Schutzrecht durch Telekommunikation übertragener Daten unvereinbar.

Er erweist sich daher auch im Hinblick auf die besonderen Gefährdungen, welche aus der Endspeicherung einer Vielzahl von Nachrichten folgen, als nicht passgenau. Wird auf einen endgespeicherten E-Mail-Bestand zugegriffen, so steht nicht die Erhebung von Informationen aus einem oder auch einer Vielzahl von Kommunikationsvorgängen über einen bestimmten Zeitraum im Mittelpunkt. Vielmehr erfolgt der Zugriff auf einen gesamten über einen langen Zeitraum gespeicherten Datenbestand oder wesentliche Teile eines solchen und dessen anschließende Auswertung. Die Eingriffstiefe eines solchen Vorgehens geht über die einer einfachen Überwachung der Telekommunikation hinaus, da aus der vom Empfänger durch sein Speicherverhalten selbst zusammengestellten Datensammlung weitreichende Informationen, insbesondere Persönlichkeits- und Kommunikationsprofile, über sehr lange Zeiträume hinweg erhoben werden können.

Vorzugswürdig sind daher eine saubere Abgrenzung der Anwendungsbereiche der verschiedenen Grundrechte und die Entwicklung korrespondierender, rechtssicherer Eingriffsgrundlagen, soweit sich die bestehenden Regelungen als nicht hinreichend erweisen sollten.

Anders wäre dies allenfalls dann zu sehen, wenn außer dem Fernmeldegeheimnis keine gleichwertige verfassungsrechtliche Schutzgewährleistung existierte, welche einen Zugriff auf im Nachgang zum eigentlichen Kommunikationsvorgang endgespeicherte E-Mails hindern könnte. Dies ist allerdings spätestens seit Schaffung des Rechtes auf Gewährleistung der Vertraulichkeit und Integrität informationstechnischer Systeme durch das Bundesverfassungsgericht im Februar 2008[512] nicht mehr der Fall. Seither existiert eine, wie sich im Folgenden zeigen wird, passgenaue verfassungsrechtliche Schutzgewährleistung für Fälle des Zugriffs auf große Datenbestände, die Daten enthalten können, aus welchen sich ein tiefer Einblick in die persönlichen Lebensumstände des Nutzers oder ein detailliertes Bild seiner Persönlichkeit ergeben kann.[513] Die insoweit an einen Eingriff bzw. dessen gesetzliche Grundlagen zu stellenden Anforderungen bleiben nicht hinter denen des

[512] Vgl. BVerfGE 120, 274 ff.

[513] Vgl. zu den Einzelheiten sogleich auf S. 180 ff.

Fernmeldegeheimnisses zurück, sondern erweisen sich vielmehr bei genauer Betrachtung als deutlich weiterreichender.[514]

Es besteht nach der hier vertretenen Ansicht somit auch kein Bedarf für eine Ausweitung des Anwendungsbereiches des Fernmeldegeheimnisses auf die Endspeicherung der Inhaltsdaten von E-Mails. Der zeitliche Anwendungsbereich des Fernmeldegeheimnisses beschränkt sich daher auf die laufende Kommunikation in den Phasen 1 bis 3 der E-Mail-Kommunikation.

cc) Abgrenzungskriterien der Endspeicherung

Nach der hier vertretenen Ansicht kommt das Fernmeldegeheimnis nur bis zum Abschluss des laufenden Kommunikationsvorganges in den Phasen 1 bis 3 zur Anwendung. Es erfasst somit mit der Zwischenspeicherung nur eine der beiden statischen Phasen in Verlauf der E-Mail-Kommunikation. Vor diesem Hintergrund ist es erforderlich, ein rechtsicheres, möglichst einfaches Abgrenzungskriterium zu entwickeln, welches insbesondere im Falle der Nutzung eines Webmail-Accounts eine sichere Unterscheidung von Zwischenspeicherung und Endspeicherung gewährleistet.

Diesbezüglich kann weitgehend auf die Ausführungen zur Definition der Endspeicherung in Phase 4 verwiesen werden.[515] Maßgebliches Abgrenzungskriterium sind die Dispositionsmöglichkeiten des Empfängers, die sich anhand der in der „Bargatzky-Entscheidung“[516] aufgestellten Kriterien zum Ende der durch das Fernmeldegeheimnis geschützten Kommunikation bestimmen lassen.

Rein subjektive Kriterien, wie etwa das Abstellen auf eine wirkliche Kenntnisnahme des Empfängers,[517] insbesondere durch ein Lesen der Nachricht, sind mit erheblichen Nachweisbarkeitsproblemen behaftet und können daher keine tauglichen Abgrenzungskriterien darstellen.[518] Sinnvoller erscheint es, auf objektive, nachweisbare Kriterien abzustellen. Nicht ausreichend ist es jedoch, dass sich die E-Mail lediglich im Postfach des Empfängers befindet, unabhängig von den dort gegeben Bearbeitungsmöglichkeiten.[519] In einem solchen Fall fehlt es an jeglicher Möglichkeit, auf die Nachricht einzuwirken, da dem Empfänger zu diesem Zeitpunkt noch nicht

---

[514] Vgl. etwa Uerpmann-Wittzack-*Bäcker*, S. 21, *Gaede*, StV 2009, 96, 98.

[515] Vgl. S. 133 ff.

[516] Vgl. BVerfGE 115, 166, 183 ff.

[517] So i. E. *Pötters/Werkmeister*, JURA 2013, 5, 8, wenn sie auf das nicht näher konkretisierte Wahrnehmen der Nachricht abstellen.

[518] So auch *Sankol*, K&R 2009, 396, 398.

[519] So aber *Geis/Geis*, MMR 2006, X, XI sowie *Germann*, S. 499; vgl. auch S. 556.

einmal deren Existenz bewusst ist. Ebenso untauglich wäre der Versuch, auf zeitliche Kriterien wie die Verweildauer im Postfach abzustellen, da auch eine noch so lange Verweildauer keine Aussage über die Dispositionsmöglichkeiten des Empfängers trifft. Auch der Lesestatus einer E-Mail[520] kann aufgrund der beschriebenen Änderungsmöglichkeiten nicht ausschlaggebend sein, da es insoweit an jeglichem Beweiswert fehlen dürfte. Versucht man dagegen, den Lesestatus über eine Auswertung der Login-Files der einzelnen E-Mails auszuwerten, so wird dem zutreffend entgegengehalten, dass dies nicht nur aufwändig sei,[521] sondern auch einen eigenständigen, rechtfertigungsbedürftigen Eingriff in das Fernmeldegeheimnis darstellt.[522]

Im Ergebnis erscheint nur die von Hsieh[523] vorgeschlagene Abgrenzung anhand der Logins in den jeweiligen Webmail-Account als taugliches Abgrenzungskriterium. Ab dem Login hat der Nutzer die Möglichkeit, die E-Mail zur Kenntnis zu nehmen und zu entscheiden, ob er diese im Postfach belässt, sie an einem anderen sichereren Ort speichert, bearbeitet, löscht oder auch Schutzmaßnahmen vor unbefugtem Zugriff ergreift. Er hat somit die vollumfängliche Dispositionsfreiheit erlangt. Inwieweit er in der Folge auf die E-Mail einwirkt, ja diese auch nur zur Kenntnis nimmt, ist unerheblich. Maßgeblich ist, dass er zumindest die Möglichkeit hierzu hatte. Bei Bedarf kann anhand der jeweiligen Login-Daten des Webmail-Accounts festgestellt werden, wann der Empfänger zuletzt auf sein Postfach zugegriffen hat. Damit besteht auch eine einfache nachvollziehbare und nicht durch den Nutzer zu beeinflussende Möglichkeit, den Zeitpunkt des Übergangs von der Zwischen- zur Endspeicherung zu bestimmen.[524]

Im Rahmen der Prüfung, wann der Übergang von der Zwischen- zur Endspeicherung erfolgt ist und wann die, wie sich zeigen wird, strengeren Anforderungen des Computergrundrechtes gelten, ist regelmäßig § 100g StPO zu beachten. Allerdings ist es zur Überprüfung nicht notwendig, alle Verkehrsdaten der einzelnen im Postfach vorhanden E-Mails auszuwerten.[525] Es genügt vielmehr, lediglich den Zeitpunkt des letzten Logins des Nutzers im Webmail-Client zu ermitteln. Dies stellt gegenüber dem durch Neuhöfer[526] kritisierten Zugriff auf die Verkehrsdaten aller gespeicherten E-Mails ein deutlich milderes Mittel dar.

---

520 Vgl. *Meininghaus*, S. 255; *Sievers*, S. 133; *Valerius*, S. 111; *Preuß*, S. 146.

521 *Störing*, S. 219; *Gaede*, StV 2009, 96, 98.

522 *Neuhöfer*, S. 57; *Preuß*, S. 146.

523 *Hsieh*, S. 92 f.

524 So schon *Krüger*, MMR 2009, 680, 682.

525 So aber *Gaede*, StV 2009, 96, 98; *Neuhöfer*, S. 57; *Schlegel*, HRRS 2007, 44, 49.

526 *Neuhöfer*, S. 57.

Zwischenergebnis

Ein Schutz der Inhaltsdaten einer E-Mail durch das Fernmeldegeheimnis des Art. 10 Abs. 1 GG während der Endspeicherung der E-Mail in Phase 4 kommt somit nicht in Betracht.

d) Anwendbarkeit des Briefgeheimnisses

Aus den bereits oben (C. III. 2. c)) in Bezug auf den Schutz durch das Briefgeheimnis während der Zwischenspeicherung angeführten Gründen scheidet ein solcher Schutz mangels Übermittlung einer verkörperten Originalnachricht auch im Rahmen der Endspeicherung in Phase 4 aus.

4. Schutz durch das allgemeine Persönlichkeitsrecht in seiner Ausprägung als Recht auf Gewährleistung der Vertraulichkeit und Integrität informationstechnischer Systeme nach Art. 2 Abs. 1 i.V.m. 1 Abs. 1 GG

Da nach der hier vertretenen Ansicht das Fernmeldegeheimnis des Art. 10 Abs. 1 GG in den Fällen der endgültigen Speicherung der Inhaltsdaten einer E-Mail beim Provider in Phase 4 nicht einschlägig ist, ist zu klären, inwieweit das subsidiäre, allgemeine Persönlichkeitsrecht nach Art. 2 Abs. 1 i.V.m. 1 Abs. 1 GG, insbesondere in seiner Ausprägung als Recht auf Gewährleistung der Vertraulichkeit und Integrität informationstechnischer Systeme, in dieser Phase als Schutzgewährleistung in Betracht kommt.

Insoweit werden im Folgenden die Herleitung des neuen Grundrechtes durch das Bundesverfassungsgericht sowie die aus dem diesbezüglichen Urteil folgenden verfassungsrechtlichen Grundlagen des Rechtes auf Gewährleistung der Vertraulichkeit und Integrität informationstechnischer Systeme erörtert. Hierzu wird zunächst der Schutzbereich des Grundrechtes definiert und die Voraussetzungen eines Eingriffes bestimmt (C. IV. 4. d)), bevor die Träger und Adressaten des Grundrechtes festgelegt werden (C. IV. 4. e)). Weiter werden, im Vorfeld der späteren strafprozessualen Erörterungen unter D. IV, die verfassungsrechtlichen Voraussetzungen einer eventuellen Rechtfertigung eines Eingriffes einer näheren Prüfung unterzogen (C. IV. 4. f)). Abschließend wird unter C. IV. 4. g) anhand der erarbeiteten Ergebnisse geprüft, inwieweit die in einem E-Mail-Postfach beim Provider gespeicherten Inhaltsdaten einer E-Mail durch dieses Grundrecht geschützt werden.

a) Entstehung und Herleitung des Computergrundrechtes durch das Bundesverfassungsgericht

Das Recht auf Gewährleistung der Vertraulichkeit und Integrität informationstechnischer Systeme, auch als Computergrundrecht, IT-Grundrecht oder Grundrecht auf Computerschutz[527] bezeichnet, wurde im Jahr 2008 als jüngste Ausprägung des allgemeinen Persönlichkeitsrechtes durch das Bundesverfassungsgericht entwickelt.[528]

Hintergrund war eine Reihe von Verfassungsbeschwerden gegen Regelungen des Verfassungsschutzgesetzes des Landes Nordrhein-Westfalen. Diese hatten dem Verfassungsschutz nicht nur ein „*heimliches Beobachten und sonstiges Aufklären des Internets*", sondern auch den heimlichen „*Zugriff auf informationstechnische Systeme auch mit Einsatz technischer Mittel*"[529], die sog. Online-Durchsuchung, ermöglicht. Das Bundesverfassungsgericht erklärte diese Regelungen in seinem Urteil für verfassungswidrig. Dies war, nicht zuletzt vor dem Hintergrund einer vorangegangenen Entscheidung des Ermittlungsrichters des Bundesgerichtshofs, wonach die verdeckte sog. Online-Durchsuchung mangels Rechtsgrundlage im Strafprozessrecht unzulässig sei,[530] in der Literatur erwartet worden. Überraschend nahm das Gericht das Verfahren jedoch auch zum Anlass, eine neue Ausprägung des allgemeinen Persönlichkeitsrechtes, welche es ausdrücklich als Grundrecht bezeichnet,[531] zu entwickeln.

Das Gericht begründete die Notwendigkeit zur Entwicklung eines neuen Grundrechtes mit den Gefährdungen, welchen der Nutzer vernetzter informationstechnischer Systeme bei deren Verwendung ausgesetzt ist. Die aktuelle Informationstechnik eröffne dem Einzelnen eine Vielzahl von Nutzungsmöglichkeiten, welche für das Leben vieler Bürger von maßgeblicher Bedeutung seien.[532] Insoweit verweist das Gericht insbesondere auf die Verwaltung und Archivierung eigener persönlicher und geschäftlicher Daten sowie die Nutzung von Computern als Bibliothek oder zur Unterhaltung. Diese Anwendungen beschränkten sich nicht nur auf Computer, sondern erstreckten sich auch auf Telekommunikationsgeräte, Kraftfahrzeuge oder Haushaltsgeräte. Durch die Vernetzung solcher Geräte über das Internet würden diese Nut-

---

527 Vgl. zu den jeweiligen Bezeichnungen und der Kritik hieran die Nachweise bei Dreier-*Dreier*, GG, Art. 2 Rn. 82. Hier wird im Folgenden der eingängige Begriff des Computergrundrechtes verwendet.

528 BVerfGE 120, 274 ff.

529 Vgl. § 5 Abs. 2 Nr. 11 VSG-NRW in der damaligen Fassung.

530 Vgl. BGHSt 51, 211 ff.

531 Vgl. bereits den ersten Leitsatz des Urteils, BVerfGE 120, 274.

532 BVerfGE 120, 274, 303.

zungsmöglichkeiten noch erheblich erweitert, etwa indem die Pflege von sozialen Kontakten, aber auch große Teile der Fernkommunikation inzwischen über das Internet erfolgten.[533] Hieraus folgten nicht nur neue Möglichkeiten der Persönlichkeitsentfaltung, sondern auch neue Persönlichkeitsgefährdungen, welche aus der für diese Nutzungen erforderlichen Erzeugung, Verarbeitung und Speicherung von Daten resultierten.[534] Diese Daten würden nicht nur vom Verwender bewusst erzeugt, sondern auch, ohne dessen Zutun, durch die informationstechnischen Systeme selbst. Sie ermöglichten es, Rückschlüsse auf das Verhalten und die Eigenschaften der jeweiligen Benutzer zu ziehen, etwa zu seinen persönlichen Verhältnissen, sozialen Kontakten oder Tätigkeiten. Hieraus ließen sich nach Ansicht des Gerichtes weitreichende Schlüsse auf die Persönlichkeit ziehen, die bis zur Erstellung von Persönlichkeitsprofilen reichten.[535]

Durch die Vernetzung der informationstechnischen Systeme würden diese Gefährdungen noch verstärkt, da so eine noch größere Zahl von Daten erzeugt werde. Zudem ermögliche es die Vernetzung Dritten, unbemerkt Zugriff auf solche Systeme zu nehmen und so die Daten auszuspähen.[536] Hiergegen könne sich der jeweilige Nutzer nur begrenzt schützen. Zum einen sei ein effektiver Schutz aufwändig, könne die Funktionsfähigkeit des Systems beeinträchtigen und werfe erhebliche Schwierigkeiten auf, welche den durchschnittlichen Nutzer überfordern würden. Zum anderen seien eventuelle Schutzvorkehrungen wie Verschlüsselungen wirkungslos, wenn im System abgelegte, d. h., dort vorhandene, aber auch später dort gespeicherte Daten, wie im Fall der sog. Online-Durchsuchung, aufgrund der Infiltration des Systems unverschlüsselt erlangt werden könnten.[537]

Aus der Bedeutung informationstechnischer Systeme und den aus ihrer Nutzung entstehenden Persönlichkeitsgefährdungen folgt nach Ansicht des Bundesverfassungsgerichtes ein erhebliches grundrechtliches Schutzbedürfnis. Der Staat habe daher die „*berechtigten Erwartungen des Bürgers an die Integrität und Vertraulichkeit derartiger Systeme*"[538] zu achten.

Die bestehenden grundrechtlichen Schutzgewährleistungen würden dem jedoch nicht hinreichend Rechnung tragen, so dass es im Ergebnis notwendig sei, ein neues Grundrecht zu schaffen.

---

[533] BVerfGE 120, 274, 304 f.

[534] BVerfGE 120, 274, 305.

[535] BVerfGE, a. a. O.

[536] BVerfGE 120, 274, 305 f.

[537] BVerfGE 120, 274, 306. Aus technischer Sicht würde in solchen Fällen allenfalls eine frühere starke Verschlüsselung bereits vor der Infiltration vorhandener Daten einen gewissen Zugriffsschutz gewährleisten.

[538] BVerfGE, a. a. O.

Das Fernmeldegeheimnis des Art. 10 Abs. 1 GG sei zwar entwicklungsoffen und damit grundsätzlich geeignet, auch auf neue Persönlichkeitsgefährdungen zu reagieren, es erstrecke sich aber gerade nicht auf nach Abschluss des Kommunikationsvorgangs im Herrschaftsbereich eines Kommunikationsteilnehmers gespeicherte Inhalte und Umstände der Telekommunikation. Die Gefahren räumlich distanzierter Kommunikation seien dann nicht mehr gegeben.[539] Ebenfalls nicht einschlägig sei das Grundrecht dann, wenn der Zugriff außerhalb der laufenden Telekommunikation erfolge. Dies sei insbesondere dann der Fall, wenn eine Überwachung des informationstechnischen Systems als solchem oder eine Durchsuchung von dessen Speichermedien erfolge. Anders wäre dies jedoch immer dann, wenn sich die Überwachung, etwa im Falle einer sog. Quellen-Telekommunikationsüberwachung, ausschließlich auf die laufende Telekommunikation beschränke.[540] Werde jedoch ein informationstechnisches System infiltriert, so sei bereits dadurch die entscheidende Hürde genommen, um das gesamte System auszuspähen. Die hieraus folgende Gefährdung gehe „*weit über die hinaus, die mit einer bloßen Überwachung der laufenden Telekommunikation verbunden ist.*“[541] Das Gericht verweist zur Begründung auf die Möglichkeit, auch Daten zur Kenntnis zu nehmen, welche keinen telekommunikativen Bezug haben (z. B. gespeicherte Inhalte, Abrufhäufigkeit bestimmter Dienste, aber auch, bei entsprechender Vernetzung mit anderen Geräten, das Verhalten des Nutzers im häuslichen Bereich). Vor diesem Hintergrund geht das Gericht davon aus, dass das Fernmeldegeheimnis nicht hinreichend sei, um diesen Gefährdungen wirksam zu begegnen.[542]

Auch das Recht auf Unverletzlichkeit der Wohnung gemäß Art. 13 Abs. 1 GG belasse Schutzlücken in Bezug auf Zugriffe auf informationstechnische Systeme. Zwar sei der Schutz des Grundrechtes nicht auf Fälle des körperlichen Eindringens in die Wohnung beschränkt,[543] er erstrecke sich aber auch nicht generell auf Fälle der Infiltration eines informationstechnischen Systems, selbst wenn sich dieses in der geschützten Sphäre befinde.[544] Der Zugriff auf solche Systeme könne unabhängig vom jeweiligen Standort erfol-

---

[539] BVerfGE 115, 166, 184; 120, 274, 307 f.

[540] BVerfGE 120, 274, 308 f.; *Sachs/Krings*, JuS 2008, 481, 483.

[541] BVerfGE 120, 274, 308.

[542] BVerfGE 120, 274, 309.

[543] Erfasst sind z. B. auch Maßnahmen der akustischen oder optischen Wohnraumüberwachung, die kein direktes Eindringen in den jeweiligen Wohnraum voraussetzen oder andere technische Maßnahmen, wie das Messen elektromagnetischer Strahlung, die staatlichen Stellen einen Einblick in die Vorgänge innerhalb der geschützten Sphäre verschaffen (vgl. BVerfGE 109, 279, 309; 120, 274, 310).

[544] BVerfGE 120, 274, 310; kritisch bzgl. solcher Fälle *Sachs/Krings*, JuS 2008, 481, 483.

gen, etwa wenn er von außen über ein Netzwerk durchgeführt wird, so dass ein raumbezogener Schutz ungeeignet sei, den bestehenden Gefährdungen zu begegnen. Sofern auf mobile informationstechnische Systeme (z. B. Laptop, Mobiltelefon usw.) zugegriffen werde, sei der Standort zudem regelmäßig ohne Belang und auch nicht erkennbar.[545]

Ebenfalls für nicht hinreichend erachtete das Gericht das Allgemeine Persönlichkeitsrecht nach Art. 2 Abs. 1 i. V. m. 1 Abs. 1 GG einschließlich seiner bis zu diesem Zeitpunkt entwickelten Gewährleistungen des Schutzes der Privatsphäre und des Rechtes auf informationelle Selbstbestimmung. Nach Ansicht des Gerichtes scheidet eine Anwendung des Schutzes der Privatsphäre aus, da sich das Schutzbedürfnis des Nutzers eines informationstechnischen Systems nicht auf Daten aus seiner Privatsphäre beschränke. Es sei regelmäßig nicht erkennbar, welche Bedeutung die jeweiligen Daten für den Betroffenen haben oder aber durch Verknüpfung mit anderen Zusammenhängen gewinnen könnten. Bei einem Zugriff auf ein System werde der Zugang zu allen dort vorhanden Daten ermöglicht und es so möglich, ein umfassendes Bild des Nutzers zu gewinnen.[546]

Auch das Recht auf informationelle Selbstbestimmung trage den bestehenden Persönlichkeitsgefährdungen nicht vollständig Rechnung. Der Einzelne sei auf die Nutzung des informationstechnischen Systems angewiesen und müsse diesem daher auch persönliche Daten anvertrauen oder aufgrund der Nutzung liefern. Dritten, die auf solche Systeme zugreifen, stünde daher ein sehr großer, aussagekräftiger Datenbestand zur Verfügung, ohne dass es weiterer Maßnahmen bedürfe. Das Gewicht eines derartigen Datenzugriffs gehe über den Anwendungsbereich des Rechtes auf informationelle Selbstbestimmung hinaus, welches nur auf einzelne Datenerhebungen anwendbar sei.[547] Demgegenüber schütze das neue Grundrecht den Grundrechtsträger auch gegenüber staatlichen Zugriffen, bei welchen auf das gesamte informationstechnische System zugegriffen wird und nicht lediglich auf „*einzelne Kommunikationsvorgänge oder gespeicherte Daten*".[548] Derartige Systeme zeichneten sich dadurch aus, dass sie allein oder aufgrund ihrer Vernetzung eine solche Vielzahl personenbezogener Daten enthielten, dass ein Zugriff auf sie einen „*Einblick in wesentliche Teile der Lebensgestaltung*" oder „*gar ein aussagekräftiges Bild der Persönlichkeit*" des Nutzers ermögliche.[549] Im Ergebnis ist somit nach Ansicht des Gerichtes der Schutz durch das Recht auf informationelle Selbstbestimmung gegenüber derart intensiven Eingriffen,

545 BVerfGE 120, 274, 310 f.

546 BVerfGE 120, 274, 311.

547 BVerfGE 120, 274, 312 f.

548 BVerfGE 120, 274, 313.

549 BVerfGE 120, 274, 314.

die aus der Ausspähung des gesamten Systems, und damit im Ergebnis auch der jeweiligen Person, folgen, nicht mehr hinreichend.[550]

b) Reaktionen in der Literatur

Das Urteil wurde in ersten Reaktionen der Medien zwar teilweise enthusiastisch begrüßt,[551] in der Literatur aber überwiegend sehr kritisch aufgenommen.[552] Vielfach wurde dabei die Notwendigkeit der Schaffung eines neuen Grundrechtes angezweifelt, wobei häufig bereits die Bezeichnung als Grundrecht in der Kritik stand.[553] Die maßgeblichen Fälle wären auch über das Recht auf informationelle Selbstbestimmung zu lösen gewesen,[554] welches durch das neu geschaffene Grundrecht quasi entwertet würde.[555] Es sei unzutreffend, dass das Recht auf informationelle Selbstbestimmung lediglich einzelne Datenerhebungen erfasst,[556] so dass es dogmatisch vorzugswürdig gewesen wäre, auf dieses *„bewährte und flexible Instrument*"[557] zurückzugreifen und es um eine Fallgruppe zu erweitern. Allerdings erkennen auch die Kritiker des Urteils in der Regel an, dass ein Schutz der Daten in informationstechnischen Systemen erforderlich ist.[558] Die Kritik bezieht sich im Wesentlichen auf dessen dogmatische Herleitung.[559]

---

550 Merten/Papier-*Rudolf*, HB der Grundrechte, § 90, Rn. 76.

551 Vgl. die Nachweise bei *Kutscha/Thomé*, S. 54 sowie bei *Volkmann*, DVBl 2008, 590.

552 Vgl. *Brenneisen/Rogosch/Martins*, Die Polizei 2008, 245, 248; Dreier-*Dreier*, GG, Art. 2 Rn. 84; *Gurlitt*, NJW 2010, 1035, 1037; *Heise*, RuP 2009, 94ff.; *Hoeren*, MMR 2008, 365f.; *Hornung*, CR 2008, 299, 301f.; Roggan-*Lepsius*, S. 32, 52ff.; *Sachs/Krings*, JuS 2008, 481, 484; Sachs-*Murswiek/Rixen*, GG, Art. 2 Rn. 73d; *Volkmann*, DVBl 2008, 590ff.

553 Vgl. etwa *Heise*, RuP 2009, 94, 95ff.

554 Dreier-*Dreier*, GG, Art. 2 Rn. 84; *Eifert*, NVwZ 2008, 521f.; *Hsieh*, S. 99f.; *Hoeren*, MMR 2008, 365, 366; *Kutscha*, DuD 2012, 391; *ders.* in *Kutscha/Thomé*, S. 56; Sachs-*Murswiek/Rixen*, GG, Art. 2 Rn. 73d. Kritisch insoweit auch *Hornung*, CR 2008, 299, 301f., der zudem einen Schutz über Art. 13 Abs. 1 GG für möglich hält.

555 So Dreier-*Dreier*, GG, Art. 2 Rn. 84; *Gurlitt*, NJW 2010, 1035, 1037.

556 Dreier-*Dreier*, GG, Art. 2 Rn. 84; Sachs-*Murswiek/Rixen*, GG, Art. 2 Rn. 73d (Fn. 138), jeweils m.w.N.; *Sachs/Krings*, JuS 2008, 481, 484.

557 Dreier-*Dreier*, a.a.O.

558 So Dreier-*Dreier*, GG, Art. 2 Rn. 84; *Hoeren*, MMR 2008, 365, 366; *Kutscha* in *Kutscha/Thomé*, S. 56; *Sachs/Krings*, JuS 2008, 481, 486.

559 Vgl. insoweit auch die zusammenfassende Darstellung von *Kutscha* in *Kutscha/Thomé*, S. 56f.; Generell ablehnend jedoch Roggan-*Lepsius*, S. 52ff., welcher die Neuschöpfung des Bundesverfassungsgerichtes insgesamt für untauglich hält, den von neuen Sicherheitsgesetzen ausgehenden Herausforderungen für die individuelle Freiheit zu begegnen.

Einige wenige Stimmen in der Literatur begrüßten dagegen die durch das Bundesverfassungsgericht entwickelte Neuschöpfung.[560] Sie verweisen auf die besondere Bedeutung informationstechnischer Systeme für die Persönlichkeitsentwicklung und die gesellschaftliche Teilhabe.[561] Der Computer sei inzwischen *„für viele Menschen ein ganz besonderer und entscheidender Bereich ihrer Privatheit"*[562] und aufgrund der enthaltenen Daten zugleich ein Spiegelbild des Nutzers einschließlich seiner ökonomischem, psychischen und physischen Verfassung sowie seiner Neigungen und Interessen.[563] Ein Zugriff auf ein solches System ermögliche es daher, eine Vielzahl von Informationen zu erlangen, welche ohne derartige Systeme nicht oder nur mit einem erheblich größeren Aufwand zu erlangen wären.[564] Zudem sei die Streubreite eines Eingriffes potentiell sehr weitreichend, da im Falle einer Infiltration eines informationstechnischen Systems neben dessen Nutzer auch eine unübersehbare Zahl von Kommunikationspartnern betroffen sein könne.[565]

Mit dem Ausbau der Nutzungsmöglichkeiten durch Vernetzung komme es zu einem immer weitergehenden Kontrollverlust auf Seiten des Nutzers, dem mit den herkömmlichen Mitteln der Datensparsamkeit und Datenvermeidung kaum noch wirksam begegnet werden könne.[566] Daher sei es notwendig, auf die neuen Bedrohungen der Privatheit durch eine eigene abgegrenzte Schutzzone zu reagieren, welche den bestehenden Schutz besser gewährleisten könne als das bestehende Recht auf informationelle Selbstbestimmung. Alternativ sei es allenfalls möglich, entsprechende Vorgaben innerhalb des ohnehin komplexen Rechtes auf informationelle Selbstbestimmung aufzustellen, was allerdings im Ergebnis einer verschleierten Einführung des Computergrundrechtes entspreche, ohne dass sichergestellt sei, dass ein gleichwertiges Schutzniveau erreicht werde.[567]

---

560 *Böckenförde*, JZ 008, 925, 928; *Hoffmann-Riem*, JZ 2008, 1009, 1022; *Luch*, MMR 2011, 75, 79; *Roßnagel/Schnabel*, NJW 2008, 3534 f.; Uerpmann-Wittzack-*Bäcker*, S. 9.

561 Uerpmann-Wittzack-*Bäcker*, S. 8.

562 So *Künast*, ZfR 2008, 201, 204.

563 *Kutscha*, NJW 2008, 1042, 1043; *Hoffmann-Riem*, JZ 2008, 1009, 1012.

564 Uerpmann-Wittzack-*Bäcker*, S. 8.

565 *Hoffmann-Riem*, JZ 2008, 1009, 1018.

566 *Hoffmann-Riem*, JZ 2008, 1009, 1011 f.

567 Uerpmann-Wittzack-*Bäcker*, S. 9 f.

c) *Bewertung*

Im Ergebnis hat das Bundesverfassungsgericht mit seiner Entscheidung eine sinnvolle und notwendige Erweiterung des grundrechtlichen Schutzes vorgenommen, indem es einen eigenständigen, zeitgemäßen Schutzraum um das informationstechnische System als solches geschaffen hat. Durch die Anknüpfung an das informationstechnische System statt an einzelne Daten entsteht ein eigenständiger, grundrechtlich geschützter Raum, welcher Ähnlichkeiten zum Recht auf Unverletzlichkeit der Wohnung aufweist.[568]

Dass eine spezielle informationstechnische bzw. internetbezogene Schutzgewährleistung für informationstechnische Systeme jetzt noch mehr als zum Zeitpunkt der damaligen Urteilsverkündung notwendig, ja zwingend erforderlich ist, dürfte heute in Anbetracht der durch die technische Entwicklung ausgelösten gesellschaftlichen Veränderungen selbstverständlich sein. Es zeugt von großer Weitsicht des Bundesverfassungsgerichtes, dass es bereits 2008 einen speziellen Schutz der Vertraulichkeit und Integrität informationstechnischer Systeme statuierte, als diese Entwicklung noch längst nicht so weit fortgeschritten war wie heute.

Informationstechnik prägt inzwischen den Alltag fast aller Menschen und hat nahezu jeden Lebensbereich durchdrungen. Informationstechnische Systeme aller Art, wie Smartphones, Computer und Laptops, ermöglichen ihren Nutzern zu jeder Zeit und an (nahezu) jedem Ort den Zugriff auf eine fast unbegrenzte Informationsfülle. Kommunikationsbeziehungen werden vielfach nur noch über internetbasierende Dienste gepflegt. Weite Teile des technischen, privaten und wissenschaftlichen Austausches sind inzwischen vom Bestehen und der Nutzung internetbasierender informationstechnischer Systeme abhängig.[569] Das Smartphone als *„ausgelagertes Gehirn“*[570] kümmert sich auf Wunsch um fast jeden Aspekt des persönlichen und beruflichen Lebens, sei es die Kommunikation, die Navigation, der Kalender, die Unterhaltung oder auch die körperliche Fitness. Die nächste Stufe der digitalen Revolution, in der der häusliche Bereich, von der Heizung über die Tür- und Jalousiensteuerung bis zu den Haushaltsgeräten, über das Internet vernetzt und elektronisch gesteuert wird, hat bereits begonnen.

Die Nutzung informationstechnischer Systeme lässt sich so, selbst wenn dies gewünscht wäre, kaum noch vermeiden. Viele Dienstleistungen werden

---

568 *Grözinger*, S. 144, spricht sogar davon, dass das Grundrecht insgesamt dem Recht auf Unverletzlichkeit der Wohnung näherstehe, als dem Grundrecht auf informationelle Selbstbestimmung.

569 Vgl. auch Uerpmann-Wittzack-*Bäcker*, S. 8.

570 *Hoffmann-Riem*, JZ 2008, 1009, 1012.

heute fast ausschließlich über das Internet erbracht. Nicht internetbasierte Parallelangebote, z.B. im Banking, verschwinden, werden stark eingeschränkt oder zumindest mit Zusatzkosten belegt. Wer diese technischen Möglichkeiten nutzen will oder auch muss, ist auf die Verwendung informationstechnischer Systeme angewiesen. Gleichzeitig kreiert er dabei freiwillig oder unfreiwillig, häufig auch unbewusst, eine Vielzahl von Daten, welche sich bei Auswertung des jeweiligen Systems, allein oder in Verbindung mit den Daten anderer Systeme, zu einem vollständigen Persönlichkeitsbild zusammensetzen lassen können.[571]

Erlangen die Strafverfolgungsbehörden Zugriff auf ein informationstechnisches System, sei es, indem sie sich mittels erlangter Zugangsdaten in ein System einloggen oder gar durch Nutzung der neuen Möglichkeiten der Online-Durchsuchung gemäß § 100b StPO, so haben sie regelmäßig Zugang zu einem fast unerschöpflichen Reservoir von Informationen. Weitere umfangreiche Ermittlungen sind häufig nicht mehr erforderlich, erhält man doch z.B. bei der vollständigen Auswertung eines Smartphones, einschließlich der installierten Apps, nicht nur die Kommunikation des von der Maßnahme Betroffenen, sondern zum Beispiel häufig auch Bewegungsbilder, Foto- und Videodateien sowie Bankdaten. Zudem erstreckt sich die Maßnahme auch auf die häufig unbeteiligten Kommunikationspartner des Betroffenen. Verstärkt wird diese Streuwirkung von Zugriffen auf informationstechnische Systeme gegenüber anderen Kommunikationszugriffen dadurch, dass gegebenenfalls Daten über einen langen Zeitraum im System verfügbar sind, die detaillierte Entwicklungen von Kommunikationsbeziehungen nachvollziehbar machen.[572] Ein Zugriff auf solche Systeme bietet somit nicht nur neue, wertvolle Fahndungsmöglichkeiten, sondern beinhaltet auf der anderen Seite auch ein enormes Gefährdungspotential für die Rechte der jeweiligen Nutzer und deren Kommunikationspartner.

Hieraus folgt eine neue Dimension des Schutzbedürfnisses von Daten, der man nur dann gerecht werden kann, wenn man, wie das Bundesverfassungsgericht, das informationstechnische System als solches schützt und einen eigenen geschützten Raum um es herum installiert. Dieser Schutz muss richtigerweise bereits im Vorfeld des eigentlichen Zugriffs auf die einzelnen Daten ansetzen. Dies gilt umso mehr, da ein eigenständiger, effektiver Schutz dieser Datensammlungen durch Sicherheitsvorkehrungen des Nutzers gegenüber Maßnahmen wie der sog. Online-Durchsuchung kaum möglich ist.

Von besonderer Bedeutung ist daher, dass der Gesetzgeber über grundrechtliche Schutzgewährleistungen angehalten wird, die in informationstech-

---

571 Vgl. *Hoffmann-Riem* sowie Uerpmann-Wittzack-*Bäcker* jeweils a.a.O.

572 In diesem Sinne auch *Hoffmann-Riem*, JZ 2008, 1009, 1018.

nischen Systemen gespeicherten Daten zu schützen, u. a. indem er konkrete, rechtssichere Vorgaben für den Zugriff zu polizeilichen, geheimdienstlichen und strafprozessualen Zwecken aufstellt. Ein maßgeblicher Verdienst der Entscheidung ist es daher, den Blick des Gesetzgebers,[573] aber auch der Öffentlichkeit und der Strafverfolgungsbehörden, auf die besonderen Gefährdungen, welche vom Zugriff auf die Datenbestände in informationstechnischen Systemen für die grundrechtlich geschützten Rechtspositionen der Nutzer ausgehen, und den hieraus folgenden Regelungsbedarf, gelenkt zu haben.[574]

d) Schutzbereich des Computergrundrechtes

Der Schutzbereich des Computergrundrechtes ergibt sich bereits aus dessen vollständigem Namen. Es schützt die Vertraulichkeit und Integrität informationstechnischer Systeme. Der Schutzbereich wird damit durch drei erläuterungsbedürftige Elemente geprägt: die Vertraulichkeit, die Integrität und den Begriff des informationstechnischen Systems.

aa) Das informationstechnische System als Schutzgegenstand des Computergrundrechtes

Schutzgegenstand des Computergrundrechts ist das informationstechnische System. Dieses, und nicht erst die jeweils darin enthaltenen Daten, bildet den zentralen Anknüpfungspunkt des durch das Bundesverfassungsgericht intendierten Schutzes.[575] Seine Vertraulichkeit bzw. Integrität sind es, welche durch das Computergrundrecht geschützt werden sollen. Der Begriff des informationstechnischen Systems ist somit von zentraler Bedeutung für die Bestimmung des Schutzbereiches.

---

573 Auch wenn dieser z. T. erhebliche Zeit benötigte, um insoweit nach dem Urteil zwingend erforderliche gesetzliche Regelungen einzuführen. So z. B. bzgl. der Einführung einer Regelung zur Online-Durchsuchung in die StPO bis zum Sommer 2017. Vgl. § 100b StPO in der Fassung des Gesetzes zur effektiveren und praxistauglicheren Ausgestaltung des Strafverfahrens vom 17.08.2017 (BGBl. I 2017, S. 3202). Vgl. dazu auch S. 343 ff.

574 So im Ergebnis auch *Heise*, RuP 2009, 94, 99 sowie *Bär*, MMR 2008, 325, 327, mit der Forderung nach einer baldigen rechtssicheren Regelung.

575 *Grözinger*, S. 144.

(1) Definition des Bundesverfassungsgerichtes

Das Bundesverfassungsgericht definiert die Begrifflichkeit im o.g. Urteil als ein System, welches allein oder durch seine Vernetzung so viele personenbezogene Daten enthalten kann, dass es möglich ist, durch einen Zugriff Einblick in wesentliche Teile der Lebensgestaltung einer Person zu gewinnen oder ein detailliertes Persönlichkeitsbild zu erhalten. Das Gericht nennt insoweit Computer, Laptops, Mobiltelefone und elektronische Terminkalender[576] als Beispiele.[577] Voraussetzung ist, dass die Geräte *„über einen großen Funktionsumfang verfügen und personenbezogene Daten vielfältiger Art erfassen und speichern können.“*[578]

Nicht zu Unrecht ist diese Definition in der Literatur teilweise als Definitionsfragment bezeichnet worden, da das Urteil eher Beispiele für geschützte Systeme anführt, anhand derer eine Abgrenzung erfolgen kann, als eine in sich geschlossene, eigenständige Definition vorzunehmen.[579] Dies liegt jedoch in der sich ständig fortentwickelnden, technischen Materie des intendierten Systemschutzes begründet. Die Definition ist vor diesem Hintergrund absichtlich unscharf formuliert,[580] um zu verhindern, dass der Schutzbereich aufgrund der fortschreitenden technologischen Entwicklung Einschränkungen erfährt und eine Subsumption künftiger technischer Entwicklungen so erschwert wird.[581] Dennoch lassen sich geschützte Systeme anhand der Vorgaben des verfassungsgerichtlichen Urteils mit hinreichender Sicherheit abgrenzen.

---

576 Auch Personal Digital Assistant (PDA).

577 BVerfGE 120, 274, 314.

578 BVerfGE, a.a.O.

579 *Grözinger*, S. 145.

580 Kritisch dazu *Hoeren*, MMR 2008, 365; *Sachs/Krings*, JuS 2008, 481, 484.

581 Uerpmann-Wittzack-*Bäcker*, S. 10. Gerade das vom Bundesverfassungsgericht genannte Beispiel des elektronischen Terminkalenders illustriert anschaulich die Gefahr, welche von der Benennung konkreter Beispiele zur Umschreibung eines Schutzbereiches ausgeht. Während diese Geräte bei Urteilsverkündung noch äußerst modern waren und vielfach Verwendung fanden, wurde ihre Produktion bereits wenige Jahre später eingestellt, da inzwischen jedes Smartphone über entsprechende Funktionen verfügte.

(2) Komplexität des elektronischen Systems

In Betracht kommt zunächst jedes elektronische System, mit dem eine Vielzahl relevanter Daten erzeugt, gespeichert oder verarbeitet werden kann, unabhängig davon, ob es stationär oder mobil betrieben wird.[582]

(a) Anforderungen an die Datenverarbeitungsfähigkeit

Ein solches System muss damit zunächst eine gewisse Komplexität im Hinblick auf seine Datenverarbeitungsfunktionen aufweisen. D.h., es muss zumindest potentiell in der Lage sein, eine solche Fülle von Daten zu erzeugen, zu verarbeiten oder zu speichern, dass sich hieraus ein tiefer Einblick in die persönlichen Lebensumstände des Nutzers oder ein detailliertes Bild seiner Persönlichkeit ergeben kann.[583] Die drei durch das Bundesverfassungsgericht genannten Formen: Erzeugung, Verarbeitung und Speicherung, stehen dabei gleichberechtigt nebeneinander, wie sich aus der Aufzählung[584] ergibt. Es ist daher ausreichend, wenn das jeweilige System nur einzelne der Formen der Datenverarbeitung ausführen kann.[585]

Inwieweit das jeweilige System tatsächlich Daten enthält, die tiefgreifende Eingriffe in die Lebensumstände oder Persönlichkeit des Nutzers gestatten, ist für die Einordnung als geschütztes informationstechnisches System ohne Belang.[586] Nach der Rechtsprechung des Bundesverfassungsgerichtes ist hinreichend, dass das System derartige Daten potentiell enthalten bzw. verarbeiten kann.[587] Zudem wäre eine sichere Feststellung einer solchen Voraussetzung nur mittels einer Auswertung der im System vorhanden Daten möglich, was als eigenständiger Eingriff zu qualifizieren wäre.

Nicht hinreichend ist es hingegen, wenn das jeweilige Gerät lediglich in der Lage ist, punktuell Daten aus dem privaten Umfeld des Nutzers zu verarbeiten. Insoweit fehlt es an der notwendigen Komplexität, so dass in derartigen Fällen das Recht auf informationelle Selbstbestimmung anzuwenden ist. Das Bundesverfassungsgericht nennt als Beispiel nicht vernetzte Steuerungsanlagen von Haustechnik.[588] Diese können allenfalls Daten darüber

---

[582] BVerfGE 120, 274, 314.

[583] BVerfGE 120, 274, 313; *Luch*, MMR, 2011, 75, 76.

[584] Vgl. BVerfGE, 120, 274, 313.

[585] Anders wohl *Grözinger*, StV 2019, 406, 410, der allein auf die Fähigkeit zur Erzeugung von Daten abstellt.

[586] *Hauser*, S. 81. Insoweit missverständlich die Ausführungen von *Luch*, a.a.O., welche auf die Notwendigkeit des Vorhandenseins einer entsprechenden Datensammlung hindeuten.

[587] BVerfGE 120, 274, 314.

[588] BVerfGE 120, 274, 313.

enthalten, wann und gegebenenfalls wie lange z.B. die Heizung in einem bestimmten Raum in Betrieb war. Weiterreichende Rückschlüsse auf die private Lebensgestaltung lassen sich hieraus jedoch nicht ziehen. Hierfür wäre eine Vernetzung notwendig. Entsprechendes gilt etwa auch für einfache Mobiltelefone, welche lediglich Daten mit Bezug zu durchgeführten oder versuchten Telekommunikationsverbindungen speichern können.[589]

(b) Vernetzung

Das System muss zudem nicht in Form eines einzelnen technischen Gerätes betrieben werden. Es ist ausreichend, dass erst durch die Vernetzung mehrerer Geräte ein hinreichend komplexes informationstechnisches System entsteht.[590] Zu denken ist insoweit beispielsweise an vernetzte Haushaltgeräte, welche einzeln zwar noch kein informationstechnisches System darstellen,[591] bei entsprechender Ausgestaltung ihrer Zentralsteuerung und Speicherung der jeweiligen Daten aber durchaus in der Lage sein können, sehr konkrete Einblicke in das häusliche Leben des Nutzers zu liefern.[592] Zu denken ist beispielsweise nicht nur an die Ermittlung von Anwesenheiten im häuslichen Umfeld, sondern an die Erstellung sehr genauer Tagesabläufe der Bewohner anhand der jeweils benutzten Haustechnik. Insoweit resultieren aus der Nutzung der Möglichkeiten des Smart Homes auch eine Reihe neuer Ermittlungsansätze, aber auch Persönlichkeitsgefährdungen.

(c) Notwendigkeit einer eigenständigen Funktionalität des Systems?

Generell stellt das Bundesverfassungsgericht in seinen Ausführungen vor allem auf Geräte ab, welche aufgrund ihrer technischen Ausgestaltung über vielfältige Funktionen zur Datenverarbeitung verfügen, wie Personal Computer oder Smartphones. Vor dem Hintergrund dieses Leitbildes stellt sich die Frage, inwieweit neben solchen Systemen auch Geräte geschützt sind, die ohne Anschluss an andere IT-Komponenten keine eigenständige Funktion haben oder zum Zugriff auf die maßgeblichen Datenbestände eine Internet- oder sonstige Netzwerkverbindung benötigen. Vereinzelt wird hinsichtlich solcher externer Speichermedien angenommen, dass diese nur dann vom Computergrundrecht geschützt seien, solange ein Anschluss an ein anderes informationstechnisches System, etwa einen Personal Computer, besteht über

---

[589] Uerpmann-Wittzack-*Bäcker*, S. 12.

[590] *Luch*, MMR 2011, 75, 76; Uerpmann-Wittzack-*Bäcker*, S. 11; *Drallé*, S. 32.

[591] BVerfGE 120, 274, 313.

[592] BVerfGE 120, 274, 309.

den auf diese Speichermedien zugegriffen werden kann.[593] Eine solche einschränkende Auslegung steht jedoch nicht im Einklang mit der Rechtsprechung des Bundesverfassungsgerichtes.

Maßgeblich ist danach vielmehr, ob das jeweilige Speichermedium so viele personenbezogene Daten verarbeiten, insbesondere speichern kann, dass anhand dieser ein Einblick in wesentliche Teile der Lebensgestaltung einer Person oder ein detailliertes Persönlichkeitsbild gewonnen werden könnte.[594] Dabei ist es völlig unerheblich, ob der jeweilige Datenbestand über das System allein, den Anschluss an ein anderes Gerät oder aber über ein Netzwerk erschlossen wird.[595] Entscheidend ist vielmehr die von der Art und Anzahl der Daten ausgehende, mögliche Persönlichkeitsgefährdung. Diese ist insbesondere bei den erheblichen Datenmengen, welche aktuelle Speichermedien enthalten können, regelmäßig gegeben. Auch USB-Sticks, externe Festplatten[596] und Speicherkarten sowie nicht installierte interne Festplatten und ähnliche Komponenten können somit als geschützte informationstechnische Systeme in den Schutzbereich des Computergrundrechtes fallen, sofern sie in der Lage sind, eine Vielzahl persönlicher Daten zu speichern.

Entsprechendes gilt auch für Systeme, auf welche lediglich über das Internet oder ein anderes externes informationstechnisches System zugegriffen werden kann.[597] Die vom Zugriff auf ein informationstechnisches System ausgehenden Persönlichkeitsgefährdungen vertiefen sich hierdurch. Grund dafür ist, dass sich durch die Vernetzung und Speicherung von Daten bei Dritten, wie etwa einem Provider, die Möglichkeit von unbemerkten Verletzungen der Vertraulichkeit oder Integrität des Systems erhöht, etwa weil der Provider aufgrund gesetzlicher Bestimmungen zur Herausgabe von Daten verpflichtet ist. Daher sind auch externe Datenspeicher, wie z. B. Cloud-Dienste, als geschützte informationstechnische Systeme zu qualifizieren.[598]

(d) Nutzung als eigenes System

Notwendig ist nach der Rechtsprechung ferner, dass es sich um ein System handelt, welches der jeweilige Grundrechtsträger als eigenes nutzt. Insoweit

---

593 *Hornung*, CR 2008, 299, 303; *Drallé*, S. 30; *Hauser*, S. 87.

594 BVerfGE 120, 274, 314.

595 BVerfGE, a. a. O.

596 Vgl. Uerpmann-Wittzack-*Bäcker*, S. 11.

597 BVerfGE 120, 274, 315; *Gaede*, StV 2009, 96, 98.

598 Uerpmann-Wittzack-*Bäcker*, S. 12 f.; *Grözinger*, StV 2019, 406, 410 f.

ist es weder erforderlich, dass zivilrechtliches Eigentum besteht,[599] noch müssen andere Nutzer vom Gebrauch ausgeschlossen sein. Ausreichend ist vielmehr, dass das informationstechnische System, auch zusammen mit weiteren Personen, berechtigt als eigenes System genutzt wird und der Nutzer davon ausgehen darf, dass nur dieser Personenkreis über das System verfügt.[600] Im Ergebnis muss somit eine Sachherrschaft des oder der Grundrechtsberechtigten über das System bestehen.[601]

(e) Schwierigkeit des Zugriffs

Wie einfach oder schwierig sich der tatsächliche Zugriff auf ein informationstechnisches System gestaltet, ist für dessen Schutzfähigkeit durch das Computergrundrecht unerheblich.[602] Wie bereits oben zum Fernmeldegeheimnis dargestellt, führt die technische Anfälligkeit eines Kommunikationsmediums für äußere Zugriffe nicht zum Ausschluss der Schutzbedürftigkeit.[603] Vielmehr wäre zu erwägen, ob aus erleichterten Zugriffsmöglichkeiten nicht ein strengerer Schutz folgen sollte, da hier Zugriffe gegebenenfalls häufiger erfolgen werden. Nichts anderes gilt in Bezug auf informationstechnische Systeme. Das Bundesverfassungsgericht verlangt von den Nutzern gerade nicht, dass sie ihre Systeme aus Angst vor Zugriffen Dritter besonderen Schutzmaßnahmen unterziehen, zumal es ohnehin an deren Wirksamkeit zweifelt.[604] Eine solche Änderung des Nutzungs- bzw. Kommunikationsverhaltens aus Angst vor staatlicher Überwachung soll durch den grundrechtlichen Schutz gerade vermieden werden.

bb) Eingriffe in die Vertraulichkeit und Integrität des informationstechnischen Systems

Das Grundrecht schützt sowohl die Vertraulichkeit als auch die Integrität des jeweiligen informationstechnischen Systems. Beide Begriffe entstammen der informationstechnischen Terminologie und werden auch durch das Bundesverfassungsgericht in diesem Sinne verwendet.[605]

---

599 Vgl. *Grözinger*, S. 149.

600 BVerfGE 120, 274, 315.

601 So auch *Hoeren*, MMR 2008, 365, 366; der sich allerdings kritisch zur hieraus folgenden Vermengung von allgemeinem Zivilrecht und Persönlichkeitsschutz äußert.

602 BVerfGE 120, 274, 315.

603 Vgl. oben S. 87 ff.

604 BVerfGE 120, 274, 306.

605 Vgl. Roggan-*Hansen/Pfitzmann*, S. 132, welche i. Ü. darauf hinweisen, dass das Gericht die zugrunde liegenden technischen Fragen sehr gut durchdrungen habe; Lisken/Denninger-*Schwabenbauer*, S. 864.

(1) Vertraulichkeit des informationstechnischen Systems

Unter der Vertraulichkeit des informationstechnischen Systems versteht das Bundesverfassungsgericht das Interesse des Nutzers eines solchen Systems, dass die in diesem gespeicherten, erzeugten oder verarbeiteten Daten für Dritte unzugänglich bleiben.[606] D.h., ein System ist nach informationstechnischem Verständnis vertraulich, wenn nur die Personen auf die dort gespeicherten Informationen zugreifen können, welche über eine entsprechende Berechtigung verfügen. Diese muss durch den Inhaber des Systems bewusst für denjenigen, der auf das System zugreifen will, eingerichtet worden sein.[607]

Ein Eingriff in die Vertraulichkeit des informationstechnischen Systems ist demnach immer dann gegeben, wenn sich Dritte ohne Berechtigung seitens des Nutzers Kenntnis vom Inhalt der im System gespeicherten Daten verschaffen.[608] Wird auf die im System gespeicherten Daten unter Nutzung von Zugangsdaten zugegriffen, welche ohne Wissen des Inhabers des Systems erlangt wurden, etwa im Rahmen einer Durchsuchung bei Dritten, ist damit dennoch von einem Eingriff in die Vertraulichkeit des Systems auszugehen. In solchen Fällen werden zwar objektiv zutreffende Zugangsdaten genutzt, es mangelt jedoch am subjektiven Element der bewussten Einrichtung des genutzten Zugangs.

(2) Integrität des informationstechnischen Systems

Integer ist ein informationstechnisches System, wenn die in ihm enthaltenen Informationen vollständig, richtig und aktuell sind oder aber deutlich erkennbar ist, wenn dies nicht bzw. nicht mehr der Fall ist.[609] In die Integrität wird daher eingegriffen, wenn das System durch Maßnahmen so manipuliert wird, dass die Nutzung seiner Leistungen, Funktionen oder Speicherinhalte Dritten ermöglicht wird und der eigentliche Nutzer damit nicht mehr „*Herr über Funktionseinheit und Verarbeitungslogik*"[610] ist.[611] Ist dies der Fall, so ist nach zutreffender Ansicht des Bundesverfassungsgerichtes bereits durch diese Infiltration des Systems „*die entscheidende technische Hürde für eine*

606 BVerfGE 120, 274, 314.

607 Roggan-*Hansen/Pfitzmann*, S. 132; Lisken/Denninger-*Schwabenbauer*, S. 864, *Drallé*, S. 83.

608 *Hornung*, CR 2008, 299, 303.

609 Roggan-*Hansen/Pfitzmann*, S. 132; Lisken/Denninger-*Schwabenbauer*, S. 864, *Drallé*, S. 80.

610 So treffend *Hauser*, S. 117.

611 Vgl. auch *Grözinger*, S. 152.

Ausspähung, Überwachung oder Manipulation des Systems genommen".[612] Es kommt demnach nicht darauf an, ob und inwieweit die Behörden im Nachgang der Infiltration tatsächlich auf das System zugreifen und die dort vorhanden Daten nutzen.[613] Bereits mit der bloßen Infiltration ist das System als korrumpiert zu betrachten und damit im informationstechnischen Sinne nicht mehr integer.[614]

Es mag zweifelhaft erscheinen, ob ein zeitlich so früh ansetzender genereller Schutz erforderlich ist, da mit der bloßen Infiltration den Behörden zunächst noch keine Daten zur Kenntnis gelangen. Insoweit veranschaulicht der Hauptanwendungsfall von Eingriffen in die Integrität eines informationstechnischen Systems, die auch im Ausgangsfall streitgegenständliche sog. Online-Durchsuchung, die Gründe für diese Vorverlagerung des verfassungsrechtlichen Schutzes auf den Zeitpunkt der Infiltration. Im Rahmen dieser Maßnahme wird durch staatliche Behörden eine spezielle Soft- oder Hardware im jeweiligen System installiert.[615] Hierdurch erhalten die Behörden, je nach Ausgestaltung der jeweils genutzten Programme, nicht nur die Möglichkeit, auf die im System gespeicherten Daten zuzugreifen, sondern auch, diese zu ändern oder zu löschen. Entsprechendes gilt für das gesamte System. Nach erfolgreicher Infiltration ist es möglich, das gesamte System einschließlich der angeschlossenen Peripheriegeräte nach Belieben zu steuern.[616] Diese weitreichenden Ausforschungs- und Manipulationsmöglichkeiten[617] und die aus ihnen resultierenden Gefahren für grundrechtlich geschützte Rechtspositionen des jeweiligen Nutzers rechtfertigen den vom Bundesverfassungsgericht vertretenen sehr weiten Ansatz.

(3) Vertraulichkeit und die Integrität des informationstechnischen Systems als eigenständige Schutzgewährleistungen

Vertraulichkeit und die Integrität des informationstechnischen Systems stellen, trotz vieler Berührungspunkte, zwei eigenständige Schutzgewährleistungen dar.[618] Es ist zwar zutreffend, dass mit jedem Eingriff in die Integrität

---

612 BVerfGE 120, 274, 314.

613 Lisken/Denninger-*Schwabenbauer*, S. 864; *Grözinger*, S. 153.

614 Roggan-*Hansen/Pfitzmann*, S. 133; *Drallé*, S. 81.

615 Zu Einzelheiten von Techniken und Vorgehensweisen bei der Infiltration informationstechnischer Systeme vgl. Roggan-*Hansen/Pfitzmann*, S. 132 ff.

616 Roggan-*Hansen/Pfitzmann*, S. 137 f.

617 Vgl. hierzu auch *Hoffmann-Riem*, JZ 2008, 1009, 1017.

618 So Dreier-*Dreier*, GG, Art. 2 Rn. 83; Lisken/Denninger-*Schwabenbauer*, S. 864; Merten/Papier-*Rudolf*, HB der Grundrechte, § 90, Rn. 79; Sachs-*Murswiek/Rixen*, GG, Art. 2 Rn. 73c, welcher allerdings die Notwendigkeit eines eigenständigen Schutzes der Vertraulichkeit neben dem Recht auf informationelle Selbstbestimmung

des Systems zugleich auch ein Eingriff in dessen Vertraulichkeit verbunden ist, denn mit der Infiltration des Systems wird die entscheidende technische Barriere überwunden, die einer Kenntnisnahme staatlicher Stellen hinsichtlich der im System gespeicherten Daten entgegensteht.[619] Dies führt aber entgegen der Ansicht von Luch[620] jedoch nicht dazu, dass die Vertraulichkeit des Systems ihren Charakter als eigenständige Schutzgewährleistung verliert. Denn umgekehrt kann nicht angenommen werden, dass jeder Eingriff in die Vertraulichkeit des Systems auf einer Infiltration beruht. Eingriffe in die Vertraulichkeit eines informationstechnischen Systems können auch ohne dessen Infiltration erfolgen. Vielmehr ist es regelmäßig gar nicht notwendig, in die Integrität eines IT-Systems einzugreifen, um dessen Daten zu erlangen. Werden beispielsweise lediglich dessen Daten kopiert, ohne das System selbst mittels einer Software zu infiltrieren, so liegt zwar ein eigenständiger Eingriff in die Vertraulichkeit des Systems vor, dessen Integrität bleibt jedoch unangetastet.[621] Das System ist entsprechend der oben angeführten Definition weiterhin integer, d. h., die in ihm enthaltenen Informationen sind auch nach dem Kopieren der Daten vollständig, richtig und aktuell. Insoweit würde die Ansicht von Luch in bestimmten Fällen zu einer Einschränkung des Schutzbereiches führen, da einzelne Fälle der Vertraulichkeitsverletzung nicht in diesen einbezogen werden könnten, was erkennbar nicht der Intention des Bundesverfassungsgerichtes entspricht. In Anbetracht der Persönlichkeitsgefährdungen, welche gerade auch von den Fällen des technisch eher einfachen Kopierens ganzer, häufig außerhalb des Einflussbereiches des Nutzers gespeicherter Datenbestände ausgehen, wäre eine solche Verkürzung des grundrechtlichen Schutzes nicht zu rechtfertigen.

Ein solcher Fall der Verletzung der Vertraulichkeitsverletzung, ohne gleichzeitige Verletzung der Integrität des informationstechnischen Systems ist beispielsweise gegeben, wenn seitens der Strafverfolgungsbehörden über den Provider auf die Inhalte eines E-Mail-Postfachs zugegriffen wird. Dabei wird der gesamte E-Mail-Bestand[622] oder nur bestimmte E-Mails, die den im zugrunde liegenden Beschluss genannten Kriterien entsprechen, durch den

---

bezweifelt; Uerpmann-Wittzack-*Bäcker*, S. 13; a. A. jedoch *Luch*, MMR, 2011, 75; sowie *Böckenförde*, JZ 2008, 925, 928, der ausdrücklich von einem zweigliedrigen Schutzbereich ausgeht.

619 BVerfGE 120, 274, 314.

620 Vgl. *Luch*, a. a. O.; sowie *Hoffmann/Luch/Schulz/Borchers*, S. 71.

621 Zu Formen der Sicherstellung von Daten vgl. *Bär*, Handbuch der EDV-Beweissicherung, Rn. 415 ff.

622 So wohl im Ausgangsfall des BVerfG-Beschlusses vom 16. Juni 2009, in dem alle vorhandenen 2.500 E-Mails aus ca. 2 Jahren beim Provider kopiert wurden (BVerfGE 124, 43, 47 f.). Ob sich im Postfach weitere E-Mails aus vorangegangenen Zeiträumen befanden, bleibt allerdings offen.

Provider kopiert und den Strafverfolgungsbehörden zur Verfügung gestellt. Insoweit ist es nicht erforderlich, das informationstechnische System durch das Installieren spezieller Soft- oder Hardware zu infiltrieren und so zu korrumpieren. Das System bleibt somit unverändert, da der Zugriff auf dem technisch vorgesehen Weg erfolgt. Eine Verletzung der Integrität des Systems bleibt bei einem solchen Vorgehen aus, während seine Vertraulichkeit durch die Herausgabe der Nachrichten an nicht berechtigte Dritte beeinträchtigt wird.

Ein Eingriff scheidet im Übrigen bei einer Verletzung der Vertraulichkeit auch bei offenem Vorgehen seitens der Strafverfolgungsbehörden nicht aus. Auch wenn der Betroffene weiß, dass seine Nachrichten durch den Provider weitergegeben werden, so ändert dies nichts daran, dass sich Dritte ohne dessen Zustimmung Kenntnis vom Inhalt der im System gespeicherten Daten verschaffen.[623] Ein heimliches Vorgehen verstärkt regelmäßig die Schwere des Eingriffs, ein offenes Vorgehen schließt diesen jedoch nicht aus.

(4) Schutz von Vertraulichkeits- und Integritätserwartungen

Das Computergrundrecht schützt auch die bloße Vertraulichkeits- oder Integritätserwartung.[624] Es ist daher für den durch das Grundrecht gewährleisteten Schutz unerheblich, ob der Zugang zum jeweiligen informationstechnischen System nur unter erheblichem Aufwand oder aber ohne Schwierigkeiten erlangt werden kann.[625] Insoweit kommt es jedoch nicht auf die subjektive Erwartungshaltung des jeweiligen Nutzers an, was bei entsprechend misstrauischen Nutzern konsequenterweise zu einem Ausschluss des Schutzes führen müsste.[626] Hierdurch bringt das Bundesverfassungsgericht zum Ausdruck, dass der Nutzer unabhängig von seinen technischen Fähigkeiten und den Schutzmöglichkeiten des jeweiligen Systems generell auf die Vertraulichkeit und Integrität seines Systems vorbehaltlos vertrauen können soll.[627]

e) Grundrechtträger und -adressaten

Als Ausprägung des allgemeinen Persönlichkeitsrechtes schützt das Computergrundrecht alle natürlichen Personen unabhängig von Staatsangehörig-

---

[623] So der Fall in BVerfGE 124, 43, 47 f., in dem der Betroffene wusste, dass eine Beschlagnahme der Daten beim Provider beantragt worden war.

[624] BVerfGE 120, 274, 315; kritisch hierzu *Sachs/Krings*, JuS 2008, 481, 484.

[625] BVerfGE 120, 274, 315.

[626] Vgl. *Sachs/Krings*, JuS 2008, 481, 484; *Grözinger*, S. 151.

[627] So im Ergebnis auch *Sachs/Krings*, JuS 2008, 481, 484.

keit oder Grundrechtsmündigkeit.[628] Für inländische juristische Personen gilt das Grundrecht gemäß Art. 19 Abs. 3 GG nur, soweit sich seine Inhalte im konkreten Fall auch auf juristische Personen übertragen lassen.[629] Dies ist durch das Bundesverfassungsgericht für das mit dem Computergrundrecht eng verwandte Recht auf informationelle Selbstbestimmung bejaht worden. Staatliche Eingriffe in den Schutzbereich dieses Rechtes könnten auch bei juristischen Personen zu Gefährdungen und Verletzungen der grundrechtlich geschützten Freiheit führen und eine einschüchternde Wirkung in Bezug auf die Ausübung des Grundrechtes bewirken.[630] Nichts anderes gilt in Bezug auf das Computergrundrecht. Auch insoweit besteht ein schützenswertes Bedürfnis juristischer Personen an der Wahrung der Vertraulichkeit und Integrität ihrer informationstechnischen Systeme durch staatliche Behörden.

Nicht nachvollziehbar ist dagegen die Ansicht von Hsieh, der ausgehend vom Namen des Grundrechtes erwägt, das informationstechnische System selbst als Grundrechtsträger zu qualifizieren.[631] Wobei er im Ergebnis jedoch selbst eingesteht, dass das Internet oder ein Mailserver nicht als Grundrechtsträger in Betracht kommen und das Argument letztlich dazu nutzt, die Notwendigkeit des Computergrundrechts in Frage zu stellen. Dass eine solche, auch dogmatisch fragwürdige, Einordung des informationstechnischen Systems nicht in Betracht kommt, verdeutlicht das Bundesverfassungsgericht in der zugrunde liegenden Entscheidung, indem es ausführt, dass das Grundrecht den Grundrechtsträger vor staatlichen Zugriffen im Bereich der Informationstechnik bewahrt, bei welchen auf das informationstechnische System zugegriffen wird.[632] Hierdurch wird verdeutlicht, dass Grundrechtsträger und informationstechnisches System nicht identisch sein können.

Adressat des Grundrechtes sind die grundrechtsgebundenen öffentlichen Institutionen. Das Computergrundrecht begründet primär ein Abwehrrecht gegenüber staatlichen Eingriffen in informationstechnische Systeme.[633] Weiter verpflichtet es den Gesetzgeber, durch grundgesetzkonforme Regelungen entlang der durch die Rechtsprechung des Bundesverfassungsgerichtes vorgegebenen Linien, Eingriffe staatlicher Behörden in den Schutzbereich auf

---

628 Merten/Papier-*Rudolf*, HB der Grundrechte, § 90, Rn. 80; Dreier-*Dreier*, GG, Art. 2 Rn. 85.

629 Merten/Papier-*Rudolf*, a. a. O.; Sachs-*Murswiek/Rixen*, GG, Art. 2 Rn. 77; Dreier-*Dreier*, GG, Art. 2 Rn. 86.

630 BVerfGE 118, 168, 203.

631 *Hsieh*, S. 99 und 101.

632 BVerfGE 120, 2274, 313.

633 Merten/Papier-*Rudolf*, HB der Grundrechte, § 90, Rn. 81; *Sachs/Krings*, JuS 2008, 481, 486.

das verfassungsrechtlich zulässige Minimum zu reduzieren. Rechtsprechung und Exekutive sind verpflichtet, auf dieser Basis den vom Bundesverfassungsgericht vorgegebenen Schutzraum für informationstechnische Systeme zu garantieren.[634] Daneben besteht eine Schutzpflicht der grundrechtsgebundenen öffentlichen Institutionen gegenüber Eingriffen Privater.[635]

f) Rechtfertigung von Eingriffen in den Schutzbereich

Eingriffe in den Schutzbereich des Computergrundrechtes sind nach der Rechtsprechung des Bundesverfassungsgerichtes an strenge Voraussetzungen geknüpft, welche strenger sind als die des Fernmeldegeheimnisses.[636]

Diese Voraussetzungen erstrecken sich generell auf präventive wie auch repressive Eingriffe.[637] Hieran hat beispielsweise Gaede[638] Zweifel geäußert, der es für ungeklärt hält, wann in das Computergrundrecht auf Grundlage strafprozessualer Regelungen eingegriffen werden darf. Es mag zutreffend sein, dass die Einzelheiten zur Rechtfertigung repressiver Eingriffe in das neue Grundrecht im Nachgang zum Urteil noch weiterer Klärung bedurften. Das Gericht nennt jedoch ausdrücklich beide Eingriffsformen[639] und gibt z. T. auch Hinweise auf die im Rahmen der Schaffung repressiver Vorschriften zu beachtenden Vorgaben.[640] D. h., auch wenn sich das Gericht im o. g. Urteil aufgrund der zur Entscheidung vorgelegten Regelungen des VSG-NRW primär mit präventiven Regelungen zu befassen hatte, gelten die für präventive Maßnahmen aufgestellten Anforderungen inhaltlich auch für repressive Sachverhalte entsprechend. Hierbei ist jedoch der durch die Rechtsprechung des Bundesverfassungsgerichtes aufgestellte Grundsatz zu beachten, dass an die Rechtfertigung von Eingriffen *„zur Prävention im Vorfeld konkreter Gefahren geringere Anforderungen zu stellen sind als in einem*

---

634 *Luch*, MMR 2011, 75, 78.

635 Vgl. zur hier nicht weiter zu erörternden Frage der Drittwirkung des Computergrundrechtes: *Luch*, a. a. O.; *Roßnagel/Schnabel*, NJW 2008, 3534, 3535, welche die Drittwirkung des Computergrundrechtes für verschiedene Rechtsbereiche erörtern; Merten/Papier-*Rudolf*, HB der Grundrechte, § 90, Rn. 81; *Kutscha* in *Kutscha/Thomé*, S. 60 f., jeweils m. w. N.

636 Vgl. etwa Uerpmann-Wittzack-*Bäcker*, S. 21; *Gaede*, StV 2009, 96, 98.

637 BVerfGE 120, 274, 315.

638 *Gaede*, StV 2009, 96, 98.

639 Vgl. BVerfGE 120, 274, 315.

640 Vgl. etwa BVerfGE 120, 274, 321. Es handelt sich somit entgegen der Ansicht von *Sachs/Krings*, JuS 2008, 481, 485 bei der Nennung von präventiven und strafprozessualen Zwecken in BVerfGE 120, 274, 315 nicht um ein entbehrliches orbiter dictum.

Strafverfahren".[641] Es geht im Strafverfahren nicht mehr darum, wie Buermeyer anschaulich beschreibt, zu verhindern, dass *„das Kind in den Brunnen fällt*"[642], d. h., eine Rechtsgutsverletzung noch zu verhindern. Diese hat sich in Fällen des repressiven Handels im Strafverfahren bereits konkretisiert, so dass es nur noch um deren Sanktionierung geht.[643] Vor diesem Hintergrund werden im Folgenden die erarbeiteten Anforderungen an die Rechtfertigung von Eingriffen, soweit erforderlich, in einem weiteren Schritt auf ihre Anwendbarkeit auf repressive Sachverhalte geprüft und gegebenenfalls Anpassungen unterzogen.

Die vom Gericht aufgestellten Schrankenbestimmungen des Computergrundrechtes lassen sich im Wesentlichen in drei Bereiche untergliedern: Anforderungen an das einschränkende Gesetz, hiermit verbundene formale Anforderungen an die Anordnung von Eingriffen und den Schutz des Kernbereiches privater Lebensgestaltung.

aa) Allgemeine Anforderungen an ein das Computergrundrecht beschränkendes Gesetz

Hinsichtlich der generellen Anforderungen an ein dieses Grundrecht beschränkendes Gesetz knüpft das Gericht inhaltlich an die in ständiger Rechtsprechung zum allgemeinen Persönlichkeitsrecht entwickelten Vorgaben an. Dies erscheint aufgrund der Ableitung des Computergrundrechtes aus dem allgemeinen Persönlichkeitsrecht folgerichtig. Demzufolge sind Einschränkungen des Computergrundrechtes nur aufgrund eines allgemeinen verfassungsgemäßen Gesetzes zulässig.[644]

(1) Normenbestimmtheit und Normenklarheit

Insoweit gelten zunächst, neben den formalen Anforderungen an das verfassungsgemäße Zustandekommen des Gesetzes, die aus dem Rechtsstaatsgebot (Art. 20 Abs. 3 GG) abgeleiteten allgemeinen Anforderungen der Normenbestimmtheit und der Normenklarheit.[645] Demnach muss der demokratisch legitimierte parlamentarische Gesetzgeber die wesentlichen Entscheidungen über Inhalt und Ausmaß der Eingriffe in das Grundrecht selbst treffen. Die Regelungen müssen so ausgestaltet sein, dass der Betroffene die

---

641 BVerfGE 120. 274, 321, in diesem Sinne bereits schon zuvor BVerfGE 100, 313, 394.

642 *Buermeyer*, Stellungnahme, S. 10.

643 *Klesczewski*, ZStW 123, (2011), 737, 760.

644 BVerfGE 120, 274, 315.

645 Vgl. zum Begriff BVerfGE 114, 1, 53.

Rechtslage erkennen und sich auf diese einstellen kann. Unbestimmte Rechtsbegriffe dürfen daher nur insoweit verwendet werden, dass die Vorhersehbarkeit und Justitiabilität staatlichen Handelns nicht gefährdet werden.[646]

(2) Verhältnismäßigkeit der Beschränkungen

Im Zentrum der vom Bundesverfassungsgericht aufgestellten Anforderungen steht jedoch die Frage der Verhältnismäßigkeit. Insoweit ist ganz klassisch zu prüfen,[647] ob der jeweilige Eingriff in das Computergrundrecht einem legitimen Zweck dient und zu dessen Erreichung geeignet, erforderlich und angemessen ist.[648]

Geeignetheit und Erforderlichkeit von Eingriffen in das Computergrundrecht richten sich dabei nach den allgemeinen Anforderungen und sind in Abhängigkeit von der zu regelnden Materie weiter zu konkretisieren. Regelmäßig wird der Gesetzgeber gesetzliche Vorgaben zur Regelung von Maßnahmen, welche in das Grundrecht eingreifen, zu Zwecken wie der Bekämpfung schwerer Kriminalität oder des Terrorismus erlassen. Diesbezüglich wird ihm ein weiter Beurteilungsspielraum zugestanden.[649] Das Bundesverfassungsgericht weist insoweit ausdrücklich darauf hin, dass der Schutz des Staates und die durch ihn zu gewährleistende Sicherheit der Bevölkerung vor schweren Gefahren für Leib, Leben und Freiheit Verfassungswerte sind, die anderen hochwertigen Verfassungsgütern gleichstehen.[650] Entsprechendes wird man auch für die Eignung repressiver Maßnahmen zur Ermittlung schwerer Straftaten gegen die genannten Rechtsgüter annehmen müssen. Demzufolge werden Geeignetheit und Erforderlichkeit gesetzlicher Regelungen zu Eingriffen in das Computergrundrecht in solchen Fällen regelmäßig zu bejahen sein.

(a) Beschränkung auf überragend wichtige Rechtsgüter des Einzelnen und der Allgemeinheit

Die wesentliche Hürde für die Verfassungsmäßigkeit im Rahmen der Verhältnismäßigkeitsprüfung stellt ohnehin die Angemessenheit dar, an diese

---

[646] Vgl. hierzu BVerfGE 120, 274, 315 f. m. w. N. auf die ständige Rechtsprechung des Bundesverfassungsgerichtes sowie Merten/Papier-*Rudolf*, HB der Grundrechte, § 90, Rn. 82.

[647] *Sachs/Krings*, JuS 2008, 481, 485 sprechen gar von einer „schulmäßigen" Prüfung, welche das Bundesverfassungsgericht im Ausgangsfall vorgenommen habe.

[648] BVerfGE 120, 274, 318 f. m. w. N.

[649] Merten/Papier-*Rudolf*, HB der Grundrechte, § 90, Rn. 83.

[650] BVerfGE 120, 274, 319.

stellt das Gericht besonders hohe Anforderungen. Diese betreffen zunächst die Rechtsgüter, zu deren Schutz ein Eingriff in das Grundrecht generell zulässig sein kann. Vor dem Hintergrund der Intensität des Eingriffes in die verfassungsmäßig geschützten Rechte des Betroffenen sowie unbeteiligter Dritter kommen nur überragend wichtige Rechtsgüter des Einzelnen und der Allgemeinheit in Betracht. Das Gericht nennt insoweit Leib, Leben und Freiheit der Person sowie „*solche Güter der Allgemeinheit, deren Bedrohung die Grundlagen oder den Bestand des Staates oder die Grundlagen der Existenz der Menschen berührt.*“[651] Zu letzteren gehört auch die Funktionsfähigkeit „*wesentlicher Teile existenzsichernder öffentlicher Versorgungseinrichtungen*“.[652] Zu denken ist z. B. an Staudämme,[653] Kraftwerke, Anlagen der Wasserversorgung, Kommunikationseinrichtungen oder Ölraffinerien. Auch wenn die durch das Gericht vorgenommene Auflistung nicht abschließend ist,[654] so ist eine Erweiterung allenfalls in sehr eng begrenzten Einzelfällen denkbar. Ansatzpunkte hierfür bieten etwa die interpretationsbedürftigen Vorgaben zu Rechtsgütern der Allgemeinheit. Hierbei ist jedoch äußerste Vorsicht geboten. Das Bundesverfassungsgericht hat mit den genannten Vorgaben für den Gesetzgeber einen Rahmen abgesteckt, der nicht überschritten werden darf.[655] Es führt ausdrücklich aus, dass ein Schutz sonstiger Rechtsgüter durch eine staatliche Maßnahme, welche die Persönlichkeit des Betroffenen weitreichend ausspäht, grundsätzlich ausscheidet.[656] Es ist daher zumindest zu verlangen, dass jedes weitere Rechtsgut und jede weitere Konkretisierung, zu deren Schutz ein Eingriff in das Computergrundrecht erfolgen soll, einen entsprechenden Rang im System der zu schützenden Rechtsgüter aufweisen.

(b) Konkretisierungsansätze

Nach Ansicht des Bundesverfassungsgerichtes[657] wäre es zur Konkretisierung hinreichend, die aufgestellten Anforderungen wörtlich in ein Gesetz zu übernehmen (vgl. 20k Abs. 1 Satz 1 Nr. 1 und 2 BKAG in der damaligen Fassung). Kritisch zu einem solchen Vorgehen äußert sich Kutscha, der dies in Bezug auf die mangelnde Konkretisierung der Tatbestandsvoraussetzung

---

651 BVerfGE 120, 274, 328.

652 BVerfGE, a. a. O.

653 *Hoffmann-Riem*, JZ 2008, 1009, 1020.

654 In diese Richtung auch *Sachs/Krings*, JuS 2008, 481, 485 sowie *Kutscha* in *Kutscha/Thomé*, S. 58 f., der zumindest eine weitere Konkretisierung der „Güter der Allgemeinheit“ durch den Gesetzgeber für erforderlich hält.

655 Enger wohl *Kutscha* in *Kutscha/Thomé*, S. 58, der die Vorgaben des Gerichtes als äußersten Rahmen ansieht.

656 BVerfGE 120, 274, 328.

657 BVerfGE 141, 220, 304 f.

der „Güter der Allgemeinheit“ als Missachtung des Gebotes der Tatbestandsbestimmtheit betrachtet.[658] Das Gericht habe lediglich einen äußeren Rahmen vorgegeben, welchen der Gesetzgeber zu konkretisieren habe, indem er konkrete Eingriffsvoraussetzungen vorsieht. Dieses Verständnis erscheint allerdings nach der hier vertretenen Ansicht in Bezug auf präventive Regelungen zu eng. Um die Möglichkeit von Geheimdiensten und Polizeibehörden zu wahren, auf neu auftretende Gefährdungen oder Entwicklungen flexibel reagieren zu können, muss es dem Gesetzgeber möglich sein, Eingriffsvoraussetzungen auch mittels unbestimmter Rechtsbegriffe zu umschreiben. Eine abschließende Festlegung aller denkbaren Rechtsgüter und Eingriffsszenarien im Gesetz dürfte im präventiven Bereich kontraproduktiv sein. Vorzugswürdig erscheint es, dass der Gesetzgeber einen Rahmen vorgibt und gegebenenfalls konkretisierende Beispiele in die Gesetzesbegründung aufnimmt, die eine Auslegung erleichtern.

Die durch das Gericht entwickelten Kriterien zur Beschränkung der Eingriffe auf überragend wichtige Rechtsgüter des Einzelnen und der Allgemeinheit lassen sich weitgehend auch auf repressive Regelungen der StPO übertragen. Insoweit ist zu verlangen, dass eine Ermittlungsmaßnahme, die in die Vertraulichkeit oder Integrität eines informationstechnischen Systems eingreift, allenfalls zur Verfolgung schwerster Straftaten angeordnet werden kann. Ansatzpunkte zur Umsetzung dieser Vorgaben bieten insbesondere die Straftatenkataloge diesbezüglicher Regelungen, bei deren Ausformulierung strengstens auf eine entsprechende Beschränkung zu achten ist.[659] Besondere Vorsicht ist hier jedoch, mit Blick auf die eingangs erörterte Begrenzung repressiver Eingriffe im Vergleich zu einem präventiven Vorgehen, mit Blick auf die nicht näher konkretisierten Güter der Allgemeinheit, deren Bedrohung die Grundlagen oder den Bestand des Staates oder die Grundlagen der Existenz der Menschen berührt, geboten. Eine Konkretisierung in der o.g. Form, welche sich darin erschöpft, die durch das Bundesverfassungsgericht aufgestellten Anforderungen wörtlich in ein Gesetz zu übernehmen, wäre hier unzulässig. Vielmehr ist zu verlangen, dass der Gesetzgeber die Straftatbestände gegen überragend wichtige Rechtsgüter des Einzelnen und der Allgemeinheit, zu deren Ermittlung ein Eingriff in das Computergrundrecht zulässig sein

---

658 *Kutscha/Thomé*, S. 58 f.

659 In diese Richtung auch *Bär*, MMR 2008, 325, 326, der eine Orientierung am Straftatenkatalog der akustischen Wohnraumüberwachung vorschlägt, wie sie nunmehr in §§ 100b, 100c StPO geregelt ist. Kritisch hierzu Uerpmann-Wittzack-*Bäcker*, S. 25. Zu den Anforderungen an entsprechende Katalogtaten vgl. auch *Klesczewski*, ZStW 123, (2011), 737, 760 f. Inwieweit die Vorgaben des Bundesverfassungsgerichtes bei aktuellen Regelungen hinreichend Beachtung gefunden haben und welche Rückschlüsse sich aus dieser Rechtsprechung auf die gesetzlichen Regelungen zu Zugriffen auf gespeicherte E-Mails ergeben, wird auf S. 228 ff. erörtert.

soll, konkret und abschließend im Gesetz benennt. Ein gesetzgeberisches Vorgehen, welches sich auf die Benennung von Regelbeispielen oder gar konkretisierenden Angaben der Gesetzesbegründung beschränkt, würde den strengen Anforderungen des Computergrundrechtes nicht gerecht werden.

(c) Hinreichende Tatsachenbasis und Eintrittswahrscheinlichkeit der Gefährdung

Weiter ist notwendig, dass hinsichtlich der Gefährdung der genannten Rechtsgüter eine hinreichende Tatsachenbasis und Eintrittswahrscheinlichkeit besteht, welche im Verhältnis zum vorgesehenen Grundrechtseingriff stehen.[660] Verlangt werden insoweit tatsächliche Anhaltspunkte für die Gefährdung der genannten Rechtsgüter.[661] Die diesbezüglich nach der Rechtsprechung bestehenden Anforderungen sind allerdings nur auf den ersten Blick besonders streng.[662] Das Bundesverfassungsgericht verlangt nicht, dass eine Gefährdung für ein geschütztes Rechtsgut mit hinreichender Wahrscheinlichkeit alsbald eintritt. Es ist vielmehr ausreichend, dass bestimmte Tatsachen im Einzelfall auf eine drohende Gefahr hinweisen. Dies ist der Fall, wenn diese Tatsachen *„den Schluss auf ein wenigstens seiner Art nach konkretisiertes und zeitlich absehbares Geschehen zulassen“*[663] und zudem auch über die Beteiligten so viel bekannt ist, dass eine weitgehende Beschränkung der Maßnahme auf diese Zielpersonen möglich ist. Keinesfalls ausreichend sind dagegen in Anbetracht der Schwere des Eingriffes bloße diffuse Anhaltspunkte für mögliche Gefahren.[664] Somit müssen alle einschlägigen gesetzlichen Vorgaben im polizeilichen oder geheimdienstlichen Bereich[665] Vorgaben enthalten, welche eine weitgehende Konkretisierung der durchzuführenden Maßnahme auf konkrete Gefährdungen der genannten Rechtsgüter sowie die jeweiligen Gefährder ermöglichen.

Diese Vorgaben haben auch Bedeutung für repressive Maßnahmen. Auch wenn die Rechtsprechung zur Gefahrenprognose nicht direkt auf Regelungen zu repressiven Sachverhalten übertragbar ist, so lassen sich aus ihr dennoch Kriterien für entsprechende strafprozessuale Regelungen ableiten. Ein Eingriff in das Grundrecht darf aufgrund der aufgezeigten Gefährdungen der Persönlichkeitsrechte des Betroffenen nicht nur auf Basis einer bloßen Ver-

---

660 BVerfGE 120, 274, 327f.; *Hoffmann-Riem*, JZ 2008, 1009, 1020.

661 Merten/Papier-*Rudolf*, HB der Grundrechte, § 90, Rn. 84.

662 Kritisch hierzu Uerpmann-Wittzack-*Bäcker*, S. 15f.

663 BVerfGE 120, 274, 329; 141, 220, 305.

664 BVerfGE, a.a.O.; *Hoffmann-Riem*, JZ 2008, 1009, 1020; Merten/Papier-*Rudolf*, HB der Grundrechte, § 90, Rn. 84.

665 Zur Einheitlichkeit entsprechender Vorgaben vgl. BVerfGE 120, 274, 329f.

mutung erfolgen.[666] Vielmehr ist vorauszusetzen, dass sowohl die zu verfolgende, schwerwiegende Straftat als auch die Tatbeteiligung des von der Maßnahme Betroffenen hinreichend konkretisierbar sind, um die Streuwirkung solcher Eingriffe möglichst gering zu halten. Aufgrund der Schwere des von einem Eingriff in das Computergrundrecht ausgehenden Rechtsgutsverletzungen für den Betroffenen, gegenüber dem eine repressive Ermittlungsmaßnahme angeordnet wird, ist es zudem zumindest erforderlich, dass die jeweilige Tat auch im konkreten Einzelfall schwer wiegt und der Eingriff zur Strafverfolgung unentbehrlich ist.

De lege lata dürfte der wesentliche Ansatzpunkt für eine in das Computergrundrecht eingreifende strafprozessuale Maßnahme der notwendige Tatverdacht sein. Trotz der Schwere des Eingriffes erscheint es insoweit nicht erforderlich, das Bestehen eines dringenden Tatverdachtes[667] vorauszusetzen. Auch wenn präventive Vorgaben zur Gefahrenabwehr immer weiterreichende Maßnahmen ermöglichen können als repressive[668], deuten die im Ergebnis recht weiten Vorgaben des Bundesverfassungsgerichtes in eine andere Richtung. Daher wird hinsichtlich der Regelungen repressiver Eingriffe in das Computergrundrecht zu fordern sein, dass die Ermittlungsmaßnahme nur dann angeordnet wird, wenn zumindest ein einfacher Tatverdacht[669] gegenüber einer bestimmbaren Person als Tatverdächtigem besteht. Dieser muss seine notwendige Ergänzung in den beiden bereits in den aktuellen §§ 100a und 100b StPO enthaltenden Subsidiaritätsanforderungen der auch im konkreten Einzelfall gegebenen Schwere der Tat im konkreten Einzelfall und der wesentlichen Erschwerung bzw. Aussichtslosigkeit der Erforschung der Erforschung des Sachverhalts oder der Ermittlung des Aufenthaltsortes des Beschuldigten auf andere Weise finden.

De lege ferenda sind vor dem Hintergrund der von Eingriffen in das Computergrundrecht ausgehenden erheblichen Persönlichkeitsgefährdungen weitere Sicherungen erforderlich, um eine Verhältnismäßigkeit des Eingriffes zu gewährleisten. Insoweit ist an eine Ergänzung der Subsidiaritätsanforderungen um ein Element der drohenden Verschlechterung der Beweislage durch prozessstörendes Verhalten des Betroffenen zu denken,[670] um so die Zahl von Grundrechtseingriffen weiter zu beschränken.[671]

---

[666] So auch *Bär*, MMR 2008, 325, 326.

[667] Vgl. zum Begriff: *Klesczewski*, StPO, Rn. 137.

[668] Vgl. *Klesczewski*, ZStW 123, (2011), 737, 760 m.w.N.

[669] Vgl. zum Begriff: *Klesczewski*, StPO, Rn. 136.

[670] Vgl. hierzu die Überlegungen von *Klesczewski*, ZStW 123, (2011), 737, 762f.

[671] Im Hinblick auf die konkrete Ausgestaltung einer solchen Norm und die diesbezüglichen Vorüberlegungen wird auf die Ausführungen auf S. 368 sowie den Gesetzentwurf auf S. 373ff. (§ 100b Abs. 1 StPO-E) verwiesen.

bb) Formale Anforderungen an die Anordnung von Eingriffen

In formaler Hinsicht muss jede gesetzliche Regelung, welche eine heimliche Maßnahme vorsieht, die in die Vertraulichkeit oder die Integrität eines informationstechnischen Systems eingreift, deren richterliche Anordnung vorsehen.[672] Die vorbeugende richterliche Kontrolle der jeweiligen Maßnahmen durch eine unabhängige und neutrale Instanz stellt sicher, dass die Interessen des Betroffenen gewahrt werden, da diesem eine eigenständige Wahrnehmung bei heimlichen Maßnahmen nicht möglich ist.[673] Eine Übertragung dieser Kontrollfunktion auf andere Stellen ist nur möglich, sofern diese eine gleichwertige Gewähr für Unabhängigkeit und Neutralität bieten.[674] Die Anordnung muss schriftlich erfolgen, um eine Nachweisbarkeit der zur Rechtfertigung der Maßnahme angenommenen Gründe nachweisbar und überprüfbar zu machen.[675] Diese Vorgaben lassen sich problemlos auch auf repressive Zusammenhänge übertragen.

Nicht erforderlich ist dagegen eine Einhaltung des Zitiergebots des Art. 19 Abs. 1 Satz 2 GG. Das Bundesverfassungsgericht hat diese Frage bei Entwicklung des Computergrundrechtes ausdrücklich offengelassen[676] Da das Grundrecht jedoch auf dem nicht zu zitierenden Art. 2 Abs. 1 GG und der ohnehin nicht gesetzlich einschränkbaren Menschenwürdegarantie des Art. 1 Abs. 1 GG beruht, sprechen gute Gründe dafür, dass von einem Zitat in gesetzlichen Vorgaben abgesehen werden kann.[677]

An eine Anwendung der durch das Bundesverfassungsgericht im Ausgangsfall für präventive Regelungen entwickelten Vorgaben auf strafprozessuale Sachverhalte sind zudem, im Hinblick auf den Beweiswert der durch einen Eingriff in das Grundrecht erlangten Erkenntnisse, strengere Anforderungen zu stellen. Anders als bei geheimdienstlichen und polizeirechtlichen Maßnahmen steht bei strafprozessualen Maßnahmen nicht die Abwehr drohender Gefahren oder die Erlangung anderweitig nicht zu gewinnender Informationen, sondern die Ermittlung gerichtsfester Beweise im Vordergrund.[678] Insoweit ist der Gesetzgeber in strafprozessualen Zusammenhängen gehalten, bereits bei Schaffung einer entsprechenden Eingriffsermächtigung dafür Sorge zu tragen, dass durch den Zugriff auf ein informationstechnisches System nur solche Da-

---

672 BVerfGE 120, 274, 331.

673 BVerfGE 120, 274, 331 f.

674 BVerfGE 120, 274, 332.

675 *Hoffmann-Riem*, JZ 2008, 1009, 1020.

676 BVerfGE 120, 274, 340.

677 So *Werkmeister*, BRJ 2012, 41, 44.

678 BVerfGE 120, 274, 321; Merten/Papier-*Rudolf*, HB der Grundrechte, § 90, Rn. 83.

ten erhoben werden, die im Strafprozess verwertet werden dürfen. Entsprechendes gilt für die Anordnung solcher Maßnahmen durch den Richter. Ein besonderes Augenmerk ist insoweit neben den durch das Bundesverfassungsgericht angesprochenen Fragen der Echtheit der erhobenen Daten[679] auf mögliche Beweiserhebungs- und -verwertungsverbote zu richten.

Zudem ist es erforderlich, wie auch im Rahmen des Fernmeldegeheimnisses, dafür Sorge zu tragen, dass die erlangten Informationen gekennzeichnet werden, um eine auf die Zwecke des gesetzlich zulässigen Rahmens beschränkte Verwertung und eine spätere Vernichtung zu ermöglichen. Des Weiteren sind die von einer entsprechenden Maßnahme betroffenen Personen hierüber zu unterrichten, um ihnen zumindest im Nachgang eines Eingriffes in das Computergrundrecht eine Rechtsschutzmöglichkeit zu eröffnen.

cc) Schutz des Kernbereiches privater Lebensgestaltung

Eine besondere Stellung in den durch das Bundesverfassungsgericht entwickelten Anforderungen zur Rechtfertigung von Eingriffen in das Computergrundrecht nehmen die Vorgaben zum Schutz des Kernbereiches privater Lebensgestaltung ein.

Nach ständiger Rechtsprechung des Bundesverfassungsgerichtes[680] bedarf der aus der Menschenwürdegarantie des Art. 1 Abs. 1 GG abgeleitete unantastbare Kernbereich privater Lebensgestaltung eines absoluten Schutzes, der auch bei Vorliegen überwiegender Interessen der Allgemeinheit nicht beeinträchtigt werden darf.[681] Auf diese Weise wird die Möglichkeit des Bürgers geschützt, innere Vorgänge sowie Überlegungen, Ansichten und Erlebnisse höchstpersönlicher Natur ohne Angst vor einer staatlichen Überwachung zum Ausdruck zu bringen.[682]

(1) Gefahr der Erhebung kernbereichsbezogener Daten

Im Rahmen des Zugriffs auf ein informationstechnisches System besteht jedoch regelmäßig die Möglichkeit, dass auch kernbereichsrelevante Sachverhalte zur Kenntnis der Behörden gelangen.[683] Dies ist etwa der Fall, wenn

679 BVerfGE, a. a. O.

680 BVerfGE 6, 32, 41; 27, 1, 6; 32, 373, 378 f.; 34, 238, 245; 80, 367, 373; 109, 279, 313; 113, 348, 390; 120, 274, 335; 129, 208, 245 f.; 141, 220, 306.

681 BVerfGE 120, 274, 335.

682 BVerfGE 109, 279, 313; 120, 274, 335.

683 Zuletzt: BVerfG, Urteil des Ersten Senats vom 26. April 2022, – 1 BvR 1619/17 –, Rn. 284.

im System tagebuchartige Aufzeichnungen oder Bild- und Tondateien bzw. Kommunikationsinhalte höchstpersönlichen Inhaltes gespeichert sind.[684] Als Beispiele für letzteres nennt das Gericht neben der Sprachtelefonie ausdrücklich auch E-Mails oder andere Formen moderner Kommunikation.[685] Dem ist zuzustimmen, da sich die Kernbereichsrelevanz der gespeicherten Daten nach deren Inhalt, nicht aber nach der gewählten Kommunikationsform bestimmt.

(2) Schutzkonzept des Bundesverfassungsgerichtes

Da der Betroffene aufgrund der regelmäßig heimlich erfolgenden Durchführung der Eingriffsmaßnahmen nicht in der Lage ist, auf den Schutz dieser höchstpersönlichen Daten hinzuwirken, ist es notwendig, dass die gesetzlichen Regelungen Verfahrensvorkehrungen enthalten, welche diesem „*vollständigen Kontrollverlust*" entgegenwirken.[686]

(a) Zweistufiges System der Erhebung und Auswertung

Das Bundesverfassungsgericht verlangt insoweit jedoch keinen absoluten Verzicht auf Maßnahmen, bei welchen eine Verletzung des Kernbereichs erfolgen könnte. Da regelmäßig im Vorfeld der Ermittlungsmaßnahme nicht im Detail vorherzusehen ist, welche Daten in einem informationstechnischen System gespeichert sind und so nie sicher ausgeschlossen werden könnte, dass, zumindest auch, kernbereichsrelevante Daten erhoben werden, müsste ein Zugriff in den allermeisten Fällen unterbleiben. Anstelle eines solchen faktischen Totalverbotes von Eingriffen in informationstechnische Systeme entscheidet sich das Gericht im Einklang mit seiner vorherigen Rechtsprechung[687] für einen pragmatischen Ansatz. Es versucht so, einen Ausgleich zwischen dem aus der Menschenwürdegarantie abgeleiteten absoluten Kernbereichsschutz und dem Interesse von Polizei- und Ermittlungsbehörden an der Erlangung wertvoller Erkenntnisse aufgrund solcher Maßnahmen zu finden.

Um dies zu ermöglichen, wurde durch das Gericht ein zweistufiges System entwickelt.[688] Es hält dabei an dem Grundsatz fest, dass eine Erhebung

[684] BVerfGE 120, 274, 335 f.; 141, 220, 304.

[685] BVerfGE 120, 274, 336.

[686] BVerfGE, a. a. O.

[687] BVerfGE 109, 279, 318; 113, 348, 391 f.

[688] Vgl. hierzu auch *Brenneisen/Rogosch/Martins*, Die Polizei 2008, 245, 249; *Hoffmann-Riem*, JZ 2008, 1009, 1020 f.; Merten/Papier-*Rudolf*, HB der Grundrechte, § 90, Rn. 85; *Sachs/Krings*, JuS 2008, 481, 485; Uerpmann-Wittzack-*Bäcker*, S. 27;

von Daten aus dem Kernbereich generell zu unterbleiben hat.[689] Daher muss bereits die gesetzliche Ermächtigung zur Durchführung eines Eingriffes so weit wie möglich sicherstellen, dass keine kernbereichsrelevanten Daten erhoben werden.[690] Lässt sich jedoch im Vorfeld der Maßnahme oder im Rahmen ihrer Durchführung nicht sicher klären, ob (auch) Daten aus dem Kernbereich erhoben werden, so kann die Maßnahme dennoch durchgeführt werden. Der Kernbereichsschutz wird in solchen Fällen auf die Auswertungsphase verlagert.[691] In dieser sind solche eventuell mit erhobenen Daten unverzüglich zu löschen. Eine Verwertung ist auszuschließen.[692] Festzuhalten ist somit, dass auf Systeme, die ausschließlich der kernbereichsrelevanten Kommunikation dienen, generell nicht zugegriffen werden darf.[693] Solche Systeme dürften allerdings die absolute Ausnahme darstellen. In allen anderen Fällen ist das durch das Gericht entwickelte zweistufige Verfahren maßgeblich.

(b) Probleme der Datenerhebung aus informationstechnischen Systemen

Der Grund für diese differenzierte Vorgehensweise liegt in den praktischen Schwierigkeiten, welche im Rahmen einer Datenerhebung aus informationstechnischen Systemen auftreten. Regelmäßig wird ein System sowohl kernbereichsrelevante als auch insoweit völlig belanglose Daten enthalten, die sich vor oder während der Erhebung der Daten nur selten hinreichend sicher unterscheiden lassen. Häufig wird der Zugriff auf ein informationstechnisches System zudem automatisiert erfolgen. In solchen Fällen ist vor der Auswertung der Daten keine Person mit den Inhalten befasst. Eine Filterung mittels Computerprogrammen ist zwar denkbar, wird aber auch heute, mehr als 10 Jahre nach dem Urteil, nicht hinreichend sicher kernbereichsrelevante Daten erkennen können.[694] So wünschenswert ein automatisierter Abgleich wäre, da in einem solchen Fall bei automatischem Aussondern solcher Daten mangels Kenntnisnahmemöglichkeit durch die staatlichen Behörden keine Kernbereichsverletzung gegeben wäre, bedarf es doch auch weiterhin der Prüfung durch einen menschlichen Intellekt. Die Vielschichtigkeit mensch-

---

sowie zuletzt BVerfG, Urteil des Ersten Senats vom 26. April 2022, – 1 BvR 1619/17 –, Rn. 285 f.

689 *Hoffmann-Riem*, JZ 2008, 1009, 1020.

690 BVerfGE 120, 274, 337.

691 BVerfGE 120, 274, 337; Merten/Papier-*Rudolf*, HB der Grundrechte, § 90, Rn. 85.

692 BVerfGE, a. a. O.

693 *Hoffmann-Riem*, JZ 2008, 1009, 1020.

694 Vgl. zur Unzuverlässigkeit eines automatisierten Vorgehens nach damaligem Stand BVerfGE, a. a. O.

licher Gefühle und Beziehungen, die Gegenstand der meisten Kernbereichsdaten sind, ist bisher nicht angemessen durch Programme erfassbar.

Selbst wenn ein Eingriff direkt von einer Person durchgeführt wird,[695] so ist dennoch im Vorfeld nicht vorhersehbar, welche Daten im Zeitpunkt der Durchführung der Maßnahme erhoben werden. Demzufolge wird es sich nicht ausschließen lassen, dass eine Kenntnisnahme von Kernbereichsdaten zumindest durch den durchführenden Ermittlungsbeamten erfolgt, was bereits einen Eingriff darstellt. Hinzu kommt, dass der Umfang der in einem System gespeicherten Daten regelmäßig so groß und unübersichtlich sein wird, dass nie sicher ausgeschlossen werden kann, dass Daten mit Kernbereichsbezug unbeabsichtigt mit erhoben werden. Schließlich ist zu beachten, dass der durch das Bundesverfassungsgericht kreierte Schutz des informationstechnischen Systems, wie oben dargestellt, zwar gewisse Ähnlichkeiten mit dem des Wohnraumes aufweist, hinsichtlich der zu erhebenden Daten jedoch eine andere Charakteristik besitzt. Diese weisen typischerweise nicht insgesamt den Charakter persönlicher, vertraulicher Daten auf, wie dies etwa beim Abhören des Geschehens in einer Wohnung häufiger der Fall sein kann. Vielmehr handelt es sich um einen Gesamtdatenbestand, der solche teilweise enthalten kann, ohne dass dies bei Erhebung bereits sicher ist.[696] Insoweit erscheint es sinnvoll, einen Zugriff im Rahmen der Datenerhebung nicht gänzlich auszuschließen und die Entscheidung auf die Ebene der Auswertung zu verlagern.[697]

(c) Auswertung der Daten

Offen ist, wie die an die Datenerhebung anschließende Auswertung der Daten erfolgen soll. Denkbar wäre zunächst, dass diese durch die Stelle vorgenommen werden könnte, die die Daten zuvor durch ihren Eingriff erlangt hat.[698] Dass ein solches Verfahren keine hinreichende Gewähr für den Schutz der Rechte des Betroffenen bieten kann, dürfte offensichtlich sein. Selbst bei organisatorischer Trennung zwischen erhebender und auswertender Stelle innerhalb einer Behörde besteht immer die Gefahr, dass die Ermittlungsinteressen überwiegen oder aus Rücksicht auf Hierarchien, interne Zwänge oder Übungen der Behörde auf einen Widerspruch gegen eine Auswertung verzichtet wird. Insoweit gilt es bereits den Anschein mangelnder Neutralität zu

[695] Genannt wird durch das Gericht (BVerfGE, a. a. O.) das Beispiel des Mithörens internetbasierender Sprachtelefonie.

[696] BVerfGE 141, 220, 307.

[697] BVerfGE 120, 274, 337; 141, 220, 306.

[698] Merten/Papier-*Rudolf*, HB der Grundrechte, § 90, Rn. 86.

vermeiden und eine neutrale Stelle mit der Auswertung zu beauftragen.[699] Dies hat das Bundesverfassungsgericht in seinem Urteil zum BKAG[700] zwischenzeitlich klargestellt und die Sichtung der Daten durch eine unabhängige Stelle verlangt.[701] Kernbereichsrelevante Daten sind danach so früh wie möglich aus den erhobenen Daten herauszufiltern, so dass *„sie den Sicherheitsbehörden nach Möglichkeit nicht offenbar werden*".[702] Voraussetzung dafür sei, dass diese Filterung von externen Personen vorgenommen werde. Eine fachliche und technische Unterstützung durch Mitarbeiter der jeweiligen Behörde sei zwar möglich, Durchführung und Entscheidungsverantwortung müssen aber bei unabhängigen Personen liegen.[703]

Insoweit bietet es sich an, die Auswertung durch einen Richter vornehmen zu lassen, der aufgrund richterlicher Unabhängigkeit eine hinreichende Neutralität gewährleistet. Nicht ausreichend ist es dabei, das Auswertungsverfahren lediglich im Nachgang auf Antrag des Betroffenen richterlich prüfen zu lassen.[704] Eine solche Überprüfung würde regelmäßig, wenn überhaupt, erst nach der Verwertung der Daten durch die jeweiligen Ermittlungsbehörden erfolgen. Die Daten sind dann gegebenenfalls bereits für polizeiliche, geheimdienstliche oder strafprozessuale Zwecke verwendet worden, deren Folgen sich, ebenso wie die bereits eingetretene Grundrechtsverletzung auch im Falle einer späteren Feststellung der Unzulässigkeit, nicht mehr ungeschehen zu machen lassen. Zu denken ist hier beispielsweise an Fälle medialer Vorverurteilungen oder persönlicher, beruflicher Konsequenzen, die vielfach bereits allein aus der Aufnahme von Ermittlungen bzgl. bestimmter Straftaten resultieren.

In Anbetracht der Bedeutung des Kernbereichsschutzes als Teil der absolut geschützten Menschenwürde ist auch das gegen eine richterliche Kontrolle vorgebrachte Kapazitäts- bzw. Kostenargument nicht zu halten.[705] Es ist zuzugestehen, dass eine vollständige Kontrolle umfangreicher Datenbestände durch Richter erhebliche praktische Schwierigkeiten im Hinblick auf die personellen und sicher auch technischen Kapazitäten nach sich zieht, allerdings ist dies vor dem Hintergrund des intendierten absoluten Schutzes des Kernbereichs privater Lebensgestaltung hinzunehmen und wird gegebenen-

---

699 So im Ergebnis auch BVerfGE 109, 279, 333 f.; 141, 220, 308 f.; *Hornung*, CR 2008, 299, 305; Uerpmann-Wittzack-*Bäcker*, S. 27.

700 BVerfGE 141, 220 ff.

701 Vgl. hierzu auch BVerfG, Urteil des Ersten Senats vom 26. April 2022, – 1 BvR 1619/17 –, Rn. 306, 315.

702 BVerfGE 141, 220, 308.

703 BVerfGE, a. a. O.

704 So wohl Merten/Papier-*Rudolf*, a. a. O.

705 Gegen einen Einsatz von Richtern daher *Hornung*, CR 2008, 299, 305.

falls auch zu einer Disziplinierung und maßvollen Anwendung der Eingriffsregelungen beigetragen.

(d) Bewertung

Im Ergebnis ist dem Ansatz des Bundesverfassungsgerichtes zum Kernbereichsschutz zuzustimmen. Es schafft einen angemessenen Ausgleich zwischen dem absoluten Schutz des Kernbereichs privater Lebensgestaltung und den Ermittlungsinteressen von Geheimdiensten, Polizei- und Strafverfolgungsbehörden.

Es ist zuzugestehen, dass diese Rechtsprechung zu einer nicht unerheblichen Schwächung des absolut ausgestalteten Kernbereichsschutzes führt.[706] Insoweit wäre es aus dem Blickwinkel des Schutzes der Menschenwürde sicherlich konsequent, jegliche Eingriffe für unzulässig zu erklären und auf Regelungen zur Behebung bereits eingetretener Rechtsverletzungen zu verzichten.[707] Dieser Schutz ist absolut und steht nicht zur Disposition des Staates bzw. seiner Behörden. Eine solche konsequente Auslegung verkennt jedoch, dass den Staat gegenüber seinen Bürgern auch Schutzpflichten[708] treffen. Um diesen, etwa im Falle des Rechtes auf Leben und körperliche Unversehrtheit, gerecht werden zu können, muss der Staat auch in der Lage sein, sich hinreichende Erkenntnisse zu verschaffen, um schwerwiegende Straftaten verhindern oder doch zumindest verfolgen zu können.[709] Entsprechendes gilt hinsichtlich von Gefährdungen der Existenz des Staates selbst, damit dieser seiner Schutzfunktion nachkommen kann, oder auch wesentlicher Versorgungseinrichtungen, welche die Existenzgrundlage der Bürger bilden. Bei derart schweren Taten bejaht das Bundesverfassungsgericht einen Anspruch des Bürgers auf effektive Strafverfolgung, da ein Verzicht auf deren Verfolgung das Vertrauen in das Gewaltmonopol des Staates erschüttern und zu Rechtsunsicherheit und gewaltsamer Selbstjustiz führen könnte.[710]

Insoweit ist eine auf schwerste Straftaten oder Gefährdungen beschränkte Einschränkung des Kernbereichsschutzes im Rahmen der durch das Bundesverfassungsgericht aufgestellten Anforderungen hinnehmbar.[711] Voraussetzung ist allerdings, dass diese strengstens beachtet werden und nicht zu bloßen Leerformeln verkommen.

---

706 Merten/Papier-*Rudolf*, HB der Grundrechte, § 90, Rn. 86.

707 *Sachs/Krings*, JuS 2008, 481, 485 f. m. w. N.

708 Vgl. hierzu statt vieler *Kingreen/Poscher*, Grundrechte Staatsrecht II, Rn. 146 ff.; *Schmidt*, Grundrechte, Rn. 22 f.

709 Vgl. BVerfGE 129, 208, 247.

710 Vgl. BVerfG, HRRS 2014, Nr. 1063, Rn. 2.

711 So im Ergebnis auch Merten/Papier-*Rudolf*, HB der Grundrechte, § 90, Rn. 86.

Dies wäre etwa dann der Fall, wenn der Gesetzgeber eine Regelung aufstellen würde, nach der ein Zugriff auf Daten nur dann unterbleiben müsste, wenn ausschließlich Daten mit Kernbereichsbezug erhoben würden. Da dies praktisch nie der Fall ist,[712] würde der Schutz des Kernbereiches privater Lebensgestaltung somit praktisch aufgehoben. So war das Verständnis der Beschwerdeführer im Verfahren BVerfGE 129, 208 ff.[713] in Bezug auf den damaligen § 100a Abs. 4 Satz 1 StPO a. F., der weitgehend dem heutigem § 100d Abs. 1 StPO entsprach. Die Regelung statuierte, ebenso wie der aktuelle § 100d Abs. 1 StPO, eine Unzulässigkeit der Maßnahme, wenn aufgrund tatsächlicher Anhaltspunkte davon auszugehen ist, dass „allein" Erkenntnisse aus dem Kernbereich erlangt würden.[714] Zu Recht hat das Bundesverfassungsgericht insoweit in ständiger Rechtsprechung klargestellt, dass die Regelung nicht in dieser Weise zu verstehen ist. Vielmehr wird hierdurch lediglich bestimmt, dass in solchen Fällen eine Erhebung der Daten generell unzulässig ist. In allen anderen Fällen greifen die vorgesehenen Dokumentations- und Löschungspflichten sowie Verwertungsverbote.[715]

g) Das E-Mail-Postfach als geschütztes informationstechnisches System?

Mit Blick auf die oben erörterten Vorgaben stellt sich nunmehr die Frage, inwieweit die in einem E-Mail-Postfach beim Provider endgespeicherten Inhaltsdaten einer E-Mail durch das Computergrundrecht geschützt werden.

aa) Vorliegen eines geschützten informationstechnischen Systems

Voraussetzung für den Schutz ist eine Speicherung in einem informationstechnischen System im Sinne der Rechtsprechung des Bundesverfassungsgerichtes. Insoweit ergeben sich zwei Ansatzpunkte. Zum einen könnte erwogen werden, die Inhaltsdaten der jeweils endgespeicherten E-Mail als informationstechnisches System anzusehen. Zum anderen könnte das E-Mail-Postfach als ein solches System einzuordnen sein.

Dies setzt nach dem oben Ausgeführten zunächst voraus, dass es sich bei den Inhaltsdaten bzw. bei dem E-Mail-Postfach um ein System handelt, das so viele personenbezogene Daten enthalten kann, dass es möglich ist, durch

---

712 Vgl. das anschauliche Beispiel von Eheleuten bei *Hoffmann-Riem*, JZ 2008, 1009, 1021.

713 Vgl. BVerfGE 129, 208, 222 f.

714 Kritisch insoweit *Hoffmann-Riem*, JZ 2008, 1009, 1021; *Roggan*, HRRS 2013, 153, 155; SK-*Wolter/Greco*, StPO, § 100a Rn. 57 f. m. w. N.

715 BVerfGE 129, 208, 246 f.; 141, 220, 307 f., sowie Meyer-Goßner/Schmitt-*Köhler*, StPO, § 100d Rn. 6.

einen Zugriff Einblick in wesentliche Teile der Lebensgestaltung einer Person zu gewinnen oder ein detailliertes Persönlichkeitsbild zu erhalten. Weiter muss es sowohl über hinreichende Datenverarbeitungsfähigkeiten verfügen als auch in der Lage sein, eine Vielzahl personenbezogener Daten zu erzeugen, zu verarbeiten oder zu speichern.[716]

Bezieht man diese Voraussetzungen auf die einzelne E-Mail, so wird schnell deutlich, dass diese keinesfalls unter den Begriff des informationstechnischen Systems zu subsumieren ist. Selbst bei umfangreichsten Anhängen bestehend aus den verschiedensten Mediendateien dürfte eine einzelne E-Mail niemals mehr als einen bloßen Ausschnitt der Persönlichkeit bzw. einer Kommunikationsbeziehung abbilden. Ein detailliertes Persönlichkeitsbild oder ein Einblick in wesentliche Teile der Lebensgestaltung des Senders oder Empfängers lässt sich durch den Zugriff auf die Inhalte einzelner E-Mails daher nicht gewinnen.

Betrachtet man dagegen ein E-Mail-Postfach, so liegt eine Zuordnung als informationstechnisches System näher. Wie oben dargestellt,[717] enthält ein E-Mail-Postfach aufgrund des Speicherverhaltens der Nutzer regelmäßig eine Vielzahl von E-Mails unterschiedlichster Inhalte aus den verschiedensten Lebensbereichen. Dort sind regelmäßig Nachrichten persönlicher und höchstpersönlicher Natur, Angaben zu politischen und religiösen Einstellungen, zu Aufenthaltsorten oder dem Konsumverhalten über Jahre hinweg gespeichert. Diese Informationen beschränken sich regelmäßig nicht auf reine Textdateien, vielmehr sind häufig auch Bild-, Ton- und Videodateien gespeichert, die noch weitreichendere persönliche Daten enthalten können als die bloße Textnachricht. Somit ist ein E-Mail-Postfach geeignet, personenbezogene Daten vielfältiger Art zu erfassen und zu speichern und verfügt somit grundsätzlich über die diesbezüglich vom Bundesverfassungsgericht vorausgesetzte Komplexität.

Die Definition stellt zudem auf die Datenverarbeitungsfähigkeiten des Systems ab, wobei nicht näher konkretisiert wurde, ab wann dieses über hinreichend viele Funktionen verfügt, um in den Anwendungsbereich zu fallen. Insoweit könnte bei passiven Speichermedien, wie einem E-Mail-Postfach, das Vorliegen einer hinreichenden Komplexität angezweifelt werden.[718] Allerdings stellen die meisten Provider ihren Kunden zur Nutzung des Postfachs E-Mail-Clients zur Verfügung, welche sämtliche Bearbeitungs- und Verwaltungsmöglichkeiten eines auf einem Personal Computer gespeicherten klassischen E-Mail-Clients beinhalten. Aufgrund dieser Funktionen

---

716 BVerfGE 120, 274, 314.

717 Vgl. oben S. 137 ff.

718 Vgl. hierzu oben S. 192 f.

ist in solchen Fällen ein hinreichend großer Funktionsumfang des Systems gegeben. Aber selbst wenn solche Bearbeitungs- und Verwaltungsmöglichkeiten im Einzelfall fehlen sollten, so sind nach den obigen Ausführungen auch reine Speichereinrichtungen erfasst, solange die enthaltenen Daten mehr als einen punktuellen Bezug zu einem bestimmten Lebensbereich aufweisen.[719] Da sich aus den Inhaltsdaten der in einem E-Mail-Postfach gespeicherten Nachrichten wie dargestellt die verschiedensten Erkenntnisse zu allen Bereichen des privaten und beruflichen Lebens ableiten lassen, ist der geringe Funktionsumfang eines E-Mail-Postfaches in solchen Fällen ohne Belang.

Zudem muss es der Zugriff auf das informationstechnische System ermöglichen, Einblick in wesentliche Teile der Lebensgestaltung einer Person zu gewinnen oder ein detailliertes Persönlichkeitsbild zu erhalten, d. h., es muss eine Eignung der im System enthaltenen Daten zur Persönlichkeitsgefährdung gegeben sein.

Mittels einer Analyse der in einem E-Mail-Postfach gespeicherten Nachrichten lassen sich tiefgreifende Einblicke in die Lebensgestaltung des Nutzers gewinnen, die es ermöglichen, sehr konkrete Persönlichkeits-, Kommunikations- und Bewegungsprofile über Jahre hinweg zu erstellen.[720] Die aus der Erstellung solch langfristiger Persönlichkeitsprofile folgenden Persönlichkeitsgefährdungen beschränken sich dabei nicht auf den jeweiligen Nutzer des E-Mail-Postfaches, sondern erstrecken sich auch auf dessen Kommunikationspartner. Im Rahmen einer länger andauernden Kommunikationsbeziehung werden sich regelmäßig auch bzgl. anderer Beteiligter weitreichende Erkenntnisse aus dem persönlichen Umfeld ergeben. Hieraus folgt eine hohe individuelle Streuwirkung von Eingriffen in E-Mail-Postfächer. Damit ist im Hinblick auf E-Mail-Postfächer davon auszugehen, dass diese einen hinreichenden Datenbestand enthalten, der im Falle eines Eingriffes tiefgreifende Gefährdungen der Persönlichkeitsrechte des Nutzers, aber auch seiner Kommunikationspartner erwarten lässt.

Nun ließe sich durchaus argumentieren, dass ein E-Mail-Postfach nicht mehr als eine bloße Ansammlung einzelner E-Mails ist, welche als Einzeldaten, wie oben dargestellt, nicht in den Schutzbereich des Computergrundrechtes fallen. Würde man den Zugriff auf den Datenbestand in einem informationstechnischen System, namentlich in einem E-Mail-Postfach, willkürlich in einzelne Datenabrufe aufteilen können, so würde dies den Schutz des Computergrundrechts weitgehend aufheben. Die Inhalte unterfielen dann le-

---

[719] BVerfGE 120, 274, 313; *Gaede*, StV 2009, 96, 98; Uerpmann-Wittzack-*Bäcker*, S. 11. Siehe dazu auch oben S. 193.

[720] Vgl. zu konkreten Beispielen S. 137 ff.

diglich den geringeren Anforderungen des Rechts auf informationelle Selbstbestimmung.[721] Allerdings greift hier der vom Computergrundrecht gewährleistete Systemschutz, welcher der wesentliche Grund für dessen Schaffung war. Aufgrund der von einer Infiltration oder Vertrauensverletzung solcher Systeme ausgehenden Gefahren für die Persönlichkeitsrechte des Betroffenen ist es notwendig, das System als solches, mit der in ihm möglicherweise enthaltenen Datensammlung, dem Schutz des neu geschaffenen Grundrechtes zu unterstellen. Nach der Rechtsprechung des Bundesverfassungsgerichtes ist es bereits ausreichend, dass ein Zugriff auf die Daten im System generell möglich ist, da der Nutzer in diesem Fall davon ausgehen muss, dass die dort befindlichen Daten insgesamt ausgelesen und genutzt werden.[722] Vor diesem Hintergrund kann ein Eingriff in das Computergrundrecht auch nicht dadurch ausgeschlossen werden, dass der Zugriff auf das System auf einen möglichst konkret benannten Teil der dort vermuteten E-Mails beschränkt wird. Mit der Verletzung der Vertraulichkeit des Systems bzw. dessen Infiltration ist bereits die entscheidende technische Hürde genommen, welche eine Anwendung des Computergrundrechtes zwingend nach sich ziehen muss.[723]

Das E-Mail-Postfach wird vom jeweiligen Nutzer zudem als eigenes System genutzt. Nur die berechtigten Nutzer haben mittels der, meist selbst vergebenen, Zugangsdaten die Möglichkeit, das Postfach zu nutzen. Dass daneben auch der Provider die technische Möglichkeit, hat auf die gespeicherten Daten zuzugreifen, führt nicht zu einem Ausschluss oder einer Abmilderung des grundrechtlichen Schutzes. Vielmehr verstärken die über den Provider bestehenden Zugriffsmöglichkeiten Dritter, namentlich der Geheimdienste, Polizei- und Strafverfolgungsbehörden, das grundrechtliche Schutzbedürfnis.

Es ist somit festzuhalten, dass ein E-Mail-Postfach die vom Bundesverfassungsgericht aufgestellten Anforderungen an ein informationstechnisches System im Sinne des Computergrundrechtes erfüllt.

bb) Eingriff in die Vertraulichkeit des Systems

Der Zugriff auf ein E-Mail-Postfach wird in der Praxis regelmäßig nicht durch eine Infiltration des Postfaches mittels eines Trojaners oder einer ähnlichen Spionagesoftware erfolgen. Die übliche Vorgehensweise stellt viel-

---

721 *Schantz*, WM 2009, 2112, 2115.

722 *Schantz*, a. a. O.

723 In diesem Sinne auch *Schantz*, a. a. O.; vgl. BVerfGE 120, 274, 314, dort allerdings nur auf Integritätsverletzungen bezogen.

mehr, unabhängig von der herangezogenen Rechtsgrundlage,[724] der Zugriff beim Provider bzw. einem sonstigen Dritten dar.[725] Dort werden, regelmäßig ohne das Wissen des Nutzers als eigentlichem Berechtigten, die dort enthaltenen Daten kopiert und an die Behörden weitergegeben. Eine weitere Zugriffmöglichkeit besteht in der Nutzung von Zugangsdaten, welche ohne Wissen des Inhabers des Systems erlangt wurden, etwa im Rahmen einer Durchsuchung, mit anschließender Kopie von Inhalten des Postfaches durch die Behörden, ohne Mithilfe des Providers.

In beiden Fällen ist ein Eingriff in die Vertraulichkeit des informationstechnischen Systems gegeben, da sich Dritte ohne Berechtigung seitens des Nutzers Zugang zu den im System gespeicherten Daten verschafft haben. Dass insoweit im zweiten Fall zutreffende Zugangsdaten für den Zugriff verwendet werden, ist ohne Belang, da es am subjektiven Element der Einrichtung eines bewussten Zugangs zugunsten der Behörden mangelt.[726]

Im Rahmen der genannten Vorgehensweisen kommt es dagegen nicht zu einer Verletzung der Integrität des E-Mail-Postfachs. Auch wenn durch die Zugriffe die Nutzung der gespeicherten Inhalte durch Dritte ermöglicht wird, bleibt das Postfach als System selbst, insbesondere die genutzte Software, unverändert. Da die Vertraulichkeit eines informationstechnischen Systems nach den oben getroffenen Feststellungen eine eigenständige Schutzgewährleistung des Computergrundrechts darstellt, ist das Fehlen einer Integritätsverletzung jedoch unschädlich.

Greifen Ermittlungsbehörden auf die in einem E-Mail-Postfach beim Provider endgespeicherten Nachrichten zu, so liegt darin ein Eingriff in die Vertraulichkeit eines informationstechnischen Systems.

Zwischenergebnis

Die in einem E-Mail-Postfach beim Provider endgespeicherten Inhaltsdaten einer E-Mail sind in Phase 4 der E-Mail-Kommunikation somit durch das allgemeine Persönlichkeitsrecht in seiner Ausprägung als Recht auf Gewährleistung der Vertraulichkeit und Integrität informationstechnischer Systeme nach Art. 2 Abs. 1 i. V. m. 1 Abs. 1 GG geschützt.

---

[724] Zur Frage, inwieweit für ein solches Vorgehen derzeit eine verfassungskonforme Rechtsgrundlage besteht, vgl. S. 228 ff.

[725] Vgl. insoweit den Ausgangsfall zur Entscheidung des VGH Kassel, MMR 2009, 714 ff.: VG Frankfurt a. M., ITRB 2009, 74; sowie des Bundesverfassungsgerichtes in BVerfGE 124, 43, 48.

[726] Vgl. dazu S. 196 ff.

5. Schutz durch das allgemeine Persönlichkeitsrecht in seiner Ausprägung als Recht auf informationelle Selbstbestimmung nach Art. 2 Abs. 1 i.V.m. 1 Abs. 1 GG oder das Recht auf Unverletzlichkeit der Wohnung nach Art. 13 Abs. 1 GG

Nach überzeugender Rechtsprechung des Bundesverfassungsgerichtes tragen weder das Recht auf Unverletzlichkeit der Wohnung[727] noch das Recht auf informationelle Selbstbestimmung[728] den bestehenden Persönlichkeitsgefährdungen beim Zugriff auf ein informationstechnisches System hinreichend Rechnung.[729] Sie sind daher auf Sachverhalte, die in den Schutzbereich des Computergrundrechts fallen, nicht anwendbar.

Zwischenergebnis

Ein Schutz von in einem E-Mail-Postfach beim Provider endgespeicherten Inhaltsdaten einer E-Mail in Phase 4 der E-Mail-Kommunikation durch diese Grundrechte kommt somit nicht in Betracht.

Ergebnis

Die in einem E-Mail-Postfach beim Provider endgespeicherten Inhaltsdaten einer E-Mail sind in Phase 4 der E-Mail-Kommunikation allein durch das allgemeine Persönlichkeitsrecht in seiner Ausprägung als Recht auf Gewährleistung der Vertraulichkeit und Integrität informationstechnischer Systeme nach Art. 2 Abs. 1 i.V.m. 1 Abs. 1 GG geschützt.

6. Erstreckung des Schutzes des Computergrundrechtes auch auf die auf dem heimischen Computer endgespeicherten E-Mails

Nach der hier vertretenen Ansicht ist auf die Endspeicherung von Inhaltsdaten beim Provider allein das Computergrundrecht anwendbar. Für die weitgehend parallele Endspeicherung auf dem heimischen Rechner bedarf die Frage der Anwendbarkeit des Computergrundrechtes weiterer Erörterung.

Der einzige Unterschied zwischen den beiden Formen der Endspeicherung liegt im Ort der Speicherung und den hieraus folgenden erleichterten heimlichen Zugriffsmöglichkeiten staatlicher Behörden über den Provider. Nimmt man die in den jeweiligen Postfächern gespeicherten Nachrichteninhalte,

---

727 Vgl. BVerfGE 120, 274, 309 ff.

728 Vgl. BVerfGE 120, 274, 311 ff.

729 Zu den Einzelheiten vgl. S. 183 ff.

einschließlich eventueller Anhänge, in den Blick, so sind die dort gespeicherten Daten inhaltlich identisch. Insoweit ist auch das Postfach auf dem heimischen Rechner als informationstechnisches System einzuordnen, welches geeignet ist, personenbezogene Daten vielfältiger Art zu erfassen und zu speichern, so dass es ein Zugriff ermöglicht, Einblick in wesentliche Teile der Lebensgestaltung einer Person zu gewinnen oder ein detailliertes Persönlichkeitsbild zu erhalten. Indem sich die Behörden ohne Berechtigung seitens des Nutzers Zugang den gespeicherten Daten verschaffen, greifen sie auch in die Vertraulichkeit des informationstechnischen Systems ein.

Zugriffe beim Provider erfolgen in der Regel heimlich, das heißt ohne Kenntnis des berechtigten Nutzers des E-Mail-Postfaches.[730] Der Zugriff auf die Inhaltsdaten von E-Mails auf dem heimischen Computer wird dagegen in der Praxis regelmäßig im Zuge einer Durchsuchung mit anschließender Beschlagnahme der Daten, entweder durch Beschlagnahme des Datenträgers oder Kopie der Daten,[731] und Auswertung der enthaltenen Daten erfolgen.[732]

Es ist zuzugestehen, dass der Eingriff durch die Heimlichkeit der Vorgehensweise noch vertieft wird, da dem Betroffenen in diesen Fällen keine Möglichkeit zur Verfügung steht, zeitnah, bestenfalls noch während der Durchführung der Maßnahme, anwaltlichen Rat oder gerichtlichen Schutz einzuholen. Demgegenüber stehen dem Betroffenen einer offen durchgeführten Beschlagnahme diese Schutzmöglichkeiten zur Verfügung.[733]

Vor diesem Hintergrund ist zu erörtern, wie sich die Offenheit der Maßnahme auf den Schutz durch das Computergrundrecht auswirkt. Betrachtet man lediglich die Leitsätze des Urteils,[734] so könnte durchaus der Eindruck entstehen, dass das Computergrundrecht nebst seinen Anforderungen allein für heimliche Maßnahmen gilt. Das Bundesverfassungsgericht konzentrierte sich im Urteil vom Februar 2008 allerdings, vor dem Hintergrund der zu beurteilenden Regelungen, primär auf heimliche Maßnahmen. Es ist daher nicht überraschend, dass es die Frage, inwieweit auch offen durchgeführte Eingriffe in die Vertraulichkeit und Integrität informationstechnischer Systeme den durch das Gericht entwickelten Anforderungen unterfallen, allenfalls am Rande erörtert. Dabei schließt es offene Ermittlungsmaßnahmen jedoch keineswegs vom Anwendungsbereich des Grundrechtes aus. Vielmehr erklärt es, dass das Computergrundrecht „*insbesondere*“ vor heimlichen

---

730 Dass auch ein offener Zugriff beim Provider möglich ist, zeigt BVerfGE 124, 43, 48.

731 *Klesczewski*, StPO, Rn. 256.

732 Zur mangelnden verfassungsrechtlichen Zulässigkeit eines solchen Vorgehens vgl. S. 324 ff.

733 So auch BVerfGE 124, 43, 65 f.

734 BVerfGE 120, 274.

Maßnahmen schütze.[735] Dies ist, wie Sachs/Krings anmerken, zwar weder überraschend noch abschließend,[736] zumindest aber hilfreich, da hierdurch deutlich wird, dass ein Ausschluss offener Zugriffe aus dem Schutzbereich nicht beabsichtigt ist.

Dennoch nehmen vereinzelte Stimmen in der Literatur[737] diese Ausführungen zum Anlass, eine Übertragbarkeit der durch das Gericht aufgestellten Anforderungen auf offene Maßnahmen in Zweifel zu ziehen. Dies erscheint nicht sachgerecht. Weder die Durchführung der Eingriffsmaßnahme noch die von dieser ausgehende Gefährdung grundrechtlich geschützter Rechtspositionen unterscheiden sich so signifikant, dass eine abweichende Beurteilung gerechtfertigt wäre. Dass der Betroffene im Falle einer offenen Maßnahme regelmäßig schneller gegen die Maßnahme vorgehen kann, mag im Einzelfall ein Vorteil sein und dazu beitragen, die strafrechtlichen und strafprozessualen Auswirkungen aufgrund der Verwertung der erlangten Daten zu minimieren. Dies rechtfertigt allerdings nicht die Anwendung anderer Maßstäbe im Hinblick auf die Anordnung der Maßnahme. Denn in beiden Fällen werden die in ein informationstechnisches System gespeicherten Daten staatlichen Behörden zugänglich gemacht und diesen so ein Einblick in wesentliche Teile der Lebensgestaltung einer Person, gegebenenfalls sogar die Erstellung eines detaillierten Persönlichkeitsbildes ermöglicht. Und sowohl bei offenen wie auch bei heimlich durchgeführten Zugriffen auf die E-Mail-Postfächer vertrauen die Nutzer, zumindest bis zur Durchführung der Maßnahme, darauf, dass die dort gespeicherten Inhalte vertraulich sind und bleiben.

Daher sind die durch das Bundesverfassungsgericht aufgestellten Anforderungen an Eingriffe in die Vertraulichkeit und Integrität informationstechnischer Systeme auch auf die Durchführung offener Maßnahmen anwendbar.

Ergebnis

Die in einem E-Mail-Postfach auf dem heimischen Computer endgespeicherten Inhaltsdaten einer E-Mail sind in Phase 4 der E-Mail-Kommunikation somit ebenfalls allein durch das allgemeine Persönlichkeitsrecht in seiner Ausprägung als Recht auf Gewährleistung der Vertraulichkeit und Integrität informationstechnischer Systeme nach Art. 2 Abs. 1 i. V. m. 1 Abs. 1 GG geschützt.

[735] BVerfGE 120, 274, 314.

[736] *Sachs/Krings*, JuS 2008, 481, 484.

[737] *Hornung*, CR 2008, 299, 303.

7. Erstreckung des Schutzes des Computergrundrechts auf alle in einem E-Mail-Client enthaltenen Ordner?

Neben den Posteingangsordern, welche wesentlicher Gegenstand der bisherigen Ausführungen waren, enthält ein E-Mail-Client regelmäßig noch eine Reihe weiterer Ordner. Üblicherweise sind dort Ordner für Entwürfe, gesendete Nachrichten (Postausgang), gelöschte Nachrichten (Papierkorb) sowie für unerwünscht zugesandte Nachrichten (SPAM) enthalten. Daneben ist es dem Nutzer möglich, eine Reihe weiterer Unterordner anzulegen, um Nachrichten nach bestimmten Themen oder Absendern zu archivieren.

Nach den obigen Ausführungen haben die Nachrichten in all diesen Ordnern gemein, dass es sich bei den dort endgespeicherten Inhalten noch nicht bzw. nicht mehr um Inhaltsdaten handelt, welche durch das Fernmeldegeheimnis des Art. 10 Abs. 1 GG geschützt sind.

Im Falle der Entwürfe hat der verfassungsrechtlich geschützte Kommunikationsvorgang noch nicht begonnen,[738] während er bzgl. der im Ausgangsordner befindlichen Nachrichten ebenso bereits abgeschlossen ist wie hinsichtlich der SPAM-Nachrichten. Im Papierkorb finden sich dagegen regelmäßig beide Formen, Nachrichten, welche bereits vor dem Versenden gelöscht wurden und solche, die nach dem Eingang in den Papierkorb verschoben wurden, aber noch nicht endgültig gelöscht wurden.

Vereinzelt werden in der Literatur die Nachrichten in diesen Ordnern im Falle der Speicherung beim Provider dennoch dem Anwendungsbereich des Fernmeldegeheimnisses zugeordnet.[739] Begründet wird dies primär mit einer konsequenten Anwendung der Rechtsprechung des Bundesverfassungsgerichtes zum Schutz von auf Mailservern des Providers gespeicherten E-Mails.[740] Alle in den Ordnern eines E-Mail-Clients bei einem Provider gespeicherten Nachrichten oder Nachrichtenentwürfe seien nicht im alleinigen Herrschaftsbereich des jeweiligen Nutzers, sondern in dem des Providers gespeichert. Ein Zugriff sei lediglich über eine Internetverbindung möglich. Daher seien die E-Mails weiterhin den erleichterten Zugriffsmöglichkeiten ausgesetzt, welche aus der Einschaltung Dritter in die Übermittlung resultierten.[741] Solange dieser Zustand andauere, bedürften die E-Mails des besonderen Schutzes durch das Fernmeldegeheimnis. Auf den Speicherort, den Sen-

[738] Vgl. S. 68 ff.

[739] *Neuhöfer*, S. 61 ff.; sowie, allerdings nur für E-Mail-Entwürfe *Zimmermann*, JA 2014, 321, 326.

[740] BVerfGE 124, 43 ff.; vgl. zu den Einzelheiten des Beschlusses S. 167 ff.

[741] Vgl. etwa *Neuhöfer*, S. 62.

destatus oder ob die E-Mail gegebenenfalls ungewollt zugesandt wurde, komme es insoweit nicht an.[742]

Gegen einen Schutz durch das Fernmeldegeheimnis spräche bei gesendeten E-Mails auch nicht, dass es sich insoweit um Kopien bereits gesendeter Nachrichten handele, da es sonst möglich wäre, über Zugriffe beim Absender den Schutz des Empfängers zu unterlaufen.[743] Zudem bestehe ein Wertungswiderspruch, wenn solche Nachrichten beantwortet oder weitergeleitet würden, da dann die identische Nachricht wiederum dem Fernmeldegeheimnis unterfalle.[744] Hinsichtlich gelöschter E-Mails sei gerade nicht davon auszugehen, dass der Nutzer auf einen grundrechtlichen Schutz verzichten wolle. Vielmehr sei das Gegenteil der Fall. Grund der Löschung sei vielfach gerade deren besondere Geheimhaltungsbedürftigkeit.[745]

Die Argumentation zeigt im Ergebnis, mit welcher Vehemenz zum Teil versucht wird, Sachverhalte, die bei objektiver Betrachtung keine aktuelle Verbindung zu einem laufenden Telekommunikationsvorgang aufweisen, dem Schutz des Fernmeldegeheimnisses zu unterstellen. Der Versuch, vor dem Hintergrund der erleichterten Zugriffmöglichkeiten, welche bei einer Speicherung bei Dritten bestehen, einen weitreichenden effektiven Schutz des Nutzers zu kreieren, ist durchaus zu unterstützen. Allerdings ist eine exzessive Interpretation des Fernmeldegeheimnisses insoweit, wie oben bereits ausgeführt,[746] der falsche Ansatzpunkt zur Erreichung dieses Ziels. Das Grundrecht ist als Kommunikationsgrundrecht nicht auf derartige Sachverhalte anwendbar, da hier, sofern es sich nicht im Einzelfall um zwischengespeicherte Nachrichten handelt, ein Kommunikationsvorgang noch nicht bzw. nicht mehr besteht.[747] Im Zentrum des Geschehens steht nicht der Kommunikationsvorgang, sondern die, meist dauerhafte, Speicherung der Nachrichten. Diese ist nach der hier vertretenen Ansicht jedoch nicht durch das Fernmeldegeheimnis geschützt. Ein im Ergebnis weiter reichender Schutz gespeicherter E-Mails ist vielmehr innerhalb des Anwendungsbereiches des Computergrundrechtes gewährleistet.

---

[742] So im Kern die Argumentation von *Neuhöfer*, S. 61 ff. in Bezug auf die in den jeweiligen Ordnern gespeicherten Nachrichten.

[743] *Neuhöfer*, S. 62.

[744] *Neuhöfer*, S. 63.

[745] *Neuhöfer*, S. 66.

[746] Vgl. S. 176 ff.

[747] So ausdrücklich auch *Buermeyer*, StV 2013, 470, 474, der alle Vorgänge, die der Vorbereitung künftiger und der Verarbeitung vergangener Kommunikationen dienen, aus dem Anwendungsbereich des Fernmeldegeheimnisses ausschließt, da es sich insoweit nicht um laufende Kommunikation handelt.

Dieses ist auf sämtliche in einem E-Mail-Client vorhandenen Ordner anwendbar. Dies gilt unabhängig davon, ob die darin enthaltenen E-Mails entworfen, bereits gesendet, in den Papierkorb verschoben oder als SPAM gekennzeichnet sind, oder ob es sich um Ordner handelt, die der Nutzer zur Archivierung der E-Mails angelegt hat. Ebenfalls ohne Belang ist es, ob ein Webmail-Client genutzt wird oder ob der Client auf einem Computer in der Wohnung des Nutzers oder auf dem Rechner am Arbeitsplatz installiert ist. In jedem dieser Fälle ist es möglich, aus den dort enthaltenen Datensammlungen umfangreiche Rückschlüsse auf die Lebensgestaltung des Nutzers zu ziehen oder gar ein detailliertes Persönlichkeitsbild zu erstellen. Insoweit erscheint es folgerichtig, keinerlei Unterschiede zwischen den Ordnern zu machen und den gesamten E-Mail-Client mit allen Unterordnern unterschiedslos dem Schutz des Computergrundrechtes zu unterstellen. Dies gilt umso mehr, als sich die Gefahr von Eingriffen in die Persönlichkeitsrechte des Nutzers deutlich verstärkt, wenn eine größere Zahl von E-Mails in die Analyse der Behörden im Rahmen der Auswertung einbezogen werden kann.

Würden hingegen einzelne Ordner, etwa weil die Nachrichten in diesen noch nicht versendet oder aber unerwünscht zugesendet wurden, aus dem Anwendungsbereich des Computergrundrechtes herausgenommen, so würde dies erhebliche Wertungswidersprüche nach sich ziehen, da letztlich alle Nachrichtensammlungen Persönlichkeitsrelevanz haben könnten. Wird damit ohne Berechtigung seitens des Nutzers durch die Behörden auf den E-Mail-Client zugegriffen, so wird in die Vertraulichkeit eines informationstechnischen Systems eingegriffen.

Ergebnis

Das Computergrundrecht erstreckt sich somit auf alle in einem E-Mail-Client vorhandenen Ordner, unabhängig von deren jeweiligem Inhalt.

V. Zusammenfassung der Ergebnisse der verfassungsrechtlichen Erwägungen

Die E-Mail-Kommunikation ist vor dem Hintergrund der technischen Ausgestaltung vereinfachend in vier Phasen zu unterteilen. Die erste Phase umfasst den Zeitraum vom Absenden der E-Mail vom Rechner des Absenders bis zu deren Ankunft auf dem Mailserver des Empfängers. In der anschließenden zweiten Phase wird die Nachricht im Postfach des Empfängers (zwischen)gespeichert, wobei die Dauer der Speicherung unerheblich ist. Anschließend erfolgt in der dritten Phase der Abruf der Nachricht durch den Empfänger auf dessen Rechner. In Phase 4 wird die Nachricht dauerhaft auf dem persönlichen Rechner des Empfängers z.B. in dessen Wohnung bzw. in einem Online-Postfach bei seinem Provider oder auf Rechnern sonstiger Dritter wie dem Arbeitgeber endgespeichert.

Maßgebliches Abgrenzungskriterium von Zwischenspeicherung (Phase 2) und Endspeicherung (Phase 4) ist, bei der Verwendung von Webmail-Diensten, die Einwirkungsmöglichkeit des Empfängers auf die Nachricht. Die Phase der Zwischenspeicherung endet mit dem Login des Empfängers in das jeweilige Postfach. Ab diesem Zeitpunkt hat er die Möglichkeit, die E-Mail zur Kenntnis zu nehmen und auf diese einzuwirken, indem er entscheidet, ob er die Nachricht im Postfach belässt, an einem anderen, sichereren Ort speichert, löscht, ausdruckt oder auch Schutzmaßnahmen vor unbefugtem Zugriff ergreift.

Während der Phasen 1 bis 3 bestimmt sich der verfassungsrechtliche Schutz der Inhaltsdaten einer E-Mail allein durch das Fernmeldegeheimnis des Art. 10 Abs. 1 GG. Der laufende Telekommunikationsvorgang dauert von der Phase 1 bis zur Phase 3 und wird durch die Zwischenspeicherung in Phase 2 nicht unterbrochen. Der verfassungsrechtliche Schutz des Fernmeldegeheimnisses ist gänzlich unabhängig von der technischen Ausgestaltung der Übermittlung der jeweiligen Kommunikationsform oder einfachgesetzlichen Definitionen des Telekommunikationsbegriffes. Es ist daher unerheblich, ob die E-Mail sich im Verlauf des Übertragungsvorganges zeitweise aktiv durch das Netz bewegt oder für einen gewissen Zeitraum gespeichert wird. Solange der laufende Kommunikationsvorgang andauert, sind die Inhalte und Umstände der E-Mail-Kommunikation vollumfänglich geschützt. Maßgeblich ist allein, dass der Empfänger einer E-Mail gerade in der Phase der Zwischenspeicherung eines besonderen verfassungsrechtlichen Schutzes bedarf, da während dieser Zeit besonders leicht auf die Nachricht zugegriffen werden kann, ohne dass ihm eigene Schutzmöglichkeiten zur Verfügung stehen.

In der abschließenden 4. Phase, der Endspeicherung, bedürfen die Inhaltsdaten einer E-Mail eines besonders strengen verfassungsrechtlichen Schutzes. Aufgrund der dauerhaften Speicherung einer Vielzahl von Nachrichten kann ein sehr konkretes Persönlichkeits-, Kommunikations- und Bewegungsprofil über Jahre hinweg erstellt und in seiner Entwicklung nachverfolgt werden. Nahezu jeder Bereich des persönlichen und geschäftlichen Lebens des Empfängers einer E-Mail, aber auch seiner Kommunikationspartner, kann so in den Fokus der Ermittlungsbehörden gelangen, wenn diese auf die endgespeicherten E-Mails in dessen Postfach zugreifen. Hieraus entstehen nicht nur wertvolle Ermittlungsansätze, sondern auch weitreichende Gefahren für die verfassungsrechtlich geschützten Rechte der Kommunikationsteilnehmer, welchen durch hinreichende grundrechtliche Schutzgewährleistungen begegnet werden muss.

Während der Endspeicherung werden die Inhaltsdaten einer E-Mail nicht vom Fernmeldegeheimnis geschützt, da es in diesem Zeitraum an einem laufenden Kommunikationsvorgang mangelt. Der verfassungsrechtliche Schutz wird vielmehr, unabhängig davon, ob die Nachricht auf dem heimischen Rechner oder bei einem Dritten (Provider oder Arbeitgeber) gespeichert ist, durch das allgemeine Persönlichkeitsrecht in seiner Ausprägung als Recht auf Gewährleistung der Vertraulichkeit und Integrität informationstechnischer Systeme nach Art. 2 Abs. 1 i.V.m. 1 Abs. 1 GG (Computergrundrecht) gewährleistet.

Nach Beginn der Endspeicherung bestehen die spezifischen Gefahren einer räumlich distanzierten Kommunikation nicht mehr. Ab diesem Zeitpunkt obliegt es der Entscheidung des Empfängers, ob er die Nachrichten im Postfach belässt, an einem anderen, sichereren Ort speichert, löscht, ausdruckt oder gegebenenfalls durch Verschlüsselung vor Zugriffen schützt. Es handelt sich nicht mehr um einen durch die Kommunikationspartner nicht zu beeinflussenden Kommunikationsvorgang, der in den Händen des Übermittlers liegt, sondern um einen durch den Empfänger willentlich ausgelösten eigenständigen Speichervorgang in Bezug auf die zuvor durch Telekommunikation übertragenen Inhaltsdaten.

Die Nachrichten befinden sich während dieser Phase (auch) im Herrschaftsbereich des Providers, so dass dieser und über ihn die Strafverfolgungsbehörden auf die Nachrichten Zugriff nehmen können. Den hieraus folgenden Gefahren für die Vertraulichkeit der Nachricht kann jedoch nicht durch den Schutz des Fernmeldegeheimnisses begegnet werden. Das Fernmeldegeheimnis ist als Kommunikationsgrundrecht nicht geeignet, vor den Gefahren, die aus der langfristigen Speicherung der Nachricht folgen, namentlich den Gefahren der Bildung von Persönlichkeitsprofilen und der Verletzung des Kernbereichs privater Lebensgestaltung, zu schützen. Dies gilt umso mehr, wenn in einem E-Mail-Client eine Vielzahl von Nachrichten gespeichert werden, aus deren Analyse sich diese Erkenntnisse einfacher gewinnen lassen als aus einer Überwachung des laufenden Telekommunikationsverkehres.

Statt in einer Ausweitung des Anwendungsbereiches des Fernmeldegeheimnisses auf solche Speichersachverhalte, der letztlich eine Überspannung des Anwendungsbereiches des Grundrechtes und damit eine gewisse Beliebigkeit gerade auch im Hinblick auf die heranziehbaren Eingriffsgrundlagen zur Folge hat, liegt die Lösung für derartige Speichersachverhalte in der Anwendung des Computergrundrechtes.

Das Computergrundrecht ist auf die Endspeicherung von Inhaltsdaten einer E-Mail in Phase 4 der E-Mail-Kommunikation anwendbar. Hierbei ist es unerheblich, ob die Speicherung auf dem heimischen Rechner, in einem

Postfach bei einem Provider oder bei sonstigen Dritten erfolgt. Ein E-Mail-Postfach erfüllt alle Anforderungen an ein informationstechnisches System im Sinne des Computergrundrechts, so dass ein Zugriff auf die dort gespeicherten Inhaltsdaten als Eingriff in die Vertraulichkeit des Systems zu qualifizieren ist.

Der Schutz des Computergrundrechts erstreckt sich zudem auf alle in den Ordnern eines E-Mail-Clients endgespeicherten E-Mails, ohne dass insoweit der Sendestatus, eine anstehende Löschung oder die Frage, ob es sich um eine unerwünscht zugesendete Nachricht handelt, maßgeblich sind. Die oben genannten Persönlichkeitsgefährdungen aufgrund der langfristigen Speicherung von Nachrichten bestehen auch in solchen Fällen.

D. Verfassungskonforme strafprozessuale Eingriffsgrundlagen während der verschiedenen Phasen

Vor dem Hintergrund der erzielten Ergebnisse verfassungsrechtlichen Bewertung der Überwachung der Inhaltsdaten einer E-Mail-Kommunikation während ihrer verschiedenen Phasen soll nunmehr erörtert werden, welche verfassungskonformen strafprozessualen Vorgaben für Eingriffe während dieser Zeiträume bestehen.

Insoweit sollen hier zunächst die bereits oben angesprochenen verfassungsrechtlichen Mindestanforderungen an Eingriffsermächtigungen während der verschiedenen Phasen zusammenfassend dargestellt werden, um sodann zu prüfen, ob nach derzeitiger Rechtslage strafprozessuale Regelungen bestehen, welche diese Vorgaben verfassungskonform umsetzen.

I. Verfassungsrechtliche Mindestanforderungen an die Eingriffsermächtigungen

Während der Phasen 1 bis 3 werden die Inhaltsdaten von E-Mails nach der hier vertretenen Ansicht ausschließlich durch das Fernmeldegeheimnis des Art. 10 Abs. 1 GG geschützt.

Nach den oben entwickelten Grundsätzen[1] muss eine gesetzliche Eingriffsermächtigung somit zumindest folgende Vorgaben erfüllen:

- Wahrung der formalen Anforderungen des Grundgesetzes an ein allgemeines Gesetz; insbesondere in Bezug auf
  - Gesetzgebungskompetenz,
  - Einhaltung des Gesetzgebungsverfahrens sowie
  - Beachtung des Zitiergebotes nach Art. 19 Abs. 1 Satz 2 GG.
- Einhaltung der aus dem Rechtsstaatsgebot (Art. 20 Abs. 3 GG) abgeleiteten allgemeinen Anforderungen der Normenbestimmtheit und der Normenklarheit.
- Verhältnismäßigkeit der Einschränkungen des Fernmeldegeheimnisses; insbesondere im Hinblick auf

[1] Vgl. S. 95 ff.

  - die Schwere der zu verfolgenden Straftat,
  - den Grad des Verdachtes und die notwendige Tatsachenbasis für Maßnahmen auch gegenüber Unverdächtigen und
  - die Streubreite des Eingriffes.
- Schutz des Kernbereiches privater Lebensgestaltung.
- Einhaltung der Verfahrensanforderungen; insbesondere
  - Richtervorbehalt,
  - Benachrichtigung des Betroffenen,
  - Kennzeichnung der Daten und
  - Einhaltung der Verwendungsbeschränkungen.

In Phase 4 kommt das allgemeine Persönlichkeitsrecht in seiner Ausprägung als Recht auf Gewährleistung der Vertraulichkeit und Integrität informationstechnischer Systeme nach Art. 2 Abs. 1 i.V.m. 1 Abs. 1 GG zur Anwendung. Insoweit sind dessen im Vergleich zum Fernmeldegeheimnis strengere Anforderungen an die Verfassungsmäßigkeit einer gesetzlichen Eingriffsermächtigung zu beachten.

Demzufolge hat ein in das Computergrundrecht eingreifendes Gesetz die folgenden Mindestanforderungen[2] zu erfüllen:

- Wahrung der formalen Anforderungen des Grundgesetzes an ein allgemeines Gesetz; insbesondere in Bezug auf
  - Gesetzgebungskompetenz und
  - Einhaltung des Gesetzgebungsverfahrens.
- Einhaltung der aus dem Rechtsstaatsgebot (Art. 20 Abs. 3 GG) abgeleiteten allgemeinen Anforderungen der Normenbestimmtheit und der Normenklarheit.
- Verhältnismäßigkeit der Einschränkungen des Computergrundrechts; insbesondere im Hinblick auf
  - die Verfolgung von Straftaten gegen überragend wichtige Rechtsgüter des Einzelnen und der Allgemeinheit (Leib, Leben und Freiheit der Person, Güter der Allgemeinheit, deren Bedrohung die Grundlagen oder den Bestand des Staates oder die Grundlagen der Existenz der Menschen, wie die Funktionsfähigkeit wesentlicher Teile existenzsichernder öffentlicher Versorgungseinrichtungen berührt) und

[2] Vgl. S. 200ff.

- das Bestehen eines einfachen Tatverdachtes gegenüber einer bestimmbaren Person als Tatverdächtigem sowie Schwere der Tat im Einzelfall und der Sachverhaltsaufklärung.

– Schutz des Kernbereiches privater Lebensgestaltung durch
  - Sicherstellung, dass soweit wie möglich keine kernbereichsrelevanten Daten erhoben werden und
  - Verwertungsausschluss und Löschung eventuell dennoch erhobener Kernbereichsinformationen im Rahmen der Auswertung.

– Einhaltung der Verfahrensanforderungen; insbesondere im Hinblick auf
  - Richtervorbehalt,
  - schriftliche Anordnung der Maßnahme,
  - Beweiswert und Verwertbarkeit der erlangten Informationen,
  - Kennzeichnung der erlangten Daten,
  - Benachrichtigung des Betroffenen und
  - Einhaltung der Verwendungsbeschränkungen.

II. Verfassungskonforme Eingriffsermächtigungen in den Übertragungsphasen (Phasen 1 und 3)

Während der beiden dynamischen Phasen der E-Mail-Kommunikation werden die Inhaltsdaten einer E-Mail ausschließlich durch das Fernmeldegeheimnis geschützt. Die strafprozessuale Zuordnung in diesen Phasen ist unstrittig. Soweit ersichtlich wird einhellig davon ausgegangen, dass in diesen Phasen allein § 100a StPO Anwendung finden kann.[3]

Allerdings hat Kudlich zutreffend ausgeführt, dass die bloße Tatsache, dass ein Eingriff in das Fernmeldegeheimnis gegeben ist, noch nichts darüber aussagt, ob *„der grundsätzlich für Eingriffe in Art. 10 Abs. 1 GG geschaffene“*[4] § 100a StPO anwendbar ist und diesen auch rechtfertigt.[5] Ein direkter Schluss von der Verfassungsnorm auf Anwendbarkeit des § 100a StPO oder gar die Erfüllung der Tatbestandsvoraussetzungen ist unzulässig.[6] Gleiches gilt auch für die generelle Verfassungsmäßigkeit der Norm.

---

[3] Vgl. z.B. BVerfG, NJW 2019, 584, 585 f.; LG Hanau, MMR 2000, 175 f.; mit zust. Anmerkung *Bär*, MMR 2000, 176; *Bär*, Handbuch der EDV-Beweissicherung, Rn. 103; *Kudlich*, JA 2000; 227, 230 f.; *Meininghaus*, S. 131; *Schlegel*, HRRS 2007, 48; SK-*Wolter/Greco*, StPO, § 100a Rn. 36; *Störing*, S. 178.

[4] *Kudlich*, JuS 1998, 209, 213.

[5] *Kudlich*, JuS 1998, 209, 213; vgl. auch *Kudlich*, JA 2000, 227, 232; *Gaede*, StV 2009, 96, 99; *Janssen*, S. 132.

[6] *Kudlich*, JuS 1998, 209, 213; *Janssen*, S. 132.

Vor diesem Hintergrund soll die verfassungsrechtliche Prüfung des § 100a StPO insbesondere zum Anlass genommen werden, um in der gebotenen Kürze allgemein auf verfassungsrechtliche Probleme im Zusammenhang mit dieser Norm einzugehen und so die Prüfung bzgl. der weit strittigeren Phasen 2 und 4 zu entlasten.

1. Einhaltung der formalen Anforderungen an ein allgemeines Gesetz

Die formalen Anforderungen der Verfassung an ein allgemeines Gesetz sind in Bezug auf den § 100a StPO erfüllt. Dies gilt insbesondere auch im Hinblick auf das Zitiergebot.

Auch wenn sich in der gesamten StPO kein Hinweis auf Art. 10 Abs. 1 GG findet, wurde das Zitiergebot des Art. 19 Abs. 1 Satz 2 GG im Hinblick auf § 100a StPO eingehalten. Bereits Art. 3, § 10 des Gesetzes zur Beschränkung des Brief-, Post- und Fernmeldegeheimnisses (Gesetz zu Artikel 10 Grundgesetz) (G 10) vom 13.08.1968,[7] welches § 100a ff. StPO erstmals in die Strafprozessordnung einführte, verweist auf die hieraus folgende Einschränkung des Fernmeldegeheimnisses.[8] Entsprechend wurde bis zur aktuellen Änderung des 100a StPO durch das Gesetz zur Fortentwicklung der Strafprozessordnung und zur Änderung weiterer Vorschriften vom 25.06.2021[9] vorgegangen. Dessen Art. 27 verweist ebenfalls auf eine Einschränkung des Fernmeldegeheimnisses im Rahmen des 100a StPO.[10] Ein solches Vorgehen ist grundsätzlich zulässig,[11] auch wenn es der Hinweisfunktion des Zitiergebotes nicht in gleicher Weise Rechnung trägt, wie ein direktes Zitat in der grundrechtsbeschränkenden Norm.[12]

2. Materielle Anforderungen des Fernmeldegeheimnisses an die Verfassungsmäßigkeit des § 100a StPO

Im Hinblick auf die materielle Verfassungsmäßigkeit der Norm bedürfen Fragen der Normbestimmtheit und Normenklarheit sowie der Verhältnismäßigkeit, aber auch des Kernbereichsschutzes und der Vorgaben zur Ausgestaltung des Verfahrens einer näheren Betrachtung.

---

[7] BGBl. I 1968, S. 949 ff.

[8] Vgl. BGBl. I 1968, S. 952.

[9] BGBl. I 2021, S. 2099 ff.

[10] Vgl. BGBl. I 2021, S. 2113.

[11] *Stern*, Staatsrecht III/2, S. 757.

[12] Vgl. zu Bedenken bzgl. dieser Vorgehensweise Dreier-*Dreier*, GG, Art. 19 I Rn. 20 m. w. N.

a) Normenbestimmtheit und Normenklarheit des § 100a StPO

Zunächst sollen hier die allgemeinen Anforderungen an die Normenbestimmtheit und der Normenklarheit erörtert werden. Dabei ist vor allem die Reichweite des Telekommunikationsbegriffes in § 100a StPO von Bedeutung.

Ermächtigungsnormen sollen bereichsspezifisch, präzise und normenklar ausgestaltet sein, so dass der Betroffene die Rechtslage erkennen und sich auf diese einstellen kann. Hieran könnten bei einem streng technischen Verständnis des Begriffes der Telekommunikation in § 100a Abs. 1 Satz 1 StPO durchaus Zweifel bestehen.

Der § 100a Abs. 1 Satz 1 StPO ermöglicht die Überwachung und Aufzeichnung von Telekommunikation. Wie der Telekommunikationsbegriff in diesem Zusammenhang zu verstehen ist, ist ebenso wie im verfassungsrechtlichen Kontext strittig.[13] Ausgangspunkt der Diskussion ist der Telekommunikationsbegriff des § 3 Nr. 59 TKG, wonach „*der technische Vorgang des Aussendens, Übermittelns und Empfangens von Signalen mittels Telekommunikationsanlagen*“ als Telekommunikation verstanden wird. Diese Definition bildet regelmäßig auch auf strafprozessualer Ebene den Ausgangspunkt der Diskussion um die Bestimmung des Anwendungsbereichs des § 100a StPO.[14] Interpretiert man den Begriff der Telekommunikation streng im technischen Sinne des TKG, so könnte die E-Mail-Kommunikation gegebenenfalls gänzlich aus dem Anwendungsbereich des § 100a StPO herausfallen. Dies gilt im Hinblick auf die hier maßgeblichen Phasen vor allem dann, wenn man im Rahmen der rechtlichen Analyse auf die oben angeführte technische Problematik abstellt, nach der die E-Mail bei konsequenter Betrachtung während des gesamten Übertragungsvorganges immer auf mindestens zwei Servern gespeichert und somit dort nach technischem Verständnis ruht bzw. verkörpert ist.[15] Demzufolge wäre § 100a StPO niemals auf Fälle der E-Mail-Kommunikation anwendbar.

Da die mit einer möglichen Verkörperung der Nachricht in Zusammenhang stehenden Fragestellungen jedoch vor allem im Rahmen der Zwischenspeicherung von Bedeutung sind, soll eine ausführliche Erörterung den dortigen Ausführungen vorbehalten bleiben.[16] Für die Phasen 1 und 3 soll hier lediglich festgehalten werden, dass ein solches rein technisches Verständnis weder

---

[13] Vgl. dazu S. 108 ff.

[14] Vgl. etwa *Bär*, TK-Überwachung, § 100a Rn. 10; Löwe/Rosenberg-*Hauck*, StPO, § 100a Rn. 31; Meyer-Goßner/Schmitt-*Köhler*, StPO, § 100a Rn. 6; MüKo-*Günther*, StPO, § 100 Rn. 26.

[15] *Störing*, CR 2009, 475, 476.

[16] Vgl. dazu die Ausführungen auf S. 265 ff.

dem Sinn und Zweck des § 100a StPO[17] noch dem grundrechtlich intendierten Schutz des Fernmeldegeheimnisses gerecht wird.

Für die Phasen 1 und 3 ist zudem darauf zu verweisen, dass ein rein technisches Verständnis des Telekommunikationsbegriffes, und das hieraus folgende Ausklammern bestimmter Phasen des laufenden Kommunikationsvorganges oder gar der gesamten E-Mail-Kommunikation, auch aus dem Blickwinkel der Normenbestimmtheit und der Normenklarheit problematisch wäre.

Entscheidend dürfte insoweit das allgemeine Verständnis des Telekommunikationsbegriffs auf Ebene der von den Überwachungsmaßnahmen potentiell betroffenen Bürger sein. In dieser „Laiensphäre“ bestehen allenfalls geringe Kenntnisse über die technische Ausgestaltung des Mailverkehrs. Dennoch kann man durchaus annehmen, dass die E-Mail-Kommunikation generell als Form der Telekommunikation verstanden wird. Schwieriger wird die Einschätzung, wenn der Ablauf des Kommunikationsvorganges in die Bewertung einbezogen wird. Nach allgemeinem Verständnis folgt auf die Absendung der E-Mail deren Eingang beim Empfänger, gegebenenfalls schließt sich dem die Speicherung beim Provider oder auf dem eigenen Rechner an. Eine Vorstellung von einer Zwischenspeicherung oder gar von weiteren technisch bedingten Speichervorgängen während der Übertragung dürfte allenfalls bei einem minimalen Bruchteil der Nutzer der E-Mail-Kommunikation vorhanden sein. D. h., die Betroffenen erleben und verstehen den Kommunikationsvorgang der Phasen 1 bis 3 als einheitliches Geschehen. Würde man aufgrund technischer Ausgestaltungen die Anwendbarkeit des § 100a StPO als einziger Vorschrift, welche ihrem Wortlaut nach zur Überwachung von Telekommunikationsvorgängen ermächtigt, generell ausschließen und stattdessen auf andere nach ihrem Wortlaut weniger einschlägige Normen zurückgreifen, wäre dies aus dem Blickwinkel der Betroffenen willkürlich und unverständlich.

Insoweit bestehen nach der hier vertretenen Ansicht aus der Perspektive der Klarheit und Bestimmtheit der Norm keine verfassungsrechtlichen Bedenken gegen eine Anwendung des § 100a StPO in den Phasen 1 und 3.[18]

---

[17] Meyer-Goßner/Schmitt-*Köhler*, StPO, § 100a Rn. 6.

[18] Die weitreichende Kritik insb. von SK-*Wolter/Greco*, StPO, § 100a Rn. 32 ff. an der generellen Anwendbarkeit der Norm auf den Zugriff auf E-Mails erstreckt sich ausdrücklich nicht auf die Phasen 1 und 3 (vgl. SK-*Wolter/Greco*, StPO, § 100a Rn. 36). Sie basiert vielmehr auf der beschlagnahmeähnlichen Struktur eines Zugriffes auf zwischen- oder endgespeicherte E-Mails und wird daher erst dort erörtert. Vgl. S. 315 ff.

b) Verhältnismäßigkeitserwägungen

Auch die durch § 100a StPO aufgestellten Anforderungen an die Verhältnismäßigkeit bedürfen einer verfassungsrechtlichen Analyse. Hierbei sind nach den oben aufgestellten verfassungsrechtlichen Mindestanforderungen, neben der Schwere der zu verfolgenden Straftat, auch die Streubreite des Eingriffes und der Grad des erforderlichen Tatverdachtes sowie die notwendige Tatsachenbasis für Maßnahmen gegenüber Unverdächtigen zu erörtern.

aa) Straftatenkatalog des § 100a Abs. 2 StPO

Eingriffe in das Fernmeldegeheimnis sind nur im Rahmen von Ermittlungen zur Verfolgung von Straftaten von erheblicher Bedeutung verfassungsrechtlich zulässig.[19]

Der Gesetzgeber hat in § 100a Abs. 2 StPO einen Katalog von schweren Straftaten aufgestellt, welche nach seiner Ansicht diese Voraussetzungen erfüllen. Erfasst sind, neben einer Vielzahl von Straftaten aus den unterschiedlichsten Regelungsbereichen des StGB, auch eine Reihe von Normen des Nebenstrafrechtes von Verstößen gegen das Betäubungsmittelgesetz, über Asylverstöße bis hin zu solchen gegen das Anti-Doping-Gesetz. Inwieweit all diese Normen tatsächlich den an Eingriffe in das Fernmeldegeheimnis zu stellenden Anforderungen genügen, erscheint fraglich.

Der § 100a StPO ist bereits in den 90er Jahren aufgrund dieser Vorgaben und ihrer häufigen Änderungen nicht zu Unrecht als „*Seismograph der jüngeren Strafrechts- und Strafverfahrensrechtsgeschichte*“[20] bezeichnet worden. Eine Funktion, die sich bis in die jüngste Zeit fortsetzt, betrachtet man etwa die im Juni 2021 erfolgte Erweiterung des Kataloges der Anlasstaten um Formen der bandenmäßigen Steuerhinterziehung, welche ausdrücklich vor dem aktuellen Hintergrund erheblicher Steuerhinterziehungen durch die sog. Cum-Ex-Geschäfte in die Vorschrift eingefügt wurden.[21]

Ebenfalls nicht unzutreffend ist die Kritik, dass sich die gesetzgeberische, aber auch wissenschaftliche Weiterentwicklung der Norm[22] von ihrer ursprünglichen gesetzgeberischen Intention, der Schaffung einer Eingriffs-

---

[19] BVerfGE 107, 299, 321.

[20] So *Staechelin*, KJ 1995, 466.

[21] Vgl. Gesetzesbegründung zum Gesetz zur Fortentwicklung der Strafprozessordnung und zur Änderung weiterer Vorschriften vom 25.06.2021 (BT-Drs.: 19/27654, S. 70). Vgl. zur Betrugsstrafbarkeit in solchen Fällen *Mosbacher*, NJW 2021, 1916 ff.

[22] Vgl. die umfangreiche kritische Analyse zum Katalog und seiner Ausweitung durch den Gesetzgeber, aber auch durch Rechtsprechung und Literatur bei *Neuhaus*, FS Rieß, 375, 380 ff.

grundlage für Fälle der Schwerstkriminalität, welche eine Anzeigepflicht nach § 138 StGB nach sich ziehen,[23] entfernt hat.[24] Kritik entzündete sich insbesondere auch daran, dass über die Aufnahme von Straftaten in den Katalog, welche ihrerseits eigene Kataloge enthielten, die Vorgaben nicht nur unübersichtlich wurden, sondern sich auf diese Weise auch auf Tatbestände erstreckten, welche auf den ersten Blick nur schwerlich in den Bereich schwerster Kriminalität einordnen lassen. Ein Beispiel hierfür sind etwa die Fälle, in denen bei Vorliegen der Voraussetzungen des § 129a Abs. 2 StGB eine Überwachungsmaßnahme gemäß § 100a StPO auch im Falle einer qualifizierten Sachbeschädigung nach § 305a StGB zulässig wäre.[25]

Der Gesetzgeber hat versucht, die Kritik im Jahr 2007 durch das Gesetz zur Neuregelung der Telekommunikationsüberwachung und anderer verdeckter Ermittlungsmaßnahmen sowie zur Umsetzung der Richtlinie 2006/24/EG[26] aufzunehmen und ein *„harmonisches Gesamtsystem der strafprozessualen heimlichen Ermittlungsmethoden zu schaffen“*.[27] Der hier maßgebliche Katalog des § 100a StPO wurde dabei systematisiert und überarbeitet und auf, aus Sicht des damaligen Gesetzgebers, auch im jeweiligen Einzelfall schwere Straftaten beschränkt.[28] Hierbei hat sich die vorgesehene Beschränkung letztlich jedoch nicht zahlenmäßig ausgewirkt. Insgesamt wurden im Rahmen der Überarbeitung 19 Tatbestände gestrichen, aber auch mehr als 30 weitere Taten aufgenommen.[29]

Mittels der Aufnahme der Kategorie der schweren Straftaten in den § 100a StPO zielte der Gesetzgeber auf eine Systematisierung der für eine Überwachungsmaßnahme erforderlichen Anlasstaten und der diesbezüglichen Begrifflichkeiten ab, gerade auch im Hinblick auf die parallelen Bestimmungen des § 100c StPO und anderer Eingriffsregelungen. Grundsätzlich sollen alle Taten mit einer Höchststrafe von mindestens fünf Jahren als schwere Straftaten gelten und damit eine Telekommunikationsüberwachung rechtfertigen

---

23 Vgl. insoweit die Gesetzesbegründung bei Einführung der Norm, BT-Drs.: V/1880, S. 12.

24 *Neuhaus*, FS Rieß, 375, 410; ähnlich auch *Welp*, Verteidigung und Überwachung – Überwachung als System, S. 287, 292f., der das Dahinschmelzen der von der Telekommunikationsüberwachung ausgenommenen Delikte und ein Ausufern des Katalogs aufgrund rechtspolitischen Drucks kritisiert.

25 Vgl. *Staechlin*, KJ 1995, 466, 470. Genannt werden auch Fälle der Geldwäsche; vgl. dazu Löwe/Rosenberg-*Hauck*, StPO, § 100a Rn. 48.

26 BGBl. I 2007, S. 3198ff.

27 BT-Drs.: 16/5846, S. 1.

28 BT-Drs.: 16/5846, S. 3.

29 BVerfGE 129, 208, 241. Vgl. zu den einzelnen Änderungen BT-Drs.: 16/5846, S. 40ff. sowie zu weiteren Änderungen im Gesetzgebungsverfahren BT-Drs.: 16/6979, S. 43.

können.[30] Hinzu treten aufgrund der besonderen Bedeutung des geschützten Rechtsgutes oder des besonderen öffentlichen Interesses an der Strafverfolgung einzelne Straftaten mit geringerer Strafdrohung.[31] Ein Beispiel für solche Straftaten mit geringerer Strafdrohung, die auch weiterhin im Katalog des § 100a Abs. 2 StPO genannt sind, ist das Verbreiten von Propagandamitteln verfassungswidriger Organisationen gemäß § 86 StGB mit einer maximalen Strafdrohung von 3 Jahren.

Das Bundesverfassungsgericht hat die Neuregelung des Katalogs der Anlasstaten für eine Telekommunikationsüberwachung letztlich gebilligt.[32] Trotz der erheblichen Erweiterung des Katalogs der Anlasstaten, auch auf solche lediglich mittlerer Kriminalität, seien die Vorgaben nicht unverhältnismäßig. Das Gericht stellt insoweit primär auf die Einschätzungsprärogative des Gesetzgebers ab. Es stellt allerdings fest, dass allein eine Strafdrohung von fünf Jahren Freiheitsstrafe noch nicht ausreiche, um Delikte als schwere Straftaten zu qualifizieren, welche einen Eingriff in das Fernmeldegeheimnis rechtfertigten. Die Bewertung des Gesetzgebers sei jedoch in einer Gesamtschau der benannten Delikte vertretbar.[33] Zudem entscheide nicht der Verdacht einer Katalogtat allein über die Zulässigkeit einer Überwachungsmaßnahme nach § 100a StPO, vielmehr stellt das Gesetz daneben auf die Schwere der Tat im Einzelfall und die Schwere der Ermittlung des Aufenthaltsortes oder des Sachverhaltes ab. Dieses Gesamtkonzept ist nach Ansicht des Bundesverfassungsgerichtes verhältnismäßig.[34]

Die Änderungen des Kataloges und die Einführung des Begriffes der schweren Straftat haben die Kritik an Vorgaben nicht gänzlich zum Verstummen bringen können. Zwar haben sich die meisten Stimmen in der Literatur spätestens nach dem Beschluss des Bundesverfassungsgerichtes,[35] wohl mit den im Jahr 2007 verkündeten Regelungen arrangiert,[36] dennoch kritisieren auch weiterhin bedeutsame Stimmen[37] die Katalogvorgaben. So begegnen die generelle Anzahl und Art der Anlasstaten, welche in einigen Fällen die Grenze der Verhältnismäßigkeit überschreite und sich v.a. an kriminalisti-

---

30 *Puschke/Singelnstein*, NJW 2008, 113, 114.

31 BT-Drs.: 16/5846, S. 40.

32 BVerfGE 129, 208, 240 ff.

33 BVerfGE 129, 208, 243; Löwe/Rosenberg-*Hauck*, StPO, § 100a Rn. 50.

34 BVerfGE 129, 208, 244.

35 BVerfGE 129, 208 ff.

36 Vgl. etwa Graf-*Graf*, StPO, § 100a Rn. 58 ff.; MüKo-*Günther*, StPO, § 100a, Rn. 65 ff.; Meyer-Goßner/Schmitt-*Köhler*, StPO, § 100a Rn. 15, welche auf die Kritik an den Vorgaben entweder gar nicht oder nur sehr begrenzt eingehen.

37 Löwe/Rosenberg-*Hauck*, StPO, § 100a Rn. 47 ff.; SK-*Wolter/Greco*, StPO, § 100a Rn. 48 ff. jeweils m. w. N.

schen Erfordernissen orientiere,[38] weiterhin der Kritik.[39] Auch wird die mangelnde Konsistenz der Katalogtaten kritisiert. Diese zeige sich darin, dass bestimmte, durchaus schwerwiegende Verbrechenstatbestände, wie der Meineid nach § 154 StGB oder Fälle des § 178 StGB (Sexueller Übergriff, sexuelle Nötigung und Vergewaltigung mit Todesfolge) nicht erfasst werden, während Vergehen wie der Bandendiebstahl oder Hehlerei Aufnahme gefunden haben.[40]

Vor diesem Hintergrund werden zurecht weiterhin umfassende Reformen angemahnt, welche sich an fundierten Kriterien, nicht an *„kriminalistischer Opportunität“* orientieren sollten.[41] Vorgeschlagen wird z. B. eine generelle Abgrenzung anhand der Einordnung eines Deliktes als Verbrechen unter Verzicht auf eine Katalogisierung der Anlasstaten.[42] Andere Ansätze auf politischer Ebene ergänzen diesen Ansatz bei Verbrechen um das Element der zu erwartenden Strafe und, bei Vergehen, der Schwere der Tat im Einzelfall.[43]

Es erscheint allerdings zweifelhaft, ob ein solches Vorgehen Vorteile gegenüber den herkömmlichen Katalogregelungen verspricht. Zunächst dürfte die Übersichtlichkeit für den Anwender und den Betroffenen nicht mehr in gleicher Weise gegeben sein, da letztlich für jeden einzelnen Tatbestand sowohl die Zuordnung als Vergehen oder Verbrechen sowie die abstrakte Strafdrohung abzugleichen wäre, was in der Praxis im Ergebnis wiederum zur Fertigung entsprechender Kataloglisten führen würde. Gravierender erscheint jedoch, dass im Falle des Abstellens auf die jeweilige konkrete Strafdrohung im Einzelfall in die Abwägungen bei Erlass der Überwachungsmaßnahme, diese vielfach mangels Kenntnis der konkreten Tatumstände und der Persönlichkeitsumstände des Betroffenen kaum möglich sein, und damit zu erheblichen Rechtsunsicherheiten führen dürfte.[44] Stellt man dagegen allein auf die generell klarere und einfacher handhabbar erscheinenden Verwendung des materiellrechtlich eindeutigen Begriff des Verbrechens gemäß § 12 Abs. 1 StGB ab, erscheint es nicht ausgeschlossen, dass eine solche Vorgehensweise vom Gesetzgeber im Rahmen künftiger Regelungsvorhaben zum Anlass ge-

---

[38] So SK-*Wolter/Greco*, StPO, § 100a Rn. 49 z. B. mit Blick auf die erfassten Straftaten gegen den Wettbewerb.

[39] SK-*Wolter/Greco*, StPO, § 100a Rn. 49 m. w. N.

[40] Löwe/Rosenberg-*Hauck*, StPO, § 100a Rn. 47.

[41] SK-*Wolter/Greco*, StPO, § 100a Rn. 49a.

[42] Löwe/Rosenberg-*Hauck*, StPO, § 100a Rn. 53.

[43] Vgl. den mit dem Entwurf des Gesetzes zur Neuregelung der Telekommunikationsüberwachung und anderer verdeckter Ermittlungsmaßnahmen sowie zur Umsetzung der Richtlinie 2006/24/EG parallel beratenen Gesetzentwurf der Fraktion Bündnis 90/Die Grünen; BT-Drs.: 16/3827, S. 7.

[44] So auch Löwe/Rosenberg-*Hauck*, StPO, § 100a Rn. 54.

nommen werden könnte, um bestimmte Grenzfälle zu Verbrechen aufzuwerten.

Für eine tiefergehende Analyse der einzelnen Straftatbestände fehlt hier der Raum. Dennoch wird man im Ergebnis bei einzelnen der im Laufe der Jahre aufgenommenen Straftaten berechtigte Zweifel haben dürfen, ob es sich in diesen Fällen tatsächlich um so schwere Straftaten handelt, dass eine Durchbrechung des Fernmeldegeheimnisses zu ihrer Ermittlung generell erforderlich erscheint. Zu nennen sind insoweit insbesondere einzelne der in § 129a Abs. 2 StGB oder in § 261 Abs. 1 StGB a. F.[45] enthaltenen Katalogtaten, die über den Verweis in § 100a Abs. 2 StPO in den Anwendungsbereich der Telekommunikationsüberwachung einbezogen werden.[46] Zweifelhaft erscheint auch, ob z. B. Regelungen des Anti-Doping-Gesetzes außerhalb bestimmter schwerer Einzelfälle tatsächlich zur Rechtfertigung von erheblichen Grundrechtseingriffen geeignet sind.

Allerdings erscheint es nicht gerechtfertigt, die Regelung des § 100a Abs. 2 StPO aufgrund der Aufnahme einzelner Delikte, deren Eignung zweifelhaft erscheint, als Ganzes für unverhältnismäßig zu erklären. Vielmehr ist die durch den Gesetzgeber vorgegebene und das Bundesverfassungsgericht bestätigte Lösung über eine Abwägung im Einzelfall vorzugswürdig und auch verfassungsrechtlich tragfähig.

Eine bloße Nennung von Tatbeständen ohne weitere Abwägung wäre regelmäßig unverhältnismäßig, da auf diese Weise die Umstände des Einzelfalls keine Berücksichtigung finden könnten. Vielmehr bedarf es insoweit eines Korrektivs, um diese Umstände angemessen in die Entscheidung über die Anordnung einer Telekommunikationsüberwachung einfließen lassen zu können. Insbesondere im Hinblick auf Tatbestände, deren Schwere sich in Grenzbereichen des Verständnisses einer schweren Straftat bewegt, sei es aufgrund der geringen Strafdrohung oder des geschützten Rechtsgutes, bedarf es einer genauen Abwägung der Umstände des Einzelfalles, um eine verfassungsrechtlich unbedenkliche Anordnung der Überwachungsmaßnahme annehmen zu können. Gleiches gilt im Umkehrschluss für einzelne Fallgestaltungen, in welchen die Schwere der Straftat schon aufgrund des Deliktes außer Frage steht, aufgrund einer Telekommunikationsüberwachung jedoch keine neuen Erkenntnisse zu erwarten sind. Dies wird durch die aktuelle Ausgestaltung des § 100a StPO gewährleistet, indem neben das Erfordernis des Verdachts einer schweren Straftat die Voraussetzungen der Schwere der Tat im Einzelfall und der wesentlichen Erschwernis bzw. Aussichtslosigkeit

---

[45] Geändert durch das Gesetz zur Verbesserung der strafrechtlichen Bekämpfung der Geldwäsche vom 9. März 2021 (BGBl. I 2021, S. 327 ff.).

[46] Vgl. dazu *Staechlin*, KJ 1995, 466, 470 sowie Löwe/Rosenberg-*Hauck*, StPO, § 100a Rn. 48.

der Erforschung des Sachverhalts oder der Ermittlung des Aufenthaltsortes des Beschuldigten treten (vgl. § 100a Abs. 1 Satz 1 Nr. 2 und 3 StPO). Insoweit bestehen keine Gründe, die Verhältnismäßigkeit der Regelung in Bezug auf Eingriffe in das Fernmeldegeheimnis generell zu verneinen.

De lege ferenda ist allerdings maßgeblich, dass die durch die Benennung der Anlasstaten beabsichtigte Begrenzungsfunktion nicht durch unsystematische Erweiterungen verloren geht.[47] Würde zukünftig der Kreis der erfassten Delikte ohne Berücksichtigung der aufgestellten Mindestanforderungen an die Schwere der Tat erheblich erweitert oder gar auf eine Eingrenzung zugunsten einer richterlichen Einzelfallprüfung gänzlich verzichtet, so wäre dies aus dem Blickwinkel der Verhältnismäßigkeit des Eingriffes nicht zu rechtfertigen.

bb) Verdachtsgrad und Streubreite des Eingriffes

Die Vorgaben des § 100a Abs. 1 und 3 StPO genügen den verfassungsrechtlichen Anforderungen in Bezug auf den zur Anordnung eines Eingriffs in das Fernmeldegeheimnis erforderlichen Verdachtsgrad, zur notwendigen Tatsachenbasis für Maßnahmen gegenüber Unverdächtigen sowie zur Begrenzung der Streubreite des Eingriffes.

§ 100a Abs. 1 Satz 1 Nr. 1 StPO verlangt das Vorliegen bestimmter Tatsachen, die den Verdacht begründen, dass jemand Täter oder Teilnehmer einer Katalogtat ist. Ein solcher konkreter Tatverdacht, auch qualifizierter Verdacht[48], geht über einen einfachen Tatverdacht hinaus. Notwendig ist, dass aufgrund der bestehenden Umstände nach der Lebenserfahrung, aber auch der kriminalistischen Erfahrung eine erhebliche Wahrscheinlichkeit besteht, dass jemand als Täter oder Teilnehmer eine der in Abs. 2 der Norm benannten Straftaten rechtswidrig und schuldhaft begangen hat.[49] Diese Anforderungen genügen den o. g. verfassungsrechtlichen Anforderungen an den notwendigen Verdachtsgrad.[50]

Gemäß § 100a Abs. 3 StPO darf eine Telekommunikationsüberwachung nur gegen den Beschuldigten, einen Nachrichtenmittler[51] oder einen sog.

---

[47] *Meininghaus*, S. 88.

[48] AnwK-*Löffelmann*, StPO, § 100a Rn. 8; Gercke/Julius/Temming/Zöller-*Gercke*, StPO, § 100a Rn. 16.

[49] Gercke/Julius/Temming/Zöller-*Gercke*, StPO, § 100a Rn. 16; KK-*Bruns*, StPO, § 100a, Rn. 30.

[50] Vgl. S. 97.

[51] Instruktiv zu strafprozessualen Maßnahmen gegenüber Nachrichtenmittlern: *Sankol*, MMR 2008, 154 ff.

Anschlussüberlasser[52] angeordnet werden. Hierbei ist es, wie auch aus § 100e Abs. 3 Satz 2 Nr. 1 StPO folgt, nicht notwendig, dass die Betroffenen zum Zeitpunkt der Anordnung der Überwachungsmaßnahme namentlich bekannt sind.[53] Auch eine Anordnung gegen „unbekannt" ist möglich.[54]

Bei Nachrichtenmittlern und Anschlussüberlassern kommt eine Anordnung nur dann in Betracht, wenn nach § 100a Abs. 3 StPO aufgrund „*bestimmter Tatsachen anzunehmen ist, dass sie für den Beschuldigten bestimmte oder von ihm herrührende Mitteilungen entgegennehmen oder weitergeben oder dass der Beschuldigte ihren Anschluss oder ihr informationstechnisches System benutzt*". Erfasst sind demnach neben Personen, die für den Beschuldigten bewusst Nachrichten entgegennehmen und weiterleiten, auch solche, deren Anschluss durch diesen lediglich genutzt wird. In allen Fällen ist es unerheblich, ob die Nachrichtenweitergabe bzw. Anschlussnutzung gutgläubig oder in Kenntnis der Tat erfolgt. Bei der Anschlussnutzung ist es daneben auch nicht erforderlich, dass der eigentlich Berechtigte von der Nutzung seines Anschlusses weiß.[55] Durch das Erfordernis des Vorliegens bestimmter Tatsachen in Bezug auf die Anschlussnutzung und die Übermittlung der Nachrichten wird, bei strenger Prüfung dieser Voraussetzungen,[56] eine hinreichende Beschränkung und Konkretisierung der Inanspruchnahme erreicht.

Eine Überwachung der E-Mail-Kommunikation betrifft regelmäßig neben dem Beschuldigten auch dessen Kommunikationspartner und verfügt damit zwangsläufig über eine hohe Streubreite.

Eine konkrete Beschränkung des Kreises der Betroffenen ist jedoch auf der gesetzgeberischen Ebene schwerlich möglich. Daher erscheint auch die Einführung einer Regelung entsprechend §§ 100c Abs. 2 Satz 2, 100f Abs. 3, 100h Abs. 3 bzw. 163f Abs. 3 StPO, welche klarstellt, dass eine Durchführung der Maßnahme nicht durch die unvermeidbare Betroffenheit Dritter verhindert würde, nicht zwingend erforderlich.[57] Eine solche Vorschrift hätte allenfalls deklaratorische Wirkung und würde letztlich zu keinerlei Einschränkung der Überwachungsmaßnahme führen.[58] Sie könnte im Rahmen der Abwägungen in der allgemeinen Verhältnismäßigkeitsprüfung lediglich

---

52 Vgl. zur Bezeichnung SK-*Wolter/Greco*, StPO, § 100a Rn. 50.

53 Vgl. hierzu Meyer-Goßner/Schmitt-*Köhler*, StPO, § 100e Rn. 11.

54 *Bär*, TK-Überwachung, § 100b StPO, Rn. 8.

55 Meyer-Goßner/Schmitt-*Köhler*, StPO, § 100a Rn. 20; SK-*Wolter/Greco*, StPO, § 100a Rn. 51 f.

56 SK-*Wolter/Greco*, StPO, § 100a Rn. 51.

57 So aber SK-*Wolter/Greco*, StPO, § 100a Rn. 3.

58 In diese Richtung für die Akustische Wohnraumüberwachung auch Meyer-Goßner/Schmitt-*Köhler*, StPO, § 100f Rn. 13.

dazu dienen, den Blick nochmals verstärkt auf die Streubreite des Eingriffs zu lenken.

Eine gewisse Einschränkung des Kreises der von einer Überwachung betroffenen Personen folgt allerdings aus den sogleich zu erörternden Anforderungen an den Schutz des Kernbereiches privater Lebensgestaltung sowie dem Zeugnisverweigerungsrecht. Insoweit bestehen gemäß § 160a Abs. 1 Satz 1 StPO absolute Beweiserhebungsverbote zugunsten der dort genannten Berufsgruppen, d. h., insbesondere Verteidiger, Geistliche, Rechtsanwälte und Abgeordnete, soweit deren Zeugnisverweigerungsrecht reicht. Bei den übrigen in § 53 StPO genannten Berufsgruppen kommt lediglich ein relatives Beweiserhebungsverbot zum Tragen. Danach ist gemäß § 160a Abs. 2 StPO neben der Zugehörigkeit zu einer der Berufsgruppen zugleich maßgeblich, ob durch die Maßnahme voraussichtlich vom Zeugnisverweigerungsrecht erfasste Erkenntnisse erlangt werden könnten. Ist dies der Fall, so ist das Strafverfolgungsinteresse mit dem öffentlichen Interesse an den durch den Berufsgeheimnisträger wahrgenommenen Aufgaben und dem jeweiligen individuellen Geheimhaltungsinteresse abzuwägen.[59]

Diese Beschränkungen finden ihre Grenze in § 160a Abs. 4 StPO, der eine Anwendung bei Verdacht der Tatbeteiligung sowie der Begünstigung, Strafvereitelung oder Hehlerei ausschließt. Bei Verteidigern gilt zudem § 148 StPO, der auch gegenüber § 160a StPO Vorrang genießt, so dass eine Überwachung des Verteidigers allenfalls bei Beteiligung an der Katalogtat des Mandanten in Betracht kommt.[60]

Die Regelungen des § 160a StPO finden keine Anwendung auf zeugnisverweigerungsberechtigte Angehörige i. S. v. § 52 StPO. Insoweit können allerdings die Regelungen zum Schutz des Kernbereiches privater Lebensgestaltung eingreifen.[61]

c) Schutz des Kernbereiches privater Lebensgestaltung

Die nunmehr in § 100d Abs. 1 und 2 StPO geregelten Anforderungen an den Schutz des Kernbereiches privater Lebensgestaltung im Rahmen der Telekommunikationsüberwachung wurden durch das Gesetz zur effektiveren und praxistauglicheren Ausgestaltung des Strafverfahrens vom 17.08.2017[62] nahezu inhaltsgleich aus dem vorherigen § 100a Abs. 4 StPO a. F. übernom-

---

59 Meyer-Goßner/Schmitt-*Köhler*, StPO, § 160a Rn. 9a.

60 Vgl. hierzu Meyer-Goßner/Schmitt-*Schmitt*, StPO, § 148 Rn. 16.

61 *Bär*, TK-Überwachung, § 100a StPO, Rn. 49.

62 BGBl. I, S. 3202 ff.

men.[63] Im Rahmen der Überarbeitung wurde insbesondere auch die bereits zuvor umstrittene Regelung des früheren § 100a Abs. 4 Satz 1 StPO als § 100d Abs. 1 StPO beibehalten, wonach Telekommunikationsüberwachungen, bei welchen „*allein Erkenntnisse aus dem Kernbereich privater Lebensgestaltung erlangt werden*", unzulässig sind.[64] In allen übrigen Fällen kann die Überwachungsmaßnahme zunächst durchgeführt werden, es bestehen allerdings gemäß § 100d Abs. 2 StPO ein Verwertungsverbot sowie eine Pflicht zur Löschung etwaig gewonnener Erkenntnisse, deren Erlangung ebenso wie die Löschung zu dokumentieren sind. In bestimmten Fällen, etwa wenn im Rahmen einer Echtzeitüberwachung feststeht, dass gerade ein kernbereichsrelevanter Inhalt erhoben wird, kann auch eine Pflicht zur zeitweiligen Unterbrechung der Maßnahme bestehen.[65]

Die Regelung begegnet, zumindest bei verfassungskonformer Auslegung, keinen durchgreifenden Bedenken. Insoweit kann weitgehend auf die oben im Zusammenhang mit dem an den Kernbereichsschutz im Rahmen des Computergrundrechtes zu stellenden Vorgaben gemachten Erörterungen verwiesen werden.[66]

Die Lösung liegt hier weder in der Freistellung jeglicher auch nur möglicherweise den Kernbereich betreffenden Kommunikation von Ermittlungsmaßnahmen noch in der generellen Ermöglichung von Eingriffen. Ersteres würde die Ermittlungsmöglichkeiten der Strafverfolgungsbehörden, zumindest soweit das persönliche Umfeld des Betroffenen auch nur möglicherweise von den Überwachungsmaßnahmen betroffen wäre, unverhältnismäßig beschränken. Letzteres würde dagegen den verfassungsrechtlich gebotenen Kernbereichsschutz nicht nur aushöhlen, sondern letztlich gänzlich konterkarieren.

aa) Genereller Ausschluss von Eingriffen?

Versteht man den Schutz des Kernbereiches privater Lebensgestaltung tatsächlich absolut, so hat konsequenterweise jeglicher Eingriff vor dem Hintergrund des Schutzes der Menschenwürde zu unterbleiben. Eine Heilung bereits erfolgter Verletzungen durch Verwertungsverbote und Löschungspflichten wäre dann nicht zulässig. Ein solches Verständnis würde allerdings

---

[63] Vgl. zur Änderung BT-Ausschuss für Recht und Verbraucherschutz, Ausschussdrucksache 18(6)334 vom 15.05.2017, S. 25 f.

[64] Vgl. insoweit die kritischen Anmerkungen von *Roggan*, HRRS 2013, 153, 155 sowie SK-*Wolter/Greco*, StPO, § 100a Rn. 57 f. m. w. N.

[65] Vgl. hierzu Meyer-Goßner/Schmitt-*Köhler*, StPO, § 100d Rn. 7a sowie SK-*Wolter/Greco*, StPO, § 100a Rn. 58.

[66] Vgl. S. 208 ff.

die Überwachung der Inhaltsdaten von E-Mails, wie die jeder anderen Telekommunikationsform, im Ergebnis unmöglich machen. Denn es setzt voraus, dass jeder staatliche Eingriff in den absolut geschützten Kernbereich von vornherein unterbleibt. In letzter Konsequenz hieße dies, dass jegliche Überwachungsmaßnahme, aus der sich ein Kernbereichsbezug ergeben könnte, ausgeschlossen wäre. Denn auch wenn Fallgestaltungen bestehen, in welchen ein solcher Bezug eher unwahrscheinlich ist, so lässt sich doch niemals mit Sicherheit ausschließen, dass der überwachte Anschluss nicht auch für private Gespräche höchstpersönlichen Charakters verwendet wird.[67] § 100d Abs. 1 StPO wäre nach diesem Verständnis verfassungswidrig, da er einen Zugriff auf Kernbereichsdaten nicht generell ausschließt. Eine Heilung über § 100d Abs. 2 StPO käme nicht in Betracht.

Das ein solches Verständnis zu weitgehend ist, liegt auf der Hand, verkennt es doch die Schutzpflichten des Rechtsstaates als Inhaber des Gewaltmonopols gegenüber seinen Bürgern, welche auch darin ihren Ausdruck finden, dass dieser die Möglichkeit haben muss, schwere Straftaten aufzuklären.[68] Es besteht zwar kein genereller Anspruch des Bürgers gegenüber dem Staat auf eine Strafverfolgung Dritter, anders ist dies jedoch bei schweren Straftaten zu bewerten. Insoweit wird ein Anspruch auf eine effektive Strafverfolgung durch das Bundesverfassungsgericht zum Schutz des Vertrauens in das staatliche Gewaltmonopol bejaht.[69] Vor diesem Hintergrund erschiene es äußerst bedenklich, den Strafverfolgungsbehörden eine wertvolle Ermittlungsmaßnahme, welche in vielen Fällen auch die einzig erfolgversprechende sein dürfte, gänzlich zu verweigern, solange andere effektive Möglichkeiten des Schutzes des Kernbereiches privater Lebensgestaltung bestehen.

bb) Notwendigkeit einer Echtzeitüberwachung/unverzüglichen Auswertung?

Ebenfalls zu weitgehend erscheinen Ansätze, welche einen Eingriff in den Kernbereich vermeiden wollen, indem eine generelle Echtzeitüberwachung bzw. unverzügliche Auswertung[70] durch einen Beamten der Strafverfolgungsbehörden anstelle der heute üblichen technischen Aufzeichnung mit zeitlich nachgelagerter Auswertung angeordnet wird, sofern die Besorgnis

[67] Denkbar sind etwa Fälle der (ggf. unzulässigen) Privatnutzung von Geschäftsanschlüssen zu kernbereichsrelevanten Gesprächen mit dem Ehepartner bzw. anderen Vertrauenspersonen oder zu Gesprächen mit der Telefonseelsorge. Vgl. insoweit auch Graf-*Graf*, StPO, § 100a Rn. 167 sowie *Bär*, TK-Überwachung, § 100a StPO Rn. 42.

[68] Vgl. BVerfGE 129, 208, 247.

[69] BVerfG, HRRS 2014, Nr. 1063, Rn. 9ff. Vgl. auch S. 185f.

[70] So die Bezeichnung bei KK-*Bruns*, StPO, § 100a, Rn. 7.

einer Kernbereichsverletzung besteht. Ziel ist es, die Maßnahme bei Gefahr eines Eingriffes jederzeit abbrechen zu können.[71] Die Vertreter dieser Ansicht betrachten die Argumente für einen nachgelagerten Schutz des Kernbereiches durch Verwertungsverbote sowie Löschungs- und Dokumentationspflichten als vorgeschobene fiskalische Gründe, die lediglich der Aufrechterhaltung möglichst umfassender Überwachungsmöglichkeiten mittels technischer Mittel und geringem Personaleinsatz dienen sollen.[72]

Auch wenn die Gesetzgebungsmaterialen insoweit schweigen, ist es sicher nicht unwahrscheinlich, dass auch der ressourcenschonende Einsatz der Mittel der Ermittlungsbehörden bei der Entscheidung des Gesetzgebers eine Rolle gespielt hat. Leitmotiv der Regelung dürfte dies jedoch nicht gewesen sein. Der Gesetzgeber verweist in der Begründung der Regelung vielmehr, unter Bezugnahme auf die Untersuchungen von Albrecht, Dorsch und Krüpe,[73] auf die Bedeutung der Telekommunikationsüberwachung als Ermittlungsinstrument.[74] Daneben führt er Praktikabilitätserwägungen und eine, im Vergleich zum strenger geregelten Kernbereichsschutz im Rahmen der akustischen Wohnraumüberwachung,[75] geringere Eingriffstiefe an. Letztere begründet er damit, dass die Telekommunikation als Distanzkommunikation unter Abwesenden keinen vergleichbar abgeschlossenen Rahmen für den Austausch vertraulicher Informationen biete. Dies gelte insbesondere bei der Nutzung von Mobilfunkkommunikationsmitteln in der Öffentlichkeit.[76]

Ein Abstellen auf eine derartige Beschränkung der Geheimhaltungsmöglichkeit erscheint wenig überzeugend und vermag es vor allem im Rahmen der E-Mail-Kommunikation nicht, ein geringeres Schutzniveau zu begründen, da diese für Dritte unhörbar verläuft und somit ohne besondere technische Hilfsmittel von diesen nicht wahrgenommen werden kann. Zudem ist auch der Ort der Versendung bzw. des Empfangs der Nachricht insoweit regelmäßig ohne Bedeutung. Auch bei einer Versendung vom Mobiltelefon in der Öffentlichkeit ist keine weitergehende Lockerung der Geheimhaltung gegeben.

Demgegenüber sprechen gerade bei dieser Kommunikationsform jedoch Fragen der Praktikabilität für die durch den Gesetzgeber gewählte Lösung. Das Bundesverfassungsgericht hat in seinem Beschluss aus dem Jahr 2011[77], mit welchem es u. a. die Vorläuferregelung der hier maßgeblichen Vorschrift

---

71 So SK-*Wolter/Greco*, StPO, § 100a Rn. 57 f.; *Roggan*, HRRS 2013, 153, 158.

72 So SK-*Wolter/Greco*, StPO, § 100a Rn. 57a; *Roggan*, HRRS 2013, 153, 156 ff.

73 *Albrecht/Dorsch/Krüpe*, S. 463.

74 BT-Drs.: 16/5846, S. 43.

75 Kritisch zu diesen Regelungen *Löffelmann*, NJW 2005, 2033 ff.

76 BT-Drs.: 16/5846, S. 43.

77 BVerfGE 129, 208 ff.

zum Kernbereichsschutz für verfassungsgemäß erklärte, letztlich überzeugend auf Praktikabilitätserwägungen abgestellt und die vom Gesetzeber angeführten Geheimhaltungsmöglichkeiten nicht weiter erörtert. Dabei verweist das Gericht anschaulich auf die im auch im Rahmen einer Echtzeitüberwachung bzw. unverzüglichen Auswertung auftretenden Probleme in Bezug auf die verwendeten Sprachen und Dialekte, aber auch Geheimcodes, die es einem mithörenden oder mitlesenden Beamten unmöglich machen, während der Durchführung der Maßnahme zu erkennen, inwieweit die jeweilige Kommunikation Kernbereichsrelevanz hat.[78] Es verweist diesbezüglich darauf, dass in derartigen Fällen im Ergebnis kein erkennbarer Unterschied zu einer Überwachung durch Aufzeichnung der Gespräche/Nachrichten besteht.

Die durch das Gericht weiter angeführten Stimmidentifikationsprobleme sowie technisch bedingte Verständnisprobleme[79] spielen bei der Überwachung der Inhaltsdaten von E-Mails zwar keine Rolle, dafür treten in diesem Zusammenhang neben den genannten Sprachproblemen weitere für diese Kommunikationsform spezifische Probleme auf. So ist eine Identifikation von Personen anhand von E-Mail-Adressen während einer Überwachungsmaßnahme häufig nicht sicher durchführbar. Schließlich ist regelmäßig davon auszugehen, dass die Kommunikationspartner in ermittlungstechnisch relevanten Fällen kaum den eigenen Namen als E-Mail-Benutzernamen verwenden, sondern diesen etwa durch Verwendung von Pseudonymen verschleiern.

Zudem erscheint eine Prüfung auf kernbereichsrelevante Inhalte im Rahmen einer Echtzeitüberwachung bei der Überwachung des E-Mail-Verkehrs praktisch noch weniger durchführbar als bei der Telefonüberwachung, da die gesamte Übermittlung in Sekundenbruchteilen abgeschlossen ist. Dabei kann die mit einer E-Mail gesendete Datenmenge jedoch so erhebliche Ausmaße annehmen, dass eine Überprüfung auf kernbereichsrelevante Inhalte selbst in einem vertretbar kurzen Zeitraum nach Übermittlung regelmäßig nicht möglich sein wird. Zudem wäre die Überprüfung, zumindest soweit kernbereichsrelevante Daten gefunden werden, bereits als Eingriff in den Kernbereich zu werten.

Die genannten Praktikabilitätsfragen bestehen unabhängig von der Zahl der überwachten Anschlüsse. Selbst wenn nur sehr wenige Anschlüsse überwacht und alle denkbaren Vorkehrungen getroffen würden (Echtzeitüberwachung, Beiziehung von Dolmetschern, hinreichende Vorermittlungen zum persönlichen Umfeld usw.) ließe sich niemals mit Sicherheit ausschließen, dass nicht auch kernbereichsrelevante Inhalte erhoben und somit ein Eingriff in diesen absolut geschützten Bereich gegeben wäre. Zumindest insoweit

---

[78] BVerfGE 129, 208, 248.

[79] BVerfGE 129, 208, 248 f.

erweist sich der von Wolter/Greco erhobene Einwand, dass letztlich nicht Probleme der Durchführbarkeit persönlicher Überwachungen, sondern vielmehr die Zahl der Überwachungsmaßnahmen zu einer Unpraktikabilität führten,[80] als polemisch.

Es lässt sich somit zusammenfassend festhalten, dass auch bei einer Überwachung der Inhaltsdaten von E-Mails gute Gründe bestehen, die über rein fiskalische Erwägungen hinausgehen, welche gegen eine generelle Verfassungswidrigkeit des § 100d Abs. 1 StPO aufgrund unzureichenden Kernbereichsschutzes sprechen.

cc) Verlagerung des Kernbereichsschutzes in die Auswertungsphase

Der Gesetzgeber hat den eigentlichen Kernbereichsschutz vor dem Hintergrund der genannten Praktikabilitätserwägungen und der Problemstellungen bei einem absoluten Schutz im Vorfeld der eigentlichen Ermittlungsmaßnahme auf die Auswertung der erlangten Ermittlungsergebnisse verlagert.[81] Die maßgebliche Regelung stellt insoweit § 100d Abs. 2 StPO dar, der im Falle der Erlangung von kernbereichsrelevanten Erkenntnissen ein absolutes Verwertungsverbot statuiert. Die erlangten Erkenntnisse sind unverzüglich zu löschen und sowohl die Tatsache der Erlangung als auch der Löschung zu dokumentieren. Das Bundesverfassungsgericht hat diese Verlagerung des Kernbereichsschutzes auf die Auswertungsphase in der o. g. Entscheidung als hinreichend angesehen, um den Anforderungen an einen effektiven Schutz der verfassungsmäßigen Rechte zu genügen.[82]

Dem ist zuzustimmen. Die durch den Gesetzgeber gewählte Lösung eines zweistufigen Schutzes durch Kombination eines generellen Erhebungsverbots mit einem Verwertungsverbot verbunden mit Löschungs- und Dokumentationspflichten bringt zwar eine nicht unerhebliche Schwächung des absoluten Kernbereichsschutzes mit sich, ermöglicht es aber auch den Strafverfolgungsbehörden, ihrem Ermittlungsauftrag in sinnvoller Weise nachzukommen, ohne eine tiefgreifende und vor allem dauerhafte Verletzung des verfassungsmäßigen Schutzes zu verursachen.

---

[80] Vgl. SK-*Wolter/Greco*, StPO, § 100a Rn. 57; in diese Richtung auch *Roggan*, HRRS 2013, 153, 157.

[81] Vgl. Meyer-Goßner/Schmitt-*Köhler*, StPO, § 100d Rn. 6.

[82] BVerfGE 129, 208, 249.

(1) Beschränkungsmöglichkeiten in der Praxis

In der Praxis ist jedoch darauf zu achten, dass bereits im Vorfeld der Ermittlungsmaßnahme sichergestellt wird, dass sich mögliche Eingriffe in den Kernbereich privater Lebensgestaltung auf das absolut unvermeidbare Maß beschränken. Zumindest soweit die Person des von der Maßnahme Betroffenen den Ermittlungsbehörden bekannt ist, erscheint es erforderlich, im Vorfeld der Maßnahme dessen persönliches Umfeld abzuklären und so die Überwachung des Nachrichtenaustausches mit engen Vertrauten, Verteidigern oder Geistlichen auszuschließen.[83] Hierbei ist allerdings dafür Sorge zu tragen, dass die hierzu notwendigen Aufklärungsmaßnahmen nicht zu eigenständigen Eingriffen in Grundrechte des Betroffenen oder dessen Umfelds führen. Im Ergebnis wird eine solche pragmatisch orientierte verfassungskonforme Auslegung auch in gegenüber § 100d Abs. 1 und 2 StPO kritischen Teilen der Literatur anerkannt.[84]

Im Rahmen der laufenden E-Mail-Überwachung nach § 100a StPO wird sich ein Zugriff auf den Kernbereich privater Lebensgestaltung zumindest in Teilen bereits im Vorfeld der Maßnahme einfacher beschränken oder auch gänzlich ausschließen lassen, als im Rahmen einer Telefonüberwachung. Grund hierfür ist, auch wenn regelmäßig keine Klarnamen Verwendung finden, die vereinfachte Zuordenbarkeit von Nachrichten zu bestimmten Absendern anhand der E-Mail-Adresse. Zumindest solange keine Anhaltspunkte dafür bestehen, dass andere Personen etwa die E-Mail-Adresse von Ehepartnern oder engen Vertrauten von Beschuldigten nutzten, können diese bereits im Rahmen der Anordnung von der Überwachung ausgenommen werden.[85]

(2) Entscheidung der Staatsanwaltschaft über die Löschungspflicht

Die Entscheidung über eine eventuell notwendige Löschung aufgrund bestehender Kernbereichsrelevanz obliegt in der Praxis der im jeweiligen Ermittlungsverfahren zuständigen Staatsanwaltschaft.[86] Anders als in den Fällen der Online-Durchsuchung (§ 100b StPO) oder der akustischen Wohnraumüberwachung (§ 100c StPO) entscheidet somit nicht das die Maßnahme anordnende Gericht über die Notwendigkeit einer unverzüglichen Löschung erlangter kernbereichsrelevanter Daten. Dies mag auf den ersten Blick als

[83] Für derartige Vorermittlungen auch KK-*Bruns*, StPO, § 100d, Rn. 12.

[84] Vgl. etwa SK-*Wolter/Greco*, StPO, § 100a Rn. 57.

[85] Zu Möglichkeiten des Kernbereichsschutzes durch den Ermittlungsrichter im Rahmen der Anordnung der Überwachung vgl. *Roggan*, HRRS 2013, 153, 157.

[86] KK-*Bruns*, StPO, § 100d, Rn. 7.

eine nicht unwesentliche Schwächung des Kernbereichsschutzes im Rahmen einer Telekommunikationsüberwachung erscheinen, da keine Entscheidung durch einen unabhängigen Richter erfolgt. Allerdings ist die diesbezügliche Entscheidung des Gesetzgebers, ganz unabhängig von Praktikabilitätserwägungen aufgrund der Anzahl der Überwachungen, vor dem Hintergrund der unterschiedlichen Eingriffstiefe der Maßnahmen gerechtfertigt.

Nicht gänzlich überzeugend ist dagegen der durch das Bundesverfassungsgericht vorgenommene Rückgriff auf die Anordnung der Telekommunikationsüberwachung durch ein Gericht.[87] Diese erfolgt auch in den Fällen der akustischen Wohnraumüberwachung und der Online-Durchsuchung, so dass konsequenterweise auch insoweit auf eine gerichtliche Entscheidung über die Verwertbarkeit verzichtet werden könnte. Überzeugender erscheint es, wenn das Gericht in der Folge auf die Unterrichtungspflicht nach Beendigung der Maßnahme (§ 100e Abs. 5 Satz 2 StPO) sowie die Möglichkeit der Beantragung einer gerichtlichen Überprüfung nach § 101 Abs. 7 Satz 2 bis 4 StPO durch die Betroffenen abstellt. Hierdurch wird eine hinreichende gerichtliche Kontrolle gewährleistet.

d) Regelung der verfassungsrechtlich gebotenen Verfahrensanforderungen

Hinsichtlich der Einhaltung der Anforderungen an ein ordnungsgemäßes Verfahren bestehen keine verfassungsrechtlichen Bedenken gegenüber den Vorgaben des § 100a StPO i.V.m. § 100e und 101 StPO.

Auch die früheren Verfahrensanforderungen zur Anordnung, Durchführung und Beendigung einer Telekommunikationsüberwachung sowie zu den diesbezüglichen Mitwirkungspflichten der Telekommunikationsdienstleistungsunternehmen und den Berichtspflichten an das Bundesamt für Justiz nach § 100b StPO a.F. wurden durch das Gesetz zur effektiveren und praxistauglicheren Ausgestaltung des Strafverfahrens vom 17.08.2017[88] neu gefasst, ohne insoweit wesentliche inhaltliche Änderungen vorzunehmen.[89] Sie regeln auch weiterhin die verfassungsrechtlichen Vorgaben zur richterlichen Anordnung der Überwachungsmaßnahme (§ 100e Abs. 1 StPO), zu den erforderlichen Mindestinhalten der Anordnung (§ 100e Abs. 3 StPO) und deren Begründung (§ 100e Abs. 4 StPO).

[87] BVerfGE 129, 208, 250.

[88] BGBl. I, S. 3202ff.

[89] Vgl. zu den Einzelnen Änderungen/Verschiebungen BT-Ausschuss für Recht und Verbraucherschutz, Ausschussdrucksache 18(6)334 vom 15.05.2017, S. 22 sowie 27ff.

Gemäß § 101 Abs. 4 Nr. 3 StPO sind die Beteiligten an einer überwachten Telekommunikation von der Überwachung zu unterrichten, um diesen eine gerichtliche Überprüfung der Rechtmäßigkeit der Maßnahme und der Art und Weise ihrer Durchführung zu ermöglichen (§ 101 Abs. 7 Satz 2 StPO). Die Benachrichtigung hat gemäß Abs. 5 Satz 1 der Vorschrift spätestens dann zu erfolgen, wenn eine Gefährdung des Untersuchungszweckes bzw. der dort genannten bedeutenden Rechtsgüter nicht mehr besteht.

§ 101 Abs. 4 Satz 3 bis 5 StPO regeln Gründe, nach welchen von einer Benachrichtigung der von der Telekommunikationsüberwachung Betroffenen abgesehen werden kann. Diese dienen, neben der Verhinderung einer Vertiefung des Grundrechtseingriffes durch weitere Ermittlungen, auch der Verfahrensökonomie.[90] Danach unterbleibt die Benachrichtigung bei Bestehen überwiegender schutzwürdiger Belange des Betroffenen (Satz 3) und kann, sofern es sich bei dem Betroffenen nicht um den Adressaten der Maßnahme handelt, bei nur unerheblicher Betroffenheit oder anzunehmendem geringen Interesse an einer Benachrichtigung (Satz 4) unterbleiben. Nachforschungen zur Feststellung der Identität der Betroffenen müssen allenfalls bei schwerwiegenden Eingriffen erfolgen (Satz 5).

Die Regelungen sind nicht zu Unrecht als sehr unbestimmt und als Einfallstor zur Vermeidung der Benachrichtigung der Betroffenen kritisiert worden,[91] ist doch eine Benachrichtigung bei solchen heimlichen Ermittlungsmaßnahmen zwingende Voraussetzung der Wahrnehmung des verfassungsrechtlich geschützten Rechtes auf richterliche Überprüfung einer Maßnahme aus Art. 19 Abs. 4 Satz 1 GG. Zudem ergibt sich eine Benachrichtigungspflicht im Rahmen des Fernmeldegeheimnisses bereits direkt im Umkehrschluss aus Art. 10 Abs. 2 Satz 2 GG, der eine Benachrichtigung nur für die dort genannten Fälle ausschließt.[92] Insoweit hat die Frage eine nicht unerhebliche verfassungsrechtliche Dimension, die deutlich über die einer bloßen verfahrensrechtlichen Ordnungsvorschrift hinausgeht.

Dennoch hat das Bundesverfassungsgericht die Benachrichtigungsregelungen des § 101 Abs. 4 StPO im Jahr 2011, im Ergebnis zu Recht, als verfassungsgemäß anerkannt.[93] Im Falle überwiegender schutzwürdiger Belange des Betroffenen kann es danach zum Schutz der persönlichen und beruflichen Beziehungen des Betroffenen geboten sein, von einer Benachrichtigung von

---

90 Vgl. Meyer-Goßner/Schmitt-*Köhler*, StPO, § 101 Rn. 16; *Bär*, TK-Überwachung, § 101 StPO Rn. 15.

91 *Puschke/Singelnstein*, NJW 2008, 113, 116.

92 Vgl. zu den lebhaften Debatten um die Einführung dieser Regelung die umfangreiche Darstellung bei von Münch/Kunig-*M. Martini*, GG, Art. 10 GG Rn. 137 sowie *Hall*, JZ 1968, 162 ff.; *Dürig*, ZRP 1968, 11.

93 BVerfGE 129, 208, 250 ff.

dessen nur zufällig erfassten unbeteiligten Gesprächspartnern abzusehen.[94] Anderenfalls könnte eine Benachrichtigung, gerade in Fällen, in welchen sich gegebenenfalls erst nach jahrelangen Ermittlungen oder Prozessen die Unschuld des Betroffenen herausstellt, erhebliche Nachteile für dessen persönliche und geschäftliche Beziehungen nach sich ziehen.[95] Entsprechendes gilt auch hinsichtlich der Personen, die nur unerheblich betroffen sind oder bei welchen nur ein geringes Interesse an einer Benachrichtigung zu erwarten ist.[96] Diesbezüglich würde eine Benachrichtigung den Eingriff gegenüber dem Adressaten der Maßnahme nur vertiefen und letztlich den Rechtsfrieden stören, da die Benachrichtigten in der Regel versuchen werden, Informationen über die Gründe ihrer Überwachung zu erlagen. Insoweit ist die vom Gesetzgeber getroffene Entscheidung letztlich nicht zu beanstanden. Vor dem Hintergrund des verfassungsmäßigen Schutzes einer gerichtlichen Überprüfbarkeit von staatlichen Maßnahmen gemäß Art. 19 Abs. 4 Satz 1 GG, ist jedoch eine enge Auslegung und behutsame Anwendung der Ausnahmeregelungen des § 101 Abs. 4 Satz 3 bis 5 StPO im Einzelfall geboten, welche sich an den Vorstellungen des Gesetzgebers[97] orientiert.[98] Auch die Benachrichtigungsregelungen genügen somit bei entsprechender verfassungskonformer Auslegung den in Bezug auf das Fernmeldegeheimnis bestehenden Vorgaben des Grundgesetzes.

Die StPO regelt zudem in verfassungsrechtlich nicht zu beanstandender Weise die Kennzeichnung der durch Überwachungsmaßnahmen gemäß § 100a StPO erlangten Daten und deren zweckgebundene Verwendung.

Nach § 101 Abs. 3 StPO sind die im Rahmen einer E-Mail-Überwachung erlangten personenbezogenen Daten im Sinne des § 3 Abs. 1 BDSG zu kennzeichnen, um ihre zweckgebundene Verwendung sicherzustellen.[99] Zu kennzeichnen sind demnach alle Informationen, welche Auskunft über die persönlichen oder sachlichen Verhältnisse einer natürlichen Person geben.

---

[94] BVerfGE 129, 208, 252 f.

[95] BVerfGE 129, 208, 253.

[96] BVerfGE 129, 208, 253 f.

[97] BT-Drs.: 16/5846, S. 60 nennt in Bezug auf Telekommunikationsüberwachungen als Beispiele für geringfügige Betroffenheit und ein mangelndes Interesse an der Benachrichtigung z.B. Terminvereinbarungen mit Handwerkern, Bestellungen bei Bringdiensten oder Reklamationen, über Callcenter, die zumindest teilweise auch für die E-Mail-Kommunikation von Bedeutung sein können. Zudem werden auch die Versender von Werbemitteilungen und SPAM-E-Mails regelmäßig kein Interesse an einer Benachrichtigung haben.

[98] So auch *Puschke/Singelnstein*, NJW 2008, 113, 116.

[99] Meyer-Goßner/Schmitt-*Köhler*, StPO, § 101 Rn. 3. Zur Praxis der Kennzeichnung und deren Auswirkungen auf die Aktenführung vgl. *Bär*, TK-Überwachung, § 101 StPO Rn. 10.

Erfasst sind hiervon insbesondere auch die E-Mail-Adressen der jeweiligen Empfänger.[100]

Die Kennzeichnung dient vor allem der Einhaltung der in § 479 Abs. 2 Satz 1 StPO geregelten besonderen Verwendungsbeschränkungen bezüglich solcher Informationen, die Maßnahmen entstammen, welche nur aufgrund des Verdachtes bestimmter Straftaten zulässig sind, wie die Telekommunikationsüberwachung gemäß § 100a StPO. Eventuelle Zufallsfunde im Rahmen einer Telekommunikationsüberwachung dürfen daher grundsätzlich nur zur Ermittlung anderer Katalogtaten eingesetzt werden.[101] Eine Ausnahme bilden die in § 479 Abs. 2 Satz 2 StPO genannten Fälle, wie z. B. Fälle einer erheblichen Gefährdung der inneren Sicherheit.

Werden die durch die Telekommunikationsüberwachung erlangten persönlichen Daten nicht mehr zur Strafverfolgung oder für eine etwaige gerichtliche Überprüfung der Maßnahme benötigt, so sind sie gemäß § 101 Abs. 8 StPO zu löschen, um eine weitere Verwendung dauerhaft auszuschließen.[102]

Ergebnis zu Phase 1 und 3

Die in den § 100a StPO i. V. m. §§ 100d, 100e und 101 StPO geregelten Anforderungen an die Anordnung und Durchführung einer Telekommunikationsüberwachung genügen für die Phasen 1 und 3 den verfassungsrechtlichen Anforderungen des Art. 10 Abs. 1 GG für Eingriffe in die laufende Telekommunikation.

III. Verfassungskonforme Eingriffsermächtigungen während der Zwischenspeicherung (Phase 2)

Für den Zeitraum der Zwischenspeicherung werden die Inhaltsdaten der E-Mail nach der hier vertretenen Meinung ausschließlich durch das Fernmeldegeheimnis geschützt. Auch vor dem Hintergrund dieser verfassungsrechtlichen Weichenstellung, welche als sog. Einheitlichkeits- bzw. Homogenitätstheorie nunmehr die h. M. in Rechtsprechung und Literatur darstellt, werden im Hinblick auf die anzuwendende strafprozessuale Eingriffsgrundlage verschiedenste Ansätze vertreten. Diese sollen im Folgenden, ausgehend von der durch das Bundesverfassungsgericht vertretenen Lösung, auf ihre Vereinbarkeit mit den verfassungsrechtlichen Vorgaben geprüft werden.

---

[100] Vgl. zu dieser Frage: *Härting*, CR 2008, 743 ff.

[101] Vgl. zu den Einzelheiten Meyer-Goßner/Schmitt-*Köhler*, StPO, § 479 Rn. 3.

[102] Vgl. zu den Einzelheiten sowie zur Anordnung der Löschung Meyer-Goßner/Schmitt-*Köhler*, StPO, § 101 Rn. 27 f.

1. Der strafprozessuale Lösungsansatz des Bundesverfassungsgerichtes

Mit dem oben bereits im Hinblick auf seine verfassungsrechtlichen Ausführungen ausführlich besprochenen[103] Beschluss vom 16. Juni 2009[104] hat das Bundesverfassungsgericht auch die verfassungsrechtlichen Anforderungen an eine verfassungsgemäße strafprozessuale Eingriffsgrundlage in Bezug auf zwischen- und endgespeicherte E-Mails nicht nur einer Neubewertung unterzogen, sondern sich hierbei auch weitgehend von den vorher bestehenden Grundannahmen gelöst.

Völlig überraschend[105] erklärte es die Vorschriften zur einfachen Sicherstellung und Beschlagnahme der §§ 94 ff. StPO, zumindest in Bezug auf offene Zugriffe, für hinreichend, um den verfassungsrechtlichen Anforderungen an Eingriffe in das Fernmeldegeheimnis Genüge zu tun. Daneben seien aber auch die Postbeschlagnahme nach § 99 Abs. 1 StPO sowie die Telekommunikationsüberwachung gemäß § 100a StPO mögliche verfassungskonforme Eingriffsgrundlagen.[106]

Im Vorfeld der Entscheidung waren sowohl Rechtsprechung als auch Literatur, sofern nicht das Bestehen einer verfassungsgemäßen Eingriffsermächtigung generell verneint wurde, einhellig davon ausgegangen, dass nur § 100a StPO als Rechtsgrundlage für Eingriffe in das Fernmeldegeheimnis in Betracht komme. War der Schutzbereich des Fernmeldegeheimnisses eröffnet, so war eine Anwendung der Vorschriften der §§ 94 ff. StPO ausgeschlossen. Diese vor der Entscheidung unbestrittene Grundannahme, die auch von den Vertretern eines engen Verständnisses der Reichweite des Schutzbereiches anerkannt wurde,[107] bildete den Hintergrund aller oben ausführlicher geschilderten Streitigkeiten bezüglich der Reichweite des verfassungsrechtlichen Schutzes in den Phasen 2 und 4 der E-Mail-Kommunikation.[108] Hiervon wandte sich das Gericht nunmehr ab und präsentierte eine strafprozessual gänzlich andere, deutlich weiterreichende Lösung.

Zur Begründung seiner Entscheidung zugunsten einer Anwendbarkeit der §§ 94 ff. StPO verweist das Gericht zunächst auf eine Reihe von, überwiegend älteren, Literaturstimmen sowie systematische und gesetzeshistorische Argumente.

---

103 Vgl. S. 122 ff.

104 BVerfGE 124, 43 ff.

105 So ausdrücklich auch *Gercke*, StV 2009, 624, 625.

106 BVerfGE 124, 43, 66.

107 Vgl. z. B. *Bär*, Handbuch der EDV-Beweissicherung, Rn. 108.

108 *Krüger*, MMR 2009, 680, 682.

Die angeführten Literaturstimmen[109] verwendet das Gericht zum Nachweis dafür, dass durchaus vertreten würde, dass die §§ 94 ff. auch als verfassungskonforme Ermächtigung zu Eingriffen in Art. 10 Abs. 1 GG in Frage kommen.[110] Auch die Systematik des 8. Abschnittes des Ersten Buches der StPO spreche nicht gegen die Möglichkeit, Eingriffe in die durch den Artikel gewährleisteten Grundrechte auf dieser Rechtsgrundlage vorzunehmen. Weder aus der Stellung des § 94 StPO gegenüber den offensichtlich für solche Eingriffe geeigneten §§ 99, 100a und 100g StPO, noch aus der Regelung der unterschiedlichsten Eingriffsbefugnisse in diesem Abschnitt ließe sich auf ein gesetzgeberisches Regelungskonzept schließen, wonach nur nach diesen Vorschriften in die Grundrechte des Art. 10 Abs. 1 GG eingegriffen werden könne. Die Gesetzgebungsmaterialien enthielten ebenfalls keine hinreichenden Hinweise darauf, dass die Regelungen der §§ 99, 100a und 100g StPO als abschließende Regelung von Eingriffen in diese Grundrechte konzipiert seien, vielmehr seien die Regelungen durch den Gesetzgeber nicht generell auf die Reichweite der Schutzgewährleistungen abgestimmt worden.[111]

Die §§ 94 ff. StPO genügten auch den Anforderungen an der Normenklarheit und Normenbestimmtheit. Die Regelungen erfüllten nach der ständigen Rechtsprechung des Gerichtes[112] die Anforderungen des Grundgesetzes in Bezug auf die Sicherstellung und Beschlagnahme von Datenträgern und dort gespeicherten Daten. Entsprechendes gelte auch für die auf einem Mailserver gespeicherten Nachrichten.[113]

Für den Betroffenen sei hinreichend erkennbar, dass eine Sicherstellung und Beschlagnahme der Inhaltsdaten von E-Mails auf Basis der §§ 94 ff. StPO erfolgen könne. Die Regelungen seien zwar ursprünglich für den Zugriff auf körperliche Gegenstände geschaffen worden, würden nunmehr aber alle Gegenstände erfassen, die als Beweismittel in Betracht kämen. Dies gelte gerade auch in Bezug auf unkörperliche Gegenstände.[114] Unter Verweis auf seine frühere Rechtsprechung[115] führt das Gericht weiter aus, dass eine weitere Konkretisierung der Normen nicht erforderlich sei, vielmehr müsse diese verfahrensbezogen durch die Ermittlungsrichter erfolgen.[116]

---

109 AK-*Amelung*, StPO, vor §§ 99, 100 Rn. 4; *Engels*, Die Grenzen des Brief-, Post- und Fernmeldegeheimnisses, S. 88 f.; *Welp*, Überwachung, S. 47; SK-*Wolter* (Oktober 2009), StPO, § 94 Rn. 2.

110 BVerfGE 124, 43, 58.

111 BVerfGE 124, 43, 59.

112 Vgl. BVerfGE 113, 29, 51 f.; 115, 166, 191.

113 BVerfGE 124, 43, 60.

114 BVerfGE 124, 43, 60 f.

115 BVerfGE 113, 29, 51.

116 BVerfGE 113, 29, 51; 124, 43, 61.

Auch der Anforderung einer bereichsspezifischen, präzisen Bestimmung des Verwendungszwecks genügten die §§ 94 ff. StPO. Trotz der generell weiten Gestattung von Datenzugriffen durch die Vorgaben sei eine Begrenzung der Anwendung durch den Normzusammenhang gegeben, der die Erhebung auf den Ermittlungszweck, und damit die jeweils zu ermittelnde Straftat, beschränke.[117]

Im Hinblick auf die Verhältnismäßigkeit hegt das Bundesverfassungsgericht keine Zweifel an der Anwendbarkeit der einfachen Sicherstellungs- und Beschlagnahmevorschriften der StPO auf beim Provider zwischen- und endgespeicherte Inhaltsdaten von E-Mails. Wirksame Strafverfolgung, Verbrechensbekämpfung und die Wahrheitsermittlung im Strafverfahren seien legitime Zwecke, die einen Eingriff in das Fernmeldegeheimnis rechtfertigen könnten.[118]

Ein Zugriff auf E-Mails auf Grundlage der §§ 94 ff. StPO sei hierfür auch angemessen. Im Rahmen der Angemessenheitsprüfung hält das Gericht an den durch seine ständige Rechtsprechung aufgestellten Grundsätzen fest:

Bei der Abwägung von Freiheitseinbuße und Gemeinwohlzweck ist danach zunächst das Gewicht des Eingriffszweckes zu würdigen. In die Abwägung sind daher zum einen die Bedeutung der geschützten Rechtsgüter und die Wahrscheinlichkeit des Eintritts einer Rechtsgutsverletzung und zum anderen auf die Anzahl der Betroffenen und die Intensität der Grundrechtsbeeinträchtigung einzustellen.[119] Besonders schwer wiegen dabei heimliche Eingriffe[120] und solche, die längere Zeit andauern, während einmalige oder punktuelle Datenerhebungen als weniger intensiv eingeschätzt werden.[121] Erschwerend wirkt auch die Möglichkeit, die erhobenen Daten zu unbestimmten Zwecken zu verwenden[122] sowie eine mangelnde Einwirkungsmöglichkeit des Betroffenen auf den Datenbestand.[123]

Von diesen generellen Annahmen ausgehend erörtert das Gericht die Angemessenheit des Zugriffs auf bei einem Provider zwischen- und endgespeicherte E-Mails. Dabei stellt es zunächst auf die Heimlichkeit des Zugriffs ab. Es betrachtet die Sicherstellung und Beschlagnahme von E-Mail-Inhaltsdaten als eine *„offene und durch den Ermittlungszweck begrenzte Maßnahme au-*

---

117 BVerfGE 124, 43, 61.

118 BVerfGE 100, 313, 389; 107, 299, 316; 124, 43, 61.

119 BVerfGE 100, 313, 376; 113, 348, 382; 124, 43, 62.

120 BVerfGE 124, 43, 62 m. w. N.

121 BVerfGE 120, 274, 323 f.; 124, 43, 62.

122 BVerfGE 113, 348, 384 f.; 124, 43, 62.

123 BVerfGE 115, 166, 194; 124, 43, 62.

ßerhalb des laufenden Kommunikationsvorgangs"[124]. Daher sei es weder erforderlich, die Eingriffe auf schwere Straftaten oder auch nur solche von erheblicher Bedeutung zu beschränken, noch müsse mehr als ein einfacher Anfangsverdacht bestehen.[125]

Kommunikationsinhalte seien im Vergleich zu einfachen Kommunikationsdaten (z.B. Bestands- oder Verkehrsdaten) besonders schutzwürdig, da sie weitreichende Rückschlüsse auf Kommunikationsverhalten, Umfeld und Interessen des Betroffenen zuließen. Besonders schwerwiegend sei auch, wenn Unbeteiligte von den Maßnahmen betroffen seien.[126] Diese Schutzwürdigkeitserwägungen stellt das Gericht dem Strafverfolgungsinteresse gegenüber. Moderne Kommunikationsmittel würden vermehrt zur Begehung von Straftaten eingesetzt, so dass es erforderlich sei, dass die Strafverfolgungsbehörden mit dieser Entwicklung Schritt hielten. Die weitreichende Nutzung moderner Kommunikationsmittel erschwere die Strafverfolgung.[127]

Das Strafverfolgungsinteresse überwiege auch im Hinblick auf Straftaten geringerer Bedeutung das Interesse des Betroffenen am Schutz seiner Inhaltsdaten. Insoweit argumentiert das Gericht u.a. mit einer Verschleierungsgefahr im Falle des Schutzes der beim Provider gespeicherten E-Mails, da diese sonst durch Speicherung an diesem Ort dem Zugriff der Behörden entzogen werden könnten. Zudem verweist das Gericht darauf, dass eine andere Entscheidung den Gesetzgeber veranlassen könnte, Straftaten geringerer Schwere durch Erhöhung der Strafdrohung in den verfolgbaren Bereich zu bringen.[128]

Dass der Zugriff auf andere Telekommunikationsdaten, wie Bestands- oder Verkehrsdaten, durch die Rechtsprechung des Bundesverfassungsgerichtes auf Straftaten von erheblicher Bedeutung beschränkt sei, sei insoweit kein Widerspruch, schließlich erfolge der Zugriff auf die Inhaltsdaten nicht heimlich, sondern offen. Darüber hinaus würden die Inhalte nur punktuell außerhalb des laufenden Kommunikationsvorganges erhoben und der Betroffene könne zudem auf die Nachrichten einwirken.[129] Gegen eine solche offene Ermittlungsmaßnahme könne sich der Betroffene zudem bereits während der Durchführung, etwa durch einen herbeigerufenen Anwalt, wehren.[130]

---

[124] BVerfGE 124, 43, 63.
[125] BVerfGE, a.a.O.
[126] BVerfGE, a.a.O.
[127] BVerfGE 124, 43, 63f.
[128] BVerfGE 124, 43, 64f.
[129] BVerfGE 124, 43, 65.
[130] BVerfGE 124, 43, 66.

Im Ergebnis fordert das Gericht, in Abkehr von seiner vorherigen Rechtsprechung zu Eingriffen in das Fernmeldegeheimnis,[131] weder eine gesetzliche Regelung zur Schwere der verfolgten Straftat noch zur Streubereite des Eingriffes oder auch zum Kernbereichsschutz. Es erklärt vielmehr solche Vorgaben für offene Zugriffe für entbehrlich und verlagert die Verhältnismäßigkeitsprüfung auf die Ebene der Prüfung der jeweils anzuordnenden Einzelmaßnahme.[132] Damit verschiebt es die Verantwortung für die Wahrung der verfassungsrechtlichen Mindestanforderungen vom Gesetzgeber auf den jeweiligen Ermittlungsrichter, der vor diesem Hintergrund allerdings allenfalls auf die allgemeinen Vorgaben zurückgreifen kann.

Im Rahmen der Prüfung der eigentlichen Eingriffsmaßnahme nach § 94 ff. StPO stellt das Gericht zumindest einige Anforderungen an die Verhältnismäßigkeit im Einzelfall auf. Danach müsse zunächst ein angemessenes Verhältnis der Schwere des Tatvorwurfs zur Stärke des Tatverdachts bestehen. Hierbei sei neben der Beweisbedeutung der E-Mails auch der Grad des Auffindeverdachts maßgeblich. D. h., es muss nicht nur ein konkreter Tatverdacht bestehen, der über bloße Vermutungen oder vage Anhaltspunkte hinausgeht, sondern es muss im selben Maße wahrscheinlich sein, dass im jeweiligen E-Mail-Bestand beweiserhebliche Nachrichten zu finden sind.[133] In Einzelfällen müsse ein Eingriff aufgrund Geringfügigkeit der zu ermittelnden Straftat oder mangelnder Beweisbedeutung der E-Mails unterbleiben.[134]

Dem Fernmeldegeheimnis müsse, soweit möglich, bereits im Rahmen der Anordnung der jeweiligen Maßnahme durch Beschränkungen des Umfangs des Zugriffs etwa in zeitlicher Hinsicht oder in Bezug auf bestimmte Inhalte Rechnung getragen werden. Eine Erhebung für das jeweilige Verfahren nicht relevanter Daten sei zu vermeiden. Insoweit geht das Gericht davon aus, dass eine Beschlagnahme des gesamten in einem Postfach gespeicherten E-Mail-Verkehrs regelmäßig nicht erforderlich sei.[135]

Zur Vermeidung eines solch weitreichenden Zugriffs erörtert das Gericht in der Folge einige einschränkende Ansätze. So habe der Zugriff zu unterbleiben, wenn sich auf dem Mailserver keine verfahrenserheblichen E-Mails befinden können. Die Sicherung habe sich nach Möglichkeit auf die beweiserheblichen Nachrichten zu beschränken, etwa durch Erstellen einer Kopie dieser E-Mails oder das Löschen bzw. die Herausgabe irrelevanter

131 Vgl. etwa BVerfGE 107, 299, 321; 113, 348, 373 f.; 120, 274, 335.

132 Vgl. insoweit auch BVerfG, NJW 2014, 3085, 3088.

133 BVerfGE 124, 43, 66 f.

134 BVerfGE 124, 43, 67.

135 BVerfGE, a. a. O.; vgl. auch BVerfG, NJW 2014, 3085, 3088.

Inhalte.[136] Die Abgrenzung könne beispielsweise durch Analyse der Struktur des E-Mail-Bestandes nach Kommunikationsteilnehmern, Übermittlungszeiträumen oder bestimmter Suchbegriffe erfolgen. Gegebenenfalls sei auf eine Durchsicht nach § 110 StPO zurückzugreifen.[137] Sofern eine Beschränkung des Zugriffs jedoch mit zumutbarem Aufwand nicht möglich sei, so könne auch der gesamte E-Mail-Bestand beschlagnahmt werden.[138]

Während das Gericht im Rahmen der Erörterungen zur Frage der verfassungsgemäßen Eingriffsgrundlage interessanterweise kein Wort zur Notwendigkeit eines gesetzlichen Kernbereichsschutzes verliert, finden sich, versteckt in den Ausführungen zu möglichen Beschränkungen des Zugriffs, doch noch einige knappe Ausführungen zum Schutz des Kernbereichs privater Lebensgestaltung.[139] Ob und inwieweit Kernbereichsdaten von einer Sicherstellung oder Beschlagnahme betroffen sind, sei eine Frage des Einzelfalls. Bei Anhaltspunkten für eine Erfassung von Inhalten aus dem geschützten Kernbereich sei eine Maßnahme nicht zu rechtfertigen und müsse unterbleiben. Solche Inhalte dürften nicht gespeichert oder verwertet werden. Werden sie dennoch erlangt, so seien sie zu löschen. Nicht erfasst seien jedoch Inhalte, die in unmittelbarem Bezug zu konkreten strafbaren Handlungen stünden.[140]

Abschließend setzt sich das Bundesverfassungsgericht auch mit den verfahrensrechtlichen Schutzmaßnahmen zugunsten des von einer Sicherstellung oder Beschlagnahme von E-Mail-Inhalten Betroffenen auseinander. Es verweist insoweit auf die Regelungen der StPO in ihrer damaligen Fassung, welche es für ausreichend hält. Sofern nicht ausnahmsweise der Untersuchungszweck hierdurch gefährdet werde, sei der Betroffene über die Beschlagnahme zu informieren, damit er seine Rechte wahrnehmen könne. Dies könne, sofern die E-Mails *„ausnahmsweise ohne Wissen des Postfachinhabers sichergestellt“* werden, auch nachträglich erfolgen.[141] Insoweit seien die §§ 35 und 98 Abs. 2 StPO anwendbar. Zudem könne es im Einzelfall sinnvoll sein, den Betroffenen bei der Durchsicht nach § 110 StPO einzubeziehen, um die Intensität des Eingriffes abzumildern. Das Gericht verweist diesbezüglich auf mögliche Hinweise des Betroffenen (insbesondere des Nichtverdächtigen) zur Datenstruktur und zur Relevanz der Daten, welche den Zugriff auf die Daten beschränken könnten.[142]

136 BVerfGE 124, 43, 68.

137 BVerfGE 124, 43, 68f.

138 BVerfGE 124, 43, 68; BVerfG, NJW 2014, 3085, 3088.

139 BVerfGE 124, 43, 69f.

140 BVerfGE 80, 367, 375; 109, 279, 319; 113, 348, 391; 124, 43, 70.

141 BVerfGE 124, 43, 71.

142 BVerfGE 124, 43, 71f.

Zudem könne es geboten sein, den Betroffenen über die Datenerhebung zu informieren. Insoweit greift das Gericht konsequenterweise nicht auf den § 101 StPO zurück, der für §§ 94 ff. StPO auch damals bereits ausdrücklich nicht galt, sondern verweist stattdessen auf die allgemeinen Akteneinsichts- und Auskunftsrechte der StPO (insb. §§ 475 und 491 StPO).[143] Entsprechend geht es auch im Hinblick auf die Löschung nicht mehr erforderlicher Daten vor, indem es auf die allgemeine Vorschrift des § 489 Abs. 2 StPO zurückgreift.[144]

Schließlich hält das Bundesverfassungsgericht eine Kennzeichnung der beschlagnahmten Inhaltsdaten, in ausdrücklicher Abweichung von seiner übrigen Rechtsprechung,[145] im Fall der beim Provider gespeicherten E-Mails für nicht erforderlich. Hier ergäbe sich die Zweckbindung bereits aus dem jeweiligen Ermittlungsverfahren und ließe sich regelmäßig nachverfolgen.[146]

Unter Rückgriff auf diese Grundsätze erklärt das Gericht die Sicherstellung[147] der streitgegenständlichen 2.500 E-Mails für verfassungsgemäß. Im Ausgangsverfahren sei zwar verkannt worden, dass hier das Fernmeldegeheimnis einschlägig sei, dennoch genügten die zur Sicherung großer Datenmengen außerhalb eines laufenden Kommunikationsvorganges getroffenen Vorkehrungen ebenso wie das Verfahren den Anforderungen des Fernmeldegeheimnisses.[148] Insbesondere sei die Kopie aller im Postfach vorhandenen E-Mails nicht zu beanstanden. Eine Sichtung im Rahmen der Maßnahme wäre aufgrund der Anzahl der Nachrichten zeitaufwändig, so dass durch dieses Vorgehen der Eingriff in die Integrität der Geschäftsräume des Betroffenen auf das erforderliche Minimum beschränkt werden konnte.

Bemerkenswerterweise erklärt das Bundesverfassungsgericht neben den §§ 94 ff. StPO auch § 100a StPO und § 99 StPO zu möglichen Eingriffsgrundlagen. Die sehr knappen diesbezüglichen Ausführungen deuten darauf hin, dass es mehr oder minder von einer Austauschbarkeit der Rechtsgrundlagen bzw. einer Auswahlmöglichkeit auszugehen scheint, zumindest soweit die Zwischenspeicherung betroffen ist.[149] Es ist insoweit allerdings davon

---

[143] BVerfGE 124, 43, 72 f.

[144] BVerfGE 124, 43, 73 f.

[145] Vgl. BVerfGE 100, 313, 360 f.

[146] BVerfGE 124, 43, 74.

[147] Das Gericht führt insoweit zu Recht aus, dass im Ausgangsverfahren lediglich eine vorläufige Sicherstellung zur späteren Durchsicht, nicht aber bereits eine Beschlagnahme stattgefunden hatte (BVerfGE 124, 43, 75).

[148] BVerfGE 124, 43, 74.

[149] BVerfGE 124, 43, 60.

auszugehen, dass aufgrund der niedrigen Eingriffsvoraussetzungen die §§ 94 ff. StPO in der Praxis am häufigsten Anwendung finden werden.[150]

Somit lässt sich festhalten, dass das Bundesverfassungsgericht, zumindest in Fällen eines nicht heimlich erfolgenden Zugriffs in den Phasen 2 und 4, davon ausgeht, dass eine Rechtfertigung des Eingriffes in das Fernmeldegeheimnis durch die §§ 94 ff. StPO erfolgt. Alternativ können während der Phase 2 auch die Postbeschlagnahme des § 99 Abs. 1 StPO und die Telekommunikationsüberwachung des § 100a StPO als verfassungskonforme Rechtsgrundlagen eines Eingriffes herangezogen werden.

An dieser Rechtsprechung hat das Bundesverfassungsgericht auch in jüngeren Entscheidungen ausdrücklich festgehalten.[151] Danach ist auf die Übertragungsphasen der E-Mail-Kommunikation § 100a StPO anwendbar, während für Zugriffe auf die auf dem Mailserver des Providers gespeicherten E-Mails auf die Rechtsprechung aus den Jahr 2009 verwiesen wird.[152]

2. Sicherstellung und Beschlagnahme nach §§ 94 ff. StPO

Als primäre verfassungskonforme strafprozessuale Eingriffsgrundlage betrachtet das Bundesverfassungsgericht nach den obigen Ausführungen die Sicherstellung und Beschlagnahme nach den §§ 94 ff. StPO. Daher sollen zunächst diese Vorschriften einer verfassungsrechtlichen Prüfung unterzogen werden, bevor im Anschluss die §§ 99 Abs. 1 und 100a StPO sowie § 100b (n. F.) erörtert werden.

a) Formale Anforderungen an ein allgemeines Gesetz

Die formalen Anforderungen an ein verfassungsgemäßes allgemeines Gesetz sind auch hinsichtlich der §§ 94 ff. StPO erfüllt. Problematisch könnte insoweit allenfalls die Einhaltung des Zitiergebotes des Art. 19 Abs. 1 Satz 2 GG sein. Zwar findet sich auch in Bezug auf die §§ 94 ff. StPO in der StPO kein Hinweis auf die durch diese Normen eingeschränkten Grundrechte.[153] Insoweit liegt jedoch kein Verstoß gegen das Zitiergebot vor. Die §§ 94 ff. StPO sind seit der ersten Verkündung im Jahr 1877[154] als Teil der Reichsjus-

[150] So schon in *Krüger*, MMR 2009, 680, 683.

[151] Vgl. BVerfG, NJW 2019, 584 ff.

[152] BVerfG, NJW 2019, 584, 586.

[153] Vgl. zu möglicherweise betroffenen Grundrechten die Aufstellung bei SK-*Wolter/Greco*, StPO, § 100a Rn. 2, die u. a. zwar das Briefgeheimnis nennt, nicht aber das Fernmeldegeheimnis.

[154] Deutsches Reichsgesetzblatt 1877, S. 253 ff.

tizgesetze inhaltlich in weiten Teilen unverändert geblieben. Sie stellen somit vorkonstitutionelles Recht dar, auf welches das Zitiergebot keine Anwendung findet.[155]

b) Materielle Anforderungen an ein allgemeines Gesetz

Wesentlich schwieriger ist die Frage der materiellen Verfassungsmäßigkeit der Regelungen im Hinblick auf Zugriffe auf die Inhaltsdaten zwischengespeicherter E-Mails zu beantworten. Im Folgenden soll ausgehend von der Argumentation des Bundesverfassungsgerichtes erörtert werden, ob die Vorgaben der §§ 94 ff. StPO zur Rechtfertigung eines Eingriffs in das Fernmeldegeheimnis geeignet sind. Insoweit bestehen sowohl im Hinblick auf die Normenbestimmtheit und die Normenklarheit, als auch auf die Verhältnismäßigkeit der Norm und den Kernbereichsschutz erhebliche Bedenken.

aa) Generelle Eignung der § 94 ff. StPO als Eingriffsgrundlage

Entsprechend der durch das Bundesverfassungsgericht vorgenommenen Prüfung ist zunächst zu erörtern, inwieweit die Vorschriften zur einfachen Sicherstellung und Beschlagnahme generell als verfassungsgemäße Ermächtigungsgrundlagen für Eingriffe in das Fernmeldegeheimnis in Betracht gezogen werden können. Das Gericht bejaht dies unter Verweis auf Literaturmeinungen und die Systematik der Normen, wobei in Bezug auf Letzteres auch auf gesetzeshistorische Argumente verwiesen wird.

(1) Durch das Bundesverfassungsgericht aufgeführte Literaturstimmen

Die vom Bundesverfassungsgericht als Beleg für die Möglichkeit der Nutzung der §§ 94 ff. StPO als Eingriffsgrundlage in Art. 10 Abs. 1 GG herangezogenen Literaturstellen können nicht zur Begründung dieser Ansicht verwendet werden.

Zunächst ist festzuhalten, dass es sich überwiegend um ältere Literaturmeinungen[156] handelt, welche schon aufgrund des Zeitpunktes ihrer Entstehung in der Zeit vor der verbreiteten Nutzung von E-Mails keine direkten Aussagen zur Frage der Anwendbarkeit der §§ 94 ff. StPO auf dieses Kom-

---

155 BVerfGE 124, 43, 66; *Werkmeister*, BRJ 2012, 41, 43; *Stern*, Staatsrecht III/2, S. 751.

156 Vgl. etwa AK-*Amelung*, StPO, vor §§ 99, 100 Rn. 4 aus dem Jahr 1992; *Engels*, Die Grenzen des Brief-, Post- und Fernmeldegeheimnisses, S. 88 f. aus dem Jahr 1972; oder *Welp*, Überwachung, S. 47 von 1974.

munikationsmittel enthalten können.[157] Selbst wenn man annehmen will, dass das Gericht hierdurch belegen wollte, dass seine Ansicht auf eine tradierte Strömung in der Literatur zurückgehe, so trägt der Inhalt der Quellen diese Aussage im Hinblick auf das hier maßgebliche Fernmeldegeheimnis nicht. Die Autoren beziehen sich ausschließlich auf das Briefgeheimnis[158] und führen zutreffend aus, dass ein Zugriff auf Briefe nach Abschluss des Übermittlungsvorganges oder, sofern kein Postdienstleister im Sinne des § 4 Nr. 4 PostG mit der Übermittlung betraut ist,[159] nicht nach § 99 Abs. 1 StPO, sondern nach den §§ 94 ff. StPO erfolgt. Dies entspricht dem allgemeinen Verständnis vom Anwendungsbereich des Briefgeheimnisses, wonach sich dessen Schutz nicht auf Postdienstleister beschränkt,[160] während sich § 99 Abs. 1 StPO ausdrücklich nur auf Sendungen bezieht, die sich im Gewahrsam geschäftsmäßig tätiger Dienstleister befinden.[161] Demgegenüber zeigen die weiteren Ausführungen der genannten Autoren, dass auch diese einen Eingriff in das Fernmeldegeheimnis allenfalls auf Grundlage des § 100a StPO zulassen wollen.[162] Insoweit belegen die Literaturstellen nicht mehr, als dass in bestimmten Fällen nach Abschluss des Übermittlungsvorgangs eine Eingriffsmöglichkeit in das Briefgeheimnis in Anwendung der §§ 94 ff. StPO besteht. Ein auf alle Grundrechte des Art. 10 Abs. 1 GG zu verallgemeinernder Grundsatz lässt sich hieraus jedoch nicht ableiten.

Das Vorgehen des Gerichtes erscheint insoweit aus wissenschaftlicher Perspektive zweifelhaft. Denn es setzt sich nicht einmal im Ansatz mit der Vielzahl von Literaturstimmen und Urteilen auseinander, welche eine Anwendbarkeit der Sicherstellungs- und Beschlagnahmevorschriften im Vorfeld

---

157 So schon *Krüger*, MMR 2009, 680, 682.

158 So ausdrücklich: AK-*Amelung*, StPO, vor §§ 99, 100 Rn. 4; SK-*Wolter* (Oktober 2009), StPO, § 94 Rn. 2; *Welp*, Überwachung, S. 47; sowie auch *Engels*, Die Grenzen des Brief-, Post- und Fernmeldegeheimnisses, S. 87 ff.; auch wenn dieser etwas offener formuliert. Allerdings beschränken sich seine Ausführungen sowohl inhaltlich als auch hinsichtlich der Überschrift des Abschnittes auf das Briefgeheimnis.

159 *Engels*, a. a. O., S. 87 spricht insoweit im Einklang mit der damals ausschließlichen Erbringung von Postdienstleistungen durch die staatliche Post vom „außerpostalischen Bereich“; Amelung (AK-*Amelung*, StPO, vor §§ 99, 100 Rn. 4) stellt dementsprechend auf Eingriffe in das Briefgeheimnis „außerhalb der Post“ ab.

160 Vgl. etwa Dreier-*Hermes*, GG, Art. 10 Rn. 34.

161 Meyer-Goßner/Schmitt-*Köhler*, StPO, § 99 Rn. 9; MüKo-*Günther*, StPO, § 99, Rn. 15.

162 Vgl. *Welp*, Überwachung, S. 48; SK-*Wolter* (Oktober 2009), StPO, § 94 Rn. 27; wohl auch *Engels*, S. 96 ff.; offen ist, mangels Kommentierung der einschlägigen Bestimmung, die Positionierung von Amelung, allerdings verweist AK-*Maiwald*, StPO, § 100a Rn. 2 eindeutig auf eine Verknüpfung von Fernmeldegeheimnis und § 100a StPO.

der Entscheidung abgelehnt hatten.[163] Eine Erörterung dieser gewichtigen Gegenstimmen hätte der Entscheidung gut zu Gesicht gestanden und zumindest den Eindruck vermieden, dass auf strafprozessualer Ebene primär aus dem Blickwinkel der Schaffung einer möglichst weitreichenden Eingriffsgrundlage argumentiert wurde.

(2) Systematische Argumente

Auch die vom Bundesverfassungsgericht vorgebrachten systematischen Gründe überzeugen nicht. Es geht davon aus, dass die Gesetzeslage im Achten Abschnitt der StPO über die Jahre so unsystematisch geworden sei, dass es letztlich an einem Regelungskonzept fehle. Es handele sich um eine Aneinanderreihung unterschiedlichster Ermittlungsmaßnahmen, aus welcher nicht darauf geschlossen werden könne, dass ein Eingriff in Art. 10 GG nur aufgrund der §§ 99, 100a und 100g StPO erfolgen könne.[164] Vor diesem Hintergrund ermöglicht das Gericht einen Rückgriff auf die §§ 94 ff. StPO, welche es als eine Art Grund- oder Auffangtatbestand des Achten Abschnittes zu betrachten scheint.

Wenn man nicht davon ausgeht, dass systematische Argumente aufgrund der „*chaotischen Rechtslage*" generell ausscheiden,[165] so spricht die Systematik der Normen vielmehr gegen eine Anwendbarkeit der §§ 94 ff. StPO. Der Gesetzgeber hat Vorgaben zu Eingriffen in die Grundrechte des Art. 10 Abs. 1 StPO immer nach dem bereits seit Schaffung der StPO im Jahre 1877 existierenden § 99 StPO a.F. (nunmehr Abs. 1)[166] eingeordnet. Dies gilt für die Regelungen der Telekommunikationsüberwachung des § 100a StPO ebenso wie für die später eingefügten Vorgaben zum Zugriff auf Verkehrsdaten nach § 100g StPO. Eine solche Einordnung erscheint folgerichtig, da mit § 99 StPO an eine Regelung, welche bereits Eingriffe in diese Grundrechte ermöglichte, angeknüpft werden konnte. Insoweit lässt sich argumentieren, dass systematisch zumindest ein Rückgriff auf Regelungen des Achten Abschnittes, die vor dem § 99 StPO stehen, ausgeschlossen ist. Wenn es einen Grundtatbestand für Überwachungsmaßnahmen im Schutzbereich des Art. 10 Abs. 1 GG gäbe, so wäre dieser damit eher in § 99 Abs. 1 StPO zu erblicken als in § 94 StPO.[167]

---

163 Vgl. statt vieler: LG Hamburg, MMR 2008, 186, 187; mit zust. Anmerkung *Störing*, MMR 2008, 187 ff.; *Gaede*, StV 2009, 96, 99; *Meininghaus*, S. 282; *Schlegel*, HRRS 2007, 44, 49 f.

164 BVerfGE 124, 43, 59.

165 In diese Richtung *Klesczewski*, ZStW 123, (2011), 737, 748.

166 Vgl. Deutsches Reichsgesetzblatt 1877, S. 253 ff.

167 Zur Anwendbarkeit des § 99 Abs. 1 StPO S. 261 ff.

Es ist zuzugestehen, dass die Rechtslage durch die Einfügung weiterer technischer Überwachungsmaßnahmen, wie der akustischen Wohnraumüberwachung des § 100c StPO, die Eingriffe in Art. 13 Abs. 1 GG regelt, oder zuletzt zur Online-Durchsuchung in § 100b StPO in Bezug auf das Computergrundrecht, nicht unbedingt eindeutiger geworden ist. Dennoch finden sich bis heute keine systematischen Belege dafür, dass Regelungen, die vor dem § 99 StPO stehen, einen Eingriff in das Fernmeldegeheimnis rechtfertigen könnten.

(3) Historie der Normen

Auch die Historie der Normen spricht gegen eine Anwendbarkeit der §§ 94 ff. StPO. Anders als das Bundesverfassungsgericht ausführt, lassen die Gesetzesmaterialien, aber auch die frühere Rechtsprechung des Bundesverfassungsgerichtes, allenfalls auf eine abschließende Regelung von Zugriffen auf die Inhalte einer durch das Fernmeldegeheimnis geschützten Kommunikation nach § 100a StPO schließen. Für einen Rückgriff auf die §§ 94 ff. StPO bleibt auch aus diesem Blickwinkel kein Raum.

Bei Schaffung des § 100a StPO ging der Gesetzgeber offensichtlich davon aus, dass eine Rechtsgrundlage für Eingriffe in das Fernmeldegeheimnis nicht besteht und durch das Gesetz geschaffen werden müsse. Die damals existierenden Regelungen insbesondere § 99 Abs. 1 StPO, für Zugriffe auf Briefe- und Telegramme, und § 12 FAG, für den Zugriff auf Telekommunikationsdaten, gestatteten keinesfalls das Abhören von Telefongesprächen oder das Mitlesen von Fernschreiben.[168] Der damals bereits weitgehend in der heutigen Form bestehende § 94 StPO wird in der Gesetzesbegründung mit keinem Wort erwähnt. Zu fernliegend mag es dem historischen Gesetzgeber erschienen sein, dass diese auf die Sicherstellung und Beschlagnahme körperlicher Gegenstände ausgerichtete Norm Eingriffe in den durch das Fernmeldegeheimnis geschützten Fernmeldeverkehr rechtfertigen könnte. Vielmehr deutet die Erwähnung von Fernschreiben, deren Übertragung zumindest in Teilen Ähnlichkeiten zur E-Mail-Übertragung aufweist, darauf hin, dass die in der Gesetzesbegründung enthaltenen Ausführungen auch für künftige Technologien, wie E-Mail, von Bedeutung sind.[169]

Es lässt sich somit festhalten, dass der Gesetzgeber bei Schaffung des § 100a StPO von der Erforderlichkeit einer verfassungsgemäßen Eingriffsgrundlage ausging, da er die bestehenden Regelungen, insbesondere auch die §§ 94 ff. StPO, für unzureichend hielt.

---

[168] BT-Drs.: V/1880, S. 6; vgl. auch *Neuhaus*, FS Rieß, 375, 380.

[169] Vgl. *Klesczewski*, ZStW 123, (2011), 737, 748.

Auch wenn sich der Gesetzgeber in jüngster Zeit der Rechtsprechung des Bundesverfassungsgerichtes in Bezug auf die Beschlagnahme von in Postfächern beim Provider gespeicherten E-Mails nunmehr ausdrücklich angeschlossen hat, so beschränkt sich dies ausdrücklich nur auf Fälle außerhalb der laufenden Telekommunikation.[170] Der § 100a StPO ist somit auch nach Ansicht des aktuellen Gesetzgebers weiter als maßgebliche Rechtsgrundlage zur Überwachung der laufenden Telekommunikation zu betrachten.

Auch dem Bundesverfassungsgericht muss klar gewesen sein, dass die historische Argumentation in Bezug auf eine mögliche Anwendbarkeit der §§ 94 ff. StPO alles andere als zwingend ist. Daher führt es aus, dass es keinen „*hinreichenden*" Anhaltspunkt für die Schaffung von abschließenden Regelungen für Eingriffe in das Brief-, Post- und Fernmeldegeheimnis durch den Gesetzgeber gebe.[171] Die Verwendung von „hinreichend" verdeutlicht die eigenen Zweifel des erkennenden Senats. Zudem wird versucht, über die Erwähnung des im zu entscheidenden Fall nicht maßgeblichen Brief- bzw. Postgeheimnisses von den eindeutigen Aussagen des historischen Gesetzgebers in Bezug auf das Fernmeldegeheimnis abzulenken. In Bezug auf den Zugriff auf die Inhaltsdaten von E-Mails ist es jedoch ohne Bedeutung, welches Regelungskonzept durch den Gesetzgeber in Bezug auf das Brief- oder Postgeheimnis verfolgt wird. Zudem ist es unerheblich, ob die Regelungen abschließend sind, solange wie in den hier maßgeblichen Fallgestaltungen klar ist, dass der historische Gesetzgeber von einer Verknüpfung von § 100a StPO mit dem Fernmeldegeheimnis und einer Unanwendbarkeit des § 94 StPO ausging.

Daneben verschweigt der Zweite Senat, dass der Erste Senat etwa vier Jahre zuvor davon ausgegangen war, dass der Bundesgesetzgeber mit den §§ 100a, 100b, 100g, 100h und 100i StPO, in ihrer damaligen Fassung, eine abschließende Regelung zur Telekommunikationsüberwachung getroffen habe. Dies folge aus einer Gesamtbetrachtung dieser Vorschriften.[172] Für eine Anwendbarkeit der §§ 94 ff. StPO bliebe somit kein Raum. Dass der erkennende Senat weder auf die widersprechende Rechtsprechung des Parallelsenats eingeht noch die klaren Aussagen des historischen Gesetzgebers in inhaltlich zutreffender Weise würdigt, lässt die Argumentation des Gerichtes aus wissenschaftlicher Perspektive äußerst zweifelhaft erscheinen.

Bzgl. des ebenfalls durch das Bundesverfassungsgericht angeführten § 100g StPO gilt Entsprechendes. Der Gesetzesentwurf zur Einführung der

---

170 Vgl. BT-Drs.: 19/27654, S. 62, 64; zu den Einzelheiten ausführlich S. 291 ff.

171 BVerfGE 124, 43, 59.

172 BVerfGE 113, 348 372 ff.

Regelung[173] verwies in seiner Begründung auf das Fernmeldegeheimnis und das Recht auf informationelle Selbstbestimmung als von einem Zugriff auf Telekommunikationsverbindungsdaten (heute Verkehrsdaten) beeinträchtigte Grundrechte.[174] Auch insoweit wurde nicht etwa auf den vorhandenen § 94 StPO zurückgegriffen, sondern eine gänzlich neue Eingriffsgrundlage geschaffen, welche sich an den für Eingriffe in das Fernmeldegeheimnis erarbeiteten Vorgaben orientierte. Der Gesetzgeber ging somit davon aus, dass § 94 StPO auf derartige Eingriffe nicht anwendbar ist.

Somit scheint auch hier in der Argumentation des Bundesverfassungsgerichtes primär die Relativierung der in den verfassungsrechtlichen Ausführungen vorgenommenen Einordnung des Zugriffs auf bei einem Provider zwischen- und endgespeicherte E-Mails in den Schutzbereich des Fernmeldegeheimnisses und die Ermöglichung einer möglichst voraussetzungsarmen Eingriffsgrundlage im Mittelpunkt der Überlegungen gestanden zu haben.

Zwischenergebnis

Es kann somit festgehalten werden, dass sich weder aus der Systematik der im Achten Abschnitt der StPO geregelten Ermittlungsmaßnahmen noch aus der Normhistorie der §§ 94 ff. StPO oder der im Vorfeld der Bundesverfassungsgerichtsentscheidung bestehenden Literatur Argumente für eine Eignung der Vorschriften zur einfachen Sicherstellung und Beschlagnahme als Eingriffsgrundlage in das Fernmeldegeheimnis des Art. 10 Abs. 1 GG in Bezug auf die Überwachung der Inhaltsdaten von E-Mails während der Zwischenspeicherung ableiten lassen.

bb) Normenbestimmtheit und Normenklarheit der §§ 94 ff. StPO

Auch im Hinblick auf die allgemeinen Anforderungen an die Normenbestimmtheit und der Normenklarheit bedürfen die Ausführungen des Bundesverfassungsgerichtes einer kritischen Erörterung. Insoweit ist vor allem die Frage der Erkennbarkeit der Rechtslage für den Betroffenen zu diskutieren, denn vor dem Hintergrund des Wortlautes des § 94 StPO erscheint dessen Anwendbarkeit auf die Sicherstellung und Beschlagnahme von beim Pro-

---

173 Die zuvor heftig kritisierte veraltete Vorgängerregelung des § 12 Fernmeldeanlagengesetz (FAG) trat Ende 2001 außer Kraft. Vgl. zur Kritik u. a. *Klesczewski*, StV 1993, 382 ff.; *ders.*, JZ 1997, 719 ff.; *Welp*, NStZ 1994, 209, 214 f.

174 BT-Drs.: 14/7008, S. 6.

vider zwischengespeicherten durch das Fernmeldegeheimnis geschützter E-Mails, ja von Daten im Allgemeinen, auf den ersten Blick fernliegend.[175]

Hierbei bedürfen zwei Themenkomplexe näherer Betrachtung: Zum einen die Frage, inwieweit eine Beschlagnahme von Daten im Rahmen der §§ 94 ff. StPO generell möglich ist und zum anderen, inwieweit es für den Betroffenen erkennbar ist, dass eine Überwachung der laufenden Telekommunikation, als welche ein Zugriff in Phase 2 nach der hier vertretenen Ansicht zu werten wäre, auf Grundlage dieser Vorgaben angeordnet werden kann.

(1) Beschlagnahme von Daten

Nach ihrem Wortlaut regelt die Norm die Sicherstellung (Abs. 1) und die Beschlagnahme (Abs. 2) von „Gegenständen", die als Beweismittel für die Untersuchung von Bedeutung sein können. Die Möglichkeit, dass auch Daten als solche als taugliches Beschlagnahmeobjekt in Betracht kommen, sehen die §§ 94 ff. StPO auf den ersten Blick nicht vor. Dies ist aufgrund ihres Entstehungszeitpunktes auch nicht verwunderlich, konnte sich doch im Jahr 1877 sicherlich niemand vorstellen, dass es einen Bedarf geben könnte, elektronische Daten zu beschlagnahmen.[176] Daher war der Begriff ursprünglich wie in § 90 BGB zu verstehen und erfasste allein körperliche Gegenstände.[177]

Klärungsbedürftig ist, ob seither ein Wandel der Begrifflichkeiten eingetreten ist. Eine konkrete Definition des Gegenstandsbegriffes der StPO durch den Gesetzgeber fehlt. Die isolierte Beschlagnahmefähigkeit von Daten und damit auch gespeicherter E-Mails ist vor diesem Hintergrund umstritten und war Gegenstand umfangreicher Erörterungen, welche hier nicht wiederholt werden sollen.[178] Zum Tragen kommt die Streitfrage insbesondere dann, wenn die Sicherstellung und Beschlagnahme von Daten nicht durch Inbesitznahme des Datenträgers selbst, etwa des Servers erfolgt, sondern durch Kopie der Daten auf einen Datenträger der Ermittlungsbehörden.

---

[175] Inwieweit sich zudem Fragen der Normenbestimmtheit- und -klarheit daraus ergeben, dass § 100a StPO aufgrund seiner Überschrift und Formulierung im Gegensatz zu §§ 94 ff. StPO eindeutig auf eine Überwachung von Telekommunikationen ausgerichtet ist, wird im Rahmen der Erörterung des § 100a StPO dargestellt. Vgl. dazu sogleich auf S. 311 ff.

[176] So auch *Störing*, S. 68, der allerdings darauf verweist, dass zu dieser Zeit zumindest frühe Formen der Vervielfältigung von Daten (z.B. Fotografie von Urkunden) bereits bekannt waren.

[177] *Bär*, Handbuch zur EDV-Beweissicherung, Rn. 406.

[178] Vgl. insb. die Darstellungen bei *Kemper*, NStZ 2005, 538 ff.; *Liebig*, S. 15 ff.; *Matzky*, S. 41 ff.; *Meininghaus*, S. 197 ff.; *Störing*, S. 68 ff. jeweils m.w.N.

Geht man vom Wortlaut aus, der auf „Gegenstände" abstellt, so spricht wenig für eine Beschlagnahmefähigkeit von E-Mails oder anderen auf Datenträgern gespeicherten Daten. Der Begriff beschreibt körperliche Gegenstände oder Dinge[179] oder auch eine nicht näher beschriebene Sache,[180] nicht aber unkörperliche „EDV-Daten", d. h., elektronisch gespeicherte Zeichen, Angaben und Informationen.[181] Insoweit ist jedenfalls eine gewisse Körperlichkeit des Beschlagnahmeobjektes vonnöten. Eine isolierte Beschlagnahme von Daten kommt aus diesem Blickwinkel mangels Körperlichkeit nicht in Betracht.[182]

Dass der Gesetzgeber in jüngerer Zeit zumindest die Möglichkeit einer Beschlagnahme von Datenträgern ausdrücklich anerkannt hat, zeigt jedoch § 97 Abs. 5 Satz 1 StPO, der ein Beschlagnahmeverbot im Hinblick auf Datenträger von Presse- und Rundfunkmitarbeitern regelt. In diese Richtung deuten auch die Ausführungen der Gesetzesbegründung zur Überarbeitung des § 110 StPO im Rahmen des Justizmodernisierungsgesetzes,[183] in welchen der Begriff der „Papiere" auch auf alle elektronischen Unterlagen erstreckt wurde und die Materialien zur Einführung der Rasterfahndung (§§ 98a ff. StPO) im OrgKG.[184] Zuletzt hat der Gesetzgeber anlässlich der Schaffung des § 95a StPO die Beschlagnahmefähigkeit von Daten im Rahmen der Gesetzesbegründung unter Verweis auf die Literatur[185] ausdrücklich anerkannt.[186] Allerdings bedarf es in all diesen Fällen einer Verkörperung der Daten auf einem Datenträger, was wiederum gegen eine isolierte Beschlagnahmefähigkeit von Daten spricht.[187]

Im Rahmen einer teleologischen Betrachtung könnte eine Einbeziehung von Daten dagegen durchaus in Erwägung gezogen werden. Zweck des § 94 StPO ist die Sicherstellung von Gegenständen zu Beweiszwecken[188] und damit der Verfahrenssicherung.[189] Stellt man vor diesem Hintergrund allein

179 Brockhaus Wahrig, Deutsches Wörterbuch, Dritter Band, S. 101.

180 Duden, Das große Wörterbuch der deutschen Sprache, Band 3, S. 1417.

181 Duden, Deutsches Universalwörterbuch, S. 404.

182 Vgl. etwa Gercke/Julius/Temming/Zöller-*Gercke*, StPO, § 94, Rn. 18 m. w. N. A.A. beispielsweise *Liebig*, S. 25 f., die für eine direkte Ausweitung des Gegenstandsbegriffes in den § 94 ff. StPO auf unkörperliche Gegenstände plädiert, was zumindest aus sprachlicher Perspektive widersprüchlich erscheint.

183 BR-Drs.: 378/03, S. 54.

184 BT-Drs.:12/989, S. 36.

185 Meyer-Goßner/Schmitt-*Köhler*, StPO, § 94 Rn. 4.

186 BT-Drs.: 19/27654, S. 61.

187 Anders *Meininghaus*, S. 203, der insoweit, ebenso wie auch im Rahmen seiner historischen Betrachtungen (S. 200), zu keinem eindeutigen Ergebnis kommt.

188 Meyer-Goßner/Schmitt-*Köhler*, StPO, § 94 Rn. 1.

189 *Meininghaus*, S. 203.

auf die mögliche Beweisbedeutung von Daten ab, so können diese völlig unabhängig von einer Verkörperung wertvolle Erkenntnisquellen für das jeweilige Ermittlungs- bzw. Strafverfahren beinhalten. Werden verfahrensrelevante Daten gelöscht, so kann dies die Durchführung eines Strafverfahrens verhindern, zumindest aber beeinträchtigen.[190] Weit geringer ist dagegen die Beweisbedeutung des Datenträgers, ist es doch regelmäßig unerheblich, auf welchem Server des Providers sich die gesuchten E-Mails befinden. Als problematisch erweist sich allerdings die Tatsache, dass Daten ohne einen Datenträger nicht sichtbar gemacht werden, ja nicht einmal existieren können, und daher ohne Trägermedium als Beweismittel ausscheiden.[191] Vor diesem Hintergrund mag eine Anwendung des Gegenstandsbegriffes auf isolierte Daten aus teleologischer Perspektive zwar wünschenswert sein, scheitert aber an den technischen Gegebenheiten.[192]

Das Bundesverfassungsgericht hat sich in ständiger Rechtsprechung für eine vermittelnde Lösung entschieden und lässt sowohl die Beschlagnahme der Datenträger des Betroffenen als auch der darauf gespeicherten Daten durch Kopie auf Datenträger der Ermittlungsbehörden zu.[193]

Zur Begründung führt das Gericht zunächst aus, dass nach Wortsinn auch unkörperliche Gegenstände vom Gegenstandsbegriff des § 94 StPO umfasst seien. Eine solche Auslegung sei vom Wortlaut der Norm gedeckt.[194] Diese sehr weitreichende Aussage schränkt es allerdings sofort wieder ein und stellt fest, dass nur solche Daten als Objekt einer Sicherstellung oder Beschlagnahme in Betracht kommen, die auf einem Datenträger verkörpert seien. Für den Betroffenen sei erkennbar, dass §§ 94 ff. StPO die Sicherstellung und Beschlagnahme des Datenträgers und der hierauf gespeicherten Daten ermöglichten.[195] Zur Begründung stellt das Gericht primär auf den Beweiszweck der Regelungen ab. Danach erstrecke sich § 94 StPO auf alle Gegenstände, die als Beweismittel in Betracht kommen könnten. Eine weitergehende Konkretisierung sei aufgrund der Vielfältigkeit möglicher Sachverhalte nicht möglich und im Ergebnis durch den zuständigen Ermittlungsrichter vorzunehmen.[196] Begrenzungen der Verwendungsmöglichkeiten der erlangten Daten folgten aus dem Verwendungszweck der Daten und dem Normzu-

190 *Meininghaus*, a. a. O.

191 *Kemper*, NStZ 2005, 538, 540 f.

192 Anders *Meininghaus*, S. 203, der allerdings auf die Frage der Notwendigkeit eines Datenträgers nicht eingeht.

193 BVerfGE 113, 29, 50; 115, 166, 191; 124, 43, 60.

194 BVerfGE 113, 29, 50.

195 BVerfGE 113, 29, 50 f.

196 BVerfGE 113, 29, 51.

sammenhang, in dem die Vorschriften eingebettet seien. Insoweit sei die Datenerhebung durch den Ermittlungszweck begrenzt.[197]

Das Gericht löst sich damit im Ergebnis hinsichtlich der Beschlagnahme von Daten zwar nicht vollständig vom tradierten körperlichen Gegenstandsbegriff des § 94 StPO, lockert aber die zuvor regelmäßig bestehende enge Verbindung von Gegenstand und Beweismittel. Solange der Datenträger für die spätere Beweisführung nicht von Bedeutung ist, ist danach auch die Sicherstellung und Beschlagnahme durch Kopie der Daten zulässig.

Vor dem Hintergrund dieser Rechtsprechung geht nunmehr die ganz h.M. in Rechtsprechung und Literatur[198] zwar nicht von einer isolierten Beschlagnahmefähigkeit von Daten, wohl aber davon aus, dass es im Rahmen der §§ 94 ff. StPO zulässig ist, sowohl die Datenträger mit den hierauf gespeicherten Daten zu beschlagnahmen, als auch die Daten auf einen Datenträger der Ermittlungsbehörden zu kopieren.

Dem ist im Ergebnis zuzustimmen, denn letztlich ist der Streit in weiten Teilen akademisch,[199] vor allem, wenn man die Frage aus der hier maßgeblichen Perspektive der Normenbestimmtheit- und -klarheit betrachtet. Auch bei einer Parallelwertung aus dem Blickwinkel des juristischen Laien mag eine isolierte Beschlagnahme der E-Mail selbst oder eines anderen Datenbestandes nicht möglich sein, dass jedoch immer das jeweilige Trägermedium, z.B. die eigene Festplatte oder der Server des Providers, als körperlicher Gegenstand beschlagnahmt werden kann, ist für den Betroffenen ersichtlich. Ebenso eindeutig ist, dass von einer solchen Maßnahme auch die dort gespeicherten Daten erfasst sind. Aus Sicht des Betroffenen ist es damit letztlich unerheblich, ob seine E-Mails als Daten im Wege der Kopie auf den Datenträger der Ermittlungsbehörden oder aber der jeweilige Originaldatenträger samt Daten beschlagnahmt werden. In beiden Fällen erlangen die Ermittlungsbehörden Zugriff auf die dort befindlichen Daten. Dass im Rahmen eines solchen Zugriffs, etwa durch Kopie der auf einem Server gespeicherten E-Mails auf einen anderen Datenträger, neben den Grundrechten des Empfängers auch die seiner Kommunikationspartner sowie die des Providers be-

---

197 BVerfGE 113, 29, 52.

198 Vgl. u.a. Meyer-Goßner/Schmitt-*Köhler*, StPO, § 94 Rn. 16a; MüKo-*Hauschild*, StPO, § 94 Rn. 13; Gercke/Julius/Temming/Zöller-*Gercke*, StPO, § 94, Rn. 18. *Bär*, Handbuch zur EDV-Beweissicherung, Rn. 407; im Ergebnis auch SK-*Wolter/Greco*, StPO, § 94 Rn. 26, die eine Beschlagnahme von Daten durch Kopie als zulässiges Minus akzeptiert. A.A. *Störing*, S. 81; *Klesczewski*, ZStW 123, (2011), 737, 747, der ein solches Vorgehen als gegenüber der üblichen Beschlagnahme von Gegenständen als völlig andersgeartete Maßnahme betrachtet.

199 *Bär*, Handbuch zur EDV-Beweissicherung, Rn. 407; zustimmend: Gercke/Julius/Temming/Zöller-*Gercke*, StPO, § 94, Rn. 18.

troffen sind,[200] ist keine Frage der Normbestimmtheit, sondern der Verhältnismäßigkeit des Eingriffes.[201]

Insoweit reduziert sich die Frage nach der Beschlagnahmefähigkeit von Daten letztlich auf eine Frage der Vorgehensweise oder auch der Formulierung der Anordnung der Beschlagnahme. Solange diese auf eine einmalige Beschlagnahme der auf Servern des Providers gespeicherten E-Mails gerichtet ist, so bestehen, zumindest aus dem Blickwinkel der Normenbestimmtheit- und -klarheit, hiergegen keine Bedenken. Es ist insoweit unerheblich, ob die Daten beschlagnahmt werden, indem der jeweilige Server selbst beschlagnahmt wird, oder die Daten auf einen Datenträger der Ermittlungsbehörde übertragen werden. Das Ergebnis ist aus Sicht des Betroffenen gleich. Es wäre reiner Formalismus und gegenüber dem Provider auch unverhältnismäßig,[202] in jedem Fall die Beschlagnahme des Servers anzuordnen, nur um den Originaldatenträger zu erhalten. Dies mag allenfalls notwendig sein, wenn im konkreten Fall zu vermuten ist, dass sich aus dem Datenträger weiterreichende Erkenntnisse gewinnen lassen, etwa durch Wiederherstellung bereits gelöschter Nachrichten.

(2) Überwachung laufender Telekommunikation durch §§ 94ff. StPO

Anders wären Fälle zu bewerten, in welchen auf die Beschlagnahme zurückgegriffen wird, um eine einer dauerhaften Überwachung der laufenden Kommunikation ähnliche Überwachung der ein- und ausgehenden E-Mails zu ermöglichen. Würde eine derartige Maßnahme auf § 94 StPO gestützt werden können, so wäre dies nicht nur als eine Umgehung der Voraussetzungen der Telekommunikationsüberwachung des § 100a StPO zu bewerten, sondern bereits mit Blick auf das verfassungsrechtliche Gebot der Normenbestimmtheit- und -klarheit verfassungswidrig. Eine solche Vorgehensweise würde die Grenzen des Verständnisses einer Sicherstellung oder Beschlagnahme von Gegenständen überschreiten. Dieses umfasst gerade keine revolvierenden, dauerhaften Überwachungsmaßnahmen, sondern ist geprägt von einem offenen, punktuellen und einmaligen Zugriff auf einen beweiserheblichen Gegenstand. Ist dieser erfolgt, so ist die Maßnahme abgeschlossen. Jeder weitere nachfolgende Zugriff wäre als neue Beschlagnahme zu werten und zu rechtfertigen.

---

[200] Vgl. dazu *Klesczewski*, ZStW 123, (2011), 737, 747.

[201] Dazu sogleich.

[202] Zutreffend verweist *Klesczewski*, ZStW 123, (2011), 737, 747 darauf, dass eine Kopie der E-Mails durch die Ermittlungsbehörden im Rahmen einer Beschlagnahme lediglich das Eigentum des Providers schont, nicht aber das Fernmeldegeheimnis des Beschuldigten und seiner Kommunikationspartner.

Dementsprechend sind auch auf §§ 94 ff. StPO gestützte sich wiederholende heimliche Zugriffe ohne Wissen des Betroffenen bereits aus Gründen der Normenbestimmtheit- und -klarheit nicht zu rechtfertigen.[203] Es erscheint bereits zweifelhaft, ob es aus der Perspektive der Normenbestimmtheit- und Normenklarheit möglich ist, Zugriffe auf Telekommunikationsinhalte über § 94 StPO anzuordnen, wenn daneben § 100a StPO existiert, welcher eindeutig auf Überwachungsmaßnahmen im Telekommunikationsbereich abstellt, während § 94 ff. StPO derartige Zugriffe nicht erwähnen. In jedem Falle kann der Betroffene jedoch aufgrund der Ausgestaltung der Beschlagnahmevorschriften nicht erkennen, dass auf dieser Rechtsgrundlage ohne sein Wissen Inhaltsdaten seiner E-Mails aus seinem Postfach dauerhaft und wiederholt abgerufen und gegebenenfalls kopiert werden.

Vor diesem Hintergrund sind heimliche „Beschlagnahmen" durch die Ermittlungsbehörden, etwa mittels eines durch den Provider eingeräumten Gastzuganges,[204] selbst im Rahmen der nach der hier vertretenen Ansicht deutlich zu weiten Rechtsprechung des Bundesverfassungsgerichtes[205], welche allein auf offene Maßnahmen abstellt, nicht zu rechtfertigen[206]. Könnte man die durch die h. M. anerkannte Beschlagnahmefähigkeit auf Datenträgern gespeicherter Daten derart weit verstehen, wären die § 94 ff. StPO im Ergebnis auf alle Formen des Fernzugriffs auf derartige Daten anwendbar, ohne dass es spezieller Eingriffsgrundlagen wie des neu geschaffenen § 100b StPO bedürfte. Solche Maßnahmen würden die Grenzen des Verständnisses einer Beschlagnahme bei weitem überschreiten und wären allenfalls durch den Gesetzgeber durch den Erlass entsprechender Rechtsgrundlagen, nicht aber durch richterliche Rechtsfortbildung, zu etablieren.

Als Zwischenergebnis kann damit festgehalten werden, dass eine Vereinbarkeit der §§ 94 ff. StPO mit den Grundsätzen der Normenbestimmtheit- und Klarheit nicht generell zu verneinen ist, sondern vielmehr von Fall zu Fall beurteilt werden muss. Allein die Tatsache, dass das Ziel der Beschlagnahme Datenbestände, wie etwa Inhaltsdaten einer E-Mail, sind, spricht allein noch nicht gegen eine Vereinbarkeit mit diesen Grundsätzen. Spätestens jedoch, wenn die Vorschriften zur heimlichen und dauerhaften Überwachung von

---

203 So im Ergebnis auch *Schlegel*, HRRS 2007, 44, 49 f. sowie *Mosbacher*, JuS 2016, 127, 132. Vgl. auch BT-Drs.: 19/27654, S. 62, 64.

204 Vgl. zu einem solchen Fall LG Mannheim, StV 2011, 352; mit krit. Anmerkung *Kelnhofer/Nadeborn*, StV 2011, 352 ff.; kritisch auch *Klesczewski*, ZStW 123, (2011), 737, 747.

205 Vgl. BVerfGE 124, 43 ff.

206 So auch *Kelnhofer/Nadeborn*, StV 2011, 352, 353; zu Konsequenzen der Einführung der Möglichkeit einer heimlichen Beschlagnahme durch § 95a StPO sogleich unter ff).

Telekommunikation genutzt werden, ist eine Verfassungsmäßigkeit nicht mehr gegeben.[207]

cc) Verhältnismäßigkeit der Einschränkungen des Fernmeldegeheimnisses

Nach den oben herausgearbeiteten Anforderungen dürfen die durch das Gesetz bedingten Einschränkungen der durch das Fernmeldegeheimnis geschützten grundrechtlichen Freiheit nicht außer Verhältnis zum angestrebten Gemeinwohlzweck stehen, welchem diese Grundrechtsbeschränkung dienen soll.[208] Dabei müssen sich die Anforderungen im Hinblick auf die Verhältnismäßigkeit des Eingriffes in das Grundrecht aus den §§ 94 ff. StPO ergeben.

(1) Schwere der zu verfolgenden Straftat

Wesentliche Voraussetzung der Verhältnismäßigkeit eines ermittlungsbehördlichen Eingriffs in das Fernmeldegeheimnis sind Vorgaben zur Schwere der Straftat, die Anlass einer ermittlungsbehördlichen Maßnahme sein kann, welche in das Fernmeldegeheimnis des Art. 10 Abs. 1 GG eingreift.

Im Rahmen der Verhältnismäßigkeitsprüfung ist der generell hohe Rang des Fernmeldegeheimnisses zu beachten. Insoweit kommt eine Rechtfertigung des Eingriffes nur dann in Betracht, wenn dieser dem Schutz zumindest gleichrangiger Rechtsgüter dient.[209] Dient der Eingriff der Strafverfolgung, so ist das Gewicht des Strafverfolgungsinteresses von der Schwere und Bedeutung der aufzuklärenden Straftat abhängig. Ein Eingriff in das Fernmeldegeheimnis ist daher nur zur Verfolgung von Straftaten von erheblicher Bedeutung zulässig.[210]

Insoweit bedarf es einer konkreten Bestimmung dieser Taten durch den Gesetzgeber. Allgemeine Generalklauseln sind, nicht nur im Hinblick auf das Bestimmtheitsgebot, sondern auch auf die Verhältnismäßigkeit, nicht hinreichend.[211] Hinsichtlich der Festlegung der jeweiligen Straftaten verfügt der Gesetzgeber im Rahmen der verfassungsmäßigen Ordnung über eine Einschätzungsprärogative. Entsprechendes gilt auch im Hinblick auf die Art und

---

[207] Vgl. hierzu auch BT-Drs.: 19/27654, S. 62, 64. Zur Regelung einer heimlichen, punktuellen Beschlagnahmemöglichkeit durch den neuen § 95a StPO vgl. die Ausführungen auf S. 291 ff.

[208] BVerfGE 100, 313, 375 f.

[209] BVerfGE 107, 299, 321; von Mangoldt/Klein/Starck-*Gusy*, GG, Art. 10 Rn. 75.

[210] BVerfGE 107, 299, 321.

[211] BVerfGE 110, 33, 56 f.; von Mangoldt/Klein/Starck-*Gusy*, GG, Art. 10 Rn. 74.

Weise der Bestimmung der Taten, etwa durch Festlegung eines Kataloges oder durch das Abstellen auf eine abstrakte Strafdrohung.[212] Maßgeblich ist allerdings, dass der Gesetzgeber überhaupt eine Festlegung trifft.

Die §§ 94 ff. StPO enthalten jedoch keinerlei abstrakte Vorgaben des Gesetzgebers zur erforderlichen Schwere einer Straftat, welche Anlass für Eingriffe in das Fernmeldegeheimnis geben soll. Weder in abstrakter Form, etwa durch Bestimmung einer Mindeststrafhöhe, noch durch Benennung einzelner Anlasstaten in einem Straftatenkatalog hat der Gesetzgeber Festlegungen zur erforderlichen Tatschwere getroffen. Dies mag aufgrund der Historie der Norm nicht verwundern, lässt aber die materielle Verfassungsmäßigkeit der Normen im Hinblick auf deren Verhältnismäßigkeit zweifelhaft erscheinen. Schließlich führt der Verzicht auf eine gesetzliche Festlegung von Anlasstaten im Ergebnis dazu, dass letztlich der einfache Verdacht jeder Straftat, auch leichtester Art, Eingriffe in das Fernmeldegeheimnis ermöglichen würde.

Das Bundesverfassungsgericht hat in der Ausgangsentscheidung im Rahmen seiner Verhältnismäßigkeitserwägungen die mangelnde objektive Bestimmung der Schwere der Anlasstaten nicht thematisiert und den Zugriff auf beim Provider gespeicherte Inhaltsdaten von E-Mails ausdrücklich auch für Straftaten unterhalb der Schwelle der Straftaten von erheblicher Bedeutung zugelassen.[213] Begründet wird dies mit sowohl mit kriminalpolitischen Erwägungen als auch mit der Offenheit der Maßnahme.[214] Das Fehlen entsprechender Regelungen begreift der Senat insoweit nicht als verfassungsrechtlichen Mangel, sondern hält einen Zugriff auch im Bereich leichter Kriminalität aus Gründen des Strafverfolgungsinteresses sogar für geboten.[215]

Interessanterweise hat das Bundesverfassungsgericht im Nachgang zur hier maßgeblichen Entscheidung aus dem Jahr 2009 mehrfach deutlich gemacht,[216] dass aus seiner Sicht eine Objektivierung der Schwere der Straftat zwingend erforderlich ist: „*Eingriffe in das Fernmeldegeheimnis setzen jedoch die Qualifizierung einer Straftat als schwer voraus, was aber in der Strafnorm – insbesondere etwa durch den Strafrahmen – einen objektivierten Ausdruck finden muss.*“[217] Es hat insoweit eine Bestimmung der Schwere der Tat durch Festlegung eines Straftatenkataloges für zulässig erklärt.[218]

---

[212] Vgl. auch die Ausführungen zur Systematisierung des Anlasstatenkatalogs des § 100a StPO S. 234 ff.

[213] Vgl. BVerfGE 124, 43, 64 f.

[214] Dazu sogleich S. 276 ff.

[215] BVerfGE 124, 43, 64.

[216] Vgl. BVerfGE 125, 260, 329; 129, 208, 243.

[217] BVerfGE 129, 208, 243.

[218] BVerfGE, a. a. O.

Vor dem Hintergrund dieser deutlichen Aussagen wäre zu erwägen, ob sich das Bundesverfassungsgericht von seiner Rechtsprechung aus dem Juni 2009 zwischenzeitlich gelöst hat. Doch spätere Entscheidungen zeigen, dass es in Bezug auf den Zugriff auf Inhaltsdaten zwischen- und endgespeicherter E-Mails an seiner Rechtsprechung festhält. So hat es im Jahr 2014 ausdrücklich ausgeführt, dass die §§ 94 ff. StPO „*den verfassungsrechtlichen Anforderungen an eine gesetzliche Ermächtigung*" für Eingriffe in das Fernmeldegeheimnis genügen.[219] Das zuvor ausdrücklich verlangte Erfordernis einer Objektivierung der Tatschwere durch Festlegung gesetzlicher Anforderungen findet keine Erwähnung. Vielmehr wird zur Wahrung der Verhältnismäßigkeit auf Beschränkungen des Beweismaterials, durch Eingrenzung des Zeitrahmens oder der überwachten Kommunikationsinhalte, abgestellt.[220]

Die o. g. Entscheidungen des Bundesverfassungsgerichtes sind somit nicht als Abkehr von der Entscheidung aus dem Jahr 2009 zu verstehen. Es ist damit davon auszugehen, dass das Gericht, abweichend von allen übrigen Sachverhalten des Zugriffs auf durch Telekommunikation übertragene Inhalte, im Falle des Zugriffs auf beim Provider zwischen- bzw. endgespeicherte E-Mails weiterhin die im Übrigen angemahnte Objektivierung der erforderlichen Tatschwere nicht für erforderlich, ja für kontraproduktiv hält.

Allerdings erweist sich der Verzicht auf das Erfordernis einer Objektivierung der zur Rechtfertigung eines Eingriffs in das Fernmeldegeheimnis erforderlichen Schwere der Straftat sowohl aus dem Blickwinkel der Einheitlichkeit der Rechtsordnung als auch aus dem der Gewaltenteilung als problematisch.

Bleibt es, wie nach der Rechtsprechung des Bundesverfassungsgerichtes, allein dem jeweiligen Ermittlungsrichter überlassen, die notwendigen Abwägungsentscheidungen vorzunehmen, so ist zumindest eine Zersplitterung der Rechtsanwendung zu befürchten. Jeder Ermittlungsrichter ist innerhalb der durch das Bundesverfassungsgericht vorgegebenen, im Ergebnis sehr vagen, Verhältnismäßigkeitsanforderungen[221] frei, eine Abwägung der widerstreitenden Interessen von Strafverfolgung und Schutz des Fernmeldegeheimnisses der Betroffenen vorzunehmen und einen Ausgleich herbeizuführen. Dass sich bei dieser Ausgangslage die Ergebnisse je nach Rechtsauffassung, Gericht und Lage des Einzelfalles erheblich unterscheiden können, ist offensichtlich. Selbst wenn sich über die Jahre im Wege höchstrichterlicher Entscheidungen eine Linie in der Auslegung und Anwendung der §§ 94 ff. StPO im Hinblick auf die in Frage kommenden Anlasstaten herausbilden sollte, so erreicht dies

---

219 BVerfG, NJW 2014, 3085, 3088.

220 BVerfG, a. a. O.

221 Vgl. hierzu BVerfGE 124, 43, 66 ff.

doch niemals eine einem gesetzlich vorgegebenen Straftatenkatalog entsprechende objektivierende Wirkung.

Es ist Aufgabe des demokratisch legitimierten Gesetzgebers, zu entscheiden, welche Straftaten er, wenn überhaupt, als hinreichend schwer bewertet, um einen so weitreichenden Grundrechtseingriff wie den in das Fernmeldegeheimnis im Rahmen der Sicherstellung und Beschlagnahme zwischen-, aber auch endgespeicherter E-Mails, zuzulassen. Allerdings hat er die Thematik auch im Rahmen der letzten Überarbeitungen der strafprozessualen Vorgaben zu Eingriffen in das Fernmeldegeheimnis[222] keiner Regelung unterzogen. Zwar hat er bei Schaffung des neuen § 95a StPO für die Frage der Zurückstellung der Benachrichtigung des Beschuldigten im Rahmen der Beschlagnahme „insbesondere“ auf die in genannten § 100a Abs. 2 StPO genannten Straftaten verwiesen, die Anordnungsvoraussetzungen der Ausgangsnorm des § 94 StPO jedoch unverändert gelassen.[223] Insoweit liegt ein gesetzgeberischer Mangel vor, der durch richterliche Rechtsfortbildung nicht behoben werden kann. Dass sich der Gesetzgeber der Ansicht des Bundesverfassungsgerichtes nunmehr auch ausdrücklich angeschlossen hat,[224] behebt den bestehenden verfassungsrechtlichen Mangel hinsichtlich der notwendigen Konkretisierung der Anlasstaten nicht.

Dieser kann auch nicht dadurch behoben werden, dass, wie von Liebig vorgeschlagen,[225] der Anlasstatenkatalog des § 100a Abs. 2 StPO im Rahmen der Verhältnismäßigkeitsprüfung ergänzend herangezogen wird. Allenfalls könnte ein solches Vorgehen die praktischen Probleme in der Rechtsanwendung zumindest abmildern. Eine dauerhafte Objektivierung und Vereinheitlichung der Rechtslage ließe sich auf diese Weise nicht herbeiführen, da im Ergebnis weiterhin kein Ermittlungsrichter gesetzlich daran gehindert wäre, auch andere Straftaten als die dort benannten als Anlasstaten heranzuziehen.

Insoweit ist festzuhalten, dass die Regelungen zur Sicherstellung und Beschlagnahme der §§ 94 ff. StPO auch im Hinblick auf die erforderlichen Vorgaben zur Schwere der Anlasstaten nicht den materiellen Anforderungen an die Verfassungsmäßigkeit einer Eingriffsermächtigung in das Fernmelde-

---

[222] Gesetz zur effektiveren und praxistauglicheren Ausgestaltung des Strafverfahrens vom 17.08.2017 (BGBl. I 2017, S. 3202 ff.) sowie Gesetz zur Fortentwicklung der Strafprozessordnung und zur Änderung weiterer Vorschriften vom 25.06.2021 (BGBl. I 2021, S. 2099 ff.).

[223] Zu den Einzelheiten ausführlich S. 291 ff.

[224] Vgl. BT-Drs.: 19/27654, S. 62, 64.

[225] Vgl. *Liebig*, S. 112 f.

geheimnis genügen.[226] Abhilfe könnte nur durch eine ausdrückliche Neuregelung geschaffen werden.[227]

(2) Überwiegen des Strafverfolgungsinteresses aufgrund von Besonderheiten der E-Mail-Kommunikation?

Nicht nur im Hinblick auf die mangelnde gesetzliche Regelung der Mindestanforderungen zur Schwere der Anlasstat, sondern auch hinsichtlich des Strafverfolgungsinteresses geht das Bundesverfassungsgericht in Bezug auf den Zugriff auf Inhaltsdaten von E-Mails einen Sonderweg, der weiterer Erörterung bedarf.

Das Gericht hat sich, wie gezeigt,[228] in seiner Entscheidung aus dem Jahr 2009 hinsichtlich der Sicherstellung und Beschlagnahme der Inhaltsdaten von E-Mails vom Erfordernis einer schweren Straftat gelöst und einen Eingriff in das Fernmeldegeheimnis auch für den Bereich der leichten Kriminalität zugelassen. Im Ergebnis ist danach ein Grundrechtseingriff bei jeglicher Straftat möglich.[229] Begründet wird dies nicht nur mit dem Strafverfolgungsinteresse, welches auch im Hinblick auf Straftaten geringerer Bedeutung das Interesse des Betroffenen am Schutz seiner Inhaltsdaten durch das Fernmeldegeheimnis überwiege,[230] sondern auch mit Besonderheiten des Zugriffs auf zwischen- und endgespeicherte E-Mails. Diesbezüglich verweist das Gericht neben der Offenheit der Maßnahme und den durch den Ermittlungszweck begrenzten, punktuellen Eingriff auf die Durchführung der Erhebung der Inhaltsdaten außerhalb des laufenden Telekommunikationsvorganges und die Einwirkungsmöglichkeiten des Betroffenen auf seinen gespeicherten E-Mail-Bestand.[231]

(a) Überwiegen des Strafverfolgungsinteresses?

Die gesamte Argumentation des Gerichtes in diesem Zusammenhang ist kritisch zu hinterfragen.

---

226 So im Ergebnis auch *Neuhöfer*, S. 153; *Liebig*, S. 112 f., die die Problematik allerdings, wie ausgeführt, durch ergänzende Heranziehung des § 100a StPO lösen will.

227 So im Ergebnis auch SK-*Wolter/Greco*, StPO, § 100a Rn. 32, die den gesamten strafprozessualen Zugriff auf beim Provider gespeicherte E-Mails als de lege lata nicht mehr rechtfertigungsfähig betrachten.

228 Vgl. die Ausführungen zum Beschluss S. 255 f.

229 *Klesczewski*, ZStW 123, (2011), 737, 748.

230 BVerfGE 124, 43, 64 f.

231 BVerfGE 124, 43, 65 f.

Zweifelhaft ist bereits die Grundannahme, dass das verfassungsrechtlich anerkannte Strafverfolgungsinteresse geradezu dazu zwinge, auch im Falle von Kriminalität, welche unterhalb der Schwelle der Straftaten von erheblicher Bedeutung[232] liegt, eine Zugriffsmöglichkeit auf Telekommunikationsinhalte zu schaffen. Es ist zuzugestehen, dass eine Reihe von Straftaten kaum verfolgbar wäre, wenn die Verfolgbarkeit, wie bei § 100a StPO auf Straftaten von erheblicher Bedeutung beschränkt würde.[233] Ebenfalls richtig ist die Annahme, dass es vielen Nutzern problemlos möglich wäre, den Strafverfolgungsbehörden eventuelle Beweismittel durch Speicherung beim Provider zu entziehen, wenn diesbezüglich keine oder erhöhte Eingriffsbefugnisse bestehen.[234] Allerdings verlangt die Strafprozessordnung keine Wahrheitsfindung um jeden Preis.[235] Lücken im Reservoir strafprozessualer Ermittlungsmaßnahmen sind vor diesem Hintergrund durchaus hinzunehmen.[236] Es besteht gerade kein Zwang zur Schaffung eines lückenlosen, alle Straftaten und Tatgestaltungen umfassenden Systems der Ermittlungsmaßnahmen. Insbesondere bei Taten mit geringem Unrechtsgehalt verbietet das Übermaßverbot die Schaffung entsprechender Möglichkeiten.

Es erscheint zudem verfassungsrechtlich nicht überzeugend, eine Lücke in den Strafverfolgungsmöglichkeiten immer dann hinzunehmen, wenn aufgrund der technischen Schwierigkeiten der Überwachung der laufenden E-Mail-Kommunikation ohnehin kaum verwertbare Ergebnisse zu erwarten sind, um in den Speicherungsphasen mit ihren erleichterten Zugriffmöglichkeiten eine Erweiterung auf nahezu alle Straftaten vorzusehen. Dies mag aus dem Blickwinkel der offensichtlich intendierten Erweiterung der Ermittlungsmöglichkeiten der Strafverfolgungsbehörden durchaus nachvollziehbar sein, entspricht aber weder den technischen Gegebenheiten noch dem Schutzbedürfnis der Kommunikationsteilnehmer. Schließlich ist letzteres in den Speicherungsphasen gerade aufgrund der erleichterten Zugriffsmöglichkeiten Dritter besonders hoch, wie auch das Gericht selbst im maßgeblichen Beschluss nochmals bestätigt hat.[237]

Aufgabe des Bundesverfassungsgerichtes sollte es insoweit nicht sein, festgestellte oder vermutete Strafbarkeitslücken durch extensive Auslegung zu schließen, sondern den Schutz der Grundrechte der Betroffenen zu ge-

---

[232] Vgl. zum Begriff: MüKo-*Günther*, StPO, § 100a, Rn. 67; *Puschke/Singelnstein*, NJW 2008, 113, 114.

[233] BVerfGE 124, 43, 64 f.

[234] BVerfGE 124, 43, 65.

[235] BGHSt 14, 358, 365; MüKo-*Miebach*, StPO, § 261, Rn. 136; Meyer-Goßner/Schmitt-*Schmitt*, StPO, Einl. Rn. 50.

[236] *Janssen*, S. 133.

[237] BVerfGE 124, 43, 55.

währleisten und gegebenenfalls auf derartige Lücken hinzuweisen. In der Folge wäre der demokratisch legitimierte Gesetzgeber aufgerufen zu entscheiden, ob und inwieweit eine Erweiterung der Kompetenzen der Ermittlungsbehörden im Rahmen des verfassungsrechtlich Zulässigen notwendig und angemessen erscheint. Der Weg über die vom Senat angesprochene Erhöhung des Strafrahmens erscheint insoweit nur begrenzt erfolgversprechend, da trotz generell bestehender Einschätzungsprärogative des Gesetzgebers[238] eine lediglich durch erweiterte Überwachungskompetenzen motivierte Erhöhung bei vielen der vom Bundesverfassungsgericht genannten Straftaten (etwa Beleidigung, fahrlässige Körperverletzung usw.)[239] aufgrund des geringen Unrechtsgehalts nicht ausreichend wäre, um eine Zuordnung zur erforderlichen schweren Kriminalität zu rechtfertigen.

(b) Abgeschlossenheit des Kommunikationsvorgangs?

Im Hinblick auf die Argumentation des Senats zur Abgeschlossenheit des Kommunikationsvorganges, aber auch zu den Einwirkungsmöglichkeiten des Betroffenen zeigt sich zudem deutlich die Schwäche der unterschiedslosen Anwendung des Fernmeldegeheimnisses auf die Zwischen- und Endspeicherung. Durch die Negierung eines Unterschiedes der Phasen 2 und 4 auf verfassungsrechtlicher Ebene[240] kommt das Gericht auch in Bezug auf das Strafprozessrecht zu unzutreffenden Ergebnissen. Die Aufhebung der Unterscheidung mag aus Sicht des Senates im Hinblick auf die angestrebte Ausweitung des Anwendungsbereichs des Fernmeldegeheimnisses durchaus konsequent erscheinen, erweist sich aber in ihren Folgen als bedenklich.[241]

Solange der Empfänger noch nicht über die in seinem Postfach befindliche E-Mail disponieren kann, ist diese nach der hier vertretenen Ansicht als zwischengespeichert anzusehen. Demzufolge dauert der laufende Kommunikationsvorgang zumindest so lange an, bis der Empfänger die insoweit notwendige Dispositionsmöglichkeit erlangt und damit die Phase der Endspeicherung beginnt.[242]

Vor diesem Hintergrund erweist es sich als inkonsequent, wenn das Gericht den Schutz des Fernmeldegeheimnisses auf der einen Seite bis in die Endspeicherung hinein ausweitet, da die Kommunikationsinhalte weiterhin dem Zugriffsmöglichkeiten Dritter ausgesetzt seien und sich somit noch

---

238 Vgl. insoweit BVerfGE 129, 208, 243.

239 Vgl. die Beispiele unter: BVerfGE 124, 43, 64.

240 BVerfGE 124, 43, 55.

241 Vgl. zum Folgenden auch bereits *Krüger*, MMR 2009, 680, 682 f.

242 Vgl. zur Abgrenzung der Phasen die Ausführungen auf S. 133 ff.

nicht außerhalb des laufenden Kommunikationsvorgangs befinden.[243] Gleichzeitig führt es jedoch in den strafprozessualen Erwägungen aus, dass die Nachrichten dennoch den erleichterten Zugriffsanforderungen der §§ 94 ff. StPO unterfallen dürfen, da die Erhebung außerhalb eines laufenden Kommunikationsvorganges erfolge und der Betroffene auf die gespeicherten Nachrichten einwirken könne, was für eine Verhältnismäßigkeit der Maßnahme spreche.[244] Insbesondere in Bezug auf Letzteres zeigt sich, dass sich das Gericht scheinbar nicht hinreichend mit den Unterschieden zwischen den Speicherungsphasen im Hinblick auf die Einwirkungsmöglichkeiten des Empfängers befasst hat. In der Phase der Zwischenspeicherung fehlt es an jeglicher Einwirkungsmöglichkeit des Betroffenen, der regelmäßig noch nicht einmal Kenntnis von der Nachricht hat. Daher wäre zumindest insoweit ein differenzierterer Lösungsansatz erforderlich gewesen.

Konsequenterweise wäre das Ergebnis der verfassungsrechtlichen Erwägungen auch in den Bereich des Strafprozessrechtes zu übertragen gewesen, was im Ergebnis zu einer Unzulässigkeit des Zugriffs über §§ 94 ff. StPO geführt hätte.[245] Durch sein Vorgehen hat das Gericht jedoch einen Schutz des Fernmeldegeheimnisses zweiter Klasse kreiert,[246] der im Ergebnis weder dem Schutzinteresse des von der Maßnahme Betroffenen noch dem intendierten Schutzgehalt des Fernmeldegeheimnisses gerecht wird. Für den Nutzer der E-Mail-Kommunikation ist es letztlich ohne Belang, dass ihm verfassungsrechtlich der hohe Schutzgrad des Fernmeldegeheimnisses zugesichert wird, wenn ihm dieser auf der anderen Seite in der Praxis der Strafverfolgung weitestgehend verwehrt wird, indem die für Eingriffe in das Fernmeldegeheimnis nicht nur ungeeigneten, sondern auch zu weiten Eingriffsvoraussetzungen der einfachen Sicherstellung und Beschlagnahme angewendet werden.[247] Dies gilt umso mehr, wenn der Betroffene, wie in der Phase der Zwischenspeicherung, bereits auf tatsächlicher Ebene gehindert ist, Gegenmaßnahmen gegenüber einem Zugriff Dritter zu ergreifen.

Bei konsequenter Anwendung auf das Strafprozessrecht hätte das Gericht aus seiner verfassungsrechtlichen Lösung letztlich nur zwei Konsequenzen ziehen können: Entweder es wendet die ohnehin schon recht weiten Voraus-

---

243 BVerfGE 124, 43, 54 f.

244 BVerfGE 124, 43, 65.

245 Zur diesbezüglichen Inkonsequenz der Entscheidung vgl. auch *Brodowski*, JR 2009, 402, 407; *Brunst*, CR 2009, 591, 592; *Klesczewski*, ZStW 123, (2011), 737, 748 f.

246 *Krüger*, MMR 2009, 680, 683. Vgl. auch *Härting*, CR 2009, 581, 583, der dies als „Fernmeldegeheimnis light" bezeichnet, oder *Gercke*, StV 2009, 624, 626, der die Klarstellung bzgl. der Anwendbarkeit des Fernmeldegeheimnisses insoweit „wertlos" nennt.

247 So bereits in *Krüger*, MMR 2009, 680, 682 f.

setzungen der Telekommunikationsüberwachung gemäß § 100a StPO an, mit der Konsequenz, dass bestimmte Taten der einfachen Kriminalität nicht aufgeklärt werden können, oder es erklärt die bestehenden Vorgaben für unzureichend und fordert den Gesetzgeber auf, eine entsprechende Rechtsgrundlage zu schaffen.[248]

(c) Verhältnismäßigkeit aufgrund Offenheit der Maßnahme?

Neben der primär rechtspolitischen Argumentation mit der Vermeidung von Lücken im Repertoire der strafprozessualen Ermittlungsmöglichkeiten begründet das Gericht seine Erwägungen zur Anwendbarkeit der §§ 94 ff. StPO jedoch auch mit den aus seiner Sicht bestehenden Besonderheiten des Zugriffs auf zwischen- und endgespeicherte E-Mails. Es geht dabei augenscheinlich davon aus, dass diese die Schwere des Eingriffes abmilderten und somit geringere Anforderungen an die Zulässigkeit des Eingriffes zu stellen seien, was im Ergebnis die Anwendbarkeit der §§ 94 ff. StPO ermögliche. Insoweit sind hier insbesondere die vom Gericht angeführte Offenheit der Durchführung der Ermittlungsmaßnahme sowie deren Begrenzung durch den Ermittlungszweck und die Annahme eines lediglich punktuellen Eingriffs zu erörtern.

Diesbezüglich ist zunächst zu diskutieren, inwieweit die durch das Bundesverfassungsgericht als Voraussetzung für ein Vorgehen nach §§ 94 ff. StPO angeführte offene Durchführung der Ermittlungsmaßnahme das Potential hat, einer ausufernden Anwendung der Maßnahme entgegenzuwirken und somit deren Verhältnismäßigkeit zu fördern.

Betroffener ist insoweit nicht der Provider, auf dessen Server sich die Inhaltsdaten der gesuchten E-Mails befinden, sondern der jeweilige Kommunikationsteilnehmer, dessen zwischen- oder endgespeicherte Inhaltsdaten Ziel der Sicherstellung oder Beschlagnahme sein sollen.[249] Das Bundesverfassungsgericht trennt in seinen diesbezüglichen Ausführungen sehr genau zwischen Provider und Betroffenem, etwa indem es auf die Einwirkungsmöglichkeiten des Betroffen *„auf den von ihm auf dem Mailserver seines Providers gespeicherten E-Mail-Bestand“*[250] abstellt und hierdurch die notwendige Personenverschiedenheit betont.

Das Bundesverfassungsgericht betrachtet heimliche Eingriffe in das Fernmeldegeheimnis zutreffend als schwerwiegender als offene Maßnahmen und begründet dies primär mit den Möglichkeiten des Betroffenen, sich gegen

---

[248] Vgl. *Krüger*, MMR 2009, 680, 683.

[249] *Klein*, NJW 2009, 2996, 2998.

[250] BVerfGE 124, 43, 65.

diese bereits im Moment der Vornahme wehren zu können.[251] An heimlich durchgeführte Eingriffe seien daher im Vergleich zu offenen Maßnahmen besonders hohe Rechtsfertigungsanforderungen zu stellen.[252] Offene Maßnahmen böten die Möglichkeit, sich sofort gegen diese zur Wehr zu setzten, etwa indem ein Anwalt im Rahmen der Durchsuchung hinzugezogen werde. Auf diese Weise könne der Betroffene die Einhaltung der Grenzen des Durchsuchungsbeschlusses selbstständig überwachen und „*Ausuferungen des Vollzugs der richterlichen Anordnungen*" entgegentreten.[253]

Insoweit kann festgehalten werden, dass das Abstellen auf die offene Durchführung von Sicherstellungen und Beschlagnahmen im Rahmen der Verhältnismäßigkeitsabwägungen durchaus als Argument für die Anwendbarkeit der §§ 94 ff. StPO angeführt werden kann, da so einer ausufernden Anwendung der Eingriffsermächtigung entgegengewirkt wird.

Dies folgt zum einen aus ermittlungstaktischen Erwägungen. Danach sind offene Maßnahmen problematisch, da der Betroffene im Nachgang regelmäßig gewarnt ist, dass Ermittlungen durchgeführt werden, und daher sein Verhalten regelmäßig hierauf einstellen wird. Denkbar sind z. B. Änderungen im Kommunikationsverhalten, aber auch die Vernichtung bisher nicht von der Maßnahme betroffener E-Mails in den Ermittlungsbehörden unbekannten E-Mail-Postfächern. Auch aufgrund derartiger Erwägungen ist zu erwarten, dass Ermittlungsbehörden von der offenen Sicherstellung und Beschlagnahme zurückhaltender Gebrauch machen.[254] Wäre demgegenüber nur eine Offenheit gegenüber dem Gewahrsamsinhaber des Datenträgers notwendig, d. h., dem Provider, so wäre dies im Hinblick auf den Schutz des Fernmeldegeheimnisses des Betroffenen in jedem Fall unzulässig. Zum anderen können durch ein schnelles Einschreiten des Betroffenen, gegebenenfalls verbunden mit anwaltlichem Tätigwerden, weitere Beeinträchtigungen der Rechtsgüter des Betroffenen wirksamer beschränkt werden als in Fällen heimlicher Ermittlungsmaßnahmen.

Voraussetzung einer begrenzenden Wirkung ist allerdings, dass die Maßnahme tatsächlich gegenüber dem Betroffenen offen durchgeführt wird.[255] Zwingend erforderlich ist insoweit, dass der Betroffene spätestens zu Beginn

---

[251] BVerfGE 124, 43, 65 f.

[252] BVerfGE 124, 43, 63.

[253] BVerfGE 115, 166, 194 f.; 124, 43, 66.

[254] Nicht zuletzt vor diesem Hintergrund wurde mit § 95a StPO durch das Gesetz zur Fortentwicklung der Strafprozessordnung und zur Änderung weiterer Vorschriften vom 25.06.2021 eine Neuregelung geschaffen, welche die Möglichkeit einer heimlichen Beschlagnahme regelt und so verhindern soll, dass der Betroffene gewarnt wird. Vgl. zu den Einzelheiten auf S. 291 ff.

[255] So auch *Brodowski*, JR, 2009, 402, 407; *Szebrowski*, K&R 2009, 563, 564.

der Maßnahme informiert wird, so dass er die Möglichkeit hat, sich während der Maßnahme, zumindest aber im unmittelbaren Anschluss an deren Durchführung gegen diese zu wehren.[256] Hierbei ist zu beachten, dass aufgrund der Kopierbarkeit von Daten die Sicherstellung oder Beschlagnahme sehr schnell durchgeführt werden kann, so dass anwaltliche Hilfe während der Maßnahme kaum rechtzeitig erfolgen wird. Dies spricht per se allerdings noch nicht gegen ein Abstellen auf die Offenheit der Durchführung,[257] zumindest solange durch die Information des Betroffen eine zeitnahe Möglichkeit des Eingreifens geschaffen wird. Im Vergleich zu einer heimlichen Durchführung der Maßnahme, auch einer Telekommunikationsüberwachung nach § 100a StPO, wären die Möglichkeiten des Betroffenen, sich zur Wehr zu setzen, bevor die Ermittlungsbehörden im Rahmen einer Durchsicht der beschlagnahmten Nachrichten Kenntnis von deren Inhalten erlangen können, auch in solchen Fällen ungleich größer.

Vor dem Hintergrund der klaren Aussagen des Gerichtes zur Notwendigkeit einer offenen Durchführung der Maßnahme erscheinen die im gleichen Beschluss getätigten Aussagen zur Information des Betroffenen im Falle einer Sicherstellung der Inhaltsdaten beim Provider bedenklich.[258] Insoweit wird ausgeführt, dass eine solche Information nur „*im Regelfall*" erforderlich sei, um dem Betroffenen die Wahrnehmung seiner Rechte zu ermöglichen. Dies gelte nicht, sofern eine Kenntnis den Zweck der Maßnahme gefährde.[259] Da dies regelmäßig der Fall sein dürfte, würde ein solches Vorgehen letztlich die durch das Gericht vorgenommene Begrenzung auf offen durchgeführte Maßnahmen faktisch aufheben. Insoweit kann aus Gründen der Verhältnismäßigkeit nicht auf eine heimliche Durchführung zurückgegriffen werden.[260]

Unsicher ist allerdings, inwieweit das Bundesverfassungsgericht die Offenheit des Vorgehens auch heute noch als zentrales Rechtfertigungselement für einen Rückgriff auf §§ 94 ff. StPO ansieht. In einer späteren einschlägigen Entscheidung des Gerichtes aus dem Jahr 2014 findet sich kein Hinweis mehr auf die Erforderlichkeit eines offenen Zugriffs.[261] Zwar kann man kann nach dem Sachverhalt annehmen, dass die Maßnahmen in diesem Fall dem Beschuldigten bekannt waren, dennoch lässt sich der Verzicht auf eine

---

[256] Vgl. hierzu *Klesczewski*, ZStW 123, (2011), 737, 749, der zutreffend kritisiert, dass eine heimliche Durchführung der Durchsuchung und Beschlagnahme, etwa in Fällen der Durchsuchung beim Unverdächtigen nach § 103 StPO, nicht hinreichend ist, um dem Grundsatz der Verhältnismäßigkeit zu genügen.

[257] So aber *Brunst*, CR 2009, 591, 592.

[258] So auch *Brodowski*, JR, 2009, 402, 407.

[259] Vgl. BVerfGE 124, 43, 71.

[260] In diesem Sinne auch *Brodowski*, JR, 2009, 402, 407.

[261] Vgl. BVerfGE NJW 2014, 3085, 3088.

Erwähnung dieses tragenden Elements der Ausgangsentscheidung durchaus auch als Beleg einer Abkehr des Gerichtes von diesem Element der Verhältnismäßigkeitserwägungen verstehen, wie sie sich teilweise in der Literatur[262] und mit der kürzlichen Neuregelung der Zurückstellung der Benachrichtigung des Beschuldigten gemäß § 95a StPO auch auf gesetzlicher Ebene bereits vollzogen hat.[263]

(d) Verhältnismäßigkeit aufgrund Punktualität der Maßnahme?

Neben der Offenheit der Maßnahme führt das Gericht auch deren punktuelle Durchführung als Begründung für eine Verhältnismäßigkeit der Anwendung der §§ 94 ff. StPO an. Offen bleibt, worauf der Senat diesbezüglich abstellt.

Zu Recht ist darauf hingewiesen worden, dass das Vorgehen im Ausgangsfall des Beschlusses aus dem Jahr 2009, in dem der gesamte E-Mail-Bestand des fraglichen Zeitraumes von 2.500 E-Mails sichergestellt wurde, wohl kaum für ein punktuelles, also ein auf wenige Fälle begrenztes[264] Vorgehen sprechen kann.[265] Eine solche Vorgehensweise liefert eher Anhaltspunkte dafür, eine Unverhältnismäßigkeit im Einzelfall anzunehmen, als über eine verhältnismäßige Begrenzung des Eingriffes nachzudenken.

Viel spricht dafür, da das Gericht im Ergebnis keine Einwände gegenüber der Sicherstellung des gesamten E-Mail-Bestandes erhoben hat,[266] dass es den punktuellen Eingriff eher in der einmaligen Durchführung einer Beschlagnahme erblickt.[267] Die Beschränkung liegt in diesem Fall darin, dass im Gegensatz zu einer heimlich über einen bestimmten Zeitraum durchgeführten Telekommunikationsüberwachung nach § 100a StPO ein Vorgehen nach §§ 94 ff. StPO den Betroffenen nur einmalig mit einer Ermittlungsmaßnahme belastet.

Dies kann allerdings nicht darüber hinwegtäuschen, dass die Sicherstellung und Beschlagnahme eines E-Mail-Bestandes den Strafverfolgungsbehörden regelmäßig Zugang zu größeren Datenbeständen verschaffen wird als eine über einen gewissen Zeitraum durchgeführte Überwachung des Post-

---

262 Vgl. etwa Graf-*Graf*, StPO, § 100a Rn. 65; anders dagegen BGH, NStZ 2015, 704, 705; Meyer-Goßner/Schmitt-*Köhler*, StPO, § 94 Rn. 16a; MüKo-*Hausschild*, StPO, § 94 Rn. 13.

263 Vgl. zu den Einzelheiten ausführlich S. 291 ff.

264 Brockhaus Wahrig, Deutsches Wörterbuch, Fünfter Band, S. 244.

265 So u. a. *Klesczewski*, ZStW 123, (2011), 737, 749; *Liebig*, S. 112.

266 Vgl. BVerfGE 124, 43, 76.

267 So auch das Verständnis von *Brodowski*, JR, 2009, 402, 407; *Brunst*, CR 2009, 591, 592.

faches. So hätte es im Ausgangsfall einer mehr als zwei Jahre andauernden Überwachung des E-Mail-Verkehrs des Betroffenen bedurft, um einen ähnlich großen Datenbestand zu erlangen.[268] Daneben unterscheidet sich ein solches Vorgehen auch im Hinblick auf die zu erlangenden Einblicke in die Persönlichkeit des Betroffenen und dessen Umfeld sowie die Anzahl der betroffenen Kommunikationspartner nicht von einer Telekommunikationsüberwachung. Häufig dürfte diese sogar, je nach Dauer der Durchführung, das mildere Mittel im Vergleich zur Beschlagnahme eines langjährig gepflegten E-Mail-Bestandes sein. Darüber hinaus ist davon auszugehen, dass die Auswirkungen einer Durchsuchung durch die Polizei mit anschließender Beschlagnahme auf das persönliche und geschäftliche Umfeld des Betroffenen regelmäßig weiterreichender sind als die einer heimlichen und damit auch für Dritte nicht wahrnehmbaren Überwachung der Telekommunikation.

Es ist allerdings darauf hinzuweisen, dass zumindest eine gewisse Beschränkung aus der Punktualität des Zugriffs folgen könnte, wenn das Gericht eine saubere Unterscheidung von Zwischen- und Endspeicherung treffen würde, da dann regelmäßig nur ein kleiner Teil der in einem Postfach vorhandenen E-Mails von der Maßnahme betroffen wäre. Ein einmaliger Zugriff könnte insoweit verhältnismäßiger sein als eine Telekommunikationsüberwachung, da nur auf einen kleinen Bestand kürzlich zugesendeter E-Mails zugegriffen werden könnte. Allerdings wäre ein solches Vorgehen aus ermittlungstaktischer Perspektive aufgrund des geringen zu erwartenden Erkenntnisgewinns in der Regel weitgehend nutzlos, während die oben geschilderten Folgen eines offenen Zugriffs (Warnfunktion, Möglichkeit der Vernichtung weiterer Beweismittel) auch in diesem Falle gegeben wären.

Insoweit kann die Punktualität der Maßnahme nicht herangezogen werden, um eine Verhältnismäßigkeit der Anwendung der §§ 94 ff. StPO auf Zugriffe auf zwischen- und endgespeicherte E-Mails zu begründen. Je nach Lage des Einzelfalles wäre die Durchführung einer Telekommunikationsüberwachung als verhältnismäßiger einzustufen.

(e) Begrenzung durch den Ermittlungszweck

Schließlich argumentiert der Senat mit der Möglichkeit der Begrenzung des Eingriffes auf den Ermittlungszweck, um die Verhältnismäßigkeit eines Vorgehens nach §§ 94 ff. StPO zu begründen.

Eine solche Begrenzung durch den mit Verfassungsrang ausgestatteten[269] Verhältnismäßigkeitsgrundsatz ist jedoch im Rahmen der Anordnung und

---

[268] Vgl. die Zahlen unter BVerfGE 124, 43, 48.

[269] BVerfG, NJW 1986, 767, 769.

Durchführung aller staatlichen Eingriffsmaßnahmen gegeben und stellt somit kein eigenständiges Argument dar. Die Ermittlungsbehörden müssen in jedem Fall prüfen, ob die geplante Maßnahme unter Würdigung der Umstände des Einzelfalles zur Erreichung des angestrebten Zwecks geeignet und erforderlich ist sowie ob der hiermit verbundene Eingriff nicht außer Verhältnis zur Bedeutung der Sache und der Stärke des jeweiligen Tatverdachtes steht.[270] Daher sind die Strafverfolgungsbehörden ohnehin gehalten, keine überschießenden Maßnahmen vorzunehmen und bei der Durchführung einer Maßnahme an den Ermittlungszweck gebunden.

Die angeführte Begrenzung durch den Ermittlungszweck stellt somit kein eigenständiges Merkmal dar, welches eine Verhältnismäßigkeit der Beschlagnahme begründen könnte. Dies gilt umso mehr, wenn man darauf abstellt, dass im Ausgangsfall letztlich eine vollumfängliche Beschlagnahme eines gesamten E-Mail-Bestandes für verhältnismäßig erklärt wurde.

(3) Verdachtsgrad und Streubreite des Eingriffes

Keine durchgreifenden verfassungsrechtlichen Bedenken ergeben sich hinsichtlich der Einhaltung der Anforderungen in Bezug auf den zur Anordnung eines Eingriffs in das Fernmeldegeheimnis erforderlichen Verdachtsgrad, zur notwendigen Tatsachenbasis für Maßnahmen gegenüber Unverdächtigen sowie zur Beschränkung der Streubreite des Eingriffes.

Im Hinblick auf den notwendigen Verdachtsgrad für eine Sicherstellung und Beschlagnahme stellt die StPO, ebenso wie für eine Durchsuchung nach § 102 StPO, auf den einfachen Tatverdacht ab. Ausreichend ist der Anfangsverdacht einer Straftat.[271] Eine explizite Regelung für Zugriffe auf Postfächer Dritter, die als Nachrichtenmittler im Sinne des § 100a Abs. 3 StPO fungieren, fehlt in den §§ 94 ff. StPO dagegen, da die Regelungen nicht auf Telekommunikationsüberwachungen zugeschnitten sind. Im Falle einer Durchsuchung im Vorfeld einer Beschlagnahme greift allerdings § 103 Abs. 1 Satz 1 StPO ein, welcher die Voraussetzungen einer Durchsuchung bei Nichtverdächtigen regelt und die diesbezüglichen Rechte wahrt. Gegenüber Providern wird im Regelfall zudem die einfache Sicherstellung aufgrund freiwilliger Herausgabe der Daten erfolgen, so dass in diesen Fällen ein Vorgehen nach § 103 Abs. 1 Satz 1 StPO regelmäßig nicht erforderlich sein wird.

Auch eine Beschlagnahme der Inhaltsdaten von E-Mails beim Provider betrifft regelmäßig neben dem Beschuldigten auch dessen Kommunikationspartner und verfügt damit zwangsläufig über eine hohe Streubreite. Insoweit

[270] Meyer-Goßner/Schmitt-*Schmitt*, StPO, Einl. Rn. 20.

[271] MüKo-*Hauschild*, StPO, § 94 Rn. 17.

besteht kein Unterschied gegenüber einer klassischen Überwachung der E-Mail-Kommunikation. Gegebenenfalls ist dort die Zahl der Betroffenen aufgrund der zeitlichen Grenzen der Überwachung sogar geringer, als wenn auf einen jahrelang gepflegten E-Mail-Bestand zugegriffen wird.[272] Eine konkrete Beschränkung des Kreises der Betroffenen auf gesetzgeberischer Ebene erscheint, wie auch bei der Telekommunikationsüberwachung, kaum möglich.[273] Daher sind entsprechende Abwägungen in der allgemeinen Verhältnismäßigkeitsprüfung vorzunehmen. Gewisse Einschränkungen hinsichtlich der von einer Überwachung betroffenen Personen folgen zudem aus den in § 97 StPO geregelten Beschlagnahmeverboten, welche als Spezialvorschriften dem § 160a StPO vorgehen.[274]

Zwischenergebnis

Es ist somit festzuhalten, dass die §§ 94 ff. StPO den an Eingriffe in das Fernmeldegeheimnis zu stellenden Verhältnismäßigkeitsanforderungen für einen Zugriff auf zwischengespeicherte Inhaltsdaten von E-Mails nicht genügen. Insoweit fehlt es bereits an Vorgaben zur Beschränkung der Maßnahmen auf schwere Straftaten, welche für einen solchen Zugriff zwingend erforderlich wären. Zudem vermögen weder die vom Bundesverfassungsgericht vorgebrachten Argumente im Hinblick auf das Strafverfolgungsinteresse noch auf die Besonderheiten des Zugriffs auf zwischen- und endgespeicherte E-Mails zu überzeugen. Gleiches gilt für die Argumentation im Hinblick auf die Erhebung der Inhaltsdaten außerhalb des laufenden Telekommunikationsvorganges und die Einwirkungsmöglichkeiten des Betroffenen auf seinen gespeicherten E-Mail-Bestand.

dd) Schutz des Kernbereiches privater Lebensgestaltung

Im Vergleich zu den Eingriffsermächtigungen auf dem Gebiet der Telekommunikationsüberwachung weisen die §§ 94 ff. StPO keinerlei gesetzliche Vorgaben zum Schutz des Kernbereiches privater Lebensgestaltung auf, obwohl sie nach dem Beschluss des Bundesverfassungsgerichtes geeignet sein sollen, wie diese Eingriffe in das Fernmeldegeheimnis zu ermöglichen. Auch

---

[272] Auch insoweit gilt, dass eine saubere Abgrenzung von zwischengespeicherten Nachrichten und eine Beschränkung auf solche aus Verhältnismäßigkeitsgesichtspunkten durchaus milder wäre als eine Telekommunikationsüberwachung. Allerdings stellen sich auch hier die bereits angesprochenen Probleme hinsichtlich des Erkenntnisgewinns und der aus der Maßnahme folgenden Warnung des Betroffenen.

[273] Vgl. S. 239 ff.

[274] Meyer-Goßner/Schmitt-*Köhler*, StPO, § 160a Rn. 17.

die nunmehr vorgenommene zusammenfassende Regelung des Kernbereichsschutzes in § 100d StPO enthält lediglich Vorschriften in Bezug auf mögliche Kernbereichsbeeinträchtigungen im Rahmen der §§ 100a bis 100c StPO. Ebenso wurde im Rahmen der kürzlich erfolgten Überarbeitung der Regelungen durch das Gesetz zur Fortentwicklung der Strafprozessordnung und zur Änderung weiterer Vorschriften vom 25.06.2021[275] kein Versuch unternommen, parallele Vorschriften für Eingriffe in das Fernmeldegeheimnis durch Sicherstellungen und Beschlagnahmen zu erlassen.

Wie diese Untersuchung bereits gezeigt hat, bestehen beim Zugriff auf die in einem E-Mail-Postfach gespeicherten Nachrichten besonders weitreichende Gefahren für den Kernbereich privater Lebensgestaltung. Die dort gespeicherten Daten enthalten häufig Informationen zu allen Lebensbereichen des Nutzers, aus welchen sich sehr konkrete Persönlichkeits-, Kommunikations- und Bewegungsprofile erstellen und in ihrer Entwicklung nachverfolgen lassen. Die Informationen enthalten dabei sehr häufig auch Schrift-, Ton-, Video- und Bilddokumente höchstpersönlichen Inhaltes, welche den Kernbereich der privaten Lebensgestaltung betreffen.

Die Problematik mag im Rahmen der hier zu beurteilenden zeitlich regelmäßig sehr begrenzten Zwischenspeicherung eine geringere Bedeutung haben als in Fällen der endgültigen Speicherung von E-Mails, dennoch besteht auch in diesen Fällen die Gefahr, dass im Rahmen der Sicherstellung und Beschlagnahme kernbereichsrelevante Daten erhoben werden. Die diesbezügliche Gefährdung unterscheidet sich jedoch auch in solchen Fällen nicht von der einer Telekommunikationsüberwachung von Sprachtelefonie, bei welcher in jedem einzelnen Gespräch kernbereichsrelevante Themen angesprochen werden könnten.

Nach der Rechtsprechung des Bundesverfassungsgerichtes im Vorfeld[276] der Entscheidung aus dem Juni 2009, aber auch in ihrem Nachgang[277] ist es zwingend erforderlich, dass der Gesetzgeber für alle Eingriffsregelungen, welche regelmäßig zu einer Erhebung kernbereichsrelevanter Daten führen, gesetzliche Regelungen schafft, welche einen wirksamen Schutz normenklar gewährleisten.[278] Fehlten kernbereichsschützende gesetzliche Regelungen, so wurden die entsprechenden Gesetze für verfassungswidrig erklärt.[279]

---

275 BGBl. I 2021, S. 2099 ff.

276 BVerfGE 120, 274, 336.

277 BVerfGE 141, 220, 277.

278 BVerfGE, a. a. O.

279 BVerfGE 120, 274, 335 ff.; 141, 220, 295; *Klesczewski*, ZStW 123, (2011), 737, 749.

Eine Beschränkung auf heimliche Ermittlungsmaßnahmen, welche aufgrund der früheren Rechtsprechung zumindest denkbar wäre,[280] besteht vor dem Hintergrund der klaren Aussagen der neueren Rechtsprechung nicht. Ebenso wenig kann die hier maßgebliche Entscheidung als Abkehr von der ständigen Rechtsprechung des Gerichtes zur Notwendigkeit gesetzlicher Regelungen der Voraussetzungen von Kernbereichsverletzungen gewertet werden, da die spätere Rechtsprechung die vorherige Entwicklung ohne Änderung wieder aufnimmt.[281] Demzufolge ist eine gesetzliche Regelung des Schutzes des Kernbereiches privater Lebensgestaltung bei Eingriffen in das Fernmeldegeheimnis zwingend erforderlich.

Vor diesem Hintergrund ist es im Hinblick auf die geschilderte Gefährdungslage überraschend, dass sich das Gericht in seinem Beschluss zur Frage des gesetzlichen Kernbereichsschutzes ausschweigt und lediglich einige wenige Erwägungen zum allgemeinen Kernbereichsschutz in die Prüfung des konkreten Eingriffes einfließen lässt.[282] Mit Blick auf seine frühere und auch im Anschluss an die hier maßgebliche Entscheidung weiter fortgeführte Rechtsprechung wäre zu erwarten gewesen, dass das Gericht die §§ 94 ff. StPO allein aufgrund des Fehlens entsprechender Vorgaben als nicht hinreichend betrachtet, um Eingriffe in das Fernmeldegeheimnis zu rechtfertigen, durch welche, zumindest auch, kernbereichsrelevante Inhalte erhoben werden können.

Eine Begründung für diese Abweichung lässt sich dem Beschluss nicht entnehmen. In den gesamten Ausführungen zur Eignung der §§ 94 ff. StPO als Ermächtigungsgrundlage für Eingriffe in das Fernmeldegeheimnis findet der Kernbereichsschutz und die Rechtsprechung zu den diesbezüglichen gesetzgeberischen Anforderungen keine Erwähnung.[283] Es lässt sich lediglich mutmaßen, welche Erwägungen das Gericht bewogen haben, für die hier maßgebliche Fallgestaltung von seiner ständigen Rechtsprechung abzuweichen.

Denkbar ist, dass das Gericht auch hier die Offenheit der Maßnahme und die aus dieser folgenden Abwehrmöglichkeiten des Betroffenen im Blick hatte. Allerdings hieße dies den Schutz des Kernbereiches privater Lebensgestaltung als einem durch die Menschenwürde garantierten unantastbaren Rechts[284] vom Staat auf den Bürger zu verlagern. Dass dies nicht Absicht des Gerichtes war, zeigen die folgenden Ausführungen, welche zumindest im

---

280 Vgl. BVerfGE 120, 274, 335 f.

281 BVerfGE 141, 220, 295.

282 Vgl. BVerfGE 124, 43, 69 f.

283 BVerfGE 124, 43, 58 ff.

284 So das Gericht selbst in den späteren Ausführungen, vgl. unter BVerfGE 124, 43, 69.

Rahmen der Verhältnismäßigkeitsprüfung Vorgaben zum Schutz des Kernbereichs durch den Ermittlungsrichter enthalten.[285]

Wahrscheinlicher ist es, dass auch diese Erwägung, wie auch viele weitere Aussagen des Beschlusses, primär aus dem Wunsch zur Schaffung einer möglichst einfachen niederschwelligen Eingriffsgrundlage[286] für alle Straftaten, unabhängig von deren Schwere, resultierte. Die bereits thematisierten Aussagen des Gerichtes zum Strafverfolgungsinteresse sprechen insoweit eine deutliche Sprache.[287] Vor diesem Hintergrund wurden alle entgegenstehenden Hinderungsgründe und Probleme letztlich übergangen oder relativiert.[288]

Die Vorgaben des Gerichtes zum Kernbereichsschutz sind zu Recht als unzureichend kritisiert worden.[289] So verweist Klesczewski[290] darauf, dass die Ausführungen des Gerichtes insoweit das eigentliche Problem, den Mangel einer gesetzlichen Schutzregelung, nicht erfassen. Eine solche Regelung sei aber Teil der gesetzlichen Garantie des Kernbereiches und war daher bisher hinreichend, um Gesetze allein deshalb für verfassungswidrig zu erklären.

Neuhöfer[291] verweist ebenfalls auf die Notwendigkeit einer gesetzlichen Regelung, da gerade beim Zugriff auf zwischen- und endgespeicherte E-Mails eine Gefahr der Erhebung von Kernbereichsinformationen besteht.[292] Als mögliche Schutzregelung thematisiert er insoweit die Beschlagnahmeverbote nach § 97 Abs. 1 StPO. Im Ergebnis sind diese Regelungen jedoch nach seiner Ansicht zu lückenhaft und könnten allenfalls Teilbereiche des erforderlichen Schutzes abdecken. Daher sei eine Anwendung dieser Vorgaben nicht hinreichend.[293]

Im Ergebnis stellt das Fehlen entsprechender gesetzlicher Vorgaben das größte gesetzliche Defizit der §§ 94 ff. StPO im Hinblick auf eine Eignung der Normen als Eingriffsermächtigungen in das Fernmeldegeheimnis dar. Vor diesem Hintergrund ist es verwunderlich, dass eine Reihe von Autoren diese

---

285 BVerfGE 124, 43, 69 f.

286 *Klein*, NJW 2009, 2996, 2997.

287 Vgl. BVerfGE 124, 43, 64 f.

288 In diesem Sinne auch *Klesczewski*, ZStW 123, (2011), 737, 748 f.

289 Vgl. *Neuhöfer*, S. 157; *Klesczewski*, ZStW 123, (2011), 737, 749. Offener dagegen *Härting*, CR 2009, 581, 583, der den Kernbereichsschutz zwar als einzige materielle Eingriffsschranke begreift, auf die Frage der Notwendigkeit gesetzlicher Vorgaben jedoch nicht eingeht.

290 *Klesczewski*, a. a. O.

291 *Neuhöfer*, S. 157 f.

292 *Neuhöfer*, S. 157.

293 *Neuhöfer*, S. 158.

Problematik im zeitlichen Nachgang zur hier maßgeblichen Entscheidung nicht thematisiert hat.[294]

Die Rechtsprechung des Bundesverfassungsgerichtes überträgt insoweit die Verantwortung für den Schutz des Kernbereichs der privaten Lebensgestaltung allein dem jeweiligen Ermittlungsrichter, welcher diesen entlang der durch den Senat aufgestellten Mindestvoraussetzungen garantieren soll. Auch diesbezüglich besteht die bereits im Rahmen der Erforderlichkeit von Vorgaben zur Schwere der Anlasstat angesprochene Problematik der Einheitlichkeit der Rechtsordnung und der Gewaltenteilung. Der Schutz des unantastbaren Kernbereichs bedarf einer bundesweit einheitlichen Regelung durch den demokratisch legitimierten Gesetzgeber, anhand derer die Rechtsprechung die notwendigen Entscheidungen im jeweiligen Einzelfall treffen kann. Nur die Gesetzgebung ist in der Lage, einheitliche Schutzvorgaben zu treffen, die eine Gleichbehandlung aller Betroffenen ermöglichen. Anderenfalls kommt es zu einer Zersplitterung der Rechtsanwendung, welche gerade im Hinblick auf absolut geschützte Rechtsgüter des Einzelnen nicht hinnehmbar ist.

Insoweit könnte allenfalls eine explizite gesetzliche Regelung des Kernbereichsschutzes Abhilfe schaffen, da sich auch die von Neuhöfer andiskutierte und letztlich zu Recht verworfene Anwendung der Beschlagnahmeverbote[295] als unzureichend erweist. So lange eine solche Regelung fehlt, genügt ein Zugriff auf zwischengespeicherte E-Mails über die § 94 ff. StPO nicht den Anforderungen des durch die Menschenwürdegarantie gewährleisteten Schutzes der Unantastbarkeit des Kernbereichs privater Lebensgestaltung und ist daher verfassungswidrig.

ee) Regelung der verfassungsrechtlich gebotenen Verfahrensanforderungen

Auch hinsichtlich der Einhaltung der Anforderungen an ein ordnungsgemäßes Verfahren bestehen verfassungsrechtliche Bedenken.

Dies gilt jedoch nicht im Hinblick auf die Anordnungsvoraussetzungen des § 98 Abs. 1 StPO.[296] In Bezug auf die §§ 94 ff. StPO bestehen allerdings nach der StPO keine besonderen Kennzeichnungs- und Verwendungsbeschränkungen. Die Kennzeichnungspflicht nach § 101 Abs. 3 StPO ist nicht anwendbar, da die Sicherstellung und Beschlagnahme im Katalog der insoweit erfassten Maßnahmen nach § 101 Abs. 1 StPO keine Erwähnung finden. Dies erscheint folgerichtig, da keine Verwendungsbeschränkung nach § 479 Abs. 2 StPO besteht, welche eine solche Kennzeichnung erforderlich machen

[294] Vgl. etwa *Liebig*, S. 103 ff.; *Zimmermann*, JA 2014, 321, 325.

[295] *Neuhöfer*, a. a. O.

[296] Zur Benachrichtigung sogleich unter ff).

würde. Somit könnten durch Sicherstellung und Beschlagnahme beim Provider erlangte Inhaltsdaten E-Mails auch für weitere Ermittlungen verwendet werden, ohne dass gesetzliche Beschränkungen bestehen.

Hieran zeigt sich erneut die mangelnde Eignung der §§ 94 ff StPO zu Eingriffen in den besonders geschützten Bereich des Fernmeldegeheimnisses. Anderes als alle anderen Eingriffsmaßnahmen in durch Art. 10 Abs. 1 GG geschützte Inhaltsdaten nach der StPO, einschließlich der Postbeschlagnahme als Sonderform der Beschlagnahme, sind die entsprechenden Regelungen in der Aufzählung des § 101 Abs. 1 StPO nicht enthalten. Zwar hat der Gesetzgeber durch die Überschrift der Norm zum Ausdruck gebracht, dass sich der § 101 StPO nur auf verdeckte Maßnahmen bezieht, dennoch erscheint eine Einbeziehung aller Fälle des Zugriffes auf durch das Fernmeldegeheimnis geschützte Inhaltsdaten oder eine explizite Parallelregelung erforderlich.

Es leuchtet nicht ein, warum eine durch E-Mail-Überwachung nach § 100a StPO aus einem laufenden Telekommunikationsvorgang erlangte Information einer Kennzeichnung und damit einem weiter gehenden Schutz unterfallen soll als eine im Rahmen der Zwischenspeicherung beim Provider beschlagnahmte E-Mail. Wie bereits dargelegt, ist die Gefährdungssituation des Betroffenen in solchen Fällen gegenüber einer einfachen Überwachung sogar noch größer, da so gegebenenfalls tiefergehende Informationen zu erlangen wären, welche einen weiterreichenden Einblick in die persönlichen Verhältnisse des Betroffenen ermöglichen. Demzufolge sind auch durch Sicherstellung und Beschlagnahme erlangte Inhaltsdaten von E-Mails einer Kennzeichnungspflicht und Verwendungsbeschränkung zu unterwerfen. Der Gesetzgeber ist gehalten, entsprechende Vorgaben im Rahmen einer eventuellen verfassungskonformen Neuregelung, welche neben Beschränkungen hinsichtlich der Anlasstaten zumindest auch Regelungen zum Kernbereichsschutz enthalten muss, zu erlassen.

ff) Benachrichtigung nach § 35 StPO und Zurückstellung der Benachrichtigung des Beschuldigten nach § 95a StPO

Teil der zwingend einzuhaltenden verfahrensrechtlichen Mindestanforderungen ist auch die Benachrichtigung des Beschuldigten bzw. der sonst von der Beschlagnahme Betroffenen von der Maßnahme. Dem wird im Regelfall, zumindest so lange die Anforderungen des Bundesverfassungsgerichtes an die offene Durchführung der Maßnahme beachtet werden,[297] aufgrund von § 35 StPO durch Bekanntgabe der Maßnahme hinreichend Rechnung getragen.

[297] Vgl. hierzu oben S. 280 ff.

Nunmehr hat der Gesetzgeber kurz vor Ablauf der 19. Legislaturperiode mit § 95a StPO jedoch eine Regelung zur Zurückstellung der Benachrichtigung des Beschuldigten aus ermittlungstaktischen Gründen in die StPO eingeführt, welche einigen verfassungsrechtlichen Bedenken begegnet. Die Zurückstellung soll insbesondere in solchen Fällen zur Anwendung kommen, in welchen im Wege der Beschlagnahme auf beim Provider gespeicherte E-Mails, aber auch Chatinhalte oder die Daten einer Cloud zugegriffen werden soll. Ziel ist es zu verhindern, dass durch die Benachrichtigung von der Beschlagnahme die Ermittlungen offengelegt und deren Erfolg, insbesondere bei weiteren parallellaufenden – oft heimlichen – Ermittlungsmaßnahmen, gefährdet wird.[298]

Die Neuregelung geht nicht zuletzt auf die Rechtsprechung des BGH zur offenen Durchführung von Durchsuchung und Beschlagnahme zurück,[299] welche richtigerweise darauf verweist, dass allein der Gesetzgeber befugt ist, Regelungen zu einer heimlichen Beschlagnahme zu treffen.[300]

(1) Gesetzgebungsverfahren

Die Bedenken gegenüber der Vorschrift beruhen allerdings nicht auf verfahrensrechtlichen Fragen bzgl. des Zustandekommens der Norm, auch wenn es für die fachliche und politische Debatte sicherlich nicht hilfreich ist, wenn eine so weitreichende Regelung erst mit dem Regierungsentwurf der Öffentlichkeit zugänglich gemacht wird.[301] Das parlamentarische Verfahren wurde ordnungsgemäß durchgeführt. Insbesondere wurden die beteiligten Verkehrskreise im Rahmen der Anhörung im Rechtsausschuss beteiligt. Dabei wurden von Seiten der Strafverfolgungspraxis überwiegend unterstützende Stellungnahmen abgegeben und teilweise eine Ausweitung der Zurückstellungsmöglichkeit gefordert.[302] Starke Kritik wurde dagegen von der Anwaltschaft geäußert.[303]

Dennoch fällt auf, dass das Thema, nicht nur aufgrund der späten Veröffentlichung, sondern auch der fortgeschrittenen Legislaturperiode, kaum seiner Bedeutung gemäß erörtert wurde. In der ohnehin verknappten parlamentari-

---

[298] BT-Drs.: 19/27654, S. 61.

[299] BGH, NStZ 2021, 704, 705; BGH, NJW 2010, 1297, 1298. Vgl. zur jüngeren Rechtsprechung des BGH auch S. 309 ff.

[300] Vgl. BT-Drs.: 19/27654, S. 61; BRAK-Stellungnahme, S. 5.

[301] Kritisch hierzu *Hiéramente*, jurisPR-StrafR 3/2021 Anm. 1; BRAK-Stellungnahme, S. 4, 5.

[302] Vgl. etwa *Isak*, Stellungnahme, S. 2, 4; *Moldenhauer*, Stellungnahme, S. 1 f.

[303] Vgl. BRAK-Stellungnahme, S. 3 ff.; sowie *Conen*, Stellungnahme, S. 3 ff.

schen Debatte spielte die Frage kaum eine Rolle[304] und auch wissenschaftliche Wortmeldungen aus dem Vorfeld der Verkündung der Norm sind rar.[305]

Eine gründlichere Debatte hätte der Bedeutung der Änderung jedoch gut zu Gesicht gestanden, bringt sie doch, zumindest in Teilen, einen Paradigmenwechsel im Strafprozessrecht, weg von offenen Ermittlungsmaßnahmen hin zu deren heimlicher Durchführung, mit sich.[306]

(2) Materielle Verfassungsmäßigkeit der Neuregelung des § 95a StPO?

Traditionell werden Ermittlungsmaßnahmen nach der StPO offen durchgeführt, d. h. der Betroffene ist hiervon zu unterrichten. Geheime bzw. verdeckt durchgeführte Ermittlungsmaßnahmen sind die Ausnahme und unterliegen besonders strengen Anforderungen.[307] Grund hierfür ist letztlich der Grundgedanke des „fair trail" auf Grundlage des Rechtsstaatsprinzips.[308] Durch die Offenheit der Ermittlungsmaßnahmen wird dabei insbesondere der Anspruch auf rechtliches Gehör aus Art. 103 Abs. 1 GG gewährleistet und eine angemessene Verteidigung gegen die erhobenen Vorwürfe sichergestellt.[309] Der Gesetzgeber geht jedoch davon aus, dass *„die grundsätzliche Offenheit des Verfahrens [ ] Ermittlungen aber nicht gänzlich vereiteln"* dürfe[310] und begründet so die Notwendigkeit der Zurückstellung der Benachrichtigung des Beschuldigten in Fällen von Straftaten von auch im Einzelfall erheblicher Bedeutung, für den Fall einer erheblichen Erschwerung oder Aussichtslosigkeit der Ermittlung des Sachverhalts oder des Aufenthaltsortes. Genannt werden beispielhaft Delikte im Internet bzw. Darknet, wie Kinderpornographie, Waffen- und Drogenhandel oder Hehlerei.[311]

Daneben verweist der Gesetzgeber darauf, dass zumindest eine teilweise Offenheit der Maßnahme gegeben sei, da der Gewahrsamsinhaber, in den

---

304 Vgl. Plenarprotokoll Deutscher Bundestag 19/233, S. 30127 sowie S. 30196 ff. Die einzige knappe inhaltliche Erwähnung findet die Regelung auf S. 30198 (Zustimmung MdB Fechner, SPD).

305 Lediglich die sehr kritische Anmerkung von *Hiéramente*, jurisPR-StrafR 3/2021 Anm. 1 sowie *Schweiger*, WuB 2021, 206, 208.

306 Die BRAK-Stellungnahme, S. 3 spricht insoweit von einem „epochalen Bruch", während *Schweiger*, WuB 2021, 206, 208 eine Torpedierung des altbewährten Systems der StPO befürchtet.

307 BRAK-Stellungnahme, a. a. O.

308 So auch BT-Drs.: 19/27654, S. 61, 62. Vgl. zum Grundsatz des fairen Verfahrens in der Rechtsprechung des BGH: *Mosbacher*, GA 2018, 195 ff.

309 BRAK-Stellungnahme, S. 7.

310 BT-Drs.: 19/27654, S. 62.

311 BT-Drs.: 19/27654, S. 61.

hier maßgeblichen Fällen also der Provider, von der Maßnahme unterrichtet werde und über Rechtsschutzmöglichkeiten verfüge.[312]

Dies erweist sich als wenig überzeugend. Eine so verstandene Offenheit der Maßnahme hat gegenüber dem vom Eingriff in seine verfassungsmäßigen Rechte am stärksten betroffenen Empfänger der E-Mail keinerlei Schutzwirkung. Der Provider wird häufig keinen Grund und kein Interesse haben Rechtsschutzmaßnahmen einzuleiten. Zudem kann ihm gegenüber nach § 95a Abs. 6 Satz 1 StPO ein Offenbarungsverbot angeordnet werden.[313] So bleibt dem eigentlich Betroffenen letztlich nur der Weg des nachträglichen Rechtsschutzes, welcher zwar eine gewisse Überprüfung der Maßnahme bedeutet, jedoch nach der Rechtsprechung des BGH[314] vielfach nicht zu einem Verwertungsverbot führen wird.[315]

Generell kann zwar nicht in Abrede gestellt werden, dass ein offenes Vorgehen im Rahmen der Beschlagnahme die Ermittlungen in bestimmten Sachverhalten nicht unerheblich erschwert, vor diesem Hintergrund mit tragenden Prinzipien des Strafprozessrechtes zu brechen, erscheint jedoch verfassungsrechtlich problematisch. Dies gilt insbesondere mit Blick auf die durch die Gesetzesänderung primär in den Fokus genommenen Sammlungen elektronischer Daten bei Providern, wie die Inhaltsdaten zwischen- und endgespeicherter E-Mails oder Inhalte einer Cloud.

Nach aktueller Rechtsprechung des Bundesverfassungsgerichtes kommt gerade in Fällen des Zugriffs auf Inhaltsdaten von E-Mails beim Provider ein heimliches Vorgehen aufgrund des durch das Gericht angenommenen Schutzes durch das Fernmeldegeheimnis nicht in Betracht.[316] Die Offenheit der Maßnahme stellt nach der im Rahmen dieser Untersuchung kritisierten Ansicht des Bundesverfassungsgerichtes das zentrale Element der durch das Gericht befürworteten Anwendbarkeit der §§ 94 ff. StPO auf zwischen- bzw. endgespeicherte Inhaltsdaten von E-Mails dar,[317] was zu einer im Ergebnis wünschenswerten Einschränkung der Anwendung der Maßnahme führt.[318]

---

[312] BT-Drs.: 19/27654, S. 63.

[313] So auch *Abraham*, HRRS 2021, 356, 364 sowie BRAK-Stellungnahme, S. 7. Zum Offenbarungsverbot vgl. *Burhoff*, StraFo 2021, 398, 401; *Vassilaki*, MMR 2022, 103, 105 sowie *Ladiges*, GSZ 2021, 203, 204 f.

[314] BGH NStZ 2015, 704, 705.

[315] Vgl. *Vassilaki*, MMR 2022, 103, 105 sowie BRAK-Stellungnahme, S. 10.

[316] So auch *Hiéramente*, jurisPR-StrafR 3/2021 Anm. 1; *Abraham*, HRRS 2021, 356, 364.

[317] Vgl. auch *Hiéramente*, jurisPR-StrafR 3/2021 Anm. 1.

[318] Vgl. S. 280 f.

Auch wenn sich in der o.g. Entscheidung des Bundesverfassungsgerichtes aus dem Jahr 2014[319] gegebenenfalls Anklänge einer Distanzierung von der Erforderlichkeit eines offenen Zugriffs erkennen lassen,[320] so fehlt aktuell ein klarer Hinweis auf eine andere Ansicht des Gerichtes. Vor diesem Hintergrund ist weiterhin davon auszugehen, dass ein heimlicher Zugriff auf Inhaltsdaten von E-Mails nach Ansicht des Bundesverfassungsgerichtes allein unter den weit strengeren Anforderungen des § 100a StPO zulässig ist.[321]

Zudem hat der Gesetzgeber im Rahmen der Schaffung des § 95a StPO die Reichweite und Eingriffstiefe der Neuregelung bei Zugriffen auf E-Mail-Postfächer oder eine Cloud nicht hinreichend in seine Überlegungen einbezogen. Im Anschluss an die hier kritisierte Rechtsprechung des Bundesverfassungsgerichtes vom Juni 2009[322] stellt er darauf ab, dass *„der mit einer Beschlagnahme verbundene einmalige und punktuelle Zugriff [ ] weniger schwer als eine auf die längerfristige Überwachung angelegte Maßnahme, wie etwa die Telekommunikationsüberwachung oder die Online-Durchsuchung*“ wiege.[323] Hierbei verkennt er jedoch die erheblichen Datenmengen, die insbesondere ein E-Mail-Postfach bei jahrelanger Nutzung enthalten kann und die hieraus folgenden Gefahren für die verfassungsmäßigen Rechte der Betroffenen.[324]

Anders als bei einer einfachen Beschlagnahme von beweiserheblichen Gegenständen geht der durch den Zugriff auf ein Postfach, aber auch eine Cloud, bewirkte Grundrechtseingriff weit über ein bloßes einmaliges, punktuelles Geschehen hinaus. Im Rahmen einer Beschlagnahme der im Postfach gespeicherten Inhaltsdaten können Strafverfolgungsbehörden Einblicke in nahezu alle Bereiche des privaten und geschäftlichen Lebens des Betroffenen erlangen und so ein sehr konkretes Persönlichkeits-, Kommunikations- und Bewegungsprofil des Betroffenen erstellen und in seiner Entwicklung nachverfolgen. Häufig werden diese Daten auch kernbereichsrelevant sein, so dass diesbezüglich ein absoluter Schutz vor staatlichen Zugriffen besteht.[325]

Hierbei sind die Voraussetzungen für derartige Zugriffe in Bezug auf endgespeicherte E-Mails zudem nach den Ergebnissen dieser Untersuchung mangels laufenden Kommunikationsvorgangs nicht am Fernmeldegeheimnis,

---

319 Vgl. BVerfGE NJW 2014, 3085, 3088.

320 Vgl. dazu auf S. 282 f.

321 So zuletzt auch BGH, NStZ 2021, 355, 357; vgl. hierzu S. 309 ff.

322 BVerfGE 124, 43 ff. vgl. hierzu auf S. 230 ff.

323 BT-Drs.: 19/27654, S. 62.

324 Kritisch insoweit auch *Hiéramente*, jurisPR-StrafR 3/2021 Anm. 1 sowie BRAK-Stellungnahme, S. 6.

325 Vgl. zu den besonderen Gefahren eines Zugriffs ausführlich S. 137 ff.

sondern am Computergrundrecht zu messen.[326] Daher wären insbesondere mit Blick auf die Anlasstaten einer Maßnahme und den Kernbereichsschutz sehr strenge Anforderungen vorzusehen gewesen, welche der Neuregelung fehlen. Das Computergrundrecht findet jedoch in den diesbezüglichen Erwägungen der Gesetzesbegründung keinerlei Berücksichtigung. Vielmehr wird ausweislich des Art. 27 des Gesetzes zur Fortentwicklung der Strafprozessordnung und zur Änderung weiterer Vorschriften vom 25.06.2021[327] allein auf das Fernmeldegeheimnis abgestellt.

Doch selbst den Anforderungen des in Bezug genommenen Fernmeldegeheimnisses können die neuen Vorgaben nicht genügen. Im Rahmen der Überarbeitung hat der Gesetzgeber den Ausgangstatbestand des § 94 StPO, der wie aufgezeigt keinerlei abstrakte Vorgaben des Gesetzgebers zur erforderlichen Schwere einer Straftat oder für den Schutz des Kernbereichs privater Lebensgestaltung enthält, unverändert gelassen. Lediglich das Absehen von einer Benachrichtigung wurde strengeren Verhältnismäßigkeitsanforderungen unter teilweiser Heranziehung des Anlasstatenkatalogs des § 100a Abs. 2 StPO unterworfen. Dabei erweisen sich die vorgesehenen Beschränkungen des neuen § 95a StPO bei genauerer Betrachtung jedoch als äußerst durchlässig, denn Abs. 1 Nr. 1 der Regelung beschränkt die Anwendung der Norm nicht etwa auf den ohnehin schon weiten Anlasstatenkatalog des § 100a Abs. 2 StPO, sondern lässt daneben eine Anwendung auf weitere Straftaten von im Einzelfall erheblicher Bedeutung zu. Diese vom Gesetzgeber ausdrücklich befürwortete „Flexibilität“ in der Anwendung der Norm[328] dürfte mit entsprechender Begründung die Anwendbarkeit auf eine Vielzahl von Straftaten auch der leichten und mittleren Kriminalität ermöglichen.[329]

Somit erstrecken sich die in § 95a StPO vorgesehenen Beschränkungen im Hinblick auf die Verhältnismäßigkeit ausdrücklich nicht auf die Anordnung der Beschlagnahme selbst, vielmehr ist weiterhin auf den Eingriffstatbestand des § 94 StPO abzustellen,[330] der im Ergebnis eine Anwendung auf jede Straftat zulässt.[331] Daher bestehen die festgestellten verfassungsrechtlichen

---

326 Für eine zumindest parallele Anwendung der Computergrundrecht und Fernmeldegeheimnis auch BRAK-Stellungnahme, S. 6.

327 BGBl. I 2021, S. 2099 ff.

328 BT-Drs.: 19/27654, S. 64.

329 So auch, unter Verweis auf BRAK-Stellungnahme, S. 7, *Vassilaki*, MMR 2022, 103. Enger wohl das Verständnis von *Burhoff*, StraFo 2021, 398, 400.

330 *Vassilaki*, MMR 2022, 103.

331 Diese Ausgestaltung dürfte daneben in Verbindung mit der Möglichkeit eine Entscheidung über die Zurückstellung der Benachrichtigung erst nach Durchführung der Maßnahme treffen zu können, ein nicht unerhebliches Missbrauchs- und Umgehungspotential mit sich bringen (vgl. hierzu *Hiéramente*, jurisPR-StrafR 3/2021 Anm. 1 unter Verweis auf BT-Drs.: 19/27654, S. 65). Es erscheint zumindest nicht

Mängel der §§ 94 ff. StPO im Hinblick auf eine Eignung der Beschlagnahmeregelungen für Eingriffe in das Fernmeldegeheimnis und auch das Computergrundrecht mit seinen deutlich schärferen Anforderungen auch nach Schaffung der Neuregelung fort.

gg) Durchsicht von elektronischen Speichermedien gemäß § 110 Abs. 3 StPO

Die Durchsicht der elektronischen Speichermedien gemäß § 110 Abs. 3 StPO, welche sich auch auf räumlich getrennte Speichermedien im Inland erstrecken kann,[332] scheidet als Zugriffsmöglichkeit auf zwischengespeicherte E-Mails aus.

Voraussetzung dieser 2008 eingeführten Maßnahme[333] ist die rechtmäßige Anordnung einer Durchsuchung,[334] welche jedoch vor dem Hintergrund der Ergebnisse der obigen Prüfung aus verfassungsrechtlichen Gründen nicht in Betracht kommt.[335]

Ergebnis

Es lässt sich damit zusammenfassend festhalten, dass die §§ 94 ff. StPO verfassungsrechtlich nicht geeignet sind, Eingriffe in das Fernmeldegeheimnis zu rechtfertigen.

Gegen eine Anwendbarkeit sprechen bereits systematische und historische Gründe. Als schwerwiegender erweisen sich allerdings die Mängel der Rechtsgrundlage im Hinblick auf das Fehlen von der Schwere des Eingriffes in das Fernmeldegeheimnis angemessenen Verhältnismäßigkeitsanforderungen, namentlich der Regelungen zur Schwere der erforderlichen Anlasstat. Die vom Bundesverfassungsgericht aus Gründen eines Überwiegens des Strafverfolgungsinteresses angenommene Rechtfertigung durch das Strafverfolgungsinteresse vermag nicht zu überzeugen.

---

unwahrscheinlich, dass im Zweifel zunächst eine Beschlagnahme durchgeführt wird, um dann im Nachgang bei Bedarf gegebenenfalls die Zurückstellung der Benachrichtigung zu begründen und gerichtlich billigen zu lassen (vgl. hierzu BRAK-Stellungnahme, S. 10).

332 Zum Zugriff im Ausland vgl. Meyer-Goßner/Schmitt-*Köhler*, StPO, § 110 Rn. 7a; SK-*Wolter/Jäger*, StPO, § 110 Rn. 9a.

333 Vgl. Art. 1 des Gesetzes zur Neuregelung der Telekommunikationsüberwachung und anderer verdeckter Ermittlungsmaßnahmen sowie zur Umsetzung der Richtlinie 2006/24/EG (BGBl. I 2007, S. 3198).

334 *Bär*, TK-Überwachung, § 100a Rn. 72; *Klesczewski*, StPO, Rn. 263.

335 A.A. *Bär*, TK-Überwachung, § 100a Rn. 72.

Mindestens ebenso schwer wiegt das Fehlen jeglicher gesetzlicher Vorgaben zum Schutz des Kernbereichs privater Lebensgestaltung. Dieser kann allein durch eine bundesweit einheitliche Regelung des demokratisch legitimierten Gesetzgebers gewährleistet werden. Ein Abstellen auf einen Schutz im Einzelfall durch den Ermittlungsrichter aufgrund der vom Bundesverfassungsgericht aufgestellten Anforderungen ist insoweit nicht hinreichend.

3. Die Postbeschlagnahme nach § 99 Abs. 1 StPO

Eine weitere auf Zugriffe auf die Inhaltsdaten zwischengespeicherter E-Mails anwendbare Eingriffsgrundlage stellt, nach Ansicht des Bundesverfassungsgerichtes,[336] die Postbeschlagnahme gemäß § 99 Abs. 1 StPO dar. Insoweit stellen sich aus verfassungsrechtlicher Perspektive im Wesentlichen entsprechende Fragen, wie bzgl. der soeben erörterten §§ 94ff. StPO.

a) Die Argumentation der Rechtsprechung

Ausgangspunkt für eine Erörterung der Anwendung der Regelungen der Postbeschlagnahme auf die Inhalte zwischengespeicherter E-Mails ist die frühere Rechtsprechung des BGH[337] und einzelner Instanzgerichte[338]. Das Bundesverfassungsgericht belässt es im Beschluss vom Juni 2009 diesbezüglich unter Verweis auf die Instanzgerichte bei der Aussage, dass seine Argumentation für eine Anwendung der Vorschriften zur Sicherstellung und Beschlagnahme durch die Anwendung der §§ 99 Abs. 1 und 100a StPO auf zwischengespeicherte Inhalte durch diese Rechtsprechung jedenfalls nicht in Frage gestellt werde.[339] Eine solche Argumentation führt in letzter Konsequenz zu einer Austauschbarkeit der Rechtsgrundlagen und damit zu einer gewissen Beliebigkeit in der Rechtsanwendung, welche aus dem Blickwinkel der Normenbestimmtheit und Normenklarheit kritisch zu bewerten ist.

Als ergiebiger erweist sich die Argumentation anderer Gerichte. Das LG Ravensburg lehnt im oben ausführlich dargestellten Beschluss[340] eine Anwendung des Fernmeldegeheimnisses auf zwischengespeicherte E-Mails ab. Die Übermittlung von Nachrichten via E-Mail entspreche nicht dem klassi-

---

336 BVerfGE 124, 43, 60.

337 BGH, MMR 2009, 391 = BGH, StV 2009, 623 f.; mit krit. Anmerkung *Gercke*, StV 2009, 624ff. = BGH, NStZ 2009, 397f.; mit zust. Anmerkung *Bär*, NStZ 2009, 398f.; zweifelnd verfassungsrechtlichen Tragfähigkeit der BGH-Lösung auch *Mosbacher*, JuS 2009, 696, 699.

338 LG Ravensburg, NStZ 2003, 325f.=MMR 2003, 679f.

339 BVerfGE 124, 43, 60.

340 Vgl. S. 116f.

schen Fernmeldeverkehr unter Nutzung des Telefons. Es handele sich vielmehr um weniger schützenswerte schriftliche Mitteilungen, welche an die Stelle des klassischen Briefes getreten seien. Hieraus schließt das Gericht, nicht zuletzt unter Zuhilfenahme sprachlicher Parallelen, auf eine analoge Anwendbarkeit des heutigen § 99 Abs. 1 StPO.[341]

Der BGH sprach sich weniger als drei Monate vor der Entscheidung des Bundesverfassungsgerichtes vom Juni 2009 zugunsten einer Anwendbarkeit der §§ 94 ff. StPO, für eine Anwendung der Regelungen der Postbeschlagnahme bei Zugriffen auf beim Provider zwischen-, aber auch endgespeicherte Inhaltsdaten von E-Mails aus.

In seinem sehr knappen Beschluss vom März 2009 ignoriert das Gericht die verfassungsrechtlichen Fragestellungen weitestgehend und argumentiert primär aus dem Blickwinkel der Drei-Phasen-Theorie. Während der Zwischenspeicherung finde keine Telekommunikation statt, so dass § 100a StPO nicht anwendbar sei. Allerdings sei eine Beschlagnahme solcher Nachrichten möglich. Die Situation der gespeicherten Inhaltsdaten sei, auch aus dem Blickwinkel des aktuellen Kommunikationsverhaltens, mit der der Beschlagnahme anderer vorübergehend bei Post- und Telekommunikationsdienstleistern befindlicher Mitteilungen „*in jeder Hinsicht vergleichbar*“. Insoweit zieht der BGH als Vergleich Telegramme heran, welche ebenfalls durch Telekommunikation übermittelt würden.[342] Daher könnten die Inhaltsdaten, auch wenn keine spezifische gesetzliche Regelung bestehe, „*jedenfalls unter den Voraussetzungen des § 99 StPO beschlagnahmt werden*“.[343] In seinen Erwägungen zur Verhältnismäßigkeit führt der BGH aus, dass gegen eine Anwendung des heutigen § 99 Abs. 1 StPO auch nicht spreche, dass auf Inhaltsdaten von E-Mails aus technischen Gründen besonders leicht zugegriffen werden könne. Die Grundrechte des Betroffenen würden im Rahmen der richterlichen Anordnung bzw. Bestätigung der Maßnahme gewahrt. Zudem finde vor der eigentlichen Beschlagnahme eine erneute richterliche Prüfung statt. Weiter sei durch den Gesetzgeber kurz zuvor eine Benachrichtigungspflicht geregelt worden, was das Gericht wohl als Erfüllung der aus Art. 10 Abs. 2 Satz 2 GG folgenden Mitteilungspflicht ansieht. Zudem könnten die Betroffenen nachträglichen Rechtsschutz erlangen.[344]

---

341 LG Ravensburg, NStZ 2003, 325, 326.

342 BGH, MMR 2009, 391.

343 BGH, a. a. O.

344 BGH, a. a. O.

b) Materielle Anforderungen an ein allgemeines Gesetz

Es erscheint mehr als fraglich, ob die Argumentation der genannten Gerichte eine verfassungskonforme Anwendung des § 99 Abs. 1 StPO auf durch das Fernmeldegeheimnis geschützte Inhaltsdaten von E-Mails tragen kann. Während die formelle Verfassungsmäßigkeit der Norm, trotz fehlendem Zitat des Art. 10 Abs. 1 GG, als vorkonstitutionellem Gesetz gegeben ist, bestehen in materieller Hinsicht Bedenken. Diese beziehen sich insbesondere auf die Erfüllung der Anforderungen an die Normenbestimmtheit und Normenklarheit, die Verhältnismäßigkeit sowie auch den Schutz des Kernbereiches privater Lebensgestaltung.

aa) Historie und Systematik der Norm

Mit Blick auf die Historie und Systematik der Norm scheint eine Eignung des § 99 Abs. 1 StPO zumindest auf den ersten Blick nicht gänzlich fernliegend, bezieht sich die Regelung doch auf Eingriffe in den Art. 10 Abs. 1 GG, wenn auch primär die Beschlagnahme von Postsendungen und Telegrammen bei Betreibern geschäftsmäßiger Post- und Telekommunikationsdienste geregelt wird. Dass E-Mails und andere moderne Kommunikationsmöglichkeiten keine Erwähnung finden, ist in Anbetracht der Tatsache, dass die Norm seit ihrer Schaffung im Jahr 1877 in seinem Kern (Abs. 1) weitgehend unverändert ist,[345] nicht verwunderlich, dennoch scheint eine gewisse Nähe zum Zugriff auf Telekommunikationsinhalte gegeben zu sein.

Allerdings gelten aus historischer Perspektive die bereits im Hinblick auf die §§ 94 ff. StPO geltend gemachten Einwände gegenüber einer Anwendbarkeit der Norm auf Inhaltsdaten zwischengespeicherter E-Mails. Der historische Gesetzgeber ging bei Schaffung des § 100a StPO offensichtlich davon aus, dass keine der bestehenden Eingriffsgrundlagen, einschließlich des ausdrücklich genannten § 99 StPO a. F., geeignet war, um Eingriffe in die laufende Telekommunikation zu rechtfertigen.[346] Anderenfalls hätte es der Schaffung des § 100a StPO nicht bedurft. Zudem bestehen auch hier die bereits oben genannten Einwände aus der übrigen Rechtsprechung des Bundesverfassungsgerichtes, wonach die §§ 100a, 100b, 100g, 100h und 100i StPO, in ihrer damaligen Fassung, eine abschließende Regelung der Telekommunikationsüberwachung darstellen,[347] von welcher der Bundesgesetzgeber bis heute nicht abgewichen ist.

---

[345] Vgl. Deutsches Reichsgesetzblatt 1877, S. 253 ff.

[346] Vgl. BT-Drs.: V/1880, S. 6 f.

[347] BVerfGE 113, 348, 372 ff.

In systematischer Hinsicht mag es dagegen zwar denkbar sein, den § 99 Abs. 1 StPO als Grundtatbestand für Überwachungsmaßnahmen im Anwendungsbereich des Art. 10 Abs. 1 GG anzusehen.[348] Allerdings sind die folgenden Regelungen, insb. § 100a StPO, nach ihrem Wortlaut und ihrer Überschrift wesentlich spezieller auf Eingriffe in die laufende Telekommunikation zugeschnitten. Sie sind somit gegenüber dem § 99 Abs. 1 StPO als Spezialvorschriften vorrangig, so dass auch aus systematischer Sicht keine Anhaltspunkte für eine Anwendbarkeit des § 99 Abs. 1 StPO bestehen.

bb) Normenbestimmtheit und Normenklarheit des § 99 Abs. 1 StPO

Ähnlich den zuvor erörterten Eingriffsgrundlagen der §§ 94 ff. StPO stellt sich auch für die Postbeschlagnahme die Frage, ob es für den Betroffenen erkennbar ist, dass eine Überwachung der laufenden E-Mails-Kommunikation auf Grundlage des § 99 Abs. 1 StPO erfolgen kann.

Anders als im Rahmen der allgemeinen Beschlagnahmeregelungen stellt sich bei der Postbeschlagnahme das Problem der generellen Möglichkeit der Anordnung einer Überwachung laufender Kommunikationsvorgänge auf Grundlage dieser Norm nicht, denn das Vorgehen bei der Postbeschlagnahme kann im Ergebnis als eine Form der Überwachung laufender Kommunikation angesehen werden. Die Maßnahme zielt nicht zwingend auf einen einmaligen punktuellen Zugriff auf eine bestimmte Postsendung oder auf die zu einem bestimmten Zeitpunkt bereits im Gewahrsam eines Postdienstleisters oder eines Telekommunikationsanbieters befindlichen Sendungen ab. Sie kann vielmehr auch über eine bestimmte Zeitdauer angeordnet werden und erfasst in diesem Fall die während der Anordnungsdauer eingehenden Nachrichten an den Betroffenen.[349] Das Vorgehen ähnelt dabei dem einer über einen bestimmten Zeitraum angeordneten Überwachung der Telekommunikation. Diese Möglichkeit der Anordnung einer dauernden Kommunikationsüberwachung verleiht der Postbeschlagnahme, ebenso wie die Heimlichkeit ihrer Durchführung, eine größere Eingriffstiefe als einer einfachen Sicherstellung und Beschlagnahme. Demnach sind, selbst nach dem im Übrigen kritikwürdigen Beschluss des Bundesverfassungsgerichtes vom Juni 2009, besonders hohe Anforderungen an die Rechtfertigung der Eingriffe zu stellen, welche sogleich im Rahmen der Verhältnismäßigkeitsprüfung erörtert werden sollen. Hier ist zunächst festzuhalten, dass anhand der Eingriffsnorm erkennbar ist, dass diese auch eine heimliche Überwachung über einen bestimmten Zeitraum ermöglichen kann.

---

348 Vgl. S. 262.

349 MüKo-*Günther*, StPO, § 99 Rn. 27; Meyer-Goßner/Schmitt-*Köhler*, StPO, § 100 Rn. 5.

Doch erstreckt sich diese Erkennbarkeit auch auf Formen heimlicher Überwachung von E-Mails? D. h., ist es für den Betroffenen erkennbar, dass seine E-Mails als Postsendung oder als Telegramm verstanden werden, und als solche taugliches Beschlagnahmeobjekt im Sinne des § 99 Abs. 1 StPO sein könnten?

Auf den ersten Blick hat eine E-Mail mit einer Postsendung oder einem Telegramm im üblichen Sinn zumindest ihre Funktion gemein. In allen Fällen handelt es sich um Formen der Distanzkommunikation unter Abwesenden unter Zuhilfenahme eines Dritten. Auch sofern allein auf den Kommunikationszweck abgestellt wird, besteht eine gewisse Vergleichbarkeit von Postsendung und E-Mail. Es lässt sich auch nicht bestreiten, dass die E-Mail in Teilen an die Stelle der klassischen Kommunikation per Brief getreten ist.[350] Insoweit ist ein Rückgriff auf nicht unbedingt zwingende sprachliche Vergleiche, wie ihn das LG Ravensburg vornimmt,[351] nicht vonnöten, vielmehr reicht es aus, sich die Entwicklungen im privaten, noch mehr aber im beruflichen Kommunikationsverhalten der vergangenen 20 Jahre zu verdeutlichen. Zudem erfolgt, im Fall des inzwischen kaum noch verwendeten Telegramms, die Übermittlung zumindest teilweise durch Telekommunikationsmittel mittels eines Telekommunikationsdienstleisters,[352] was ebenfalls eine gewisse Nähe nahelegen könnte.

Allerdings ist dies nicht ausreichend, um die Hürden zu überwinden, welche hier dem Bestehen einer verfassungskonformen Eingriffsgrundlage auf Ebene der Normenbestimmtheit und Normenklarheit entgegenstehen. Weitaus größere Hindernisse ergeben sich aus den in der Norm benannten Beschlagnahmegegenständen und, wiederum, deren Körperlichkeit.

Abweichend von den §§ 94 ff. StPO, welche den konkreten Beschlagnahmegegenstand offenlassen, benennt der Wortlaut des § 99 Abs. 1 Satz 1 StPO diese als Spezialregelung ausdrücklich. Demzufolge sind der Auslegung, verglichen mit der einfachen Sicherstellung und Beschlagnahme, deutlich engere Grenzen gesetzt. Eine Postbeschlagnahme ist demnach nur in Bezug auf Postsendungen und Telegramme zulässig. Es ist somit maßgeblich, ob die E-Mail unter einen dieser Begriffe zu subsumieren ist oder zumindest eine analoge Anwendung der Norm nach den allgemeinen Regeln in Betracht kommt.

Zur Definition des Begriffes der Postsendung wird regelmäßig auf die Legaldefinition des § 4 Nr. 5 PostG zurückgegriffen, welche auf die in § 4

[350] So die Argumentation von LG Ravensburg, NStZ 2003, 325, 32; BGH, MMR 2009, 391.

[351] LG Ravensburg, a. a. O.

[352] MüKo-*Günther*, StPO, § 99 Rn. 13.

Nr. 1 PostG benannten Gegenstände verweist. Genannt werden dort neben Briefen auch Pakete bis zu einer gewissen Maximalgröße sowie Zeitungen, Zeitschriften und ähnliche Druckwerke, die von einem Postdienstleister übermittelt werden.

Eine Sonderform der Postsendung stellt das Telegramm dar.[353] Diese kaum noch verwendete kostenintensive Kommunikationsform unterscheidet sich von anderen Briefsendungen vor allem durch ihre höhere Übermittlungsgeschwindigkeit und die Begrenzung auf eine bestimmte Zeichenzahl.[354] Dabei wird eine (Kurz)-Nachricht mittels Telekommunikationsanlagen zum Postdienstleister übertragen, ausgedruckt und wie ein Brief dem Empfänger zugestellt.[355] Im Rahmen der Übertragung lässt sich damit zwischen einer Telekommunikationsphase und einer Briefphase unterscheiden.[356] Soweit und solange die Übertragung bei einem Telegramm mit Mitteln der Telekommunikation vorgenommen wird, ist § 99 Abs. 1 StPO nicht anwendbar, vielmehr ist allein § 100a StPO einschlägig. Erst in der Briefphase kommt § 99 StPO zur Anwendung.[357]

Gemeinsam ist allen Beschlagnahmegegenständen der Postbeschlagnahme, dass es sich um körperliche Gegenstände handeln muss, welche sich im Gewahrsam Post- oder Telekommunikationsdienstleistern befinden. Wie bereits ausgeführt, kommt es allerdings während des laufenden Übertragungsvorganges einer E-Mail niemals zu einer Verkörperung der Nachricht in dem Sinne, dass diese einem körperlichen Gegenstand oder gar einer Postsendung im Sinne des § 4 Abs. 1 Nr. 5 PostG gleichzusetzen wäre.[358] Vielmehr beruht die Ansicht, welche sich für eine Anwendbarkeit des § 99 Abs. 1 StPO während der Zwischenspeicherung in Phase 2 ausspricht,[359] wiederum auf dem bereits thematisierten, unzutreffenden engen technisch orientierten Verständnis der

---

[353] So MüKo-*Günther*, StPO, § 99 Rn. 13, der vor diesem Hintergrund einer Streichung des Begriffes mangels eigenständiger Bedeutung offen gegenübersteht.

[354] Aktuell sind maximal 480 Zeichen zulässig. Vgl. https://www.deutschepost.de/de/t/telegramm.html (07.05.2022).

[355] MüKo-*Günther*, a. a. O.

[356] Vgl. hierzu MüKo-*Günther*, StPO, § 99 Rn. 14, der insoweit die Bezeichnungen „Tele-Phase“ und „Gramma-Phase“ verwendet.

[357] MüKo-*Günther*, a. a. O.

[358] So in Bezug auf die Anwendbarkeit des § 99 StPO ausdrücklich u. a. *Neuhöfer*, S. 117; *Schlegel*, HRRS 2007, 44, 51; *Störing*, CR 2009, 475, 479.

[359] Vgl. etwa *Bär*, MMR 2003, 680, 681; *ders.*, Handbuch zur EDV-Beweissicherung, Rn. 111; Graf-*Graf*, StPO, § 99 Rn. 15. Im Ergebnis wohl auch BGH, MMR 2009, 391, der allerdings primär auf die aus seiner Sicht nicht mehr stattfindende Telekommunikation abstellt, um einen Verzicht auf die Anwendung von § 100a StPO zu begründen. Anders dagegen das LG Ravensburg, MMR 2003, 679, welches eine direkte Anwendung des § 99 StPO mangels Verkörperung der Nachricht ablehnt.

E-Mail-Übertragung, welches von einer Verkörperung der E-Mail auf dem Server des Providers während der Zwischen- und Endspeicherung ausgeht.[360] Ein Abstellen auf den Server als körperlichem Gegenstand kommt ebenfalls nicht in Betracht, da § 99 Abs. 1 StPO die zulässigen Beschlagnahmegegenstände konkret benennt. Die im Rahmen der §§ 94 ff. StPO regelmäßig erfolgende Beschlagnahme des Datenträgers samt Daten scheidet daher hier aus, da der Datenträger keinesfalls eine Postsendung oder Telegramm darstellt.[361]

Auch die Entwicklungsoffenheit des Post- und Fernmeldegeheimnisses kann insoweit zu keinem anderen Ergebnis führen. Graf folgert aus dieser so etwas wie eine automatische Mitentwicklung der Eingriffsgrundlagen. Nach seiner Ansicht seien die Begrifflichkeiten der StPO der technischen Entwicklung „*entwicklungsoffen anzupassen*", soweit dies Zweck und Intention der das Grundrecht schützenden und zugleich einschränkenden Vorschrift entspreche.[362] Dies begründet nach seiner Ansicht eine Beschlagnahmefähigkeit von E-Mails gemäß § 99 Abs. 1 StPO, welche er mit Telegrammen im Sinne der Norm vergleicht.[363] Ein solches automatisches Mitwachsen der Eingriffsgrundlagen der StPO führt jedoch sowohl den Gesetzesvorbehalt des Art. 20 GG als auch die Gewaltenteilung ad absurdum. Ein derartiges Vorgehen mag zwar aus Sicht der Strafverfolgungsbehörden vor dem Hintergrund der, regelmäßig mit der technischen Entwicklung nicht Schritt haltenden, Gesetzgebung durchaus wünschenswert erscheinen. Es bleibt jedoch Aufgabe des demokratisch legitimierten Gesetzgebers, die Grenzen staatlichen Handels und damit insbesondere auch der Eingriffe festzulegen, welchen Bürger zum Zwecke der Strafverfolgung ausgesetzt sein dürfen. Dies gilt umso mehr in so grundrechtssensiblen Bereichen wie dem Strafprozessrecht und der Telekommunikation. Diesbezüglich muss der Gesetzgeber auch die Entscheidung treffen, ob und inwieweit neue technische Entwicklungen im Rahmen strafprozessualer Ermittlungen berücksichtigt werden sollen und hierbei das Repertoire der Eingriffsgrundlagen bei Bedarf modernisieren. Fehlt eine solche Überarbeitung des Gesetzes, so sind Erweiterungen über die anerkannten Grenzen einer Analogie hinaus nicht zulässig.

Das LG Ravensburg hatte die mangelnde Verkörperung der E-Mail durchaus als Anwendungshindernis erkannt und angenommen, dass im Stadium der Zwischenspeicherung allenfalls ein Vorstadium der Verkörperung gegeben sei. Mangels entsprechender gesetzlicher Regelung wendete es daher § 99 StPO a.F. analog an.[364] Allerdings kommt auch eine analoge Anwen-

---

[360] Vgl. zur Kritik an dieser Ansicht S. 127 ff.

[361] *Neuhöfer*, S. 117.

[362] Graf-*Graf*, StPO, § 99 Rn. 14.

[363] *Graf*, a. a. O.

[364] LG Ravensburg, MMR 2003, 679.

dung der Vorschrift nicht in Betracht. Unabhängig von der Frage, inwieweit eine Analogie strafprozessualer Vorschriften vor dem Hintergrund des Gesetzlichkeitsprinzips und des Rechtsstaatsprinzips generell möglich ist,[365] liegen hier, wie bereits Neuhöfer überzeugend ausgeführt hat,[366] die Voraussetzungen einer Analogie nicht vor. Insbesondere kann auch heute noch keine planwidrige Regelungslücke geltend gemacht werden. Trotz nunmehr schon jahrzehntelang andauernder Diskussion um die Frage der auf zwischen- und endgespeicherte E-Mails anwendbaren strafprozessualen Eingriffsgrundlage, hat der Gesetzgeber keine explizite Regelung dieser Frage vorgenommen. Vor diesem Hintergrund kann nicht davon ausgegangen werden, dass eine Einbeziehung der E-Mail in den Anwendungsbereich des § 99 Abs. 1 StPO unbewusst unterblieben ist und somit eine planwidrige Lücke gegeben ist. Schließlich hat auch die letzte Reform der Regelungen zur Postbeschlagnahme mit dem Gesetz zur Fortentwicklung der Strafprozessordnung und zur Änderung weiterer Vorschriften vom 25.06.2021[367] diese Frage nicht aufgegriffen.

Eine Anwendbarkeit des § 99 Abs. 1 StPO auf zwischengespeicherte Inhaltsdaten von E-Mails scheitert somit bereits an der Normenbestimmtheit und Normenklarheit, da es für den Betroffenen nicht erkennbar ist, dass E-Mails als Postsendungen oder Telegramme anzusehen sein könnten.

cc) Verhältnismäßigkeit der Einschränkungen des Fernmeldegeheimnisses

Bereits die Möglichkeit, im Rahmen der Postbeschlagnahme eine dauerhafte und heimliche Kommunikationsüberwachung anzuordnen, verleiht der Maßnahme eine im Vergleich zur einfachen Sicherstellung und Beschlagnahme weiterreichende Eingriffstiefe. Diese verstärkt die besonderen Gefahren, welche ohnehin vom Zugriff auf bei Dritten gespeicherten E-Mail-Beständen für die Rechtsgüter des Betroffenen ausgehen, noch weiter. Auch wenn anzuerkennen ist, dass ein Zugriff auf zwischengespeicherte E-Mails, aufgrund der zeitlichen Begrenzung der Speicherdauer, auf tatsächlicher Ebene nicht so weitreichende Eingriffe gestattet wie der Zugriff auf umfangreiche endgespeicherte Datenbestände, sind dennoch besondere Anforderungen an die zu treffenden gesetzlichen Schutzmaßnahmen zu stellen. Allerdings weist der § 99 Abs. 1 StPO insoweit noch größere verfassungsrechtliche Mängel als die §§ 94 ff. StPO auf.

---

365 Vgl. zur Diskussion die Ausführungen von *Neuhöfer*, S. 119 ff. m. w. N.

366 *Neuhöfer*, S. 123 ff.

367 BGBl. I 2021, S. 2099 ff.

(1) Schwere der zu verfolgenden Straftat

Den Regelungen zur Postbeschlagnahme fehlt es bereits, ebenso wie den §§ 94 ff. StPO, an einer Vorgabe zur Schwere der Anlasstat einer ermittlungsbehördlichen Maßnahme. Insoweit kann auf die oben im Zusammenhang mit der einfachen Sicherstellung und Beschlagnahme gemachten Ausführungen verwiesen werden.[368]

Es bedarf auch diesbezüglich konkreter Vorgaben des Gesetzgebers zur erforderlichen Schwere einer Straftat, welche Eingriffe in das Grundrecht auf Anlasstaten von erheblicher Bedeutung beschränken. Fehlen diese, so kann dieser gesetzgeberische Mangel nach der hier vertretenen Ansicht nicht durch Abwägungsentscheidungen auf Ebene des Ermittlungsrichters geheilt werden. Es bedarf auch insoweit einer dauerhaften Objektivierung und Vereinheitlichung der Rechtslage, um den verfassungsrechtlichen Anforderungen zumindest in dieser formalen Hinsicht gerecht zu werden.[369] Solange diese fehlt, ist eine Anwendung des § 99 Abs. 1 StPO auf Eingriffe in das Fernmeldegeheimnis bereits aus diesem Grunde verfassungsrechtlich unzulässig.

(2) Unverhältnismäßigkeit als heimliche Überwachungsmaßnahme?

Das Bundesverfassungsgericht hat in seinem Beschluss aus dem Juni 2009 die Öffnung seiner Rechtsprechung hin zu einer Anwendbarkeit der, im Vergleich zu § 100a StPO, schwächeren Eingriffsvoraussetzungen der §§ 94 ff. StPO im Wesentlichen mit Argumenten begründet, welche auf die Offenheit und Punktualität des Zugriffs auf die gespeicherten Inhaltsdaten abstellten. Die Argumentation des Senats in der Verhältnismäßigkeitsprüfung zugunsten einer Anwendbarkeit der §§ 94 ff. StPO fußt ganz wesentlich darauf, dass bei heimlichen Eingriffen sowie Zugriffen auf umfassende Datenbestände, auf die die Betroffenen nicht, oder nur begrenzt, einwirken können, besonders hohe Anforderungen an die Bedeutung der zu verfolgenden Tat und den notwendigen Verdachtsgrad zu stellen sind.[370] Demgegenüber seien bei offenen Maßnahmen geringere Maßstäbe anzusetzen.[371] Folglich wären, wenn man der dieser Argumentation folgen würde, damit an heimliche Maßnahmen strengere Anforderungen zu knüpfen als an offene.

Die Postbeschlagnahme stellt jedoch eine heimliche bzw. verdeckte Maßnahme dar, welche sich regelmäßig nicht in einer einmaligen punktuellen

---

[368] Vgl. S. 272 ff.

[369] Vgl. S. 274 f.

[370] BVerfGE 124, 43, 62 f. m. w. N. auf die frühere Rechtsprechung des Gerichtes.

[371] BVerfGE 124, 43, 63.

Datenerhebung erschöpft, und ist als solche auch ausdrücklich im Katalog des § 101 Abs. 1 StPO benannt. Somit wären an die Verhältnismäßigkeit des Zugriffes nach der Rechtsprechung des Bundesverfassungsgerichtes besonders hohe Anforderungen zu stellen. Dies gilt umso mehr, da die im Rahmen der Postbeschlagnahme sonst regelmäßig bestehende Möglichkeit der Entdeckung der heimlichen Ermittlungsmaßnahme durch den Betroffenen, etwa aufgrund von Spuren einer Öffnung der Nachricht oder längerer Laufzeiten der Sendungen bei elektronischer Kommunikation nicht besteht. Die hieraus folgende faktische Begrenzung der Möglichkeiten einer Dauerüberwachung sind daher nicht gegeben. Vielmehr wird regelmäßig eine 1:1-Kopie der Nachricht an die Ermittlungsbehörden weitergeleitet werden, während die Originalnachricht den Empfänger ohne Änderungen und Zeitverzögerungen erreicht.

Es stellt sich somit die Frage, ob vor dem Hintergrund der Argumentation des Bundesverfassungsgerichtes im Hinblick auf die Offenheit, aber auch die Punktualität der Maßnahme, eine Rechtfertigung des Eingriffes im Rahmen der Postbeschlagnahme in Betracht kommen kann. Im Ergebnis ist dies zu verneinen, kann doch der von einer Postbeschlagnahme Betroffene im Rahmen der Durchführung, und häufig auch danach, keine der vom Gericht genannten Verteidigungsmöglichkeiten nutzen.[372] Mangels Kenntnis von der Durchführung der Maßnahme ist es ihm weder möglich, anwaltlichen Beistand hinzuziehen oder noch dieser in sonstiger Weise entgegenzutreten bzw. auf eine Beschränkung auf die im Beschluss vorgegebenen Grenzen hinzuwirken. Auch eine, aus Sicht des Bundesverfassungsgerichtes, den Eingriff abmildernde einmalige, punktuelle Durchführung ist regelmäßig nicht gegeben, da die Maßnahme üblicherweise über einen längeren Zeitraum angeordnet wird, so dass eine dauerhafte Überwachung der Kommunikation erfolgen kann. Das Fehlen der sich aus Offenheit oder Punktualität der Maßnahme ergebenden Begrenzungen der Eingriffsmaßnahme ist der Postbeschlagnahme wesensimmanent. Ein offenes Vorgehen würde, ebenso wie eine einmalige, punktuelle Beschlagnahme, den Ermittlungserfolg vereiteln. Der Betroffene könnte in der Folge sein Verhalten entsprechend der Verfolgungssituation anpassen und nicht nur sein Kommunikationsverhalten ändern, sondern gegebenenfalls auch aktiv auf Beweise einwirken.

Dementsprechend geht eine starke Strömung in der Literatur im Ergebnis zu Recht davon aus, dass die früher vom BGH vertretene Anwendbarkeit des § 99 Abs. 1 StPO spätestens seit dem Beschluss des Bundesverfassungsgerichtes obsolet sei und für heimliche Zugriffe auf zwischengespeicherte

---

[372] Vgl. BVerfGE 124, 43, 66.

E-Mails nur § 100a StPO zu Verfügung stehe.[373] Die frühere BGH-Rechtsprechung stelle insoweit für heimliche Maßnahmen zu geringe Anforderungen auf.[374]

Dem ist im Rahmen einer konsequenten Anwendung der Rechtsprechung des Bundesverfassungsgerichtes zuzustimmen. Sofern man die dort aufgestellten Anforderungen an heimliche, punktuelle Zugriffsmaßnahmen ernst nimmt, kann eine Anwendbarkeit der Postbeschlagnahme als heimliche Ermittlungsmaßnahme nicht mehr in Betracht kommen. Es fehlt insoweit an allen durch das Gericht aufgestellten Anwendungsvoraussetzungen. Die im Beschluss des Bundesverfassungsgerichts zum Ausdruck kommende Anerkennung einer Anwendbarkeit der Postbeschlagnahme auf die hier maßgeblichen Fälle[375] ist vor diesem Hintergrund widersprüchlich.

Da der Kommunikationsvorgang im Rahmen der Zwischenspeicherung nach der hier vertretenen Ansicht noch nicht zum Abschluss gekommen ist, kommen die diesbezüglichen Verhältnismäßigkeitserwägungen des Bundesverfassungsgerichtes hier nicht zum Tragen.[376] Entsprechendes gilt auch für die übrige Argumentation des Gerichtes zur Verhältnismäßigkeit.[377]

Somit erfüllt die Postbeschlagnahme auch nicht die an eine Verhältnismäßigkeit eines Eingriffes in das Fernmeldegeheimnis beim Zugriff auf beim Provider zwischengespeicherte Inhaltsdaten von E-Mails zu stellenden Anforderungen.

dd) Schutz des Kernbereiches privater Lebensgestaltung

Wie den §§ 94 ff. StPO mangelt es auch dem § 99 StPO an gesetzlichen Vorgaben zum Schutz des Kernbereiches privater Lebensgestaltung. Auch die letzte Reform der Vorschriften der Telekommunikationsüberwachung,[378] wel-

---

[373] *Klein*, NJW 2009, 2996, 2998. Ausdrücklich a. A. zunächst noch Graf-*Graf*, 2. Auflage StPO, § 99 Rn. 10. Nunmehr geht auch er davon aus, dass § 99 StPO, wie auch §§ 94 ff. StPO, allenfalls für einmalige Zugriffe geeignet seien, während für eine dauerhafte Überwachung nur § 100a StPO zur Verfügung stehe (vgl. Graf-*Graf*, StPO, § 100a Rn. 59). In diese Richtung auch bereits *Krüger*, MMR 2009, 680, 683.

[374] So *Klein*, a. a. O., der allerdings zugleich vor dem Hintergrund der von ihm vertretenen Anwendbarkeit der §§ 94 ff. StPO darauf verweist, dass die vom BGH aufgestellten Anforderungen an offene Maßnahmen ebenfalls nicht haltbar seien, da das Gericht insoweit von zu engen Voraussetzungen ausgehe.

[375] Vgl. BVerfGE 124, 43, 60.

[376] Vgl. S. 127 ff.

[377] Vgl. insoweit die obigen Erörterungen auf S. 272 ff.

[378] Gesetz zur effektiveren und praxistauglicheren Ausgestaltung des Strafverfahrens vom 17.08.2017 (BGBl. I, S. 3202 ff.)

che die diesbezüglichen Schutzvorgaben überarbeitet und in § 100d StPO neu gefasst hat, hat diesbezüglich keine Regelung getroffen.

Inwieweit der § 99 StPO durch diesen Mangel insgesamt als verfassungswidrig anzusehen ist,[379] kann hier dahingestellt bleiben. Fest steht, dass es sich nach der hier vertretenen Ansicht insoweit um einen schwerwiegenden gesetzgeberischen Mangel handelt, welcher zumindest eine Anwendbarkeit der Norm auf durch das Fernmeldegeheimnis geschützte zwischengespeicherte E-Mails verfassungsrechtlich ausschließt. Eine Berücksichtigung der Anforderungen des Kernbereichsschutzes durch den Ermittlungsrichter kann die gesetzgeberischen Mängel nicht ausgleichen, vielmehr ist eine explizite gesetzliche Regelung vonnöten.[380]

c) Die Rechtsprechung des BGH im Nachgang zur Bundesverfassungsgerichtsentscheidung vom Juni 2009

Der BGH hat sich bereits im November 2009 kurz nach dem Beschluss des Bundesverfassungsgerichtes vom Juni 2009 von einer Anwendung des § 99 StPO gelöst und sich in verfassungsrechtlicher und strafprozessualer Hinsicht der Rechtsprechung des Bundesverfassungsgerichtes angeschlossen.[381] Er wendet seither in ständiger Rechtsprechung ebenfalls die §§ 94 ff. StPO in Fällen der Beschlagnahme von auf dem Mailserver des Providers zwischen- und endgespeicherten E-Mails an.[382] Im Rahmen seines Beschlusses vom November 2009 wies er zudem ausdrücklich darauf hin, dass ein heimliches Vorgehen auf dieser Rechtsgrundlage nicht in Betracht komme. Der Beschuldigte sei auch bei Sicherstellungen von E-Mails beim Provider hierüber zu informieren. Für eine Zurückstellung der Information aufgrund einer möglichen Gefährdung des Untersuchungszwecks fehle in der StPO die Rechtsgrundlage.[383] Ermittlungstaktische Erwägungen seien insoweit, wie der BGH in einem weiteren Beschluss aus dem Jahr 2015 ausführt, vor dem Hintergrund der gesetzlichen Vorgaben nicht relevant. Es sei allein Sache des Gesetzgebers eine Regelung vorzusehen, welche eine verzögerte Offenlegung gegenüber dem Betroffenen gestatte.[384]

Zudem hat der BGH in einer neueren Entscheidung festgehalten, dass neben den §§ 94 ff. StPO aus seiner Sicht bei heimlichen Zugriffen auf zwi-

---

379 So *Bode*, S. 343.

380 Vgl. hierzu S. 289 f.

381 Vgl. BGH, NJW 2010, 1297, 1298.

382 BGH, NStZ 2015, 704, 705; vgl. hierzu *Mosbacher*, JuS 2019, 127, 132.

383 BGH, NJW 2010, 1297, 1298.

384 BGH, NStZ 2015, 704, 705. Zur Einfügung einer entsprechenden Regelung durch § 95a StPO vor dem Hintergrund dieser Rechtsprechung vgl. S. 291 ff.

schen- und endgespeicherten Nachrichten die Telekommunikationsüberwachung nach § 100a StPO zur Anwendung kommen könne.[385] Die Regelungen der §§ 94 ff. StPO und der Telekommunikationsüberwachung schlössen sich in Fällen zwischen- und endgespeicherter E-Mails nicht aus, sondern ergänzten sich. Die aus der Heimlichkeit der Telekommunikationsüberwachung folgende höhere Eingriffstiefe würde dabei durch die erhöhten Eingriffsvoraussetzungen im Vergleich zu den §§ 94 ff. StPO ausgeglichen.[386] Gegen dieses Ergebnis spräche auch nicht, dass es § 100a StPO an typischen Durchsuchungs- und Beschlagnahmeelementen mangele.[387]

Die Rechtsprechung des BGH zur parallelen Anwendbarkeit der Vorgaben zur Sicherstellung und Beschlagnahme sowie zur Telekommunikationsüberwachung ist zum Teil sehr heftig[388], bisweilen auch etwas polemisch,[389] kritisiert worden. Dabei geht die Kritik an der Entscheidung, wie i. E. auch die Entscheidung selbst, jedoch am Kern der Problematik vorbei, welche in der aufgezeigten mangelnden Eignung der §§ 94 ff. StPO zur Rechtfertigung von Eingriffen in das Fernmeldegeheimnis begründet ist, die auch der BGH mit keinem Wort erörtert. Vor diesem Hintergrund stellt sich die Frage einer eventuellen parallelen Anwendung der Vorgaben der Sicherstellung und Beschlagnahme neben den Regelungen der Telekommunikationsüberwachung, sofern diese anwendbar sind,[390] ebenso wie die einer möglichen Subsidiarität eines heimlichen Vorgehens im Rahmen des § 100a StPO,[391] nach der hier vertretenen Ansicht nicht.

Zudem erscheint es zweifelhaft, ob die Rechtsprechung des BGH zur parallelen Anwendbarkeit der Regelungen vor dem Hintergrund der nunmehr geschaffenen Möglichkeit einer heimlichen Beschlagnahme unter Anwendung des § 95a StPO[392] zukünftig noch praktische Bedeutung hat. Es steht zu erwarten, dass eine Anwendung der Telekommunikationsüberwachung aufgrund der bestehenden strengen Anforderungen in Fällen des Zugriffs auf

---

385 Vgl. z. B. BGH, NJW 2021, 1252 ff. = NStZ 2021, 355 ff.; mit krit. Anmerkung *Grözinger*, NStZ 2021, 358 ff. = WuB 2021, 205, 206; mit zust. Anmerkung *Schweiger*, WuB 2021, 206 ff.

386 BVerfG, NStZ 2021, 355, 357.

387 Vgl. hierzu die Ausführungen auf S. 315 ff.

388 *Beukelmann/Heim*, NJW-Spezial 2021, 56; *Grözinger*, NStZ 2021, 358 ff.; *Nicolai*, HRRS 2021, 365, 366 ff.; weitgehend zustimmend dagegen *Abraham*, HRRS 2021, 356, 359 ff.

389 *Hiéramente*, WiJ 2021, 19, 20 ff.

390 Vgl. dazu sogleich auf S. 311 ff. sowie S. 334 ff.

391 Vgl. hierzu die *Abraham*, HRRS 2021, 356, 362 f.; *Nicolai*, HRRS 2021, 365, 367 f.

392 Vgl. hierzu S. 291 ff.

Inhaltdaten von zwischen-, aber auch endgespeicherten, E-Mails die Ausnahme sein wird.

Ergebnis

Insgesamt genügen die Regelungen zur Postbeschlagnahme nach § 99 Abs. 1 StPO damit nicht den verfassungsrechtlichen Mindestanforderungen, die an eine Eingriffsgrundlage in das Fernmeldegeheimnis beim Zugriff auf beim Provider zwischengespeicherte Inhaltsdaten von E-Mails zu stellen sind.

Weder sind die Voraussetzungen der Normenbestimmtheit und Normenklarheit erfüllt, noch bestehen Regelungen zur Schwere der Anlasstat oder zum Schutz des Kernbereiches privater Lebensgestaltung. Selbst die vom Bundesverfassungsgericht aufgestellten Anforderungen zur Rechtfertigung erleichterter Eingriffsvoraussetzungen bei offenen, punktuell ausgeführten Ermittlungsmaßnahmen greifen vorliegend nicht ein. Eine Anwendung dieser Rechtsprechung führt vielmehr, entgegen der Ansicht des Bundesverfassungsgerichtes, zu einer Unanwendbarkeit der Regelung auf zwischengespeicherte Inhaltsdaten von E-Mails.

4. Die Regelung der Telekommunikationsüberwachung gemäß § 100a StPO

Als letzte der durch das Bundesverfassungsgericht in seinem Beschluss vom Juni 2009[393] für anwendbar erklärten Eingriffsgrundlagen soll nunmehr auch auf die Verfassungsmäßigkeit der Telekommunikationsüberwachung gemäß § 100a StPO erörtert werden. Geht man mit der hier vertretenen Ansicht davon aus, dass die Übertragung von Inhaltsdaten einer E-Mail auch während der Phase der Zwischenspeicherung als laufende Telekommunikation zu verstehen ist, so ergeben sich in Bezug auf die Verfassungsmäßigkeit der Norm im Vergleich zu den Phasen 1 und 3 keine wesentlichen Unterschiede. Es kann somit weitgehend auf die hierzu bereits gemachten Ausführungen zu den formalen und materiellen Anforderungen an ein allgemeines Gesetz verwiesen werden.[394]

---

393 BVerfGE 124, 43, 60.

394 Vgl. S. 230 ff.

a) Normenbestimmtheit und Normenklarheit des §§ 100a StPO

Besonderer Aufmerksamkeit bedarf jedoch die oben nur kursorisch erörterte Frage der Normenbestimmtheit und Normenklarheit des § 100a StPO sowohl aus dem Blickwinkel des Vorliegens eines laufenden Kommunikationsvorganges während der Speicherungsphasen als auch der generellen Anwendungsmöglichkeit der Vorgaben zur Telekommunikationsüberwachung in beschlagnahmeähnlichen Situationen.

aa) Vorliegen laufender Telekommunikation

§ 100a StPO soll auch nach jüngerer Aussage des Gesetzgebers überwiegend Eingriffe in Art. 10 Abs. 1 GG und ergänzend in Art. 2 Abs. 1 i. V. m. Art. 1 Abs. 1 GG erfassen.[395] Er hält diesbezüglich auch weiterhin daran fest, dass die Regelung eine Rechtsgrundlage zur Überwachung der laufenden Telekommunikation darstellt.[396]

Daher ist unter dem Blickwinkel der Bestimmtheit und Klarheit der Norm zu erörtern, ob diese auf die Aufzeichnung und Überwachung laufender Kommunikationsvorgänge ausgerichtete Norm in einer statischen Phase, wie der Zwischenspeicherung in Phase 2, mit Blick auf den Telekommunikationsbegriff Anwendung finden kann.

Auch in strafprozessualer Hinsicht wird dabei in der Literatur die bereits oben aus verfassungsrechtlicher Perspektive hinlänglich erörterte Frage aufgeworfen, ob die Zwischenspeicherung den Übertragungsvorgang der E-Mail unterbricht und somit § 100a StPO mangels überwachbarer Telekommunikation nicht zur Anwendung kommen kann.[397]

Während die oben zitierten Anhänger eines engen technischen Verständnisses des Telekommunikationsbegriffes davon ausgehen, dass ein Telekommunikationsvorgang im Sinne des § 3 Nr. 59 TKG während der Speicherung nicht stattfindet und daher auch keine Telekommunikation im Sinne von § 100a Abs. 1 Satz 1 StPO,[398] was aus deren Sicht zwingend zu einer Anwendbarkeit der §§ 94 ff. StPO führen muss, ziehen andere dieses Verständnis heran, um das Bestehen einer Eingriffsgrundlage generell zu verneinen.

---

[395] Vgl. BT-Ausschuss für Recht und Verbraucherschutz, Ausschussdrucksache 18(6)334 vom 15.05.2017, S. 17.

[396] Vgl. BT-Ausschuss für Recht und Verbraucherschutz, a. a. O.

[397] Vgl. S. 108 ff. Die folgenden Ausführungen beschränken sich daher auf die strafprozessualen Aspekte der Diskussion.

[398] *Palm/Roy*, NJW 1996, 1791, 1793; *Bär*, Handbuch zur EDV-Beweissicherung, Rn. 109; *ders.*, MMR 2000, 472, 474 f.; *ders.*, MMR 2003, 680, 681; *ders.*, NStZ 2009, 398, 399; sowie KK-*Nack*, StPO (6. Aufl.), § 100a Rn. 22; *Zöller*, GA 2000, 563, 573 f.

So geht Janssen davon aus, dass das Ruhen der Nachricht in Phase 2 dazu führe, dass auf die Inhaltsdaten einer E-Mail nicht nach § 100a StPO zugegriffen werden könne. Obwohl sie durch das Fernmeldegeheimnis geschützt seien, stellten die gespeicherten Daten dennoch keine Telekommunikation dar. Die Norm sei somit nicht auf derartige Fallgestaltungen anwendbar.[399] Dass infolge dieser Auslegung ein strafprozessualer Zugriff auf gespeicherte E-Mails nicht möglich ist, sei hinzunehmen. Der grundrechtliche Schutz erfordere eine restriktive Auslegung von Eingriffsbefugnissen. Zudem seien dem System strafprozessualer Zwangsmaßnahmen Lücken nicht fremd, da Wahrheitsfindung nicht um jeden Preis betrieben werden müsse.[400]

Im Ergebnis würden beide Ansichten zu einer Unanwendbarkeit des § 100a StPO mangels Telekommunikation führen, soweit und solange eine Speicherung der E-Mail auf ihrem Weg zum Empfänger erfolgt.

Letztlich werden jedoch beide Ausformungen eines rein technischen Verständnisses dem Sinn und Zweck des § 100a StPO,[401] aber auch dem grundrechtlich intendierten Schutz des Fernmeldegeheimnisses nicht gerecht.

Zum einen erweist sich ein rein technisches Verständnis des Telekommunikationsbegriffes in der StPO auf Basis der TKG-Vorgaben als zu weitreichend, um eine klare Abgrenzung der Anwendungsbereiche zu ermöglichen. Schließlich erfasst die Definition des § 3 Nr. 59 TKG letztlich jegliche Signalübertragung über Telekommunikationsanlagen und somit auch Rundfunk und Fernsehübertragungen,[402] welche eindeutig nicht in den Anwendungsbereich des § 100a StPO fallen.[403] Daneben käme auch hier die oben angeführte technische Problematik zum Tragen, nach der die E-Mail bei konsequenter Betrachtung während des gesamten Übertragungsvorganges immer auf mindestens zwei Servern gespeichert und somit dort nach technischem Verständnis ruht bzw. verkörpert ist.[404] Demzufolge wäre § 100a StPO niemals auf Fälle der E-Mail-Kommunikation anwendbar.

---

399 *Janssen*, S. 133. Auch wenn sich Janssen lediglich mit der Zwischenspeicherung befasst, dürften die Ausführungen bei konsequenter Betrachtung für alle Fälle der Speicherung der Nachricht auf ihrem Weg zum Empfänger, insbesondere aber für die Endspeicherung, gelten.

400 *Janssen*, a. a. O.

401 Meyer-Goßner/Schmitt-*Köhler*, StPO, § 100a Rn. 6.

402 Säcker-*Säcker*, TKG, § 3 Rn. 59. Zur Frage der Erfassung von Fällen der Internetrecherche, d. h. des bloßen Surfens im Internet zur Informationsbeschaffung, vgl. BVerfG, NJW 2016, 3508, 3510; mit krit. Anmerkung *Eidam*, NJW 2016, 3511 f.; sowie *Hiéramente*, StraFo 2013, 96, 97 ff. Vgl. auch S. 83.

403 Vgl. MüKo-*Günther*, StPO, § 100 Rn. 31 m. w. N.

404 *Störing*, CR 2009, 475, 476.

Zum anderen muss die Vorschrift, da sie zu Eingriffen in das Grundrecht berechtigt, auch im Lichte des Fernmeldegeheimnisses ausgelegt werden.[405] Dessen Anwendungsbereich wird allerdings nach zutreffender Rechtsprechung des Bundesverfassungsgerichtes nicht durch die technischen Vorgaben des TKG bestimmt, sondern knüpft an die besondere Schutzbedürftigkeit an, welche sich aus der Nutzung von Fernkommunikationsmitteln und den daraus folgenden Gefährdungen für die Vertraulichkeit einer Nachricht ergibt.[406] Ein Verständnis des Telekommunikationsbegriffes, welches den laufenden Kommunikationsvorgang letztlich willkürlich in Phasen verschiedener Schutzdichte unterteilt, wird somit weder dem Schutzgedanken des Fernmeldegeheimnisses noch dem Sinn und Zweck des § 100a StPO gerecht.[407]

Für dieses Ergebnis spricht daneben, auch während der Zwischenspeicherung, das oben erörterte allgemeine Verständnis des Telekommunikationsbegriffes in der Laiensphäre, da die Betroffenen den Kommunikationsvorgang in den Phasen 1 bis 3 regelmäßig, mangels Kenntnis der technischen Zusammenhänge, als einheitliches Geschehen wahrnehmen.[408]

bb) Generelle Eignung der Norm zur „Überwachung" gespeicherter Inhalte laufender Telekommunikationsvorgänge

Der § 100a Abs. 1 Satz 1 StPO gestattet die Überwachung und Aufzeichnung laufender Telekommunikation ohne das Wissen des Betroffenen. Beide Begriffe folgen auf den ersten Blick eher dem historischen Leitbild des ein Telefongespräch mithörenden Polizeibeamten, welcher die besprochenen Inhalte aufzeichnet. Dieses Bild ist jedoch nicht nur in Bezug auf den, einer solchen Form der Überwachung ohnehin nicht zugänglichen, E-Mail-Verkehr sowohl auf tatsächlicher als auch in gesetzgeberischer Ebene längst überholt.

In der Praxis erfolgt die Überwachung heute regelmäßig gemäß § 5 Abs. 1 und 2 TKÜV durch Bereitstellung einer vollständigen Kopie der im zu überwachenden Postfach ein- und ausgehenden sowie der weitergeleiteten E-Mails durch den Provider am Übergabepunkt im Sinne von § 2 Nr. 11 TKÜV. Eine solche Mitwirkung des Providers ist allerdings nicht zwingend erforderlich. Auch eine Überwachung und Aufzeichnung durch die Strafver-

---

405 MüKo-*Günther*, StPO, § 100 Rn. 31; *Günther*, NStZ 2005, 485, 491; sowie auch *Bär*, TK-Überwachung, § 100a Rn. 10.

406 BVerfGE 124, 43, 55 f. In diesem Sinne auch *Neuhöfer*, S. 48 ff., der zudem zutreffend darauf hinweist, dass auch gesetzeshistorisch eine inhaltliche Gleichsetzung der Begrifflichkeiten von TKG und StPO in Bezug auf § 100a StPO nicht beabsichtigt war.

407 In diesem Sinne auch Meyer-Goßner/Schmitt-*Köhler*, StPO, § 100a Rn. 6.

408 Vgl. hierzu S. 233.

folgungsbehörden ist möglich,[409] dürfte bzgl. der E-Mail-Kommunikation aber aufgrund der notwendigen technischen Voraussetzungen die Ausnahme sein.[410]

Vor dem Hintergrund der beschriebenen Sach- und Rechtslage bedürfen in Bezug auf die Überwachung beim Provider zwischengespeicherter E-Mails zwei Fragen der Erörterung: Zum einen ist zu klären, inwieweit die Anforderung der bei einem Provider zwischengespeicherten Nachrichten einen Fall der von § 100a StPO erfassten Überwachung laufender Telekommunikation darstellt. Zum anderen erscheint fraglich, ob die zur Durchsetzung einer solchen Anforderung gegebenenfalls notwendigen Zwangsmaßnahmen, v.a. eine Sicherstellung und Beschlagnahme, eine Rechtsgrundlage in § 100a StPO finden.

Diese Fragen werden in der Diskussion um die maßgebliche Rechtsgrundlage für den Zugriff auf zwischengespeicherte E-Mails regelmäßig vermischt, obwohl es sich um unabhängig voneinander zu bewertende Fragen handelt, die in keinem zwingenden Abhängigkeitsverhältnis stehen.

(1) „Überwachung" laufender Telekommunikation

Soweit die Telekommunikationsüberwachung nach § 100a StPO auf die Erlangung zwischengespeicherter Nachrichten gerichtet ist, erscheint die Anwendung der Norm problematisch.

Es handelt es sich dabei um im Postfach gespeicherte Nachrichten, auf welche mangels Eingangs oder Versendung nach Erlass der Überwachungsanordnung nicht durch einfache Ausleitung oder Aufzeichnung eingehender oder ausgehender Nachrichten Zugriff genommen werden kann. D.h., die Strafverfolgungsbehörden müssen die Herausgabe der zwischengespeicherten Nachrichten durch den Provider verlangen oder diese im Falle einer Weigerung durch eine Beschlagnahme zwangsweise in ihren Besitz bringen.

Während der BGH[411] sowie die wohl überwiegende Ansicht in der Literatur[412] ein solches Vorgehen, z.T. ohne nähere Erörterung, als von § 100a StPO erfasst ansieht, äußern einige Stimmen in Rechtsprechung und der Li-

[409] Meyer-Goßner/Schmitt-*Köhler*, StPO, § 100a Rn. 8; *Bär*, TK-Überwachung, § 100b Rn. 13 (für die inhaltsgleiche Vorgängerbestimmung).

[410] Vgl. S. 55.

[411] BGH, NStZ 2021, 355, 357.

[412] Vgl. u.a. *Abraham*, HRRS 2021, 356, 361f.; *Brodowski*, JR 2009, 402, 411; *Brunst*, CR 2009, 591, 592; *Gaede*, StV 2009, 96, 101; *Klein*, NJW 2009, 2996, 2998; Meyer-Goßner/Schmitt-*Köhler*, StPO, § 100a Rn. 6c; *Neuhöfer*, S. 69f.; *Roxin/Schünemann*, § 36 Rn. 6; *Schlegel*, HRRS 2007, 44, 51; *Störing*, S. 225; *ders.*, CR 2009, 475, 478; *Zimmermann*, JA 2014, 321, 324.

teratur Bedenken, inwieweit sich derartige Vorgehensweisen unter die Regelung subsumieren lassen.[413] Diese sei auf, regelmäßig heimlich erfolgende, Maßnahmen zur Aufzeichnung laufender Kommunikationen gerichtet, die gerade kein Element der zwangsweisen Inbesitznahme von Gegenständen enthielten.[414] Eine Aufzeichnung der Telekommunikation im Sinne des § 100a StPO könnte in solchen Fällen nicht in Betracht gezogen werden, vielmehr ziele die Maßnahme auf die Erlangung der bereits beim Provider gespeicherte Inhaltsdaten ab.[415]

Die kritischen Stimmen in der Literatur kommen dabei nicht nur aus dem Lager der Vertreter eines engen technischen Verständnisses des Telekommunikationsbegriffes,[416] welche diese Argumentation lediglich zur Stützung ihrer Ansicht verwenden, sondern auch von Gegnern dieser Ansicht, welche eine Anwendung aufgrund der aus ihrer Sicht notwendigen Kombination des § 100a StPO mit Sicherstellungs- und Beschlagnahmevorschriften ablehnen.[417]

Letztere verweisen im Ergebnis darauf, dass die bestehende Regelung der Telekommunikationsüberwachung nicht auf Fälle zwischengespeicherter Inhaltsdaten von E-Mails angewendet werden könne, da dieser die für einen zwangsweisen Zugriff zusätzlich erforderlichen Elemente der Durchsuchung, Sicherstellung, Durchsicht und Beschlagnahme fehlten.[418] Nur die Kombination des § 100a StPO mit Elementen anderer Ermächtigungsgrundlagen ermögliche letztlich den Zugriff auf die zwischengespeicherten Nachrichten.[419] Es fehle somit an einer hinreichend präzisen und bereichsspezifischen Ermächtigungsgrundlage zur Erlangung von Inhaltsdaten während Phase 2 der E-Mail-Kommunikation.[420]

---

[413] *Bär*, TK-Überwachung, § 100a Rn. 29 m. w. N., *ders.*, CR 1996, 491, 492 f.; *Grözinger*, GA 2019, 441, 445; *ders.*, NStZ 2021, 358; *Jofer*, S. 204 ff.; *Klesczewski*, ZStW 123, (2011), 737, 750 f.; *Kudlich*, JuS 1998, 209, 214; SK-*Wolter/Greco*, StPO, § 100a Rn. 33.

[414] SK-*Wolter/Greco*, StPO, § 100a Rn. 33.

[415] *Bär*, TK-Überwachung, § 100a Rn. 29.

[416] Wie insbesondere *Bär*, TK-Überwachung, § 100a Rn. 29; vgl. zur Auseinandersetzung mit dieser Argumentationslinie den vorangegangenen Abschnitt.

[417] *Jofer*, S. 204 ff.; *Klesczewski*, ZStW 123, (2011), 737, 750 f.; *Kudlich*, JuS 1998, 209, 214; SK-*Wolter/Greco*, StPO, § 100a Rn. 33.

[418] SK-*Wolter/Greco*, StPO, § 100a Rn. 33.

[419] SK-*Wolter/Greco*, a. a. O. mit Beispielsfällen aus der Rechtsprechung, in welchen eine solche Kombination vorgenommen wurde.

[420] So ausdrücklich SK-*Wolter/Greco*, StPO, § 100a Rn. 35. Enger *Klesczewski*, ZStW 123, (2011), 737, 751, der auf ein Fehlen der Ermächtigungsgrundlage zur „Sicherstellung" zwischengespeicherter E-Mails abstellt. Graf-*Graf*, StPO, § 100a Rn. 59, 64, hält eine Anwendung des § 100a nur noch für einen Übergangszeitraum

An dieser Stelle ist eine genaue Differenzierung zwischen der Frage der Anwendbarkeit der Telekommunikationsüberwachung auf zwischengespeicherte Inhaltsdaten von E-Mails und der nach der Durchsetzung der Überwachungsanordnung gegenüber dem Provider vonnöten. Die o.g. Ansicht vermischt beide Elemente. Für ersteres ist die Auslegung des Tatbestandsmerkmals der Überwachung maßgeblich, und somit der Frage, ob eine Anwendbarkeit der Norm generell gegeben ist. Die sogleich zu erörternde Frage, inwieweit der § 100a StPO mangels hinreichender Möglichkeiten zur zwangsweisen Durchsetzung der Anordnung gegebenenfalls untauglich ist oder leerläuft, betrifft dagegen die Ebene der Rechtsdurchsetzung oder Anwendung der Vorschrift und ist hiervon unabhängig zu bewerten. Es ist durchaus möglich, dass eine Norm zwar generell anwendbar, letztlich aber in der Praxis aufgrund entgegenstehenden Rechtes oder gesetzgeberischer Mängel nicht durchsetzbar ist oder lediglich über einen geringen Anwendungsbereich verfügt.

Der Schlüssel zur Beantwortung der Frage, ob die Anforderung der bei einem Provider zwischengespeicherten Nachrichten einen Fall der von § 100a StPO erfassten Überwachung laufender Telekommunikation darstellt, liegt im Verständnis des Überwachungsbegriffes. Erfasst dieser nur zeitgleich mit dem Übertragungsvorgang erfolgende Prozesse, so scheidet eine Anwendung auf gespeicherte Daten, bei welchen ein Zugriff erst zeitlich nachgelagert erfolgt, aus.[421]

Ein solch begrenztes Verständnis des Überwachungsbegriffes, welches diesen letztlich auf das klassische Abhören laufender Kommunikation oder ähnlich gelagerte Fälle beschränkt, erweist sich jedoch als zu eng. Im Ergebnis spricht viel dafür, auch beim Zugriff auf zwischengespeicherte Inhaltsdaten eine Überwachung der Telekommunikation im Sinne des § 100a Abs. 1 Satz 1 StPO anzunehmen. Es ist zuzugestehen, dass die klassische Vorstellung einer Überwachung der Telekommunikation, welche dem Gesetzgeber bei Schaffung der Norm vor Augen stand, mit einer Sicherstellung oder Beschlagnahme der Inhaltsdaten einer E-Mail beim Provider wenig gemein hat. Wie aber bereits Störing[422] und Neuhöfer[423] zutreffend ausgeführt haben,

für akzeptabel, da die Norm für längerfristige Überwachungen von E-Mails nicht hinreichend konkret sei, und rät eine baldige gesetzgeberische Lösung an.

421 So SK-*Wolter/Greco*, StPO, § 100a Rn. 34 sowie *Grözinger*, GA 2019, 441, 445. Diese Argumentation zeigt, wie gefährlich nah sich insoweit das enge technisch orientierte Verständnis des Telekommunikationsbegriffes, welches eine Anwendung von § 100a StPO mangels aufgrund Unterbrechung des Kommunikationsvorganges während der Speicherungsphasen ablehnt, und die diese, eine Verkörperung der E-Mail im Übrigen streng ablehnende Auslegung in den Details kommen.

422 *Störing*, S. 224 f.

423 *Neuhöfer*, S. 69 ff.

lässt sich der Begriff bereits auf sprachlicher Ebene deutlich weiter auslegen. Er beschränkt sich nicht zwingend auf die Wahrnehmung eines parallel ablaufenden, aktiven Tuns, sondern kann auch synonym im Sinne einer Untersuchung, Beobachtung, Kontrolle[424] oder als „*unter die Lupe nehmen*" verstanden werden.[425]

Auch auf gesetzlicher Ebene ergibt sich keine Beschränkung. Die Vorgaben der TKÜV zur Ausführung einer Telekommunikationsüberwachung orientieren sich zwar primär am Leitbild einer klassischen Telefonüberwachung. Allerdings erweisen sich die in § 5 Abs. 1 TKÜV genannten Fälle, in welchen die Telekommunikation den Strafverfolgungsbehörden bereitzustellen ist, bei näherer Betrachtung als geeignet, auch Fälle zwischengespeicherter Nachrichten zu erfassen.[426] Selbst wenn man den naheliegenden Fall der Einstellung von Inhalten in eine Speichereinrichtung oder deren Abruf im Sinne von § 5 Abs. 1 Nr. 3 TKÜV so versteht, dass lediglich aktiv ein- und ausgehende Inhalte erfasst sein sollen,[427] so können die übrigen Vorgaben weiter ausgelegt werden. Dies gilt insbesondere für die Nummer 1 und 2, welche auf das Ein- bzw. Ausgehen von Nachrichten bei der zu überwachenden Kennung abstellen. Im Rahmen einer teleologischen Auslegung ist insoweit davon auszugehen, dass die Vorgaben auch bereits eingegangene zwischengespeicherte Nachrichten mit umfassen.[428]

Zudem erscheint es sinnvoll, den Zugriff auf Nachrichten, welche Teile eines einheitlichen laufenden Kommunikationsvorganges sind, einheitlichen Zugriffsbestimmungen zu unterwerfen. Im Rahmen der Übertragung während der Phasen 1 bis 3 besteht eine vergleichbare Gefährdungslage für die Privatheit der Nachrichten, welche sich durch die, wenn auch meist nur kurzfristige, Speicherung beim Provider noch verstärkt. Dennoch besteht kein Bedarf, während dieser Phase mittels einer Sonderregelung eine letztlich technisch bedingte, künstliche Aufteilung des Kommunikationsvorganges vorzunehmen. Derartige Vorgehensweisen sind, wie bereits dargelegt, nach der Rechtsprechung des Bundesverfassungsgerichtes regelmäßig abzulehnen.[429]

Auch aus der im Zusammenhang mit der Normenbestimmtheit und Normenklarheit, besonders bedeutsamen Sicht des Betroffenen tritt eine Änderung der Sachlage frühestens im Zeitpunkt des Zugriffes auf das Postfach oder des Abrufes auf den eigenen Rechner ein. Das vorherige technische

---

424 *Abraham*, HRRS 2021, 356, 362.

425 *Störing*, S. 225.

426 *Störing*, CR 2009, 475, 479.

427 *Störing*, CR 2009, 475, 478; *Bär*, MMR 2003, 680, 681.

428 *Störing*, CR 2009, 475, 479; *Neuhöfer*, S. 70.

429 BVerfGE 115, 166, 186; 124, 43, 55 f. Vgl. auch *Abraham*, HRRS 2021, 356, 360.

Geschehen wird durch diesen, mangels technischer Kenntnisse, als ununterbrochener, einheitlicher Vorgang des Sendens und Empfangens einer Nachricht bewertet. Insoweit spricht viel dafür, die, aufgrund des verfassungsrechtlichen Schutzes erforderliche und nach untechnischer Betrachtungsweise der Betroffenen auch bestehende Einheitlichkeit des Kommunikationsvorgangs nicht aufzulösen und § 100a StPO auch auf den Zugriff auf zwischengespeicherte Inhaltsdaten anzuwenden.

Zu einem anderen Ergebnis gelangt man auch dann nicht, wenn man wie Grözinger[430] oder Hiéramente[431] auf die Argumentation des Gesetzgebers bei Einführung der Quellen-TKÜ[432] abstellt. Es ist zuzugestehen, dass die diesbezüglichen Ausführungen zum Ausschluss gespeicherter Nachrichten von der Überwachung zumindest missverständlich sind und durchaus in Richtung einer Beschränkung, auch der traditionellen Telekommunikationsüberwachung nach § 100a Abs. 1 Satz 1 StPO, auf die laufende Kommunikation unter Ausschluss gespeicherter Nachrichten interpretiert werden können. Dem ist allerdings entgegenzuhalten, dass sich die Ausführungen ausdrücklich auf die einzuführende Regelung, die Quellen-TKÜ, beziehen und es einer ausdrücklichen Begrenzung der Neuregelung auf die laufende Telekommunikation und Inhalte und Umstände der Kommunikation gemäß § 100a Abs. 5 Satz 1 Nr. 1 StPO in diesem Falle nicht bedurft hätte.[433]

(2) Durchsetzbarkeit der Überwachungsanordnung

Eine gänzlich andere Frage ist es, ob § 100a StPO auch Zwangsmaßnahmen gegenüber dem Provider deckt, etwa wenn dieser die Herausgabe bzw. Kopie der zwischengespeicherten Nachrichten verweigert. Es erscheint zweifelhaft, ob der § 100a StPO in den Fällen der Zwischenspeicherung auch ein Recht zur zwangsweisen Durchsetzung der Anordnung gegenüber dem Provider enthält, welches im Ergebnis einer Sicherstellung, Durchsicht oder Beschlagnahme entsprechen würde.[434]

Der Tatbestand des § 100a StPO enthält, ebenso wie § 100e StPO oder § 101 StPO, welche die Verfahrensvoraussetzungen regeln, keine Verweise auf die entsprechenden strafprozessualen Regelungen. Vielmehr trifft § 100a Abs. 4 StPO eine eigenständige Regelung zu den Mitwirkungspflichten der Telekommunikationsanbieter und den möglichen Zwangsmaßnahmen. Die

430 *Grözinger*, GA 2019, 441, 447; *ders.*, NStZ 2021, 358, 359.

431 *Hiéramente*, WiJ 2021, 19, 22.

432 Vgl. insb. BT-Drs.: 18/12785, S. 50.

433 So i.E. auch BGH, NStZ 355, 358; *Abraham*, HRRS 2021, 361.

434 So im Ergebnis *Neuhöfer*, S. 70f.; A.A. SK-*Wolter/Greco*, StPO, § 100a Rn. 33; *Klesczewski*, ZStW 123, (2011), 737, 750f.

Verpflichtung des Providers zur Mitwirkung an der Überwachungsmaßnahme folgt dabei aus § 100a Abs. 4 Satz 1 StPO. Dieser regelt nicht nur eine Pflicht des Providers zur Ermöglichung eigener Maßnahmen der Ermittlungsbehörden, sondern auch zur Erteilung von Auskünften. Diese generellen Pflichten sind auf alle Telekommunikationsanbieter, unabhängig von der Entgeltlichkeit ihrer Tätigkeit, anwendbar.[435] Eine Pflicht zum Vorhalten technischer Vorkehrungen zur Umsetzung der Überwachungsmaßnahmen im Sinne von § 100a Abs. 4 Satz 2 StPO trifft dagegen nach § 170 Abs. 1 Satz 1 Nr. 1 TKG nur öffentliche Anbieter.[436]

Zur Durchsetzung der Pflichten nach § 100a Abs. 4 StPO verweist Satz 3 auf § 95 Abs. 2 StPO. Danach können die Strafverfolgungsbehörden bei einer Weigerung die in § 70 StPO geregelten Ordnungs- und Zwangsmittel anordnen.[437] In der Praxis dürfte vor allem die Verhängung von Ordnungsgeldern in Betracht kommen. Weitergehende strafprozessuale Zwangsmaßnahmen finden keine Erwähnung.

Der Gesetzgeber hat sich somit für die Einführung eines eigenständigen Systems zur Regelung der Mitwirkungspflichten des Providers im Rahmen der Telekommunikationsüberwachung entschieden. Diese beruht primär auf der Herausgabe durch den Verpflichteten, die bei Bedarf durch Ordnungs- und Zwangsmittel durchgesetzt werden kann. Auf die Schaffung einer Möglichkeit zum Rückgriff auf weitere strafprozessuale Zwangsmaßnahmen wie die der Sicherstellung und Beschlagnahme wurde dagegen offensichtlich verzichtet. Entsprechende Vorgaben können auch nicht in den Tatbestand hineingelesen werden,[438] da der Gesetzgeber mit den §§ 100a ff. StPO eine abschließende Regelung zur Telekommunikationsüberwachung getroffen hat.[439]

Auch eine analoge Anwendung kommt nicht in Betracht, da es bereits an einer planwidrigen Regelungslücke mangelt.[440] Der Gesetzgeber hat offen-

---

[435] *Bär*, TK-Überwachung, § 100b Rn. 13.

[436] Vgl. hierzu auch Meyer-Goßner/Schmitt-*Köhler*, StPO, § 100a Rn. 25.

[437] *Klesczewski*, ZStW 123, (2011), 737, 750.

[438] So etwa *Neuhöfer*, S. 70 f.; BGH, NJW 1997, 1934, 1935 f.

[439] BVerfGE 113, 348, 372 ff. sowie zuletzt BT-Ausschuss für Recht und Verbraucherschutz, Ausschussdrucksache 18(6)334 vom 15.05.2017, S. 17; a.A. im Ergebnis aber BVerfGE 124, 43, 59. Vgl. auch die Ausführungen auf S. 263 ff.

[440] A.A. LG Ravensburg, MMR 2003, 679 f.; in diese Richtung ebenfalls noch SK-*Wolter* (Oktober 2009), StPO, § 100a Rn. 40, der eine entsprechende Kombination der Vorschriften zumindest für eine Übergangzeit bis zu Schaffung einer hinreichenden Regelung durch den Gesetzgeber zu akzeptieren bereit war. Vgl. aber inzwischen SK-*Wolter/Greco*, StPO, § 100a Rn. 32, die einen solchen Übergangsbonus nunmehr nicht mehr einräumen, da es in der Zwischenzeit keine entsprechenden Reformbestrebungen des Gesetzgebers gegeben habe.

sichtlich keinen Bedarf für eine zwangsweise Durchsetzung von Telekommunikationsanordnungen gesehen, welche über die Maßnahmen der heutigen § 100a Abs. 4 Satz 3 i.V.m. § 95 Abs. 2 StPO hinausgehen. Auch im Rahmen der letzten umfassenden Reform durch das Gesetz zur Fortentwicklung der Strafprozessordnung und zur Änderung weiterer Vorschriften vom 25.06.2021[441] wurde insoweit keine inhaltliche Änderung vorgenommen. Dies spricht gerade vor dem Hintergrund der geschilderten Diskussionen dafür, dass auf Seiten des Gesetzgebers kein Reformbedarf im Hinblick auf die Regelungen zur zwangsweisen Durchsetzung einer Telekommunikationsüberwachung gesehen wird, und er die aktuelle Rechtslage, trotz ihrer gerade im Hinblick auf eine eventuelle Durchsetzung der Maßnahme nicht zu leugnenden Schwächen, als hinreichend erachtet.

Der Gesetzgeber nimmt somit – wahrscheinlich bewusst – eine Lücke in Bezug auf die Rechtsdurchsetzung in Kauf, die durch eine Analogie nicht geschlossen werden kann.[442] Hieran besteht allerdings auch kein Bedarf. Selbst wenn ein Provider die Herausgabe der zwischengespeicherten Nachrichten verweigert, wäre die Zahl der erfassten Nachrichten, folgt man der hier vertretenen Definition einer Zwischenspeicherung, gering.[443] Bei regelmäßiger Nutzung eines E-Mail-Accounts erfasst die Phase der Zwischenspeicherung nur einen kurzen Zeitraum. Nicht von einer Überwachungsmaßnahme nach § 100a StPO erfasst wären allenfalls die Nachrichten, welche zwischen dem letzten Login des Nutzers und dem Beginn der Überwachungsmaßnahme eingehen würden. Im Hinblick auf die ein- und ausgehenden Nachrichten könnten die Strafverfolgungsbehörden in solchen Fällen eigene, wenn auch aufwändige, Maßnahmen ergreifen. Der Erkenntnisverlust wäre bei einem solchen Vorgehen damit sehr begrenzt.

Zudem ist auch in diesem Zusammenhang darauf hinzuweisen, dass Lücken im Reservoir repressiver, strafprozessualer Ermittlungsmaßnahmen durchaus hinzunehmen sein können, da im Strafprozess keine Wahrheitsfindung um jeden Preis erfolgen darf.[444] Die Ordnung der Zwangsmaßnahmen der StPO ist daher regelmäßig fragmentarisch,[445] während im präventiven Bereich ein umfassenderer Ansatz anzuwenden ist.[446] Vor diesem Hintergrund erscheint die aufgezeigte Lücke in der Durchsetzbarkeit von Telekommunikationsüberwachungsmaßnahmen in Bezug auf beim Provider zwi-

---

441 BGBl. I 2021, S. 2099 ff.

442 So i.E. auch BGH, NStZ 2021, 355, 357.

443 Vgl. zur Definition S. 107 f.

444 BGHSt 14, 358, 365.

445 *Janssen*, S. 133.

446 Instruktiv zum Verhältnis präventiver und repressiver Maßnahmen *Buermeyer*, Stellungnahme, S. 10 ff.

schengespeicherte Inhaltsdaten von E-Mails begrenzt und ist nach der hier vertretenen Ansicht akzeptabel.

Nur der Vollständigkeit halber sei angemerkt, dass sich auch gegenüber dem Betroffenen einer Telekommunikationsüberwachung keine ergänzenden strafprozessualen Zwangsmaßnahmen anordnen lassen. Wie im Verhältnis zum Provider mangelt es der Regelung des § 100a StPO an allen gesetzlichen Vorgaben, welche einen Ansatzpunkt für eine diesbezügliche Auslegung bieten könnten. Auch aus diesem Blickwinkel ist § 100a StPO als abschließende Regelung zu verstehen.

Zwischenergebnis

Im Hinblick auf die die Normenbestimmtheit und Normenklarheit bestehen damit im Ergebnis gegenüber § 100a StPO keine verfassungsrechtlichen Bedenken. Weder die Tatsache, dass der Zugriff in einer statischen Phase des Telekommunikationsvorganges stattfindet, noch das Abstellen des Wortlautes der Norm auf einen Überwachungsvorgang bedingen eine Unanwendbarkeit der Regelung auf bei einem Provider zwischengespeicherte Inhaltsdaten von E-Mails.

Zusammenfassend lässt sich festhalten, dass es sich bei dem in der Literatur aufgeworfenen Anwendungsproblem in Bezug auf § 100a StPO bei genauer Betrachtung im Ergebnis um eine Frage der Durchsetzbarkeit der strafprozessualen Zwangsmaßnahme gegenüber dem Provider handelt. Während die generelle Eignung des § 100a StPO zur Überwachung von Fällen zwischengespeicherter E-Mails hierdurch nicht in Frage gestellt wird, besteht ein geringfügiges Durchsetzungsdefizit in Bezug auf die zwangsweise Durchsetzung der Maßnahmen gegenüber einem die Mitwirkung verweigernden Provider. Dieses ist jedoch für die Normenbestimmtheit und Normenklarheit ohne Belang.

b) Verhältnismäßigkeitserwägungen

Im Hinblick auf die Verhältnismäßigkeit der Regelung kann vollumfänglich auf die diesbezüglichen Ausführungen zur Anwendung von § 100a StPO in den Phasen 1 und 3 verwiesen werden. In Bezug auf die Zwischenspeicherung in Phase 2 ergeben sich insoweit keine weitergehenden verfassungsrechtlichen Bedenken.

Hinzuweisen ist lediglich darauf, dass auch Kombinationen des § 100a StPO mit den Vorschriften zur Sicherstellung, Durchsicht und Beschlagnahme, etwa um mit Blick auf die Verhältnismäßigkeit des Eingriffes Beschränkungen des Zugriffes herzuleiten, abzulehnen sind.

So hat der BGH versucht, die Voraussetzungen von § 100a StPO mit denen des § 103 StPO zu kombinieren, um die Reichweite der Maßnahme in Bezug auf unbeteiligte Dritte zu beschränken.[447] Ein solcher Ansatz ist zwar aus Verhältnismäßigkeitsgesichtspunkten durchaus zu begrüßen,[448] führt er doch zu Einschränkungen des von der Maßnahme betroffenen Personenkreises. Er widerspricht allerdings dem Gesetzesvorbehalt und dem Willen des historischen[449] wie auch des aktuellen Gesetzgebers,[450] wonach der § 100a StPO als abschließende Regelung der Telekommunikationsüberwachung anzusehen ist.

Der Gesetzgeber hat mit § 100a StPO und den diesbezüglichen Verfahrensregelungen eigenständige Vorgaben zur Beschränkung des Kreises der Betroffenen erlassen (vgl. § 100a Abs. 1 Satz 1 Nr. 1 StPO oder § 100a Abs. 3 StPO) und hierbei für weiterreichende Regelungen offensichtlich keinen Anlass gesehen. Für eine analoge Anwendung von Elementen anderer Eingriffsvoraussetzungen oder eine Kombination mehrerer Regelungen verbleibt daneben mangels planwidriger Regelungslücke kein Raum.[451]

c) Regelung zum Schutz des Kernbereiches privater Lebensgestaltung und der verfassungsrechtlich gebotenen Verfahrensanforderungen

Die diesbezüglichen Regelungen des § 100a StPO begegnen auch im Hinblick auf Zugriffe auf zwischengespeicherte Inhaltsdaten von E-Mails keinen weiterreichenden verfassungsrechtlichen Bedenken. Daher kann auch insoweit auf die Ausführungen zu den Phasen 1 und 3 verwiesen werden.

Ergebnis

Die in den § 100a StPO i.V.m. §§ 100d, 100e und 101 StPO geregelten Anforderungen an die Anordnung und Durchführung einer Telekommunikationsüberwachung genügen auch während Phase 2 den verfassungsrechtlichen Anforderungen des Art. 10 Abs. 1 GG für Eingriffe in die laufende Telekommunikation.

---

447 Vgl. BGH, NJW 1997, 1934, 1935. Kritisch hierzu *Valerius*, JR 2007, 275, 277.

448 So noch SK-*Wolter* (Oktober 2009), StPO, § 100a Rn. 40.

449 Vgl. BT-Drs.: V/1880, S. 6.

450 Vgl. BT-Ausschuss für Recht und Verbraucherschutz, Ausschussdrucksache 18(6)334 vom 15.05.2017, S. 17.

451 In diesem Sinne im Ergebnis auch *Klesczewski*, ZStW 123, (2011), 737, 751.

5. Die Online-Durchsuchung gemäß § 100b StPO

Ausweislich des Art. 17 des Gesetzes zur effektiveren und praxistauglicheren Ausgestaltung des Strafverfahrens vom 17.08.2017[452] schränkt lediglich die Regelung des 100a StPO das Fernmeldegeheimnis ein.[453] Demnach geht auch der Gesetzgeber davon aus, dass die Online-Durchsuchung nicht zu Eingriffen in das Fernmeldegeheimnis ermächtigen kann. Eine Anwendung auf zwischengespeicherte E-Mails scheidet somit aus.[454]

Ergebnis zu Phase 2

Damit steht nach aktueller Rechtslage mit den Vorgaben zur Anordnung und Durchführung einer Telekommunikationsüberwachung gemäß § 100a StPO i. V. m. §§ 100d, 100e und 101 StPO nur eine einzige Rechtsgrundlage für Eingriffe in durch das Fernmeldegeheimnis geschützte Inhaltsdaten zwischengespeicherter E-Mails zur Verfügung, welche den im Rahmen der verfassungsrechtlichen Prüfung herausgearbeiteten Mindestanforderungen des Art. 10 Abs. 1 GG gerecht wird.

Alle übrigen in der Rechtsprechung und Literatur angeführten Eingriffsgrundlagen, insbesondere die durch das Bundesverfassungsgericht vertretene Lösung über die §§ 94 ff. StPO, erfüllen nicht den notwendigen Schutzstandard, der bei Eingriffen in das Grundrecht einzuhalten ist, und können daher auf Zugriffe während Phase 2 der E-Mail-Kommunikation keine Anwendung finden.

IV. Verfassungskonforme Eingriffsermächtigungen während der Endspeicherung (Phase 4)

Nach den Ergebnissen der oben durchgeführten verfassungsrechtlichen Untersuchung bemisst sich der verfassungsrechtliche Schutz der Inhaltsdaten von E-Mails während ihrer Endspeicherung in Phase 4 nach den Vorgaben des allgemeinen Persönlichkeitsrechtes in seiner Ausprägung als Recht auf Gewährleistung der Vertraulichkeit und Integrität informationstechnischer Systeme nach Art. 2 Abs. 1 i. V. m. 1 Abs. 1 GG, d. h., dem Computergrundrecht.

Der laufende Telekommunikationsvorgang ist mit dem Übergang zur Endspeicherung in Phase 4 abgeschlossen, da die spezifischen Gefahren einer

---

[452] BGBl. I 2017, S. 3202 ff.

[453] Vgl. BGBl. I 2017, S. 3213.

[454] Vgl. zur Online-Durchsuchung die diesbezüglichen Ausführungen zu Phase 4.

räumlich distanzierten Kommunikation nicht mehr bestehen. Dennoch bedürfen die Inhaltsdaten einer E-Mail gerade während der Endspeicherung besonderen Schutzes. Aufgrund der dauerhaften Speicherung einer Vielzahl von Nachrichten ist es möglich, mit relativ geringem Aufwand aus diesen sehr konkrete Persönlichkeits-, Kommunikations- und Bewegungsprofile des Betroffen und seiner Kommunikationspartner zu erstellen und in ihrer Entwicklung nachzuverfolgen. Vor diesem Hintergrund sind an die gesetzlichen Eingriffsgrundlagen in Bezug auf das Computergrundrecht erheblich strengere Anforderungen zu stellen als bei Eingriffen in das Fernmeldegeheimnis.[455]

Das Bundesverfassungsgericht hat in seinem bereits ausführlich erörterten Beschluss vom Juni 2009 keine Unterscheidung von Zwischen- und Endspeicherung im Hinblick auf die verfassungsrechtliche[456] oder strafprozessuale[457] Bewertung der Rechtslage vorgenommen. Das Gericht geht davon aus, dass auch auf Fälle des offenen Zugriffes auf endgespeicherte Inhaltsdaten von E-Mails primär die §§ 94 ff. StPO anzuwenden seien.[458] Hieraus ist im Umkehrschluss zu folgern, dass bei heimlichen Zugriffen auch im Rahmen der Endspeicherung nur § 100a StPO zur Anwendung kommen soll. Daneben betrachtet das Bundesverfassungsgericht auch bei heimlichen Zugriffen § 99 Abs. 1 StPO als zulässige, parallel anwendbare Eingriffsgrundlage.[459]

Demzufolge entsprechen die Normen, welche hinsichtlich der Endspeicherung einer verfassungsrechtlichen Überprüfung anhand der Vorgaben des Computergrundrechtes zu unterziehen sind, den bereits im Rahmen der Zwischenspeicherung geprüften Vorschriften. Hierdurch ergeben sich eine Reihe von Parallelen, so dass sich die Prüfung im Folgenden auf die Unterschiede beschränkt, welche aus den verschiedenen Phasen der Kommunikation und den anwendbaren Grundrechten folgen.

1. Sicherstellung und Beschlagnahme nach §§ 94 ff. StPO

Primäre Eingriffsgrundlage sollen nach Ansicht des Bundesverfassungsgerichtes auch in Phase 4 die Regelungen zur Sicherstellung und Beschlagnahme nach den §§ 94 ff. StPO sein.

---

455 Uerpmann-Wittzack-*Bäcker*, S. 21; *Gaede*, StV 2009, 96, 98.
456 BVerfGE 124, 43, 55.
457 BVerfGE 124, 43, 60.
458 BVerfGE 124, 43, 63.
459 BVerfGE 124, 43, 60.

a) Vorbemerkung

Anders als bei Eingriffen in das Fernmeldegeheimnis bestehen bezüglich des Computergrundrechtes keine Zweifel an der generellen Eignung der Normen als Eingriffsgrundlage.[460]

Weder aus der Systematik noch der Historie der Normen lässt sich eine eindeutige Positionierung des Gesetzgebers gegen eine Anwendbarkeit ableiten. Auch wenn es sich bei den betroffenen E-Mails um Daten handelt, welche während ihrer Übertragung durch das Fernmeldegeheimnis geschützt waren, so lassen sich die Aussagen des Gesetzgebers aus den Gesetzgebungsmaterialien,[461] mangels Anwendbarkeit des Fernmeldegeheimnisses in Phase 4, nicht auf Eingriffe in das Computergrundrecht übertragen.

Erst im Jahr 2017 hat der Gesetzgeber mit dem § 100b StPO strafprozessuale Vorschriften zur Regelung von Maßnahmen im Anwendungsbereich des Computergrundrechtes erlassen.[462] Allerdings lassen die Gesetzgebungsmaterialien offen, ob er diese als alleinige Eingriffsermächtigung in das Computergrundrecht ansieht.[463] Danach soll der § 100b StPO „*überwiegend*" Eingriffe in das Computergrundrecht rechtfertigen.[464] Die gewählte Formulierung entspricht dabei weitgehend der in Bezug auf die Zuschreibung des § 100a StPO zum Regelungsbereich des Fernmeldegeheimnis gewählten Form. Allerdings befasst sich die Regelung des § 100b StPO allein mit einer bestimmten Form von Eingriffen in das Grundrecht, der Online-Durchsuchung, d. h., der heimlichen Infiltration eines informationstechnischen Systems durch die Strafverfolgungsbehörden. Diese ist jedoch gemäß § 100b Abs. 1 Nr. 3 StPO subsidiär gegenüber anderen, milderen Maßnahmen, wie etwa der Durchsuchung und Beschlagnahme, worauf die Gesetzgebungsmaterialien ausdrücklich verweisen.[465] Letzteres spricht eher dafür, dass § 100b StPO keine Sperrwirkung gegenüber anderen Eingriffsermächtigungen entfalten soll, sofern diese den Anforderungen des Computergrundrechtes entsprechen.

---

[460] Vgl. zum Fernmeldegeheimnis die entsprechenden Ausführungen auf S. 260 ff.

[461] BT-Drs.: V/1880, S. 6.

[462] Vgl. Gesetz zur effektiveren und praxistauglicheren Ausgestaltung des Strafverfahrens vom 17.08.2017 (BGBl. I 2017, S. 3202).

[463] Vgl. BT-Ausschuss für Recht und Verbraucherschutz, Ausschussdrucksache 18(6)334 vom 15.05.2017, S. 14 ff.; sowie BT-Drs.: 18/12785, S. 46 ff.

[464] BT-Drs.: 18/12785, S. 48.

[465] BT-Drs.: 18/12785, S. 55.

b) Materielle Anforderungen an ein allgemeines Gesetz

Während die formale Verfassungsmäßigkeit der §§ 94 ff. StPO wie bereits gezeigt gegeben ist,[466] bestehen hinsichtlich der materiellen Anforderungen erhebliche Zweifel, vor allem im Hinblick auf die Verhältnismäßigkeit der Regelung und den Kernbereichsschutz.

aa) Normenbestimmtheit und Normenklarheit der §§ 94 ff. StPO

Auch eine Regelung, welche zu Eingriffen in das Computergrundrecht ermächtigt, muss den aus dem Rechtsstaatsgebot abgeleiteten allgemeinen Anforderungen an die Normenbestimmtheit und der Normenklarheit genügen. Insoweit ergeben sich im Vergleich zum Fernmeldegeheimnis keine Besonderheiten, so dass vollumfänglich auf die entsprechenden Ausführungen zu Phase 2 verwiesen werden kann.[467] So bestehen, auch bei Eingriffen in das Computergrundrecht, aus der Perspektive der Normenbestimmtheit und Normenklarheit keine durchgreifenden Bedenken gegen eine Beschlagnahme von Daten. Diese muss sich allerdings auf ein offenes, punktuelles Vorgehen beschränken, da der Betroffene anhand der Beschlagnahmevorschriften nicht erkennen kann, dass auf dieser Rechtsgrundlage ohne sein Wissen Inhaltsdaten seiner E-Mails aus seinem Postfach dauerhaft und wiederholt abgerufen und gegebenenfalls kopiert werden könnten.[468]

bb) Verhältnismäßigkeit der Einschränkungen des Computergrundrechts

Große Bedenken bestehen dagegen im Hinblick auf gesetzlichen Vorgaben der §§ 94 ff. StPO zur Verhältnismäßigkeit. Nach den oben erarbeiteten Anforderungen kann eine verhältnismäßige Beschränkung des Computergrundrechtes nur dann angenommen werden, wenn die entsprechenden Regelungen zumindest Vorgaben enthalten, welche die Verfolgung auf Straftaten gegen überragend wichtige Rechtsgüter des Einzelnen und der Allgemeinheit (Leib, Leben und Freiheit der Person, Güter der Allgemeinheit, deren Bedrohung die Grundlagen oder den Bestand des Staates oder die Grundlagen der Existenz der Menschen, wie die Funktionsfähigkeit wesentlicher Teile existenzsichernder öffentlicher Versorgungseinrichtungen berührt) begrenzen. Zudem muss das Bestehen eines einfachen Tatverdachtes gegenüber einer bestimmbaren Person als Tatverdächtigem geregelt sein.

---

[466] Vgl. S. 259 f.
[467] Vgl. S. 265 ff.
[468] Vgl. S. 270 ff.

Wie bereits oben zu Phase 2 aufgezeigt,[469] verfügen die §§ 94 ff. StPO zwar über hinreichende Vorgaben in Bezug auf den notwendigen Verdachtsgrad, Vorschriften zur Beschränkung der Maßnahmen auf Verdachtsfälle der genannten schweren Straftaten fehlen dagegen gänzlich. Vor diesem Hintergrund vermögen es die Regelungen bereits nicht, den diesbezüglichen deutlich geringeren Anforderungen des Fernmeldegeheimnisses zu genügen. Die weiterreichenden Beschränkungen, über die eine Eingriffsgrundlage in das Computergrundrecht verfügen müsste, erfüllen sie keinesfalls.

cc) Schutz des Kernbereiches privater Lebensgestaltung

Auch hinsichtlich der gesetzlichen Vorgaben zum Schutz des Kernbereiches privater Lebensgestaltung weist die Norm erhebliche Defizite auf. Nach den im Rahmen der verfassungsrechtlichen Erörterungen aufgestellten Mindestanforderungen müssten die §§ 94 ff. StPO Regelungen enthalten, welche sicherstellen, dass soweit wie möglich keine kernbereichsrelevanten Daten erhoben werden und dass, sollten dennoch Kernbereichsinformationen erhoben worden sein, eine Verwertung ausgeschlossen ist und die Daten gelöscht werden.

Notwendig ist hierfür nach der hier vertretenen Ansicht eine spezifische gesetzliche Regelung. Vor dem Hintergrund der von einem Zugriff auf eine über einen längeren Zeitraum zusammengetragene Sammlung von E-Mails ausgehenden Gefahr der Erstellung weitreichender Persönlichkeits-, Kommunikations- und Bewegungsprofile des Betroffen und seiner Kommunikationspartner ist es nicht hinreichend, dass der Kernbereichsschutz dem jeweiligen Ermittlungsrichter überlassen bleibt. Nur die gesetzgebende Gewalt ist in der Lage, einen bundesweit einheitlichen Schutzrahmen zu schaffen und so dem jeweiligen Ermittlungsrichter Vorgaben für die notwendigen Entscheidungen im Einzelfall an die Hand zu geben.[470]

Die §§ 94 ff. StPO enthalten jedoch keinerlei gesetzliche Vorgaben zum Schutz des Kernbereiches. Wie bereits im Rahmen der Prüfung der entsprechenden Anforderungen des Fernmeldegeheimnisses aufgezeigt, hat der Gesetzgeber weder im Rahmen der letzten umfassenden Überarbeitung der Ermittlungsmaßnahmen des Achten Abschnittes der StPO durch das Gesetz zur effektiveren und praxistauglicheren Ausgestaltung des Strafverfahrens vom 17.08.2017[471] noch im Rahmen der Einfügung des § 95a StPO durch das Gesetz zur Fortentwicklung der Strafprozessordnung und zur Änderung wei-

---

[469] Vgl. S. 272 ff.

[470] Vgl. zum Erfordernis einer gesetzlichen Regelung des Kernbereichsschutzes oben S. 286 ff.

[471] BGBl. I, S. 3202 ff.

terer Vorschriften vom 25.06.2021[472] diesbezügliche Regelungen zu den §§ 94 ff. StPO getroffen. Demgegenüber erfolgte im Jahr 2017 in § 100d Abs. 3 StPO eine explizite Regelung für Eingriffe in das Computergrundrecht im Wege der Online-Durchsuchung nach § 100b StPO. Vor diesem Hintergrund ist davon auszugehen, dass der Gesetzgeber die Regelungsbedürftigkeit des Kernbereichsschutzes in Bezug auf das Computergrundrecht durchaus erkannt hat. Der Verzicht auf entsprechende Regelungen hinsichtlich anderer Eingriffsermächtigungen spricht daher dafür, dass deren Anwendbarkeit auf das Computergrundrecht durch den Gesetzgeber nicht intendiert ist.

dd) Regelung der verfassungsrechtlich gebotenen Verfahrensanforderungen

Im Hinblick auf die Regelung der erforderlichen Verfahrensanforderungen, einschließlich der Neuregelung des § 95a StPO, bestehen auch in Bezug auf das Computergrundrecht die oben vor dem Hintergrund der parallelen Anforderungen des Fernmeldegeheimnisses erörterten Mängel.[473] Die StPO regelt insbesondere keine Kennzeichnungspflichten und Verwendungsbeschränkungen für die durch Sicherstellung und Beschlagnahme erlangten Daten.

ee) Durchsicht von elektronischen Speichermedien gemäß § 110 Abs. 3 StPO

Auch im Rahmen der Endspeicherung kommt eine Anwendung der Vorgaben zur Durchsicht von elektronischen Speichermedien gemäß § 110 Abs. 3 StPO nicht in Betracht, da auch in solchen Fällen eine verfassungsrechtlich zulässige Anordnung der Durchsuchung nicht möglich ist.

Ergebnis

Es kann somit festgehalten werden, dass eine Sicherstellung und Beschlagnahme von endgespeicherten E-Mails auf Grundlage der bestehenden StPO-Regelungen verfassungsrechtlich unzulässig ist. Allein durch das Fehlen der zur Wahrung der Verhältnismäßigkeitsanforderungen erforderlichen Beschränkung der Maßnahme auf schwerste Straftaten sowie von hinreichenden Vorgaben zum Schutz des Kernbereichs privater Lebensgestaltungen erweisen sich die bestehenden Vorschriften als ungeeignet, Eingriffe in das Com-

[472] BGBl. I 2021, S. 2099 ff.

[473] Vgl. S. 290 ff.

putergrundrecht zu rechtfertigen. Die bestehenden Mängel können nicht durch richterliche Rechtsfortbildung oder verfassungskonforme Auslegung im Rahmen der Anordnung der Maßnahmen durch den Ermittlungsrichter beseitigt werden.

Soweit von Teilen der Rechtsprechung[474] und Literatur[475] ein Zugriff auf endgespeicherte E-Mails auf Grundlage der §§ 94 ff. StPO zugelassen wird, verkennt dies nicht nur die in diesen Fällen bestehende Schutzwirkung des Computergrundrechtes, sondern auch die mangelnde Eignung der Normen selbst zur Rechtfertigung der unter vereinfachten Bedingungen möglichen Eingriffe in das Fernmeldegeheimnis.[476] Sofern der Anwendungsbereich eines der beiden Grundrechte bejaht wird, kommt eine Anwendung der §§ 94 ff. StPO nicht mehr in Betracht, da die Normen den Anforderungen beider Grundrechte nicht genügen. Dies verkennt auch der Gesetzgeber, wenn er im Rahmen der Neuregelung des § 95a StPO einen solchen Zugriff nunmehr zulässt.[477] Eine Anwendbarkeit kann allenfalls angenommen werden, sofern man eine Anwendbarkeit von Fernmeldegeheimnis und Computergrundrecht verneinen würde, was jedoch aus verfassungsrechtlichen Erwägungen nicht in Betracht kommt.

Die Schutzwirkung des Computergrundrechtes erfasst nach den obigen Feststellungen auch das E-Mail-Postfach als informationstechnisches System, unabhängig davon, ob dieses beim Provider oder auf dem heimischen Rechner gespeichert ist.[478] Vor diesem Hintergrund kommen Differenzierungen anhand des Speicherortes im Hinblick auf die anwendbaren Eingriffsermächtigungen nicht in Betracht. Daher kann die teilweise vertretene Ansicht,[479] welche für Zugriffe auf die auf dem heimischen Rechner gespeicherten E-Mails eine Anwendbarkeit der §§ 94 ff. StPO bejaht, diese jedoch für Fälle der Speicherung beim Provider ablehnt, nicht überzeugen.

Entsprechendes gilt für Versuche einer verfassungskonformen Auslegung der §§ 94 ff. StPO.[480] Eine solche Lösung verkennt die erheblichen verfassungsrechtlichen Anforderungen, welche an eine Ermächtigungsgrundlage für Eingriffe in das Computergrundrecht zu stellen sind. Die bestehenden

---

474 Vgl. etwa BVerfGE 124, 43, 58 ff.; LG Ravensburg, NStZ 2003, 325, 326.

475 Vgl. etwa *Bär*, NStZ 2009, 398; *Klein*, NJW 2009, 2996, 2998; *Kudlich*, JA 2000, 227, 233; *Liebig*, S. 114; *Szebrowski*, K&R 2009, 563, 564.

476 Vgl. dazu die Ausführungen zu §§ 94 ff. StPO im Rahmen der Prüfung von Eingriffen im Zeitraum der Zwischenspeicherung auf S. 272 ff.

477 Vgl. hierzu ausführlich auf S. 291 ff.

478 Vgl. zu den verfassungsrechtlichen Fragen S. 219 ff.

479 SK-*Wolter/Greco*, StPO, § 100a Rn. 36.

480 So noch *Krüger*, MMR 2009, 680, 683.

verfassungsrechtlichen Mängel der aktuellen Regelung sind so erheblich, dass sie nicht durch Auslegung zu beheben sind.

Einzige verfassungskonforme Alternative wäre eine Neuregelung, da der Gesetzgeber, wie die kürzliche Einfügung der verfassungsrechtlich äußerst bedenklichen Neuregelung des § 95a StPO[481] und insbesondere dessen Begründung zeigen, offensichtlich einen rechtspolitischen Bedarf hinsichtlich einer beschlagnahmeähnlichen Regelung für Zugriffe auf endgespeicherte E-Mails sieht.[482]

Eine solche Überarbeitung müsste dabei unter Berücksichtigung der durch das Bundesverfassungsgericht aufgestellten Mindestanforderungen für Eingriffe in das Computergrundrecht[483] erfolgen und zumindest eine Beschränkung der Eingriffe auf Straftaten gegen überragend wichtige Rechtsgüter[484] und einem angemessenen Kernbereichsschutz[485] beinhalten.

2. Die Postbeschlagnahme nach § 99 Abs. 1 StPO

a) Ansicht der Rechtsprechung

Vor allem in der Rechtsprechung[486] wird vertreten, dass ein Zugriff auf die Inhaltsdaten endgespeicherter E-Mails nach den Regelungen der Postbeschlagnahme gemäß § 99 Abs. 1 StPO erfolgen könne.[487] Auch wenn dabei primär vor dem verfassungsrechtlichen Hintergrund des Fernmeldegeheimnisses argumentiert wird, stellen sich auch in Bezug auf das während der Endspeicherung anwendbare Computergrundrecht vergleichbare Fragen im Hinblick auf die Erfüllung der materiellen Anforderung an eine verfassungskonforme Eingriffsgrundlage. Vor diesem Hintergrund kann auch für die Prüfung der Postbeschlagnahme weitgehend auf die diesbezüglichen Ausführungen zu Phase 2 verwiesen werden.

---

481 Zu den Einzelheiten ausführlich S. 291 ff.

482 Vgl. BT-Drs.: 19/27654, S. 61.

483 Vgl. dazu BVerfGE 120, 274, 315 ff.

484 BVerfGE 120, 274, 328.

485 BVerfGE 120, 274, 336.

486 Vgl. BVerfGE 124, 43, 60; BGH, MMR 2009, 391 = BGH, StV 2009, 623 f.; mit krit. Anmerkung *Gercke*, StV 2009, 624 ff. = BGH, NStZ 2009, 397 f.; mit zust. Anmerkung *Bär*, NStZ 2009, 398 f.; LG Ravensburg, NStZ 2003, 325 f. = MMR 2003, 679 f.

487 Vgl. zu den Einzelheiten der jeweiligen Entscheidungen S. 116 f. und S. 298 f.

b) Materielle Anforderungen an ein allgemeines Gesetz

Auch während der Endspeicherung begegnet der § 99 Abs. 1 StPO vor allem hinsichtlich der Anforderungen an die Normenbestimmtheit und Normenklarheit, die Verhältnismäßigkeit sowie den Schutz des Kernbereiches privater Lebensgestaltung erheblichen verfassungsrechtlichen Bedenken.

aa) Historie und Systematik der Norm

Da nach der hier vertretenen Auffassung zum Zeitpunkt der Endspeicherung keine Telekommunikation mehr stattfindet, stellen sich die im Rahmen der Zwischenspeicherung bestehenden historischen und systematischen Fragen nicht in gleicher Weise. Da kein Eingriff in die laufende Telekommunikation erfolgt, ist die Tatsache, dass der historische Gesetzgeber den § 100a StPO erließ, um erstmals eine diesbezügliche Eingriffsgrundlage zu schaffen,[488] hier ohne Belang. Zudem entfaltet der neu geschaffene § 100b StPO in systematischer Hinsicht aufgrund seiner ausdrücklichen Subsidiarität nach dem Willen des Gesetzgebers keine Sperrwirkung gegenüber der Anwendung anderer Eingriffsgrundlagen.[489]

bb) Normenbestimmtheit und Normenklarheit des § 99 Abs. 1 StPO

Als deutlich problematischer erweist sich allerdings die Erfüllung der Anforderungen der Normenbestimmtheit und Normenklarheit. Da ein laufender Kommunikationsvorgang ohnehin nicht mehr gegeben ist, folgen die verfassungsrechtlichen Bedenken insoweit weniger aus dem Blickwinkel der Überwachung laufender Kommunikationsprozesse, als aus den übrigen tatbestandlichen Anforderungen.

Für den Betroffenen müsste nicht nur erkennbar sein, dass seine endgespeicherten E-Mails wie eine Postsendung oder ein Telegramm als taugliches Beschlagnahmeobjekt eingeordnet werden, sondern sie müssten sich auch im Gewahrsam eines Postdienstleisters oder eines Telekommunikationsanbieters befinden. Letzteres wäre allenfalls bei einer Endspeicherung der Nachrichten beim Provider oder einem sonstigen Dritten denkbar. Fälle der Endspeicherung auf dem heimischen Rechner scheiden dagegen bereits aufgrund mangelnden Gewahrsams Dritter aus.

---

488 Vgl. BT-Drs.: V/1880, S. 6f.

489 Vgl. BT-Drs.: 18/12785, S. 55 sowie die Ausführungen auf S. 326.

Allerdings fehlt E-Mails, wie bereits aufgezeigt,[490] die notwenige Körperlichkeit, welche Voraussetzung einer Subsumption unter den Begriff der Postsendung oder des Telegramms wäre. Zwar kann man argumentieren, dass einer dauerhaften Speicherung beim Provider zumindest eine größere Dauerhaftigkeit als der zeitlich meist sehr begrenzten Zwischenspeicherung innewohnt, allerdings reicht diese unabhängig von der Dauer der Speicherung nicht aus, um eine einer Postsendung oder einem Telegramm vergleichbare Körperlichkeit zu unterstellen. Insoweit kommt auch hier die Begrenzung der Postbeschlagnahme auf die im Tatbestand genannten Beschlagnahmeobjekte zum Tragen. Auch eine über Jahre gespeicherte E-Mail wird aus dem Blickwinkel des Betroffenen niemals eine mit einer Postsendung oder einem Telegramm vergleichbare Körperlichkeit erlangen, so dass eine Anwendbarkeit des § 99 Abs. 1 StPO bereits aus Gründen der Normenbestimmtheit und Normenklarheit unzulässig ist.[491]

cc) Verhältnismäßigkeit der Einschränkungen des Computergrundrechtes und Kernbereichsschutz

Im Hinblick auf die Verhältnismäßigkeitserwägungen und den Kernbereichsschutz kann vollumfänglich auf die Ausführungen im Rahmen der Zwischenspeicherung verwiesen werden.[492] Es fehlt dem § 99 StPO nicht nur an den notwenigen Mindestbeschränkungen auf die Verfolgung auf Straftaten gegen überragend wichtige Rechtsgüter des Einzelnen und der Allgemeinheit, sondern auch an Vorgaben zum Schutz des Kernbereichs privater Lebensgestaltung. Bereits dies ist hinreichend, um eine Anwendbarkeit als Eingriffsgrundlage in das Computergrundrecht zu verneinen.

Ergebnis

Die bestehende Regelung der Postbeschlagnahme nach § 99 Abs. 1 StPO genügt somit nicht den an eine Eingriffsgrundlage in das Computergrundrecht zu stellenden verfassungsrechtlichen Mindestanforderungen. Ein Zugriff auf die Inhaltsdaten endgespeicherter E-Mails kommt damit auf dieser Rechtsgrundlage nicht in Betracht.

---

490 Vgl. hierzu die Ausführungen im Rahmen der Zwischenspeicherung S. 302 ff.

491 Ein Rückgriff auf die Beschlagnahme des jeweiligen Datenträgers oder eine analoge Anwendung der Norm kommen aus den bereits im Rahmen der Prüfung der Zwischenspeicherung genannten Gründen nicht in Betracht.

492 Vgl. S. 305 ff.

3. Die Regelung der Telekommunikationsüberwachung gemäß § 100a StPO

a) Vorbemerkung

Die Mehrheit der Stimmen in der Literatur[493] betrachtet, sofern das Bestehen einer verfassungskonformen Rechtsgrundlage nicht generell verneint wird,[494] den § 100a StPO auch in der Phase der Endspeicherung als einzige anwendbare Rechtsgrundlage.[495]

Jedoch drängt sich hierbei vielfach der Verdacht auf, dass trotz aller Betonung der Unzulässigkeit direkter Schlüsse von verfassungsrechtlichem Schutz auf die anzuwendende Rechtsgrundlage[496] dennoch regelmäßig aufgrund einer gewissen Alternativlosigkeit vom angestrebten Schutz des Fernmeldegeheimnisses auf die Anwendung der Regelungen der Telekommunikationsüberwachung geschlossen wird.

Deutlich wird dies z. B. bei Gaede,[497] der in verfassungsrechtlicher Hinsicht das Computergrundrecht bei mangelnder Einschlägigkeit des Fernmeldegeheimnisses in Phase 4 für anwendbar hält und die aus diesem folgenden weitreichenden Zugriffserfordernisse betont.[498] Dennoch spricht er sich in strafprozessualer Hinsicht vor dem Hintergrund der angenommenen Anwendbarkeit des Fernmeldegeheimnisses für eine Anwendung von § 100a StPO aus.[499] Dabei argumentiert er nicht zuletzt mit dem rechtspolitischen Argument, dass zu befürchten sei, dass eine Neuregelung näher an § 99 StPO als an § 100a StPO ausgerichtet werden dürfte und so der Zugriff vereinfacht würde.[500]

---

493 *Brodowski*, JR 2009, 402, 411; *Brunst*, CR 2009, 591, 592; *Gaede*, StV 2009, 96, 101; *Klein*, NJW 2009, 2996, 2998; *Neuhöfer*, S. 69 f.; *Roxin/Schünemann*, § 36 Rn. 6; *Schlegel*, HRRS 2007, 44, 51; *Störing*, S. 225; *ders.*, CR 2009, 475, 478; *Zimmermann*, JA 2014, 321, 324; im Ergebnis trotz Zweifeln an der Passgenauigkeit der Rechtsgrundlage inzwischen wohl auch Graf-*Graf*, StPO, § 100a Rn. 59.

494 So etwa *Janssen*, S. 133; *Klesczewski*, ZStW 123, (2011), 737, 751; SK-*Wolter/Greco*, StPO, § 100a Rn. 32.

495 Für eine parallele Anwendung neben § 94 ff. StPO in Fällen der heimlichen Überwachung der Telekommunikation BGH, NStZ 2021, 355, 357 f. Vgl. hierzu S. 309 ff.

496 Vgl. etwa *Gaede*, StV 2009, 96, 99 oder *Störing*, S. 224.

497 *Gaede*, a. a. O.

498 *Gaede*, a. a. O., 98.

499 *Gaede*, a. a. O., 100.

500 *Gaede*, a. a. O., 101. Ähnlich *Störing*, S. 224 ff., der nach Betonung der Unabhängigkeit von Rechtsgrundlage und Ermächtigungsnorm ebenfalls sehr zielgerichtet, ohne nähere Befassung mit anderen Lösungsmöglichkeiten, in Richtung einer Anwendung des § 100a StPO argumentiert. Bereits früh mit einem umfassenden Schluss von

Da nach der hier vertretenen Ansicht das Fernmeldegeheimnis in Phase 4 nicht zur Anwendung kommen kann, wäre bei einer entsprechenden Vorgehensweise eine Anwendung des § 100a StPO mangels Einschlägigkeit des Fernmeldegeheimnisses bereits ausgeschlossen. Ein solcher Rückschluss wäre allerdings nicht nur unzulässig,[501] sondern auch wenig sinnvoll, ließe er doch eine mögliche Anwendung der Norm, gegebenenfalls auch in verfassungskonformer Auslegung, auf die hier maßgeblichen Fälle außer Acht. Schließlich ist nicht zu bestreiten, dass die Regelung zumindest auf den ersten Blick in vielerlei Hinsicht auch den Anforderungen des Computergrundrechtes zumindest nahekommt. Es soll daher in der Folge erörtert werden, ob sich § 100a StPO in seiner derzeitigen Form, trotz seiner offensichtlichen engen Verbindung zum Fernmeldegeheimnis, nicht dennoch als Eingriffsgrundlage für Fälle heranziehen lässt, welche im Anwendungsbereich des Computergrundrechts angesiedelt sind.

Dass einer Anwendung des § 100a StPO zumindest keine vom Gesetzgeber intendierte Sperrwirkung des § 100b StPO, als aktuell einziger Eingriffsgrundlage mit offensichtlichem Bezug zum Computergrundrecht, entgegensteht, wurde bereits im Rahmen der Prüfung zur Anwendbarkeit der §§ 94 ff. StPO in Phase 4 festgehalten. Zudem würde die Tatsache, dass der Gesetzgeber mit den §§ 100a ff. StPO eine abschließende Regelung zur Telekommunikationsüberwachung getroffen hat,[502] nicht gegen eine Verwendung der Regelung bei Zugriffen auf Inhaltsdaten endgespeicherter E-Mails sprechen, da nach der hier vertretenen Ansicht zu diesem Zeitpunkt kein laufender Telekommunikationsvorgang mehr vorliegt. Es ist allerdings ebenso festzustellen, dass eine Anwendung der Norm auf derartige Sachverhalte jedenfalls nicht dem Willen des Gesetzgebers entspricht, der § 100a StPO auch weiterhin als primäre Eingriffsgrundlage im Anwendungsbereich des Fernmeldegeheimnisses ansieht,[503] während er § 100b StPO als maßgebliche,[504]

---

einer Anwendbarkeit des Fernmeldegeheimnisses auf § 100a StPO: *Lührs*, wistra 1995, 19, 20.

501 Vgl. etwa *Valerius*, S. 95; *Kudlich*, JuS 1998, 209, 213; *ders.*, JA 2000, 227, 232; *Gaede*, StV 2009, 96, 99; *Störing*, S. 224.

502 BVerfGE 113, 348, 372 ff. sowie BT-Ausschuss für Recht und Verbraucherschutz, Ausschussdrucksache 18(6)334 vom 15.05.2017, S. 17; a.A. im Ergebnis aber BVerfGE 124, 43, 59.

503 Vgl. Art. 12 des Gesetzes zur effektiveren und praxistauglicheren Ausgestaltung des Strafverfahrens, BGBl. I 2017, S. 3202, 3213 sowie die Begründung zur diesbezüglichen Formulierungshilfe: BT-Ausschuss für Recht und Verbraucherschutz, Ausschussdrucksache 18(6)334 vom 15.05.2017, S. 17.

504 BT-Ausschuss für Recht und Verbraucherschutz, Ausschussdrucksache 18(6)334 vom 15.05.2017, S. 17.

wenn auch gegenüber anderen Ermittlungsmaßnahmen subsidiäre[505] Rechtsgrundlage für Eingriffe in das Computergrundrecht betrachtet.

b) Normenbestimmtheit und Normenklarheit des § 100a StPO

Wie auch im Rahmen der Zwischenspeicherung bedürfen vor allem Fragen im Hinblick auf das Gebot der Normenbestimmtheit und Normenklarheit besonderer Aufmerksamkeit. Auch im Rahmen der Endspeicherung stellt sich zum einen die Frage, ob in Bezug auf die endgespeicherten Nachrichten (noch) Telekommunikation vorliegt und inwieweit ein gegebenenfalls beschlagnahmeähnlicher Zugriff auf die Inhaltsdaten der E-Mails als Überwachung verstanden werden kann.

aa) Vorliegen laufender Telekommunikation

Das verfassungsrechtliche Gebot der Normenbestimmtheit und Normenklarheit verlangt, dass Anlass, Zweck und Grenzen eines Eingriffes in der Ermächtigungsnorm bereichsspezifisch, präzise und normenklar geregelt werden.[506] D. h., die Regelungen müssen so ausgestaltet sein, dass der Betroffene die Rechtslage erkennen und sich auf diese einstellen kann.[507]

Bereits das Vorliegen laufender Telekommunikation, als einem der wesentlichen Tatbestandsmerkmale der Regelung, erscheint jedoch aus dem Blickwinkel der Normenbestimmtheit und Normenklarheit zweifelhaft, ist doch der eigentliche Kommunikationsvorgang im Sinne einer Übertragung der E-Mail vom Sender zum Empfänger in den Phasen 1 bis 3 zum Zeitpunkt des Zugriffes bereits abgeschlossen.

Wie bereits im Rahmen der Zwischenspeicherung festgestellt,[508] bestimmt sich die Anwendbarkeit des § 100a StPO nicht anhand eines rein technischen Verständnisses des Telekommunikationsbegriffes nach dem TKG. Allerdings liegt die Problematik im Rahmen der Endspeicherung weder in der einfachgesetzlichen Definition des § 3 Nr. 59 TKG noch der verwendeten Technik begründet, sondern vielmehr im allgemeinen Verständnis des Kommunikationsbegriffes. Der wesentliche Unterschied im Vergleich zur Zwischenspeicherung besteht darin, dass in Phase 4 der eigentliche Kommunikationsvor-

[505] BT-Ausschuss für Recht und Verbraucherschutz, Ausschussdrucksache 18(6)334 vom 15.05.2017, S. 25 sowie BT-Drs.: 18/12785, S. 55.

[506] BVerfGE 113, 348, 375.

[507] BVerfGE 110, 33, 53; 113, 348, 375 f.

[508] Vgl. S. 311 ff.

gang Jahre, ja Jahrzehnte zurückliegen kann. Die maßgebliche Frage ist damit nicht, ob die Endspeicherung als statische Phase die Telekommunikation im Sinne des TKG unterbricht bzw. beendet und damit § 100a StPO gegebenenfalls nicht mehr einschlägig ist.[509] Es ist vielmehr zu fragen, ob über einen gegebenenfalls sehr langen Zeitraum gespeicherte Inhaltsdaten von E-Mails noch als laufende Telekommunikation eingeordnet werden können oder ob diese zum Zeitpunkt der Endspeicherung in Phase 4 bereits so weit abgeschlossen ist, dass es für den Betroffenen nicht mehr erkennbar ist, dass ein Zugriff unter Anwendung des § 100a StPO erfolgen könnte.

Wie auch im Rahmen der Erörterungen zu den verfassungsrechtlichen Fragen ist hierbei das Verständnis des Kommunikationsbegriffes von besonderer Bedeutung. Dieser ist vom aktiven Austausch von Informationen v.a. zwischen Menschen geprägt. Es haftet ihm damit ein Element der Dynamik, aber auch der Flüchtigkeit an, welches von einem Sender-Empfänger-Prinzip geprägt wird.[510]

Hiervon ausgehend, ist das Vorliegen einer laufenden Telekommunikation zum Zeitpunkt der Endspeicherung auch in strafprozessualer Hinsicht zu verneinen. Der die Kommunikation prägende Austausch von Informationen ist vollständig abgeschlossen, seit die versendete E-Mail ihren Empfänger erreicht hat. Weitere Übermittlungshandlungen erfolgen allenfalls durch den späteren Start weiterer, neuer Kommunikationsprozesse, etwa bei Weiterleitung oder Beantwortung der endgespeicherten E-Mail. Demgegenüber fehlt einer dauerhaften Speicherung jedes Element eines Austausches von Informationen. An dessen Stelle tritt das statische Element der dauerhaften Aufbewahrung der Information, welche gerade dazu dient, der Flüchtigkeit des vorherigen Informationsaustausches entgegenzuwirken und den früheren Kommunikationsakt aufzubewahren.[511] Es lässt sich somit festhalten, dass der Endspeicherung alle einen Kommunikationsakt prägenden Elemente fehlen. Demgegenüber liegt ein eigenständiger der Kommunikation nachgelagerter Speicherungsakt vor, der sich nicht unter den Telekommunikationsbegriff des § 100a StPO subsumieren lässt.

---

509 So die Vertreter einer engen technisch orientierten Auslegung, vgl. *Palm/Roy*, NJW 1996, 1791, 1793; *Bär*, Handbuch zur EDV-Beweissicherung, Rn. 109; *ders.*, MMR 2000, 472, 474f.; *ders.*, MMR 2003, 680, 681; *ders.*, NStZ 2009, 398, 399; sowie KK-*Nack*, StPO (6. Aufl.), § 100a Rn. 22; *Zöller*, GA 2000, 563, 573f. Für eine Unanwendbarkeit des § 100a StPO auch *Janssen*, S. 133, der eine Erstreckung der Norm auf statische Phasen generell verneint, vor dem Hintergrund des Fernmeldegeheimnisses aber auch die übrigen strafprozessualen Eingriffsermächtigungen ablehnt.

510 Vgl. hierzu auch die ausführlicheren Ausführungen in den verfassungsrechtlichen Erwägungen S. 171ff.

511 In diesem Sinne *Grözinger*, GA 2019, 441, 446.

Auch aus dem, für die Frage der Normenbestimmtheit und Normenklarheit insbesondere maßgeblichen, Blickwinkel des Betroffenen würde das Vorgehen der Strafverfolgungsbehörden im Rahmen eines Zugriffs auf die endgespeicherten Inhaltsdaten von E-Mails keinen der Überwachung laufender Telekommunikation vergleichbaren Vorgang mehr darstellen. Für einen mit der verfassungsrechtlichen Rechtsprechung und deren Wertungen nicht vertrauten Laien dürfte der eigentliche Kommunikationsvorgang spätestens dann abgeschlossen sein, wenn er die Nachricht zur Kenntnis nimmt, sie bearbeitet, etwa indem er sie ungesehen in den Papierkorb verschiebt oder auf andere Weise auf diese zugreift. Der Zugriff bildet gleichsam die Bruchstelle in der Wahrnehmung des Betroffenen. Mit dem Zugriff findet für den Betroffenen ein Übergang vom Transport zur Lagerung der Nachricht statt und der ursprüngliche Kommunikationsvorgang wandelt sich zu einem eigenständigen Speichervorgang. Demzufolge ist auch aus dem Blickwinkel des Betroffenen kein Kommunikationsvorgang mehr gegeben.

Auch eine Auslegung im Lichte des Computergrundrechtes führt in Fällen der Endspeicherung nicht weiter. Anders als im Rahmen der Zwischenspeicherung in Hinblick auf das Fernmeldegeheimnis, können dessen verfassungsrechtliche Wertungen mangels Kommunikationsbezugs nicht ergänzend zur Bestimmung des Anwendungsbereichs der strafprozessualen Norm herangezogen werden.

Es kann nicht in Abrede gestellt werden, dass der Inhaber eines E-Mail-Postfachs aufgrund der von einem Zugriff ausgehenden Gefahren eines besonders strengen Schutzes bedarf. Diese Gefahren weisen allerdings keinen hinreichend engen Kommunikationsbezug auf, um Auswirkungen auf die Frage der Anwendbarkeit des § 100a StPO als kommunikationsbezogener Eingriffsermächtigung zu haben. Vom Computergrundrecht geschützt ist das informationstechnische System mit den dort gespeicherten personenbezogenen Daten,[512] dabei ist es unerheblich, ob diese Daten zuvor mittels Telekommunikation übertragen wurden oder aber auf anderem Wege in die Sphäre des Grundrechtsträgers gelangt sind. Der Schutz des Computergrundrechtes reicht damit sowohl inhaltlich als auch zeitlich weiter als der des Fernmeldegeheimnisses, indem er sich nicht nur unterschiedslos auf alle im System enthaltenen personenbezogenen Daten erstreckt, sondern auch eine zeitlich unbegrenzte Speicherungsdauer abdeckt. Demgegenüber ist der punktuelle Schutz des Fernmeldegeheimnisses geprägt von dem Gedanken, eine Nachricht während der Phase ihrer Übermittlung, in welcher sie besonderen Gefahren für ihre Privatheit ausgesetzt ist, zu schützen.

---

[512] BVerfGE 120, 274, 314.

Vor diesem Hintergrund erweist sich die Vorschrift des § 100a StPO als zu eng, um den von einem Zugriff auf einen über einen längeren Zeitraum archivierten E-Mail-Bestand ausgehenden Gefahren für die Privatheit zu begegnen. Sie zielt auf die Erhebung von Informationen aus einem oder auch einer Vielzahl von Kommunikationsvorgängen über einen bestimmten Zeitraum ab. Sie ist damit weder dafür konzipiert noch dafür geeignet, den erheblichen Gefahren, welche aus einem Zugriff auf einen gesamten über einen langen Zeitraum gespeicherten Datenbestand und dessen anschließende Auswertung folgen, zu begegnen. Der durch ein solches Vorgehen bewirkte Eingriff geht über den einer einfachen Überwachung der Telekommunikation hinaus, da aus der vom Empfänger durch sein Speicherverhalten selbst zusammengestellten Datensammlung weitreichende Informationen, insbesondere Persönlichkeits- und Kommunikationsprofile, über sehr lange Zeiträume hinweg erhoben werden können.[513]

Somit wäre eine Anwendung des § 100a StPO auf Fälle der Endspeicherung auch aus dem Blickwinkel des Computergrundrechtes problematisch, da sie letztlich zu einer Einschränkung des intendierten, weiterreichenden verfassungsrechtlichen Schutzes führen würde.

bb) Eignung der Norm zur „Überwachung" endgespeicherter Inhalte

Im Hinblick auf das Tatbestandsmerkmal der Überwachung kann weitgehend auf die Ausführungen zu Phase 2 der E-Mail-Kommunikation verwiesen werden. Grundsätzlich erfasst das Tatbestandsmerkmal danach nicht nur das zeitgleiche Mithören der Kommunikation, sondern auch zeitlich nachgelagerte Fallgestaltungen.[514]

Fraglich erscheint allerdings, inwieweit dies auch für Fälle gilt, in welchen der eigentliche Kommunikationsvorgang bereits Jahre zurückliegt. In der Literatur wird diesbezüglich keine zeitliche Begrenzung erörtert.[515] Vielmehr erschöpfen sich die Ausführungen in dem Bestreben, eine dauerhafte Anwendbarkeit des § 100a StPO zu stützen und die entgegenstehenden Hinderungsgründe argumentativ zu beseitigen. Es ist zwar durchaus richtig, dass sich der Begriff der Überwachung auch im Sinne einer Untersuchung, Beobachtung, Kontrolle oder eines unter die Lupe Nehmens verstanden werden kann,[516] allerdings zeigt auch dieses Beispiel, wie wenig passgenau die Norm in Fällen der Endspeicherung erscheint.

---

513 Vgl. S. 137 ff.

514 Vgl. S. 315 ff.

515 Vgl. *Störing*, S. 224 f; *Neuhöfer*, S. 69 ff.

516 *Störing*, S. 225; *Abraham*, HRRS 2021, 356, 362.

Die Regelung wurde bei ihrer Schaffung durch den Gesetzgeber auf Fälle der Wahrnehmung zeitlich parallel ablaufender Kommunikationsvorgänge durch mithörende Ermittlungsbeamte ausgerichtet. Im Zuge der fortschreitenden technischen Entwicklung, aber auch aufgrund der Zahl der Überwachungsmaßnahmen, ist diese Form der Überwachung heute jedoch die Ausnahme. Der Gesetzgeber hat hierauf reagiert und in der TKÜV Regelungen zur Bereitstellung von Kopien der überwachten Telekommunikation getroffen (vgl. § 5 Abs. 1 und 2 TKÜV). In dieser Hinsicht bestehen nach den gesetzlichen Vorgaben keine zeitlichen Beschränkungen.[517]

Dennoch kann durchaus die Frage gestellt werden, ob die Verpflichtung des Providers nach dem TKG tatsächlich auch Kommunikationsvorgänge erfasst, welche lange Zeit zurückliegen und die nur aufgrund des Speicherverhaltens des Nutzers in Datenbeständen verblieben sind, welche auch dem Zugriff des Providers unterliegen.[518] Auch insoweit dürfte das Verständnis des Betroffenen, anders als bei der Zwischenspeicherung in eine andere Richtung gehen. Da aus dessen Sicht der Kommunikationsvorgang spätestens mit dem Zugriff auf die Nachricht abgeschlossen ist, wäre es für ihn kaum nachzuvollziehen, dass auch eine gegebenenfalls jahrelang gespeicherte Nachricht noch überwacht werden kann.

Somit ist auch hinsichtlich des Elementes der Überwachung davon auszugehen, dass dieses im Rahmen des Zugriffs auf endgespeicherte Inhaltsdaten von E-Mails den Vorgaben der Normenbestimmtheit und Normenklarheit nicht genügt.

Zwischenergebnis

Eine Anwendung des § 100a StPO auf Fälle der Endspeicherung kommt somit bereits aufgrund mangelnder Normenbestimmtheit und Normenklarheit im Hinblick auf Zugriffe auf durch das Computergrundrecht geschützte endgespeicherte Inhaltsdaten von E-Mails nicht in Betracht.

---

517 Vgl. *Störing*, CR 2009, 475, 479; *Neuhöfer*, S. 70.

518 Generell kritisch im Hinblick auf einen zeitlich der eigentlichen Kommunikation nachgelagerten Zugriff der Strafverfolgungsbehörden SK-*Wolter/Greco*, StPO, § 100a Rn. 34.

c) Verhältnismäßigkeitserwägungen

Der Vollständigkeit halber soll jedoch auch die Vereinbarkeit des § 100a StPO mit den übrigen Anforderungen des Computergrundrechtes an eine Eingriffsnorm einer Prüfung unterzogen werden.

Im Hinblick auf die Verhältnismäßigkeit der Beschränkung folgen aus dem Computergrundrecht strengere Anforderungen als aus dem Fernmeldegeheimnis. Diese beziehen sich vor allem auf den Kreis schwerer Straftaten zu deren Verfolgung ein Eingriff in das Grundrecht zulässig ist. Danach sind Eingriffe nur zur Verfolgung von Straftaten gegen überragend wichtige Rechtsgüter des Einzelnen und der Allgemeinheit (Leib, Leben und Freiheit der Person, Güter der Allgemeinheit, deren Bedrohung die Grundlagen oder den Bestand des Staates oder die Grundlagen der Existenz der Menschen, wie die Funktionsfähigkeit wesentlicher Teile existenzsichernder öffentlicher Versorgungseinrichtungen berührt) verfassungsrechtlich unbedenklich.[519]

Der mit Blick auf Eingriffe in das Fernmeldegeheimnis konzipierte § 100a StPO nennt in seinem Absatz 2 eine Vielzahl von Straftaten von erheblicher Bedeutung, bei deren Verdacht eine Telekommunikationsüberwachung generell in Betracht kommt.[520] Der diesbezügliche Katalog umfasst auch die in der deutschen Rechtsordnung enthaltenen Straftaten gegen überragend wichtige Rechtsgüter des Einzelnen und der Allgemeinheit (z. B. die Straftaten gegen das Leben (Abs. 2 Nr. 1 h)) oder die persönliche Freiheit (Abs. 2 Nr. 1 i)). Die Regelung geht aber auch weit über diese hinaus, indem sie auch viele weitere Straftaten, welche offensichtlich nicht diese Kriterien erfüllen (z. B. die Straftaten nach dem Anti-Doping-Gesetz (Abs. 2 Nr. 3) oder nach der Abgabenordnung (Abs. 2 Nr. 2) aufführt.

Vor diesem Hintergrund könnte die Norm in ihrer aktuellen Form den Anforderungen des Computergrundrechtes allenfalls dann genügen, wenn sie einschränkend verfassungskonform ausgelegt wird. D. h., es wäre durch den Ermittlungsrichter in jedem Einzelfall zu prüfen, ob die jeweils zu verfolgende Straftat den Anforderungen des Computergrundrechtes im Hinblick auf die erforderliche Schwere der Tat genügt. Hierbei würde es sich, mangels abstrakt genereller Vorgaben des Gesetzgebers, nicht verhindern lassen, dass die Einschätzungen der jeweiligen Richter variieren.[521]

---

519 BVerfGE 120, 274, 328.

520 Vgl. zu dieser Eingriffsvoraussetzung BVerfGE 107, 299, 321

521 Ein denkbares Beispiel ist insoweit die Geldfälschung nach § 146 StGB, welche in § 100a Abs. 2 Nr. 1 e) StPO aufgeführt ist. Geschütztes Rechtsgut dieses Straftatbestandes ist u. a. auch die Sicherheit und Funktionsfähigkeit des Geldverkehrs (vgl. *Fischer*, StGB, vor § 146 Rn. 2). Mit Blick hierauf ließe sich durchaus vertreten, dass eine Geldfälschung abstrakt geeignet sein kann, nicht nur die Sicherheit und

Die hierin zum Ausdruck kommende mangelnde Objektivierung und Vereinheitlichung der zur Rechtfertigung eines Eingriffs in das Computergrundrecht erforderlichen Schwere der Straftat stellt sowohl aus dem Blickwinkel der Einheitlichkeit der Rechtsordnung als auch aus dem der Gewaltenteilung einen schweren gesetzgeberischen Mangel dar, welcher nicht durch Abwägungsentscheidungen auf der Ebene des Ermittlungsrichters geheilt werden könnte.[522]

Auch ein ergänzendes Heranziehen des Straftatenkataloges der Online-Durchsuchung nach § 100b StPO, vergleichbar dem vorgeschlagenen Vorgehen von Liebig im Rahmen der §§ 94 ff. StPO,[523] kommt nicht in Betracht. Die Maßnahme regelt, wie sich in den folgenden Ausführungen zeigen wird, lediglich einen besonders schweren Eingriff in das Computergrundrecht, an welchen als Spezialfall besonders hohe Anforderungen zu stellen sind. Zudem bestehen auch in Bezug auf diese Regelung erhebliche Bedenken hinsichtlich einer hinreichenden Beschränkung des Straftatenkataloges.[524] Daher lassen sich die in diesem Zusammenhang getroffenen Wertungen des Gesetzgebers nicht auf andere Fälle des Zugriffes verallgemeinern. Zudem würde ein solches Vorgehen auch im Rahmen des § 100a StPO zu keiner dauerhaften Objektivierung und Vereinheitlichung der Rechtslage führen, da jeder Ermittlungsrichter frei wäre, im Einzelfall auf weitere Straftaten als Anlasstaten abzustellen.

Somit kann auch aus Gründen der Verhältnismäßigkeit nicht auf die Vorgaben des § 100a StPO zurückgegriffen werden, um Eingriffe in das Computergrundrecht im Rahmen von Ermittlungsmaßnahmen zur rechtfertigen, die auf die Erlangung von Inhaltsdaten endgespeicherter E-Mails gerichtet sind.

Funktionsfähigkeit des Geldverkehres zu gefährden, sondern damit im Extremfall auch eine Bedrohung wesentlicher Teile existenzsichernder öffentlicher Versorgungseinrichtungen darzustellen (in diesem Sinne MüKo-*Erb*, StGB, vor § 146 Rn. 2, der insbesondere auf die Folgen für das Wirtschaftsleben und die Bedeutung des Geldes als Wertträger verweist). Anderen wird dies mit Blick auf die im Umlauf befindliche Falschgeldmenge (nach *Fischer*, a. a. O. lediglich 0,001 % der gesamten Geldmenge) zu weitgehend erscheinen.

522 Vgl. hierzu auch die generellen Ausführungen S. 272 ff.

523 *Liebig*, S. 112 f.; vgl. S. 275.

524 Hierzu und zur Frage, inwieweit der Straftatenkatalog des § 100b Abs. 2 StPO diesen Anforderungen gerecht wird, sogleich auf S. 349 ff.

d) Regelung zum Schutz des Kernbereiches privater Lebensgestaltung und der verfassungsrechtlich gebotenen Verfahrensanforderungen

Die im Rahmen des § 100a StPO einschlägigen Vorgaben zum Schutz des Kernbereiches privater Lebensgestaltung gemäß § 100d Abs. 1 und 2 StPO genügen auch den Anforderungen des Computergrundrechtes. Insbesondere stellen sie sicher, dass soweit wie möglich keine kernbereichsrelevanten Daten erhoben und eventuell doch erhobene Kernbereichsinformationen im Rahmen der Auswertung nicht verwertet und gelöscht werden.[525] Zudem bestehen auch im Hinblick auf die Verfahrensanforderungen keine Bedenken.

Ergebnis

Die Regelungen zur Telekommunikationsüberwachung gemäß § 100a StPO erfüllen somit ebenfalls nicht die verfassungsrechtlichen Mindestanforderungen, welche an eine Eingriffsgrundlage vor dem Hintergrund des Computergrundrechtes zu stellen sind.[526]

4. Die Online-Durchsuchung gemäß § 100b StPO

Als letzte der in Frage kommenden Eingriffsgrundlagen bedarf der jüngste Zugang im Werkzeugkasten der strafprozessualen Ermittlungsmöglichkeiten, die Online-Durchsuchung, näherer Betrachtung.

a) Begriff der Online-Durchsuchung und Historie der Regelung

Als Online-Durchsuchung ist gemäß der Legaldefinition des § 100b Abs. 1 StPO das Eingreifen in ein vom Betroffenen genutztes informationstechnisches System mit technischen Mitteln zu verstehen, welches ohne dessen Wissen erfolgt und dazu dient, Daten aus dem System zu erheben. Nach der Gesetzesbegründung[527] und einhelliger Meinung in der Literatur[528] ist damit nur „*der verdeckte staatliche Zugriff auf fremde informationstechnische Sys-*

---

525 Vgl. S. 241 ff.

526 Gegen eine Vereinbarkeit des § 100a StPO mit den Vorgaben des Computergrundrechtes i. E. auch *Singelnstein/Derin*, NJW 2017, 2646, 2648, wenn auch primär mit Blick auf die Quellen-Telekommunikationsüberwachung (zu dieser sogleich im Rahmen der Erörterungen zu § 100b StPO).

527 BT-Drs.: 18/12785, S. 46.

528 *Beukelmann*, NJW-Spezial 2017, 440; *Blechschmitt*, StraFo 2017, 361, 362; *Freiling/Safferling/Rückert*, JR 2018, 9, 10; *Niedernhuber*, JA 2018, 169, 171; *Roggan*, StV 2017, 821; *Singelnstein/Derin*, NJW 2017, 2646 f.

teme über Kommunikationsnetze mittels einer Überwachungssoftware"[529] von der Neuregelung erfasst.

D. h., es bedarf einer Infiltration des jeweiligen informationstechnisches Systems mittels einer Spähsoftware (auch Trojaner). Weiterhin ungeregelt sind demzufolge andere Formen des strafprozessualen Zugriffes auf informationstechnische Systeme, wie etwa das Eindringen in ein E-Mail-Postfach mittels eines erratenen Passworts.

Die Regelung wurde erst vor relativ kurzer Zeit durch das Gesetz zur effektiveren und praxistauglicheren Ausgestaltung des Strafverfahrens vom 17.08.2017[530] neu in die StPO eingefügt. Allerdings war die Frage, ob und inwieweit eine Online-Durchsuchung durch technische Infiltration des informationstechnischen Systems mittels einer Software zulässig ist, seit geraumer Zeit Gegenstand kontroverser Diskussionen, gerade auch im Spannungsfeld rechtspolitischer und sicherheitspolitischer Fragestellungen, welche hier nicht im Einzelnen erörtert werden sollen.[531]

Aufgrund zunehmender praktischer Schwierigkeiten der Ermittlungsbehörden, Zugriff auf unverschlüsselte Kommunikationsinhalte, aber auch sonstige in informationstechnischen Systemen enthaltene Daten zu erlangen, wurden ab Mitte der 2000er Jahre Versuche unternommen, Eingriffsregelungen für derartige Fälle zu schaffen. So erließ das Land Nordrhein-Westfalen eine Vorschrift, welche den Verfassungsschutzbehörden den heimlichen „*Zugriff auf informationstechnische Systeme auch mit Einsatz technischer Mittel*"[532] gestattete. Diese wurde 2008 durch das Bundesverfassungsgericht für verfassungswidrig erklärt, wobei das Gericht das Urteil zum Anlass nahm, dass hier maßgebliche Grundrecht auf Gewährleistung der Vertraulichkeit und Integrität informationstechnischer Systeme zu entwickeln.[533]

Im Urteil legte es zugleich Mindestvorgaben für präventive, aber auch repressive Eingriffsregelungen in das Grundrecht fest, so dass in der Folge im präventiven Bereich eine Reihe von Eingriffsermächtigungen entstanden.[534]

---

[529] BT-Drs.: 18/12785, S. 46.

[530] BGBl. I 2017, S. 3202 ff.

[531] Vgl. zu den Diskussionen vor Erlass der Neuregelung z. B. *Bär*, MMR 2007, 239 ff.; *Buermeyer*, HRRS 2007, 329 ff.; *M. Gercke*, CR 2007, 245 ff.; *Hofmann*, NStZ 2005, 121 ff.; *Hornung*, DuD 2007, 575 ff.; *Valerius*, JR 2007, 275 ff.

[532] Vgl. § 5 Abs. 2 Nr. 11 VSG-NRW in der damaligen Fassung.

[533] BVerfGE 120, 274 ff.; vgl. auch S. 181 ff.

[534] Vgl. etwa § 49 BKAG. Die vorherige Norm (§ 20k BKAG) wurde durch das Bundesverfassungsgericht aufgrund ungenügender Regelungen zum Schutz des Kernbereichs privater Lebensgestaltung für verfassungswidrig erklärt (Vgl. BVerfGE 141, 220 ff.).

Auf strafprozessualem Gebiet bestand demgegenüber keine Rechtsgrundlage, nachdem der BGH im Jahre 2007 festgestellt hatte, dass eine verdeckte Online-Durchsuchung mangels Rechtsgrundlage unzulässig sei und so Lösungsansätzen über § 100a StPO oder auch § 102 i.V.m. § 110 StPO eine Absage erteilt hatte.[535] Allerdings wurde in der Praxis weiterhin die Schaffung einer diesbezüglichen Regelung mit der Begründung gefordert, dass anderenfalls die bestehenden Befugnisse nicht hinreichend seien, um mit der technischen Entwicklung Schritt zu halten.[536]

Trotz dieser Forderungen und der Erwartung einer baldigen gesetzgeberischen Lösung[537] wurden erst mehr zehn Jahre nach dem Beschluss des BGH Regelungen zur Online-Durchsuchung und zur Quellen-Telekommunikationsüberwachung (Quellen-TKÜ) in die StPO aufgenommen. Dies geschah dann allerdings kurz vor Ende der vorletzten Legislaturperiode des Deutschen Bundestages mit bemerkenswerter Geschwindigkeit. Nicht einmal sechs Wochen dauerte es von der Vorlage einer entsprechenden Formulierungshilfe[538] zur Ergänzung des Entwurfes eines Gesetzes zur Änderung des Strafgesetzbuchs, des Jugendgerichtsgesetzes, der Strafprozessordnung und weiterer Gesetze[539] bis zum Gesetzesbeschluss des Deutschen Bundestages über das Gesetz zur effektiveren und praxistauglicheren Ausgestaltung des Strafverfahrens.[540] Diese plötzliche Eile wurde sehr kritisch[541] aufgenommen und vor diesem Hintergrund vereinzelt auch das ordnungsgemäße Zustandekommen des Gesetzes u.a. unter Verweis auf § 82 Abs. 1 GOBT in Zweifel gezogen.[542]

Allerdings ist das gewählte Vorgehen formal nicht zu beanstanden. Das Nachschieben gesetzlicher Regelungen im Gesetzgebungsverfahren im sog. Umdruckverfahren ist nicht ungewöhnlich, wenn auch in der Regel nur, um Teilaspekte des Gesetzentwurfes zu korrigieren und kleinere Neuregelungen, die z.B. durch die Fraktionen gefordert werden, einzufügen. Auch im vorliegenden Fall ist anzunehmen, dass die Formulierungshilfe auf eine Forderung

---

535 Vgl. BGHSt 51, 211 ff.; mit zust. Anmerkung *Bär*, MMR 2007, 239 ff.; sowie *Leipold*, NJW-Spezial 2007, 135 f.

536 So z.B. *Bär*, MMR 2007, 239, 241 f.

537 *Leipold*, NJW-Spezial 2007, 136, der zugleich aber auch auf die zurückhaltende Haltung der damaligen Bundesjustizministerin Zypries verweist.

538 BT-Ausschuss für Recht und Verbraucherschutz, Ausschussdrucksache 18(6)334 vom 15.05.2017.

539 Vgl. den ursprünglichen Gesetzentwurf unter: BT-Drs.: 18/11272.

540 Vgl. BT-Plenarprotokoll 18/240, S. 24594 f. vom 22. Juni 2017.

541 Vgl. *Blechschmitt*, StraFo 2017, 361; *Buermeyer*, Stellungnahme, S. 3; *Singelnstein/Derin*, NJW 2017, 2646.

542 So *Roggan*, StV 2017, 821. Ähnlich *Ziegelbauer/Schäfer*, Kriminalistik 2018, 557, 561, die eine Verletzung parlamentarischer Grundprinzipien rügen.

der Regierungsfraktionen zurückgeht, welche diese Frage noch vor der Wahl regeln wollten. Ein Verbot, gänzlich neue Regelungen in das Gesetzgebungsvorhaben einzubringen, lässt sich § 82 Abs. 1 GOBT jedenfalls nicht entnehmen. So lange das Verfahren im Übrigen gewahrt wird und wie vorliegend auch eine Anhörung erfolgt ist, bestehen gegenüber dem ordnungsgemäßen Zustandekommen der Vorschrift keine Bedenken. Dennoch wäre eine längere Debatte über die Neuregelungen sicherlich sinnvoll gewesen, um die mit den Regelungen verbundenen verfassungsrechtlichen, aber auch praktischen Fragestellungen hinreichend erörtern zu können.

b) Eingriffstiefe der Online-Durchsuchung

Dies wäre schon deshalb zu empfehlen gewesen, weil es sich bei der Online-Durchsuchung um die aus verfassungsrechtlicher Sicht weitreichendste Ermittlungsbefugnis der gesamten StPO handelt.[543] Wie bereits aufgezeigt, ermöglicht der Zugriff auf ein E-Mail-Postfach regelmäßig den Einblick in eine Vielzahl von über Jahre zusammengetragenen Nachrichten aus den verschiedensten Lebensbereichen. Diese enthalten Informationen persönlicher und höchstpersönlicher Natur, Angaben zu politischen und religiösen Einstellungen, zu Aufenthaltsorten oder dem Konsumverhalten, welche es ermöglichen, umfassende Persönlichkeitsprofile zu erstellen.[544] Entsprechendes gilt auch für Zugriffe auf andere informationstechnische Systeme, wie etwa Computer, Laptops oder Smartphones oder eine Cloud.

Vertieft wird der Eingriff durch die Art seiner Durchführung.[545] Durch die heimliche Infiltration des informationstechnischen Systems des Betroffenen mittels einer Späh- oder auch Spionagesoftware wird nicht nur das System selbst in seiner Integrität beeinträchtigt, sondern es auch ermöglicht Daten einmalig oder wiederholt abzurufen (Online-Überwachung). Auf diese Weise kann das Nutzungsverhalten des Betroffenen über einen längeren Zeitraum beobachtet werden.[546] Zudem ist es je nach Art der verwendeten Software möglich, wenn auch nicht zulässig,[547] das infiltrierte System zu steuern und Veränderungen an ihm vorzunehmen, welche über das zur Überwachung er-

---

543 So zutreffend *Singelnstein/Derin*, NJW 2017, 2646, 2647; dem zustimmend *Blechschmitt*, StraFo 2017, 361, 364.

544 *Singelnstein/Derin*, NJW 2017, 2646, 2647.

545 Ausführlich zur praktischen Durchführung einer Online-Durchsuchung: *Ziegelbauer/Schäfer*, Kriminalistik 2018, 557 f.

546 *Roggan*, StV 2017, 821, 825; *Freiling/Safferling/Rückert*, JR 2018, 9, 13.

547 Denkbar wäre z. B. die Inbetriebnahme der Kamera oder Mikrofone eines Computers bzw. Laptops, um zusätzlich zum Datenzugriff auch Bild- und Tonaufzeichnungen zu erlangen (so die Befürchtung von *Buermeyer*, Stellungnahme S. 3 und 5). Ein solches Vorgehen ist allerdings nach § 100b Abs. 1 StPO unzulässig, da

forderliche Maß hinausgehen. Weitere Gefährdungen können sich ergeben, wenn nicht sichergestellt werden kann, dass das Spähprogramm oder die genutzte Sicherheitslücke in der Software allein durch die berechtigten Ermittlungsbehörden genutzt werden.[548]

Es lässt sich damit zusammenfassend festhalten, dass von Zugriffen auf informationstechnische Systeme auf dem Wege der Online-Durchsuchung erhebliche Gefahren für die jeweiligen Grundrechtsträger ausgehen, welche einer verfassungsrechtlichen Rechtfertigung vor dem Hintergrund des Computergrundrechts bedürfen.

c) Normenbestimmtheit und Normenklarheit des § 100b StPO

Im Hinblick auf die Normenbestimmtheit und Normenklarheit der Neuregelung zur Online-Durchsuchung bestehen keine verfassungsrechtlichen Bedenken. Es ist für den Betroffenen anhand der Regelung ersichtlich, dass eine Infiltration eines von ihm genutzten informationstechnischen Systems erfolgen kann, um hieraus Daten zu erheben, sofern die Voraussetzungen des Abs. 1 auch im Übrigen erfüllt sind, insbesondere der Verdacht einer besonders schweren Straftat nach Abs. 2 besteht.[549]

Als ein solches informationstechnisches System ist nach den obigen verfassungsrechtlichen Erwägungen[550] auch das E-Mail-Postfach des Betroffenen zu bewerten. Das es regelmäßig erforderlich sein wird, ein anderes informationstechnisches System, insbesondere den jeweiligen E-Mail-Server des Providers oder den Computer des Betroffenen zu infiltrieren, um Zugang zum E-Mail-Postfach zu erlangen, hat keinen Einfluss auf die Einordnung des E-Mail-Postfachs als eigenständiges informationstechnisches System. Ein solches Vorgehen vertieft vielmehr den zu rechtfertigenden Eingriff in die verfassungsrechtlich geschützten Rechte des Betroffenen und ist im Rahmen der Verhältnismäßigkeitserwägungen besonders zu würdigen.

d) Verhältnismäßigkeit der Einschränkungen des Computergrundrechts

Weitreichende verfassungsrechtliche Bedenken bestehen jedoch im Hinblick auf die Verhältnismäßigkeitsanforderungen der Norm.

---

die Norm nur die Datenerhebung aus dem jeweiligen System erlaubt („daraus"). Vgl. dazu *Singelnstein/Derin*, NJW 2017, 2646, 2647; *Roggan*, StV 2017, 821, 826.

[548] Vgl. hierzu *Roggan*, StV 2017, 821, 829 f.; *Blechschmitt*, StraFo 2017, 361, 362 f.; *Buermeyer*, Stellungnahme S. 6.

[549] A.A. mit Blick auf die verschiedenen technischen Möglichkeiten der Durchführung der Maßnahme: *Ziegelbauer/Schäfer*, Kriminalistik 2018, 557, 561 m.w.N.

[550] Vgl. S. 214 ff.

aa) Eignung zur Ermittlung revisionssicherer Beweise

Bereits die Eignung der Online-Durchsuchung als Ermittlungsmethode erscheint zweifelhaft. Ziel des Ermittlungsverfahrens ist es, den Sachverhalt, bzgl. dessen ein Anfangsverdacht besteht, mittels der ergriffenen Ermittlungsmaßnahmen aufzuklären. Hierzu muss die Staatsanwaltschaft insbesondere gerichtsverwertbare Beweise sichern.[551] Ob die Online-Durchsuchung, ebenso wie die Quellen-TKÜ, geeignet ist, gerichtsverwertbare, revisionsfeste Beweismittel zur Verfügung zu stellen und damit diese grundlegende Funktion einer Ermittlungsmaßnahme zu erfüllen, ist mit guten Gründen bezweifelt worden.[552]

Ihre Grundlage finden die Bedenken in der Art der Beweisermittlung. Bereits durch die Infiltration mit einer Spähsoftware wird das betroffene informationstechnische System in seiner Integrität beeinträchtigt und kompromittiert.[553] D. h., ab diesem Zeitpunkt kann nicht mehr sicher davon ausgegangen werden, dass die enthaltenen Daten und damit die erhobenen Beweise vom Betroffenen stammen, da nunmehr auch eine Nutzung oder Beeinflussung des Systems durch Dritte möglich ist. Zwar kommt den erhobenen Daten weiterhin ein Informationswert zu,[554] ob deren Verwendung in einem Strafverfahren hinreichend revisionssicher möglich ist, erscheint zumindest unsicher[555] und müsste im Einzelfall anhand der Spezifikationen der genutzten Software beurteilt werden.

Der Gesetzgeber hat versucht, der Problematik durch die Vorgaben des § 100a Abs. 5 Satz 1 und 2 StPO, die gemäß § 100b Abs. 4 StPO auch auf die Online-Durchsuchung anwendbar sind, entgegenzuwirken. Danach ist insbesondere technisch sicherzustellen, dass nur solche Veränderungen am informationstechnischen System vorgenommen werden, welche für die Datenerhebung unerlässlich sind und diese nach Ende der Maßnahme rückgängig gemacht werden. Zudem muss die eingesetzte Software gegen unbefugte Nutzung geschützt werden. Dass solche Schutzmaßnahmen auf einem Gebiet, welches so dynamischen Entwicklungen unterliegt wie die Informationstechnik, nicht mit absoluter Sicherheit durchführbar sind, muss auch dem Gesetzgeber vor Augen gestanden haben, als er diese Vorgaben weitgehend auf den Stand der Technik beschränkte.[556]

---

[551] *Klesczewski*, StPO, Rn. 134, 145.

[552] *Blechschmitt*, StraFo 2017, 361, 365; *Roggan*, StV 2017, 821, 825; a. A. *Krauß*, Stellungnahme, S. 2, für den die Eignung „außer Frage“ steht.

[553] *Roggan*, StV 2017, 821, 825 m. w. N.

[554] BVerfGE 120, 274, 321; *Roggan*, a. a. O.

[555] So auch BVerfGE 120, 274, 321.

Daneben stellt sich die Frage, wie der anordnende Ermittlungsrichter (bei Quellen-TKÜ) oder die Staatsschutzkammer (bei Online-Durchsuchungen) die Einhaltung dieser technischen Fragen mangels entsprechender gesetzlicher Vorgaben sicherstellen kann.[557]

Es kann hier im Ergebnis nicht eingeschätzt werden, ob und inwieweit es gelingen wird, Spähprogramme zu entwickeln, welche zum einen in der Lage sind, einen Zugriff auf ermittlungsrelevante Informationen zu ermöglichen, zum anderen aber das überwachte oder durchsuchte System so unversehrt lassen, dass aus der Maßnahme revisionsfeste Beweise für ein Strafverfahren gewonnen werden können. Solange dies nicht sichergestellt ist, erscheint eine revisionssichere Anwendung der Norm jedoch kaum möglich.

bb) Anlasstatenkatalog des § 100b Abs. 2 StPO

Weitreichender Kritik im Hinblick auf seine Vereinbarkeit mit den durch das Bundesverfassungsgericht entwickelten Anforderungen an Eingriffe in das Computergrundrecht begegnet in der Literatur auch der Anlasstatenkatalog des § 100b Abs. 2 StPO.[558]

Nach der Rechtsprechung des Bundesverfassungsgerichtes sind Eingriffe in das Computergrundrecht nur zur Verfolgung von Straftaten gegen überragend wichtige Rechtsgüter des Einzelnen und der Allgemeinheit (Leib, Leben und Freiheit der Person, Güter der Allgemeinheit, deren Bedrohung die Grundlagen oder den Bestand des Staates oder die Grundlagen der Existenz der Menschen, wie die Funktionsfähigkeit wesentlicher Teile existenzsichernder öffentlicher Versorgungseinrichtungen berührt) zulässig.[559]

Der Gesetzgeber hat bei Schaffung des § 100b StPO den Anlasstatenkatalog des bisherigen § 100c StPO unverändert in die Neuregelung übernommen[560] und setzt damit die Eingriffstiefe der strafprozessualen Maßnahmen der Online-Durchsuchung und der Wohnraumüberwachung gleich. Durch diese Vorgehensweise enthält der Katalog eine Reihe von Straftaten, welche der mittleren Kriminalität zuzuordnen sind und zudem keinen direkten Bezug zu den vom Bundesverfassungsgericht genannten Rechtgütern aufweisen.

---

[556] Zu technischen Problemen bei Online-Durchsuchung und Quellen-TKÜ vgl. *Rath*, DRiZ, 2021, 448, 449.

[557] Vgl. dazu *Roggan*, StV 2017, 821, 824f.

[558] *Dörnfelder*, AnwZert ITR 16/2017, Anm. 3, S. 4; *Freiling/Safferling/Rückert*, JR 2018, 9, 21; *Roggan*, StV 2017, 821, 826f.; *Blechschmitt*, StraFo 2017, 361, 364; *Buermeyer*, Stellungnahme S. 12f.; *Singelnstein/Derin*, NJW 2017, 2646, 2647; *Ziegelbauer/Schäfer*, Kriminalistik 2018, 557, 561.

[559] BVerfGE 120, 274, 328.

[560] BT-Drs.: 18/12785, S. 55.

Beispiele hierfür sind u. a. die enthaltenen Vermögensdelikte, aber auch die Tatbestände aus dem Asyl-, Ausländer- und Betäubungsmittelstrafrecht.[561] Der Gesetzgeber ist daher eindeutig über den vom Bundesverfassungsgericht gesetzten Rahmen hinausgegangen.

Klärungsbedürftig ist, ob sich aus der Rechtsprechung des Gerichtes eine Rechtfertigung für diese Ausweitung ableiten lässt. Da das Bundesverfassungsgericht bisher nur über Vorschriften zu entscheiden hatte, in welchen eine Online-Durchsuchung zu präventiven Zwecken vorgenommen werden sollte,[562] ist zunächst zu klären, ob aus dem Einsatz zu repressiven Zwecken eine andere Beurteilung folgt.

Es ist zutreffend, dass im repressiven Bereich im Vergleich zum präventiven Handeln andere Maßstäbe gelten, allerdings sind dies nach der Rechtsprechung des Bundesverfassungsgerichtes keine niedrigeren.[563] In der maßgeblichen Entscheidung zum Computergrundrecht findet sich der Hinweis, dass an Eingriffe „*zur Prävention im Vorfeld konkreter Gefahren geringere Anforderungen zu stellen sind, als in einem Strafverfahren*".[564] Begründet wird dies damit, dass es in solchen Fällen die Abwehr einer Gefahr im Vordergrund steht und nicht die Erlangung revisionsfester Beweise.[565] Es ist daher nach der Rechtsprechung des Bundesverfassungsgerichtes nicht zulässig, einen Katalog von Anlasstaten vorzusehen, welcher über den umschriebenen Höchstrahmen für präventive Eingriffe hinausgeht. Dieser stellt vor dem Hintergrund der Schwere des durch eine Online-Durchsuchung gegebenen Eingriffes in die verfassungsmäßigen Rechte des Betroffenen die äußerste Grenze des verfassungsrechtlich Zulässigen dar. Somit sind weiterreichende repressive Regelungen verfassungsrechtlich unzulässig.[566]

Auch die vom Gesetzgeber angenommene Vergleichbarkeit der Schwere des aus einer Online-Durchsuchung folgenden Eingriffes mit dem einer akustischen Wohnraumüberwachung nach § 100c StPO führt nicht weiter. Zwar sind Eingriffe in das Computergrundrecht mit solchen in das Recht auf Unverletzlichkeit der Wohnung nach Art. 13 Abs. 1 GG nach der Rechtspre-

[561] *Ziegelbauer/Schäfer*, Kriminalistik 2018, 557, 561. Vgl. zu Beispielen auch *Buermeyer*, Stellungnahme S. 13; *Blechschmitt*, StraFo 2017, 361, 364.

[562] *Roggan*, StV 2017, 821, 827.

[563] Anders das Verständnis von *Huber*, Stellungnahme, S. 4; *Krauß*, Stellungnahme, S. 10.

[564] BVerfGE 120, 274, 321.

[565] BVerfGE, a. a. O.

[566] So auch *Buermeyer*, Stellungnahme S. 12. Noch enger *Roggan*, StV 2017, 821, 827, der selbst eine 1:1-Übertragbarkeit der vom Bundesverfassungsgericht aufgestellten Mindestanforderungen auf repressive Sachverhalte bezweifelt.

chung des Bundesverfassungsgerichtes in ihrer Schwere vergleichbar,[567] dies bezieht sich allerdings, anders als die Gesetzesbegründung ausführt,[568] nicht auf die Eingriffsermächtigungen nach § 100b und 100c StPO, sondern auf das Verhältnis der Grundrechte zueinander.[569] Diese weisen aufgrund der Tatsache, dass beide Grundrechte einen eigenständigen, grundrechtlich geschützten Raum um die jeweils geschützten Systeme errichten, Parallelen auf.[570] Dies lässt allerdings noch keinen Rückschluss auf die Schwere eines eventuellen strafprozessualen Eingriffes zu.[571] Vorliegend ist daher mit der Mehrheit der Stimmen in der Literatur[572] vielmehr davon auszugehen, dass es sich bei der Online-Durchsuchung, im Vergleich zur akustischen Wohnraumüberwachung, um einen erheblich schwerwiegenderen Eingriff handelt, an welchen demzufolge weiterreichende Anforderungen zu knüpfen sind.

Die festgestellten Mängel der Rechtsgrundlage lassen sich auch durch verfassungskonforme Auslegung im Rahmen der Rechtsanwendung nicht beheben, da dies zu entsprechenden Mängeln im Hinblick auf die Einheitlichkeit der Rechtsordnung und die Gewaltenteilung wie im Rahmen des § 100a StPO führen würde. Es ist vielmehr Aufgabe des Gesetzgebers, die Norm entsprechend verfassungskonform zu überarbeiten und dabei einzuschränken.[573] Allerdings deuten die zuletzt im Rahmen des Gesetzes zur Fortentwicklung der Strafprozessordnung und zur Änderung weiterer Vorschriften vom 25.06.2021[574] oder das Gesetz zur Änderung des Strafgesetzbuches – Strafbarkeit des Betreibens krimineller Handelsplattformen im Internet vom 12.08.2021[575] vorgenommenen Erweiterungen des Anlasstatenkataloges eher darauf hin, dass dem § 100b StPO auf Dauer eine ähnliche „seismographische Funktion", wie § 100a StPO beschieden sein dürfte.[576]

---

567 BVerfGE 141, 220, 304.

568 BT-Drs.: 18/12785, S. 55.

569 So auch *Roggan*, StV 2017, 821, 826.

570 Vgl. *Kingreen/Poscher*, Grundrechte Staatsrecht II, Rn. 518; Lisken/Denninger-*Schwabenbauer*, S. 863; Sachs-*Murswiek/Rixen*, GG, Art. 2 Rn. 73d; Uerpmann-Wittzack-*Bäcker*, S. 9, m. w. N.

571 A.A. *Krauß*, Stellungnahme, S. 10f.

572 *Dörnfelder*, AnwZert ITR 16/2017, Anm. 3, S. 4; *Roggan*, StV 2017, 821, 826; *Ziegelbauer/Schäfer*, Kriminalistik 2018, 557, 561.

573 Hierbei dürfte es allerdings, anders als im präventiven Bereich (vgl. dazu BVerfGE 141, 220, 304f. bzgl. 20k Abs. 1 Satz 1 Nr. 1 und 2 BKAG in der damaligen Fassung), nicht hinreichend sein, die Vorgaben des Bundesverfassungsgerichtes wörtlich in die StPO zu übernehmen. Vielmehr muss der Kreis der Anlasstaten hinreichend konkret umschrieben werden, um eine einheitliche Anwendung durch die zuständigen Gerichte zu ermöglichen.

574 BGBl. I 2021, S. 2099ff.

575 BGBl. I 2021, S. 3544ff.

576 Vgl. hierzu oben S. 234.

cc) Übermaßverbot

Selbst wenn man davon ausgeht, dass die genannten technischen Fragestellungen in Bezug auf eine revisionssichere Beweiserhebung mittels einer Spähsoftware lösbar sind und die Problematik des zu weitreichenden Anlasstatenkatalogs über eine verfassungskonforme Auslegung behoben werden kann, so scheitert eine Anwendung des § 100b StPO auf endgespeicherte Inhaltsdaten von E-Mails letztlich am Übermaßverbot.

Im Rahmen des Zugriffes auf die bei einem Provider oder auf dem heimischen Rechner endgespeicherten Inhaltsdaten von E-Mails ginge eine Vorgehensweise, bei welcher für jeden einzelnen Zugriff die jeweiligen Rechner mit einer Spähsoftware infiltriert werden müssten, über das notwendige Maß weit hinaus. Schließlich müsste in jedem Fall die Integrität der jeweiligen Server oder Computer beeinträchtigt werden, was gegebenenfalls zu Schädigungen der gespeicherten Daten führen und Beeinträchtigungen oder Zugriffe durch Dritte ermöglichen kann. Ein solches Vorgehen wäre zudem in den seltensten Fällen erforderlich, um Zugriff auf die endgespeicherten Inhaltsdaten zu erlangen. Ausreichend wäre vielmehr eine Ausleitung durch den Telekommunikationsanbieter bzw. ein beschlagnahmeähnliches Vorgehen, welche keiner heimlichen Integritätsverletzungen der jeweiligen Rechnersysteme bedürften und dennoch zumindest nicht weniger erfolgversprechend wären. Somit ist § 100b StPO auch aus dem Blickwinkel des Übermaßverbotes nicht als geeignete Rechtsgrundlage für Zugriffe auf endgespeicherte Inhaltsdaten von E-Mails anzusehen.

e) Regelung zum Schutz des Kernbereiches privater Lebensgestaltung und der verfassungsrechtlich gebotenen Verfahrensanforderungen

Hinsichtlich der Regelungen zum Schutz des Kernbereiches privater Lebensgestaltung und zu den verfassungsrechtlich gebotenen Verfahrensanforderungen bestehen gegenüber der Neuregelung keine Einwände.

Der Gesetzgeber hat sich bei Schaffung der entsprechenden Normen des § 100d Abs. 1 und 3 StPO an den Vorgaben des Bundesverfassungsgerichtes[577] orientiert und ein zweistufiges System zum Schutz des Kernbereichs installiert. Danach ist eine Maßnahme generell unzulässig, wenn anzunehmen ist, dass auf deren Grundlage allein Erkenntnisse aus dem Kernbereich privater Lebensgestaltung erlangt werden (Abs. 1). In den übrigen Fällen ist, soweit möglich, technisch sicherzustellen, dass Daten, die den Kernbereich privater Lebensgestaltung betreffen, nicht erhoben werden. Kernbereichs-

[577] Vgl. dazu BVerfGE 120, 274, 337 sowie S. 209 ff.

informationen, die dennoch erlangt wurden, sind unverzüglich zu löschen oder von der Staatsanwaltschaft dem anordnenden Gericht zur Entscheidung über die Verwertbarkeit und Löschung der Daten vorzulegen (Abs. 3). Weiterreichende Forderungen im Hinblick auf eine „Live"-Überwachung, um eine jederzeitige Unterbrechung bei Kernbereichsbezug sicherzustellen,[578] sind in Anbetracht der in den betroffenen Systemen vorhandenen Datenmengen und deren Unüberschaubarkeit zum Zeitpunkt der Erhebung bereits aus praktischen Erwägungen nicht durchführbar.

Im Hinblick auf die Anordnungskompetenz ist insbesondere die gemäß § 100e Abs. 2 Satz 1 StPO vorgesehene Zuständigkeit der Staatsschutzkammer zu begrüßen, welche eine verstärkte Prüfung der Anordnungen vor dem Hintergrund der Eingriffstiefe ermöglicht.

5. Exkurs: Quellen-TKÜ

Vergleichbare Bedenken wie gegenüber der Regelung zur Online-Durchsuchung bestehen auch gegenüber einer Anwendung der gemeinsam mit der Online-Durchsuchung in die Strafprozessordung eingeführten Quellen-TKÜ gemäß § 100a Abs. 1 Satz 2 und 3 StPO. Diese beziehen sich insbesondere auf die Eignung der Maßnahme zur Erlangung rechtsicherer Beweise und die in Bezug auf den Katalog der Anlasstaten aufgeworfenen Fragen.

Unabhängig von der Frage, ob auf technischer Ebene tatsächlich eine Unterscheidung zwischen Quellen-TKÜ und Online-Durchsuchung vorgenommen werden kann,[579] stellen sich diesbezüglich die soeben erörterten technischen Fragestellungen zum Beweiswert der erlangten Informationen in Bezug auf alle Phasen der E-Mail-Kommunikation in gleicher Weise.[580] Grund hierfür ist, dass auch zur Durchführung der Quellen-TKÜ eine Infiltration des jeweiligen informationstechnischen Systems notwendig ist.

Hinsichtlich der Ausgestaltung des Straftatenkataloges besteht in Bezug auf die E-Mail-Überwachung ebenfalls kein Unterschied, da der Zugriff auf endgespeicherte E-Mails ohnehin am Computergrundrecht zu messen ist. Zudem erscheint es auch in Fällen, in welchen eine Überwachung in den Phasen 1 bis 3 stattfindet, erforderlich, an den Katalog der Anlasstaten aufgrund des zur Durchführung der Maßnahme erforderlichen Eingriffes in die Integrität des jeweiligen Systems strenge Anforderungen zu stellen.

---

[578] *Buermeyer*, Stellungnahme S. 15.

[579] Für eine Einordung der Quellen-TKÜ als Form der Online-Durchsuchung *Buermeyer*, Stellungnahme, S. 9; *Roggan*, StV 2017, 821. Für eine Ähnlichkeit der Maßnahmen *Klesczewski*, ZStW 123, (2011), 737, 744.

[580] Zu generellen technischen Fragestellungen und deren Auswirkungen auf die Anwendung der Regelung vgl. *Rath*, DRiZ 2021, 448, 449.

Ebenfalls am Computergrundrecht zu messen wären Fälle des § 100a Abs. 1 Satz 3 StPO, in welchen auf gespeicherte Inhalte zugegriffen werden kann. Auch wenn sich dies nach dem Willen des Gesetzgebers nur auf solche Daten beziehen soll, welche nach Erlass der richterlichen Anordnung der Überwachungsmaßnahme im System gespeichert wurden[581] und die verschlüsselt übersendet wurden, handelt es sich doch um im System gespeicherte Daten, die außerhalb eines laufenden Telekommunikationsvorganges erhoben werden. Diese unterfallen daher nicht mehr dem Schutz des Fernmeldegeheimnisses. Demzufolge erscheint ein Zugriff auf Grundlage des § 100a StPO, da der Anlasstatenkatalog des § 100a StPO, wie festgestellt, den Anforderungen des Computergrundrechtes nicht entspricht, verfassungsrechtlich problematisch.[582]

Ergebnis

Auch wenn anzuerkennen ist, dass aufgrund der technischen Entwicklung seitens der Strafverfolgungsbehörden ein grundsätzlicher Bedarf im Hinblick auf eine Online-Durchsuchung oder auch Quellen-TKÜ besteht, erscheinen die insoweit bestehenden Vorgaben des § 100a und § 100b StPO verfassungsrechtlich und technisch unzureichend. Vor dem Hintergrund der aktuellen Rechtsprechung des Bundesverfassungsgerichtes steht zu erwarten, dass das Bundesverfassungsgericht zumindest Nachbesserungen verlangen wird. Eine verfassungsgemäße Rechtsgrundlage für Eingriffe in das Computergrundrecht im Rahmen des Zugriffs auf die Inhaltsdaten endgespeicherter E-Mails stellen sie in der derzeitigen Form nicht dar.

Ergebnis zu Phase 4

In Hinblick auf die Inhaltsdaten endgespeicherter E-Mails in der Phase 4 der E-Mail-Kommunikation steht damit nach aktueller Rechtslage keine strafprozessuale Rechtsgrundlage zur Verfügung, welche den verfassungsrechtlichen Mindestanforderungen an Eingriffsermächtigungen in das Computergrundrecht genügt.

---

581 BT-Drs.: 18/12785, S. 51.

582 So im Ergebnis auch *Buermeyer*, Stellungnahme, S. 17.

V. Zusammenfassung der Ergebnisse der strafprozessualen Erwägungen

Die bestehenden strafprozessualen Eingriffsermächtigungen genügen nicht in allen Phasen der E-Mail-Kommunikation den in Abschnitt C erarbeiteten verfassungsrechtlichen Mindestanforderungen. Während für die Phasen 1 bis 3 mit der Telekommunikationsüberwachung nach § 100a StPO eine hinreichend bestimmte, verfassungskonforme Rechtsgrundlage besteht, fehlt eine solche für die abschließende Phase 4 des Telekommunikationsvorgangs gänzlich.

Phasen 1 und 3 der E-Mail-Kommunikation

Während der Phasen 1 und 3 erfüllt allein die Regelung der Telekommunikationsüberwachung des § 100a StPO die verfassungsrechtlichen Vorgaben an eine Eingriffsermächtigung in das während dieses Zeitraums einschlägige Fernmeldegeheimnis des Art. 10 Abs. 1 GG.

Während dieser beiden dynamischen Phasen des Kommunikationsvorgangs ist die Vorschrift zur Telekommunikationsüberwachung als einzige maßgebliche Rechtsgrundlage zu betrachten. Weder auf Ebene der Normenbestimmtheit und Normenklarheit noch auf der der Verhältnismäßigkeit bestehen hiergegen durchgreifende Bedenken. Auch wenn mit guten Gründen bezweifelt werden kann, dass es sich bei den in § 100a Abs. 2 StPO genannten Straftaten in jedem Falle um derart schwere Straftaten handelt, dass eine Durchbrechung des Fernmeldegeheimnisses zu ihrer Ermittlung generell erforderlich erscheint, wird über die weiteren Verhältnismäßigkeitsanforderungen der Norm eine verfassungsrechtlich tragfähige Lösung hergestellt.

Auch die zum Schutz des Kernbereiches privater Lebensgestaltung getroffenen Regelungen begegnen keinen verfassungsrechtlichen Bedenken. Die diesbezüglich getroffene Abwägungsentscheidung des Gesetzgebers zwischen generellem Schutz des Kernbereiches bei alleiniger Kernbereichsbetroffenheit und der aus den Schutzpflichten des Rechtsstaates folgenden, gleichzeitigen Wahrung der Ermittlungsmöglichkeiten stellt einen verfassungsrechtlich akzeptablen Kompromiss dar.

Phase 2 der E-Mail-Kommunikation

Auch während der Zwischenspeicherung in Phase 2 kann allein § 100a StPO als verfassungskonforme Eingriffsermächtigung herangezogen werden. Der strafprozessuale Lösungsansatz des Bundesverfassungsgerichtes, nach dem auf offene Zugriffe während der Zwischen- und Endspeicherung primär die Sicherstellungs- und Beschlagnahmevorschriften der §§ 94 ff. StPO anzuwenden sind, ist als verfassungsrechtlich nicht tragfähig abzulehnen. Entsprechendes gilt für Versuche, die Postbeschlagnahme des § 99 Abs. 1 StPO als Eingriffsgrundlage heranzuziehen.

Weder aus der Systematik der im Achten Abschnitt der StPO geregelten Ermittlungsmaß-nahmen noch aus der Normhistorie der §§ 94 ff. StPO oder der im Vorfeld der Bundesverfassungsgerichtsentscheidung bestehenden Literatur lassen sich Argumente für eine Eignung der Vorschriften als Eingriffsgrundlage in das Fernmeldegeheimnis ableiten.

Allerdings genügen die §§ 94 ff. StPO im Hinblick auf die Beschlagnahme von Daten den Vorgaben der Normenbestimmtheit und Normenklarheit. Die insoweit umstrittene Frage der Beschlagnahmefähigkeit von Daten reduziert sich bei näherer Betrachtung letztlich auf eine Frage der Vorgehensweise oder auch der Formulierung der Anordnung der Beschlagnahme. Solange diese auf eine einmalige Beschlagnahme der auf Servern des Providers gespeicherten E-Mails gerichtet ist, bestehen hiergegen keine Bedenken. Unzulässig wäre allerdings eine auf die §§ 94 ff. StPO gestützte laufende Überwachung der Telekommunikation.

Verfassungsrechtlich unzulässig ist es jedoch, dass die Regelungen weder den erforderlichen Mindestanforderungen im Hinblick auf die Verhältnismäßigkeit noch den Schutzanforderungen des Kernbereiches privater Lebensgestaltung genügen.

Im Hinblick auf die verfassungsrechtlichen Verhältnismäßigkeitsanforderungen fehlen den §§ 94 ff. StPO jegliche Vorgaben, welche geeignet wären, eine Beschränkung der Maßnahmen auf schwere Straftaten zu bewirken. Die Regelungen sind damit letztlich auf alle Straftaten anwendbar. Ein solcher Verzicht auf eine Objektivierung der zur Rechtfertigung eines Eingriffs in das Fernmeldegeheimnis erforderlichen Schwere der Straftat stellt sowohl aus dem Blickwinkel der Einheitlichkeit der Rechtsordnung als auch aus dem der Gewaltenteilung einen schwerwiegenden gesetzgeberischen Mangel dar. Es ist Aufgabe des demokratisch legitimierten Gesetzgebers zu entscheiden, welche Straftaten er als hinreichend schwer bewertet, um einen so weitreichenden Grundrechtseingriff zuzulassen. Auch die Neuregelung des § 95a StPO kann diesen Mangel durch den teilweisen Rückgriff auf § 100a Abs. 2 StPO nicht beheben, und ist zudem aufgrund bestehender Konflikte mit der einschlägigen verfassungsrechtlichen Rechtsprechung und wesentlichen strafprozessualen Prinzipien verfassungsrechtlich äußerst bedenklich.

Zudem vermögen weder die vom Bundesverfassungsgericht vorgebrachten Argumente im Hinblick auf das Strafverfolgungsinteresse noch auf die Besonderheiten des Zugriffs auf zwischen- und endgespeicherte E-Mails, namentlich der Offenheit der Maßnahme und des durch den Ermittlungszweck begrenzten, punktuellen Eingriffs zu überzeugen. Gleiches gilt für die Argumentation im Hinblick auf die Erhebung der Inhaltsdaten außerhalb des laufenden Telekommunikationsvorganges und die Einwirkungsmöglichkeiten des Betroffenen auf seinen gespeicherten E-Mail-Bestand.

Die Lösung des Bundesverfassungsgerichtes führt im Ergebnis zu einem Schutz des Fernmeldegeheimnisses zweiter Klasse in Bezug auf zwischen-, wie auch endgespeicherte Inhaltsdaten von E-Mails. Dies wird weder dem Schutzinteresse des von der Maßnahme Betroffenen noch dem intendierten Schutzgehalt des Fernmeldegeheimnisses gerecht. Für den Nutzer der E-Mail-Kommunikation ist es letztlich ohne Belang, dass ihm verfassungsrechtlich der hohe Schutzgrad des Fernmeldegeheimnisses zugesichert wird, wenn ihm dieser in der Praxis der Strafverfolgung weitestgehend verwehrt bleibt, indem die für Eingriffe in das Fernmeldegeheimnis nicht nur ungeeigneten, sondern auch zu weiten Eingriffsvoraussetzungen der einfachen Sicherstellung und Beschlagnahme angewendet werden.

Eine Anwendung der §§ 94 ff. StPO scheitert zudem am Fehlen gesetzlicher Vorgaben zum Schutz des Kernbereiches privater Lebensgestaltung. Beim Zugriff auf die in einem E-Mail-Postfach gespeicherten Nachrichten bestehen besonders weitreichende Gefahren für den Kernbereich privater Lebensgestaltung. Diese enthalten häufig Informationen zu allen Lebensbereichen des Nutzers, aus welchen sich sehr konkrete Persönlichkeits-, Kommunikations- und Bewegungsprofile erstellen und in ihrer Entwicklung nachverfolgen lassen. Es ist daher zwingend erforderlich, gesetzliche Regelungen zu schaffen, welche einen wirksamen Kernbereichsschutz sicherstellen. Fehlen diese, wie im Fall der §§ 94 ff. StPO, so ist eine Anwendung der Normen auf zwischen- aber auch endgespeicherte Inhaltsdaten von E-Mails bereits aufgrund dieses Mangels verfassungsrechtlich unzulässig.

Auch eine Anwendung der Postbeschlagnahme nach § 99 Abs. 1 StPO kommt nicht in Betracht. Diese scheitert nicht nur an den ebenfalls fehlenden gesetzlichen Vorgaben im Hinblick auf eine Beschränkung des Eingriffes auf schwere Straftaten und den Kernbereichsschutz, sondern auch an mangelnder Normenbestimmtheit und Normenklarheit. Eine E-Mail ist bei aller sprachlichen und funktionalen Nähe zu Postsendungen nicht als eine solche zu verstehen, da ihr letztlich die von § 99 Abs. 1 StPO vorausgesetzte Körperlichkeit fehlt. Es ist somit für den Betroffenen nicht erkennbar, dass E-Mails als Postsendungen oder Telegramme anzusehen sein könnten. Im Übrigen führt selbst die Anwendung der hier kritisierten Rechtsprechung des Bundesverfassungsgerichtes, welches erleichterte Eingriffsvoraussetzungen bei offenen, punktuell ausgeführten Ermittlungsmaßnahmen vorsieht, zu einer Unanwendbarkeit der Vorschrift, da die Postbeschlagnahme als heimliche Ermittlungsmaßnahem konzipiert ist.

Eine Anwendbarkeit des § 100a StPO ist dagegen gegeben. Auch ein Ausleiten zwischengespeicherter E-Mails durch den Provider an die Strafverfolgungsbehörden lässt sich ohne Verstoß gegen die Grundsätze der Normenklarheit und Normenbestimmtheit als Überwachung laufender Telekommunikation einordnen.

Bei dem in der Literatur aufgeworfenen Anwendungsproblem, vor dem Hintergrund mangelnder Elemente der zwangsweisen Inbesitznahme, handelt bei genauer Betrachtung im Ergebnis um eine Frage der Durchsetzbarkeit der strafprozessualen Zwangsmaßnahme gegenüber dem Provider. Während die generelle Eignung des § 100a StPO zur Überwachung von Fällen zwischengespeicherter E-Mails hierdurch nicht in Frage gestellt wird, besteht ein geringfügiges Durchsetzungsdefizit in Bezug auf die zwangsweise Durchsetzung der Maßnahmen gegenüber einem die Mitwirkung verweigernden Provider. Dieses ist jedoch für die Normenbestimmtheit und Normenklarheit ohne Belang. In Bezug auf die Verhältnismäßigkeit und den Kernbereichsschutz begegnet die Norm keinen durchgreifenden Bedenken.

Phase 4 der E-Mail-Kommunikation

In Hinblick auf die Inhaltsdaten endgespeicherter E-Mails in der Phase 4 der E-Mail-Kommunikation steht nach aktueller Rechtslage keine strafprozessuale Rechtsgrundlage zur Verfügung, welche den im Vergleich zum Fernmeldegeheimnis strengeren, verfassungsrechtlichen Mindestanforderungen für Eingriffsermächtigungen in das Computergrundrecht genügt.

In Bezug auf die §§ 94 ff. StPO folgt die Untauglichkeit der Eingriffsgrundlagen zur Rechtfertigung von Eingriffen in das Computergrundrecht aus dem Fehlen der zur Wahrung der Verhältnismäßigkeitsanforderungen erforderlichen Beschränkung der Maßnahme auf schwerste Straftaten sowie von hinreichenden Vorgaben zum Schutz des Kernbereichs privater Lebensgestaltung. Die bestehenden Mängel können nicht durch richterliche Rechtsfortbildung oder verfassungskonforme Auslegung im Rahmen der Anordnung der Maßnahmen durch den Ermittlungsrichter geheilt werden.

Hinsichtlich der Postbeschlagnahme nach § 99 Abs. 1 StPO kommt eine Anwendung auch während der Endspeicherung nicht in Betracht. Im Ergebnis bestehen diesbezüglich entsprechende verfassungsrechtliche Probleme, wie im Rahmen der Zwischenspeicherung.

Auch § 100a StPO scheidet als verfassungskonforme Eingriffsgrundlage aus. Bereits auf Ebene der Bestimmtheit und Klarheit der Norm erweist sich die Regelung als ungeeignet, um Eingriffe in das Computergrundrecht zu rechtfertigen. Es fehlt im Rahmen der Endspeicherung aus Sicht des Betroffenen bereits an einem überwachbaren, laufenden Telekommunikationsvorgang. Der die Kommunikation prägende Austausch von Informationen ist vollständig abgeschlossen, wenn die versendete E-Mail ihren Empfänger erreicht hat. Mit dem Zugriff findet aus Sicht des Betroffenen ein Übergang vom Transport zur Lagerung der Nachricht statt und der ursprüngliche Kommunikationsvorgang wandelt sich zu einem eigenständigen Speichervorgang. Insoweit ist bei einer Ausleitung langfristig gespeicherter Inhaltsdaten auch keine „Überwachung“ im Wortsinne mehr gegeben.

Die Vorschrift des § 100a StPO erweist sich zudem als zu eng, um den von einem Zugriff auf einen über einen längeren Zeitraum archivierten E-Mail-Bestand ausgehenden Gefahren für die Privatheit zu begegnen. Sie zielt auf die Erhebung von Informationen aus einem oder auch einer Vielzahl von Kommunikationsvorgängen über einen bestimmten Zeitraum ab. Sie ist damit weder dafür konzipiert noch dafür geeignet, den erheblichen Gefahren, welche aus einem Zugriff auf einen großen über einen langen Zeitraum zusammengetragenen Datenbestand und dessen anschließender Auswertung folgen, zu begegnen. Somit wäre eine Anwendung des § 100a StPO auf Fälle der Endspeicherung aus dem Blickwinkel des Computergrundrechtes problematisch, da sie letztlich zu einer Einschränkung des intendierten, weiterreichenden verfassungsrechtlichen Schutzes führen würde.

Der Katalog der Anlasstaten nach § 100a Abs. 2 StPO ist zudem zu weit, um eine verfassungskonforme Beschränkung des Anwendungsbereiches der Überwachungsmaßnahme auf die Verfolgung von Straftaten gegen überragend wichtige Rechtsgüter des Einzelnen und der Allgemeinheit zu ermöglichen. Der hierin zum Ausdruck kommende schwere gesetzgeberische Mangel kann nicht durch Abwägungsentscheidungen auf der Ebene des Ermittlungsrichters geheilt werden.

Die neu geschaffene Regelung zur Online-Durchsuchung gemäß § 100b StPO ist verfassungsrechtlich und technisch unzureichend, um eine verfassungskonforme Beschränkung des Computergrundrechtes im Rahmen eines Zugriffs auf Inhaltsdaten endgespeicherter E-Mails zu ermöglichen. Entsprechendes gilt für die Quellen-Telekommunikationsüberwachung.

Als verfassungsrechtlich problematisch erweist sich vor allem die Verhältnismäßigkeit der Vorschrift. Bereits auf Ebene der Eignung ist es zumindest sehr zweifelhaft, dass es auf Grundlage der Norm möglich ist, gerichtsverwertbare, revisionsfeste Beweismittel zu erlangen. Durch die Infiltration mit einer Spähsoftware wird das betroffene informationstechnische System in seiner Integrität beeinträchtigt und kompromittiert, so dass nicht mehr sichergestellt ist, dass die enthaltenen Daten und damit die erhobenen Beweise vom Betroffenen stammen. Ob sich diese Problematik technisch zufriedenstellend lösen lässt, ist derzeit offen.

Auch die notwendige Beschränkung der Ermittlungsmaßnahme auf die Verfolgung von Straftaten gegen überragend wichtige Rechtsgüter des Einzelnen und der Allgemeinheit ist nicht hinreichend erfolgt. Der Anlasstatenkatalog des § 100b Abs. 2 StPO geht bereits weit über den durch das Verfassungsgericht mit Blick auf präventives Handeln gesetzten Rahmen hinaus und kann daher auch nicht den deutlich engeren Anforderungen in Bezug auf repressive, strafprozessuale Eingriffe genügen. Die festgestellten Mängel der Rechtsgrundlage lassen sich auch durch verfassungskonforme Auslegung im Rahmen der Rechtsanwendung nicht beheben. Es ist vielmehr Aufgabe des Gesetzgebers, die Norm entsprechend verfassungskonform zu überarbeiten und dabei einzuschränken.

Eine Anwendung der Norm scheitert im Rahmen des Zugriffs auf endgespeicherte E-Mails zudem am Übermaßverbot, da in jedem Anwendungsfall die Integrität der jeweiligen Server oder Computer beeinträchtigt werden müsste. Dieses Vorgehen würde gegebenenfalls zu Schädigungen der gespeicherten Daten führen und Beeinträchtigungen oder Zugriffe durch Dritte ermöglichen. Ein solches Vorgehen wäre jedoch in den seltensten Fällen erforderlich, um Zugriff auf die endgespeicherten Inhaltsdaten zu erlangen. Ausreichend wären vielmehr die Ausleitung durch den Telekommunikationsanbieter bzw. ein beschlagnahmeähnliches Vorgehen.

E. Vorschlag für eine verfassungskonforme, strafprozessuale Rechtsgrundlage für Zugriffe auf endgespeicherte Inhaltsdaten von E-Mails

Nach den in Abschnitt D. dieser Untersuchung getroffenen Feststellungen fehlt aktuell im Hinblick auf Eingriffe in endgespeicherte Inhaltsdaten von E-Mails eine verfassungskonforme, strafprozessuale Eingriffsgrundlage.

Eine Verwendung der bestehenden Rechtsgrundlagen, ggf. in einer Kombination der verschiedenen Vorschriften, wird den Anforderungen der maßgeblichen Grundrechte nicht gerecht. Ein solches Vorgehen mag für einen Übergangzeitraum im Falle des Auftretens neuer Techniken für einen kurz bemessenen Übergangszeitraum erwägenswert sein,[1] kann aber bei derart tiefgreifenden Grundrechtseingriffen – wie dem Zugriff auf endgespeicherte Inhaltsdaten von E-Mails – niemals eine dauerhafte Lösung darstellen. Vielmehr ist vor dem Hintergrund des nunmehr jahrzehntelang andauernden Streites um die Frage der verfassungskonformen Eingriffsgrundlage eine eindeutige Regelung zwingend erforderlich.[2]

Der Gesetzgeber ist gehalten, eine verfassungskonforme, strafprozessuale Rechtsgrundlage zum Eingriff in endgespeicherte Inhaltsdaten von E-Mails zu schaffen, sofern er einen diesbezüglichen Regelungsbedarf bejaht.

Vor diesem Hintergrund soll im Folgenden eine strafprozessuale Neuregelung entworfen werden, welche den in dieser Untersuchung herausgearbeiteten verfassungsrechtlichen Anforderungen genügt.

I. Vorüberlegungen zur Neuregelung

Bevor sogleich unter II. der Versuch unternommen wird, eine verfassungskonforme, strafprozessuale Eingriffsregelung zu erstellen, ist es zunächst erforderlich, einige wesentliche Vorfragen der künftigen Regelung näher zu erörtern. Diese betreffen, neben der generellen Notwendigkeit eines gesetzgeberischen Handels, vor allem Fragen der künftigen Ausgestaltung der

---

1 In diese Richtung noch SK-*Wolter* (Oktober 2009), StPO, § 100a Rn. 40. Vgl. aber inzwischen SK-*Wolter/Greco*, StPO, § 100a Rn. 32, die nunmehr aufgrund fehlender Reformbestrebungen von einer mangelnden Rechtsgrundlage ausgehen.

2 So im Ergebnis auch Graf-*Graf*, StPO, § 100a Rn. 67; SK-*Wolter/Greco*, a. a. O.

Vorschrift im Hinblick auf die oben herausgearbeiteten Anforderungen zu den verfassungsrechtlichen Grenzen eines durch die Norm verursachten Eingriffes in das Computergrundrecht.

1. Regelungsbedarf

Die erste und wesentlichste Frage, welche sich der Gesetzgeber bei jedem Gesetzgebungsvorhaben stellen muss, oder zumindest sollte, ist die nach der Notwendigkeit der Regelung. Existiert ein dauerhaftes Bedürfnis, einen Sachverhalt gesetzlich zu regeln, welches über eine kurzfristige politische Reaktion auf aktuelle Ereignisse und Entwicklungen hinausgeht, oder ist es möglich, auf die Regelung zu verzichten, ohne dass dauerhafte negativen Folgen zu erwarten sind?

Im Hinblick auf eine strafprozessuale Norm, welche darauf abzielt, das Repertoire der bestehenden Eingriffsmaßnahmen zu erweitern, lässt sich die Frage darauf verengen, ob die Lücke in den Ermittlungsmöglichkeiten weiter hingenommen werden kann bzw. ob sie aus verfassungsrechtlichen Erwägungen gar zwingend akzeptiert werden muss.

Wie bereits ausgeführt,[3] kennt die Strafprozessordnung kein Prinzip der Wahrheitsermittlung um jeden Preis.[4] Die Ordnung der Zwangsmaßnahmen der StPO ist daher fragmentarisch, so dass Lücken im Reservoir strafprozessualer Ermittlungsmaßnahmen durchaus hinzunehmen sein können.[5] Es ist damit gerade nicht erforderlich, für jegliche bestehende oder sich künftig entwickelnde Form des Nachrichtenaustausches eine entsprechende Eingriffsermächtigung vorzuhalten oder zu schaffen, um an die gesendeten, aktuell ausgetauschten oder gespeicherten Inhaltsdaten zu gelangen. Bezogen auf den hier maßgeblichen Zugriff auf endgespeicherte Inhaltsdaten der E-Mail-Kommunikation, kann damit zunächst festgehalten werden, dass der Gesetzgeber durchaus von der Schaffung einer entsprechenden Eingriffsgrundlage absehen könnte.

Weiter ist zu beachten, dass die Eingriffstiefe eines Zugriffes auf in einem Postfach gespeicherte Inhaltsdaten von E-Mails, vor allem bei jahrelanger Nutzung, eine enorme Schwere aufweist. Die Strafverfolgungsbehörden können durch die Maßnahme Einblicke in nahezu alle Bereiche des privaten und geschäftlichen Lebens des Betroffenen erlangen und so ein sehr konkretes Persönlichkeits-, Kommunikations- und Bewegungsprofil des Betroffenen erstellen und in seiner Entwicklung nachverfolgen. Häufig werden diese Da-

---

[3] Vgl. oben S. 276ff.

[4] Vgl. BGHSt 14, 358, 365.

[5] *Janssen*, S. 133.

ten auch kernbereichsrelevant sein, so dass diesbezüglich ein absoluter Schutz vor staatlichen Zugriffen besteht.

Der beste Schutz vor staatlichen Eingriffen in Bezug auf diese sensiblen Daten wäre damit die Beibehaltung der bestehenden Rechtslage, welche nach der hier vertretenen Ansicht keine Rechtsgrundlage für einen Zugriff auf endgespeicherte Inhaltsdaten durch die Strafverfolgungsbehörden enthält. Die Daten, einschließlich solcher aus dem Kernbereich privater Lebensgestaltung, wären umfassend dem Zugriff der Ermittlungsbehörden entzogen.

Gegen einen generellen Verzicht auf eine Eingriffsermächtigung spricht jedoch die Bedeutung der zu verfolgenden Straftaten. Wie gezeigt, ist ein Eingriff in das Computergrundrecht nur dann verfassungsrechtlich zu rechtfertigen, wenn dieser der Verhinderung oder, wie hier, der Verfolgung schwerster Straftaten dient. Die Rechtsprechung des Bundesverfassungsgerichtes lässt einen Eingriff lediglich zur Verfolgung von Straftaten gegen überragend wichtige Rechtsgüter des Einzelnen und der Allgemeinheit (Leib, Leben und Freiheit der Person, Güter der Allgemeinheit, deren Bedrohung die Grundlagen oder den Bestand des Staates oder die Grundlagen der Existenz der Menschen, wie die Funktionsfähigkeit wesentlicher Teile existenzsichernder öffentlicher Versorgungseinrichtungen berührt) zu.[6]

Wird dieser Rahmen durch den Gesetzgeber nicht überschritten, so dass sich eventuelle Eingriffsmaßnahmen allein auf die Verfolgung derart schwerer Delikte beschränken, so stellt die Bedeutung der zu verfolgenden Straftaten ein gewichtiges Argument für die Notwendigkeit einer gesetzlichen Eingriffsregelung dar.

Nach der Rechtsprechung des Bundesverfassungsgerichtes treffen den Staat als Inhaber des Gewaltmonopols Schutzpflichten gegenüber seinen Bürgern,[7] welche auch darin ihren Ausdruck finden, dass dieser die Möglichkeit haben muss, schwere Straftaten aufzuklären.[8] Nach Art. 2 Abs. 2 Satz 1 und 2 in Verbindung mit Art. 1 Abs. 1 Satz 2 GG ist der Staat verpflichtet, sich „*schützend und fördernd vor das Leben, die körperliche Unversehrtheit, die Freiheit und die sexuelle Selbstbestimmung des Einzelnen zu stellen und sie vor rechtswidrigen Eingriffen von Seiten Dritter zu bewahren*“.[9] Die Möglichkeit zur effektiven Strafverfolgung stelle eine Konkretisierung dieser Schutzpflicht dar.[10] Ein Verfolgungsverzicht könne dage-

[6] BVerfGE 120, 274, 328.

[7] Vgl. hierzu statt vieler *Kingreen/Poscher*, Grundrechte Staatsrecht II, Rn. 146 ff.; *Schmidt*, Grundrechte, Rn. 22 f.

[8] Vgl. BVerfGE 129, 208, 247.

[9] BVerfG, HRRS 2014, Nr. 1063, Rn. 10 m. w. N.

[10] BVerfG, HRRS 2014, Nr. 1063, Rn. 11.

gen das Vertrauen in das Gewaltmonopol des Staates erschüttern und zu Rechtsunsicherheit und gewaltsamer Selbstjustiz führen.[11]

Der so hergeleitete Anspruch auf effektive Strafverfolgung von schwersten Delikten setzt implizit voraus, dass die staatlichen Strafverfolgungsbehörden in die Lage versetzt werden, die sich aus diesem Anspruch ergebenden Anforderungen zu erfüllen. Demzufolge muss der Gesetzgeber den Behörden, unter Beachtung der bestehenden Beschränkungen aufgrund des Verfassungsrechtes, die hierzu erforderlichen Voraussetzungen zur Verfügung stellen. Zu diesen gehört auch die Regelung entsprechender verfassungskonformer, strafprozessualer Eingriffsgrundlagen zur Verfolgung von Straftaten gegen überragend wichtige Rechtsgüter des Einzelnen, aber auch der Allgemeinheit.[12]

Der Zugriff auf endgespeicherte E-Mails erlaubt es, weitreichende Ermittlungserkenntnisse zu gewinnen, die nicht nur die Tatbegehung, sondern auch deren Hintergründe beleuchten können. Etwa dann, wenn sich Motive, welche durchaus auch entlastende Auswirkungen haben können, anhand der langfristig gespeicherten Inhaltsdaten nachvollziehen lassen. Insoweit kann sich die Schaffung einer Zugriffsregelung zumindest in Einzelfällen auch zugunsten des Betroffenen auswirken, z.B. indem dieser aufgrund eines heimlichen Zugriffs auf sein Postfach aus dem Kreis der Verdächtigen ausgeschlossen werden kann.

Allerdings lässt sich auch die rechtspolitische Perspektive eines Verzichtes auf eine Eingriffsregelung nicht ignorieren. Wäre aufgrund einer fehlenden oder mangelhaften Rechtsgrundlage die Verfolgung von Straftaten gegen überragend wichtige Rechtsgüter des Einzelnen und der Allgemeinheit unmöglich oder zumindest erheblich erschwert, so wäre dies rechtspolitisch kaum vermittelbar. Derartige schwere Straftaten haben häufig eine besondere mediale Wirkung, welche ein starkes Interesse der Bevölkerung an der Tat und deren Aufklärung mit sich bringt. Scheitert die Aufklärung der Tat aufgrund mangelnder Ermittlungsmöglichkeiten, so kann dies vor allem bei einer Häufung von Fällen durchaus dazu führen, dass ein hinreichender politischer Handlungsdruck in Richtung der Schaffung entsprechender Regelungen entsteht. Ob in einem hieraus folgenden, gegebenenfalls unter hohem Zeitdruck durchgeführten Gesetzgebungsvorhaben in jedem Falle verfassungsrechtlich hinreichend fundierte Lösungen gefunden werden, erscheint zumindest zweifelhaft.[13] Vor diesem Hintergrund erscheint es sinnvoll, die Arbei-

[11] BVerfG, a.a.O.

[12] Zum Umfang der konkret im Rahmen einer künftigen Regelung einzubeziehenden Delikte vgl. die Ausführungen zu den Katalogtaten S. 368ff.

[13] Die im Rahmen von sehr kurzfristig erfolgten Änderungen der StPO zur Regelung der Online-Durchsuchung und der Quellen-TKÜ sowie zur Zurückstellung der

ten an einer entsprechenden Regelung möglichst frühzeitig und ohne Zeitdruck aufzunehmen.

Abschließend ist bei Regelungen mit starkem Bezug zu technischen Entwicklungen zudem zu fragen, ob die geplante Regelung gegebenenfalls durch technische Weiterentwicklungen in absehbarer Zeit gegenstandslos werden könnte. D.h., im vorliegenden Fall der Schaffung einer Regelung zur Ermöglichung von Zugriffen der Strafverfolgungsbehörden auf endgespeicherte Nachrichten in E-Mail-Postfächern sollte sichergestellt sein, dass diese Kommunikationsform zumindest über einen nicht unerheblichen Zeitraum weiterhin genutzt wird. Anderenfalls würde kein hinreichender, dauerhafter Regelungsbedarf bestehen.

Dies dürfte, bei aller notwendigen Vorsicht im Hinblick auf die Prognostizierbarkeit technischer Entwicklungen und hierauf basierendem Kommunikationsverhalten, jedoch der Fall sein. Zwar mag die Bedeutung der E-Mail-Kommunikation für die private Kommunikation vor dem Hintergrund der Verbreitung von Messenger-Diensten rückläufig sein. Dennoch ist, insbesondere aufgrund der weitverbreiteten geschäftlichen Nutzung dieser Kommunikationsform, die E-Mail-Nutzung seit Beginn der 2000er-Jahr stetig gestiegen.[14] Vor allem in Unternehmen und im Online-Handel basieren weiterhin die meisten Kommunikationen auf E-Mail. Es steht damit nicht zu erwarten, dass das Kommunikationsmedium E-Mail in nächster Zeit an Bedeutung verlieren wird.

Zudem bestehen in Bezug auf die in dieser Untersuchung erörterten Fragen weitreichende Parallelen zu anderen speicherbasierten Kommunikationsformen und Internetdiensten, wie Cloud-Diensten, welche hier nicht im Detail erörtert werden können. Sofern der Gesetzgeber eine Regelung entsprechend des unten aufgeführten Vorschlages aufgreifen sollte, wäre es sinnvoll, auch solche Sachverhalte einer klaren gesetzlichen Lösung zu unterziehen.

Im Ergebnis ist damit ein langfristiges, generelles Regelungsbedürfnis in Bezug auf eine Eingriffsgrundlage in der Strafprozessordnung im Hinblick auf endgespeicherte Inhaltsdaten von E-Mails zu bejahen. Im Rahmen der konkreten Ausgestaltung der Norm ist jedoch ein strenges Augenmerk auf die Einhaltung der durch die Rechtsprechung des Bundesverfassungsgerichtes aufgestellten verfassungsrechtlichen Anforderungen an eine solche weitreichende Eingriffsregelung zu richten.

Benachrichtigung des Beschuldigten eingefügten Vorgaben deuten nach den Darlegungen auf S. 343 ff. und 353 f. sowie S. 291 ff. in eine andere Richtung.

[14] Vgl. zu den Zahlen auf S. 58.

2. Systematik und Ausgestaltung der vorgeschlagenen Regelung

Nachdem ein genereller Regelungsbedarf bejaht werden konnte, stellt sich die Frage nach der konkreten Ausgestaltung und systematischen Stellung der künftigen Norm im bestehenden Gefüge der strafprozessualen Ermittlungsmaßnahmen.

a) Systematischer Standort

Die systematische Stellung der geplanten Norm innerhalb des Achten Abschnittes der StPO hängt wesentlich davon ab, ob diese inhaltlich einer Sicherstellung und Beschlagnahme von Gegenständen oder einer Überwachungsmaßnahme näherstehen wird. Im ersten Fall wäre die Vorschrift in die §§ 94 ff. StPO einzuordnen, während im zweiten Fall, bei allen Mängeln in der Systematik des Abschnittes,[15] die §§ 100a ff. StPO der naheliegende Standort der Norm wären.

Ein beschlagnahmeartiges Vorgehen erscheint vorliegend nicht sinnvoll und dürfte zudem gegen das Übermaßverbot verstoßen. Solange sich die endgespeicherten Inhaltsdaten der E-Mails bei einem Provider befinden, ist in jedem Falle eine Regelung ähnlich des derzeitigen § 100a Abs. 4 StPO zur Regelung der Mitwirkungspflichten hinreichend. In der Praxis würde das Vorgehen dem bei § 100a StPO entsprechen, so dass die Strafverfolgungsbehörden gemäß § 5 Abs. 1 und 2 TKÜV durch den Provider eine vollständige Kopie der von der angeordneten Ermittlungsmaßnahme erfassten E-Mails erhalten. Ein solches Vorgehen bietet aufgrund seiner Heimlichkeit auch ermittlungstaktische Vorteile, indem es eine öffentlich wahrnehmbare Durchsuchung vermeidet. Allerdings bedürfen auch die verbleibenden Fälle, in welchen ein Zugriff über den Telekommunikationsdienstleister nicht möglich ist, einer Regelung, um Lücken im Grundrechtsschutz der Betroffenen zu vermeiden und um auch diesbezüglich eine verfassungskonforme Eingriffsregelung sicherzustellen.[16] Anderenfalls wären die Betroffenen in der Praxis wiederum Beschlagnahmeversuchen ausgesetzt. Die geplante Regelung muss daher beide Fallkonstellationen abdecken. Hierzu bietet es sich an, ähnlich wie im aktuellen § 100b Abs. 1 Satz 1 StPO allgemein auf ein Erheben von Daten aus dem E-Mail-Postfach abzustellen.

Aufgrund der Nähe der Regelung zur Telekommunikationsüberwachung sowie den durch die Maßnahme bewirkten Eingriff in das E-Mail-Postfach als durch das Computergrundrecht geschütztes informationstechnisches Sys-

---

[15] *Klesczewski*, ZStW 123, (2011), 737, 748.

[16] Vgl. zur Lückenhaftigkeit des § 100a StPO S. 319 ff.

tem erscheint es sinnvoll, die geplante Norm zwischen den aktuellen §§ 100a und 100b StPO einzuordnen.

b) Aufbau der Norm

Im Hinblick auf den Aufbau der Norm kann der derzeitige § 100a Abs. 1 bis 4 StPO als Vorbild dienen. Aus der dort gewählten Aufteilung von allgemeinen Voraussetzungen (Abs. 1), Straftatenkatalog (Abs. 2), Beschränkung des Anwendungsbereichs (Abs. 3) und Mitwirkungspflichten (Abs. 4) i. V. m. den Regelungen zum Kernbereichsschutz in § 100d StPO und den Verfahrensregelungen nach § 100e StPO ergibt sich ein in sich schlüssiges Regelungskonstrukt, an dem sich die Neuregelung orientieren kann.

Daneben können die Vorgaben des § 100b StPO als bisher einziger Regelung der StPO, die zu Eingriffen in das Computergrundrecht ermächtigt, insbesondere mit Blick auf den Kernbereichsschutz und die formalen Anforderungen der Neuregelung, als Vorlage dienen.

c) Allgemeine Voraussetzungen

Zur Beschränkung des Grundrechtseingriffes müssen zunächst die allgemeinen Voraussetzungen an die Ermittlungsmaßnahme so ausgestaltet werden, dass dieser auf das erforderliche Maß beschränkt bleibt.

Die derzeit in § 100a Abs. 1 Nr. 1 bis 3 StPO geregelten Anforderungen können insoweit im Wesentlichen übernommen werden. Die in Nr. 1 geregelten Anforderungen an den Tatverdacht und die Bestimmbarkeit des Betroffenen entsprechen auch den an Eingriffe in das Computergrundrecht zu stellenden Mindestanforderungen.

Die besondere Schwere der Tat im Einzelfall (Nr. 2) gibt dem anordnenden Richter die Möglichkeit, zur Wahrung der Verhältnismäßigkeit eine Abwägungsentscheidung zu treffen und im Einzelfall bei weniger schwerwiegenden Fallkonstellationen von einer Anordnung der Maßnahme abzusehen.

Auch die aktuelle Nr. 3 kann in wesentlichen Teilen in die Neuregelung übernommen werden, da durch sie die Subsidiarität der Maßnahme gegenüber anderen weniger schwerwiegenden Eingriffsmaßnahmen gewahrt wird. Es muss allerdings aufgrund der Schwere des Eingriffes klargestellt werden, dass die Erhebung von endgespeicherten Inhaltsdaten aus einem E-Mail-Postfach nur als letztes Mittel in Betracht zu ziehen ist. Daher wird allein auf die Aussichtslosigkeit der Erforschung des Sachverhalts oder der Ermittlung des Aufenthaltsortes abgestellt.

Ergänzt wird der Vorschlag der Subsidiaritätsklausel um das Element der drohenden Verschlechterung der Beweislage als weiterem Anordnungsgrund, der neben die Schwere der Tat um Einzelfall und die Aussichtslosigkeit der Sachverhaltserforschung tritt. Die Regelung orientiert sich aufgrund der großen inhaltlichen Nähe zum Haftgrund der Verdunklungsgefahr an § 112 Abs. 2 Nr. 3 a) und c) StPO. In Anlehnung an die Überlegungen von Klesczewski[17] zu einer Neuregelung der Telekommunikationsüberwachung gemäß § 100a StPO findet so das Element eines drohenden prozessstörenden Verhaltens des Betroffenen Eingang in die geplante Regelung. Ist aufgrund des Verhaltens des Betroffenen zu befürchten, dass er die endgespeicherten Nachrichten einem eventuellen späteren Verfahren entziehen und so eine Aussichtslosigkeit der Erforschung des Sachverhaltes selbst herbeiführen könnte, so rechtfertigt ein solches prozessschädigendes Verhalten ebenfalls einen Zugriff auf die endgespeicherten Nachrichten. Als ein solches Verhalten kommt in den hier maßgeblichen Fällen vor allem die drohende Vernichtung des Beweismaterials durch den Betroffenen oder durch mit ihm zusammenwirkende Dritte in Betracht. Denkbare Szenarien wären beispielsweise Fälle der dauerhaften Löschung oder Verlagerung der Nachrichten an einen für die Strafverfolger schwer zugänglichen Ort. Letzteres wäre etwa dann gegeben, wenn die maßgeblichen E-Mails in für die deutschen Behörden weitgehend unzugänglichen Postfächern im Ausland ausgelagert werden.

d) Verhältnismäßigkeit des Anlasstatenkatalogs und Beschränkung des Anwendungsbereichs

Die Vorgaben zur Wahrung der Verhältnismäßigkeit des durch den Zugriff auf die endgespeicherten E-Mails bewirkten Eingriffs in das Computergrundrecht des Betroffenen bedürfen im Rahmen der Neuregelung besonderer Aufmerksamkeit. Sie sind der wesentliche Regelungsstandort zur Umsetzung der Anforderungen des Grundrechtes.

aa) Ausgestaltung des Straftatenkataloges

Besondere Bedeutung im Rahmen der Verhältnismäßigkeitsanforderungen der künftigen Eingriffsnorm kommt einer verfassungsmäßig korrekten Ausgestaltung des Straftatenkataloges zu. Dieser bildet den Kern der Verhältnismäßigkeitsregelung der vorgeschlagenen Regelung, da er es ermöglicht, bereits auf Ebene der Gesetzgebung wesentliche Begrenzungen künftiger Eingriffe vorzunehmen.

---

[17] *Klesczewski*, ZStW 123, (2011), 737, 762 f.

(1) Verzicht auf eine konkrete Regelung der Anlasstaten

Andere gesetzgeberische Mittel zur Abgrenzung hinreichend schwerer Straftaten gegen überragend wichtige Rechtsgüter des Einzelnen und der Allgemeinheit sind nicht tragfähig.

So ist es insbesondere nicht möglich, das in § 49 Abs. 1 Satz 1 BKAG gewählte Vorgehen in den strafverfahrensrechtlichen Bereich zu übertragen. Der dort verwendete Ansatz, welcher sich letztlich in einer weitgehend wortgleichen Übernahme der durch das Bundesverfassungsgericht aufgestellten Anforderungen[18] erschöpft, wurde durch das Gericht für zwar für verfassungskonform erklärt.[19] Er lässt sich in seiner Unbestimmtheit aber nicht vom präventiven in den repressiven Bereich übertragen.

Präventive Ermächtigungsgrundlagen zur Gefahrenabwehr müssen regelmäßig flexibler ausgestaltet werden, um auf auftretende Gefahrenlagen reagieren zu können. Es geht darum, wie Buermeyer anschaulich beschreibt, zu verhindern, dass *„das Kind in den Brunnen fällt“* und so Rechtsgutsverluste möglichst zu vermeiden[20] Repressive Vorschriften, deren Ziel die Erlangung revisionssicherer Beweise ist, können dagegen nicht in einem entsprechenden Maße flexibilisiert werden. Vielmehr ist es erforderlich, den Kreis der Anlasstaten hinreichend konkret zu umschreiben, um eine einheitliche Anwendung durch die zuständigen Gerichte zu gewährleisten.

Daneben wäre eine derartig flexible Regelung auch aus dem Blickwinkel der Einheitlichkeit der Rechtsordnung und der Gewaltenteilung problematisch. Schließlich wäre es allein Aufgabe des jeweiligen Ermittlungsrichters, zu bestimmen, welche Delikte den Anforderungen des Computergrundrechtes im Hinblick auf die erforderliche Schwere der Tat genügen. Hierdurch würde es zwingend zu unterschiedlichen Bewertungen der Gerichte kommen, so dass Betroffene je nach Gericht – oder gar zuständigem Richter – in einigen Fällen Grundrechtseingriffen ausgesetzt wären und in anderen jedoch nicht. Eine solche Situation ist durch den Gesetzgeber zu vermeiden, indem er klare Vorgaben zum Kreis der erfassten Straftaten macht und so seiner Aufgabe im Rahmen der verfassungsmäßigen Ordnung nachkommt.

---

[18] BVerfGE 120, 274, 328.

[19] BVerfGE 141, 220, 304 f.

[20] *Buermeyer*, Stellungnahme, S. 10.

(2) Einzelheiten des Kataloges

Einen Ansatzpunkt für die Ausgestaltung der Anlasstaten bietet der bestehende Katalog des § 100b Abs. 2 StPO. Dieser enthält die Delikte, bei welchen eine akustische Wohnraumüberwachung nach § 100c StPO als, bis zur Regelung der Online-Durchsuchung, schwerste strafprozessuale Eingriffsmaßnahme der StPO vorgenommen werden kann. Eine einfache Übernahme für Eingriffe in das Computergrundrecht ist allerdings, wie bereits aufgezeigt,[21] vor dem Hintergrund der Vorgaben des Bundesverfassungsgerichtes nicht möglich, da die Regelung eine Vielzahl von Straftaten nennt, welche nicht die erforderliche Schwere aufweisen, um einen Eingriff in das Computergrundrecht zu rechtfertigen. In seiner Entscheidung zur Schaffung des Computergrundrechts[22] hat das Bundesverfassungsgericht einen engen Rahmen für Eingriffe zur Gefahrenabwehr vorgegeben. Dieser kann bei der Schaffung repressiver Vorschriften maximal erreicht, keinesfalls aber überschritten werden.

Es ist daher notwendig, die in § 100b Abs. 2 StPO genannten Anlasstaten auf solche zu reduzieren, deren Schutzgut überragend wichtige Rechtsgüter des Einzelnen und der Allgemeinheit (Leib, Leben und Freiheit der Person, Güter der Allgemeinheit, deren Bedrohung die Grundlagen oder den Bestand des Staates oder die Grundlagen der Existenz der Menschen, wie die Funktionsfähigkeit wesentlicher Teile existenzsichernder öffentlicher Versorgungseinrichtungen berührt) sind. Nur diese Normen können in den Anlasstatenkatalog der geplanten Norm übernommen werden.

Analysiert man die Vorgaben des Bundesverfassungsgerichtes, so wird zunächst deutlich, dass diese die Schutzgüter des Eigentums und des Vermögens nicht nennen. Hieraus folgt, dass sämtliche Eigentums- und Vermögensdelikte des Anlasstatenkataloges des aktuellen § 100b Abs. 2 StPO nicht in die Neuregelung übernommen werden können. Demzufolge müssen die § 100b Abs. 2 Nr. 1 h) (Bandendiebstahl)[23], k) (Hehlereidelikte)[24], l) (Geldwäschedelikte)[25] und m) (Computerbetrug)[26] StPO unberücksichtigt bleiben.

---

[21] Vgl. oben S. 350 f.

[22] BVerfGE 120, 274 ff.

[23] Geschütztes Rechtsgut der Diebstahlsdelikte ist das Eigentum (vgl. *Fischer*, StGB, § 242 Rn. 2).

[24] Vgl. zur Eigenschaft der Hehlereidelikte als Vermögensdelikte Schönke/Schröder-*Hecker*, StGB, § 259 Rn. 1.

[25] Die Geldwäschedelikte schützen neben dem durch die Vortat verletzten Rechtsgut auch die staatliche Rechtspflege und das Ermittlungsinteresse. Vgl. dazu Schönke/Schröder-*Hecker*, StGB, § 261 Rn. 2; *Fischer*, StGB, § 261 Rn. 2 sowie BT-Drs. 12/989, S. 27.

Anders verhält sich dies bzgl. der erfassten Raubdelikte (§ 100b Abs. 2 Nr. 1 i) StPO), da bei diesen das Element der Gewalt gegen eine Person hinzutritt, so dass eine Betroffenheit des Schutzgutes „Leib" gegeben ist. Entsprechend kann aus dem derzeitigen § 100b Abs. 2 Nr. 1 j) StPO jedoch lediglich die räuberische Erpressung nach § 255 StGB in die Neuregelung übernommen werden, da insoweit Gewalt gegen eine Person erforderlich ist. Der genannte schwere Fall einer Erpressung nach § 253 StGB erfasst nur Gewalt gegen Sachen[27] und muss daher unberücksichtigt bleiben.

Ebenfalls keine Aufnahme in die Neuregelung finden können die Geld- und Wertzeichenfälschung nach den §§ 146 und 151 StGB (§ 100b Abs. 2 Nr. 1 c) StPO). Geschütztes Rechtsgut dieser Straftatbestände sind die Sicherheit und Funktionsfähigkeit des Geldverkehrs[28] bzw. des Rechtsverkehrs mit Wertpapieren, so dass sich eine abstrakte Eignung zur Bedrohung wesentlicher Teile existenzsichernder öffentlicher Versorgungseinrichtungen im Falle massenhafter Geld- oder Wertpapierfälschungen durchaus vertreten ließe[29]. Allerdings ist dies allenfalls theoretisch denkbar, da der tatsächliche Anteil der im Umlauf befindlichen Falschgeldmenge verschwindend gering ist.[30] Eine solche theoretische Bedrohung der Grundlagen oder des Bestands des Staates oder der Grundlagen der Existenz der Menschen erscheint daher nicht ausreichend, um eine Aufnahme in den Katalog der geplanten Vorschrift zu rechtfertigen.

Gänzlich entfallen müssen auch die Straftatbestände nach dem Asylgesetz (§ 100b Abs. 2 Nr. 2 StPO). Die genannten Delikte sind allenfalls im Falle einer massenhaften Begehung geeignet, Bedrohungen für die Grundlagen oder den Bestand des Staates zu verursachen. Entsprechendes gilt weitgehend auch für die aufgeführten Delikte nach dem Aufenthaltsgesetz. Hier erfüllen allein § 96 Abs. 2 Nr. 5 AufenthG (Einschleusen von Ausländern unter Gefahr für Leib und Leben des Geschleusten) und § 97 Abs. 1 AufenthG (Einschleusen mit Todesfolge) die Anforderungen.

Gegenüber einer Aufnahme der übrigen Regelungen des aktuellen § 100b Abs. 2 StPO bestehen keine Bedenken.

Schließlich ist darauf hinzuweisen, dass es keinesfalls ausreichend ist, auf die Begehung durch Telekommunikationsmittel, vergleichbar § 100g Abs. 1

---

26 Geschütztes Rechtsgut ist das Individualvermögen (vgl. *Fischer*, StGB, § 263a Rn. 2).

27 *Fischer*, StGB, § 253 Rn. 4.

28 *Fischer*, StGB, vor § 146 Rn. 2.

29 In diesem Sinne MüKo-*Erb*, StGB, vor § 146 Rn. 2, der insbesondere auf die Folgen für das Wirtschaftsleben und die Bedeutung des Geldes als Wertträger verweist.

30 Nach *Fischer*, a. a. O. lediglich 0,001 % der gesamten Geldmenge.

Satz 1 Nr. 2 StPO abzustellen. Die Begehungsform bzw. das gewählte Tatmittel treffen keine Aussage über die Schwere der jeweiligen Tat. Demzufolge kommt etwa ein Zugriff auf ein E-Mail-Postfach bei mittels E-Mail begangenen Beleidigungsdelikten o.ä. nur aufgrund der Tatsache, dass eine Ermittlung anderweitig nur schwer möglich wäre, generell nicht in Betracht.

bb) Beschränkungen des Anwendungsbereiches und Mitwirkungspflichten

Hinsichtlich der Regelungen zu Beschränkung des Anwendungsbereiches und der Mitwirkungspflichten von Telekommunikationsdienstleistern kann inhaltlich auf die bestehenden Vorgaben des § 100a Abs. 3 und 4 StPO zurückgegriffen werden.

e) Kernbereichsschutz

Ein weiteres wesentliches Element der Regelung sind Vorgaben zum Schutz des Kernbereiches privater Lebensgestaltung, welche den Anforderungen aus der Rechtsprechung des Bundesverfassungsgerichtes genügen.[31]

Das Bundesverfassungsgericht hat diesbezüglich bereits im Urteil aus dem Jahr 2008 – in welchem es die Grundsätze des Computergrundrechtes entwickelte – ein zweistufiges Schutzkonzept vorgelegt.[32] Danach muss eine Eingriffsregelung sicherstellen, dass eine Erhebung von Daten aus dem Kernbereich soweit wie möglich unterbleibt. Werden jedoch dennoch im Rahmen der Maßnahme kernbereichsrelevante Daten erhoben, so sind diese unverzüglich zu löschen und eine Verwertung auszuschließen.[33] Der Schutz des Kernbereichs wird damit in wesentlichen Teilen auf die Auswertungsphase verlagert. Gegenüber einer solchen Vorgehensweise bestehen nach der hier vertretenen Ansicht keine verfassungsrechtlichen Bedenken, solange eine unabhängige Stelle mit der Entscheidung über die Verwendbarkeit der Daten beauftragt wird.[34] Diese Vorgaben erfüllt, wie ausgeführt,[35] der für den Kernbereichsschutz im Rahmen der Online-Durchsuchung geltende § 100d Abs. 1 und 3 StPO. Daher kann diesbezüglich in der Neuregelung auf diese Vorgaben zurückgegriffen werden.

---

31 Vgl. hierzu die Ausführungen auf S. 208 ff.

32 BVerfGE 120, 274, 338 f.

33 BVerfGE, a. a. O.

34 Vgl. hierzu die Ausführungen auf S. 211 ff.

35 Vgl. insoweit die Erörterungen auf S. 352 f.

Schließlich sind auch die in § 100d Abs. 5 StPO enthaltenen Regelungen zum Schutz zeugnisverweigerungsberechtigter Personen auf die Neuregelung zu erstrecken.

f) Verfahrensvoraussetzungen

Auch in Hinblick auf die Regelung der Verfahrensvoraussetzungen nach § 100e StPO können weitgehend die zur Regelung der Online-Durchsuchung geschaffenen Vorgaben als Vorbild dienen und entsprechend erweitert werden.

So ist es aufgrund der Bedeutung des Grundrechtseingriffes auch bei Erhebungen von Inhaltsdaten endgespeicherter E-Mails notwendig, eine Anordnung der Maßnahme durch die in § 74a Abs. 4 GVG genannte Kammer des Landgerichtes vorzusehen. In der Entscheidungsformel sind zudem das betroffene Postfach und der Umfang der von der Maßnahme umfassten Nachrichten konkret zu bezeichnen, um die Grundrechtseingriffe auf das absolut notwendige Maß zu beschränken.

Ebenfalls erforderlich ist eine Aufnahme der Neuregelung in den § 101 StPO, um eine Benachrichtigung der von der Maßnahme Betroffenen und eine Kennzeichnung der erhobenen Daten zu ermöglichen.

Um Daten zum Umfang der Anwendung der Maßnahme zu erhalten, ist zudem der § 101b StPO entsprechend auf die Neuregelung zu erweitern.

II. Gesetzentwurf

Vorbemerkung

Der folgende ausformulierte Gesetzesvorschlag für einen Referentenentwurf des zuständigen Bundesministeriums der Justiz zur Regelung des strafprozessualen Zugriffs auf endgespeicherte E-Mails entspricht den formalen Vorgaben für einen derartigen Entwurf. Er beschränkt sich jedoch auf die Regelungen der StPO, des GVG, des TKG und der TKÜV, weitere erforderliche Folgeänderungen in anderen Gesetzen werden nicht dargestellt.

Referentenentwurf
des Bundesministeriums der Justiz

Entwurf eines Gesetzes zur Regelung des Zugriffs auf endgespeicherte E-Mails

A. Problem und Ziel

Derzeit steht für den Zugriff der Strafverfolgungsbehörden auf endgespeicherte E-Mails keine verfassungskonforme strafprozessuale Eingriffsgrundlage zur Verfügung.

Versuche in Rechtsprechung und Literatur, die bestehenden Rechtsgrundlagen – namentlich die Vorgaben zur Sicherstellung und Beschlagnahme nach §§ 94 ff. der Strafprozessordnung (StPO), die Postbeschlagnahme nach § 99 Absatz 1 StPO oder die Telekommunikationsüberwachung nach § 100a StPO – auf derartige Fälle anzuwenden, haben sich als unzureichend erwiesen. Hintergrund sind die besonderen verfassungsrechtlich bedingten Anforderungen, welche an einen solchen Zugriff zu stellen sind.

Während der Phasen 1 bis 3 der E-Mail-Kommunikation bestimmt sich der verfassungsrechtliche Schutz der Inhaltsdaten einer E-Mail allein durch das Fernmeldegeheimnis des Artikel 10 Absatz 1 GG. Für Zugriffe steht während dieser Zeit mit dem § 100a StPO eine verfassungskonforme Eingriffsgrundlage zur Verfügung.

In der abschließenden 4. Phase der E-Mail-Kommunikation, der Endspeicherung, bedürfen die Inhaltsdaten einer E-Mail eines besonders strengen verfassungsrechtlichen Schutzes. Aufgrund der dauerhaften Speicherung einer Vielzahl von Nachrichten kann ein sehr konkretes Persönlichkeits-, Kommunikations- und Bewegungsprofil über Jahre hinweg erstellt und in seiner Entwicklung nachverfolgt werden. Nahezu jeder Bereich des persönlichen und geschäftlichen Lebens des Empfängers einer E-Mail, aber auch seiner Kommunikationspartner, kann so in den Fokus der Ermittlungsbehörden gelangen, wenn diese auf die endgespeicherten E-Mails in dessen Postfach zugreifen. Hieraus entstehen nicht nur wertvolle Ermittlungsansätze, sondern auch weitreichende Gefahren für die verfassungsrechtlich geschützten Rechte der Kommunikationsteilnehmer, welchen durch hinreichende grundrechtliche Schutzgewährleistungen begegnet werden muss.

Während der Endspeicherung werden die Inhaltsdaten einer E-Mail nicht vom Fernmeldegeheimnis geschützt, da es in diesem Zeitraum an einem laufenden Kommunikationsvorgang mangelt. Der verfassungsrechtliche Schutz wird vielmehr, unabhängig davon, ob die Nachricht auf dem heimischen Rechner oder bei einem Dritten (Provider oder Arbeitgeber) gespeichert ist, durch das allgemeine Persönlichkeitsrecht in seiner Ausprägung als Recht auf Gewährleistung der Vertraulichkeit und Integrität informationstechnischer Systeme nach Artikel 2 Absatz 1 i. V. m. 1 Absatz 1 GG (Computergrundrecht) gewährleistet.

Den – im Vergleich zum Fernmeldegeheimnis – deutlich strengeren Anforderungen des Computergrundrechtes an einen strafprozessualen Eingriff genügen die bestehenden Regelungen nicht.

B. Lösung

Zur Regelung des strafprozessualen Zugriffs auf endgespeicherte E-Mails wird eine Neuregelung geschaffen, welche den Anforderungen des Computergrundrechtes genügt. Diese wird als neuer § 100b in die Strafprozessordnung eingefügt.

Der neu eingefügte § 100b StPO regelt die Erhebung der Inhaltsdaten endgespeicherter E-Mails aus dem E-Mail-Postfach eines Betroffenen im Einklang mit den Anforderungen des Computergrundrechtes. Die Regelung erfasst Zugriffe auf Inhalte der E-Mail-Kommunikation während der Phase 4 einer solchen Kommunikation, während auf die vorherigen durch das Fernmeldegeheimnis geschützten Phasen 1 bis 3 allein der § 100a StPO Anwendung findet. Mittels der §§ 100a und 100b StPO wird somit ein abgestimmtes Zugriffskonzept für die gesamte Kommunikation per E-Mail geschaffen, welches Rückgriffe auf andere Regelungen, insbesondere die der Sicherstellung und Beschlagnahme nach den §§ 94 ff. StPO oder die der Postbeschlagnahme nach § 99 Absatz 1 StPO ausschließt.

Im Hinblick auf den Aufbau der Norm dient der derzeitige § 100a Absatz 1 bis 4 StPO als Vorbild. Die dort gewählte Aufteilung von allgemeinen Voraussetzungen (Absatz 1), Straftatenkatalog (Absatz 2), Beschränkung des Anwendungsbereichs (Absatz 3) und Mitwirkungspflichten (Absatz 4) i. V. m. den Regelungen zum Kernbereichsschutz im aktuellen § 100d StPO und den Verfahrensregelungen nach dem derzeitigen § 100e StPO ergibt ein in sich schlüssiges Regelungskonstrukt, an dem sich die Neuregelung orientieren kann.

Daneben können die Vorgaben des bisherigen § 100b StPO als bisher einziger Regelung der StPO, die zu Eingriffen in das Computergrundrecht ermächtigt, als Vorlage, insbesondere mit Blick auf den erforderlichen Kernbereichsschutz und die formalen Anforderungen der Neuregelung dienen.

Im Rahmen der Ausgestaltung der Anforderungen der Zugriffsregelung ist der besonderen Schwere des Eingriffs in die verfassungsmäßigen Rechte des Betroffenen durch besondere Schutzvorkehrungen Rechnung zu tragen. Vor diesem Hintergrund werden daher nicht nur die Eingriffsvoraussetzungen im Vergleich zum § 100a StPO verschärft, sondern auch der Kreis der Straftaten, bei deren Verdacht auf die Inhaltsdaten der endgespeicherten E-Mails zugegriffen werden kann, erheblich beschränkt.

C. Alternativen

Keine. Ein Verzicht auf eine Eingriffsgrundlage würde die Möglichkeiten zur Verfolgung besonders schwerer Straftaten erheblich beschränken.

D. Haushaltsausgaben ohne Erfüllungsaufwand

Kann offenbleiben.

E. Erfüllungsaufwand

Kann offenbleiben.

E.1 Erfüllungsaufwand für Bürgerinnen und Bürger

Kann offenbleiben.

E.2 Erfüllungsaufwand für die Wirtschaft

Kann offenbleiben.

E.3 Erfüllungsaufwand der Verwaltung

Kann offenbleiben.

F. Weitere Kosten

Kann offenbleiben.

Referentenentwurf des Bundesministeriums der Justiz

Entwurf eines Gesetzes zur Regelung des Zugriffs auf endgespeicherte E-Mails

Vom ...

Der Bundestag hat das folgende Gesetz beschlossen:

Artikel 1
Änderung der Strafprozessordnung

Die Strafprozessordnung in der Fassung der Bekanntmachung vom 7. April 1987 (BGBl. I S. 1074, 1319), die zuletzt durch Artikel 2 des Gesetzes vom 25. März 2022 (BGBl. I S. 571) geändert worden ist, wird wie folgt geändert:

1. Die Inhaltsübersicht wird wie folgt geändert:
   a) Nach der Angabe zu § 100a wird folgende Angabe eingefügt:
   „§ 100b Zugriff auf endgespeicherte E-Mails".
   b) Die Angaben zu den bisherigen §§ 100b bis 100d werden in die Angaben zu den §§ 100c bis 100e geändert.
   c) Die Angaben zum bisherigen § 100e werden in die Angaben zu § 100f geändert und werden wie folgt gefasst:
   „§ 100f Verfahren bei Maßnahmen nach den §§ 100a bis 100d".
   d) Die Angaben zu den bisherigen §§ 100f bis 100k werden in die Angaben zu den §§ 100g bis 100l geändert.
2. In § 100a Absatz 5 Satz 1 Nummer 1 Buchstabe b) wird die Angabe „100e Absatz 1" durch die Abgabe „100f Absatz 1" ersetzt.
3. Nach § 100a wird folgender § 100b eingefügt:

„§ 100b

Zugriff auf endgespeicherte E-Mails

(1) Auch ohne Wissen der Betroffenen dürfen Inhaltsdaten endgespeicherter E-Mails aus einem E-Mail-Postfach erhoben werden, wenn
   1. bestimmte Tatsachen den Verdacht begründen, dass jemand als Täter oder Teilnehmer eine in Absatz 2 bezeichnete besonders schwere Straftat gegen überragend wichtige Rechtsgüter des Einzelnen und der Allgemeinheit begangen, in Fällen, in denen der Versuch strafbar ist, zu begehen versucht, oder durch eine Straftat vorbereitet hat,
   2. die Tat auch im Einzelfall besonders schwer wiegt,

3. die Erforschung des Sachverhalts oder die Ermittlung des Aufenthaltsortes des Beschuldigten aussichtslos wäre und
4. das Verhalten des Beschuldigten den dringenden Verdacht begründet, er werde die Aussichtslosigkeit der Erforschung des Sachverhalts herbeiführen, indem er die E-Mails vernichtet, verändert, beiseiteschafft, unterdrückt oder fälscht oder andere zu solchem Verhalten veranlasst.

(2) Besonders schwere Straftaten im Sinne des Absatzes 1 Nummer 1 sind:

1. aus dem Strafgesetzbuch:
   a) Straftaten des Hochverrats und der Gefährdung des demokratischen Rechtsstaates sowie des Landesverrats und der Gefährdung der äußeren Sicherheit nach den §§ 81, 82, 89a, 89c Absatz 1 bis 4, nach den §§ 94, 95 Absatz 3 und § 96 Absatz 1, jeweils auch in Verbindung mit § 97b, sowie nach den §§ 97a, 98 Absatz 1 Satz 2, § 99 Absatz 2 und den §§ 100, 100a Absatz 4,
   b) Betreiben krimineller Handelsplattformen im Internet in den Fällen des § 127 Absatz 3 und 4, sofern der Zweck der Handelsplattform im Internet darauf ausgerichtet ist, in den Buchstaben a und c bis j sowie in den Nummern 2 bis 9 genannte besonders schwere Straftaten zu ermöglichen oder zu fördern,
   c) Bildung krimineller Vereinigungen nach § 129 Absatz 1 in Verbindung mit Absatz 5 Satz 3 und Bildung terroristischer Vereinigungen nach § 129a Absatz 1, 2, 4, 5 Satz 1 erste Alternative, jeweils auch in Verbindung mit § 129b Absatz 1,
   d) Straftaten gegen die sexuelle Selbstbestimmung in den Fällen des § 176 Absatz 1 und der §§ 176c, 176d und, unter den in § 177 Absatz 6 Satz 2 Nummer 2 genannten Voraussetzungen, des § 177,
   e) Verbreitung, Erwerb und Besitz kinderpornografischer Inhalte in den Fällen des § 184b Absatz 1 Satz 1 und Absatz 2,
   f) Mord und Totschlag nach den §§ 211, 212,
   g) Straftaten gegen die persönliche Freiheit in den Fällen des § 232 Absatz 2 und 3, des § 232a Absatz 1, 3, 4 und 5 zweiter Halbsatz, des § 232b Absatz 1 und 3 sowie Absatz 4, dieser in Verbindung mit § 232a Absatz 4 und 5 zweiter Halbsatz, des § 233 Absatz 2, des § 233a Absatz 1, 3 und 4 zweiter Halbsatz, der §§ 234 und 234a Absatz 1 und 2 sowie der §§ 239a und 239b,
   h) schwerer Raub und Raub mit Todesfolge nach § 250 Absatz 1 oder Absatz 2, § 251,
   i) räuberische Erpressung nach § 255,

j) besonders schwerer Fall der Bestechlichkeit und Bestechung nach § 335 Absatz 1 unter den in § 335 Absatz 2 Nummer 1 bis 3 genannten Voraussetzungen,

2. aus dem Aufenthaltsgesetz:
   a) Einschleusen von Ausländern nach § 96 Absatz 2 Satz 1 Nummer 5,
   b) Einschleusen mit Todesfolge nach § 97 Absatz 1,
3. aus dem Außenwirtschaftsgesetz:
   a) Straftaten nach § 17 Absatz 1, 2 und 3, jeweils auch in Verbindung mit Absatz 6 oder 7,
   b) Straftaten nach § 18 Absatz 7 und 8, jeweils auch in Verbindung mit Absatz 10,
4. aus dem Betäubungsmittelgesetz:
   a) besonders schwerer Fall einer Straftat nach § 29 Absatz 1 Satz 1 Nummer 1, 5, 6, 10, 11 oder 13, Absatz 3 unter der in § 29 Absatz 3 Satz 2 Nummer 1 genannten Voraussetzung,
   b) eine Straftat nach den §§ 29a, 30 Absatz 1 Nummer 1, 2, 4, § 30a,
5. aus dem Gesetz über die Kontrolle von Kriegswaffen:
   a) eine Straftat nach § 19 Absatz 2 oder § 20 Absatz 1, jeweils auch in Verbindung mit § 21,
   b) besonders schwerer Fall einer Straftat nach § 22a Absatz 1 in Verbindung mit Absatz 2,
6. aus dem Grundstoffüberwachungsgesetz: Straftaten nach § 19 Absatz 3,
7. aus dem Neue-psychoaktive-Stoffe-Gesetz: Straftaten nach § 4 Absatz 3 Nummer 1,
8. aus dem Völkerstrafgesetzbuch:
   a) Völkermord nach § 6,
   b) Verbrechen gegen die Menschlichkeit nach § 7,
   c) Kriegsverbrechen nach den §§ 8 bis 12,
   d) Verbrechen der Aggression nach § 13,
9. aus dem Waffengesetz:
   a) besonders schwerer Fall einer Straftat nach § 51 Absatz 1 in Verbindung mit Absatz 2,
   b) besonders schwerer Fall einer Straftat nach § 52 Absatz 1 Nummer 1 in Verbindung mit Absatz 5.

(3) Die Anordnung darf sich nur gegen den Beschuldigten oder gegen Personen richten, von denen auf Grund bestimmter Tatsachen anzunehmen ist, dass sie für den Beschuldigten bestimmte oder von ihm herrührende Mitteilungen entgegennehmen oder weitergeben oder dass der Beschuldigte das E-Mail-Postfach der anderen Person benutzt.

(4) Auf Grund der Anordnung eines Zugriffs auf endgespeicherte E-Mails hat jeder, der Telekommunikationsdienste erbringt oder daran mitwirkt, dem Gericht, der Staatsanwaltschaft und ihren im Polizeidienst tätigen Ermittlungspersonen (§ 152 des Gerichtsverfassungsgesetzes) diese Maßnahmen zu ermöglichen und die erforderlichen Auskünfte unverzüglich zu erteilen. Ob und in welchem Umfang hierfür Vorkehrungen zu treffen sind, bestimmt sich nach dem Telekommunikationsgesetz und der Telekommunikations-Überwachungsverordnung. § 95 Absatz 2 gilt entsprechend."

3. Der bisherige § 100b wird § 100c und in Absatz 3 Satz 2 Nummer 1 wird die Angabe „§ 100e Absatz 3" durch die Angabe „100f Absatz 3" ersetzt.

4. Der bisherige § 100c wird § 100d und wie folgt geändert:

   a) In Absatz 1 Nummer 1 wird die Angabe „§ 100b Absatz 2" durch die Angabe „§ 100c Absatz 2" ersetzt.

   b) In Absatz 2 Satz 2 Nummer 1 wird die Angabe „§ 100e Absatz 3" durch die Angabe „§ 100f Absatz 3" ersetzt.

5. Der bisherige § 100d wird § 100e und wie folgt geändert:

   a) In Absatz 1 und Absatz 2 Satz 1 wird jeweils die Angabe „§§ 100a bis 100c" durch die Angabe „§§ 100a bis 100d" ersetzt.

   b) In Absatz 3 Satz 1 und 2 wird jeweils die Angabe „§ 100b" durch die Angabe „§§ 100b und 100c" ersetzt.

   c) Absatz 4 wird wie folgt geändert:

      aa) In Satz 1 wird die Angabe „§ 100c" durch die Angabe „§ 100d" ersetzt.

      bb) In Satz 4 wird die Angabe „§ 100e Absatz 5" durch die Angabe „§ 100f Absatz 5" ersetzt.

   d) In Absatz 5 Satz 1 und 2 wird jeweils die Angabe „§§ 100b und 100c" durch die Angabe „§§ 100b bis 100d" ersetzt.

6. Der bisherige § 100e wird § 100f und wie folgt geändert:

   a) In der Überschrift wird die Angabe „§§ 100a bis 100c" durch die Angabe „§§ 100a bis 100d" ersetzt.

   b) In Absatz 2 Satz 1 wird die Angabe „§§ 100b und 100c" durch die Angabe „§§ 100b bis 100d" ersetzt.

   c) Absatz 3 Satz 2 wird wie folgt geändert:

aa) Nach Nummer 5 wird folgende Nummer 5a eingefügt:

„5a. bei Maßnahmen nach § 100b eine genaue Bezeichnung des E-Mail-Postfaches, aus dem Daten erhoben werden sollen sowie eine möglichst genaue Beschreibung der zu erhebenden E-Mails,“.

bb) In Nummer 6 wird die Angabe „§ 100b“ durch die Angabe „§ 100c“ ersetzt.

cc) In Nummer 7 wird Angabe „§ 100c“ durch die Angabe „§ 100d“ ersetzt.

d) Absatz 4 wird wie folgt geändert:

aa) In Satz 1 wird die Angabe „§§ 100a bis 100c“ durch die Angabe „§§ 100a bis 100d“ ersetzt.

bb) In Satz 2 Nummer 3 wird die Angabe „§ 100c“ durch die Angabe „§ 100d“ und die Angabe „§ 100d Absatz 4 Satz 1“ durch die Angabe „§ 100e Absatz 4 Satz 1“ ersetzt.

e) In Absatz 5 Satz 3 und 5 wird jeweils die Angabe „§§ 100b und 100c“ durch die Angabe „§§ 100b bis 100d“ ersetzt.

f) Absatz 6 wird wie folgt geändert:

aa) Im Satzteil vor Nummer 1 wird die Angabe „§§ 100b und 100c“ durch die Angabe „§§ 100b bis 100d“ ersetzt.

bb) In Nummer 1 wird die Angabe „§ 100b oder § 100c“ durch die Angabe „§ 100b, 100c oder § 100d“ ersetzt.

cc) In Nummer 2 wird die Angabe „§ 100d Absatz 5 Satz 1 zweiter Halbsatz“ durch die Angabe „§ 100e Absatz 5 Satz 1 zweiter Halbsatz“ ersetzt.

dd) In Nummer 3 wird die Angabe „§ 100b oder § 100c“ durch die Angabe „§ 100b, 100c oder § 100d“ ersetzt.

7. Der bisherige § 100f wird § 100g und in Absatz 4 wird die Angabe „§ 100d Absatz 1 und 2 sowie § 100e Absatz 1, 3, 5 Satz 1“ durch die Angabe „§ 100e Absatz 1 und 2 sowie § 100f Absatz 1, 3, 5 Satz 1“ ersetzt.

8. Der bisherige § 100g wird § 100h.

9. Der bisherige § 100h wird § 100i und in Absatz 4 wird die Angabe „§ 100d Absatz 1 und 2“ durch die Angabe „§ 100e Absatz 1 und 2“ ersetzt.

10. Der bisherige § 100i wird § 100j und in Absatz 3 wird die Angabe „§ 100e Absatz 1 Satz 1 bis 3“ durch die Angabe „§ 100f Absatz 1 Satz 1 bis 3“ ersetzt.

11. Der bisherige § 100j wird § 100k und in Absatz 1 Satz 3 wird die Angabe „§ 100b Absatz 2 Nummer 1 Buchstabe a, c, e, f, g, h oder m, Nummer 3 Buchstabe b erste Alternative“ durch die Angabe „§ 100c Absatz 2 Nummer 1 Buchstabe a, c, e, f, g, h oder m, Nummer 3 Buchstabe b erste Alternative“ ersetzt.

12. Der bisherige § 100k wird § 100l und in Absatz 1 Satz 2 wird die Angabe „§ 100g Absatz 2“ durch die Angabe „§ 100h Absatz 2“ ersetzt.

13. § 101 wird wie folgt geändert:

   a) In Absatz 1 wird die Angabe „§§ 98a, 99, 100a bis 100f, 100h, 100i, 110a, 163d bis 163g“ durch die Angabe „§§ 98a, 99, 100a bis 100g, 100i, 100j, 110a, 163d bis 163g“ ersetzt.

   b) In Absatz 2 wird die Angabe „§§ 100b, 100c, 100f, 100h Abs. 1 Nr. 2 und § 110a“ durch die Angabe „§§ 100b bis 100d, 100g, 100i Absatz 1 Nummer 2 und § 110a“ ersetzt.

   c) Absatz 4 Satz 1 wird wie folgt geändert:

      aa) Nach Nummer 3 wird folgende Nummer 3a eingefügt:

      „3a. des § 100b die Zielperson sowie die Beteiligten der von der Maßnahme betroffenen E-Mail-Kommunikationen, als mitbetroffene Personen,“.

      bb) In Nummer 4 wird die Angabe „§ 100b“ durch die Angabe „§ 100c“ ersetzt.

      cc) In Nummer 5 wird die Angabe „§ 100c“ durch die Angabe „§ 100d“ ersetzt.

      dd) In Nummer 6 wird die Angabe „§ 100f“ durch die Angabe „§ 100g“ ersetzt.

      ee) In Nummer 7 wird die Angabe „§ 100h Abs. 1“ durch die Angabe „§ 100i Absatz 1“ ersetzt.

      ff) In Nummer 8 wird die Angabe „§ 100i“ durch die Angabe „§ 100j“ ersetzt.

   d) In Absatz 6 Satz 5 wird die Angabe „§§ 100b und 100c“ durch die Angabe „§§ 100b bis 100d“ ersetzt.

14. § 101a wird wie folgt geändert:

   a) Die Absätze 1 und 1a werden wie folgt gefasst:

   „(1) Bei Erhebungen von Verkehrsdaten nach § 100h gelten § 100a Absatz 3 und 4 und § 100f entsprechend mit der Maßgabe, dass

      1. in der Entscheidungsformel nach § 100f Absatz 3 Satz 2 auch die zu übermittelnden Daten und der Zeitraum, für den sie übermittelt werden sollen, eindeutig anzugeben sind,

2. der nach § 100a Absatz 4 Satz 1 zur Auskunft Verpflichtete auch mitzuteilen hat, welche der von ihm übermittelten Daten nach § 176 des Telekommunikationsgesetzes gespeichert wurden.

In den Fällen des § 100h Absatz 2, auch in Verbindung mit § 100h Absatz 3 Satz 2, findet abweichend von Satz 1 § 100f Absatz 1 Satz 2 keine Anwendung. Bei Funkzellenabfragen nach § 100h Absatz 3 genügt abweichend von § 100f Absatz 3 Satz 2 Nummer 5 eine räumlich und zeitlich eng begrenzte und hinreichend bestimmte Bezeichnung der Telekommunikation.

(1a) Bei der Erhebung und Beauskunftung von Nutzungsdaten eines Telemediendienstes nach § 100l gilt § 100a Absatz 3 und 4, bei der Erhebung von Nutzungsdaten nach § 100l Absatz 1 zudem § 100f Absatz 1 und 3 bis 5 entsprechend mit der Maßgabe, dass in der Entscheidungsformel nach § 100f Absatz 3 Satz 2 an die Stelle der Rufnummer (§ 100f Absatz 3 Satz 2 Nummer 5), soweit möglich eine eindeutige Kennung des Nutzerkontos des Betroffenen, ansonsten eine möglichst genaue Bezeichnung des Telemediendienstes tritt, auf den sich das Auskunftsverlangen bezieht."

b) In Absatz 2 und Absatz 3 Satz 1 wird jeweils die Angabe „§ 100g oder § 100k Absatz 1 oder Absatz 2" durch die Angabe „§ 100h oder § 100l Absatz 1 oder Absatz 2" ersetzt.

c) In Absatz 4 Satz 1 und Absatz 5 wird jeweils die Angabe „§ 100g" durch die Angabe „§ 100h" ersetzt.

d) In Absatz 6 wird die Angabe „§ 100g oder der Nutzungsdaten nach § 100k Absatz 1 und 2" durch die Angabe „§ 100h oder der Nutzungsdaten nach § 100l Absatz 1 und 2" ersetzt.

e) In Absatz 7 wird die Angabe „§ 100k Absatz 3" durch die Angabe „§ 100l Absatz 3" ersetzt.

15. § 101b wird wie folgt geändert:

a) Absatz 1 wird wie folgt geändert:

aa) In Satz 1 wird die Angabe „§§ 100a, 100b, 100c, 100g und 100k Absatz 1 und 2" durch die Angabe „§§ 100a, 100b bis 100d, 100h und 100l Absatz 1 und 2" ersetzt.

bb) In Satz 3 wird die Angabe „§ 100c" durch die Angabe „§ 100d" ersetzt.

b) Nach Absatz 2 wird folgender Absatz 2a eingefügt:

„(2a) In den Übersichten über Maßnahmen nach § 100b sind anzugeben:

1. die Anzahl der Verfahren, in denen Maßnahmen nach § 100b Absatz 1 angeordnet worden sind;
2. die Anzahl der Überwachungsanordnungen nach § 100b Absatz 1, unterschieden nach Erst- und Verlängerungsanordnungen;
3. die jeweils zugrunde liegende Anlassstraftat nach Maßgabe der Unterteilung in § 100b Absatz 2."

c) In Absatz 3 wird jeweils die Angabe „§ 100b" durch die Angabe „§ 100c" ersetzt.

d) Absatz 4 wird wie folgt geändert:

aa) Im Satzteil vor Nummer 1 und in Nummer 1 wird jeweils die Angabe „§ 100c" durch die Angabe „§ 100d" ersetzt.

bb) In Nummer 2 wird die Angabe „§ 100b Absatz 2" durch die Angabe „§ 100c Absatz 2" ersetzt.

cc) In Nummer 7 wird die Angabe „§ 100d Absatz 4, § 100e Absatz 5" durch die Angabe „§ 100e Absatz 4, § 100f Absatz 5" ersetzt.

e) In Absatz 5 wird jeweils die Angabe „§ 100g" durch die Angabe „§ 100h" ersetzt

f) In Absatz 6 wird die Angabe „§ 100k" durch die Angabe „§ 100l" ersetzt.

16. In § 110a Absatz 1 Satz 5 wird die Angabe „§ 100d Absatz 1 und 2" durch die Angabe „§ 100e Absatz 1 und 2" ersetzt.

17. In § 160a Absatz 5 wird die Angabe „§§ 97, 100d Absatz 5 und § 100g Absatz 4" durch die Angabe „§§ 97, 100e Absatz 5 und § 100h Absatz 4" ersetzt.

18. In § 161 Absatz 3 Satz 2 wird die Angabe „§ 100e Absatz 6 Nummer 3" durch die Angabe „§ 100f Absatz 6 Nummer 3" ersetzt.

19. In § 163d Absatz 2 Satz 3 und § 163e Absatz 4 Satz 4 wird jeweils die Angabe „§ 100e Absatz 1 Satz 3" durch die Angabe „§ 100f Absatz 1 Satz 3" ersetzt.

20. In § 163e Absatz 4 Satz 4 wird die Angabe „§ 100e Absatz 1 Satz 3" durch die Angabe „§ 100f Absatz 1 Satz 3" ersetzt.

21. § 163f wird wie folgt geändert:

a) In Absatz 2 Satz 2 wird die Angabe „§ 100d Absatz 1 und 2" durch die Angabe „§ 100e Absatz 1 und 2" ersetzt.

b) In Absatz 3 Satz 3 wird die Angabe „§ 100e Absatz 1 Satz 4 und 5" durch die Angabe „§ 100f Absatz 1 Satz 4 und 5" ersetzt.

22. In § 479 Absatz 2 Satz 3 wird die Angabe „§ 100i Absatz 2 Satz 2“ durch die Angabe „§ 100j Absatz 2 Satz 2“ ersetzt.

Artikel 2
Änderung des Gerichtsverfassungsgesetzes

Das Gerichtsverfassungsgesetz in der Fassung der Bekanntmachung vom 9. Mai 1975 (BGBl. I S. 1077), das zuletzt durch Artikel 8 des Gesetzes vom 7. Juli 2021 (BGBl. I S. 2363) geändert worden ist, wird wie folgt geändert:

1. In § 74a Absatz 4 wird die Angabe „§§ 100b und 100c“ durch die Angabe „§§ 100c und 100d“ ersetzt.
2. In § 120 Absatz 4 Satz 2 wird die Angabe „§ 100e Absatz 2 Satz 6“ durch die Angabe „§ 100f Absatz 2 Satz 6“ ersetzt.

Artikel 3
Änderung des Telekommunikationsgesetzes

Das Telekommunikationsgesetzes vom 23. Juni 2021 (BGBl. I S. 1858), das zuletzt durch Artikel 8 des Gesetzes vom 10. September 2021 (BGBl. I S. 4147) geändert worden ist, wird wie folgt geändert:

1. In § 170 Absatz 4 Satz 2 wird nach der Angabe „§ 100a Absatz 4 Satz 1“ die Angabe „und § 100b Absatz 4 Satz 1“ eingefügt.
2. In § 171 Absatz 1 Satz 1 wird die Angabe „§ 100i Absatz 1“ durch die Angabe „§ 100j Absatz 1“ ersetzt.

Artikel 4
Änderung der Telekommunikations-Überwachungsverordnung

Die Telekommunikations-Überwachungsverordnung in der Fassung der Bekanntmachung vom 11. Juli 2017 (BGBl. I S. 2316), die zuletzt durch Artikel 6 Absatz 3 des Gesetzes vom 5. Juli 2021 (BGBl. I S. 2274) geändert worden ist, wird wie folgt geändert:

1. § 1 Nummer 1 wird wie folgt gefasst:

   „1. die grundlegenden Anforderungen an die Gestaltung der technischen Einrichtungen, die für die Umsetzung der

   a) in den §§ 100a Absatz 1 Satz 1 und 100b Absatz 1 der Strafprozessordnung,

   b) in den §§ 3, 5 und 8 des Artikel 10-Gesetzes,

   c) in den § 72 Absatz 1, 2 und 4des Zollfahndungsdienstgesetzes,

   d) in § 51 des Bundeskriminalamtgesetzes,

   e) in den §§ 19, 24 und 26 des BND-Gesetzes sowie

f) im Landesrecht

vorgesehenen Maßnahmen zur Überwachung der Telekommunikation und der Erhebung von Inhaltsdaten endgespeicherter E-Mails aus einem E-Mail-Postfach erforderlich sind, sowie organisatorische Eckpunkte für die Umsetzung derartiger Maßnahmen mittels dieser Einrichtungen,".

2. § 2 wird wie folgt geändert:

   a) Nummer 1 wird wie folgt geändert:

      aa) In Buchstabe a wird die Angabe „§ 100e" durch die Angabe „§ 100f" ersetzt.

      bb) In Buchstabe b wird die Angabe „§ 100g" durch die Angabe „100h" ersetzt.

   b) In Nummer 3 Buchstabe a wird nach der Angabe „§ 100a Absatz 4 Satz 1," die Angabe „§ 100b Absatz 4 Satz 1" eingefügt.

   c) In Nummer 15 werden die Wörter „eine Maßnahme zur Überwachung der Telekommunikation nach § 100a Absatz 1 Satz 1 der Strafprozessordnung," durch die Wörter „eine Maßnahme nach den §§ 100a Ansatz 1 Satz 1 und 100b Absatz 1 der Strafprozessordnung" ersetzt.

3. In der Überschrift zu Teil 2 wird die Angabe „§§ 100a Absatz 1 Satz 1" durch die Angabe §§ 100a Ansatz 1 Satz 1 und 100b Absatz 1" ersetzt.

4. In § 3 Absatz 3 wird die Angabe „§ 100a Absatz 4 Satz 1" durch die Angabe „§ 100a Absatz 4 Satz 1 und 100b Absatz 4 Satz 1" ersetzt.

5. In § 5 Absatz 1 werden die Wörter „bei Überwachungsmaßnahmen nach den 100a Absatz 1 Satz 1" durch die Wörter „bei Überwachungsmaßnahmen nach den §§ 100a Absatz 1 Satz 1 und 100b Absatz 1" ersetzt.

7. In § 32 Absatz 3 Satz 3 Nummer 3 wird die Angabe „§ 100g Absatz 1" durch die Angabe „§ 100h Absatz 1" ersetzt.

Artikel 5
Inkrafttreten

Dieses Gesetz tritt sechs Monate nach der Verkündung in Kraft.

Begründung

A. Allgemeiner Teil

I. Zielsetzung und Notwendigkeit der Regelungen

Der Entwurf dient der Einfügung einer verfassungskonformen strafprozessualen Eingriffsgrundlage für den Zugriff der Strafverfolgungsbehörden auf endgespeicherte E-Mails, welche den Anforderungen des Computergrundrechtes an einen solchen schweren Eingriff in die Rechte des Betroffenen genügt.

Aufgrund der dauerhaften Speicherung einer Vielzahl von Nachrichten kann bei einem Zugriff ein sehr konkretes Persönlichkeits-, Kommunikations- und Bewegungsprofil über Jahre hinweg erstellt und in seiner Entwicklung nachverfolgt werden. Nahezu jeder Bereich des persönlichen und geschäftlichen Lebens des Empfängers einer E-Mail, aber auch seiner Kommunikationspartner, kann so in den Fokus der Ermittlungsbehörden gelangen, wenn diese auf die endgespeicherten E-Mails in dessen Postfach zugreifen. Hieraus entstehen nicht nur wertvolle Ermittlungsansätze, sondern auch weitreichende Gefahren für die verfassungsrechtlich geschützten Rechte der Kommunikationsteilnehmer, welchen durch hinreichende grundrechtliche Schutzgewährleistungen begegnet werden muss. Daher wird der Eingriff – in Übereinstimmung mit den Vorgaben des Bundesverfassungsgerichtes – lediglich zur Verfolgung von Straftaten gegen überragend wichtige Rechtsgüter des Einzelnen und der Allgemeinheit (Leib, Leben und Freiheit der Person, Güter der Allgemeinheit, deren Bedrohung die Grundlagen oder den Bestand des Staates oder die Grundlagen der Existenz der Menschen, wie die Funktionsfähigkeit wesentlicher Teile existenzsichernder öffentlicher Versorgungseinrichtungen berührt) zugelassen. Ergänzend hierzu werden weitere Anforderungen zur Gewährleistung der Verhältnismäßigkeit des Eingriffes geregelt.

Ein Verzicht auf eine Eingriffsermächtigung kommt aufgrund der Bedeutung der zu verfolgenden Straftaten und des Anspruchs auf effektive Strafverfolgung von schwersten Delikten nicht in Betracht.

Wesentlicher Inhalt des Entwurfs

In die Strafprozessordnung wird ein neuer § 100b eingefügt, welcher die Anforderungen an den Zugriff auf endgespeicherte Inhaltsdaten von E-Mails im Einklang mit den durch die Rechtsprechung des Bundesverfassungsgerichtes aufgestellten Anforderungen regelt. Daneben werden in den §§ 100f und 101 StPO sowie § 74a GVG Anforderungen an die Anordnung der Maßnahme und die Benachrichtigung der Betroffenen eingefügt.

Zudem wird eine Vielzahl redaktioneller Änderungen aufgrund der Neuregelung vorgenommen.

Alternativen

Keine. Ein Verzicht auf eine Eingriffsgrundlage würde die Möglichkeiten zur Verfolgung besonders schwerer Straftaten erheblich beschränken.

Gesetzgebungskompetenz

Die Gesetzgebungskompetenz des Bundes folgt aus Artikel 74 Absatz 1 Nr. 1 GG (Strafrecht, gerichtliches Verfahren, Gerichtsverfassung) sowie Artikel 73 Absatz 1 Nr. 7 GG (Telekommunikation).

Vereinbarkeit mit dem Recht der Europäischen Union und völkerrechtlichen Verträgen

Es sind keine EU-Vorgaben betroffen.

Gesetzesfolgen

Rechts- und Verwaltungsvereinfachung

Kann offenbleiben.

Nachhaltigkeitsaspekte

Das Gesetz entfaltet keine Wirkungen, die im Widerspruch zu einer nachhaltigen Entwicklung im Sinne der Nachhaltigkeitsstrategie der Bundesregierung stehen.

Haushaltsausgaben ohne Erfüllungsaufwand

Kann offenbleiben.

Erfüllungsaufwand

Kann offenbleiben.

Weitere Kosten

Kann offenbleiben.

Weitere Gesetzesfolgen

Kann offenbleiben.

Befristung; Evaluierung

Kann offenbleiben.

B. Besonderer Teil

Zu Artikel 1 (Änderung der Strafprozessordnung)

Zu Nummer 1 (Inhaltsübersicht)

Die Änderungen passen das Inhaltsverzeichnis redaktionell an die Einfügung des neuen § 100b StPO und die hierdurch bewirkten Folgeänderungen an.

Zu Nummer 2 (§ 100a StPO)

Es handelt sich um eine redaktionelle Änderung aufgrund der Neuregelung in § 100b StPO.

Zu Nummer 3 (§ 100b StPO neu)

Vorbemerkungen

Der neu eingefügte § 100b StPO regelt die Erhebung der Inhaltsdaten endgespeicherter E-Mails aus einem E-Mail-Postfach eines Betroffenen im Einklang mit den Anforderungen des Computergrundrechtes.

Die Regelung erfasst Zugriffe auf Inhalte der E-Mail-Kommunikation während der Phase 4 eines E-Mail-Kommunikations-Vorganges, während auf die vorherigen durch das Fernmeldegeheimnis geschützten Phasen 1 bis 3 allein der § 100a StPO Anwendung findet. Mittels der §§ 100a und 100b StPO wird somit ein abgestimmtes Zugriffskonzept für die gesamte E-Mail-Kommunikation geschaffen, welches Rückgriffe auf andere Regelungen, insbesondere die der Sicherstellung und Beschlagnahme nach den §§ 94 ff. StPO oder die Postbeschlagnahme ausschließt.

Maßgebliches Abgrenzungskriterium von Zwischenspeicherung (Phase 2) und Endspeicherung (Phase 4) ist, bei der Verwendung von Webmail-Diensten, die Einwirkungsmöglichkeit des Empfängers auf die Nachricht. Die Phase der Zwischenspeicherung endet mit dem Login des Empfängers in das jeweilige Postfach. Ab diesem Zeitpunkt hat er die Möglichkeit, die E-Mail zur Kenntnis zu nehmen und auf diese einzuwirken, indem er entscheidet, ob er die Nachricht im Postfach belässt, an einem anderen, sichereren Ort speichert, löscht, ausdruckt oder auch Schutzmaßnahmen vor unbefugtem Zugriff ergreift. In Fällen, in welchen kein Webmail-Dienst verwendet wird, ist der Abruf auf den jeweiligen Zielrechner maßgeblich.

Der Aufbau der Regelung orientiert sich am bestehenden § 100a StPO. Die dort gewählte Aufteilung von allgemeinen Voraussetzungen (Absatz 1), Straftatenkatalog (Absatz 2), Beschränkung des Anwendungsbereichs (Absatz 3) und Mitwirkungspflichten (Absatz 4) i.V.m. den Regelungen zum Kernbereichsschutz im aktuellen § 100d StPO und den Verfahrensregelungen nach dem derzeitigen § 100e StPO ergibt ein in sich schlüssiges Regelungskonstrukt, an dem sich die Neuregelung orientieren kann.

Daneben kann auf die Vorgaben des aktuellen § 100b StPO als bisher einziger Regelung der StPO, die zu Eingriffen in das Computergrundrecht ermächtigt, insbesondere mit Blick auf den erforderlichen Kernbereichsschutz und die formalen Anforderungen der Neuregelung zurückgegriffen werden.

Absatz 1

Absatz 1 regelt die generellen Voraussetzungen einer Erhebung von Inhaltsdaten endgespeicherter E-Mails aus einem E-Mail-Postfach und orientiert sich hierbei an den Vorgaben des § 100a StPO, welche für die erhöhten Anforderungen des Computergrundrechtes angepasst werden.

Die Erhebung von Inhaltsdaten endgespeicherter E-Mails beschränkt sich nicht auf die Ausleitung der Daten durch den Provider am Übergabepunkt nach den Vorgaben der TKÜV, sondern erfasst in Ausnahmefällen, wenn eine solche Vorgehensweise nicht erfolgen kann, auch beschlagnahmeähnliche Vorgehensweisen.

Um den erhöhten Anforderungen des Computergrundrechtes gerecht zu werden, wird nicht nur das Vorliegen eines einfachen Tatverdachts hinsichtlich der in Absatz 2 genannten besonders schweren Straftaten verlangt, sondern es werden auch die Subsidiaritätsanforderungen gegenüber § 100a Absatz 1 StPO verschärft. Aufgrund der Schwere des durch die Erhebung der Daten bewirkten Eingriffes muss klargestellt werden, dass diese nur als letztes Mittel in Betracht zu ziehen ist. Daher wird allein auf die Aussichtslosigkeit der Erforschung des Sachverhalts oder der Ermittlung des Aufenthaltsortes abgestellt. Eine bloße wesentliche Erschwernis, wie im Rahmen des § 100a Absatz 1 Satz 1 Nummer 3 StPO, ist nicht hinreichend.

Ergänzt werden die Subsidiaritätsanforderungen in Nummer 4 um das Element der drohenden Verschlechterung der Beweislage als weiterem Anordnungsgrund, der zur Aussichtslosigkeit der Sachverhaltserforschung hinzutritt. Die Regelung orientiert sich aufgrund der großen inhaltlichen Nähe zum Haftgrund der Verdunklungsgefahr an § 112 Absatz 2 Nr. 3 a) und c) StPO. Ist aufgrund des Verhaltens des Betroffenen zu befürchten, dass er die endgespeicherten Nachrichten einem eventuellen späteren Verfahren entziehen und so eine Aussichtslosigkeit der Erforschung des Sachverhaltes selbst herbeiführen könnte, so rechtfertigt ein solches prozessschädigendes Verhalten ebenfalls einen Zugriff auf die endgespeicherten Nachrichten. Als ein solches Verhalten kommt in den hier maßgeblichen Fällen vor allem die drohende Vernichtung des Beweismaterials durch den Betroffenen oder durch mit ihm zusammenwirkende Dritte in Betracht. Denkbare Szenarien wären beispielsweise Fälle der dauerhaften Löschung oder Verlagerung der Nachrichten an einen für die Strafverfolger schwer zugänglichen Ort. Letzteres wäre etwa dann gegeben, wenn die maßgeblichen E-Mails in für die deutschen Behörden weitgehend unzugängliche Postfächer im Ausland ausgelagert werden.

Absatz 2

In seiner Entscheidung zur Schaffung des Computergrundrechts (BVerfGE 120, 274ff.) hat das Bundesverfassungsgericht einen engen Rahmen vorgegeben. Danach kommen als Anlasstaten nur solche in Betracht, deren Schutzgut überragend wichtige Rechtsgüter des Einzelnen und der Allgemeinheit (Leib, Leben und Freiheit der Person, Güter der Allgemeinheit, deren Bedrohung die Grundlagen oder den Bestand des Staates oder die Grundlagen der Existenz der Menschen, wie die Funktionsfähigkeit wesentlicher Teile existenzsichernder öffentlicher Versorgungseinrichtungen berührt) sind (BVerfGE 120, 274, 328).

Vor diesem Hintergrund sind erhebliche Beschränkungen des Kreises der Anlasstaten im Vergleich zum Katalog des nunmehrigen § 100c Absatz 2 StPO (bisher 100b Absatz 2 StPO) erforderlich. So können insbesondere keine Eigentums- und Vermögensdelikte in die Neuregelung übernommen werden, da die Rechtsprechung des Bundesverfassungsgerichtes derartige Delikte unerwähnt lässt. Anders sind Raubdelikte zu beurteilen, da bei diesen das Element der Gewalt gegen eine Person hinzutritt, so dass eine Betroffenheit des Schutzgutes „Leib“ gegeben ist. Entsprechend kann auch lediglich die räuberische Erpressung nach § 255 StGB in die Neuregelung aufgenommen werden, da insoweit Gewalt gegen eine Person erforderlich ist.

Ebenfalls keine Aufnahme finden können die Geld- und Wertzeichenfälschung nach den §§ 146 und 151 StGB. Geschütztes Rechtsgut dieser Straftatbestände sind die Sicherheit und Funktionsfähigkeit des Geldverkehrs bzw. des Rechtsverkehrs mit Wertpapieren. Eine für die Übernahme der Vorschriften in den Katalog der geplanten Regelung hinreichende Bedrohung der Grundlagen oder des Bestands des Staates oder der Grundlagen der Existenz der Menschen durch massenhafte Fälschungen erscheint vor dem Hintergrund der tatsächlich im Umlauf befindlichen äußerst geringen Falschgeldmenge nicht begründbar.

Gänzlich entfallen müssen auch Straftatbestände nach dem Asylgesetz, die allenfalls im Falle einer massenhaften Begehung geeignet wären, Bedrohungen für die Grundlagen oder den Bestand des Staates zu verursachen. Entsprechendes gilt weitgehend auch für Delikte nach dem Aufenthaltsgesetz. Hier erfüllen allein § 96 Absatz 2 Nr. 5 AufenthG (Einschleusen von Ausländern unter Gefahr für Leib und Leben des Geschleusten) und § 97 Absatz 1 AufenthG (Einschleusen mit Todesfolge) die Anforderungen.

Im Übrigen orientiert sich der Katalog am nunmehrigen § 100c Absatz 2 StPO.

Absatz 3

Die Anordnung kann sich, wie auch in § 100a Absatz 3 StPO, nur gegen den Beschuldigten, eventuelle Nachrichtenmittler oder solche Personen richten, von denen anzunehmen ist, dass der Beschuldigte deren E-Mail-Postfach benutzt.

Absatz 4

Die Vorschrift regelt die Mitwirkungspflichten der Telekommunikationsdienstleister parallel zu § 100a Absatz 4.

Zu Nummern 4 und 5

Es handelt sich um redaktionelle Änderungen aufgrund der Neuregelung in § 100b StPO.

Zu Nummer 6 (§ 100e)

Die nunmehr in § 100e StPO geregelten Vorgaben zum Schutz des Kernbereiches privater Lebensgestaltung werden durch die Regelung auch auf den neuen § 100b StPO erstreckt. Hierbei werden auf die Vorschrift die bereits für den anderen in der StPO geregelten Fall eines Eingriffes in ein informationstechnisches System – die Online-Durchsuchung – geltenden Vorgaben angewendet.

Hiermit wird in Übereinstimmung mit den durch das Bundesverfassungsgericht bei Entwicklung des Computergrundrechtes aufgestellten Grundsätzen ein zweistufiges Schutzkonzept zum Schutz des Kernbereichs privater Lebensgestaltung angewendet. Demzufolge muss eine Eingriffsregelung sicherstellen, dass die Erhebung von Daten aus dem Kernbereich soweit wie möglich unterbleibt. Werden jedoch dennoch im Rahmen der Maßnahme kernbereichsrelevante Daten erhoben, so sind diese unverzüglich zu löschen und eine Verwertung auszuschließen.

Die Vorgaben des geltenden § 100d Absatz 1 und 3 StPO erfüllen diese Grundsätze und können daher auch auf den Zugriff auf endgespeicherte Inhaltsdaten von E-Mails angewendet werden.

Im Übrigen handelt es sich um redaktionelle Änderungen aufgrund der Neuregelung in § 100b StPO.

Zu Nummer 7 (§ 100f StPO)

Durch die vorgenommenen Änderungen wird die Neuregelung des § 100b StPO in die Verfahrensvoraussetzungen des § 100f StPO integriert.

Dabei wird aufgrund der Bedeutung des Grundrechtseingriffes auch bei Erhebungen von Inhaltsdaten endgespeicherter E-Mails in Absatz 2 eine Anordnung der Maßnahme durch die in § 74a Absatz 4 GVG genannte Kammer des Landgerichtes vorgesehen.

In Absatz 3 wird eine neue Nummer 5a aufgenommen, welche zusätzlich zu den auch für Fälle des § 100b StPO geltenden allgemeinen Regelungen besondere Anforderungen an die Entscheidungsformel aufstellt. Ziel der Vorschrift ist die Beschränkung des Eingriffes in das Computergrundrecht auf das absolut notwendige Maß. Die Erhebung aller Inhaltsdaten aus den Postfächern eines E-Mail-Clients verstößt regelmäßig gegen das Übermaßverbot. Daher ist es erforderlich, durch konkrete Vorgaben den Eingriff zu beschränken (BVerfGE 124, 43, 67 f.). Vor diesem Hintergrund ist es notwendig, die betroffenen Postfächer und auch die zu erhebenden E-Mails konkret zu bezeichnen. Als Abgrenzungskriterien kommen u. a. die Nennung von bestimmten Postfächern, Absendern, Sendezeitpunkten oder auch Schlagwörtern in Betracht.

Im Übrigen handelt es sich um redaktionelle Änderungen aufgrund der Neuregelung in § 100b StPO.

Zu Nummern 8 bis 12

Es handelt sich um redaktionelle Änderungen aufgrund der Neuregelung in § 100b StPO.

Zu Nummer 13 (§ 101)

Die Änderungen in § 101 StPO ermöglichen eine Benachrichtigung von der Maßnahme der Betroffenen und eine Kennzeichnung der erhobenen Daten sowie eine getrennte Aktenführung entsprechend der Vorgaben bei anderen verdeckten Maßnahmen. Hierdurch wird zum einen sichergestellt, dass der Betroffene die Möglichkeit hat, die Maßnahmen zumindest im Nachgang einer gerichtlichen Überprüfung zu unterziehen, sofern eine Benachrichtigung nicht im Einzelfall nach den Vorgaben des § 101 StPO unterbleiben muss. Zum anderen ermöglicht die Kennzeichnung die Einhaltung der Verwendungsbeschränkungen nach § 100f Absatz 6.

Als zu benachrichtigende Personen benennt die eingefügte Absatz 4 Satz 1 Nummer 3a neben der Zielperson auch die Beteiligten E-Mail-Kommunikationen, auf die im Rahmen der Maßnahme zugegriffen wird. Auch in die Grundrechte Letzterer – insbesondere das Fernmeldegeheimnis – wird durch den Zugriff auf die endgespeicherten Inhaltsdaten eingegriffen. Daher ist auch ihnen durch Benachrichtigung die Möglichkeit einer Überprüfung zu eröffnen.

Im Übrigen handelt es sich um redaktionelle Änderungen aufgrund der Neuregelung in § 100b StPO.

Zu Nummer 14 (§ 101a StPO)

Es handelt sich um redaktionelle Änderungen aufgrund der Neuregelung in § 100b StPO.

Zu Nummer 15 (§ 101b StPO)

Durch die Änderungen werden die bestehenden statistischen Berichtspflichten entsprechend auf die nach dem neuen § 100b angeordneten Maßnahmen erweitert, um so eine Information der Öffentlichkeit und eine spätere Evaluierung der Norm zu gewährleisten.

Im Übrigen handelt es sich um redaktionelle Änderungen aufgrund der Neuregelung in § 100b.

Zu Nummern 16 bis 22

Es handelt sich um redaktionelle Änderungen aufgrund der Neuregelung in § 100b StPO.

Zu Artikel 2 (Änderung des Gerichtsverfassungsgesetzes)

Aufgrund der Bedeutung des Grundrechtseingriffes wird auch bei Erhebungen von Inhaltdaten endgespeicherter E-Mails eine Anordnung der Maßnahme durch die in § 74a Absatz 4 GVG genannte Kammer des Landgerichtes vorgesehen.

Zu Artikel 3 (Änderung des Telekommunikationsgesetzes)

Die Änderungen dienen der Einfügung der Neuregelung des § 100b Absatz 4 Satz 1 StPO in § 170 Absatz 4 Satz 2 TKG.

Zu Artikel 4
(Änderung der Telekommunikations-Überwachungsverordnung)

Es handelt sich um redaktionelle Folgeänderungen der Neuregelung in § 100b StPO.

Zu Artikel 5 (Inkrafttreten)

Die Änderung tritt sechs Monate nach ihrer Verkündung in Kraft, um den Strafverfolgungsbehörden hinreichende Vorbereitungszeit einzuräumen.

F. Fazit

Abschließend kann mit Blick auf die eingangs dieser Untersuchung gestellten Fragen Folgendes festgehalten werden:

a) Diese Untersuchung hat gezeigt, dass sich der verfassungsrechtlich garantierte Schutz des Grundgesetzes der Inhaltsdaten von E-Mails auf alle Phasen der E-Mail-Kommunikation erstreckt.

Während der Phasen 1 bis 3 wird der verfassungsrechtliche Schutz der Inhaltsdaten einer E-Mail allein durch das Fernmeldegeheimnis des Art. 10 Abs. 1 GG bestimmt. Der laufende Telekommunikationsvorgang dauert von Phase 1 bis Phase 3 und wird durch die Zwischenspeicherung in Phase 2 nicht unterbrochen.

In der abschließenden 4. Phase, der Endspeicherung, bedürfen die Inhaltsdaten einer E-Mail eines besonders strengen verfassungsrechtlichen Schutzes, da es die dauerhafte Speicherung einer Vielzahl von Nachrichten ermöglicht, ein sehr konkretes Persönlichkeits-, Kommunikations- und Bewegungsprofil des Betroffenen über Jahre hinweg zu erstellen und in seiner Entwicklung nachzuverfolgen.

Der aus diesem Grunde notwendige Schutz wird jedoch nicht durch das Fernmeldegeheimnis gewährt, da es zum Zeitpunkt der Endspeicherung an einem laufenden Kommunikationsvorgang fehlt und so die spezifischen Gefahren einer räumlich distanzierten Kommunikation nicht mehr bestehen. Es handelt sich nicht mehr um einen durch die Kommunikationspartner nicht zu beeinflussenden Kommunikationsvorgang, der in den Händen des Übermittlers liegt, sondern um einen durch den Empfänger willentlich ausgelösten eigenständigen Speichervorgang in Bezug auf die zuvor durch Telekommunikation übertragenen Inhaltsdaten.

Der verfassungsrechtliche Schutz wird daher, unabhängig davon, ob die Nachricht auf dem heimischen Rechner oder bei einem Dritten (Provider oder Arbeitgeber) gespeichert ist, durch das allgemeine Persönlichkeitsrecht in seiner Ausprägung als Recht auf Gewährleistung der Vertraulichkeit und Integrität informationstechnischer Systeme nach Art. 2 Abs. 1 i. V. m. 1 Abs. 1 GG (Computergrundrecht) gewährleistet.

b) Mit Blick auf die anwendbaren strafprozessualen Rechtsgrundlagen hat sich gezeigt, dass nur für einen Zugriff während der durch das Fernmeldegeheimnis geschützten Phasen 1 bis 3 eine verfassungskonforme Rechtsgrundlage besteht. Demgegenüber fehlt eine solche für die Phase der Endspeicherung vollständig.

Während der Phasen 1 bis 3 erfüllt allein die Regelung der Telekommunikationsüberwachung des § 100a StPO die verfassungsrechtlichen Anforderungen an eine Eingriffsermächtigung in das während dieser Phasen einschlägige Fernmeldegeheimnis des Art. 10 Abs. 1 GG.

Dies gilt insbesondere auch für die Zwischenspeicherung in Phase 2. Der strafprozessuale Lösungsansatz des Bundesverfassungsgerichtes, nach dem auf offene Zugriffe während der Zwischen-, aber auch der Endspeicherung, primär die Sicherstellungs- und Beschlagnahmevorschriften der §§ 94 ff. StPO anzuwenden sind, ist als verfassungsrechtlich nicht tragfähig abzulehnen. Er genügt weder dem Schutzinteresse des von der Maßnahme Betroffenen noch dem intendierten Schutzgehalt des Fernmeldegeheimnisses. Die durch das Gericht herangezogenen Regelungen erfüllen weder die erforderlichen Mindestanforderungen im Hinblick auf die Verhältnismäßigkeit noch die Schutzanforderungen des Kernbereiches privater Lebensgestaltung. Entsprechendes gilt für Versuche, die Postbeschlagnahme des § 99 Abs. 1 StPO als Eingriffsgrundlage heranzuziehen.

Während der Phase 4 der E-Mail-Kommunikation steht nach aktueller Rechtslage keine strafprozessuale Rechtsgrundlage zur Verfügung, welche den im Vergleich zum Fernmeldegeheimnis strengeren, verfassungsrechtlichen Mindestanforderungen für Eingriffsermächtigungen in das Computergrundrecht genügt.

Die bestehenden Regelungen, namentlich die Vorgaben zur Sicherstellung und Beschlagnahme nach §§ 94 ff. StPO, die Postbeschlagnahme nach § 99 Abs. 1 StPO oder die Telekommunikationsüberwachung nach § 100a StPO haben sich im Rahmen dieser Untersuchung mit Blick auf die strengen Anforderungen des Computergrundrechtes als unzureichend erwiesen.

Bezüglich der §§ 94 ff. StPO und § 99 Abs. 1 StPO folgt die mangelnde Eignung der Regelungen zur Rechtfertigung von Eingriffen in das Computergrundrecht aus dem Fehlen der zur Wahrung der Verhältnismäßigkeitsanforderungen erforderlichen Beschränkung der Maßnahme auf schwerste Straftaten sowie von hinreichenden Vorgaben zum Schutz des Kernbereichs privater Lebensgestaltungen. Eine Anwendung des § 100a StPO kommt dagegen aufgrund der mangelnden Bestimmtheit und Klarheit der Norm mit Blick auf die Erfassung von außerhalb des eigentlichen, laufenden Kommunikationsvorganges erfolgenden dauerhaften Speicherungsprozessen nicht in Betracht. Zudem erweist sich der Katalog der Anlasstaten der Regelung als zu weit, um eine verfassungskonforme Beschränkung des Anwendungsbereiches der Überwachungsmaßnahme auf die Verfolgung von Straftaten gegen überragend wichtige Rechtsgüter des Einzelnen und der Allgemeinheit zu ermöglichen.

Schließlich hat sich auch der zur Regelung der Online-Durchsuchung geschaffene § 100b StPO als verfassungsrechtlich und technisch unzureichend erwiesen, um eine verfassungskonforme Beschränkung des Computergrundrechtes im Rahmen eines Zugriffs auf Inhaltsdaten endgespeicherter E-Mails zu ermöglichen. Diesbezüglich bestehen, neben der Problematik eines zu weiten Kataloges der Anlasstaten, auch weitere Verhältnismäßigkeitsprobleme im Hinblick auf die Eignung der Norm zur Erlangung gerichtsverwertbarer, revisionsfester Beweismittel. Entsprechendes gilt für die Quellen-Telekommunikationsüberwachung.

c) Dass die Schaffung einer verfassungsrechtlich unproblematischen, strafprozessualen Eingriffsgrundlage für Zugriffe auf Inhaltsdaten von E-Mails während der Endspeicherung in Phase 4 möglich ist und wie diese ausgestaltet werden könnte, wurde unter E. aufgezeigt.

Es erscheint dringend angeraten, dass der Gesetzgeber zeitnah ein Gesetzgebungsverfahren einleitet, um eine entsprechende Regelung zu schaffen, die den aktuellen verfassungsrechtlich unbefriedigenden Zustand beseitigt.

Literaturverzeichnis

Abel, Horst G./*Schonschek*, Oliver (Hrsg.): IT-Know-how für den Datenschutzbeauftragten. Rechtssichere Beurteilung von Netzwerken, Datenbanken und E-Mail-Systemen. Loseblattsammlung Kissing 2003, Stand: Oktober 2014. Zitiert: Abel Praxishandbuch-*Bearbeiter*

Abraham, Markus: Der Zugriff auf beim Provider gespeicherte E-Mails. Zugl. Besprechung von BGH HRRS 2021 Nr. 32. HRRS 2021, 356 ff.

Albrecht, Hans-Jörg/*Dorsch*, Claudia/*Krüpe*, Christiane: Rechtswirklichkeit und Effizienz der Überwachung der Telekommunikation nach §§ 100a, 100b StPO und anderer verdeckter Ermittlungsmaßnahmen. 1. Auflage Freiburg i. Br. 2003. Zitiert: *Albrecht/Dorsch/Krüpe*, S.

Alpar, Paul: Kommerzielle Nutzung des Internet – Unterstützung von Marketing, Produktion, Logistik und Querschnittsfunktionen durch das Internet und kommerzielle Online-Dienste. 2. Auflage Berlin/Heidelberg/New York 1998

Bäcker, Matthias: Das IT-Grundrecht: Funktion, Schutzgehalt, Auswirkungen auf staatliche Ermittlungen, in: Uerpmann-Wittzack, Robert (Hrsg.), Das neue Computergrundrecht. 1. Auflage Berlin 2009. Zitiert: Uerpmann-Wittzack-*Bäcker*, S.

Bär, Wolfgang: Zugriff auf Fernmeldedaten der Bundespost TELEKOM oder Dritter – Strafprozessuale Eingriffsmöglichkeiten in den Datenverkehr. CR 1993, 634 ff.

Bär, Wolfgang: Anmerkung zu BGH, CR 1996, 489 ff. CR 1996, 491 ff.

Bär, Wolfgang: Aktuelle Rechtsfragen bei strafprozessualen Eingriffen in die Telekommunikation. MMR 2000, 472 ff.

Bär, Wolfgang: Anmerkung zu LG Hanau, MMR 2000, 175 f. MMR 2000, 176 f.

Bär, Wolfgang: Anmerkung zu LG Ravensburg, MMR 2003, 679 f. MMR 2003, 680 f.

Bär, Wolfgang: Anmerkung zu BVerfG, MMR 2005, 520 ff. MMR 2005, 523 ff.

Bär, Wolfgang: Anmerkung zu BGH, MMR 2007, 237 ff. MMR 2007, 239 ff.

Bär, Wolfgang: Handbuch zur EDV-Beweissicherung im Strafverfahren. 1. Auflage Stuttgart/München/Hannover/Berlin/Weimar/Dresden 2007. Zitiert: *Bär*, Handbuch zur EDV-Beweissicherung

Bär, Wolfgang: Anmerkung zu BVerfG, MMR 2008, 315 ff. MMR 2008, 325 ff.

Bär, Wolfgang: Anmerkung zu BGH, NStZ 2009, 397 f. NStZ 2009, 398 f.

Bär, Wolfgang: TK-Überwachung. §§ 100a-101 StPO mit Nebengesetzen. Kommentar. 1. Auflage Köln/München 2010. Zitiert: *Bär*, TK-Überwachung

Beukelmann, Stephan: Online-Durchsuchung und Quellen-TKÜ. NJW-Spezial 2017, 440

Beukelmann, Stephan/*Heim*, Maximilian: Verdeckter Zugriff auf ruhende E-Mails. NJW-Spezial 2021, 56

Blechschmitt, Lisa: Zur Einführung von Quellen-TKÜ und Online-Durchsuchung. StraFo 2017, 361 ff.

Böckenförde, Thomas: Auf dem Weg zur elektronischen Privatsphäre. Zugleich Besprechung von BVerfG, Urteil v. 27.2.2008 – „Online-Durchsuchung". JZ 2008, 925 ff.

Bode, Thomas A.: Verdeckte strafprozessuale Ermittlungsmaßnahmen. 1. Auflage Berlin/Heidelberg 2012

Brenneisen, Hartmut/*Rogosch*, Josef Konrad/*Martins*, Michael: Reaktion auf neuartige Informationseingriffe: Die Entscheidungen des BVerfG zur Online-Durchsuchung und zum automatisierten Kennzeichenabgleich. Die Polizei 2008, 245 ff.

Brodowski, Dominik: Strafprozessualer Zugriff auf E-Mail-Kommunikation – zugleich Besprechung BVerfG, Beschl. v. 16.06.2009 – 2 BvR 902/06 sowie zu BGH, Beschl. vom 31.03.2009 – 1 Str 76/09. JR 2009, 402 ff.

Brodowski, Dominik: Anmerkung zu LG Landshut, JR 2011, 532 f. JR 2011, 533

Brodowski, Dominik: Verdeckte technische Überwachungsmaßnahmen im Polizei- und Strafverfahrensrecht. 1. Auflage Tübingen 2016. Zitiert: *Brodowski*, S.

Brunst, Phillip W.: Anmerkung zu BVerfG, CR 2009, 584. CR 2009, 591 ff.

Buermeyer, Ulf: Die „Online-Durchsuchung". Verfassungsrechtliche Grenzen des verdeckten hoheitlichen Zugriffs auf Computersysteme. HRRS 2007, 329 ff.

Buermeyer, Ulf: Zum Begriff der „laufenden Kommunikation" bei der Quellen-Telekommunikationsüberwachung („Quellen-TKÜ") – Ein Beitrag zu den gebotenen legislativen Konsequenzen aus der Online-Durchsuchungs-Entscheidung des BVerfG, StV 2013, 470 ff.

Buermeyer, Ulf: Gutachterliche Stellungnahme zur Öffentlichen Anhörung zur „Formulierungshilfe" des BMJV zur Einführung von Rechtsgrundlagen für Online-Durchsuchung und Quellen-TKÜ im Strafprozess Ausschuss-Drucksache18(6)334 im Ausschuss für Recht und Verbraucherschutz des Deutschen Bundestages am 31. Mai 2017. Abrufbar unter: https://www.bundestag.de/resource/blob/508848/bdf7512e32578b699819a5aa33dde93c/buermeyer-data.pdf (07.05.2022). Zitiert: *Buermeyer*, Stellungnahme, S.

Burhoff, Detlef: „Fortentwicklung der StPO" – Änderungen in der StPO 2021. StraFo 2021, 398 ff.

Conen, Stefan: Stellungnahme für den DAV zum Gesetz zur Fortentwicklung der Strafprozessordnung und zur Änderung weiterer Vorschriften. Abrufbar unter: https://www.bundestag.de/resource/blob/833986/60d3907bfc6ebded666c4671a4fb061c/stellungnahme-conen_dav-data.pdf (07.05.2022). Zitiert: *Conen*, Stellungnahme, S.

Dörnfelder, Moritz: Die Novellierung der Online-Durchsuchung und Quellen-TKÜ in der StPO. AnwZert ITR 16/2017, Anm. 3

Drallé, Lutz: Das Grundrecht auf Gewährleistung der Vertraulichkeit und Integrität informationstechnischer Systeme. 1. Auflage Kiel 2010. Zitiert: *Drallé*, S.

Dreier, Horst: Grundgesetz. Kommentar. Band 1. 3. Auflage Tübingen 2013. Zitiert: Dreier-*Bearbeiter*, GG

Dübbers, Robert: Anmerkung zu LG Hanau, StV 2000, 354 f. StV 2000, 355

Dürig, Günter: Ein Orwellsches Experiment. ZRP 1968, 11

Dürig, Günter/*Herzog*, Roman/*Scholz*, Rupert: Grundgesetz. Loseblattkommentar Stand: 95. Lieferung Juli 2021. Zitiert: Dürig/Herzog/Scholz-*Bearbeiter*, GG

Eckert, Claudia: IT-Sicherheit – Konzepte-Verfahren-Protokolle. 4. Auflage München 2006

Eidam, Lutz: Anmerkung zu BVerfG, NJW 2016, 3508. NJW 2016, 3511 f.

Eifert, Martin: Informationelle Selbstbestimmung im Internet. Das BVerfG und die Online-Durchsuchungen. NVwZ 2008, 521 ff.

Engels, Klaus: Die Grenzen des Brief-, Post- und Fernmeldegeheimnisses. 1. Auflage Bochum 1972

Fetzer, Thomas/*Scherer*, Joachim/*Graulich*, Kurt (Hrsg.): TKG. Telekommunikationsgesetz. Kommentar. 3. Auflage Berlin 2021. Zitiert: Fetzer/Scherer/Graulich-*Bearbeiter*, TKG

Fischer, Thomas: Strafgesetzbuch mit Nebengesetzen. 69. Auflage München 2022. Zitiert: *Fischer*, StGB

Freiling, Felix/*Safferling*, Christoph/*Rückert*, Christian: Quellen-TKÜ und Online-Durchsuchung als neue Maßnahmen für die Strafverfolgung: Rechtliche und technische Herausforderungen. JR 2018, 9 ff.

Frenz, Walter: Menschenwürde und Persönlichkeitsrecht versus Opferschutz und Fahndungserfolg. NVwZ 2007, 631 ff.

Friauf, Karl Heinrich/*Höfling*, Wolfram: Berliner Kommentar zum Grundgesetz. Loseblattkommentar Stand: Februar 2022. Zitiert: Berliner Kommentar-*Bearbeiter*, GG

Gaede, Karsten: Der grundrechtliche Schutz gespeicherter E-Mails beim Provider und ihre weltweite strafprozessuale Überwachung – Zugleich Besprechung zu LG Hamburg, Beschl. vom 8.1.2008 – 619 Qs 1/08. StV 2009, 96 ff.

Geis, Ivo/*Geis*, Esther: Beschlagnahme von E-Mails im Serverbereich – Wie weit reicht der Schutzbereich des Art. 10 Abs. 1 GG. MMR 2006, X f.

Gercke, Björn: Anmerkung zu BVerfG StV 2006, 453 f. StV 2006, 454 ff.

Gercke, Björn: Anmerkung zu BGH, StV 2009, 623. StV 2009, 624 ff.

Gercke, Björn/*Julius*, Karl-Peter/*Temming*, Dieter/*Zöller*, Mark A.: Strafprozessordnung. 6. Auflage Heidelberg 2019. Zitiert: Gercke/Julius/Temming/Zöller-*Bearbeiter*, StPO

Gercke, Marco: Heimliche Online-Durchsuchung: Anspruch und Wirklichkeit. CR 2007, 245 ff. Zitiert: *M. Gercke*, CR

Germann, Michael: Gefahrenabwehr und Strafverfolgung im Internet. 1. Auflage Berlin 2000. Zitiert: *Germann*, S.

Graf, Jürgen-Peter: Strafprozessordung. Mit Gerichtsverfassungsgesetz und Nebengesetzen. Kommentar. 2. Auflage München 2012. Zitiert: Graf-*Bearbeiter*, 2. Aufl. StPO

Graf, Jürgen-Peter: Strafprozessordung. Mit Gerichtsverfassungsgesetz und Nebengesetzen. Kommentar. 4. Auflage München 2021. Zitiert: Graf-*Bearbeiter*, StPO

Grözinger, Andreas: Die Überwachung von Cloud-Storage. Eine Untersuchung der strafprozessualen Möglichkeiten zur heimlichen Überwachung von Cloud-Storage vor und nach dem Inkrafttreten des Gesetzes zur effektiveren und praxistauglicheren Ausgestaltung des Strafverfahrens. 1. Auflage Baden-Baden 2018

Grözinger, Andreas: Heimliche Zugriffe auf den Datenbestand einer Mailbox. Über gesetzgeberische Klarstellungen und verbleibende Regelungslücken. GA 2019, 441 ff.

Grözinger, Andreas: Heimliche Zugriffe auf die Cloud – Befugnis zur Plünderung eines unermesslichen Datenschatzes?. StV 2019, 406 ff.

Grözinger, Andreas: Anmerkung zu BGH, NStZ 2021, 355 ff. NStZ 2021, 358 ff.

Günther, Ralf: Zur strafprozessualen Erhebung von Telekommunikationsdaten – Verpflichtung zur Sachverhaltsaufklärung oder verfassungsrechtlich unkalkulierbares Wagnis?. NStZ 2005, 495 ff.

Gurlit, Elke: Verfassungsrechtliche Rahmenbedingungen des Datenschutzes. NJW 2010, 1035 ff.

Hafner, Katie/*Lyon*, Matthew: Arpa Kadabra oder die Geschichte des Internet. 2. Auflage Heidelberg 2000

Hall, Karl-Heinrich: Notstandsverfassung und Grundrechtseinschränkungen – Kritische Bemerkungen zu einzelnen Problemen des Regierungsentwurfs eines Gesetzes zur Einschränkung des Grundgesetzes. JZ 1968, 159 ff.

Hannich, Rolf (Hrsg.): Karlsruher Kommentar zu Strafprozessordnung mit GVG, EGGVG und EMRK. 6. Auflage München 2008. Zitiert: KK-*Bearbeiter*, StPO (6. Aufl.)

Hannich, Rolf (Hrsg.): Karlsruher Kommentar zur Strafprozessordnung mit GVG, EGGVG und EMRK. 8. Auflage München 2019. Zitiert: KK-*Bearbeiter*, StPO

Härting, Niko: Datenschutz im Internet. Wo bleibt der Personenbezug?. CR 2008, 743 ff.

Härting, Niko: Beschlagnahme und Archivierung von Mails. E-Mail zwischen Telekommunikation, Datensatz und elektronischer Post. CR 2009, 581 ff.

Hauschild, Joern: Anmerkung zu BVerfG, NStZ 2005, 337 ff. NStZ 2005, 339 f.

Hauser, Markus: Das IT-Grundrecht. Schnittfelder und Auswirkungen. 1. Auflage Berlin 2015. Zitiert: *Hauser*, S.

Hein, Mathias: TCP/IP. 6. Auflage Bonn 2002

Heise, Michael: Grundrecht auf Gewährleistung der Vertraulichkeit und Integrität informationstechnischer Systeme?. Zum Urteil des Bundesverfassungsgerichtes vom 27. Februar 2008 – 1 BvR 370/07, 1 BvR 595/07. RuP 2009, 94 ff.

Hiéramente, Mayeul: Legalität der strafprozessualen Überwachung des Surfverhaltens. StraFo 2013, 96 ff.

Hiéramente, Mayeul: Der irrlichternde 5. Strafsenat – Kein heimlicher Zugriff auf Alt-Emails nach § 100a StPO, zugleich eine Anmerkung zu BGH, Beschl. v. 14.10.2020 – 5 StR 229/19. WiJ 2021, 19 ff.

Hiéramente, Mayeul: Heimliche Handlungen – zur geplanten Einführung einer heimlichen Beschlagnahme. jurisPR-StrafR 3/2021 Anm. 1

Hoeren, Thomas: Was ist das „Grundrecht auf Integrität und Vertraulichkeit informationstechnischer Systeme"?. MMR 2008, 365 f.

Hoeren, Thomas/*Sieber*, Ulrich/*Holznagel*, Bernd: Handbuch Multimedia-Recht. Loseblattsammlung München, Stand Juli 2016. Zitiert: Hoeren/Sieber/Holznagel-*Bearbeiter*, Teil Randnummer

Hofmann, Manfred: Die Online-Durchsuchung – staatliches „Hacken" oder zulässige Ermittlungsmaßnahme?. NStZ 2005, 121 ff.

Hoffmann, Christian/*Luch*, Anika D./*Schulz*, Sönke E./*Borchers*, Kim Corinna: Die digitale Dimension der Grundrechte. Das Grundgesetz im digitalen Zeitalter. 1. Auflage Baden-Baden 2015. Zitiert: *Hoffmann/Luch/Schulz/Borchers*, S.

Hoffmann-Riem, Wolfgang: Der grundrechtliche Schutz der Vertraulichkeit und Integrität eigengenutzter informationstechnischer Systeme. JZ 2008, 1009 ff.

Holtkamp, Heiko: Einführung in TCP/IP, 2002. Abrufbar unter: http://www.bandido.ch/programming/tcpip.pdf (07.05.2022)

Horgos, Daniel: Das Internet – Technik, Nutzung und Zukunft einer Erfolgsidee. 1. Auflage Saarbrücken, 2012. Zitiert: *Horgos*, S.

Hornung, Gerrit: Ermächtigungsgrundlage für die „online-Durchsuchung"?. Verfassungsrechtliche Anforderungen an und Grenzen für den heimlichen Zugriff auf IT-Systeme im Ermittlungsverfahren. DuD 2007, 575 ff.

Hornung, Gerrit: Ein neues Grundrecht. Der verfassungsrechtliche Schutz der „Vertraulichkeit und Integrität informationstechnischer Systeme". CR 2009, 299 ff.

Hsieh, Shuo-Chun: E-Mail-Überwachung zur Gefahrenabwehr. Präventiv-polizeilicher Zugriff auf Internet-basierte Telekommunikation als neue polizeirechtliche Problematik im Digitalzeitalter am Beispiel der E-Mail-Überwachung zur Gefahrenabwehr. 1. Auflage Stuttgart 2011. Zitiert: *Hsieh*, S.

Huber, Alfred: Stellungnahme zur Sachverständigenanhörung am 31.05.2017 im Ausschuss für Recht und Verbraucherschutz des Deutschen Bundestages zum Gesetzentwurf der Bundesregierung zur Änderung des Strafgesetzbuchs, des Jugendgerichtsgesetzes, der Strafprozessordnung und weiterer Gesetze (Ausschussdrucksache 18 (6) 334). Abrufbar unter: https://www.bundestag.de/resource/blob/508912/6736dc0dbb54f1ae6a7d564d9f27160d/huber-data.pdf (07.05.2022). Zitiert: *Huber*, Stellungnahme, S.

Ignor, Alexander (Berichterstatter): Stellungnahme Nr. 21, Februar 2021. Zu der im Regierungsentwurf eines Gesetzes zur Fortentwicklung der Strafprozessordnung (BR-Drs. 57/21) als § 95a StPO-E vorgesehenen Möglichkeit, im Falle von Durchsuchungen und Beschlagnahmen bei Dritten die bislang gebotene Benachrichtigung der davon betroffenen beschuldigten Personen zeitweise zurückzustellen. Abrufbar unter: https://brak.de/zur-rechtspolitik/stellungnahmen-pdf/stellungnahmen-deutschland/2021/februar/stellungnahme-der-brak-2021-21.pdf (07.05.2022). Zitiert: BRAK-Stellungnahme, S.

Isak, Axel: Entwurf eines Gesetzes zur Fortentwicklung der Strafprozessordnung und zur Änderung weiterer Vorschriften – BT-Drucksache 19/27654 – Stellungnahme zur Vorbereitung der öffentlichen Anhörung des Ausschusses für Recht und Verbraucherschutz des Deutschen Bundestages am 14.04.2021. Abrufbar unter: https://www.bundestag.de/resource/blob/832970/b3853259a3e235142af251e8a766a73c/stellungnahme-isak-data.pdf (07.05.2022). Zitiert: *Isak*, Stellungnahme, S.

Isensee, Josef/*Kirchhof*, Paul: Handbuch des Staatsrechts der Bundesrepublik Deutschland. Band VII Freiheitsrechte. 3. Auflage Heidelberg 2009. Zitiert: Isensee/Kirchhof-*Bearbeiter*

Jäger, Christian: Anmerkung zu LG Mannheim, StV 2002, 242 f. StV 2002, 243 ff.

Jahn, Matthias: Der strafprozessuale Zugriff auf Telekommunikationsverbindungsdaten – BVerfG, NJW 2006, 976. JuS 2006, 491 ff.

Janssen, Dirk Thorsten: Die Regulierung abweichenden Verhaltens im Internet. Eine Untersuchung verschiedener Regulierungsansätze unter besonderer Berücksichtigung der deutschen Rechtsordnung. 1. Auflage Baden-Baden 2003. Zitiert: *Janssen*, S.

Jarass, Hans/*Pieroth*, Bodo: Grundgesetz. Kommentar. 16. Auflage München 2020. Zitiert: *Jarass*, GG

Kaiser, Eberhard: Das Postgeheimnis und seine erlaubte Durchbrechung. NJW 1969, 18 ff.

Kelnhofer, Evelyn/*Nadeborn*, Diana: Anmerkung zu LG Mannheim, StV 2011, 352. StV 2011, 352 ff.

Kemper, Martin: Die Beschlagnahmefähigkeit von Daten und E-Mails. NStZ 2005, 538 ff.

Kingreen, Thorsten/*Poscher*, Ralf: Grundrechte. Staatsrecht II. 37. Auflage Heidelberg 2021

Klein, Oliver: Offen und (deshalb) einfach – Zur Sicherstellung und Beschlagnahme von E-Mails beim Provider. NJW 2009, 2996 ff.

Kleine-Voßbeck, Bernd: Electronic Mail und Verfassungsrecht. 1. Auflage Marburg 2000. Zitiert: *Kleine-Voßbeck*, S.

Klesczewski, Diethelm: Das Auskunftsersuchen an die Post: die wohlfeile Dauerkontrolle von Fernmeldeanschlüssen?. StV 1993, 382 ff.

Klesczewski, Diethelm: Das Ende des Auskunftsersuchens nach § 12 FAG. JZ 1997, 719 ff.

Klesczewski, Diethelm: Kritik der Vorratsdatenspeicherung, in: Festschrift für Gerhard Fezer zum 70. Geburtstag am 29. Oktober 2008, hrsg. von Edda Weßlau, Wolfgang Wohler. Zitiert: Festschrift Fezer-*Bearbeiter*, S.

Klesczewski, Diethelm: Straftataufklärung im Internet – Technische Möglichkeiten und rechtliche Grenzen von strafprozessualen Ermittlungseingriffen im Internet ZStW 123, (2011), 737 ff.

Klesczewski, Diethelm: Strafprozessrecht. 2. Auflage München 2013. Zitiert: *Klesczewski*, StPO, Rn.

Kloepfer, Michael: Informationsrecht. 1. Auflage München 2002

Krauß, Matthias: Stellungnahme zum Gesetzentwurf zur Änderung des Strafgesetzbuchs, des Jugendgerichtsgesetzes, der Strafprozessordnung und weiterer Gesetze. Abrufbar unter: https://www.bundestag.de/resource/blob/509046/5aa0ea61c4f3df0429208b5fda260a0a/krauss-data.pdf (07.05.2022). Zitiert: *Krauß*, Stellungnahme, S.

Krekeler, Wilhelm/*Löffelmann*, Markus/*Sommer*, Ulrich (Hrsg.): Anwaltkommentar StPO. Strafprozessordung. 2. Auflage Bonn 2010. Zitiert: AnwK-*Bearbeiter* StPO

Krüger, Hartmut: Anmerkung zu BVerfGE, MMR 2009, 673 ff. MMR, 2009, 680 ff.

Kudlich, Hans: Der heimliche Zugriff auf Daten in einer Mailbox: ein Fall der Überwachung des Fernmeldeverkehrs? – BGH, NJW 1997, 1934. JuS 1998, 209 ff.

Kudlich, Hans: Strafprozessuale Probleme des Internet – Rechtliche Probleme der Beweisgewinnung in Computernetzen. JA 2000, 227 ff.

Kudlich, Hans (Hrsg.): Münchener Kommentar zur Strafprozessordnung. Band 1. §§ 1–150 StPO. 1. Auflage München 2014. Zitiert: MüKo-*Bearbeiter*, StPO

Künast, Renate: „Meine Daten gehören mir" – und der Datenschutz gehört ins Grundgesetz. ZRP 2008, 201 ff.

Kurose, James/*Ross*, Keith: Computernetzwerke. Der Top-Down-Ansatz. 6. Auflage München 2014. Zitiert: *Kurose/Ross*, S.

Kutscha, Martin: Mehr Schutz von Computerdaten durch ein neues Grundrecht?. NJW 2008, 1042 ff.

Kutscha, Martin: Das „Computer-Grundrecht" – eine Erfolgsgeschichte?. DuD 2012, 391 ff.

Kutscha, Martin/*Thomé*, Sarah: Grundrechtsschutz im Internet?. 1. Auflage Baden-Baden 2013. Zitiert: *Kutscha/Thomé*, S.

Ladiges, Manuel: Neue Eingriffsbefugnisse durch das Gesetz zur Fortentwicklung der Strafprozessordnung. GSZ 2021, 203 ff.

Leipold, Klaus: Die Online-Durchsuchung. NJW-Spezial 2007, 135 f.

Liebig, Britta Maria: Der Zugriff auf Computerinhaltsdaten im Ermittlungsverfahren. Cloud Computing, E-Mail und IP-Telefonie als neue rechtliche und technische Herausforderungen für die Strafverfolger. 1. Auflage Hamburg 2015. Zitiert: *Liebig*, S.

Lisken, Hans/*Denninger*, Erhard: Handbuch des Polizeirechts. Gefahrenabwehr, Strafverfolgung, Rechtsschutz. 7. Auflage München 2021. Zitiert: Lisken/Denninger-*Bearbeiter*, S.

Löffelmann, Markus: Die Neuregelung der akustischen Wohnraumüberwachung. NJW 2005, 2033 ff.

Löffelmann, Markus: Aktuelle Rechtsprobleme der Telekommunikationsüberwachung. AnwBl 2006, 598 ff.

Löwe-Rosenberg: Die Strafprozessordnung und das Gerichtsverfassungsgesetz – Großkommentar. Band 1, hrsg. von Hanns Dünnebier u. a. 23. Auflage Berlin/New York Stand: Mai 1976. Zitiert: Löwe/Rosenberg-*Bearbeiter*, StPO 23. Auflage

Löwe-Rosenberg: Die Strafprozessordnung und das Gerichtsverfassungsgesetz – Großkommentar. Band 3/1, hrsg. von Jörg-Peter Becker u. a. 27. Auflage Berlin/Boston 2019. Zitiert: Löwe/Rosenberg-*Bearbeiter*, StPO

Luch, Anika D.: Das neue „IT-Grundrecht" – Grundbedingung einer „Online-Handlungsfreiheit". MMR 2011, 75 ff.

Lührs, Wolfgang: Eingeschränkte Beschlagnahmemöglichkeiten von „Mailbox-Systemen" aufgrund des Fernmeldegeheimnisses?. wistra 1995, 19 f.

Mangoldt, Hermann von/*Klein*, Friedrich/*Starck*, Christian: Kommentar zum Grundgesetz: GG. Herausgegeben von Peter M. Huber und Andreas Voßkuhle. 7. Auflage München 2018. Zitiert: von Mangoldt/Klein/Starck-*Bearbeiter*, GG

- Band 1: Präambel, Art. 1–19
- Band 2: Art. 20–82
- Band 3: Art. 83–146

Marberth-Kubicki, Annette: Computer- und Internetstrafrecht. 2. Auflage München 2010. Zitiert: *Marberth-Kubicki*, Rn.

Matzky, Ralph: Zugriff auf EDV im Strafprozeß. Rechtliche und technische Probleme der Beschlagnahme und Durchsuchung beim Zugriff auf das Beweismittel „EDV". 1. Auflage Berlin 1999

Meinel, Christoph/*Sack*, Harald: WWW – Kommunikation, Internetworking, Webtechnologien. 2. Auflage Berlin/Heidelberg/New York 2004

Meininghaus, Florian: Der Zugriff auf E-Mails im strafrechtlichen Ermittlungsverfahren. 1. Auflage Hamburg 2007. Zitiert: *Meininghaus*, S.

Merten, Detlef/*Papier*, Hans-Jürgen: Handbuch der Grundrechte in Deutschland und Europa. Band IV Grundrechte in Deutschland. Einzelgrundrechte I. 1. Auflage Heidelberg 2011. Zitiert: Merten/Papier-*Bearbeiter*, HB der Grundrechte

Meyer-Goßner, Lutz/*Schmitt*, Bertram: Strafprozessordnung. Gerichtsverfassungsgesetz, Nebengesetze und ergänzende Bestimmungen. Kommentar. 65. Auflage München 2022. Zitiert: Meyer-Goßner/Schmitt-*Bearbeiter*, StPO

Miebach, Klaus (Bandredakteur): Münchener Kommentar zum Strafgesetzbuch. Band 3. §§ 80–184k StGB. 4. Auflage München 2021. Zitiert: MüKo-*Bearbeiter*, StGB

Moldenhauer, Gerwin: Schriftliche Stellungnahme zu der öffentlichen Anhörung des Ausschusses für Recht und Verbraucherschutz des Deutschen Bundestages am 14. April 2021 zu dem Entwurf eines Gesetzes zur Fortentwicklung der Strafprozessordnung und zur Änderung weiterer Vorschriften (BT-Drucksache 19/27654). Abrufbar unter: https://www.bundestag.de/resource/blob/833212/18eb818300c57fcd3078f98c2b25bcd6/stellungnahme-moldenhauer-data.pdf (07.05.2022). Zitiert: *Moldenhauer*, Stellungnahme, S.

Moritz, Hans-Werner/*Dreier*, Thomas: Rechtshandbuch zum E-Commerce. 2. Auflage Köln 2005. Zitiert: Moritz/Dreier-*Bearbeiter*, S.

Mosbacher, Andreas: Aktuelles Strafprozessrecht. JuS 2009, 696 ff.

Mosbacher, Andreas: Aktuelles Strafprozessrecht. JuS 2016, 127 ff.

Mosbacher, Andreas: Der Grundsatz des fairen Verfahrens in der Rechtsprechung des BGH – eine Skizze mit einigen Fallbeispielen. GA 2018, 195 ff.

Mosbacher, Andreas: Steuerhinterziehung bei „Cum-ex" als gewerbsmäßiger Bandenbetrug?. NJW 2021, 1916 ff.

Münch, Ingo von/*Kunig*, Philip: Grundgesetz-Kommentar. 7. Auflage München 2021. Zitiert: von Münch/Kunig-*Bearbeiter*, GG

Neuhaus, Ralf: Die strafprozessuale Überwachung der Telekommunikation (§§ 100a, 100b, 101 StPO). Zum gegenwärtigen Stand der Erosion eines Grundrechts, in: Festschrift für Peter Rieß zum 70. Geburtstag am 4. Juni 2002, hrsg. von Ernst-Walter Hanack, Hans Hilger, Volkmar Mehle, Gunter Widmaier. 1. Auflage Berlin/New York 2002

Neuhöfer, Daniel: Der Zugriff auf serverbasiert gespeicherte E-Mails beim Provider. Verfassungsrechtliche Anforderungen an eine strafverfahrensrechtliche Ermächtigungsgrundlage. 1. Auflage Hamburg 2011. Zitiert: *Neuhöfer*, S.

Nicolai, Florian: Der Zugriff auf beim Provider (end-)gespeicherter E-Mails. Besprechung des Beschlusses BGH HRRS 2021 Nr. 32. HRRS 2021, 365 ff.

Niedernhuber, Tanja: Die StPO-Reform 2017 – wichtige Änderungen im Überblick. JA 2018, 169 ff.

Nolte, Norbert/*Becker*, Philipp: Anmerkung zu VG Frankfurt a. M., CR 2009, 125 f. CR 2009, 126 ff.

Palm, Franz/*Roy*, Rudolf: Der BGH und der Zugriff auf Mailboxen. NJW 1996, 1904 f.

Palm, Franz/*Roy*, Rudolf: Mailboxen: Staatliche Eingriffe und andere rechtliche Aspekte. NJW 1996, 1971 ff.

Pötters, Stephan/*Werkmeister*, Christoph: Der verfassungsrechtliche Konflikt zwischen Freiheit und Sicherheit im Zeitalter des Internets. JURA 2013, 5 ff.

Preuß, Tamina: Die Kontrolle von E-Mails und sonstigen elektronischen Dokumenten im Rahmen unternehmensinterner Ermittlungen. Eine straf- und datenschutzrechtliche Untersuchung unter Berücksichtigung von Auslandsbezügen. 1. Auflage Berlin 2016. Zitiert: *Preuß*, S.

Puschke, Jens/*Singelnstein*, Tobias: Telekommunikationsüberwachung, Vorratsdatenspeicherung und (sonstige) heimliche Ermittlungsmaßnahmen der StPO nach der Neuregelung zum 1.1.2008. NJW 2008, 113 ff.

Rath, Christian: Quellen-TKÜ – praktisch irrelevant. DRiZ 2021, 448 f.

Roggan, Fredrik (Hrsg.): Online-Durchsuchungen. Rechtliche und tatsächliche Konsequenzen des BVerfG-Urteils vom 27. Februar 2008. 1. Auflage Berlin 2008. Zitiert: Roggan-*Bearbeiter*, S.

Roggan, Fredrik: Der tkü-spezifische Kernbereichsschutz im Verständnis des Zweiten Senats des BVerfG. Eine Besprechung von BVerfGE 129, 208 = HRRS 2012 Nr. 29 und Folgerungen für die Praxis. HRRS 2013, 153 ff.

Roggan, Fredrik: Die strafprozessuale Quellen-TKÜ und Online-Durchsuchung: Elektronische Überwachungsmaßnahmen mit Risiken für Beschuldigte und die Allgemeinheit. StV 2017, 821 ff.

Roßnagel, Alexander/*Schnabel*, Christoph: Das Grundrecht auf Gewährleistung der Vertraulichkeit und Integrität informationstechnischer Systeme und sein Einfluss auf das Privatrecht. NJW 2008, 3534 ff.

Röwer, Bettina: Erscheinungsformen und Zulässigkeit heimlicher Ermittlungen. 1. Auflage Duisburg/Köln 2007

Roxin, Claus/*Schünemann*, Bernd: Strafverfahrensrecht. Ein Studienbuch. 29. Auflage München 2017

Rudolphi, Hans-Joachim: Grenzen der Überwachung des Fernmeldeverkehrs nach den §§ 100a, b StPO, in: Festschrift für Friedrich Schaffstein zum 70. Geburtstag am 28. Juli 1975, hrsg. von Gerald Grünwald, Olaf Miehe, Hans-Joachim Rudolphi, Hans-Ludwig Schreiber. 1. Auflage Göttingen 1975

Rudolphi, Hans-Joachim/*Wolter*, Jürgen: Systematischer Kommentar zur Strafprozessordnung und zum Gerichtsverfassungsgesetz. Band 2 §§ 81–114b StPO. Loseblattkommentar Neuwied/Kriftel/Berlin. Stand: 64. Lieferung (Oktober 2009). Zitiert: SK-*Bearbeiter* (Oktober 2009), StPO

Sachs, Michael: Grundgesetz. Kommentar. 9. Auflage München 2021. Zitiert: Sachs-*Bearbeiter*, GG

Sachs, Michael/*Krings*, Thomas: Das neue „Grundrecht auf Gewährleistung der Vertraulichkeit und Integrität informationstechnischer Systeme“. JuS 2008, 481 ff.

Säcker, Franz Jürgen (Hrsg.): Telekommunikationsgesetz. Kommentar. 3. Auflage Frankfurt am Main 2013. Zitiert: Säcker-*Bearbeiter*, TKG

Sankol, Barry: Ermittlungsbehördliche Zugriffe auf E-Mails im Serverbereich. MMR 2006, XXIX f.

Sankol, Barry: Anmerkung zu BVerfG, MMR 2007, 169 f. MMR 2007, 170 f.

Sankol, Barry: Strafprozessuale Zwangsmaßnahmen gegen „Nachrichtenmittler“. Ein Überblick über die rechtlichen Möglichkeiten und Grenzen. MMR 2008, 154 ff.

Sankol, Barry: Kommentar zu BGH, K&R 2009, 396. K&R 2009, 396 ff.

Schantz, Peter: Der Zugriff auf E-Mails durch die BaFin. WM 2009, 2112 ff.

Scheller, Martin/*Boden*, Klaus-Peter/*Geenen*, Andreas/*Kampermann*, Joachim: Internet: Werkzeuge und Dienste – Von „Archie“ bis „World Wide Web“. 1. Auflage

Berlin/Heidelberg 1994. Zitiert: *Scheller/Boden/Geenen/Kampermann*, Internet: Werkzeuge und Dienste, S.

Scheurle, Klaus-Dieter/*Mayen*, Thomas: Telekommunikationsgesetz. Kommentar. 3. Auflage München 2018. Zitiert: Scheurle/Mayen-*Bearbeiter*

Schlegel, Stephan: „Beschlagnahme" von E-Mail-Verkehr beim Provider. Zugleich Besprechung zu BVerfG, HRRS 2007 Nr. 125 = (BVerfG 2 BvR 902/06 = Beschluss vom 29. Juni 2006). HRRS 2007, 44 ff.

Schmidt, Rolf: Grundrechte sowie Grundzüge der Verfassungsbeschwerde. 26. Auflage Grasberg bei Bremen 2021. Zitiert: *Schmidt*, Grundrechte

Schmidt-Bleibtreu, Bruno/*Hofmann*, Hans/*Henneke*, Hans-Günter: Grundgesetz. Kommentar. 15. Auflage Hürth 2022. Zitiert: Schmidt-Bleibtreu/Hofmann/Henneke-*Bearbeiter*, GG

Schönke, Adolf/*Schröder*, Horst: Strafgesetzbuch. Kommentar. 30. Auflage München 2019. Zitiert: Schönke/Schröder-*Bearbeiter*, StGB

Schwarz, Otto/*Kleinknecht*, Theodor: Strafprozessordnung; Gerichtsverfassungsgesetz, Nebengesetze und ergänzende Nebenbestimmungen. Kommentar. 28. Auflage München 1969

Schweiger, Theresa: Bestimmung des Einziehungsgegenstandes bei der Marktmanipulation und § 100a StPO als ausreichende Ermächtigungsgrundlage für den verdeckten Zugriff auf beim Provider gespeicherte („ruhende") E-Mails (§ 100a StPO). WuB 2021, 206 ff.

Siegert, Marco: Das Internet-Grundlagenwissen für die Polizei. 1. Auflage Berlin 2002

Sievers, Malte: Der Schutz der Kommunikation im Internet durch Artikel 10 des Grundgesetzes. 1. Auflage Baden-Baden 2003. Zitiert: *Sievers*, S.

Singelnstein, Tobias/*Derin*, Benjamin: Das Gesetz zur effektiveren und praxistauglicheren Ausgestaltung des Strafverfahrens. Was aus der StPO-Reform geworden ist. NJW 2017, 2646 ff.

Staechelin, Gregor: § 100a StPO als Seismograph der jüngeren Strafrechts- und Strafverfahrensgeschichte. KJ 1995, 466 ff.

Steinke, Tobias: Navigation im World Wide Web als Hypertextsystem. Diplomarbeit TU Darmstadt 1999. Abrufbar unter: http://www.tobias-steinke.de/diplomarbeit.pdf (07.05.2022)

Stenger, Hans-Jürgen: Mailboxen. Probleme der Beweissicherung in Strafsachen. CR 1990, 786 ff.

Stern, Klaus: Das Staatsrecht der Bundesrepublik Deutschland. Band III Allgemeine Lehren der Grundrechte. 2. Halbband. Grundrechtstatbestand, Grundrechtsbeeinträchtigungen und Grundrechtsbegrenzungen, Grundrechtsverluste und Grundpflichten, Schutz der Grundrechte, Grundrechtskonkurrenzen, Grundrechtssystem. 1. Auflage München 1994. Zitiert: *Stern*, Staatsrecht III/2, S.

Störing, Marc: Anmerkung zu BVerfG, CR 2006, 383 ff. CR 2006, 392 ff.

Störing, Marc: Strafprozessuale Zugriffsmöglichkeiten auf E-Mail-Kommunikation. 1. Auflage Berlin 2007. Zitiert: *Störing*, S.

Störing, Marc: Anmerkung zu LG Hamburg, MMR 2008, 186 f. MMR 2008, 187 ff.

Störing, Marc: Strafprozessualer Zugriff auf E-Mailboxen. Zum Streitstand unter besonderer technischer Betrachtung. CR 2009, 475 ff.

Szebrowski, Nickel: Kommentar zu BVerfG, K&R 2009, 559 ff. K&R 2009, 563 ff.

Uerpmann-Wittzack, Robert: Das neue Computergrundrecht. 1. Auflage Berlin 2009. Zitiert: Uerpmann-Wittzack-*Bearbeiter*, S.

Umbach, Dieter C./*Clemens*, Thomas: Grundgesetz. Mitarbeiterkommentar und Handbuch. Band I. 1. Auflage Heidelberg 2002. Zitiert: Umbach/Clemens-*Bearbeiter*, GG

Valerius, Brian: Ermittlungen der Strafverfolgungsbehörden in den Kommunikationsnetzen des Internet. Hoheitliche Recherchen in einem grenzüberschreitenden Medium. 1. Auflage Berlin 2004. Zitiert: *Valerius*, S.

Valerius, Brian: Ermittlungsmaßnahmen im Internet. Rückblick, Bestandsaufnahme, Ausblick. JR 2007, 275 ff.

Vassilaki, Irini: Die Überwachung des Fernmeldeverkehrs nach der Neufassung der §§ 100a, 100b StPO. Erweiterung von staatlichen Grundrechtseingriffen?. JR 2000, 446 ff.

Vassilaki, Irini: Heimliche Beschlagnehme von digital gespeicherten Informationen. Auf dem Weg zu einer neuen Ermittlungsmaßnahme. MMR 2022, 103 ff.

Volkmann, Uwe: Anmerkung zu BVerfG, DVBl 2008, 582 ff. DVBl 2008, 590 ff.

Wassermann, Rudolf: Reihe Alternativkommentare. Kommentar zur Strafprozessordnung in drei Bänden. Band 2, Teilband 1. §§ 94–212b. 1. Auflage Neuwied/Kriftel/Berlin 1992. Zitiert: AK-*Bearbeiter*, StPO

Welp, Jürgen: Die strafprozessuale Überwachung des Post- und Fernmeldeverkehrs. 1. Auflage Heidelberg 1974. Zitiert: *Welp*, Überwachung, S.

Welp, Jürgen: Anmerkung zu BGH, NStZ 1994, 292 ff. NStZ 1994, 294 f.

Welp, Jürgen: Strafprozessuale Zugriffe auf Verbindungsdaten des Fernmeldeverkehrs. NStZ 1994, 209 ff.

Welp, Jürgen: Verteidigung und Überwachung – Strafprozessuale Aufsätze und Vorträge 1970–2000. 1. Auflage Berlin 2003. Zitiert: *Welp*, Verteidigung und Überwachung – Aufsatztitel

Werkmeister, Christoph: Das verfassungsrechtliche Zitiergebot. BRJ 2012, 41 ff.

Wolter, Jürgen (Hrsg.): Systematischer Kommentar zur Strafprozessordnung. Mit GVG und EMRK. Band II §§ 94–136a StPO. 5. Auflage Köln 2016. Zitiert: SK-*Bearbeiter*, StPO

Wolter, Jürgen/*Schenke*, Wolf-Rüdiger/*Rieß*, Peter/*Zöller*, Mark Alexander: Datenübermittlungen und Vorermittlungen – Festgabe für Hans Hilger. 1. Auflage Heidelberg 2003. Zitiert: Wolter/Schenke/Rieß/Zöller-*Bearbeiter*

Ziegelbauer, Tim/*Schäfer*, Christian: Zur Verfassungsmäßigkeit der repressiven Online-Durchsuchung. Kriminalistik 2018, 557 ff.

Zimmermann, Till: Der strafprozessuale Zugriff auf E-Mails. JA 2014, 321 ff.

Zocholl, Michaela: Internet Sicherheit. 1. Auflage Unterschleißheim 2002

Zöller, Mark Alexander: Verdachtslose Recherchen und Ermittlungen im Internet. GA 2000, 563 ff.

Zuck, Rüdiger: Abhörgesetz und Anwaltschaft. NJW 1969, 911 ff.

Nachschlagewerke

Brockhaus Wahrig – Deutsches Wörterbuch in sechs Bänden. 1. Auflage Wiesbaden/Stuttgart 1982. Zitiert: Brockhaus Wahrig, Deutsches Wörterbuch, Band, S.

Duden – Das große Wörterbuch der deutschen Sprache in zehn Bänden. 3. Auflage Mannheim/Leipzig/Wien/Zürich 1999. Zitiert: Duden, Das große Wörterbuch der deutschen Sprache, Band

Duden, Deutsches Universalwörterbuch. 9. Auflage Berlin 2019

The Oxford English Dictionary. Second Edition. Volume III Cham – Creeky. 2. Auflage Oxford 2000. Zitiert: The Oxford English Dictionary, S.

Stichwortverzeichnis